गाँधी विचार और साहित्य

गाँधी विचार और साहित्य

डॉ. सुमन जैन

वाणी प्रकाशन

वाणी प्रकाशन

4695, 21-ए, दरियागंज, नयी दिल्ली 110 002

फ़ोन : +91 11 23273167 फ़ैक्स : +91 11 23275710

शाखाएँ

अशोक राजपथ, पटना 800 004, बिहार

कॉफ़ी हाउस कैम्पस, महात्मा गांधी मार्ग, इलाहाबाद 211 001, उत्तर प्रदेश

महात्मा गांधी अन्तरराष्ट्रीय हिन्दी विश्वविद्यालय, वर्धा 442 001, महाराष्ट्र

सुल्तानिया रोड, मोतिया पार्क, भोपाल 462 001, मध्य प्रदेश

www.vaniprakashan.com
marketing@vaniprakashan.in
sales@vaniprakashan.in

GANDHI VICHAR AUR SAHITYA
by Dr. Suman Jain

ISBN : 978-93-5000-173-8
Gandhian Studies

प्रथम संस्करण 2010
द्वितीय संस्करण 2020

मूल्य : ₹ 1495

सिटी प्रेस, दिल्ली-110 095 में मुद्रित

वाणी प्रकाशन का लोगो मक़बूल फ़िदा हुसेन की कूची से

समर्पण

श्रद्धेय गुरु श्रीत्रिभुवननाथ जी को
जिनसे विश्वशान्ति एवं वसुधैवकुटुम्बकम्
की राह में अग्रसर होने की सतत् प्रेरणा
मिलती है।

अपनी ओर से

महात्मा गाँधी वर्तमान भारत के सांस्कृतिक राजनीतिक, वैज्ञानिक, आध्यात्मिक आन्दोलनों के लिए प्रासंगिक हैं। इक्कीसवीं सदी में प्रवेश कर चुका भारत असहज और छटपटाहट में है। साधन-सम्पन्न विकसित राष्ट्र आर्थिक साम्राज्य विस्तार की भावना से भूमण्डलीकरण, उदारीकरण एवं वैश्वीकरण जैसी आकर्षक नीतियों के सहारे विकासशील राष्ट्रों के प्रचुर संसाधनों पर नियंत्रण करने में लगभग सफल है। वहीं नागरिकों के भौतिक, भव्य जीवन की लालसा ने विकसित राष्ट्रों के समक्ष घुटने टेक दिये हैं। उपभोक्तावादी संस्कृति हमारी परम्परा और संस्कृति पर घातक प्रहार कर रही है। पाश्चात्य सभ्यता की इस अतिभोग स्थिति को गाँधी ने पहचाना। पाश्चात्य सभ्यता औद्योगिक सभ्यता का पर्याय है, जो जल, जंगल, जमीन, जीव अथवा सम्पूर्ण प्रकृति के शोषण पर टिकी है। गाँधी ने कहा- शोषण हिंसा का ही प्रतिरूप है। पूँजीवादी औद्योगिक अर्थव्यवस्था को मानवता के खिलाफ मानने वाले गाँधी ने देशी पूँजीवाद को उससे भी घातक बताया " हिन्दुस्तान में अगर हम मैनचेस्टर करेंगे तो पैसा हमारा खून चूसेगा- यह पैसा हमारी नीति को बिलकुल खत्म कर देगा। अमेरिका के रॉकफेलरों से हिन्दुस्तान के रॉकफेलर कुछ कम हैं, ऐसा मानना निरा अज्ञान है। गरीब हिन्दुस्तान गुलामी से छूट सकेगा, लेकिन अनीति से पैसे वाला बना हिन्दुस्तान गुलामी से कभी नहीं छूटेगा"। गाँधी का लक्ष्य पूर्ण स्वतंत्रता था। उसे वे चार रूपों में मानते और स्वीकार करते थे: राजनीतिक स्वतंत्रता, आर्थिक स्वतंत्रता, सामाजिक स्वतंत्रता तथा नैतिक, या आध्यात्मिक स्वतंत्रता। इसी पूर्ण स्थिति को वे स्वराज्य की संज्ञा से अभिहित करते थे। इस पूर्ण स्वतंत्रता के लिए गाँधी ने अपना पूरा जीवन समर्पित कर दिया।

गाँधी ने पूरे देश की यात्रा की थी। वे भारत के जन-मन से बखूबी परिचित थे। दक्षिण अफ्रीका में उन्होंने रंग-भेद की लम्बी लड़ाई लड़ी। वे

अहिंसक योद्धा की भाँति बहुत अच्छे पत्रकार, लेखक, साहित्यकार भी हैं। दक्षिण अफ्रीका के सत्याग्रह का इतिहास उनकी श्रेष्ठ कृति है। मानव, मन, संस्कृति, भौगोलिकता, ऐतिहासिकता विविध परम्परा, भाषा, का अध्ययन कर कैसे लिखना चाहिए- यह गाँधी जी ने हमें सिखाया है। चूँकि गाँधी ही उस आन्दोलन के प्रमुख नेता थे, इसलिए उनका अनुभव वहाँ बोलता है। दूसरी महत्त्वपूर्ण कृति पंजाब के उपद्रवों पर कांग्रेस की रिपोर्ट है। १९१९ में पंजाब में क्रांतिकारी परिस्थितियाँ उत्पन्न हो गयी थीं, जिसका परिणाम सुनिश्चित नहीं हो रहा था। गाँधीजी ने छोटे-छोटे गाँवों-कस्बों तक यात्रा की। गाँव वालों से मिले। किसानों से मिले! उन लोगों पर हुए अंग्रेजों के अत्याचार, अमानवीय व्यवहार का विवरण एकत्र किया। हिन्दू मुसलमान, सिक्ख तीनों ही कौमों ने अंग्रेजों का अत्याचार सहा। उसका पता गाँधी जी की पुस्तक से चलता है। आज विभाजित भारत को अपना इतिहास समझना चाहिए। इसे समझने में सहायता करती है गाँधीजी की पुस्तक। आज देश के सामने जो सम्प्रदाय, जातिवाद, आतंकवाद, नस्लवाद की समस्या है, उसका सम्बन्ध भी गाँधी जी से है। १९४६ में क्रांतिकारियों का उभार रोकने के किए गाँधीजी ने महत्त्वपूर्ण भूमिका निभायी। आसफ अली जैसे महत्त्वपूर्ण नेताओं ने इसके लिए उनका विरोध किया था।

प्रारम्भ में आर्थिक, साम्राज्यवाद, विदेशी-पूँजी की बात हुई। वर्तमान भारत और वैश्विक मंदी के संदर्भ में यही बात सर्वाधिक महत्त्वपूर्ण है। गाँधी ने ईस्ट इण्डिया कम्पनी और ब्रिटिश पूँजीवाद शोषण से संबद्ध कारनामों की भर्त्सना की। अंग्रेज विश्व व्यापार नीति का संचालन कर रहे थे। वे भारत से कच्चा माल विलायत भेजते थे। गाँधी जी ने आंकड़े देकर बताया: " १९२७-२८ में ३०९ करोड़ रुपये का माल विदेशों से देश में आया। जो चीजें बाहर भेजी गईं, उनमें कच्चा माल, जैसे कपास, अनाज, तिल, मूंगफली, वगैरह और चमड़ा, कच्ची और पक्की वस्तुएँ आदि मुख्य हैं। अगर हमारे पास इस कच्चे माल का उपयोग करने के लिए आवश्यक हुनर होता और लगाने को पर्याप्त पूँजी होती अथवा हमारी अपनी एक सरकार होती तो, वह हुनर और पूँजी उपलब्ध कराना अपना कर्तव्य समझती। वह कच्चा माल भारत में ही रहता। भारत के निर्यात की कथा हमारी बेबसी की कथा है और वह बतलाती है कि सरकार लोकहित के प्रति कैसी घोर उदासीनता बरतती है (सम्पूर्ण गाँधी वाङ्मय भाग 40.पृ. १९६-१९७) भारत में जिस तरह की चीजें बाहर से आती हैं, उनके बारे में गाँधीजी ने बताया- " उनमें ६५ करोड़ का सूती कपड़ा, ४ करोड़ का नकली रेशम, १८ करोड़ की शक्कर, २३ करोड़ की धातु और धातु से निर्मित वस्तुएँ, ५ करोड़

की मोटर गाड़ियाँ, ३ करोड़ की शराब लगभग २ करोड़ की सिगरेटें शामिल हैं।" भारत में गन्ना खूब होता है परन्तु यहाँ शक्कर उद्योग का विकास न करके बाहर से २३ करोड़ की धातु और धातु से निर्मित वस्तुएँ मंगाते हैं। अत्यन्त प्राचीन काल से भारत का बना हुआ कपड़ा दुनिया के अनेक देशों में बेचा जाता था। परन्तु इस समय अंग्रेजी राज में सूती कपड़ा बाहर से आता है और उसके लिए ६५ करोड़ रुपये भारत से बाहर जाते हैं। धनी लोगों के लिए मोटर गाड़ियाँ, शराब, सिगरेट पर भी काफी खर्च होता है। शराब और सिगरेट जैसी चीजें भारत की उन्नति के लिए आवश्यक नहीं थीं। गाँधी ने ठीक ही कहा कि ये हमारे पतन में सहायक हैं। सबसे बड़ी रकम सूती कपड़े पर खर्च होती थी। इस संदर्भ में गाँधी जी ने लिखा– "सूती कपड़ों का सबसे अधिक आयात किया जाता है और इससे हमारी शर्म और फटेहाली का पर्दाफाश होता है। इससे हम समझ सकते हैं कि जब भारत में लोग घर–घर अपने हाथों कपड़ा बनाया करते थे। उस समय हमारे देहातों की दशा कैसी अच्छी रही होगी।"

दासों के व्यापार में पहले अंग्रेजों की पहल कम थी, फिर इस व्यापार कौशल में यूरोप सभी देशों से आगे बढ़ गया। उपनिवेशों में मजदूरों से दासों जैसा बर्ताव करते थे। भारत से गरीब किसान और मजदूरों को फुसलाकर ले जाते और वहाँ वे गुलामों की तरह काम लेते। उनका जीवन पशुवत था। इसी गुलामी और दासता से मुक्ति पाने के लिए दक्षिण अफ्रीका में गाँधी जी ने गिरमिटिया मजदूरों को संगठित किया था। रंग भेद को सामने रखते हुए गाँधी जी ने लिखा– " ट्राम गाड़ियाँ भारतीयों के लिए नहीं हैं। रेलवे कर्मचारी भारतीयों के साथ जानवरों जैसा व्यवहार कर सकते हैं। भारतीय चाहे कितने भी स्वच्छ क्यों न हों, उन्हें देखते ही प्रत्येक गोरे को संताप हो आता है। वह संताप , इतना होता है कि थोड़ी देर के लिए भी भारतीयों के साथ रेलगाड़ी के एक ही डिब्बे में बैठना पसंद नहीं करते। होटलों के दरवाजे उनके लिए बंद हैं। कई सम्माननीय भारतीयों के ऐसे उदाहरण मालूम हैं, जिन्हें रातभर के लिए होटल में स्थान नहीं मिला। सार्वजनिक स्नानगृह भी भारतीयों को उपलब्ध नहीं होते, फिर वे भारतीय कोई भी क्यों न हों। इस रंगभेद का मूल कारण भारतवासियों और अन्य एशियाइयों के विरुद्ध प्रचार का मूल कारण गोरे व्यापारियों को भय था कि बाहर से व्यापारी आ गये तो हमारा व्यापार चौपट हो जायेगा। १९०३ में 'ईस्ट रैड एक्सप्रेस' अखबार में लिखा था– "साफ–साफ बात करना अच्छा होता है। इसलिए हम स्वीकार करते हैं कि यदि ऐसा सम्भव हो सके तो ट्रांसवाल अपनी सीमा के अंदर स्वतंत्र एशियाइयों को नहीं चाहता। इसका कारण, जैसा कि कुछ

हलकों में कहा जाता है, यह नहीं है कि हम पढ़े लिखे भारतीयों को हीन मानते हैं, बल्कि यह है कि भेदभाव वाला कानून बनाये बिना गोरों के लिए एशियायी व्यापारियों के सम्मुख होड़ में टिकना असंभव है। व्यापारियों की हैसियत से नेटाल के सारे व्यापार पर उनका तेजी से एकाधिपत्य होता जा रहा है। वे कुशल व्यापारी के साथ मितव्ययी हैं। इस कारण प्रतिस्पर्धा में भी अपनी चीजों को कम मूल्य में बेच लेते हैं। गोरों को सिर्फ एक प्रकार के एशियाइयों की जरूरत है, और वह है, अकुशल गिरमिटिया मजदूर।"

१८९६ की गर्मियों में गाँधी जी कुछ समय के लिए भारत आये। यहाँ उन्होंने दक्षिण अफ्रीकावासी भारतीयों की कष्ट-कथा कहते हुए भारतीय जनता से अपील की, जो एक पुस्तिका के रूप में ग्रीन पैम्फलेट या 'हरी पुस्तिका' के नाम से प्रसिद्ध हुई। दक्षिण अफ्रीका में भारतवासियों के साथ जिस तरह का व्यवहार होता था, उसके अनेक उदाहरण इस पुस्तिका में भरे हैं। " ठंडी में पिछले वर्ष क्रिसमस के दौरान गोरों के गिरोह ने मजा लूटने के लिए एक भारतीय वस्तु भंडार में आग लगा दी थी। (संपूर्ण गाँधी वांङ्मय भाग-२, पृ.४) आग लगाने के पीछे उनका एक मात्र उद्देश्य व्यापारियों को वहाँ से भगा देना था। अन्य उदाहरणों में जहाज के मालिक अब्दुला हाजी आजम का है, जो गाँधीजी के साथ यात्रा कर रहे थे। वे डाक की गाड़ी से नेटाल जाने के लिए एक स्टेशन पर उतर गये। जहाँ कोई उन्हें रोटी मोल देने को भी तैयार न हुआ। होटल वाले ने उन्हें होटल में कमरा नहीं दिया। उन्हें रातभर ठंड में ठिठुरते हुए घोड़ागाड़ी में ही पड़े रहना पड़ा। अफ्रीका के हिस्से में जो ठंडी पड़ती है, वहाँ ऐसे रात गुजारना मजाक नहीं था।

नेटाल में परवाना संबन्धी नियम का पालन कड़ाई से किया जाता था। 'नेटाल एडवर्टाइजर' में एक पत्र छपा था, जिससे मालूम होता है, काश्तकारों को किस तरह सताया जाता था। " जब वे अपनी जमीन पर घूमते-फिरते होते हैं, उस समय पुलिस वहाँ पहुँचती है और उनसे 'परवाना' दिखलाने को कहती है। काश्तकार अपनी पत्नियों या सम्बन्धियों से 'परवाना' लाने को आवाज देते। परन्तु उनके लेकर आने के पहले ही पुलिस उन भारतीयों को थाने की ओर-घसीटना शुरू कर देती है। थाने के रास्ते में परवाने ले जाकर दिये जाते तो पुलिस उनकी ओर देखभर लेती है और फिर उन्हें जमीन पर फेंक देती है। वे गिरफ्तार व्यक्ति को थाने में ले जाते हैं। उन्हें रातभर हवालात में रखा जाता। सुबह उनसे हवालात की काल कोठरी साफ कराई जाती है। बाद में उन्हें मजिस्ट्रेट के सामने पेश किया जाता है। मजिस्ट्रेट उनकी सफाई सुने बिना उनपर जुर्माना कर देता है। वे संरक्षकों के पास

जाकर फरियाद करते हैं तो वह मजिस्ट्रेट के पास जाने को कह देता है।"

संसार के अनेक हिस्सों में बहुत से जमींदार और सौदागर फैल गये। उनका ऐसा मानना था कि वे संसार में प्रकाश फैला रहे हैं, परन्तु देश के बाहर और भीतर जोर देकर कहते थे भारत के लोग असभ्य हैं। इसलिए सभ्य गोरों को उनसे अलग रखना चाहिए। इसी धारणा से वे कानून बनाते। ऐसे कानून के संदर्भ में गाँधी जी ने लिखा- " एक और कानून है, जिसमें कहा गया है कि आदिवासियों और भारतीयों के पास गाय, बैलों का गल्ला ले जाते समय खास किस्म के परवाने होने चाहिए। डरबन में एक उपनियम है, जिसके जरिये आदिवासी नौकरों और एशिया की असभ्य जातियों के अन्य लोगों के पंजीकरण का विधान किया गया है। इसके पीछे यह मान्यता है कि भारतीय बर्बर हैं। १९०६ में लंदन के टाइम्स अखबार में पत्र लिखकर गाँधीजी ने अंग्रेजों को सावधान किया कि यदि वे भारत के लोगों को जंगली और बर्बर समझते रहे तो उनका ब्रिटिश साम्राज्य में बने रहना असंभव हो जायेगा।"

सामान्य मजदूरों के साथ जैसा व्यवहार होता था, उसका एक रूप देख सकते हैं। १८८४ में बाल सुन्दरम् नामक एक गरीब भारतीय को उसके मालिक ने ऐसा मारा-पीटा कि उसके दो दांत करीब-करीब निकल गये। वे उसके ऊपरी होंठ में घुसकर बाहर निकल आये, जिससे इतना खून बहा कि उसकी लम्बी पगड़ी तर हो गयी। मार खाने के बाद वह आदमी अपने संरक्षक के घर गया, जो उसके मालिक के मकान के पास ही रहता था। संरक्षक ने खबर भेजी, वह दूसरे दिन दफ्तर आये। तब वह आदमी मजिस्ट्रेट के पास गया। मजिस्ट्रेट ने उसकी खून से भीगी हुई पगड़ी अदालत में रखवा ली । उसे इलाज के लिए अस्पताल भिजवा दिया। अस्पताल से छुट्टी मिलने पर वह गाँधी जी के पास गया। गाँधीजी ने उसे अपनी तमिल भाषा में शिकायत लिख देने को कहा। अन्ततः सुन्दरम् की दुःखमय कहानी पर परदा पड़ा। उस गोरे मालिक को मार-पीट की कोई सजा नहीं मिली। गोरों की रंगभेद नीति का विरोध करते हुए गाँधी जी ने पते की बात कही: "अंग्रेज और भारतीय एक ही इंडो- आर्यन मूल वंशज की संतान हैं"। इस धारणा के समर्थन में गाँधी जी ने सर विलियम विलसन हंटर की पुस्तक इंडियन एम्पायर का अंश उद्धृत किया। "यूनानियों और रोमनों, अंग्रेजों और-हिन्दुओं के पूर्वज एक साथ एशिया में रहते थे। एक ही भाषा बोलते थे। एक से ही देवताओं की पूजा करते थे। यूरोप और भारत के प्राचीन धर्मों का मूल एक जैसा ही था।" गाँधी जी ने ऐसी राजनीतिक लड़ाई शुरू करने के पहले भारत के सांस्कृतिक इतिहास को पूरी तरह आत्मसात किया

और उसका राजनीतिक लड़ाई के हथियार के रूप में प्रयोग किया। धर्म और दर्शन में भारत की श्रेष्ठता सिद्ध करने के लिए गाँधी जी ने ' इंडियन एम्पायर' से अनेक उद्धरण लिये। इस प्रसंग में मैक्समूलर का नाम आना अनिवार्य था। मैक्समूलर ने लिखा था- "अगर मुझसे पूछा जाय कि किस देश के मानवी मस्तिष्क ने अपने कुछ सर्वोत्तम गुणों का अधिक से अधिक पूर्ण विकास किया है, जीवन की बड़ी से बड़ी समस्याओं पर अत्यन्त गंभीरता के साथ विचार किया है और उनसे ऐसे हल प्राप्त किये हैं, जो प्लेटो और कांट के दर्शन शास्त्र का अध्ययन किये हुए लोगों के लिए भली भाँति विचार करने योग्य हैं तो मैं कहूँगा कि वह देश भारत है और अगर मुझे अपने आप से पूछना हो कि यूरोप के हम लोग जो लगभग यूनानी, रोमन, एवं सेमेटिक जाति यहूदी के विचारों पर ही पालित-पोषित हुए हैं, वह संशोधन कहाँ के साहित्य से प्राप्त कर सकते हैं, जो हमारे जीवन को अधिक परिपक्व, अधिक व्यापक, अधिक सार्वलौकिक, दरअसल सच्चे रूप में मानवीय... बनाने के लिए नितांत आवश्यक है तो मैं पुनः भारत की ओर संकेत करूँगा।"

भारत की वैज्ञानिक उपलब्धि दिखाने के लिए गाँधी जी ने विलियम हंटर की पुस्तक का पाणिनी सम्बन्धी अंश चुना। यूरोप और भारत में भाषा विज्ञान की प्रगति की तुलना करते हुए विलियम हंटर ने लिखा था: पश्चिम के वैयाकरण जब भाषा विज्ञान का विवेचन आकस्मिक समानताओं के आधार पर कर रहे थे, उस समय भारत में उसे मूलभूत सिद्धान्तों का रूप मिल चुका था। आधुनिक भाषा विज्ञान का आरंभ तो तब हुआ, जब यूरोपीय विद्वानों ने संस्कृत का अध्ययन किया। पाणिनी के व्याकरण का स्थान संसार के वैयाकरणों में सर्वोच्च है,...संस्कृत भाषा का उसके द्वारा तर्कसंगत और व्यवस्थित रूप प्रस्तुत कर दिया गया है। वह मानवीय आविष्कार और उद्योग एक शानदार सिद्धि के रूप में दैदीप्यमान है। यह सब १०० वर्ष पूर्व लिखकर गाँधी जी ने उपनिवेशवादियों के सामने भारत की श्रेष्ठता को प्रस्तुत किया।

गणित के विकास पर एच. एस. मेनन ने लिखा था: "बीजगणित और अंकगणित में ब्राह्मणों ने पश्चिमी सहायता के बिना स्वतंत्र रूप से ऊँचे दर्जे की दक्षता प्राप्त कर ली थी, दशमलव प्रणाली के आविष्कार का उनका हम पर ऋण है।...अरबों ने ये अंक हिन्दुओं से प्राप्त करके यूरोप में फैलाये...। गणित और यंत्रशास्त्र पर भारतीय भाषाओं में प्रकाशित ग्रन्थों की संख्या १८७७ में ८९ और १८८२ में १६६ थी।" एच.एस. मेनन ने भारतीय चिकित्सा विज्ञान के संदर्भ में लिखा कि ब्राह्मणों ने चिकित्साशास्त्र का विकास भी स्वतंत्र रूप से किया

...। पाणिनी के व्याकरण में जो विशेष रोगों के नाम पाये जाते हैं, उनसे मालूम होता है कि चिकित्सा शास्त्र का विकास उनके काल (सन् ३५० ईसा पूर्व) के पहले हो चुका था। अरब चिकित्सा प्रणाली की आधारशिला संस्कृत ग्रन्थों के अनुवाद पर रखी गई...। यूरोपीय चिकित्सा शास्त्र का आधार १७वीं शताब्दी तक अरब चिकित्सा शास्त्र ही था। १८७७ में भारतीय भाषाओं में चिकित्सा शास्त्र पर १३० और १८८२ में २१२ ग्रन्थ प्रकाशित हुए थे। प्राकृतिक विज्ञान पर ८७ ग्रन्थ प्रकाशित हुए वे इनमें शामिल नहीं हैं।

संगीत और स्थापत्य कला का विकास भी भारत में ही हुआ। ब्रिटिश अलंकार कला ने भारतीय आकृतियों और नमूनों से बहुत कुछ ग्रहण किया। सच्चे स्वदेशी नमूनों का अब भी यूरोप की अन्तर्राष्ट्रीय कला प्रदर्शनी में बहुत सम्मान होता है। भारतीय स्थापत्य कला की परम उपलब्धि ताजमहल है। इस संदर्भ में गाँधी जी ने एंड्रू कार्नेगी की पुस्तक से एक अंश उद्धृत किया है। इसमें दो बातें ध्यान देने की हैं। "एक तो पत्थर का रंग जो मनुष्य को प्रभावित करता है, दूसरी उसकी सुकुमारता। कार्नेगी ने लिखा था; कुछ विषय इतने पवित्र होते हैं कि उनका विश्लेषण तो क्या, वर्णन भी नहीं किया जा सकता। अब मैं मनुष्य की बनाई एक ऐसी इमारत को जानता हूँ जिसकी उत्कृष्टता या अलौकिकता ने उसे ऐसा ही पवित्र विषय बना दिया है। ताजमहल हलके सफेद संगमरमर का बना है, जिससे वह दर्शक को ठिठुरा नहीं देता, जैसा कि शुद्ध ठंडा सफेद संगमरमर करता है...। इस मखनिया संगमरमर में बारीक काली रेखाओं की पच्चीकारी की गई है, और कहा जाता है, इस प्रकार अरबी लिपि में पूरी की पूरी कुरान शरीफ अंकित कर दी गई है...। चाहे पहाड़ी झरनों के बीच हो, चाहे छिटकी हुई चाँदनी में और चाहे जंगल में सैर करते हुए, जब तक मैं मरता नहीं, जहाँ कहीं भी और जब कभी भी ऐसा मनोभाव पैदा होगा, जिसमें वह सब जो अत्यन्त पवित्र, अत्यन्त उन्नत और अत्यन्त शुद्ध है। शांत स्थिर मानस पर अपना तेज बरसाने के लिए लौटता है तब और वहाँ ही मेरी संचित निधियों में उस सुकुमार मोहिनी- उस ताजमहल की स्मृति पाई जायेगी।

भारतवासियों के चरित्र के विषय में सर टामस मनरो, पिनकॉट, गेटे, मेगस्थनीज, विशप हेबर आदि के भी गाँधीजी ने उदाहरण दिये। १९वीं सदी में पिनकॉट हिन्दी में लिखते थे। भारतेन्दु हरिश्चन्द्र से उनकी मैत्री थी। उन्होंने लिखा था- " तमाम सामाजिक बातों में अंग्रेज लोग हिन्दुओं के गुरु बनने की अपेक्षा उनके चरणों के पास बैठने और शिष्य बनकर उनसे शिक्षा लेने के ही योग्य हैं।"

ऐसा श्रेष्ठ भारत, जिसकी ऐसी सांस्कृतिक उपलब्धियाँ हैं, उस पर अंग्रेजों ने अधिकार किया। भारत के भिन्न भागों के लाखों लोग भूखमरी, अकाल के कारण दूर-दूर अंग्रेजों के उपनिवेशों में उनकी गुलामी करने पहुँचे। वहाँ उन्होंने अंग्रेजों के विरुद्ध संघर्ष किया और गाँधी जी के नेतृत्व में संस्कृति का नवीन इतिहास रचा।

दक्षिण अफ्रीका गाँधी जी की प्रारम्भिक कर्मस्थली थी वहाँ उन्होंने बहुत कुछ सीखा। उनके अनुभव से आज का भारत बहुत कुछ सीख सकता है और सीख रहा है। इसमें सबसे महत्त्वपूर्ण है जातीय अस्मिता और राष्ट्रीय आत्मसम्मान का समायोजन। दक्षिण अफ्रीका में गाँधी जी ने मिल मजदूरों का जातीय गर्व उभार उन्हें उत्साहित किया। भारत में उन्होंने अपनी उसी नीति का प्रयोग अनेक जातियों को स्वाभिमान के साथ खड़ा रखने में किया। सोवियत संघ के नेताओं ने दूसरे महायुद्ध में बड़े पैमाने पर इस नीति से काम लिया। भारतीय राष्ट्रीयता प्राचीनतम होने के कारण उसी के अनुरूप गाँधी जी ने राष्ट्रीय आत्म-सम्मान जगाया। जातीय अलगाव का विरोध किया। इसी नीति के कारण प्रान्तों/राज्यों में जातीय भाषाओं और परस्पर सम्पर्क के लिए राष्ट्रभाषा हिन्दी के व्यवहार का समर्थन किया। भाषा और सांस्कृतिक उन्नयन के लिए वे प्रत्येक जातीय प्रदेश में एकसूत्रता चाहते थे। जातीय गौरव बोध होने के कारण ही शिक्षा व्यवस्था में जातीय इतिहास को महत्त्व प्रदान किया। योग और वेदान्त उनकी अपनी धरोहर थी। उसे अपने जीवन में जिस तरह चरितार्थ किया, वैसा अन्य किसी भारतीय राजनीतिज्ञ ने नहीं किया।

गाँधी जी के जीवन की अनेक असफलताएँ, थीं, जिन्हें गिनाया जा सकता है। देश का विभाजन नहीं चाहते थे, पर उसे रोक नहीं पाये। वे कांग्रेस और सरकारी कामकाज से अंग्रेजी निकाल देना चाहते थे, नहीं निकाल पाये। वे छुआ-छूत दूर करके समानता का भाव लाना चाहते थे, वह भी नहीं ला पाये। विदेशी पूँजी से देश को मुक्त करना चाहते थे, परन्तु ऐसा नहीं हुआ। वे चाहते थे कि सारी-दुनिया और विशेषतः भारत खादी पहने, उनकी यह इच्छा भी पूरी नहीं हुई। हिन्दू-मुसलमान का भेदभाव खत्म करना चाहते थे, पर ऐसा नहीं हुआ। इसके बावजूद उनका प्रभाव करोड़ों लोगों पर था। भारतीय इतिहास में कोई भी एक व्यक्ति किसी भी युग में इतने विशाल जनसमुदाय को प्रभावित नहीं कर सका और विश्व इतिहास में भी किसी एक व्यक्ति का इतना व्यापक प्रभाव नहीं देखा गया। वे भारत की आवश्यकताएँ और आंकाक्षाएँ समझते और उन्हें अपनी भाषा में व्यक्त करते थे, यह उनकी लोकप्रियता का मुख्य कारण

था। उन्होंने जो किया, निस्वार्थ भाव से किया, इसलिए कोटि-कोटि जन-मानस की उनमें अपार श्रद्धा थी।

ब्रिटिश सरकार भारत को कुछ रियायतें देने की बात-सोच रही थी। इस संबन्ध में बात करने के लिए भारत सचिव मांटेग्यु भारत आ रहे थे। उनके सामने मिली-जुली मांग पेश करने के लिए कांग्रेस और मुस्लिम लीग ने समझौता किया था। इस संदर्भ में गाँधी जी का विचार यह था कि यदि युद्ध में अंग्रेजों की सहायता की जाय तो वे हमें स्वराज्य दे देंगे। अप्रैल १९१८ में उन्होंने वायसराय को लिखा " मैं मानता हूँ हम निकट भविष्य में जिस साम्राज्य के वैसे ही हिस्सेदार बनने की आकांक्षा रखते हैं, जैसे कि समुद्र पार के अन्य 'डोमेनियन' हैं, उस साम्राज्य की संकट की घड़ी में हमें बिना किसी मीन-मेख के पूरी तरह समर्थन करना चाहिए। हमने यही निर्णय भी किया है।" गाँधीजी की इच्छा थी कि सरकार की सहायता किसी शर्त के बिना की जाय। दूसरे नेता यह चाहते थे कि सरकार स्वराज्य देने का वादा करे। पढ़े लिखे लोग इस नीति के पक्ष में नहीं थे। साम्राज्य की सहायता करने से जो लाभ हो सकता था, उस संदर्भ में गाँधी जी ने लिखा- " साम्राज्य की मदद करते हुए हम सैनिक अनुशासन सीखेंगे। उससे हमें सैनिक अनुभव मिलेगा और हममें अपना बचाव करने की शक्ति आयेगी। यदि साम्राज्य हम से विश्वासघात करे तो हम उस प्राप्त शक्ति की सहायता से उसका विरोध कर सकते हैं।" साम्राज्य के विश्वासघात की एक लम्बी कहानी है। उसने बार-बार वादा करके उसे तोड़ा है। अंग्रेजों से सैनिक शिक्षा प्राप्त करें तो किन्हीं परिस्थितियों में उसका प्रयोग अंग्रेजों के विरुद्ध किया जा सकता है। नैतिकता और शस्त्रबल एक दूसरे के विरोधी नहीं हैं। शस्त्र के प्रयोग के लिए नैतिकता आवश्यक है। उन्होंने अंग्रेजों की प्रशंसा भी की " अंग्रेजों में राज्य करने की शक्ति है। यह केवल उनके पशु बल के कारण ही है। उनमें कला है, कौशल है, दूरदर्शिता है, चतुराई है और बुद्धिमत्ता है। उन्हें लोगों से यथायोग्य व्यवहार करना आता है। वे जानते हैं कि हम स्वराज्य मिलने की आशा से मदद करते हैं। उनके दृष्टिकोण में और हमारे कुछ लोगों के दृष्टिकोण में यह भेद है। हम कहते हैं हमें स्वराज्य दे दो, तब हम लड़ेंगे। उनका कहना है कि हम किसी के दबाव में नहीं आते। तुम मदद करो और तुम्हें स्वराज्य मिल जाएगा।" सेना में भर्ती होकर भारतीय नई शक्ति अर्जित करेंगे। उसके बल पर वह तुरंत स्वराज्य प्राप्त कर सकते हैं। युद्ध के लिए सन्नद्ध भारतीय अपनी स्वतंत्रता एक क्षण में प्राप्त कर सकते हैं।... हम अपनी खोई हुई वीरता जागृत करें तो सब कुछ आज ही प्राप्त कर सकते हैं। इसलिए मेरा आप

सबसे अनुरोध है कि संशयों को छोड़कर आप सेना में भर्ती हों। गाँधी जी भारतीयों को सेना में भर्ती कर अंग्रेजों का हृदय परिवर्तन चाहते थे। उन्होंने सैनिक भर्ती की अपील में कहा– "जब तक हमारी रक्षा केवल अंग्रेजों पर निर्भर है, जब तक हम सिपाही वर्ग से डरते हैं, तब तक हम अंग्रेजों की बराबरी के कहला ही नहीं सकते। इसलिए हमें हथियार चलाना सीखकर अपनी रक्षा की शक्ति प्राप्त कर लेना चाहिए।" गाँधी जी ने भारत के भविष्य को साम्राज्य और साम्राज्यवादी युद्ध के साथ जोड़ दिया। खेड़ा जिले के किसानों से उन्होंने कहा– " इस जिले में ६०० गाँव हैं। हर गाँव की औसत आबादी १००० से अधिक है। अगर हर गाँव कम से कम २० आदमी दे तो खेड़ा जिले में १२०० लोगों की सेना बन सकती है। खेड़ा जिले में ७ लाख की आबादी है। इसमें भर्ती का अनुपात १०० के पीछे १–७ आता है। इससे तो हमारी प्रतिशत मृत्यु संख्या अधिक है। इसलिए डर के मारे सेना में भर्ती न हुए तो यह काम योग्य पुरुषों वाला नहीं होगा। अगर हर गाँव २०–२० आदमी दें तो वे लड़ाई से लौटकर गाँव की जीवित किले बंदी बन जायेंगे। अगर वे लड़ाई में खेत रहे तो वे स्वयं अमर बन जायेंगे और अपने गाँव एवं देश को अमर बना जायेंगे। उनके पीछे वैसे ही दूसरे २० सैनिक तैयार होकर देश की रक्षा कर सकेंगे।"

गदर पार्टी के लोग हथियार बन्द संघर्ष के जरिये भारत से अंग्रेजी राज समाप्त करना चाहते थे। वे सफल नहीं हुए, गाँधी जी को भी स्वराज्य नहीं मिला। कांग्रेस के अधिकांश नेता गाँधी जी के नीति के समर्थक नहीं थे। अप्रैल १९१९ को मद्रास की जनता के नाम अपने संदेश में गाँधी जी ने कहा "गत महायुद्ध के अवसर पर उन्होंने (अर्थात् अंग्रेजों ने) किस प्रकार निसंकोच होकर अपना रक्त और धन उड़ेल दिया था। हमारा उद्देश्य तो उच्चतर है और हमारे साधन अपेक्षाकृत कहीं अधिक अच्छे हैं, क्योंकि हम अपना रक्त तो बहा सकते हैं, परन्तु दूसरों का कभी नहीं... युद्ध में अंग्रेजों की सहायता करना अहिंसा है। अहिंसा तभी होगी, जब बिना शर्त के दी जायेगी। यह युद्ध केवल अहिंसा के आधार पर ही किया जा सकता था।" गाँधी जी के अनेक वक्तव्यों से स्पष्ट जाहिर होता है कि केवल कांग्रेस कार्य समिति के लोग ही नहीं, वरन् पूरा देश उनके साथ नहीं था।

भारत अंग्रेजों के आतंक और हिंसा से त्रस्त था। उसमें अमृतसर और जलियाँ वाला बाग की घटना अत्यन्त दुःखपूर्ण है। जलियाँवाला बाग के बारे में गाँधी जी ने महत्त्वपूर्ण सूचना दी है। 'जलियाँ' उसके मूल मालिकों का जाति नाम है। बाग उसका संबन्ध बोधक शब्द है। 'बाग' जिसका अर्थ बगीचा है। दर

असल मकानों से घिरा एक परती जमीन का टुकड़ा है। उस समय यह जमीन एक निजी सम्पत्ति थी और उसके कई मालिक थे। जैसा कि संलग्न नक्शे से साफ है, यह स्थान एक असमान आयत है। इस आयत में ३ पेड़ हैं, एक टूटी-फूटी गुंबददार समाधि और एक कुँआ है, अन्दर जाने का केवल एक ही रास्ता एक तंग गली से है, सौभाग्यवश जिसमें बख्तर बंद गाड़ियाँ नहीं जा सकती थीं। अन्दर जाने के लिए और कोई नियमित रास्ते नहीं थे, किन्तु चार-पाँच स्थानों पर संकरे रास्ते थे, जिनमें से होकर बाहर निकला जा सकता था। इस अहाते के प्रवेश स्थल पर जमीन कुछ ऊँची है और सैनिकों को तैनात करने और सामने की भीड़ पर गोली चलाने के लिए बहुत उपयुक्त है। इसलिए जब जनरल डायर ने अपने ९० सैनिकों के साथ बाग में प्रवेश लिया, उस समय भीड़ के लिए बाहर-निकलने का कोई आसान रास्ता नहीं था।" (वही भाग-१७ पृ. १९१, जलियाँवाला बाग का नक्शा सम्पूर्ण गाँधी वाङ्मय, खंड १७, पृ. १९३ के पहले दिया हुआ है।)

पंजाब व्यापार मंडल के उपाध्यक्ष और अमृतसर फ्लोर एण्ड जनरल मिल्स कम्पनी के प्रबन्ध निदेशक लाला गिरधारी लाल १३ अप्रैल को लगभग ११:३० बजे कलकत्ता मेल से अमृतसर पहुँचे। लाला गिरधारी का घर जलियाँवाला बाग के पास ही था। वहाँ उन्होंने जो दृश्य देखा, उसका रूप इस प्रकार है- " मैंने सैकड़ों लोगों को जहाँ तहाँ मरते देखा। सबसे बुरी बात यह थी कि गोलियाँ उन रास्तों की ओर चलाई जा रही थी, जहाँ से लोग बाहर की ओर भाग रहे थे। निकलने के लिए केवल ४-५ छोटे-छोटे रास्ते थे और सभी रास्तों पर भीड़ के ऊपर गोलियों की बौछार हो रही थी। कई लोग भागती हुई भीड़ के पैरों के नीचे कुचल कर मर गये। खून की नदियाँ बह रही थीं। जो लोग जमीन पर लेट गये थे, उन पर भी गोलियाँ चलाई गईं। मृतकों और घायलों की देखभाल के लिए अधिकारियों ने कोई प्रबंध नहीं किया था। तब मैंने घायलों को पानी पिलाया, और उनकी जो सहायता मैं कर सकता था, वह की मैंने पूरी जगह का चक्कर लगाया और वहाँ पड़ी प्रत्येक लाश को देखा। जगह-जगह पर मृतकों के ढ़ेर लगे थे। मृतकों में वयस्क और किशोर दोनों ही थे। किसी की खोपड़ी खुल गई थी। किसी की आँख गोली से उड़ गई थी। किसी का सीना, किसी के हाथ-पैरों के टुकड़े-टुकड़े उड़ गये थे। मेरे ख्याल से उस समय १००० से अधिक लाशें बाग में थीं। मैंने देखा कि लोग जल्दी-जल्दी भाग रहे थे। बहुतों को अपने घायल या मृतक परिजनों को वहाँ छोड़ना पड़ा, क्योंकि उन्हें भय था कि रात ८ बजे के बाद उन पर फिर गोलियाँ चलाई जायेंगी।" (वही भाग-१७ पृ. १९४)

२७ लोगों ने ६ और १३ अप्रैल के दिन यानी राष्ट्रीय सप्ताह के पहले और आखिरी दिन, उपवास किया और प्रार्थना की। फिर राष्ट्रीय सप्ताह के अंत में १३ अप्रैल १९४६ को गाँधी जी ने जलियाँवाला बाग कांड के बारे में विस्तार से कहा:- "आज राष्ट्रीय सप्ताह का, जिसे मैंने पवित्र सप्ताह भी कहा है, आखिरी दिन है। आज के दिन ही जलियाँवाला बाग की दु:खद घटना हुई थी।" ६ अप्रैल १९१९ को भारत में सत्याग्रह का जन्म हुआ। इस सत्याग्रह से लोगों में अभूतपूर्व जागृति का संचार हुआ था। उसका दमन करने के लिए सरकार को दमन का सहारा लेना पड़ा। इस आतंक की परिणति जलियाँवाला बाग हत्याकांड के रूप में हुई। साम्राज्यवाद का यही तरीका है। ४० करोड़ आबादी वाले राष्ट्र पर मुठ्ठी भर विदेशी किसी तरह अपना शासन कायम रख भी नहीं सकते थे। आतंक और हत्याकांड के अलावा अंग्रेजों के पास कोई कारगर अस्त्र नहीं था। इसलिए भारत के पास एक मात्र रास्ता था सत्याग्रह और अहिंसा।

गाँधी जी ने कहा " मुझसे पूछा गया सत्याग्रही सत्याग्रह आन्दोलन से उत्पन्न परिणामों के लिए जिम्मेदार है या नहीं। मैंने उत्तर दिया है कि वे जिम्मेदार हैं। इसलिए मैं उन्हें कह देना चाहता हूँ कि अगर हम इस लड़ाई को हिंसा से बिलकुल अलग करके नहीं चला सकते, तो लड़ाई बन्द कर देनी पड़ सकती है। उसे दूसरा ही तथा और भी संकुचित रूप देना पड़ सकता है।" अनेक लेखों और भाषणों में गाँधीजी ने बार-बार जनता को समझाया कि सत्याग्रह में हिंसा नहीं होती और जहाँ भी उनकी समझ में हिंसा होती थी, उसके लिए उन्होंने जनता को जिम्मेदार ठहराया। १४ अप्रैल १९१९ को कहा- " पिछले सप्ताह के अनुभव से यह स्पष्ट दिख गया है कि सत्याग्रही अभी तक जनता पर नियंत्रण करने की स्थिति में नहीं है। जनता में अभी तक सत्याग्रह की सच्ची भावना व्याप्त नहीं हो पाई है। नतीजा यह है कि वे सत्याग्रह के योग्य ढंग से अपनी संभावनाएँ व्यक्त नहीं कर पाते। नि:संदेह इससे सत्याग्रह पर लांछन आता है।" 'बाम्बे क्रानिकल' अखबार के संपादक हॉर्निमैन बहुत लोकप्रिय थे। सरकार ने उन्हें भारत छोड़कर बाहर जाने की सजा दी। इस पर बम्बई की जनता में आक्रोश हुआ। गाँधी जी ने कहा- " मैंने यह अनुभव कर लिया है कि लोग अभी तक सत्याग्रह के मंत्र को पूरी तरह ग्रहण नहीं कर पाये हैं। हमें इस बात की ठीक प्रतीति नहीं है कि सत्याग्रह का आधार आत्मबल ही है।" हॉर्निमैन की गिरफ्तारी के बाद गाँधी जी बम्बई में भी सरकारी प्रतिष्ठानों को हड़ताल से बचाने की बात कह रहे थे। हड़ताल को धार्मिक रूप प्रदान करते हुए उन्होंने सलाह दी- " वे उपवास करेंगे और धार्मिक चिंतन। अपने धर्मशास्त्र में से

सत्याग्रह संबन्धी उदाहरण याद करके यह समझने के प्रयत्न में दिनभर बितायेंगे कि सत्याग्रह का सच्चा स्वरूप क्या है।... लोग हड़ताल करें, लेकिन सभा न करें।... सारे सत्याग्रही कार्य धार्मिक वृत्ति से चलने चाहिए, इसलिए मैंने २४ घंटे का उपवास करने और सारा दिन धार्मिक चिंतन में बिताने का सुझाव दिया है। मैंने आशा रखी है कि परिवार, के आदमी, बच्चे और नौकर तक इस धर्म-कार्य में हिस्सा लेंगे। हिन्दू लोग 'भगवद्गीता' का पाठ सुनें। स्पष्ट उच्चारण के साथ सारी गीता पढ़ने में ४ घंटे लगते हैं। अन्य हिन्दू-धार्मिक पुस्तकें भी पढ़ी जा सकती हैं। मुसलमानों और दूसरे लोगों को अपने-अपने धार्मिक ग्रन्थों का पाठ करवाना और सुनना चाहिए।

साम्राज्य के प्रति गाँधी जी की दृष्टि में परिवर्तन आया। १५ अप्रैल १९२१ को गुजरात की सभा में उन्होंने उस पर प्रकाश डाला " एक समय मैंने जनता को सलाह दी थी कि वह सरकार को उसकी मुश्किल के वक्त मदद करें। साम्राज्य के अंतर्गत अगर हम हक प्राप्त करना चाहते हों तो पहले हमें अपना फर्ज अदा करना चाहिए, ऐसा मैंने कहा था और इसी कारण खेड़ा जिले का संघर्ष पूरा होने के तुरन्त बाद मैं लोगों को फौज में भर्ती होने के लिए समझाने आया था।... यद्यपि लोगों ने इस काम को उचित ठहराया और इस बात पर अफसोस भी जाहिर किया कि लोग काफी संख्या में भर्ती न हुए, इसलिए नहीं कि वे भर्ती होना गलत समझते थे, वरन् इसलिए कि उनमें हिम्मत की कमी थी और फौज में भर्ती होकर मरने का खतरा था, इससे डरे हुए थे। लेकिन अब "मैं सरकार के विरुद्ध हूँ, इस सरकार के लिए लड़ना मैं अधर्म समझता हूँ। इसके प्रति मेरे मन में पूर्णतः अविश्वास की भावना घर कर गई है। उस समय मैं इस सरकार को राक्षसी नहीं कहता था, लेकिन आज मैं इस राज्य को राक्षसी राज्य अथवा रावण कहता हूँ। जिस अनन्य भक्ति भाव से मैं खेड़ा जिले में पैदल घूम रहा था और सरकार के लिए अपनी ताकत खर्च कर रहा था, अपनी उसी ताकत को 'जो विरासत में मिली', अब मैं सरकार के विरुद्ध इस्तेमाल कर रहा हूँ। कारणः जो सत्य हो उसे करने का नाम ही सत्याग्रह है।

देश की गरीबी मिटाने के लिए गाँधी जी ने जो सबसे महत्त्वपूर्ण अस्त्र भारतवासियों को दिया, वह था 'चरखा'। जनवरी १९४६ के रचनात्मक कार्यकर्त्ता सम्मेलन में गाँधीजी से पूछा गया, जब गरीब आदमी अपनी आय का ८० प्रतिशत से अधिक भाग खाने पर और मात्र १२ प्रतिशत कपड़े पर पर खर्च करता है। तब खादी उत्पादन किस तरह गरीबों के लिए उपयोगी साबित होगा। गाँधीजी ने उत्तर दिया- " अगर खद्दर की मदद से आम लोगों की आमदनी में कुछ आनों

की भी वृद्धि हो सके तो सार्थक होगा। आज तो खादी केवल भारत तक ही सीमित है, लेकिन मैं उस दिन की प्रतीक्षा कर रहा हूँ, जब खादी भारत के सभी चालीस करोड़ लोगों में फैल जायगी।" भारत में खादी का प्रचार प्रसार तभी सम्भव है, जब मिल का बना कपड़ा बिकना बन्द हो जाये। मिलें चालू थीं और मिल मालिक मुनाफा कमा रहे थे। यदि भारत के सभी जन खादी पहनने लगें और सभी किसान कताई-बुनाई करने लगें तब भी भारत की गरीबी समस्या हल होने वाली नहीं थी। इसलिए कि किसान जो भी कमाता, उसका बड़ा हिस्सा अंग्रेजों के पास पहुँच जाता है। जब तक किसानों का शोषण बन्द नहीं होगा, तब तक गरीबी की समस्या हल होने वाली नहीं है। इसके साथ ही जमींदारों और अंग्रेजों से लड़े बिना गरीबी का निराकरण असम्भव था। इस समस्या का एक पक्ष यह भी था कि अंग्रेज भारत के उद्योगीकरण के विरुद्ध थे। वे यहाँ के औद्योगिक विकास में अड़ंगे लगाते थे। उनकी पूरी मनसा यही रहती थी कि उनके देश का बना हुआ माल बिके, जिसमें कपड़े ही नहीं, अन्य वस्तुएँ भी थीं, जो विलायत में बनती थीं। गाँधीजी भी उद्योगीकरण का विरोध कर रहे थे, उसमें पूँजीवादी वर्ग संबन्धों का विरोध भी शामिल था। परन्तु भारत में उद्योगीकरण हुआ, स्वदेशी आन्दोलन के फल स्वरूप भारतीय उद्योग- धन्धों का सीमित विकास भी हुआ। इस विकास से लाभ भी हुआ। गाँधीजी ने एक रचनात्मक कार्यकर्ता सम्मेलन में कहा- "यदि मेरे पास ५० मोटरें हों या दस बीघा जमीन हो तो भी मैं अपनी कल्पना की आर्थिक समानता स्थापित नहीं कर सकता। इसके लिए मुझे अपने को गरीब-से गरीब आदमी के स्तर पर लाना होगा। पिछले पचास साल या उससे भी ज्यादा से मैं यही करने की कोशिश कर रहा हूँ और इसलिए मैं सबसे बड़ा कम्युनिस्ट होने का दावा करता हूँ, हालांकि मैं अमीरों द्वारा प्रदान की गई मोटरों या अन्य सुविधाओं का उपयोग करता हूँ। मेरे ऊपर उनका कोई दबाव नहीं है, और अगर जनसाधारण के हितों के लिए आवश्यक होगा, तो मैं उन्हें एक मिनट के नोटिस पर छोड़ सकता हूँ।"

भारत में जो उद्योग धन्धे नष्ट हो रहे थे। उन पर गाँधी जी की गहरी प्रतिक्रिया थी। १९२७ में गाँधीजी ने कई महत्त्वपूर्ण बातें कहीं " पश्चिम में तो जिन ग्रामीणों के गृह-उद्योग नष्ट किये गये, उन्हें तुरंत ही दूसरा धंधा मिल गया। नहीं मिला, उनके लिए कुछ काम जुटा दिया गया, लेकिन यहाँ उन लोगों में बहुत थोड़े से लोगों को ही कोई दूसरा काम मिला है, जिनकी रोजी धान कुटाई की मिलों ने छीन ली है और उनमें से अधिकांश तो बेकार और दरिद्र ही हो गये।" भारत का औद्योगीकरण अंग्रेजों की छत्रछाया में हो रहा था। भारतीय परिवेश,

कुटीर उद्योग और भारतीय उद्योगीकरण में पश्चिम के उद्योगीकरण तथा बुनियादी अंतर था। गाँधीजी जिस उद्योगीकरण का विरोध कर रहे थे, उसमें साम्राज्यवाद का विरोध शामिल था। २६ जनवरी के घोषणापत्र में उन्होंने कहा था, " गाँव के उद्योग-धन्धे जैसे कि हाथ की कताई नष्ट कर दिये गये हैं... जो हुनर इस तरह नष्ट हो गये हैं, उनके बदले में और देशों की भाँति कोई नया धंधा भी नहीं मिल सका है।... सन् १९२७ वाली टिप्पणी में उद्योगीकरण के सीमित उद्देश्य बताये; "पाठक जल्दी बाजी में यह नतीजा भी न निकाल लें कि हाथ-कताई का यह आंदोलन सभी प्रकार की मशीनों पर अविवेकपूर्ण चोट करता है। इस आंदोलन का उद्देश्य तो केवल ऐसी शक्तिशाली मशीनों का स्थान लेना है, जो भूखों मरने वाले करोड़ों लोगों के नैतिक और आर्थिक हितों को हानि पहुँचाती हैं।"

पिछड़े हुए देशों के औद्योगिक विकास के लिए कर मुक्त व्यापार की नीति जरूरी हो सकती है। इस संदर्भ में गाँधी जी ने जर्मनी का उदाहरण दिया। " कर मुक्त व्यापार की नीति, इंग्लैण्ड के लिए भले ही फायदेमंद साबित हुई हो, पर उसी नीति पर यदि जर्मनी में अमल किया जाता तो वह निःसंदेह जर्मनी को तबाह कर देती। इस समय भूमंडलीकरण और उदारीकरण की जो नीति चलाई जा रही है, वह भारत को तबाह ही कर सकती है। जर्मनी की समृद्धि तो इसलिए हुई कि उसके विचारकों ने गुलामों की तरह इंग्लैण्ड का अनुकरण करने के बजाय अपने देश की खास परिस्थितियों को ध्यान में रखते हुए अपनी अर्थ नीति ऐसी बनाई, जो उनके देश के लिए मजबूत थी..., इंग्लैण्ड और जर्मनी द्वारा शोषित देश ज्यों ही सम्भल जायेंगे और अपना शोषण नहीं होने देंगे, त्यों ही इन दोनों देशों को अपनी अर्थनीति बदलनी पड़ेगी, क्योंकि इन दोनों देशों की सभ्यता दूसरे देशों के शोषण पर आधारित है। हमें याद रखना चाहिए कि यदि हम इस तरह किसी देश का शोषण करना भी चाहें तो आज हममें वैसा करने की शक्ति नहीं है। इसलिए यदि हमें एक स्वतंत्र राष्ट्र के रूप में जीना है तो हमें अपनी अर्थनीति और स्थिति ऐसी बना लेनी चाहिए, जो हमारे विकास के अनुकूल हो।

देश को एकता के सूत्र में बाँधने के लिए वर्ण विद्वेष की भावना को दूर करना अत्यन्त आवश्यक है। ऊँच-नीच के भेदभाव से, छूत-अछूत के भेदभाव से राष्ट्रीयता खंडित होती है। गाँधीजी ने इस दिशा में बहुत कार्य किया। वर्ण और वर्ग विद्वेष से मुक्त वैज्ञानिक सृजनात्मक दर्शन की आँख खुली। दृष्टि के अनुरूप सृष्टि करने हेतु गाँधी जी ने देशवासियों से कहा कि हमारा समाज जाति

मूलक है। ब्राह्मण, क्षत्रिय, वैश्यों की आबादी ३० प्रतिशत होते हुए भी ७० प्रतिशत शूद्रों से पीढ़ी-दर-पीढ़ी दासता करवाती है। हम भारत की स्वतंत्रता चाहते हैं तो उन्हें भी स्वतंत्रता देनी होगी। सवर्ण अवर्णों को अछूत न मानें। उन्हें गन्दा और जूठा भोजन करने, कष्ट से गढ्ढे खोदकर, उनमें एकत्र गन्दा जल पीने को विवश करना छोड़ें। जब उनको सार्वजनिक रास्तों पर चलने, कुओं से पानी भरने व विद्यालयों में पढ़ने नहीं देंगे, तो स्वतंत्रता की मांग में दम कैसे आयेगा? अवर्ण गन्दे रहने, शराब पीने, मुर्दा-मांस खाने और उससे भी हल्का काम करने की आदत त्यागें, तब उन्हें अछूत कहने की किसी को हिम्मत नहीं होगी। दोनों की विचार शुद्धि, व्यवहार शुद्धि, आचरण शुद्धि के लिए साबरमती आश्रम में एकादश व्रतों की आचार संहिता लागू की गयी और शिक्षार्थी शारीरिक, बौद्धिक, नैतिक दृष्टि से कार्य कुशल हुए, तब गाँधी जी ने सार्वजनिक सभा में उन्हें पेश करते हुए पूछा- बताइये, सवर्ण लड़कों और अवर्ण लड़कों में किस तरह की भिन्नता है? अछूतोद्धार के लिए चले बाईकोम सत्याग्रह का विरोध करने पर नम्बूद्रीपाद अड़े रहे तो ११ मार्च १९२५ को सार्वजनिक सभा में उनकी दुखती रंग पर हाथ रखा और पूछा कि आपके बड़े बेटे को ही विवाह करने की छूट है। दूसरे बेटे नायर स्त्रियों के साथ संबन्ध रखते हैं। बिना विवाह के संबन्ध जोड़ना पर उसके साथ खान-पान से परहेज रखना कौन सा ब्राह्मणत्व है? स्वार्थी लोग अपने मन को समझाने के लिए मनमाना रास्ता निकालते हैं। अस्पृश्यता, कन्या-विक्रय, बाल-वैधव्य आदि को धर्म बताते हैं और कोमल बालिकाओं को व्यभिचार के लिए मन्दिर में अर्पण करके उन्हें देवदासी कहकर क्या देव का अपमान नहीं करते? वे किस मुँह से भगवान् का नाम लेते हैं। ऐसी रूढ़ियों को तिलांजलि दिये बिना सामाजिक तथा धार्मिक दासिता से मुक्ति नहीं मिलेगी। सामाजिक समरसता बढ़ाने और धर्मान्तरण रोकने में गाँधीजी की 'हरिजन यात्रा' असरकारी रही।

गाँधीजी ने अछूतोद्धार के प्रश्न को स्वाधीनता आन्दोलन से जोड़ा। उन्होंने बताया " अंग्रेजों ने जैसे हिन्दुओं और मुसलमानों को आपस में लड़ाया, वैसे ही उन्होंने सवर्णों को अछूतों से भी लड़ाने का प्रयत्न किया। ६ करोड अंत्यजों को 'ढेढ़' मानकर तिरस्कार करके हम अंग्रेजों के प्रयत्न सफल नहीं होने देंगे। " गाँधी जी ने यह बात १९२० में कही थी और अंग्रेजों ने यह बराबर प्रयत्न किया कि अछूतों और शेष हिन्दुओं के बीच फासला बराबर बढ़ता रहे। गाँधी जी ने अछूतोद्धार के सवाल को राजनीति से जोड़ा। उनका मानना था कि कुछ सामाजिक प्रश्न इतने व्यापक हो जाते हैं कि उन्हें राजनीतिक बनाये बिना काम

नहीं चल सकता। दक्षिण में ब्राह्मण और ब्राह्मणेतर प्रश्न इतना उग्र हो गया है कि जो राजनीतिज्ञ उसे छोड़ देगा, वह नष्ट हो जायेगा। हालांकि गाँधीजी के कुछ आलोचकों का कहना था कि छूआछूत को राजनीति से दूर रखना चाहिए। हिन्दी प्रदेश में अस्पृश्यता दूर करने के लिए पंडित मदन मोहन मालवीय ने प्रयत्न किया था। गाँधीजी ने लिखा– "उत्तर हिन्दुस्तान में इस दोष को दूर करने के लिए हिन्दू जुटे हैं। भारत-भूषण मालवीय जी की मदद से ओर उनके नेतृत्व में अंत्यज हिन्दू कुएँ से पानी भरते हैं। अस्पृश्यता का दोष अनेक स्थानों पर नष्ट हो गया है। अब अस्पृश्य माने जाने वाले भाइयों को कुएँ का उपयोग करने की सुविधा मिलने लगी है।" गाँधी जी एक अछूत भाई को अपने साथ रखने लगे थे। उससे संबन्धित एक घटना का जिक्र उन्होंने जून १९१६ में अहमदाबाद के जाति सम्मेलन में इस तरह किया– "मेरे साथ दूदाभाई (ढेढ़) रहते हैं। वे यहाँ भी आये हैं। उन्होंने एक बार एक बहन से पानी मांगा। उस बहन ने पूछा, तुम्हारी जाति क्या है। दूदाभाई ने उत्तर दिया– मैं ढेढ़ हूँ। उस बहन ने कहा, तुम ढेढ़ नहीं हो सकते। तुम तो अच्छे कपड़े पहने हो, साफ सुथरे हो, और ढेढ़ जैसे नहीं दिखाई देते। पानी पीकर, उस बहन से फिर कहा, मैं तो ढेढ़ ही हूँ और तुमको धोखा नहीं देना चाहता। इस पर उस बहन ने उन पर गालियों की झड़ी लगा दी। दूदाभाई ने उन गालियों को सह लिया। इस तरह उन्होंने अपने शौर्य और मनोबल का परिचय दिया। इस तरह हमारे लाखों हिंदू भाई ढेढ़ लोगों का तिरस्कार करते हैं और जब तक इस स्थिति में सुधार नहीं होता, तब तक दक्षिण अफ्रीका में और अन्यत्र जो गोरे हमारा तिरस्कार करते हैं, हम उनके सम्मुख यह सिद्ध न कर सकेंगे कि हम इस व्यवहार के सर्वथा अयोग्य हैं।"

गाँधी जी का मानना था कि अछूतों की दशा सुधारना आवश्यक है। उसमें जो चीजें महत्त्वपूर्ण हैं उनमें पहली देश का उद्योगीकरण है, जिससे लोगों को काम मिल सकें और वे पुराना धंधा छोड़ सकें। उसके अलावा उद्योगीकरण से नई तकनीक प्राप्त कर मैला आदि ढोने का काम समाप्त किया जा सकता है। यह जरूरी नहीं है कि समाज में भंगी का काम होता ही रहे। सफाई की अन्य तकनीक का इस्तेमाल किया जा सकता है। दूसरी चीज है– बेजमीन खेत-मजदूरों को जमीन देना। इसके लिए जमीन का नये सिरे से बटवारा करना पड़ेगा और यह तभी संभव है जब जमींदारों और राजाओं का विशेषाधिकार समाप्त किया जाये। गोलमेज सम्मेलन में गाँधी जी ने यह बात कही भी थी। गाँव का ढांचा ज्यों का त्यों बना रहे और जाति प्रथा समाप्त हो जाये– यह सम्भव नहीं है। मैला ढोने की समस्या गाँव से ज्यादा शहरों में है। यदि मैला ढोने के लिए नये तरीके

नहीं अपनाये गये तो यह अनिवार्य होता चला जायेगा। और ऐसी सामाजिक व्यवस्था में कुछ काम अच्छे समझे जाते हैं, कुछ काम बुरे समझे जाते हैं। जो शारीरिक श्रम बिलकुल न करे, भौतिकता का जीवन यापन करे, वह श्रेष्ठ है। जो श्रम करे, वह श्रेष्ठ नहीं है या कम श्रेष्ठ है। ऐसी परिस्थिति में नये तरीके अपनाये बिना शहर-गाँव दोनों स्थानों पर मैला ढोने का काम समाप्त नहीं किया जा सकता और इस कार्य सुधार के बिना अछूतों की दशा सुधार में भौतिक परिवर्तन असम्भव है।

गाँधी जी समाज सुधार का व्यापक आन्दोलन चला रहे थे। जिसमें बाल विवाह, बलिप्रथा-विरोध, छूआ-छूत, के साथ ही स्त्रियों की स्थिति में सुधार का आन्दोलन सम्मिलित था। सामन्ती व्यवस्था में स्त्री की स्थिति शूद्र की तरह थी, वहीं गाँधी-युग में वह स्वतंत्रता संग्राम की सह सैनिक बन गयी। राजनीतिक आन्दोलन से स्त्रियों की मुक्ति को नये क्षितिज मिले। दक्षिण अफ्रीका से लेकर भारत तक गाँधी जी द्वारा संचालित आन्दोलनों में स्त्रियों ने बढ़ चढ़कर हिस्सा लिया। सुभद्रा कुमारी चौहान, श्रीमती सरोजनी नायडू, अरुणा आसफ अली, आदि समकालीन पुरुषों और स्त्रियों में आगे बढ़ गयी थीं। गाँधीजी का मानना था स्त्रियों का काम केवल घर की देखभाल करना और खाना पकाना नहीं है। २० जून १९२७ को उन्होंने मणिलाल और सुशीला गाँधी को लिखा- "सुशीला ने कम्पोंजिंग सीखना शुरू कर दिया है, यह भी अच्छी बात है। वह प्रेस चलाने योग्य बन सकती है।... घरेलू कामकाज का झंझट बहुत अधिक नहीं बढ़ाना चाहिए...। स्त्रियों को सिर्फ रसोई बनाने के लिए ही नहीं सिरजा गया है। और जिस हद तक रसोई बनना आवश्यक है, उस हद तक उसमें (पति-पत्नी) दोनों को हाथ बंटाना चाहिए। यदि दोनों सेवावृत्ति से हाथ बंटायें तो वे आसानी से समय की बचत करने वाले अनेक नुस्खे खोज सकते हैं।" नमक सत्याग्रह में महिलाओं की हिस्सेदारी को देखकर गाँधीजी ने कहा था नमक सत्याग्रह के दिनों में महिलाओं ने अपनी देशभक्ति का परिचय दिया था और यह बता दिया था कि वे पुरुषों से लेशमात्र भी पीछे नहीं हैं। गाँधीजी अहिंसानिष्ठ थे, इसके बावजूद युद्ध में स्त्रियों की वीरता के प्रशंसक थे। लड़ाई लड़ना मूलतः पुरुषों का ही काम है। लेकिन इस्लाम के प्रारंभिक युद्धों में अरब स्त्रियाँ अपने पतियों के साथ खड़ी होकर बहादुरों की तरह लड़ी थीं। गदर में झांसी की रानी ने जो इनाम पाया, वह इनाम बहुत कम पुरुषों को प्राप्त होता है। गुजरात के रणछोड़ जी के मंदिर में स्त्रियों की एक सभा में गाँधीजी ने कहा था: "आप सभी इस तीर्थ स्थान पर पवित्र भाव से आयीं हैं। आपको लगता होगा कि डाकोर जी के

दर्शन किये कि सभी पाप नष्ट हो गये। गोमती में स्नानकर लेने मात्र से सर्वस्व मिल गया। कुछ बहनों का यह भी ख्याल होगा कि गाँधीजी जैसे महात्मा के दर्शन करके कृतार्थ हो गयीं। यह बात बिलकुल गलत है...जब तक हमारा मन शुद्ध नहीं, दिल जब तक साफ नहीं हुआ, तब तक गोमती का स्नान या रणछोड़ जी के दर्शन का कुछ भी फल नहीं हो सकता।''

राष्ट्रभाषा के प्रति गाँधीजी के मन में सम्मान और स्वीकृति का भाव निरन्तर बना रहा। भाषा उनके लिए राष्ट्रीय अस्मिता थी। दक्षिण अफ्रीका में अनेक भाषाएँ बोलने वाले भारतीय थे। वे परस्पर व्यवहार में हिन्दी भाषा का प्रयोग करते थे। जब गाँधी जी दक्षिण अफ्रीका से भारत लौटे, तब उनसे इस विषय पर प्रश्न किया गया जो १४ फरवरी १९१५ के 'मराठा' समाचार पत्र में छपा था कि वहाँ सभी भारतीय हिन्दी के माध्यम से बात करते हैं। जब गोखले दक्षिण अफ्रीका में आये, तब गाँधी जी ने चाहा था कि वे अंग्रेजी के बदले हिन्दुस्तानियों की सभा में भारतीय भाषाओं में बोलें। "जोहानिसबर्ग में केवल हिन्दुस्तानियों की विराट सभा करनी थी। मेरा यह आग्रह पहले से ही था कि उसमें या तो मातृभाषा में बोलना चाहिए या राष्ट्र भाषा हिन्दुस्तानी में।'' गोखले की मातृभाषा मराठी थी। वहाँ कोंकणी मुसलमान भी थे। यह बात उल्लेखनीय है कि हिन्दू और मुसलमान दोनों मराठी के प्रेमी थे। गाँधीजी ने लिखा- "मैंने उनसे पूछा: आप मराठी में बोलेंगे तो इन लोगों को खुशी होगी और आप मराठी में बोले तो मैं उसका हिन्दुस्तानी में अनुवाद करूँगा। इससे वे बड़े जोर से हँस पड़े। आपका हिन्दुस्तानी का ज्ञान मुझे तो अच्छी तरह मालूम है। वह हिन्दुस्तानी आपको मुबारक हो, फिर बोले : अब आप मराठी से अनुवाद करेंगे। मुझे आप यह बताइये कि आपने इतनी मराठी कहाँ से सीखी। मैंने कहा जो बात आपने मेरी हिन्दुस्तानी के बारे में कही, वही मराठी के संबन्ध में समझें। मैं मराठी में एक शब्द भी नहीं बोल सकता, किन्तु मुझे जिस विषय का ज्ञान है, यदि आप उस विषय में मराठी में बोलेंगे तो उसका आशय मैं अवश्य समझ जाऊँगा''। आखिर गोखले मराठी में बोलने के लिए राजी हो गये। उसके बाद ठेठ जंजीबार तक मराठी में ही उनके भाषण हुए और मैं उनका विशेष रूप से नियुक्त भाषांतरकार था। राष्ट्रीय भावना भारतीय भाषाओं में व्यक्त हो, इस बात पर उनका पूरा प्रयास रहता था।

१९४२ में काशी हिन्दू विश्वविद्यालय में गाँधी जी ने तेलुगू भाषी छात्रों से कहा- " मुझे यह जानकर खुशी हुई कि यहाँ आन्ध्र के २५० विद्यार्थी हैं। क्यों न वे सर राधाकृष्णन् के पास जायें और उनसे कहें: " यहाँ हमारे लिए एक

आन्ध्र विभाग खोल दीजिये और तेलगू में हमारी पढ़ाई का प्रबन्ध करा दीजिये। और अगर वे मेरी अक्ल से काम करें, तब तो उन्हें कहना चाहिए कि हम हिन्दुस्तानी हैं। हमें ऐसी जबान में बोलना चाहिए, जो सारे हिन्दुस्तान में समझी जा सके और मेरी जबान तो हिंदी ही हो सकती है।''

गाँधीजी ने स्वयं हिन्दी सीखी, जो बहुत ही दिलचस्प है। दिसम्बर १९१६ में लखनऊ में अखिल भारतीय एक भाषा व एक लिपि सम्मेलन हुआ, जिसकी अध्यक्षता गाँधीजी ने की थी। इसमें उन्होंने कहा- "मैं गुजरात से आता हूँ मेरी-हिंदी टूटी-फूटी है। मैं आप सब भाइयों से टूटी-फूटी हिंदी में ही बोलता हूँ। क्योंकि थोड़ी अंग्रेजी बोलने में भी मुझे ऐसा मालूम होता है मानों मुझे इससे पाप लगता है।'' फिर अपने हिंदी सीखने के बारे में कहा " मैं हिन्दी सीखना चाहता था। अहमदाबाद में हिंदी सिखाने वाला नहीं था। एक गुजराती सज्जन से, जो टूटी-फूटी हिंदी जानते थे और काशी में १५-२० वर्ष रहे थे, मैंने हिंदी सीखी। बोलचाल की हिन्दी वे प्रारम्भ से कुछ जानते थे। दक्षिण अफ्रीका में वे उस हिंदी से काम चला लेते थे। सम्पूर्ण गाँधी वाङ्गमय के दूसरे खण्ड में अकाल पीड़ितों की सहायता के लिए धन-संग्रह की अपील छपी थी। ३ फरवरी १८९७ को लिखी गई अपील पर दादा अब्दुला की कम्पनी महमूद कासम कमरुद्दीन, आजम गुलाम हुसैन, पारसी रुस्मजी, रेवरेंड सोमन वेदमुट, मूसा हाजी कासम, जोसफ रोयोपन, बी. लारेंस, जी गोडफ्रे आदि के अंत में एम.के. गाँधी के हस्ताक्षर हैं। अपील का प्रारम्भ इस प्रकार है- " हिंदी अपने भाईबंद हमेशा खा-पी के मझा करते हैं और हिन्दुस्तान में लाखों आदमी भूख से मरते हैं। यह बारे में कुछ ख्याल करना चाहिए। आपको मालूम होगा कि आजकल हिंदुस्थान में अकाल के लिए बड़ा कोष हुआ है।'' आदि। अंत में लिखा है- "कमती से कमती अपने लोक में एक हजार पौंड होना चाहिए और उससे जास्ती पण होना चाहिए। लेकिन कीतना होना वो तुम्हारी दिल सोजी ऊपर हैं। इंगलीश और तामील में लीखेली रसीद याने पहोंच बीना कोई कु पैसा देना नहिं।'' यह दस्तावेज अपना ऐतिहासिक महत्त्व रखता है। ८ फरवरी १९१५ को गाँधी जी ने महात्मा मुंशीराम को पत्र लिखा, उसमें हिंदी इस प्रकार है- "आपका तार मुझे मीला था। उस्का उत्युत्तर तार से भेजा था। वह आपको मीला होगा। मेरे बालकों के लिये ये जो परिश्रम आपने उठाया और उनको जो प्यार बतलाया, उस वास्ते आपका उपकार मानने का मैंने भाई एडरूझ को लीखा था। लेकिन आपके चरणों में सीर झुकाने की मेरी उमेद है।'

बोलचाल की हिंदी से संतुष्ट न होकर गाँधीजी लिखित हिन्दी का भी

अभ्यास करना चाहते थे। हिन्दी के साथ उर्दू, संस्कृत, तमिल भी पढ़ना चाहते थे। जेल में उन्हें काफी समय मिलता था। उन्होंने लिखा– " १८९४ के बाद से मुझे जमकर पढ़ने का समय दक्षिण अफ्रीका की जेलों में ही मिला। मुझे न केवल पढ़ने का शौक उत्पन्न हुआ बल्कि संस्कृत का अपना ज्ञान पूरा करने और तमिल, उर्दू का अभ्यास करने की रुचि भी जागी। तमिल इसलिए कि दक्षिण अफ्रीका में अनेक तमिल भारतीयों से मेरा सम्पर्क था और उर्दू इसलिए कि बहुत से मुसलमानों से मुझे काम पड़ता था।" १९१८ में गाँधी जी वायसराय के सामने हिंदी में बोले। एक भाषण में उन्होंने बताया– "जब बहुत ज्यादा चर्चा के बाद मैंने युद्ध परिषद् में भाग लेना मंजूर किया और वायसराय से प्रार्थना की थी कि परिषद् में मुझे हिंदी या हिन्दुस्तानी में बोलने की छूट दी जाय। मैं जानता हूँ कि इस तरह की प्रार्थना करने की कोई जरूरत न थी। फिर भी शिष्टता की दृष्टि से यह आवश्यक था।"

अंग्रेजी से टक्कर सभी भारतीय भाषाओं की थी, लेकिन हिंदी की सबसे ज्यादा थी। इसका मूल कारण था कि वह भारत के सबसे बड़े जनसमुदाय में बोली जाती थी। इस बड़े जनसमुदाय के अतिरिक्त आर्य परिवार की भाषाएँ बोलने वाले लोग हिंदी आसानी से समझते और बोलते थे। गाँधीजी ने मई १९१७ में अंग्रेजी का विरोध और हिंदी का समर्थन करते हुए कहा था– " हिंदी ही हिन्दुस्तान के शिक्षित समुदाय की सामान्य भाषा हो सकती है, यह बात निर्विवाद सिद्ध है। यह कैसे हो, केवल यही विचार करना है। जिस स्थान को आजकल अंग्रेजी भाषा लेने का प्रयत्न कर रही है और जिसे लेना उसके लिए असंभव है, वही स्थान हिन्दी को मिलना चाहिए, क्योंकि हिंदी का उस पर पूर्ण अधिकार है। यह स्थान अंग्रेजी को नहीं मिल सकता। क्योंकि वह विदेशी भाषा है और हमारे लिए बड़ी कठिन है। अंग्रेजी की अपेक्षा हिंदी सीखना बहुत सरल है। हिंदी बोलने वालों की संख्या प्राय: ६ करोड़ है। बंगला, बिहारी, उड़िया, मराठी, गुजराती, राजस्थानी, पंजाबी, और सिंधी सब हिन्दी की बहनें हैं। उक्त भाषाओं को बोलने वाले थोड़ी बहुत हिन्दी समझ तथा बोल लेते हैं। इन सबको मिलाने से संख्या प्राय: २२ करोड़ हो जाती है। जिस भाषा का इतना प्रचार है, उसकी बराबरी करने के लिए अंग्रेजी, जिसे एक लाख हिन्दुस्तानी भी ठीक-ठीक नहीं बोल सकते, कैसे समर्थ हो सकती है? आज तक हमारा देशी काम और व्यवहार हिंदी में प्रारम्भ नहीं हो पाया। इसका कारण हमारी भीरुता, अश्रद्धा और हिंदी भाषा के गौरव का अज्ञान है। यदि हम भीरुता छोड़ दें, श्रद्धालु बनें, हिन्दी का गौरव समझें तो हमारी राष्ट्रीय और प्रान्तीय परिषदों तथा सरकारी व्यवस्था

सभाओं का भी व्यापार हिंदी में चलने लगेगा।''

गाँधीजी का गद्य, शिल्प, लेखन सहज और सरल था। उनके लेखन में कहा जा सकता है, कलात्मक सहजता थी और विभिन्न विधाओं की विशेषताएँ थीं। ४ सितम्बर १८८८ का लिखा उनके यात्रा वृत्तान्त को हिन्दी के आधुनिक काल का प्रथम यात्रा वृत्तान्त है। जब आधुनिक हिन्दी खड़ी बोली-गद्य संघर्ष कर रही थी, उस समय लिखे गये यात्रा वृत्तान्त के उदाहरणों से गाँधीजी के हिन्दी गद्य शैली की प्रामाणिकता की अनुभूति होती है- ''समुद्र यात्रा। लगभग ५ बजे शाम को जहाज का लंगर उठा। यात्रा को लेकर मैं बहुत शंकित था, परन्तु सौभाग्य से वह मेरे अनुकूल पड़ी। मेरे जीवन में यह पहली जहाज यात्रा थी।...मुझे जहाज की व्यवस्था बहुत पसन्द आयी...कोठरियों में बैठे-बैठे मन अक्सर ऊब उठता है। छत पर खुली हवा मिलती है। अगर आप निःसंकोची हों और जरूरी लियाकत रखते हों तो साथी यात्रियों से मिल-जुल सकते हैं और उनसे बातचीत कर सकते हैं। जब आसमान साफ होता है, तब दृश्य बड़ा सुहावना होता है। एक रात को जब चाँदनी छिटकी हुई थी, मैं समुद्र का अवलोकन कर रहा था। चन्द्रमा का प्रतिबिम्ब पानी पर पड़ रहा था। लहरों के कारण चन्द्रमा ऐसा दिखलाई पड़ता था, मानो वह इधर-उधर डोलता हो। एक अंधेरी रात को जब आकाश साफ था, तारों के प्रतिबिम्ब पानी पर दिखलाई पड़े, उस समय हमारे चारों ओर का दृश्य बड़ा सुन्दर था। पहले पहल तो मैं अनुमान ही नहीं कर सका कि यह सब क्या है। ऐसा लगता था मानो इतने सारे हीरे बिखरे हुए हों। परन्तु यह तो मैं जानता ही था कि हीरे तैर नहीं सकते। फिर मैंने सोचा कि ये कोई कीड़े होंगे, जो रात को ही दीख पड़ते हैं। उन्हीं विचारों में डूबे हुए मैंने आसमान की ओर देखा। फिर मैं समझा कि ये तो और कुछ नहीं तारों के प्रतिबिम्ब हैं। मैं अपनी भूल पर हँस पड़ा। तारों की परछाइयाँ आतिशबाजी की कल्पना कराती थीं।''

फरवरी १९२० को गाँधीजी काशी आये। यहाँ परम पावनी गंगा को देखा अरुणोदय और सूर्योदय का दृश्य देखकर लिखा- ''हमारे रहने का प्रबंध पंडित जी के साथ ही गंगा तट पर किया गया था। अरुणोदय और सूर्योदय का दृश्य सब स्थानों पर भव्य होता है, लेकिन गंगाजी के तट पर तो यह दृश्य मुझे नितांत अद्‌भुत जान पड़ा। आकाश में जैसे-जैसे प्रकाश बढ़ता जाता है, वैसे-वैसे गंगा के पानी पर स्वर्णिम प्रकाश बिखरता जाता है उस समय ऐसा प्रतीत होता है मानो पानी में वृहदाकार स्वर्ण स्तम्भ प्रतिष्ठापित कर दिया गया है। इस दृश्य को कितना भी देखें आँखों को तृप्ति नहीं होती थी। भक्त जनों के कंठ से गायत्री मंत्र अपने-आप स्फुरित हो उठता था। उस भव्य दृश्य को देखने के बाद सूर्य

की उपासना, नदियों की महिमा और गायत्री मंत्र के अर्थ को मैं अच्छी तरह समझ सका।''

गाँधी जी के गद्य को देखने से सहज ही अनुभव होता है कि आपके गद्य सहज और बोधगम्य हैं। वाक्य बड़े और क्लिष्ट नहीं हैं। भाषा सीखने के लिए ऐसे ही गद्य की आवश्यकता है। गाँधीजी ने अपने गद्य में यथार्थ और बीभत्स दृश्यों का भी वर्णन किया है, क्योंकि उनके पास जो मूल तत्त्व था, वह था सत्य। सत्य कहीं भी हो, उसका उसी रूप में चित्रण उस व्यक्तित्व और लेखन का लक्ष्य था। काशी में गंगा के सूर्योदय दृश्य को देखने के बाद उसी गंगा के बीभत्स दृश्यों का भी वर्णन किया– " इसी स्थान पर घूमते हुए मैंने अपने देश और अपने पूर्व पुरखों के बारे में गर्व का अनुभव किया, लेकिन इसके साथ ही मुझे वर्तमान स्थिति का विचार करते हुए दुःख हुआ। मैंने नदी के किनारे ही लोगों को शौचादि करते हुए देखा। जंगल जाना छोड़कर अब नदी पर जाते हैं। इस पवित्र स्थान पर तो ऐसी स्थिति होनी चाहिए कि आँख-मूंद कर नंगे पाँव चल-फिर सकें। लेकिन इसके बदले हमें बहुत संभल-संभल कर चलना पड़ता है। ऐसी जगह से गंगा जल पीते हुए भी घिन आती है। इस गंदगी के बारे में सोच ही रहा था कि मुझे काशी के विश्वनाथ मंदिर की याद आ गई। मंदिर के पास की संकरी गली, वहाँ की गंदगी, वहाँ रखे हुए सड़े फूलों का ढ़ेर, वहाँ के पुजारी ब्राह्मणों की कठोरता और मलीनता– इन सबके विचार मात्र से मैंने एक लम्बी सांस ली तथा मुझे भारतीयों की अवनति के कारणों की याद आई, और तब मुझे पंडित जी तथा उनके कार्यों का ख्याल आया। काशी हिन्दू विश्वविद्यालय की सफलता से ही भविष्य में (हम) उनकी कीमत आँकेंगे।'' गाँधी जी के लेखन में मानवता की गहरी पीड़ा, पर्यावरण प्रकृति की सार-सम्हाल का दर्द भरा हुआ था, जिसमें उनके जीवन मूल्य झलकते हैं।

गाँधीजी के लेखन में पत्रकारिता छलकती है। समाज की ऐसी कोई समस्या नहीं होगी, जहाँ उनकी कलम न चली। मूलतः गाँधीजी पत्रकार हैं। संस्मरण, रेखाचित्र, यात्रा-वृत्तांत आदि अनेक विधाएँ उन्होंने अपनायीं। उनके यात्रा वृत्तांत सबसे रोचक हैं। उनका एक अत्यन्त महत्वपूर्ण ललित निबंध है– "सौ मंजिला वायसराय का आवास, जो शिमला में है। निबंध व्यंग्यपूर्ण है।''

गाँधीजी का मन कविता में रमता था। बचपन में उन्होंने जो कविताएँ पढ़ी थीं, वे बाद में भी याद रहीं। उसका उपयोग वे अपने भाषणों और लेखन में करते थे। दक्षिण अफ्रीका के एक प्रसंग में उन्होंने लिखा है– "ऐसी खबर मिली है कि १८ अंगुली वाले कागज पंजीयन दफ्तर में नहीं रहते। वे सब पुलिस को

सुपुर्द किये जाते हैं।" इन कागजातों पर अपराधियों के साथ हिन्दुस्तानियों के नाम भी दर्ज किये जाते थे। १८ अंगुलियों को याद करते हुए गाँधीजी को अपने बचपन की कविताएँ याद आती हैं- "ऊँट के टेढ़े मेढ़े शरीर में १८ बल होते हैं। बताओ, उसे ढका जाय तो वह ढंका कैसे रहे? ऐसा ही कुछ हाल १८ अंगुलियाँ लगाने वाले भारतीयों का भी मानें।" गाँधीजी का गुजरात के अनेक साहित्यकारों, कवियों से घनिष्ठ संबन्ध था। इसमें कवि राजचन्द्र भी थे। १६ नवम्बर १९२१ को उनकी जयंती के अवसर पर गाँधीजी का हृदयस्पर्शी व्याख्यान हुआ कि जिनका पुण्य स्मरण करने के लिये हम यहाँ इकट्ठे हुए हैं, वे दया, धर्म की मूर्ति थे। अपने जीवन पर उनका जो प्रभाव पड़ा, उसका उल्लेख उन्होंने बड़ी आत्मीयता से किया: "मैं अनेक बार कह चुका हूँ कि मैंने बहुत सारे व्यक्तियों के जीवन से बहुत कुछ ग्रहण किया है, लेकिन सबसे अधिक अगर मैंने किसी के जीवन से ग्रहण किया है, तो वह कवि श्री के जीवन से ही किया है। दया-धर्म भी मैंने उनके जीवन से सीखा है।" गाँधीजी को ऐसे रचनाकार विशेष रूप से प्रिय थे, जिनमें नैतिकता की प्रधानता हो, वैष्णव भक्ति हो। उनकी रचनाओं का वे अपने लेखों और भाषणों में उल्लेख करते थे। नरसी मेहता का रचा हुआ 'वैष्णव जन तो तेने कहिए" उन्हें बहुत प्रिय था। १९४६ में उन्होंने एक प्रार्थना सभा में कहा-"युवाकाल से ही इस भजन ने मुझे प्रभावित किया है।...उसकी धुन और उसमें व्यक्त किये भाव अभी मेरे कानों में गूंज रहे हैं।...इसकी धुन ऐसी है कि इसे सामान्य ग्रामीण लोग भी गा सकते हैं। यह मधुर होने के साथ-साथ सारगर्भित है। भगवान विष्णु का उपासक इस भजन के द्वारा अन्य लोगों के कष्टों को अपने ऊपर लेने की कोशिश कर रहा है और ऐसा करते हुए उसे अपार प्रसन्नता हो रही है। भजन का मर्म यही है।"

हिन्दी साहित्य से गाँधी का अत्यधिक लगाव था। उनकी प्रिय कवियित्री मीरा थीं। उनके बारे में १९१७ में उन्होंने ऐस्थर फैटिंग नाम की लड़की को लिखा था-"दो तीन शताब्दी-पूर्व मीराबाई नामक एक महान रानी हुईं। उन्होंने अपने पति और समस्त वैभव का त्याग करके परम प्रेम का जीवन बिताया। अन्त में उनके पति उनके भक्त बन गये। हम अक्सर उनके रचे हुए कुछ सुन्दर भजन आश्रम में गाते हैं। जब तुम आश्रम में आओगी, तब इन गीतों को सुनोगी और किसी दिन गाओगी भी।" गाँधीजी साहित्य समालोचक भी थे। उनकी साहित्यिक टिप्पणियाँ श्रेष्ठ हुआ करती थीं। तुलसीदास पर समय-समय पर अनेक आक्षेप लगाये गये। कहा जाता है कि वे शूद्रों के विरोधी थे। गाँधीजी की टिप्पणी : ("रामचरित मानस में स्त्री जाति की काफी निन्दा मिलती है, परन्तु उसी ग्रन्थ

द्वारा सीताजी के पुनीत चरित्र का भी हमें परिचय मिलता है। बिना सीता के राम कैसे? राम का यश सीता पर निर्भर है।...तुलसीदास जी ज्ञानपूर्वक स्त्री जाति के निंदक नहीं थे। ज्ञानपूर्वक तो वे स्त्री जाति के पुजारी थे।" तुलसीदास गाँधी जी के प्रिय रचनाकार रहे। गीता और मानस को गाँधीजी ने अपने जीवन में आत्मसात किया था। मानस के प्रत्येक चरित्र छोटे-बड़े, नायक, नायिका, महानायक, खलनायक आदि सभी पात्रों का उन्होंने बारीकी से अध्ययन किया था।

एक प्रसंग में गाँधीजी ने राम, लक्ष्मण, भरत के संदर्भ में लिखा है-"रामचन्द्रजी चाहे जितने वीर क्यों न रहे हों, उन्होंने कैसा ही पराक्रम क्यों न दिखाया हो और लाखों राक्षसों का वध क्यों न किया हो, किन्तु यदि उनके पीछे लक्ष्मण और भरत जैसे भक्त भाई न होते तो आज राम को कोई भी नहीं जानता। सारांश यह कि रामचन्द्रजी में केवल असाधारण तेज होता तो उनकी कीर्ति कालान्तर में समाप्त हो जाती। राक्षसों का संहार करने वाले उनके जैसे अनेक वीर हो गये हैं। उनमें से किसी की कीर्ति आज घर-घर में नहीं गायी जाती। रामचन्द्रजी में कुछ विशेष तेज था और वे उस तेज को लक्ष्मण और भरत में उतार सके थे। इसलिये लक्ष्मण और भरत महान् तपस्वी हुए। उनके इस तप का महात्म्य गाते हुए तुलसीदास ने कहा है कि महान मुनियों के लिये भी जो तप अगम है, ऐसा तप करने वाले भरत जैसे महान तपस्वी न जन्मे होते तो मुझ जैसे मूढ़ को राम का दर्शन कौन कराता? इसका अर्थ यह हुआ कि राम यश अथवा उनकी शिक्षाओं के रक्षक लक्ष्मण और भरत हैं। फिर तप ही सब कुछ नहीं है, क्योंकि आहार और निद्रा का १४ वर्ष का त्याग जैसे लक्ष्मण ने किया था। वैसे ही इन्द्रजीत ने भी किया था। किन्तु लक्ष्मण को रामचन्द्रजी से तप का जो मर्म प्राप्त हुआ था, इन्द्रजीत उससे वंचित था। इतना ही नहीं, उसकी वृत्ति तप का दुरुपयोग करने की ओर थी इसलिये उसे राक्षस कहा गया और भक्त तथा मुमुक्षु लक्ष्मण के हाथों पराजित हुआ।...आदर्श को क्रियान्वित करने वाला मार्ग तप है। उस तप अनुशासन को बालकों के जीवन में उतारना कितना आवश्यक है, यह समझ लेना चाहिये।

राष्ट्रीय आंदोलन के प्रखर नेता गाँधी जी तुलसीदास पर बराबर चिन्तन मनन करते रहे। जिसे देश से वास्तविक प्रेम होगा, वह देश को सुखी सम्पन्न बनाना चाहेगा। देश मात्र देश नहीं है, नदी, पहाड़, झरना, पशु-पक्षी, वन-बाग, सभी देश हैं। सभी के साथ का प्रेम ही देशप्रेम है। इस प्रेम को अभिव्यक्ति देती है भाषा। गाँधीजी ने केवल हिन्दी या गुजराती से प्रेम नहीं किया, बल्कि समस्त

भारतीय भाषाओं का समर्थन किया, जिसमें बोलियाँ भी शामिल हैं। तुलसीदास, नरसी मेहता उनके प्रिय कवि हैं। काशी नागरी प्रचारिणी सभा में ५ जनवरी १९१६ को अपना भाषण देते हुए उन्होंने कहा था–"साहित्य विहीन जाति को स्वाधीनता नहीं मिल सकती। इसलिए लोगों को चाहिये कि वे अंग्रेजी के उच्च विचार और नये ख्याल सब लोगों के सामने रखें। कल डॉ. जगदीशचन्द्र बसु व्याख्यान देंगे। यदि वे बंगला में व्याख्यान दें तो मेरा कोई झगड़ा नहीं है, पर यदि वे अंग्रेजी में दें तो उनसे मेरा झगड़ा है। नागरी प्रचारिणी सभा का कर्त्तव्य है कि जो पुस्तकें डा. जगदीश चन्द्र बसु ने अंग्रेजी में लिखी हैं, उनका वे हिन्दी में अनुवाद करें। जर्मनी में जो विद्वत्तापूर्ण पुस्तकें तैयार होती हैं, अंग्रेजी में दूसरे ही सप्ताह अनुवाद हो जाता है। इसी से यह प्रौढ़ भाषा है। हिन्दी में भी ऐसी ही होना चाहिये। लोगों को अपनी भाषा की असीम उन्नति करनी चाहिये क्योंकि सच्चा गौरव उसी भाषा को प्राप्त होगा, जिसमें अच्छे-अच्छे विद्वान जन्म लेंगे। उसी का सारे देश में प्रचार भी होगा। यदि तमिल में अच्छे विद्वान पैदा होंगे तो हम भी तमिल बोलने लग जायेंगे। जिस भाषा में तुलसीदास जैसे कवि ने कविता की हो, वह अवश्य पवित्र है और उसके सामने कोई भाषा नहीं ठहर सकती। हमारा मुख्य काम हिन्दी सीखना है, पर तो भी हम अन्य भाषाएँ सीखेंगे। अगर हम तमिल सीख लेंगे तो तमिल बोलने वालों को भी हिन्दी सिखा देंगे। गाँधीजी को उर्दू, फारसी, अंग्रेजी, रूसी आदि भाषा और उनके साहित्य से प्रेम था।

गाँधीजी का सौन्दर्य बोध सहज और सरल था। उनके लेखन, जीवन, आचार-प्रचार, संचार में सरल भारतीय संस्कृति और परंपरा का दर्शन होता है। उन्होंने जीवन और कला में सादगी, स्वच्छता और साधन शुद्धि का विशेष ध्यान रखा। आज उपभोक्तावादी संस्कृति का बोलबाला है। विदेशी कम्पनियाँ अपने विविध उत्पादों के साथ भारत के गाँवों और बाजार पर छा गयी हैं। देश ऋणग्रस्त होता जा रहा है। आर्थिक मंदी ने देश को झकझोर रखा है। पर्यावरण असंतुलन बढ़ा है। भारतीय अपने पारम्परिक कुटीर-उद्योग, खेती, विशेषकर वस्त्र उद्योग, हस्तकला को भूलते जा रहे हैं। ऐसी परिस्थिति में गाँधीजी का सौन्दर्य बोध, कला, रचनात्मक दृष्टि और जीवन साहित्य विशेष महत्व रखता है। गाँधीजी ने १९२१ में कपड़े के व्यापारियों से कहा था–"मेरी आपसे प्रार्थना है कि आप उपभोक्ता की बात जरूरत से ज्यादा न सोचें। आपका झीनी, जापानी धोतियाँ या साड़ियाँ या मांडीदार महीन सूती कपड़े दिखाकर उनको प्रलोभन देना उचित नहीं है। मेरा आपसे अनुरोध है कि आप इसकी अपेक्षा उपभोक्ताओं

में खादी में कला देखने की रुचि पैदा करें। कपड़े में एक सा पन और मुलायमियत ही कला हो, सो बात नहीं। बहुत ही बढ़िया बने हुए रेशम के गुलाबी फूल में कोई कला नहीं है क्योंकि उसमें कोई जीवन नहीं है। लेकिन बाग में पैदा हुआ, बाग से तोड़ा हुआ गुलाब का ऐसा फूल, जिसकी बहुत सी पंखुड़ियाँ झड़ गई हों, सफाई से बनाये हुए नकली गुलाब की अपेक्षा, जो सजी हुई खिड़की में रखा हुआ है, किसी भी हालत में बढ़िया बैठता है। असली फूल में जीवन का संचार है। क्या ही अच्छा हो कि भारत के व्यापारी पैसे के लिये काम न करें। वे प्राचीन कला का अध्ययन करें और उसे पुनर्जीवित करना अपना व्यवसाय बना लें।" कांग्रेस के अधिवेशन की व्यवस्था कैसी हो, इस प्रसंग में गाँधीजी ने लिखा, जो उनके व्यक्तित्व को दर्शाता है। "आजकल तो यह माना जाता है कि हिन्दुस्तानी व्यवस्था के मानी हैं-गंदगी और अंग्रेजी व्यवस्था के मानी हैं-सफाई। पर नियम असल में यह होना चाहिये कि जितनी ही अधिक सादगी, उतनी ही अधिक सफाई और जितना ज्यादा ढोंग-ढकोसला, उतनी ही ऊपरी शानबान और अंदर मैलापन। परन्तु अपने आजकल के बर्ताव में हमने सादगी के साथ गंदगी को मिला लिया है। हमें इसमें से बाहर निकलना होगा।" गाँधीजी खादी के प्रचारक थे। रेशम के पारखी भी थे। उन्होंने लिखा- "असम में रेशम भी अच्छा पैदा होता है। इससे वहाँ की औरतें रेशम और सूत दोनों बुनती हैं। उन पर अनोखे बेलबूटे भी काढ़ सकती हैं। ५० बरस पहले प्रत्येक स्त्री सूत कातती थी और बुनती भी थी। पर जबसे अंग्रेजी राज आया, तब से उसके साथ ही विलायती सूत भी यहाँ आ पहुँचा। इसी सूत ने सब कुछ चौपट कर दिया।"

खादी के कपड़े पर रंगाई करके उस पर फूलकारी बनाकर पहनना भी गाँधीजी को भाता था। उन्होंने लिखा है- " गुजरात के पास जलालपुर जट्टा नामक छोटा सा गाँव है। हमें यहाँ भी जाना था। उसे केवल बुनकरों का गाँव कहा जा सकता है। वहाँ की स्त्रियाँ कातती हैं और मर्द बुनते हैं। वहाँ की एक छोटी सी गली को लोगों ने हाथ से बुने कपड़े से सजा रखा था। ये कपड़े मात्र सफेद खादी के नहीं थे, वरन् खादी को लाल रंग से रंग कर उसमें रेशम से काम किया गया था। ऐसे वस्त्रों को यहाँ लोग फूलकारी कहते हैं। इसमें सुन्दर बेलबूटे कढ़े हुए होते हैं। इससे वे आँखों को प्रिय लगते हैं। विवाह के अवसर पर वर-वधू को ऐसी फूलकारी भेंट की जाती है और वह परिवारों में संभाल कर रखी जाती है।

रूप, रस, गंध प्रकृति से उनका गहरा जुड़ाव था। प्रकृति उन्हें आकर्षित

करती थी। प्राकृतिक चिकित्सा उनके जीवन का महत्वपूर्ण हिस्सा था। दक्षिण अफ्रीका में अंगूरों को देखकर उन्होंने लिखा- "केप कालोनी तो अंगूर का देश है। जैसे अंगूर यहाँ होते हैं, वैसे शायद ही दूसरी जगह होते हों।" फिर आम के लिये लिखा;" जहाँ हिन्दुस्तानी रहते हों, वहाँ आम न हो, यह नहीं हो, सकता। हिन्दुस्तानियों ने वहाँ आमों की गुठलियाँ बोई थीं। फलस्वरूप दक्षिण अफ्रीका में आम भी पर्याप्त मात्रा में मिल सकते हैं और उनकी कुछ किस्में तो बंबई के हापुस और पायरी आम का मुकाबला कर सकती हैं।"

विविध कलाओं में गाँधी जी को अभिनय कला अत्यन्त प्रिय रही। गाँधीजी नाटक प्रेमी थे। वे नाटक देखते भी थे और उस पर रिव्यू भी लिखते थे। कविवर और उनकी मंडली ने 'डाकघर' नाटक खेला, जो उनके हृदय को छू गया। उन्होंने लिखा: "कलकत्ता में समय बड़ा अच्छा कटा, लेकिन कांग्रेस के मंडप में नहीं। मंडप के बाहर कविवर और उनकी मंडली ने डाकघर नाटक खेला: जिसे देखकर मैं मंत्रमुग्ध हो गया। यह लिखते समय भी कवि की मनोहर और मीठी आवाज मेरे कानों में गूंज रही है। बीमार बच्चे का अभिनय भी उतना ही सुन्दर रहा। बंगला संगीत ने मुझे मोह लिया। यद्यपि मुझे अधिक सुनने को नहीं मिला, फिर भी जितना सुना, उससे मेरे ज्ञानतंतु को जो हमेशा तनाव की स्थिति में रहते हैं, बड़ा आराम मिला।"

गाँधीजी आत्मबल पर बहुत बल देते थे। ऐसे ही शरीर-बल की ओर भी आकर्षित होते थे। वह उनके सौन्दर्य बोध का परिचायक था। भारतीय ग्वालों के शारीरिक गठन की ओर इंगित करते हुए उन्होंने लिखा: "भारतीय ग्वाला भीमसेनी शरीर और बहुत अच्छे गठन वाला होता है। अपनी मोटी, मजबूत लाठी से वह किसी भी तलवार वाले साधारण यूरोपीय का सामना कर सकता है। ग्वालों की ऐसी कहानियों के उल्लेख मिलते हैं, जिनमें उन्होंने अपनी लाठियों से ही शेर या बाघों को मारा या भगाया है।" इसी तरह उन्होंने अफ्रीका की जातियों के सौन्दर्य पर लिखा-"हम श्वेतवर्ण और नुकीली नाक को सुन्दर मानते हैं। यदि हम थोड़ी देर के लिये यह अंधविश्वास अपने मन से हटा दें तो हमें ऐसा नहीं लगेगा कि विधाता ने जुलू लोगों को गढ़ने में कोई कसर उठा रखी है। स्त्री और पुरुष दोनों कद में ऊँचे और उनके वक्ष तद्नुरूप चौड़े होते हैं। शरीर के समस्त अवयव सुगठित और बहुत मजबूत होते हैं। उनकी पिंडलियाँ और बाँहें मांसल और गोल होती हैं। आपको शायद ही कोई जुलू स्त्री या पुरुष कमर या कंधे झुकाए चलता दिखाई देगा। उनके होंठ अवश्य बड़े और मोटे होते हैं, किन्तु उनके समस्त शरीर के आकार को देखते हुए कम से कम मैं तो उन्हें

तनिक भी बेढंगा नहीं कह सकता। उनकी आँखें गोल और चमकदार होती हैं। उनकी नाक चपटी और उतनी ही बड़ी होती है, जितनी उनकी मुँह पर शोभा दे सके। सिर के घुंघराले बाल उनकी शीशम जैसी काली और चमकती हुई त्वचा पर बहुत फबते हैं।''

देखा जाय तो परम्परा से चले आ रहे भारतीय सौन्दर्य शास्त्र का मापदंड गाँधीजी ने बदल दिया साहित्य सौन्दर्य शास्त्र के लिये यह बहुत बड़ी चुनौती है, जहाँ सारे के सारे पारम्परिक उपमेय और उपमान परिवर्तित हो गये हैं। बरबस अज्ञेय की पंक्तियाँ 'ये उपमान मैले हो गये हैं, देवता इन प्रतीकों से कर गये हैं कूच' (कलगी बाजरे की) और क्रान्तिकारी निराला की पंक्तियाँ 'श्याम तन भर बंधा यौवन, करती बार-बार प्रहार' (वह तोड़ती पत्थर) की याद आती है और आभास भी होता है कि गाँधी जी ने यथार्थ सत्य, सहजता, सौन्दर्य के सभी मापदंड बदलने का हिन्दी साहित्य को सहज ही अवसर प्रदान किया।

एक और उदाहरण के साथ गाँधीजी के कला और सौन्दर्य बोध को आत्मसात किया जा सकता है-''मैं मैसूर में बैंगलूर गया था। वहाँ के पुराने मंदिर में नग्न अवस्था में खड़ी एक स्त्री की मूर्ति देखी थी। वह मुझे किसी ने बताई नहीं थी, परन्तु एकदम मेरा ध्यान उधर गया और मैं आकर्षित हुआ। मैं नग्न अवस्था में खड़ी स्त्री का वर्णन यहाँ नहीं करना चाहता, किन्तु जो चित्र का भाव मैंने समझा, वह बताता हूँ। उसके पैर के सामने एक बिच्छू पड़ा है। उसका कवि बीभत्स नहीं था, इसलिये स्त्री को उसने कपड़े से कुछ ढक दिया था। वह काले संगमरमर की मूर्ति है। उसे देखकर ऐसा लगता है कि कोई रम्भा है, जो बेचैन हो रही है। मैं उसका वर्णन अपनी देहाती शैली में ही करता हूँ। मैं तो देखता ही रह गया। वह अपने शरीर पर से कपड़े झटक रही है। कला को वाणी की जरूरत नहीं होती। मुझे ऐसा लगा साक्षात् कामदेव यहाँ बिच्छू बनकर बैठा है। उस स्त्री के शरीर में आग जल रही है। कवि ने कामदेव की विजय होने दी है, परन्तु उस स्त्री ने आखिर अपने कपड़े में से उसे झाड़कर फेंक दिया है और उसकी जीत नहीं होने दी। उस स्त्री के अंग-प्रत्यंग पर उसकी वेदना चित्रित है। (गाँधी वाङ्मय भाग ६५ पृ. ४४९)

इस ग्रन्थ में गाँधीजी विचार को सम्पूर्ण समझने का प्रयास किया गया है। गाँधीजी चिंतन, मनन, दर्शन, आध्यात्म, राजनीति, नैतिकता, जीवन मूल्यों की विविध रचनाधर्मिता का लोहा पूरा विश्व मानता है। उनके सविनय अवज्ञा आंदोलन तथा सत्याग्रह संबन्धी विचारधारा ने विश्व भर के लोगों को प्रभावित किया। उनकी इस विराटता को ध्यान में रखकर अध्ययन सामग्री पाँच खण्डों

में विभाजित की है। प्रथम खण्ड विचार-विमर्श में गाँधी के साथ रहने वाले लोग श्री गोपालकृष्ण गोखले, लोकमान्य तिलक, सी.एफ. एन्ड्रूज, आचार्य कृपलानी, रोम्याँ रोला, गुरुदेव रवीन्द्रनाथ टैगोर, अलबर्ट आइन्स्टीन जैसे महान् विचारकों की कलम से गाँधी चिन्तन, दर्शन, संस्कृति और इतिहास का हिन्दी संस्करण तथा गाँधी मार्ग से भटके हुए राष्ट्र की समस्याओं की चुनौती रेखांकित की गयी है। ५ मई १९०६ जोहानिस्बर्ग, दक्षिण अफ्रीका में लिखी गई गाँधीजी की कविता 'हिन्द की चर्चा और अर्चा भी इसमें व्याख्यायित है। खण्ड दो में बीसवीं सदी के स्मरणीय संकेत के अन्तर्गत गाँधीजी के साथ रहने वालों के अलावा उनके समकालीन चिन्तक श्री मानवेन्द्र राय, श्री ई.एम.एस. नम्बूद्रीपाद, आचार्य दादा धर्माधिकारी, लोकनायक जयप्रकाश, श्री मन्नारायण, श्री सिद्धराज ढड्ढा, श्री प्यारे लाल जैसे विद्वान मनीषियों की गाँधी-विचारोन्मुखी गाँधी कार्यशैली के साथ अध्ययन सामग्री है। खण्ड तीन में हिन्दी के हस्ताक्षर- जिन्होंने गाँधीजी के विचार व्यक्तित्व को हिन्दी साहित्य में उतारा, वैसे महान लेखक, कवि, विचारक, डॉ. नगेन्द्र, महादेवी वर्मा, पं. हजारी प्रसाद द्विवेदी, श्री रामधारी सिंह 'दिनकर', श्री माखन लाल चतुर्वेदी, कुबेरनाथ राय, आचार्य सीताराम चतुर्वेदी, श्री जैनेन्द्र कुमार की रचनाएँ हैं। खण्ड चार में गाँधीजी के वर्तन और विचार की रूपरेखा के आलोक में प्रो. अवधेश प्रधान, प्रो. महेन्द्रनाथ राय, भगवान सिंह, मैनेजर पाण्डेय, डॉ. रामजी सिंह, प्रो. सतीश कुमार, श्री छीतरमल गोयल, श्री मस्तराम आदि ने स्पष्ट किया है कि नयी पीढ़ी कैसे रचनात्मक हो सकती है। गाँधीजी ने राष्ट्रभाषा हिन्दी के लिये जो संघर्ष किया और साथ ही जो विचार विनिमय राष्ट्र के महानायकों- महामना मदन मोहन मालवीय, गोखलेजी, सरदार वल्लभ भाई पटेल इत्यादि के साथ किया एवं सम्मेलनों में राष्ट्रभाषा हिन्दी पर व्याख्यान दिये, वे राष्ट्रीय धरोहर के रूप में खण्ड पाँच में संग्रहीत हैं।

गाँधी जी को पढ़ते-पढ़ाते हुए विद्यार्थियों की अनेक जिज्ञासाएँ ही इस ग्रन्थ के लेखन सम्पादन का आधार बनीं। हिंसा और पर्यावरण की सबसे जटिल समस्या के साथ हर विद्यार्थी, शिक्षार्थी, शोधार्थी गाँधी से परिचित होना चाहता है। उस चाह के अनुरूप राह बनाने का प्रयत्न कितना सफल रहा, यह तो पाठक तय कर सकते हैं।

इस पुस्तक के लेखन सम्पादन में आचार्यकुल के राष्ट्रीय अध्यक्ष जिन्होंने गाँधी को जिया ही नहीं है, उनके जीवन-मूल्यों को जीवन में आत्मसात भी किया है, ऐसे धर्म पिता आचार्य शदरकुमार साधक और हमारी माताजी श्रीमती प्रभा जैन ने योग दिया, उनके प्रति श्रद्धावनत हूँ। सामग्री संग्रहीत करने में मार्ग

दर्शन और अपार सहयोग मिला प्रो. अवधेश प्रधान जी से, उनके प्रति कृतज्ञता ज्ञापित करने योग्य शब्द ही नहीं है। प्रो. महेन्द्रनाथ राय, प्रो. वीरेन्द्र कुमार कुमरा, प्रो. सतीश चन्द्र, प्रो. रामप्रकाश द्विवेदी, रामाज्ञा राय, डा. सुमील तिवारी सहित सभी शुभचिन्तकों, और विद्यार्थियों की शुभाशंसा से यह कार्य पूरा हुआ। प्रसन्नता है कि पुत्री नेहा और पुत्र तेजस् ने कार्य सहयोगी बनकर गाँधी-ज्ञान पाया।

हम ऋणी हैं काशी हिन्दू विश्वविद्यालय के कुलपति प्रो. धीरेन्द्र पाल सिंह के जिन्होंने २ अक्टूबर २००८-२००९ को मालवीय भवन में आयोजित 'गाँधी जीवन मूल्य प्रदर्शनी', के उद्घाटन भाषण में सत्य, अहिंसा और पर्यावरण संबन्धी चिन्तन हमारे सामने रखा, हमारा उत्साहवर्धन किया। हम ऋणी हैं अपने गुरु श्री त्रिभुवननाथ जी के, जिन्होंने श्रम और कर्म करने की क्षमता प्रदान कर इस ग्रन्थ को लोहा और धार देने की कृपा की। संदर्भ सामग्री विशाल भारत हिन्दी साहित्य सम्मेलन, आलोचना, वीणा, सर्वोदय जगत, आचार्यकुल, गाँधी ज्योति जैसी पत्र-पत्रिकाओं से मिली। नागरी प्रचारिणी सभा, काशी हिन्दू विश्वविद्यालय, कारमाइकेल, भारत कला भवन और काशी ग्राफिक्स ने अनुकूल परिवेश दिया। उन सबके अविस्मरणीय सहयोग से ही अस्सी से अधिक स्मरणीय रचनाएँ सुलभ हो पायी हैं।

राष्ट्रपिता की १४०वीं जयंती पर यह ग्रन्थ पाठकों, चिन्तकों, साहित्यकारों एवं गाँधीजनों को समर्पित है।

डॉ. सुमन जैन

रीडर हिन्दी, महिला महाविद्यालय

काशी हिन्दू विश्वविद्यालय, वाराणसी-२२१००५

अनुक्रम

बीसवीं सदी के स्मरणीय संकेत

विश्व-मैत्री की भाषा हिन्दी

वर्तन और विकल्प

धरोहर

1

विचार-विमर्श

गाँधी विचार और साहित्य

हिन्द की चर्चा और अर्चा

महात्मा गाँधी

हिन्द एक ही है, उसके भाग नहीं हैं।
हिन्द करोड़ों हिन्दियों की प्यारी माता है।
हिन्द को इस दुनिया में महान कार्य करना है।
हिन्द की रक्षा दुनिया का सबसे बड़ा पर्वत करता है, वह अजित है।
हिन्द सन्त-साधु त्यागी और वीर पुरुषों से भरा है।
हिन्द जिस समुद्र की गोद में सोया हुआ है, उसकी शक्ति आरोग्यप्रद है।
हिन्द खुदाई बगीचा है और उसमें सुन्दर, सुरम्य झरने हैं।
पवित्र नदियाँ तथा महान् तपस्वी पुरुषों द्वारा पवित्र किये हुए वन-उपवन हैं।
हिन्द की रज मेरे लिए पवित्र हैं, जिसके कण से मेरा शरीर बना है।
हिन्द में हुए अनेक वीर और पवित्र पुरुषों का खून मेरी नसों में बहता है।
हिन्द में जन्में महापुरुषों की हड्डियों से ही मेरी हड्डियाँ बनी हैं।
हिन्द में भूतकाल में हुए और भविष्य में होने वाले
हिन्दियों के बीच हमेशा का सम्बन्ध है और उनका सम्बन्ध मेरे साथ है।
हिन्द की सब कौम और सभी धर्म के पुत्र मेरे भाई ही हैं।
हिन्द जैसा दूसरा कुछ भी इस दुनिया में मुझे प्यारा नहीं है।
हिन्द का असल जमाना सतयुगी था और वैसा फिर होगा।
हिन्द के स्त्री-पुरुष नीतिवान, शूरवीर और स्वदेशाभिमानी हैं।
हिन्द की नारी नम्र, पवित्र और परोपकारी है।
हिन्द के लिए हरेक नर-नारी को अपनी जान और माल अर्पण करना चाहिए।
हिन्द के हरेक पुत्र के लिए
एक देश, एक ही प्रेम, एक ही हेतु एवं एक ही कार्य है-हिन्दी भाइयों की सेवा।
यही मेरे जीवन का ध्येय है और यही मेरा आधार है।
इसलिए हे माता! तेरी सेवा करने की शक्ति दे।

5 मई 1906- जोहानिस्बर्ग
(दक्षिण अफ्रीका)

सच्चा स्वराज्य

मेरी कल्पना का स्वराज्य तभी आयेगा, जब हमारे मन में यह बात अच्छी तरह जम जाये कि हमें अपना स्वराज्य सत्य और अहिंसा के शुद्ध साधनों द्वारा ही हासिल करना है, उन्हीं के द्वारा हमें उसका संचालन करना है और उन्हीं के द्वारा हमें उसे कायम रखना है।

अहिंसा पर आधारित स्वराज्य में लोगों को अपने अधिकारों का ज्ञान न हो तो कोई बात नहीं, लेकिन उन्हें अपने कर्तव्यों का ज्ञान अवश्य होना चाहिए। हर एक कर्तव्य के साथ उसकी तौल का अधिकार जुड़ा हुआ होता ही है और सच्चे अधिकार वे ही हैं, जो अपने कर्तव्यों का योग्य पालन करके प्राप्त किये गये हों। इसलिए नागरिकता के अधिकार सिर्फ उन्हीं को मिल सकते हैं, जो उनकी सेवा करते हैं, सिर्फ वे ही उन अधिकारों के साथ पूरा न्याय कर सकते हैं। जो व्यक्ति सत्य और अहिंसा का पालन करता है, उसे प्रतिष्ठा मिलती है और उस प्रतिष्ठा के फलस्वरूप उसे अधिकार मिल जाते हैं। जिन लोगों को अधिकार अपने कर्तव्यों के पालन के फलस्वरूप मिलते हैं, वे उनका उपयोग समाज की सेवा के लिए ही करते हैं, अपने लिए कभी नहीं।

अहिंसा पर आधारित स्वराज्य में कोई किसी का शत्रु नहीं होता, सारी जनता की भलाई का सामान्य उद्देश्य सिद्ध करने में हर एक अपना अभीष्ट योग देता है। सब पढ़-लिख सकते हैं और उनका ज्ञान-दिन-दिन बढ़ता रहता है। बीमारी कम-से-कम हो जाये, ऐसी व्यवस्था की जाती है। कोई कंगाल नहीं होता और मजदूरी करना चाहने वाले को काम अवश्य मिल जाता है। ऐसी शासन-व्यवस्था में जुआ, शराबखोरी, दुराचार या वर्ग-विद्वेष का कोई स्थान नहीं होता। अमीर लोग अपने धन का उपयोग बुद्धिपूर्वक उपयोगी कार्यों में करते हैं, अपनी शान-शौकत बढाने में या शारीरिक सुखों की वृद्धि में उसका अपव्यय नहीं करते हैं। उसमें ऐसा नहीं हो सकता कि चंद अमीर तो रत्नजटित महलों में रहें और लाखों-करोड़ों लोग ऐसी

मनहूस झोपड़ियों में, जिनमें हवा और रोशनी का प्रवेश न हो। अहिंसक स्वराज्य में न्यायपूर्ण अधिकारों का किसी के भी द्वारा कोई अतिक्रमण नहीं हो सकता और इसी तरह किसी को कोई अन्यायपूर्ण अधिकार प्राप्त नहीं हो सकते।

लोकतंत्र और हिंसा का मेल नहीं बैठ सकता। जो राज्य आज नाममात्र के लिए लोकतंत्रात्मक हैं, उन्हें या तो स्पष्टरूप से तानाशाही का हामी हो जाना चाहिए या अगर उन्हें सचमुच लोकतंत्रात्मक बनना है तो उन्हें साहस के साथ अहिंसक बन जाना चाहिए। यह कहना बिल्कुल अविचारपूर्ण है कि अहिंसा का पालन केवल व्यक्ति ही कर सकते हैं और राष्ट्र- जो व्यक्तियों से ही बनते हैं- हरगिज नहीं।

प्रजातंत्र का अर्थ मैं यह समझा हूँ कि इस तंत्र में नीचे-से-नीचे और ऊँचे-से-ऊँचे आदमी को आगे बढ़ने का समान अवसर मिलना चाहिए। लेकिन सिवाय अहिंसा के ऐसा कभी हो ही नहीं सकता। संसार में आज कोई भी देश ऐसा नहीं है, जहाँ कमजोरों के हक की रक्षा बतौर फर्ज के होती है। अगर गरीबों के लिए कुछ किया भी जाता है तो वह उपकार के तौर पर किया जाता है।

पश्चिम का आज का प्रजातंत्र जरा हल्के रंग का नाजी और फासिस्ट तंत्र ही है। यह प्रजातंत्र साम्राज्यवाद की नाजी और फासिस्ट चाल को ढंकने के लिए एक आडंबर है। जो राष्ट्र अपना काम बिना हस्तक्षेप के ही शांतिपूर्वक और प्रभावपूर्ण ढंग से कर दिखाता है, उसे ही सच्चे अर्थों में लोकतंत्रात्मक कहा जा सकता है। जहाँ ऐसी स्थिति न हो, वहाँ सरकार का बाहरी रूप लोकतंत्रात्मक भले हो, परन्तु वह नाम के लिए ही लोकतंत्रात्मक है। सच्ची लोकशाही केन्द्र में बैठे हुए दस-बीस आदमी नहीं चला सकते। वह तो नीचे से हर एक गाँव के लोगों द्वारा चलायी जानी चाहिए।

स्वराज्य का अर्थ है, सरकारी नियंत्रण से मुक्त होने के लिए लगातार प्रयत्न करना, फिर वह नियंत्रण विदेशी सरकार का हो या स्वदेशी सरकार का। यदि स्वराज्य हो जाने पर लोग अपने जीवन की हर छोटी बात के नियमन के लिए सरकार का मुँह ताकना शुरू कर दें तो वह सरकार किसी काम की नहीं होगी।

अगर स्वराज्य का अर्थ हमें सभ्य बनाना और हमारी सभ्यता को अधिक शुद्ध तथा मजबूत बनाना न हो तो वह किसी काम का नहीं होगा। हमारी सभ्यता का मूल तत्त्व ही यह है कि हम अपने सब कामों में, वे निजी हों या सार्वजनिक, नीति के पालन को सर्वोच्च स्थान देते हैं। ('मेरे सपनों का भारत' से)

गाँवों को शोषण मुक्त करने की योजना

आजादी नीचे से शुरू होनी चाहिए। हर एक गाँव में लोगों की हुकूमत या पंचायत का राज होगा। उसके पास पूरी सत्ता और ताकत होगी। इसका मतलब यह है कि हर एक गाँव को अपने पाँव पर खड़ा होना होगा- अपनी जरूरतें खुद पूरी कर लेनी होंगी, ताकि वह अपना सारा कारोबार खुद चला सके। (गाँधीजी की पंचायत वह नहीं थी, जो आज की सरकारी पंचायतें हैं- सं.)

मैंने पाया है कि शहरवासियों ने आमतौर पर ग्रामवासियों का शोषण किया है, सच तो यह है कि वे गरीब ग्रामवासियों की ही मेहनत पर जीते हैं। जहाँ तक मैं जानता हूँ, कोई भी यह नहीं कहता कि भारतीय ग्रामवासियों को भरपेट अन्न मिलता है। अधिकांश आबादी लगभग भुखमरी की हालत में रहती है, दस प्रतिशत अधभूखी रहती है और लाखों लोग चुटकी-भर नमक और मिर्ची के साथ मशीनों का पालिश किया हुआ निःसत्व चावल या रूखा-सूखा अनाज खाकर अपना गुजारा चलाते हैं।

अभी शहरों द्वारा ग्रामीणों का शोषण और उनकी संपत्ति का हरण हो रहा है... मेरी योजना के अंतर्गत, ऐसी कोई चीज शहरों द्वारा नहीं बनाने दी जायेगी, जो उतनी ही अच्छी तरह गाँवों में बनायी जा सकती हो। शहरों का सही उपयोग यह है कि वे गाँवों में बनी हुई चीजों के निकास के केंन्द्र हों।... गाँवों को निश्चित रूप से स्वावलंबी बनना चाहिए। अगर हमें अहिंसा की दृष्टि से काम करना हो, तो इसके सिवा मैं उसका कोई हल नहीं देखता।

ग्रामोद्योगों की योजना के पीछे मेरी कल्पना यह है कि हमें अपनी रोजमर्रा की आवश्यकताएँ गाँव की बनी चीजों से ही पूरी करनी चाहिए और जहाँ यह मालूम हो कि अमुक चीजें गाँव में मिलती ही नहीं, वहाँ हमें यह देखना चाहिए कि उन चीजों को थोड़े परिश्रम और संगठन से बनाकर गाँव वाले उनसे कुछ मुनाफा उठा सकते हैं या नहीं। मुनाफे का अंदाज लगाने में हमें अपना निजी नहीं, किन्तु पूरे गाँव का ख्याल रखना चाहिए। संभव है कि शुरू में हमें साधारण भाव से कुछ अधिक देना

पड़े और चीज हल्की मिले। पर अगर हम उन चीजों के बनाने वालों के काम में रस लें और यह आग्रह रखें कि वे बढ़िया-से-बढ़िया चीजें तैयार करें, और सिर्फ आग्रह ही न रखें, बल्कि उन लोगों को पूरी मदद भी दें, तो यह हो नहीं सकता कि गाँवों की बनी चीजों में दिन-दिन तरक्की न होती जाये।... ग्रामोद्योगों का यदि लोप हो गया, तो भारत के लाखों गाँवों का सर्वनाश ही समझिए।

किसी को भी भोजन और वस्त्र का अभाव नहीं होना चाहिए। दूसरे शब्दों में, हर एक को अपनी आवश्यकताओं की पूर्ति के लिए पर्याप्त काम मिलना चाहिए। वह आदर्श सबके लिए तभी प्राप्त हो सकता है, जब जीवन की प्राथमिक आवश्यकताओं की पूर्ति के लिए जरूरी उत्पादन के साधन जनता के नियंत्रण में हों। वे सबको मुक्त रूप से उपलब्ध होने चाहिए, जैसे हवा और पानी है। दूसरों के शोषण के लिए इन्हें व्यापार का साधन नहीं बनाया जाना चाहिए।

हमारा ध्येय लोगों को सुखी बनाना और साथ-साथ उनकी संपूर्ण बौद्धिक और नैतिक-यानी आध्यात्मिक-उन्नति सिद्ध करना है। वह ध्येय विकेन्द्रीकरण से ही सध सकता है। केन्द्रीकरण की पद्धति का अहिंसक समाज-रचना के साथ मेल नहीं बैठता।

ग्रामस्वराज्य की मेरी कल्पना यह है कि यह एक ऐसा पूर्ण प्रजातंत्र होगा, जो अपनी अहम् जरूरतों के लिए अपने पड़ोसी पर भी निर्भर नहीं करेगा, और फिर भी बहुतेरी दूसरी जरूरतों के लिए- जिनमें दूसरों का सहयोग अनिवार्य होगा- वह परस्पर सहयोग से काम लेगा। इस तरह हर एक गाँव का पहला काम यह होगा कि वह अपनी जरूरत का तमाम अनाज और कपड़े के लिए कपास खुद पैदा कर ले। इसके अलावा उसके पास इतनी सुरक्षित जमीन होनी चाहिए, जिसमें ढोर चर सकें और गाँव के बड़ों व बच्चों के लिए मन बहलाव के साधन और खेल-कूद के मैदान वगैरह का बंदोबस्त हो सके। इसक बाद भी जमीन बची तो उसमें वह ऐसी उपयोगी फसलें बोयेगा, जिन्हें बेचकर वह आर्थिक लाभ उठा सके, लेकिन वह गाँजा, तंबाकू, अफीम वगैरह की खेती से बचेगा।

हर एक गाँव में गाँव की अपनी एक नाटकशाला, पाठशाला, सभा-भवन रहेगा। पानी के लिए उसका अपना इंतजाम होगा- वाटर वर्क्स होंगे- जिससे गाँव के सभी लोगों को शुद्ध पानी मिला करेगा। कुओं और तालाबों पर गाँव का पूरा नियंत्रण रखकर यह काम किया जा सकता है। बुनियादी तालीम के आखिरी दरजे तक शिक्षा सबके लिए लाजिमी होगी। जहाँ तक हो सकेगा, गाँव के सारे काम मिलजुलकर

किये जायेंगे। हमारे आज के समाज में पाये जाने वाले जात-पाँत और छुआछूत के भेद इस ग्राम समाज में बिल्कुल नहीं रहेंगे।

मैंने अपने लिए ऐसे भारत का चित्र खींचा है, जो अपनी बुद्धि के अनुकूल मार्ग पर निरन्तर तरक्की कर रहा है। मैं पश्चिम की मरणासन्न सभ्यता की थर्ड क्लास या फर्स्ट क्लास नकल के रूप में उसे चित्रित नहीं करता।

('ग्राम स्वराज्य' पुस्तक से)

गाँधी वाणी

- हिन्दुस्तान कई मिली-जुली सभ्यताओं, तहजीबों का घर है, जहाँ सब साथ-साथ पनपी हैं। हम सब ऐसा काम करें कि हिन्दुस्तान एशिया या की, दुनिया के किसी भी हिस्से की कुचली एवं चूसी हुई जातियों की आशा बना रहे।
- यह अरब सागर, हिन्द महासागर, बंगाल के समुद्र से घिरा और हिमालय का मुकुट पहनने वाला देश है, जहाँ सदियों पूर्व अहिंसा सिद्धान्त का उच्च घोष किया गया है। इसे पश्चिम को अहिंसा धर्म सिखाना है। हिंसामय जगत में अहिंसामय बनकर रहना ही पुरुषार्थ है। अहिंसा के बिना न शान्ति रह सकती है, नहीं सुख मिल सकता है। आप अपने छोटे-छोटे झगड़ों को हिन्दमहासागर में डुबो दीजिये और प्रतिज्ञा कीजिये कि आप भारत के लिये जियेंगे और भारत के लिये मरेंगे।
- मैं भारत की आजादी के लिए प्रयत्न क्यों कर रहा हूँ? इसलिए कि मेरा स्वदेशी धर्म मुझे सिखाता है कि इस देश में मेरा जन्म हुआ है। इस देश की संस्कृति मुझे विरासत में मिली है। इसलिए मैं अपनी माता की सेवा करने का अधिक से अधिक पात्र हूँ। मेरी सेवा पर पहला हक इसी जन्म भूमि का है। परन्तु मेरी स्वेदश भक्ति मुझे दूसरे देश की सेवा से विमुख नहीं करती। इसमें दूसरे देश को हानि पहुँचाने की तो कोई बात ही नहीं, बल्कि उसमें सभी के सच्चे लाभ के लिए जगत है। (13/4/1924)
- सारे संसार पर इस बात का बड़ा प्रभाव पड़ा है कि भारत ने बिना रक्तपात के स्वतंत्रता प्राप्त की है। हमें अपने सही आचरण द्वारा उस स्वतंत्रता के योग्य बनना है। इसके लिए एक-दूसरे के साथ सहयोग किया जाये, एक-दूसरे के सुख-दुःख में हाथ बँटाया जाये और परस्पर सहिष्णुता बरती जाये।
- जहाँ कहीं मैं देखता हूँ, वहाँ यही देखता हूँ कि जिस तरह यादव कुल के लोग परस्पर लड़कर मर गये, वैसी स्थिति हमारी है। हमारे आपसी वैमनस्य के कारण हम समाज का कितना नुकसान कर रहे हैं, इसका किसी को ख्याल भी नहीं है।

इस सबमें मेरी ओर से ही कुछ कमी रह गयी है। अपने जीते-जी मैं इन सब बातों को स्वयं देखकर उसमें जितना सुधार कर सकूँ, उतना करूँ, ताकि भावी पीढ़ी की गालियाँ न खानी पड़ें।

- आप तमिलनाडु बनाम आंध्र, गुजरात बनाम महाराष्ट्र या पंजाब आदि के भ्रम में डालने वाले नाम भूल जायें। केवल भारत और उसके वैभव का स्मरण करें। दूसरे देशों के लोग हमें गुजराती, मराठी, तमिल आदि के रूप में नहीं, केवल भारतीय के रूप में जानते हैं। इसलिए हमें समस्त विघटनकारी प्रवृत्तियों को दृढ़तापूर्वक दबाना चाहिए। अपने को भारतीय समझना चाहिए तथा उसी के अनुरूप आचरण करना चाहिए।
- भारत कर्म भूमि है, भोग भूमि नहीं। यहाँ जो सभ्यता विकसित हुई है, वह दुनिया में किसी से पराजित नहीं होगी। मैं नम्रतापूर्वक स्वीकार करता हूँ कि पश्चिम में काफी कुछ ऐसा है, जिसे पचा लेना हमारे लिये लाभकर हो सकता है, लेकिन पश्चिमी सभ्यता की नकल करने की यदि कोशिश होगी तो हम बरबाद हो जायेंगे। इसका मतलब यह नहीं है कि उसमें जो अच्छा है और जिसे हम हजम कर सकते हैं, उसे अंगीकार न करें।
- भारत दुनिया के उन इने-गिने राष्ट्रों में से है, जिन्होंने अनेक सभ्यताओं का पतन देखा है, लेकिन स्वयं अपनी पुरानी सभ्यता को जीवित रख सका है। हालाँकि इस पर अंधविश्वासों और बुराइयों की परत चढ़ गयी है, लेकिन अभी तक भारत बुराइयों और अंधविश्वासों को दूर करने की सहज क्षमता का परिचय देता रहा है। भारत में अपनी आर्थिक समस्याएँ, जो करोड़ों भारतीयों के सामने मुँह बाये खड़ी हैं, हल करने की क्षमता है।
- भारत का लक्ष्य एक मजबूत, स्वावलम्बी, स्वतंत्र राष्ट्र बनना तथा विश्व की उन्नति में अपना अनूठा योगदान देना है।
- मैं भारत का विनम्र सेवक हूँ और भारत की सेवा के द्वारा सम्पूर्ण मानवता की सेवा करना चाहता हूँ। 'अपने राष्ट्र की सेवा विश्व की सेवा से भिन्न नहीं है'- यह सिद्धान्त स्वीकार करने से ही विश्व की स्थिति सुधर सकती है और इस पृथ्वी पर स्थित राष्ट्रों के पारस्परिक ईर्ष्या-द्वेष समाप्त हो सकते हैं।
- एक समय ऐसा आना चाहिये, जब हम कह सकें कि हम जितने भारत के नागरिक हैं, उतने ही विश्व के नागरिक भी हैं, लेकिन ऐसा समय तब तक नहीं आयेगा, जब तक कि हम स्वस्थ भारत के नागरिक बनने की कला नहीं जान लेते।
- हम अपने कुटुम्ब के लिए मरना जानते हैं, परन्तु समय आ गया है, जब हम एक

कदम आगे बढ़ें। हम अपने प्रेम का वृत्त इतना बढ़ायें कि सारा गाँव उसके अन्दर आ जाये। इसी तरह गाँव के प्रेम का वृत्त बढ़ाकर जिला, जिले का प्रान्त, प्रान्त का देश को छूते हुए सम्पूर्ण जगत को ढंक लें। जैसे राष्ट्रवाद का सिद्धान्त हमें सिखाता है कि व्यक्ति को गाँव के लिए, गाँव को जिले के लिए, जिले को प्रान्त के लिए, प्रान्त को देश के लिए मरने को तैयार रहना चाहिए, वैसे ही किसी देश को इसलिए आजाद होना चाहिये कि वह भी आवश्यक हो तो संसार के कल्याण के लिए मर-मिटने को तैयार रहे।

- आज विश्व का उन्नत मस्तिष्क परस्पर लड़ने वाले पूर्ण स्वतंत्र राष्ट्रों की सत्ता नहीं चाहता, बल्कि अन्योन्याश्रित मैत्री पूर्ण राष्ट्रों का संघ चाहता है।
- इतिहास सतत युद्धों का एक लेखा है, पर हम एक नया इतिहास बनाने की कोशिश कर रहे हैं। मैं ऐसा इसलिए कह रहा हूँ क्योंकि जहाँ तक अहिंसा का सवाल है, मैं राष्ट्रीय मानस का प्रतिनिधित्व करता हूँ। तलवार के सिद्धान्त को मैंने खूब सोच-विचार करने के बाद छोड़ा है। उसकी संभावनाओं का मैंने हिसाब लगाया है और मैं इस निष्कर्ष पर पहुँचा हूँ कि जंगल के कानून की जगह प्रबुद्ध प्रेम के कानून की स्थापना ही मनुष्य की नियति है। स्वतंत्रता की आकांक्षा ऐसी आकांक्षा है, जो यूरोप के सभी राष्ट्रों को आविष्ट कर रही है। परन्तु वह स्वतंत्रता स्वैच्छिक साझेदारी का बहिष्कार नहीं करेगी। साम्राज्यवादी महत्त्वाकांक्षा का साझेदारी से कोई मेल नहीं है।
- मैं **'वसुधैव कुटुम्बकम्'** के सिद्धान्त में विश्वास करता हूँ। ज्ञान का प्रकाश पूर्व से पश्चिम में फैला है। इन (प्रकाश फैलाने वाले) शिक्षकों ने हमारे लिए प्रेम का जो संदेश छोड़ा, उसका उत्तराधिकारी बन जाने के बाद मैं और किसी सिद्धान्त में विश्वास कर भी कैसे सकता हूँ? इन मनीषियों में सबसे पहले जरथ्रुस्त हुए। वे पूर्व के थे। उनके बाद बुद्ध हुए, जो पूर्व के -हिन्दुस्तान के- थे। ईसामसीह और उनसे पहले मूसा हुए, वे भी पूर्व के थे। यहाँ मैं राम-कृष्ण और दूसरे महापुरुषों के भी नाम लेता। मैं उन्हें कम महान नहीं मानता, मगर साहित्यिक दुनिया उनसे कम परिचित है। जो हो, मैं दुनिया के ऐसे एक भी व्यक्ति को नहीं जानता, जो एशिया के इन महापुरुषों की बराबरी कर सके। इनका संदेश पश्चिम के दृष्टिकोण से या परमाणु बम की नकल करके नहीं सीखा जा सकता। प्रजातंत्र के इस जमाने में गरीब-से-गरीब की जागृति के इस युग में आप ज्यादा से ज्यादा जोर देकर एशिया के इस प्रेम और सत्य के संदेश का दुनिया में प्रसार कर सकते हैं। चूँकि आपका शोषण किया गया है, इसलिए शोषण का शोषण से बदला

चुकाकर नहीं, बल्कि सच्ची समझदारी के जरिये आप पश्चिम पर पूरी तरह विजय पा सकते हैं।

- हमें देश को समृद्धशाली बनाना है। ऐसी व्यवस्था करनी है, जिससे एक भी व्यक्ति भूखा-नंगा न रहे और अपना जीवन उन्नत, शान्त और सुखी बना सके। उसके लिए जो त्याग करना पड़े, वह करने के लिए तैयार रहना होगा। आवश्यक है कि अमीर लोग अपने धन का त्याग करें। लेकिन उनसे पैसा निकलवाने का जो रास्ता समाजवादी-साम्यवादी बता रहे हैं, वह उचित नही हैं। इसमें पूँजीपति की अपेक्षा मजदूरों का नैतिक और आर्थिक पतन होता है। हमारे मजदूर तो बेचारे भेड़ों के समान हैं। उन्हें जिधर कह दो, उधर चल पड़ते हैं। परिणामतः यदि उनमें एक बार कूटनीति, तोड़फोड़ और लूटपाट की प्रवृत्तियाँ प्रवेश कर गयीं तो उन्हें सही मार्ग पर लाना कठिन हो जायेगा। तथाकथित नेताओं ने मजदूरों को इसलिए हाथ में लिया है, क्योंकि इससे उन्हें सस्ती नेतागिरी मिल जाती है।
- मैं 'अधिकतम लोगों की अधिकतम भलाई' के सिद्धान्त में विश्वास नहीं करता। इसका अर्थ यही हुआ कि 51 प्रतिशत लोगों की भलाई के लिए 49 प्रतिशत लोगों के हित का बलिदान किया जा सकता है अथवा किया जाना चाहिए। यह एक निर्मम सिद्धान्त है और इससे मानवता को नुकसान पहुँचा है। 'सबकी अधिकतम भलाई' का सिद्धान्त ही एकमात्र सच्चा तथा उच्च मानवीय सिद्धान्त है। इसे सर्वाधिक आत्म त्याग द्वारा ही प्राप्त किया जा सकता है।
- लोकतंत्र के इस युग में आवश्यक है कि लक्ष्यों की पूर्ति, जनता के सामूहिक प्रयास द्वारा की जाये। इसमें संदेह नहीं कि एक अत्यधिक शक्तिशाली व्यक्ति के द्वारा भी ध्येय की पूर्ति अच्छी बात है, लेकिन इससे जन समुदाय को अपनी सामूहिक शक्ति का भान कभी नहीं हो सकता। एक व्यक्ति की सफलता एक करोड़पति द्वारा लाखों-करोड़ों भूखों को मुफ्त खाना बाँटने जैसी होगी।
- बहुत सोचने के बाद मैंने **स्वदेशी की एक परिभाषा** निश्चित की है, जो हमें दूर के बजाय अपने आस-पास के परिवेश के ही उपयोग और सेवा तक सीमित रखती है। उदाहरण के लिए यदि धर्म को लें तो इस परिभाषा को सार्थक बनाने के लिए मुझे अपने पूर्वजों से प्राप्त धर्म का ही पालन करना चाहिए। यदि वह सदोष जान पड़े तो मुझे चाहिए कि मैं उसके दोषों को हटाकर उसकी सेवा करूँ। इसी तरह राजनीतिक क्षेत्र में मुझे स्थानीय संस्थाओं का उपयोग करना चाहिये और उनके जाने-माने दोषों का परिमार्जन करके उनकी सेवा करनी चाहिए। आर्थिक क्षेत्र में मुझे निकट पड़ोसियों द्वारा उत्पादित वस्तुओं का ही उपयोग करना चाहिए और

यदि उन उद्योग-धंधों में कहीं कोई कमी हो तो मुझे उन्हें ज्यादा सम्पूर्ण और सक्षम बनाकर उनकी सेवा करनी चाहिए।

- ईश्वर किसी से यह नहीं पूछेगा कि तुम हिन्दू धर्म को मानते थे या इस्लाम को, ईसाई धर्म के अनुयायी थे या किसी अन्य धर्म के। वह तो यही पूछेगा कि तुम्हारे कर्म कैसे थे? यदि रचनात्मक कार्यक्रमों के जरिये भूख से पीड़ित करोड़ों देशवासियों का योग क्षेम वहन करने की भावना नहीं है तो स्वदेशी राज्य भले ही प्राप्त हो गया हो, स्वराज्य नहीं आयेगा।
- भलाई से भलाई और बुराई से बुराई उत्पन्न होती है। यदि बुराई का जवाब बुराई से न दिया जाय तो वह निष्क्रिय हो जाती है और पोषण न पाकर अन्त में निर्जीव हो जाती है। बुराई बुराई के सहारे ही जी सकती है। प्राचीन काल के संत-महात्मा इस सत्य को जानते थे। इसलिए वे बुराई का बदला बुराई से देने के बजाय जान-बूझ कर भलाई से देते थे और और इस तरह बुराई का नाश करते थे। फिर भी बुराई अभी तक चल ही रही है। कारण यह है कि बहुत से लोगों ने अभी तक इस अन्वेषण से लाभ नहीं उठाया है, हालांकि इसमें जो नियम अन्तर्निहित हैं, वह वैज्ञानिक सूक्ष्मता के साथ सही काम करते हैं। मनुष्य और पशु के बीच का भेद स्पष्ट करने वाला यही एक गुण है।

(इण्डिया 15/15/1924)

- मैं देश-प्रेमी हूँ, क्योंकि मैं मानव-प्रेमी हूँ। यदि कोई देश प्रेमी उतना ही उग्र मानव प्रेमी नहीं है तो कहना चाहिए कि उसके देश प्रेम में उतनी ही न्यूनता है।
- प्रत्येक स्त्री-पुरुष अपने जीवन का प्रत्येक क्षण इस प्रकृति के साथ जिये कि वह आजादी के लिए खाता है,जीता है और अगर जरूरत पड़े तो अपने लक्ष्य की प्राप्ति के लिए मर-मिटने को तैयार है।
- हमें देश में ऐसी व्यवस्था करनी है, जिसमें एक भी व्यक्ति भूखा-नंगा न रहे और अपना जीवन उन्नत, शान्त और सुखी बना सके। उसके लिए जो त्याग करना पड़े, वह करने के लिए तैयार रहना होगा, इसके लिए सुनहरा नियम तो यह है कि जो चीजें लाखों लोगों को नहीं मिल सकतीं, उन्हें लेने से हम भी दृढ़ता पूर्वक इंकार कर दें।
- किसी अलग-थलग रहने वाले देश के लिए भले वह भू विस्तार और जनसंख्या की दृष्टि से कितना ही बड़ा क्यों न हो, ऐसी दुनिया में जो शस्त्रास्त्रों से सिर से पाँव तक लदी है, और जिसमें सर्वत्र वैभव-विलास का ही वातावरण नजर आता है, सादा जीवन जीना संभव है या नहीं- यह ऐसा सवाल है, जिसमें संशयशील

आदमी को अवश्य संशय होगा। यदि सादा जीवन जीने योग्य है तो वह प्रयत्न भी करने योग्य है, चाहे वह प्रयत्न किसी एक ही व्यक्ति या किसी एक ही समुदाय द्वारा क्यों न किया जाय।

- उपनिषद् के आरंभ और अंत में शान्ति मंत्र बोलते हैं। इसका अर्थ है- सब पूर्ण है। सबको सर्वदा शान्ति रखनी चाहिए। अशान्ति का कोई कारण ही नहीं है। पर हमें आभास होता है कि जिधर देखो उधर दु:ख है। सब अपूर्ण है और उसे हमें पूरा करना है। लेकिन ऐसा नहीं है। कुम्हार मिट्टी से घड़ा बनाता है सही, पर उसको जानना चाहिए कि मैं नया कुछ नहीं करता हूँ। घड़ा तो मिट्टी में पहले ही मौजूद था, छुपा था, बीच में मैं निमित्त मात्र खड़ा हो गया हूँ। इसी तरह शिक्षक भी सोचेगा। वह विद्यार्थी को ज्ञान नहीं देता है। ज्ञान तो विद्यार्थी के दिमाग में भरा है। शिक्षक उस ज्ञान को प्रकट करने में मददगार बनता है। उसी तरह माता-पिता भी सोचें। दुनिया पूर्ण है, लेकिन बीच में हमें खेल करने का मौका मिला है। पानी में लहरें उठती हैं। एक लहर उठती है और मिट जाती है। दूसरी उठती है और वह भी मिट जाती है, किन्तु होता है पानी ही पानी। वैसे ही हम भी हैं। जब हम काम करते-करते गिर जाते हैं, दूसरे उठते हैं। इस तरह जब हम सोचते हैं अशान्ति का कोई कारण नहीं रहता, इसलिए अन्त में कहा हैः ॐ शान्तिः शान्तिः शान्तिः।
- मुझे अपना कोई स्वार्थ-साधन नहीं करना है और न मेरी ऐसी कोई सांसारिक महत्त्वाकांक्षा है, जिसकी पूर्ति करनी हो। (18/3/1924)
- अगर मेरे हाथ में तानाशाही सत्ता हो तो मैं आज से ही विदेशी माध्यम के जरिए दी जा रही अपने लड़कों और लड़कियों की शिक्षा बन्द कर दूँ और सारे शिक्षकों और प्रोफेसरों से यह माध्यम तुरन्त बदलवा दूँ या उन्हें बर्खास्त करा दूँ। मैं पाठ्य- पुस्तकों की तैयारी का इंतजार नहीं करूँगा। वे तो माध्यम के परिवर्तन के पीछे-पीछे चली आयेंगी।
- मेरा यह सुचिंतित मत है कि जिस रूप में अंग्रेजी की शिक्षा यहाँ दी गई है, उससे अंग्रेजी पढ़े-लिखे हिन्दुस्तानी कमजोर हो गये हैं। इस पद्धति ने भारतीय छात्रों की स्नायविक ऊर्जा पर भयानक दबाव डाला है तथा हम सबको नक्काल बना दिया है। कोई भी जाति नक्कालों की कौम पैदा करके बड़ी नहीं हो सकती।

गाँधी चर्चा

(क) बिड़ला जी के साथ

एक दिन बिड़लाजी ने गाँधीजी से पूछा " आपकी राय में हर मनुष्य को खाने, पहनने और सुख से रहने के लिए कितने व्यय में निर्वाह करना चाहिए ?" गाँधीजी ने उत्तर दिया " जितने में सुखपूर्वक स्वस्थ रहते हुए निर्वाह कर सके।" बिड़लाजी ने पूछा, आपकी राय में गरीब आदमी का बजट कितने रुपये का होना चाहिए ? सौ रुपये माहवार से कम में कैसे कोई सुखपूर्वक गुजर कर सकता है?

श्री हरिभाऊ उपाध्याय वहीं बैठे हुए थे। बोले, " मैंने साधारण आदमी का बजट बनाकर देखा है। 50 रुपये प्रतिमाह काफी हैं।" बात दिसम्बर सन् 1928 की है।

महात्माजी को पचास रुपये भी अधिक मालूम हुए। उन्होंने कहा, " 25 रुपये काफी हैं।" बिड़लाजी बोले, " यह तो असम्भव है।" गाँधीजी ने कहा, " अच्छा, जो स्वास्थ्य के लिए चाहिए, उतनी सामग्री का तखमीना लगा लो, यदि 25 रुपये से अधिक आता हो तो मुझे क्या उज्र है।" बिड़लाजी ने पूछा, " और यदि किसी को 50 रुपये से ज्यादा मिल जायें तो ?" गाँधीजी ने उत्तर दिया, "ज्यादा मिल जायें तो उसका उपभोग करे, किन्तु वह तो फिजूल खर्ची है। ऐसे मनुष्यों को मैं त्याग का उपदेश दूँगा।" बिड़लाजी ने पूछा, "महात्माजी, यदि प्रत्येक मनुष्य की आय 200 रुपये या उससे भी अधिक प्रति मास हो जाये, तो आपको क्या उज्र हो सकता है?"

गाँधीजी आवेश में भर उठे, बोले, " उज्र तो हो सकता है। संसार में प्रकृति जितना पैदा करती है, वह तो इतना ही है कि हर मनुष्य को आवश्यक वस्तु और जीवन निर्वाह की अन्य आवश्यक सामग्री सुखपूर्वक मिल जाये। प्रकृति मनुष्य के अपव्यय के लिए हरगिज पैदा नहीं करती। इसके माने तो यह है कि यदि एक

मनुष्य को आवश्यकता से अधिक उपभोग करता है तो दूसरे मनुष्य भूखा रहना पड़ता है। इसलिए जो अधिक उपभोग करता है, उसे मैं लुटेरे की उपमा दे रहा हूँ।''

(ख) एक ग्राम सेवक के साथ

प्रश्न : अगर आपको एक घंटे के लिए भारत का तानाशाह बना दिया जाय तो आप क्या करेंगे?

गाँधीजी : अगर मुझे एक घंटे के लिए सारे भारत का तानाशाह बना दिया जो तो पहला काम मैं यह करूंगा कि तमाम शराबखानों को मुआवजा दिये बिना ही बन्द करा दूंगा। (यंग इंडिया, 25-6 ' 31)

प्रश्न : क्या शराबबन्दी में लोगों को कानून द्वारा जबरन सदाचारी बनाने की बात नहीं है?

उत्तर : आप ऊपर से सत्य दिखाई देनेवाले इस तर्क के धोखे में न आइये कि भारत को जबरन संयमी न बनाया जाय और जो शराब पीना चाहें, उन्हें पीने की सुविधाएँ दी जायँ। राज्य का काम लोगों की बुराईयों के लिए सहूलियत पैदा करना नहीं है। हम व्यभिचार के अड्डों का संचालन नहीं करते है और न उनके परवाने देते हैं। हम चोरों को उनकी चोरी की वासना पूरी करने के लिए सुविधा नहीं देते। मैं शराबखोरों को चोरी और शायद व्यभिचार से भी अधिक निंदनीय समझता हूँ। क्या यह अक्सर दोनों की जननी नहीं होती? (यंग इंडिया, 8-6- ' 21)

प्रश्न : खादी और पौष्टिक आहार-सामग्री पर क्यों इतना अधिक जोर दिया जा रहा है, जबकि आप जानते हैं कि इस देश में अंग्रेजों के आने के पहले भी हम लोग खादी पहनते थे और पौष्टिक आहार सामग्री हमारे यहाँ मौजूद थी, तब भी हमारी स्थिति कुछ बहुत अच्छी नहीं थी?

उत्तर : अगर आप उन दिनों 'यंग इंडिया' और 'नवजीवन' पढ़ते होंगे, तो आपको मालूम होगा कि उन पत्रों में इस प्रश्न पर अनेक बार विस्तार से चर्चा हुई थी। खैर, सार रूप में इस प्रश्न का उत्तर मैं आपको देता हूँ। बेशक, खादी हमारे यहाँ थी, पर हम उसका महत्त्व नहीं समझते थे। हम आत्म-निर्भर तो थे, पर आत्म-निर्भरता की आवश्यकता अनुभव नहीं करते थे। खादी और हमारी दूसरी दस्तकारियों के पीछे हमारी समझदारी नहीं थी, और हम यह अनुभव नहीं करते थे कि हम उन्हीं के बल पर टिके हुए हैं। इसी से जब वे हमारे देश से विलुप्त हो गईं, तब हमें उनका अभाव खला नहीं। आज जब उनके पुनरुद्धार का प्रयत्न किया जा रहा है, तब हममें से कुछ के मन में यह प्रश्न उठ रहा है कि उसके पुनरुद्धार से लाभ ही क्या हो सकता है।

प्रश्न : उसके लिए राजनीतिक शिक्षा और प्रचार की जरूरत है?

उत्तर : लोगों को आत्म-निर्भर बनाने का, आहार सुधारने का और अपनी जड़ता दूर करके खाली समय का अच्छे-से-अच्छा उपयोग करने का पाठ पढ़ाने के लिए किसी राजनीतिक शिक्षा और प्रचार की जरूरत नहीं।

प्रश्न : मेरी कठिनाई तो यह है कि हमारे गाँवों में हालांकि लोग सुबह से लेकर रात तक जानवर की तरह मशक्कत कर रहे हैं और उन्हें एक घंटे की भी छुट्टी नहीं मिलती, तो भी उन्हें पेट-भर रोटी नसीब नहीं होती। और आप उनसे और भी ज्यादा मेहनत लेना चाहते हैं।

उत्तर : आप जो कहते हैं, यह मेरे लिए नई बात है। मैं तो उन गाँवों को जानता हूँ, जिनमें लोगों का काफी समय यों ही नष्ट हो रहा है। लेकिन अगर, जैसा आप कहते हैं, ऐसे भी लोग हैं, जो अपनी शक्ति से ज्यादा काम करते हैं, तो मैं उनसे यह कह रहा हूँ कि ठीक आठ घंटे के काम की पेट भरने लायक जितनी मजदूरी होती है, उससे वे एक पाई भी कम न लें।

प्रश्न : लेकिन यंत्रों को क्यों न अपना लें? उनमें जो अच्छी-अच्छी बातें हों, उन सबको ले लें, और उनकी बुरी बातों को अलग कर दें।

उत्तर : मुझे यह नहीं पुसा सकता कि हमारे मानव-यंत्र बेकार पड़े रहें। हमारे यहाँ इतनी अधिक मानव-शक्ति बेकार पड़ी हुई है कि किसी दूसरी शक्ति से चलने वाली मशीनों के लिए हमारे यहाँ गुंजाइश ही नहीं है।

प्रश्न : भाप शक्ति से चलने वाली मशीनों को दाखिल कीजिए और उन्हें उतने ही समय तक चलाइए, जितना कि हमारे मतलब के लिए आवश्यक हो।

उत्तर : आपका आशय क्या है? मान लिया कि हमारी आवश्यकता भर का तमाम कपड़ा खासकर इसी मतलब से खड़ी की गई मिलों में बन जाता है और उनमें, करीब 30 लाख आदमियों को काम मिल जाता है, फिर? फिर तो वह सारा पैसा इन 30 लाख आदमियों के पास ही पहुँच जायेगा, जो सौ बरस पहले 30 करोड़ आदमियों में बट जाया करता था।

प्रश्न : जी नहीं, मेरी यह तजबीज है कि हमारी आवश्यकताओं के लिए जितने काम की जरूरत हो, उससे अधिक काम हमारे आदमियों को नहीं करना चाहिए। कुछ काम वास्तव में हम सबके लिए जरूरी है, पर हम रोज चंद घंटे ज्यादा काम क्यों करें?, अपने बचे हुए समय को क्यों न अन्य आल्हादप्रद कार्यों में लगायें?

उत्तर : इससे अगर हमारे आदमियों को रोज एक ही घंटा काम करना हो तो आप संतुष्ट हो जायेंगे?

प्रश्न : यह तो बाद में हिसाब करके देखना चाहिए। लेकिन...

उत्तर : यही तो कठिनाई है ? जब तक सबके पास काफी उत्पादक काम, यानी रोज आठ घंटों का काम न हो, तब तक मैं तो संतुष्ट होने का नहीं।

प्रश्न : लेकिन मेरी समझ में नहीं आता कि आप इस कम से कम आठ घंटे के काम पर क्यों इतना आग्रह कर रहे हैं?

उत्तर : क्योंकि मैं यह जानता हूँ कि करोड़ों आदमी काम की खातिर ही काम में नहीं लगेंगे। अगर उन्हें अपने पेट के लिए काम करने की जरूरत न हो तो उन्हें प्रेरणा ही न मिले। मान लीजिए कि चंद करोड़पति अमेरिका से आयें और हमारे पास तमाम खाने-पीने की चीजें भेज देने के लिए कहें, और हमसे प्रार्थना करें कि आप लोग कोई काम न करें, बल्कि हमें परोपकार वृत्ति से अपने यहाँ सदाव्रत खोल देने दें, तो मैं उनकी यह बात स्वीकार करने से साफ ही इंकार कर दूंगा।

प्रश्न : क्या इसलिए कि उससे आपके आत्म-सम्मान पर चोट पहुँचेगी?

उत्तर : नहीं, सिर्फ इसी कारण से नहीं, बल्कि खासकर इसलिए कि उससे हमारे जीवन के इस मौलिक नियम का मूलोच्छेद होता है कि हमें अपने पेट के लिए श्रम करना चाहिए, हमें अपने पसीने की ही रोटी खानी चाहिए। ('हरिजन' 7/12/1935)

(ग) प्रेमा बहन कंटक को लिखा पत्र

एक बार प्रेमा बहन कंटक ने बापू के खड़ाऊँ चाहे तो उन्हें बापू ने मार्गदर्शक पत्र में लिखा : "दक्षिण अफ्रीका में, मैं सोने की जंजीर पहनता था। उसमें लाकेट भी रहता था, जिसमें मेरे पिताजी और बड़े भाई के चित्र थे। अब ये छोड़ दिये हैं। इसका यह अर्थ नहीं है कि मैं उनको कम पूजता हूँ। आज वे मेरे हृदय में अधिक अंकित हैं। उनके गुणों का स्मरण करके मैं उनका अनुकरण करने का प्रयत्न करता हूँ। और ऐसी भक्ति असंख्य देवों की कर सकता हूँ। लेकिन उनके चित्र संग्रह करने लगूँ तो मेरे पास जगह भी न रहे और उनकी खड़ाऊँ वगैरह रखने लगूँ तो नयी जमीन लेकर उसका मालिक बनना पड़े। इसलिए इस अनुभवी की तुझे यह सलाह है कि मेरे जितने कदम सही दिशा में पड़ते हों, उन कदमों पर तू चल। यह खड़ाऊँ रखने से हजार गुना ऊँचा काम है। इसे देखकर कोई नकल करे तो अच्छा है। लेकिन तेरे पास खड़ाऊँ देखकर उसका कोई अंधानुकरण करने लगे, तो वह गड्ढे में ही गिरेगा न?

जो कर्तव्य-कर्म को समझता है और उस पर आचरण करता है, उसकी तृष्णा मिटती है। जिसकी तृष्णा नहीं मिटी, उसे कर्तव्य-कर्म का भान ही नहीं है। तृष्णा का पर्वत तो इतना ऊँचा है कि उसे कोई पार कर ही नहीं सकता। उसे धराशायी किये बिना अन्य कोई उपाय नहीं है। तृष्णा छोड़ना अर्थात् कर्तव्य का भान होना।

मुझे मालूम है कि मुझे काशी जाना है, वहाँ जाने का मार्ग भी मुझे मालूम हो तो फिर मुझे कौनसी तृष्णा उस मार्ग से- कर्तव्य से- हटा सकती है ? मेरी तृष्णा ही काशी के मार्ग पर जाने की हो और वह पूरी हो जाये, तो फिर बाकी क्या बचा? सहज-प्राप्त सेवा तेरे पास है। उसे एकनिष्ठा से तू करती रहे, तो उसमें तुझे पूर्ण संतोष मिलना चाहिए। उस सिलसिले में जो साथ मिले, जो पढ़ने को मिले, वह ग्राह्य है, उसके सिवा दूसरी चीज का विचार भी नहीं होना चाहिए। यही मेरी दृष्टि में 'योगः कर्मसु कौशलम्' है।

गाँधीवाद रहे न रहे

सन् 1940 में बंगाल के मलिकांदा में गाँधी सेवा संघ का छठा अधिवेशन हुआ था। गाँधीजी के भाषण से पहले कुछ लोग जोर-जोर से 'गाँधीवाद का ध्वंस हो' जैसे नारे लगा रहे थे। उस ओर ध्यान आकृष्ट करते हुए गाँधी जी ने जो कहा-वह कितना स्पष्ट है, यह पाठक स्वयं अनुभव कर सकते हैं। — सं.

"अभी मैंने कई लोगों को 'गाँधी वाद का ध्वंस हो' चिल्लाते सुना। जो गाँधीवाद का ध्वंस करना चाहते हैं, उनको ऐसा कहने का पूरा-पूरा अधिकार है। जो लोग मेरा भाषण सुनने आये हैं, वे कृपा करके खामोश रहें। उनको इन विरोधी नारों से चिढ़ना नहीं चाहिए और न 'गाँधी की जय' के नारे लगा कर उनका जवाब ही देना चाहिए। अगर आप अहिंसक हैं तो आपको ऐसे नारे चुपचाप सुन लेने चाहिए। अगर गाँधीवाद में सत्य है तो उसके नाश के लिए लाखों या करोड़ों आवाजें लगायीं जाने पर भी उसका नाश होने वाला नहीं है। जो लोग गाँधीवाद के विरुद्ध कुछ कहना चाहते हों, उन्हें वैसा कहने की आजादी दीजिए। उससे कोई नुकसान नहीं होगा। उनसे किसी प्रकार का द्वेष या वैर न कीजिए। जब तक आप अपने विरोधियों को शांति से निबाह नहीं सकेंगे, तब तक अहिंसा को सिद्ध नहीं कर सकेंगे। अगर सच पूछा जाय तो खुद मैं ही नहीं जानता कि गाँधीवाद का क्या अर्थ है।

वे लोग जो यह कहते हैं कि गाँधीवाद का ध्वंस हो, उसमें अर्थ नहीं हैं, ऐसा नहीं है। अगर गाँधीवाद का अर्थ यंत्र की तरह चरखा चलाना ही हो तो उसका ध्वंस होना इष्ट है। यह जो प्रफुल्ल बाबू ने एक लाख गज सूत कातने की बात कही है, उसका महत्त्व मैंने आपको समझाया। परन्तु हमें उसका केवल शब्दार्थ नहीं लेना चाहिए। मैं उसकी दूसरी बाजू भी जानता हूँ। सिर्फ चर्खा चलाने से देश का कल्याण नहीं होगा। पुराने जमाने में भी कई अपाहिज और स्त्रियाँ चरखा चलाती थीं। कौटिल्य ने लिखा है कि उस जमाने में राजदंड के डर से चरखा चलवाया जाता था। चरखा

चलाने वाले अपनी इच्छा से नहीं, बल्कि मजबूरी से बेगार के तौर पर चरखा चलाते थे। औरतें चरखा कातने के लिए हार बन्द- एक कतार-में बैठती थीं। वह सब जबर्दस्ती का मामला था। यह लिखी हुई बात है। मैं केवल सुनी हुई बात नहीं कह रहा हूँ। अगर हमारा मतलब फिर उसी चरखे को जारी रखने से है, तब तो उस चरखे का ध्वंस ही होना चाहिए और उस चरखे का महत्त्व मानने वाले गाँधी वाद का भी ध्वंस होना ही चाहिए।

अगर हमारी अहिंसा वीर की अहिंसा न होकर कमजोर की अहिंसा है, अगर वह हिंसा के सामने झुकती है, हिंसा के आगे लज्जित और बेकार हो जाती है, तो ऐसे गाँधीवाद का भी ध्वंस होना चाहिए। उसका ध्वंस होने वाला ही है। हम अंग्रेजों से लड़े, मगर उसमें हमने अशक्त लोगों के शस्त्र के रूप में अहिंसा का प्रयोग किया। अब हम उसे बुलन्द, शक्तिशाली का शस्त्र बनाना चाहते हैं। अहिंसा एक हद तक अशक्तों का शस्त्र भी हो सकती है, परन्तु वह बुजदिलों का- कायरों का -शस्त्र तो हरगिज नहीं हो सकती। अगर कोई बुजदिल होकर अहिंसा को अपना लेता है तो अहिंसा उसका नाश करेगी। हमें यह देखना चाहिए कि हम चरखा चलाते हैं तो क्या उसमें से हममें अहिंसा की शक्ति पैदा होती है? अगर हमारा चरखा हमारी अहिंसा को नित नया बल नहीं देता, हमारी अहिंसा का दर्शन नहीं बढ़ाता, तो मैं कहता हूँ कि गाँधीवाद का ध्वंस हो। वे लोग गाँधीवाद के ध्वंस के नारे पागलपन में लगा रहे हैं, रोष में आकर कह रहे हैं, लेकिन मैं तो बुद्धि पूर्वक कह रहा हूँ। यह बात आपसे एक ऐसा आदमी कहता है जो सारासार का विचार कर सकता है, जिसका मस्तिष्क काम करता है और जिसने सफलता पूर्वक वकालत भी की है। मैं यह साक्षी देता हूँ कि हम यदि अहिंसा का अनुसंधान करके ध्यानपूर्वक चरखा नहीं चलाते हैं तो गाँधीवाद का अवश्य ही ध्वंस होना चाहिए। मैंने चरखे को अहिंसा नीति का व्यक्त प्रतीक माना है। आप मुझसे पूछेंगे कि यह सब तुमने कहाँ से पाया? मैं कहूँगा, सेवा के अनुभव से। 1908 में मेरे दिल में यह बात जमी हुई थी। उस समय तो मैं करघे-चरखे का भेद भी नहीं जानता था। लेकिन बीज रूप में चरखे से मुझे प्रेरणा मिली।

शायद आपको पता नहीं होगा कि मैंने 'हिन्द स्वराज' किसके लिए लिखा। अब तो वे मर गये हैं, इसलिए उनका नाम बताने में हर्ज नहीं है। मैंने सारा 'हिन्द स्वराज' अपने मित्र डॉ. प्राण जीवन मेहता के लिए लिखा। उनसे जो चर्चा हुई, वही उसमें आयी है। एक महीना मैं डा. मेहता के साथ रहा। वे मुझे प्यार करते थे, लेकिन मेरी बुद्धि की उनके पास कोई कीमत नहीं थी। वे मुझे मूर्ख और भावुक मानते थे। लेकिन अनुभव से मुझमें कुछ हिम्मत आ गई। डॉ. मेहता बुद्धिशाली आदमी थे। उनसे बुद्धिवाद करने की शक्ति मुझमें कहाँ ? लेकिन मैंने अपनी बात

उनके सामने रखी। उनके हृदय पर वह असर कर गयी। उनके विचार बदल गये। तो मैंने सोचा इसे लिख ही क्यों न डालूँ ? उनसे जैसा संवाद हुआ, वैसा ही उसमें लिखा है। मैंने उस समय तक चरखे का दर्शन ही नहीं किया था। चरखे की बात तो मेरे स्वतंत्र प्रकरणों में आई है। लेकिन तो भी मैंने वहाँ आखिरी दलील यही दी थी कि अहिंसात्मक संस्कृति का आधार सार्वत्रिक कताई ही हो सकती है। इसलिए मैं आपसे कहता हूँ कि चरखे में जो अर्थ भरे हैं, उनको न समझ कर अगर आप चरखा चलाते हैं तो या तो उसे पद्मा नदी में फेंक दीजिए या जला कर जाइए। तब सच्चा गांधी वाद प्रकट होगा। सिर्फ चरखा चलाने तक ही जो गाँधीवाद सीमित है, उसके लिए तो मैं कहूँगा कि 'गाँधीवाद का ध्वंस हो'।

कल शाम को 'गाँधीवाद ध्वंस हो' का घोष हुआ। मारपीट भी हुई। दो- चार आदमी पिट गये। मैं आपसे पूछता हूँ कि आपके दिल पर क्या असर हुआ? हम दो सौ आदमी यहाँ इस तरह पिट कर मर जायें तो आपके दिल में रोष पैदा होगा या दया? सिर्फ मर जाने से हम परीक्षा में उत्तीर्ण नहीं होंगे। हमारे दिल में मारने वालों के लिए दया होनी चाहिए। प्रेम तो वहाँ ठीक नहीं होगा। जो अत्याचार करते हैं, उनको हम यह शाप नहीं देंगे कि उनका सत्यानाश हो जाए। लेकिन उनको प्रेम भी कैसे कर सकते हैं? उन पर दया करेंगे। वे अज्ञानी हैं। इसलिए ईश्वर से प्रार्थना करेंगे कि वह उन्हें ज्ञान दें। हम तितिक्षा से उनके आघात सह लेंगे। हमारे हृदय से दया के उद्‌गार निकलेंगे। सिर्फ लोगों को सुनाने के लिए नहीं, बल्कि सच्चे दिल से हम उन पर दया करेंगे। कोई मुझ पर हमला करता है, लेकिन मुझे उस पर गुस्सा नहीं आता। वह मारता जाता है, मैं सहता जाता हूँ। मरते-मरते भी मेरे मुख पर दर्द का भाव नहीं, बल्कि हास्य है, मेरे दिल में रोष के बदले दया है, तो मैं कहूँगा कि हमने वीर पुरुषों की अहिंसा सिद्ध कर ली। अहिंसा में इतनी ताकत है कि वह विरोधियों को मित्र बना लेती है और उनका प्रेम प्राप्त कर लेती है। अगर हम यह काम शुद्ध बुद्धि से करेंगे तो हमारी शक्ति बढ़ेगी और हमारी हस्ती से जो डर पैदा हो रहा है, वह नहीं रहेगा। हमारी शक्ति अगर किसी के दिल में डर पैदा करती है या हिंसा की प्रेरणा पैदा करती है तो वह अहिंसक नहीं हो सकती।

गाँधीजी का ऐतिहासिक पत्र : एडोल्फ हिटलर को

मानवता के नाम पर युद्ध रोकने की अपील

प्रिय मित्र,

वर्धा, 24 दिसम्बर, 1940

मैं किसी औपचारिकतावश आपको मित्र कहकर सम्बोधित नहीं कर रहा हूँ। मैं किसी को अपना शत्रु नहीं मानता। पिछले 33 वर्षों से मेरे जीवन में एक ही काम रहा है :- जाति, रंग या धर्म का भेद किये बिना मानव जाति को मित्र बनाकर सारी मानव-जाति की मैत्री प्राप्त करना।

मानव-जाति का एक बहुत बड़ा भाग विश्वबन्धुत्व के इस सिद्धान्त से प्रभावित रहा है। मुझे आशा है, आपको यह जानने की इच्छा होगी और आपके पास इसके लिए समय भी होगा कि आपके कार्यों के बारे में मानव-जाति का यह भाग क्या सोचता है। हमें- आपके विरोधी आपको जिस तरह राक्षस के रूप में चित्रित करते हैं, आप वैसे हैं, किन्तु आपके अपने और आपके मित्रों और प्रशंसकों के लेखों और वक्तव्यों से — इस बात में कतई संदेह नहीं रहता कि आपके बहुत-से कार्य राक्षसी हैं और मनुष्य के गरिमा के योग्य नहीं हैं। खासकर मुझ जैसे विश्व-मैत्री में विश्वास रखने वाले लोगों की निगाह में तो वे ऐसे ही हैं। चेकोस्लावाकिया का पद-दलन, पोलैण्ड पर बलात्कार और डेनमार्क को हड़पना- ये आपके कुछ ऐसे ही कार्य हैं। मैं जानता हूँ कि आपके जीवन- दर्शन के अनुसार लूटमार के ये काम सत्कार्य हैं। लेकिन हमें बचपन से यही सिखाया गया है कि ऐसे काम इंसान को उसकी इंसानियत से गिराते हैं। इसलिए हम आपकी फौजों की सफलता की कामना नहीं कर सकते।

किन्तु हमारी स्थिति कुछ अनोखी है। हम ब्रिटिश साम्राज्यवाद का भी उतना ही विरोध करते हैं, जितना नाजीवाद का। अगर कुछ फर्क है तो मात्रा का। पूरी

मानव-जाति के पंचमांश को जिन तरीकों से ब्रिटेन के अधीन किया गया, वे गलत और निंद्य तरीके थे। ब्रिटिश शासन का हम विरोध करते हैं, किन्तु इसका अर्थ यह नहीं कि हम ब्रिटेन के लोगों को कोई नुकसान पहुँचाना चाहते हैं। हम उन्हें युद्धक्षेत्र में पराजित करना नहीं चाहते, बल्कि उनका हृदय-परिवर्तन करना चाहते है। हमारा विद्रोह ब्रिटिश शासन के विरुद्ध निःशस्त्र विद्रोह है। हम उनका हृदय परिवर्तन कर सकें अथवा न कर सकें, लेकिन हम अपने अहिंसक असहयोग के जरिये उनके शासन को असम्भव बना देने पर आमादा हैं। यह तरीका ऐसा है, जो अचूक है। यह तरीका इस ज्ञान पर आधारित है कि कोई भी लुटेरा तब तक अपना इष्ट सिद्ध नहीं कर सकता, जब तक उसे अपने शिकार हुए व्यक्ति की ओर से इच्छा या अनिच्छावश थोड़ा- बहुत सहयोग नहीं मिलता। हमारे शासक हमारी जमीन और हमारे शरीर पर अधिकार भले करलें, किन्तु हमारी आत्मा पर अधिकार नहीं कर सकते। हमारी जमीन और हमारे शरीर पर अधिकार वे तभी कर सकते हैं, जब वे प्रत्येक भारतीय पुरुष, स्त्री और बच्चे का सम्पूर्ण नाश़ कर दें। यह सही है कि सभी लोग शायद ऐसी वीरता न दिखा सकें, और काफी आतंक द्वारा विद्रोह की कमर तोड़ी जा सकती है, लेकिन यह तर्क अप्रासंगिक होगा। कारण, यदि भारत में ऐसे स्त्री-पुरुष काफी बड़ी संख्या में मिल सकें, जो घुटने टेकने के बजाय लुटेरों के प्रति बिना कोई द्वेष- भाव रखे अपने प्राण न्यौछावर करने को तैयार हों, तो वे हिंसा के आतंक से स्वतंत्र होने का मार्ग दिखा देंगे। आप विश्वास करें कि आपको भारत में ऐसे स्त्री-पुरुष अप्रत्याशित रूप से बड़ी संख्या में मिलेंगे। वे पिछले 20 वर्षों से इसी चीज का प्रशिक्षण प्राप्त करते रहे हैं।

पिछले पचास सालों से हम ब्रिटिश शासन को उखाड़ फेंकने की कोशिश करते रहे हैं। स्वतंत्रता का आन्दोलन जितना मजबूत इस समय है, उतना पहले कभी नहीं था। सबसे शक्तिशाली राजनीतिक संगठन-मेरा अभिप्राय भारतीय राष्ट्रीय कांग्रेस से है- इस लक्ष्य को प्राप्त करने का प्रयत्न कर रहा है। अहिंसात्मक प्रयत्नों से हमें काफी कुछ सफलता प्राप्त हो चुकी है। ब्रिटिश सत्ता संसार की सबसे अधिक संगठित हिंसात्मक सत्ता है और इसका मुकाबला करने के लिए हम किसी सही उपाय की तलाश कर रहे थे। आपने उसी ब्रिटिश सत्ता को चुनौती दी है। अब यह देखना है कि कौन ज्यादा सुसंगठित है- जर्मन सत्ता या ब्रिटिश सत्ता। हम जानते हैं कि ब्रिटिश सत्ता के पैरों तले रहने का हमारे लिए और दुनिया की गैरयूरोपीय जातियों के लिए क्या मतलब है। लेकिन हम जर्मनों की मदद से ब्रिटिश शासन का अन्त करना कभी नहीं चाहेंगे। हमें अहिंसा के रूप में एक ऐसी शक्ति प्राप्त हो गयी है, जिसे यदि संगठित कर लिया जाय तो वह संसार भर की सभी प्रबलतम

हिंसात्मक शक्तियों के गठजोड़ का मुकाबला कर सकती है। इसमें कोई संदेह की गुंजाइश नहीं है। जैसा कि मैंने कहा, अहिंसात्मक तरीके में पराजय नाम की कोई चीज है ही नहीं। यह तरीका तो बिना मारे या चोट पहुँचाये ' करने या मरने' का तरीका है। इसका इस्तेमाल करने में धन की लगभग कोई जरूरत नहीं है और उस विनाशकारी-शस्त्र की सहायता की तो नहीं ही, जिसे आपने पूर्णता के चरम बिन्दु पर पहुँचा दिया है। मुझे देखकर आश्चर्य होता है कि आप यह भी नहीं देख पाते कि विनाशकारी यंत्रों पर किसी का एकाधिकार नहीं है। अगर ब्रिटिश लोग नहीं तो कोई और देश, निश्चय ही आपके तरीकों से ज्यादा बेहतर तरीका ईजाद कर लेगा और आपके ही तरीकों से आपको नीचा दिखायेगा। आप अपने देशवासियों के लिए कोई ऐसी विरासत नहीं छोड़ रहे हैं, जिस पर उन्हें गर्व होगा। वे एक क्रूर कर्म की चर्चा करने में गर्व का अनुभव नहीं करेंगे, फिर भले ही वह कृत्य कितनी ही निपुणतापूर्वक नियोजित क्यों न किया गया हो। अत: मैं मानवता के नाम पर आपसे युद्ध रोक देने की अपील करता हूँ। आपके और ब्रिटेन के बीच जो विवाद के मुद्दे हैं, यदि आप उन्हें किसी ऐसे अन्तर्राष्ट्रीय न्यायाधिकरण के सामने रख दें, जिसे आप और ब्रिटेन दोनों मिलकर पसन्द करें, तो ऐसा करके आप कुछ खोयेंगे नहीं। यदि आपको युद्ध में सफलता मिल जाती है तो इससे यह सिद्ध नहीं होगा कि आपका पक्ष सही था। उससे केवल इतना ही सिद्ध होगा कि आपकी विनाशशक्ति अपेक्षाकृत ज्यादा प्रबल थी। इसके विपरीत, एक निष्पक्ष न्यायाधिकरण द्वारा किया गया फैसला यह सिद्ध करेगा कि कौन-सा पक्ष न्याय पर था।

आप जानते हैं कि कुछ ही समय पहले मैंने मेरा अहिंसात्मक प्रतिरोध का तरीका अपनाने की हर ब्रिटेनवासी से अपील की थी। मैंने ऐसा इसलिए किया था कि अंग्रेज जानते हैं कि यद्यपि मैं विद्रोही हूँ, तो भी उनका मित्र हूँ। आपके और आपके देशवासियों के लिए मैं अजनबी हूँ। मैंने हर ब्रिटेनवासी से जो अपील की थी, वैसी अपील आपसे करने का साहस मुझमें नहीं है। ऐसी बात नहीं कि वह अपील आप पर भी उसी प्रभावकारी ढंग से लागू नहीं होगी, जिस ढंग से अंग्रेजों पर होती है। बल्कि बात यह है कि मेरा मौजूदा प्रस्ताव कहीं ज्यादा सीधा-सादा है, क्योंकि वह ज्यादा व्यावहारिक और जाना-पहचाना है।

इस मौसम में, जब यूरोपवासियों के दिल शांति के लिए ललक रहे हैं, हमने खुद अपना शांतिपूर्ण संघर्ष भी स्थगित कर दिया है। क्या इस समय आपसे शांति के लिए कोशिश करने को कहना बहुत ज्यादा होगा? यह ऐसा समय है, जिसका व्यक्तिगत रूप से आपके लिए भले ही कोई महत्त्व न हो, लेकिन करोड़ों यूरोपवासियों के लिए इसका बहुत महत्त्व है। मेरे कान करोड़ों मूक लोगों की पुकार सुनने के

अभ्यस्त हैं, और मैं अपने इन्हीं कानों से करोड़ों यूरोपवासियों की शांति की मूक पुकार सुन रहा हूँ। मैंने सोचा था कि आपके और श्री मुसोलिनी के नाम मैं एक संयुक्त अपील निकालूँगा। श्री मुसोलिनी से मैं गोलमेज-सम्मेलन के एक प्रतिनिधि की हैसियत से अपनी इंग्लैण्ड यात्रा के अवसर पर रोम में मिला था। मैं आशा करता हूँ कि मेरी इसी अपील को आवश्यक परिवर्तनों के साथ वे अपने नाम लिखी गयी अपील समझेंगे।

हृदय से आपका मित्र,
मो. क. गाँधी

दलाईलामा और गाँधीजी के अपठित पत्रों का सार

प्रोफेसर तान-युन-शान 1930 में तिब्बत गये। बौद्ध धर्म के बारे में उन्होंने धर्म गुरु दलाईलामा से बात की और उन्हें महात्मा गाँधी के अहिंसक प्रतिकार के प्रयोग की भी जानकारी दी। जब वे भारत लौटने लगे तो दलाईलामा ने गाँधीजी को पत्र लिखा। वह पत्र लाकर प्रो0 तान ने गाँधीजी को दिया। तिब्बत की भाषा (भोट) में लिखा होने से गाँधीजी बोले- इस पत्र की बात मैं कभी नहीं जान सकूँगा। बिना पढ़े भी गाँधीजी उस पत्र को देख-देख कर आनन्द लेते रहे। उस पत्र का अनुवाद कर कोई सुनाने वाला नहीं मिला।

एक दिन प्रोफेसर ने पूछा कि बापू, क्या आप दलाईलामा को पत्र प्राप्ति की सूचना नहीं भेजेंगे?

गाँधीजी ने कहा- मैं दलाई लामा को पत्र लिखूँगा, पर वह इस पत्र का उत्तर नहीं होगा, क्योंकि मुझे नहीं मालूम कि इस पत्र में क्या लिखा है? मैं हिन्दी (गुजराती) में लिखूँगा। मेरी तरह दलाईलामा भी संभवतः उसे नहीं पढ़ पायेंगे। पर मेरी ही तरह पत्र पाने की प्रसन्नता का अनुभव तो उन्हें होगा ही।

इससे फायदा?

तीन फायदे होंगेः-(1) आनन्द किसी बात या पत्र में नहीं, बल्कि अपने मन में है। हम उसका अनुभव करें। (2) अच्छे विचार और अच्छे मनुष्य को, चाहे हम पूरी तरह न भी जानें या समझें, तब भी उसका संस्पर्श हम पर प्रभाव डालता है (3) हमें हमेशा अपनी भाषा को पूरा महत्त्व देना चाहिए। और विदेशी भाषा के मोह में नहीं पड़ना चाहिए।

श्री कन्हैयालाल मिश्र 'प्रभाकर' द्वारा लिखित **'दो पत्र तीन बातें'** का संक्षेप

अंग्रेजी डांस और बापू

लंदन में गोलमेज कांफ्रेंस में गाँधीजी भाग लेने गए हुए थे। कांफ्रेंस के पश्चात् गाँधीजी

के लिए हल्के-फुल्के मनोरंजन हेतु अंग्रेजी नाच का भी एक कार्यक्रम रखा गया था। शाम को कार्यक्रम के दौरान उनके एक साथी ने मजाक करते हुए कहा " गाँधीजी आप भी अपना कोई साथी चुन लीजिए।"

गाँधीजी ने तुरन्त नहले पर दहला मारते हुए अपनी लाठी की ओर संकेत करते हुए कहा, "यह रही मेरी साथिन, जो हरदम मेरे साथ रहती है। उनके जवाब पर अंग्रेज लोग भी हँसे बिना न रह सके।"

वहाँ भी मेरे साथ चलिएगा

गाँधीजी की बढ़ती लोकप्रियता के कारण उनके पीछे पत्रकारों का जमावड़ा लगा रहता था। हर समय, हर जगह पत्रकार उन पर सवालों की बौछार करते रहते थे। एक दिन एक पत्रकार ने उनसे मजाक में पूछा- "बापूजी आप इतने लोकप्रिय हैं, इतने सहृदय हैं, आप तो अवश्य ही स्वर्ग में जायेंगे?" बापू निश्छल मुस्कान बिखेरते हुए बोले, "भाई, स्वर्ग-नरक तो मैं नहीं जानता। पर इतना अवश्य जानता हूँ कि मैं जहाँ भी जाऊँगा, आप लोग मेरा पीछा नहीं छोड़ेंगे।" बापू की हाजिर जवाबी ने उस पत्रकार की बोलती बंद कर दी।

लो, मुझे गोली से उड़ा दो

ब्रिटिश सरकार के नित-नये दमन चक्रों के विरोध-स्वरूप गाँधीजी नये-नये आंदोलन करते रहते थे। इन आन्दोलनों को लेकर परेशान हो रहे एक अंग्रेज अधिकारी ने एक दिन कह दिया, " हमें परेशानी में डाले रखने वाला गाँधी यदि मुझे कहीं मिल जाए तो मैं उसे गोली से उड़ा दूँ।"

गाँधीजी यह सुनकर चुप नहीं रहे। सीधे उस अंग्रेज अधिकारी के बंगले पर जा पहुँचे और उसके सामने जाकर बोले, " आप मुझे मारना चाहते हैं न? मैं अकेला ही आ गया हूँ, ताकि आपको मेरे समर्थकों का रोष न झेलना पड़े। अब आप अपना काम कर सकते हैं।" गाँधीजी की निर्भीकता के सामने वह अंग्रेज अधिकारी शार्मिंदा होकर रह गया।

भविष्य का नेता

लोकमान्य तिलक

लोकमान्य तिलक ने गाँधीजी की असहयोग की योजना देखी और अपने सहयोगी से बोले- "या तो यह आदमी बिलकुल पागल है या बहुत बड़ा आदमी है। यह हमारा आदमी नहीं है, लेकिन हमें इसका विरोध नहीं करना चाहिए। इसके हाथ से देश का कुछ भी अहित नहीं होगा। इस योजना में वह सफल रहा तो 'आइ विल हैव टु प्ले सेकेण्ड फिड्ल टु हिम एण्ड आई शैल डु इट' यानी मुझे उसके हाथ के नीचे काम करना पड़ेगा और मैं करूँगा। उन्होंने पहचान लिया था कि यही भविष्य का नेता हैं। कमिंग ग्रेट मेन।

('मंगल प्रभात' जनवरी 2000 काका साहेब कालेलकर के साथ हुई केलकर जी की वार्ता)

भारतीय मानवता का शिखर

श्री गोपालकृष्ण गोखले

मैं गाँधी को निकटता से जानता हूँ। उसके आधार पर कह सकता हूँ कि उनसे अधिक शुद्ध, अधिक उदार, अधिक बहादुर और अधिक महान् आत्मा ने कभी इस पृथ्वी पर विचरण नहीं किया। गाँधी मानवों में अधिक उदात्त मानव, देश भक्तों में अन्यतम देश भक्त हैं। उनके रूप में आज के समय भारतीय मानवता सर्वोच्च स्तर तक पहुँच चुकी है।

(1912 की लाहौर कांग्रेस में श्री गोपालकृष्ण गोखले द्वारा दक्षिण अफ्रीका के प्रस्ताव पर व्यक्त विचार)

पराजय में विजय और मृत्यु में अमरत्व की प्रतिमा

गुरुदेव रवीन्द्रनाथ टैगोर

भारतवर्ष की अपनी एक सम्पूर्ण भौगोलिक प्रतिमा है। पूर्व-प्रान्त से लेकर पश्चिम प्रान्त तक, उत्तर में हिमालय से लेकर दक्षिण में कन्याकुमारी तक भारत की जो एक विशिष्ट पूर्णता है, उसका चित्र हृदय में ग्रहण करने की इच्छा देश में प्राचीन काल से रही है। विभिन्न युगों और स्थानों में जो विच्छिन्न है, उसे एक करके देखने का प्रयत्न 'महाभारत' में स्पष्ट और जागृत रूप में दिखाई पड़ता है।

भारत के भौगोलिक स्वरूप को हृदय में उपलब्ध करने का किसी समय एक अच्छा साधन था। वह साधन था तीर्थ-यात्राओं की परम्परा। देश के पूर्वी अंचल से लेकर पश्चिमी किनारे तक, और हिमालय से लेकर समुद्र तक, पवित्र पीठ-स्थान थे। यहाँ तीर्थ स्थापित हुए, जिनके द्वारा शक्ति के ऐक्यजाल में समस्त भारतवर्ष को लाने का एक सहज उपाय निर्मित हुआ।

भारतवर्ष बहुत बड़ा देश है। इस बात को सम्पूर्ण रूप से समझना प्राचीन काल में संभव नहीं था। आज हम 'सर्वे-रिपोर्टों', मानचित्रों और भौगोलिक विवरणों द्वारा भारत के वास्तविक विस्तार को अच्छी तरह देख सकते हैं। प्राचीन काल में ये साधन नहीं थे, और एक तरह से उनका न होना अच्छा ही था। जो चीज बहुत आसानी से मिलती है, उसका मन पर गहरा प्रभाव नहीं पड़ता। तरह-तरह के कष्ट सहकर भारत-परिक्रमा करते हुए जो अभिज्ञता प्राप्त की जाती थी, वह गम्भीर होती थी और मन से उनका दूर होना कठिन था।

प्राचीन काल के इस समन्वय-तत्त्व का उज्ज्वल स्वरूप 'गीता' में मिलता है। कुरुक्षेत्र की भूमि में यह जो अचानक दार्शनिक चर्चा की जाती है, वह काव्य की दृष्टि से असंगत-सी लगती है। यह भी कहा जा सकता है कि मूल 'महाभारत' में यह विवेचन नहीं था। जिन्होंने बाद में इसकी रचना की, वे जानते थे कि काव्य-परिधि के बीच-भारत की चित्त-भूमि में इस तात्त्विक चर्चा का प्रवेश आवश्यक था। उस समय

भारत को अन्दर-बाहर से पूरी तरह उपलब्ध करने का प्रयास धार्मिक अनुष्ठान द्वारा ही सम्भव था। महाभारत-पाठ हमारे देश में धार्मिक कर्मों में गिना जाता था- केवल तात्त्विक दृष्टि से नहीं, वरन् देश को सम्पूर्ण उपलब्ध करने की दृष्टि से भी। तीर्थयात्री भी दूर-दूर तक घूमते हुए, देश के विभिन्न भागों को स्पर्श करते-करते, भारत के ऐक्यरूप को आंतरिक भाव से ग्रहण करते थे।

यह तो हुई प्राचीन काल की बात। लेकिन अब युग बदल गया है। आज देश के लोग अपने-अपने अलग कोनों में बैठकर प्रादेशिक संकीर्णता में आबद्ध हो गये हैं। संस्कार और लोकाचार के जाल में हम जकड़ गये है। लेकिन 'महाभारत' के विस्तृत क्षेत्र में हम मुक्ति की वायु का अनुभव करते हैं। इस महाकाव्य के विराट् प्रांगण में मानव-मन की तरह-तरह से परीक्षाएँ हुई हैं। जिसे हम प्रायः निन्दनीय कहते हैं, उसे भी वहाँ स्थान मिला है। यदि हमारा मन इस बात के लिए प्रस्तुत हो तो हम अपराध और दोष का अतिक्रमण करते हुए 'महाभारत' की वाणी को ग्रहण कर सकते हैं। 'महाभारत' में एक उदात्त शिक्षा है। वह शिक्षा निषेधात्मक नहीं, सकारात्मक है, उसमें 'हाँ' का स्वर सुनाई पड़ता है। दोष और त्रुटियाँ तो उन बड़े-बड़े वीर पुरुषों में भी रही हैं, जो अपने माहात्त्म्य से उन्नतमस्तक हैं। उन त्रुटियों को आत्मसात् करके ही वे बड़े हुए हैं। मनुष्य का यथार्थ रूप से मूल्यांकन करने की यही महान् शिक्षा हमें 'महाभारत' में मिलती है। पाश्चात्य संस्कृति के सम्पर्क में आने से कुछ और चिन्तनीय विषय हमारे सामने आये हैं, जो पहले नहीं थे। प्राचीन भारत में जो लोग स्वभाव या कार्य की दृष्टि से पृथक थे, उन्हें अलग-अलग श्रेणियों में विभाजित किया गया था, लेकिन इस तरह खंडित होने पर भी लोगों में ऐक्य साधना का प्रयास था। सहसा पश्चिम के दरवाजे से शत्रु आ पहुँचा। एक दिन आर्यों ने भी इसी पथ से आकर पाँच नदियों के प्रदेश में उपनिवेश स्थापित किये थे। फिर विन्ध्याचल पार करके धीरे-धीरे वे सारे भारत में फैले। उस समय भारत, गांधार और समीपवर्ती प्रदेशों के साथ, एक समग्र संस्कृति से परिवेष्टित था, इसलिए बाहर के आघात से उसकी क्षति नहीं हुई। उसके बाद एक दिन फिर हमारे ऊपर बाहर से आघात हुआ। लेकिन यह आघात विदेशियों द्वारा हुआ, जिनकी संस्कृति बिलकुल भिन्न थी। जब वे आये, तब हमने देखा कि हम एक साथ रहने पर भी एक नहीं हुए थे। इसलिए सारा भारतवर्ष विदेशी आक्रमण की बाढ़ में निमग्न हुआ। तब से हमारे दिन दुःख और अपमान में कटे हैं।

विदेशी आक्रमण का अवसर पाकर कुछ लोग तो अलग-अलग दल बनाकर देश में अपना प्रभाव बढ़ाने का प्रयत्न करने लगे, और अन्य लोग अपने निजी स्वातन्त्र्य की रक्षा करने के लिए अलग-अलग स्थानों पर विदेशियों का विरोध करने

लगे। इनमें से किसी को भी सफलता नहीं मिली। राजपूताना, महाराष्ट्र और बंगाल में आपसी लड़ाई बहुत दिनों तक चलती रही। जितना बड़ा हमारा देश था, उस परिमाण में हमारी एकता नहीं थीं। दुर्भाग्य झेलकर हमने सबक सीखे, लेकिन सदियों बाद। हमारी आपसी फूट से ही विदेशी आक्रमणकारियों के लिए मार्ग प्रशस्त हुआ। पहले तो हमारे निकटवर्ती शत्रुओं ने हमला किया, और फिर दूर समुद्र पार से विदेशी शत्रु अपनी वाणिज्य-नौका के साथ हमारे ऊपर टूट पड़े। पुर्तगाली आये, डच आये, फ्रांसीसी और अंग्रेज आये। सबने जोर से धक्के लगाये और सबने देखा कि उनके रास्ते में कोई दुर्जेय बाधा नहीं थी। हम अपनी समस्त शक्ति-सम्पदा विदेशियों को देने लगे, हमारी विद्या-बुद्धि क्षीण हुई, हमारा चित्त दुर्बल और खोखला हो गया। बाहर की दीनता अपने साथ आन्तरिक दीनता भी लाती है।

ऐसे दुर्दिन में हमारे साधकों के मन में जिस विचार का उदय हुआ, वह यह था कि परमार्थ का लक्ष्य सामने रखकर भारत को स्वातन्त्र्य की ओर ले जाने की आध्यात्मिक चेष्टा करना आवश्यक है।

पिछले दिनों योरोप में स्वातन्त्र्य-प्रतिष्ठा के लिए प्रयत्न किये गये हैं। इटली किसी दिन विदेशियों के पंजे में था और अपमानित जीवन व्यतीत करता था। लेकिन मेजिनी-गैरीबाल्डी-जैसे वीर और त्यागी इटली में हुए। उन्होंने पराधीनता के जाल से मुक्ति दिलाकर अपने देश को स्वातन्त्र्य-दान दिया। अमेरिका के युक्त-राष्ट्र में लोगों ने कितने दुःख सहे, उन्हें कितना प्रयत्न और संघर्ष करना पड़ा, यह भी हम इतिहास में देखते हैं। मनुष्य को मानवोचित अधिकार दिलाने के लिए पाश्चात्य देशों में कितने ही लोगों ने अपना बलिदान दिया है। आदमी-आदमी में भेद निर्माण करके एक-दूसरे का जो अपमान किया जाता है, उसके विरुद्ध पश्चिम में आज भी विद्रोह चल रहा है। उन दोनों में जन-साधारण को मानवीय गौरव का अधिकारी माना गया है, इसलिए राष्ट्रीय प्रशासन के सभी अधिकार सर्वसाधारण तक पहुँच गये हैं। वहाँ विधान के सामने धनी और निर्धन में, या ब्राह्मण और शूद्र में, कोई भेद नहीं है। पाश्चात्य जगत् के इतिहास से हमें यह शिक्षा मिलती है कि एकताबद्ध होकर स्वतन्त्रता को कैसे प्रतिष्ठित किया जा सकता है। आज सभी भारतवासी यह चाहते हैं कि अपने देश को नियंत्रित करने का अधिकार उन्हें मिले। यह इच्छा हमने पश्चिम से ही प्राप्त की है। इतने दिनों तक हम अपने गाँव और पड़ोसियों को छोटे-छोटे खण्डों में विभाजित करते आये हैं। अत्यन्त क्षुद्र परिधि के भीतर हम सोचते और काम करते रहे हैं। तालाब और मन्दिर बनवाकर ही हमने अपना जीवन सार्थक समझा है, और गाँव ही हमारे लिए जन्मभूमि या मातृभूमि रही है। भारत को मातृभूमि के रूप में स्वीकार करने का हमें अवकाश ही नहीं मिला। प्रादेशिकता के जाल में फँसकर और दुर्बलता से

पराजित होकर जब हमारा पतन हुआ था, उस समय रानाडे, गोखले, और सुरेन्द्रनाथ-जैसे लोग जनसाधारण को गौरव प्रदान करने के लिए, महान् उद्देश्यों को लेकर आये। उनके द्वारा आरम्भ की गई साधना को महात्मा गाँधी ने अपनी प्रबल शक्ति से, बड़ी तेजी के साथ, सफलता के मार्ग पर बढ़ाया है।

बहुत-से लोग पूछ सकते हैं, क्या यही पहले-पहले आये हैं? इसके पहले भी क्या कांग्रेस के अन्दर अनेक लोगों ने काम नहीं किया? काम तो बहुत-से लोगों ने किया, लेकिन उनके नाम गिनाते ही हम देख पाते हैं कि उनका साहस बहुत ही सीमित था और उनकी आवाज धीमी थी।

इसके पहले कांग्रेस के लोग या तो शासकों के सामने आवेदन-पत्रों की डाली ले जाते थे, या अपनी आँखें लाल करके कृत्रिम रूप से अपना क्रोध व्यक्त करते थे। उनका विचार था कि कभी कठोर और कभी कोमल वाक्य-बाणों का प्रयोग करके ही वे मेजिनी-गैरीबाल्डी के समगोत्रीय बन सकेंगे। उस क्षीण, अवास्तविक 'वीरता' में ऐसा कुछ भी नहीं था, जिस पर आज हम गर्व कर सकें। आज जो हमारे सामने महात्मा गाँधी आये हैं, वे राष्ट्रीय स्वार्थ के कलंक से मुक्त हैं। राजनीति में अनेक पाप और दोष होते हैं, लेकिन उनमें भी सबसे बड़ा दोष है- स्वार्थपरता। हो सकता है कि राष्ट्रीय स्वार्थ व्यक्तिगत स्वार्थ से बहुत बड़ा हो, फिर भी है तो वह भी स्वार्थ। इसलिए वह भी कीचड़ से अलिप्त नहीं है। पॉलिटिशियन लोगों की एक अलग जाति होती है। उनका आदर्श मानव के महान् आदर्श से मेल नहीं खाता। वे बड़े-से बड़ा झूठ बोल सकते हैं। वे इतने निष्ठुर होते हैं कि अपने देश को स्वातन्त्र्य दिलाने के बहाने से दूसरे देशों पर अधिकार जमाने का लोभ उनसे छोड़ा नहीं जाता। पाश्चात्य देशों में हम देखते हैं कि जो लोग देश के लिए प्राण तक दे सकते हैं, वही लोग देश के नाम पर घोर अन्याय को प्रश्रय भी दे सकते हैं।

पॉलिटिशियन लोगों की चतुराई के लिए हम उनकी प्रशंसा कर सकते हैं, लेकिन भक्ति नहीं कर सकते। भक्ति तो हम कर सकते हैं महात्मा गाँधी की, जिनकी साधना सत्य की साधना है। मिथ्या के साथ समझौता करके उन्होंने सत्य की सार्वभौम धर्मनीति को अस्वीकार नहीं किया। भारत की युग-साधना के लिए यह परम सौभाग्य का विषय है। महात्मा गाँधी ही एक ऐसे पुरुष हैं, जिन्होंने प्रत्येक अवस्था में सत्य को माना है, चाहे वह सुविधाजनक हो या न हो। उनका जीवन हमारे लिए एक महान् उदाहरण है। दुनिया में स्वाधीनता लाभ का इतिहास रक्त की धारा से पंकिल है, अपहरण और दस्यु-वृत्ति से कलंकित है। लेकिन महात्मा गाँधी ने यह दिखाया है कि हत्याकांड का आश्रय दिये बगैर भी स्वाधीनता प्राप्त की जा सकती है। देश के नाम पर लोग लूट-मारकर सकते हैं, विज्ञान डाका डाल सकता

है। लेकिन देश के नाम पर किये गये कामों पर आज लोगों को जो गर्व है, वह टिक नहीं सकता। हमारे बीच ऐसे लोग बहुत कम हैं, जो हिंसा को अपने मन से दूर हटाकर किसी बात को देख सकें। क्या वास्तव में हमारा यह विश्वास है कि बिना हिंसा-प्रवृत्ति को स्वीकार किये भी हमारी विजय हो सकती है?

महात्मा गाँधी यदि केवल एक वीर योद्धा होते तो हम उन्हें इस तरह स्मरण न करते जैसे आज कर रहे हैं। रणभूमि में वीरता दिखाने वाले बड़े-बड़े सेनापति दुनिया में बहुत हुए हैं। मनुष्य का युद्ध धर्मयुद्ध है, नैतिक युद्ध है। धर्मयुद्ध में भी निष्ठुरता सम्भव है, जैसा कि हम 'गीता' और 'महाभारत' में देखते हैं। उसमें बाहु- बल के लिए स्थान है या नहीं, इस विषय पर मैं शास्त्रार्थ नहीं करूँगा। लेकिन वह अनुशासन बहुत बड़ी चीज है जिससे प्रेरित होकर हम कह सकें- 'चाहे जान चली जाये, हम आघात नहीं करेंगे, और इसी तरह विजयी होंगे।' यह गम्भीर वाणी है। इसमें चातुर्य नहीं है, कार्यसिद्धि के लिए व्यावहारिक परामर्श नहीं है। धर्मयुद्ध बाहर से जीतने के लिए नहीं होता, हारकर भी विजय प्राप्त करने के लिए होता है। अधर्म-युद्ध में जो मरता है, उसका वास्तविक अंत होता है, लेकिन धर्मयुद्ध में मरने के बाद भी कुछ शेष रहता है- यहाँ पराजय के अन्दर विजय और मृत्यु के अन्दर अमरत्व होता है। इस सत्य को महात्मा जी ने अपने जीवन में उपलब्ध करके स्वीकार किया है। उन्होंने नम्र अहिंसा नीति ग्रहण की है और उसकी चारों ओर विजय हो रही है। उसे हमें स्वीकार करना ही होगा। चाहे हम उस पर पूरी तरह चल न सकें।

(गाँधी जयंती 2 अक्टूबर 1937 के लिए लिखा गया लेख, नवम्बर-दिसम्बर 1937 प्रवासी अंक में प्रकाशित)

भूत और भविष्य की कड़ी थे बापू

आचार्य विनोबा

बापू कहते थे कि मेरा सम्पूर्ण जीवन, साधना, सत्याग्रह वगैरह कार्य परमेश्वर की खोज के लिए है। आम तौर पर ईश्वर की खोज करने वाले एकान्त में चले जाते हैं। बापू एकान्त में नहीं गये। लोगों के बीच रहकर ही उन्होंने काम किया। हाँ, ध्यान, प्रार्थना आदि के लिए 15-20 मिनट निकालते थे, लेकिन वे कहते थे कि ध्यान हमारे काम में हर क्षण होना चाहिए और एकान्त तो जनता के बीच काम करते-करते हर क्षण मिलना चाहिए।

बापू की सत्ता सारे हिन्दुस्तान पर चलती थी। लेकिन वह सत्ता नैतिक थी, दूसरी कुछ नहीं। प्रत्येक देश की अपनी कुछ विशेषता होती है। हमारे देश की विशेषता यह है कि वह महापुरुषों की सत्ता ही मानता है। लोगों ने देखा कि गाँधीजी का चरित्र महापुरुषों के चरित्र जैसा है। उनके काम की नींव अध्यात्म है। वे हमेशा इस बात पर जोर देते थे कि चाहे जो काम करो, उसमें 'प्यूरिफिकेशन ऑफ हार्ट'- हृदय की शुद्धि होनी चाहिए। स्थूल क्रिया का उनके सामने अधिक महत्त्व नहीं था, महत्त्व उस के पीछे की भावना का था। बाहर से वे हमेशा स्थूल कामों में डूबे दिखते थे। लेकिन उस सारी खटपट से वे जल में कमलवत् अलिप्त थे। एक बार किसी काम के बारे में गाँधीजी ने मुझसे पूछा- मैंने जवाब दिया 'मुझे नहीं लगता कि इसका बहुत अधिक परिणाम आयेगा।' वे हँसते हुए बोले- 'देखो विनोबा, यह योग्य है या अयोग्य, इतना ही हमें देखना है। बाकी मैं मानता हूँ कि अपने कुल काम का परिणाम शून्य है।' शून्य में ही बापू की आध्यात्मिक बैठक थी।

समाज सेवा के लिए एकादश व्रत पालना जरूरी है- यह बात बापू ने सर्वप्रथम कही। सेवा के लिए कुछ गुण होने चाहिए, ऐसा तो लोग मानते आये हैं, पर आज तक किसी ने यह नहीं माना था कि देश-सेवा के लिए भी व्रतों की जरूरत है। सर्वोदय का नया मिशन, उन्होंने हमारे सामने रखा है। युग-युग में ब्रह्म बदलता रहता है। एक समय हमारे सामने 'स्वराज्य' का ब्रह्म था। आज सर्वोदय का ब्रह्म है।

गाँधीजी के आने से पहले अच्छे-अच्छे नेता हिन्दुस्तान में थे, जिन्होंने आजादी की तरफ जनता का ध्यान खींचा। लेकिन उन नेताओं के प्रति ऐसा पक्का विश्वास नहीं था कि वे जो कुछ बोलते हैं, वही उनके मन में है। राजनीति में नेता हमेशा द्विअर्थी बोलते हैं। गाँधीजी ने जो मन में था, वही बोलना शुरू किया। इस कारण गाँधीजी का शब्द बलवान साबित हुआ। और शब्द के पराक्रम से ही उनका सारा पराक्रम हुआ। 'स्वराज्य हमारा जन्मसिद्ध अधिकार है और वह हम लेकर ही रहेंगे'- ऐसी भाषा चलती थी, तब गाँधीजी ने गोलमेज परिषद् में जाकर क्या कहा? 'मैं अत्यन्त नम्रता के साथ स्वराज्य की माँग करता हूँ। इसके बिना गरीब की सेवा असंभव है। स्वराज्य के साथ हेतु जोड़ना ही तो उनका अनोखा रवैया था। वे सरकार की सत्ता को गौण और जनता की सत्ता को मुख्य बनाना चाहते थे। यहाँ अंग्रेजों का राज्य शक्तिशाली था, उसकी पकड़ जोरदार थी। उनका मुकाबला कैसे किया जाय- इसकी अहिंसक युक्ति गाँधीजी ने सिखायी। उन्होंने कहा कि " हम निर्वैर भी रहेंगे और सामना भी करेंगे। हमें मारेंगे या सतायेंगे, तो मर जायेंगे, पर उनकी मरजी के मुताबिक काम नहीं करेंगे। मनुष्यों में निर्भयता आनी चाहिए।" कई लोगों को गाँधीजी के अमुक-अमुक विचार जंचते नहीं थे। वे कहते थे कि आप कृपा कर हिमालय चले जायें। बापू हँसकर कहते- "यदि आप लोग हिमालय जायेंगे, तो मैं भी आपके पीछे-पीछे हिमालय जाऊँगा। यदि आप यही रहेंगे तो आपका यह सेवक भी यहीं रहने वाला है। जहाँ स्वामी, वहाँ सेवक। भारत की जनता के साथ उनकी ऐसी आत्मीयता थी।" विकेन्द्रीकरण और ग्राम स्वराज्य का विचार बापू की अनोखी देन है।

गाँधीजी एक युग प्रवर्तक महापुरुष थे। उन्होंने एक नया जीवन विचार दिया। धर्म-प्रचार और क्रान्ति दोनों अलग-अलग बाते हैं। सामान्य धर्म का बोध तो ऋषि और संत हमेशा देते रहते हैं, जब युग की माँग और संत के उपेदश का सुयोग होता है, तब क्रान्ति होती है। अन्दर का धर्म-विचार का बल और बाह्य परिस्थितिका बल मिला वे युग प्रवर्तक कहलाये। किसी ने गाँधीजी की तुलना ईसा से की है तो किसी ने तिलक के साथ। मेरे मत में उन की तुलना स्मृतिकारों के साथ हो सकती है। जिन के व्यापक विचार जीवन के सारे पहलुओं को स्पर्श करते हैं, वैसे मनु, याज्ञवल्क्य के साथ उनको रख सकते हैं। वैसे ऋषि चिन्तन प्रधान थे, शास्त्रज्ञ थे, लेकिन गाँधीजी कर्म प्रधान थे। ग्रंथों की अपेक्षा बहुत बड़े। एक्सप्रेशन- विचार प्रकट करने में वे कमजोर थे। ग्रंथों की अपेक्षा उनके जीवन में अधिक प्रतिभा थी। जीवन की दृष्टि से शेक्सपीयर और मिल्टन अपने ग्रंथों की अपेक्षा छोटे थे। गाँधीजी का जीवन खूब ऊँचा, भला और उन्नत था। उनमें ज्ञान छिपा रहता और करुणा प्रकट होती थी।

करुणा और वात्सल्य से प्रेरित होकर उन्होंने अपने कुटुम्ब को आश्रम का स्वरूप दिया और बाहरी लोगों को समाहित किया। वे अन्त तक लोगों का काम करते रहे। प्रत्येक उन्हें अपना आदमी मानता था, क्योंकि वे सामान्य आदमी के साथ उसी की भूमिका में बात करते थे। किसी का पेट दुखता तो गाँधीजी इलाज करते। किसी पति-पत्नी में अनबन होती, तो वे सलाह लेने गाँधीजी के पास पहुँच जाते। अपने सभी महत्त्व के कामों के बीच भी समय निकाल कर वे प्रत्येक को समुचित सलाह देते थे। बालकों को अपने जैसे बालक लगते और बहनों को लगता कि वे हमारी बहन ही है। हर एक को यही लगता कि वे अपने परिवार के हैं। हम सब निकट के लोग उन्हें 'बापू' नाम से पुकारते थे। वे आखिर राष्ट्रपिता कहलाये। उनका आश्रय जिन्होंने लिया, वे अगर छोटे थे तो बड़े बन गये। खोटे थे तो खरे बन गये। कठोर थे तो कोमल बन गये। अनादि काल से लेकर आज तक हुए महापुरुषों की अन्तिम कड़ी के रूप में एवं भविष्य में होने वाले महापुरुषों में प्रथम गिने जाने वाले गाँधीजी भूत और भविष्य का कड़ी थे।

(गाँधी : जैसा देखा समझा विनोबा ने)

बापूजी की जीवन संगिनी बा

मनु बहन गाँधी

स्वतंत्रता संग्राम के दौरान अंग्रेजी हुकूमत ने बापू, बा महादेव देसाई आदि को आगाखां महल में बंदी बना रखा था। महादेव भाई भगवान को प्यारे हो गये और बा भी जीवन की अन्तिम घड़ियाँ गिनने लगीं। उस समय उनकी सेवा में थी, उनकी लाडली पोती मनु बहन गाँधी। उन्होंने बंदी जीवन के संस्मरण लिखे, वे हर राष्ट्र भक्त के लिए उपयोगी हैं और मानवीय संवेदनाओं के साथ मनोबल बढ़ाने वाले हैं। — सं.]

अब दवा लेने से स्वयं मोटीबा (कस्तूरबा) ने ही इनकार कर अपने आपको पूरी तरह भगवान के हाथों में सौंप दिया था।

बा को साफ करने में बार-बार छोटे हाथ-रूमाल गंदे हो जाते थे। अगर हममें से कोई हाजिर न रहते, तो बापूजी स्वयं ही इन रूमालों को धो डालते थे। पिछली रात को भी गंदे रूमाल बापूजी ने धोकर सुखा लिये थे। शायद वे समझ गये थे कि बा की ऐसी सेवा करने का लाभ उन्हें अब कभी नहीं मिलेगा।

बा ने डॉ. सुशीला बहन से कहा- "मुझे बापूजी के कमरे में ले चलो।" अब वे एक पल के लिए भी बापूजी से अलग नहीं रहना चाहती थीं। बापूजी के कमरे में ही बा का पलंग था। लेकिन उन्हें इसका भान नहीं था। यह उनके बेसुध हो जाने की निशानी थी।

इतने में कटेली-हमारे जेल-अधिकारी-कुछ पत्र लेकर आये। उनसे बातें करते हुए बापूजी ने कहा- चर्चिल मुझे अपना बड़े से बड़ा दुश्मन मानते हैं। परन्तु मुझे या जिन लोगों पर जनता का विश्वास है, उन्हें जेल में बन्द करके वे देश को कभी दबा ही नहीं सकते। अगर जनता ने सच्चे हृदय से, मुझ पर विश्वास दिखाया होगा, तो यहाँ मर जाने पर भी मेरा काम पूरा हुआ माना जायेगा। परन्तु मुझे स्वराज्य पाने के लिए जिन्दा रहना ही है और मैं जीने का प्रयत्न भी कर रहा हूँ।

इसके बाद बापूजी ने मुँह धोया और वे बा के पास आये। बा से उन्होंने पूछा- "मैं घूमने जाऊँ न?" बा ने ना कहा।

बापूजी बा के पास बैठ गये। बा ने बापू की गोद में सिर रख दिया।

लगभग सुबह के दस बजे बापू को घूमने जाने की इजाजत मिली। उन्होंने बा से कहा- " बिलकुल न घूमूं तो मैं बीमार पड़ जाऊँगा। इसलिए थोड़ा घूमना जरूरी है।"

नीचे पाँच-छह चक्कर लगाकर बापू ऊपर आये। हर पाँच मिनट में डॉ. गिल्डर साहब आकर बा को देख जाते थे। सुशीला बहन भी सतत बा के पास रहती थीं। बापू जल्दी जल्दी मालिश और स्नान से फारिग हुए। पिछले दो दिन से उन्होंने सतत जागरण किया, इसलिए जो पीसी हुई बादाम वे खाते थे, वह उन्होंने आज बन्द कर दी। बादाम पीसने में मेरा समय जाता और वैसी ही खाते तो चबाने में बापू का समय जाता। इससे बा की सेवा के हमारे समय में कमी पड़ती। इस बात को बापूजी सहन नहीं कर सकते थे। मैंने जब उनसे पूछा- " आज भी आप काजू और बादाम नहीं लेंगे?" तो बापूजी बोले- "या तो बा अच्छी हो जाये, तब लिये जा सकते हैं, या बा रामजी के पास चली जाये, तब लिये जा सकते हैं। बादाम चबाने में समय तो देना ही चाहिए। न खाऊं तो कोई नुकसान नहीं होगा। लेकिन अधूरे चबाये हुए पेट में चले जाएँ, तो मुझे खटिया ही पकड़नी पड़े।" इसलिए उबाले हुए साग को पीसकर मैंने उसकी लुगदी बनाई और उसमें दूध मिला दिया। वही बापूजी ने पी लिया।

4 बजे बा का ध्यान उस बोतल की ओर गया, जिसमें बापूजी के लिए विशेष ढंग से बनाया हुआ गुड़ खत्म हो चुका था। मुझसे कहने लगीं- "बापूजी का गुड़ तो खत्म हो गया है। तूने नया बनाया?" मैंने कहा- हाँ मोटीबा, गुड़ सिगड़ी पर ही रखा है। कुछ ही देर में बनकर तैयार हो जाएगा।

मोटी बा ने जीवन भर बापूजी की छोटी-बड़ी सारी सेवाओं का बारीकी से ध्यान रखा था। उसमें भी खास तौर पर बापूजी के भोजन की बारीक जाँच का काम उन्होंने अंतिम समय तक कैसी सावधानी से किया, उसका प्रत्यक्ष उदाहरण हमें इस गुड़की चिन्ता में मिलता है। एक ओर असह्य शारीरिक वेदना के साथ उनकी लड़ाई चल रही थी और दूसरी ओर भयंकर वेदना भोगते भी वे मुझसे कह रही थीं- बापूजी का गुड़ तैयार करने के लिए तू जा। जयसुखलाल यहाँ मेरे पास बैठेंगे। इतने शब्द वे बड़ी कठिनाई से बोल पाई। बोलने में उन्हें बड़ी मेहनत पड़ रही थी। जीवन के अंतिम क्षण थे, फिर भी उनके हृदय में बापूजी की चिन्ता थी। मैं रसोईघर में गई। वहाँ से गुड़ जल्दी बनाकर लाई और बा को दिखाया, तभी उनके मन को शांति हुई।

मामूली गुड़ में पानी डालकर उसे तरल बनाने के बाद छानना होता था, जिससे भीतर का कचरा निकल जाता था। फिर उसमें दूध डालना होता था। इसके

बाद सिगड़ी पर उबाल कर उसका गुड़ बना लिया जाता था। शक्ति बनाये रखने के लिए ऐसा एक औंस गुड़ बापूजी रोज खाते थे।

शाम को भोजन सामान्यतः साढ़े छः बजे होता था। कुछ मेहमानों का शिवरात्रि का उपवास था। सबके खाने-पीने की व्यवस्था मैंने की।

बापूजी घूमने जाने की तैयारी में थे। परन्तु बीच में देवदास काका के साथ बा को पेनिसिलिन इंजेक्शन देने की चर्चा में पड़ गये। बापू ने उनसे कहा- अब तेरी मर रही माँ के शरीर में सुई क्यों भोंकी जाए?

मैं मोटीबा के कहने से तुलसी माता के सामने धूप-दीप की व्यवस्था करने के लिए पास के स्नानघर में खड़ी थी। मैंने दीपक जलाया। मोटी बा ने सबको जय श्रीकृष्ण! कहा। उस समय प्रभावती बहन (श्री जयप्रकाश नारायण की पत्नी) बा के पास ही थीं। बा एकाएक बोल उठीं- बापूजी!

मैंने दौड़कर बापू जी से कहा- मोटीबा आपको बुला रही हैं। बापूजी आये। हँसते-हँसते बा से कहने लगे- तुझे ऐसा लगता है न कि इतने सारे सगे-सम्बन्धी आ गये, इसलिए मैंने तुझे छोड़ दिया? दूसरे दरवाजे से मोटीबा के एकमात्र भाई माधवदास मामा ने प्रवेश किया। उनके सामने कुछ क्षण बा ने प्रेमभरी दृष्टि से देखा। लेकिन क्षणभर में सब-कुछ भूल कर उन्होंने बापूजी की गोद में सिर रख दिया।

बापू जी ने प्यार से धीरे-धीरे बा के सिर पर हाथ घुमाया। वे बापू से कहने लगीं- अब मैं जाती हूँ। हमने जीवन में अनेक सुख-दुःख भोगे। मेरे पीछे कोई रोना मत।

बा के शरीर की अंतिम क्रिया करने के लिए चंदन की चिता रचने का सुझाव बापूजी के सामने रखा गया। परन्तु वे बोले- बा तो गरीब आदमी की पत्नी थी। अगर हिन्दुस्तान में गरीबों के अंतिम संस्कार के लिए चंदन की लकड़ी मिल सकती हो, तो ही बा के लिए चंदन का उपयोग किया जा सकता है।

वह 23 फरवरी 1944 का दिन था। उस दिन जीवन में पहली बार मैंने यह दृश्य देखा कि मृतदेह को चिता पर कैसे रखा जाता है और सम्पूर्ण विधि किस तरह की जाती है। पूज्य महादेव काका की समाधि जहाँ बनी थी, उसी स्थान पर बा का भी अंतिम संस्कार होने वाला था। उपाध्याय जी सारी तैयारी कर रहे थे।

पति के चरण-चिह्नों पर चलने का जो पवित्र कर्तव्य प्राचीन काल से भारत की पत्नियों का माना गया है, उसका पालन करने के साथ बा ने बापूजी के आदर्शों को अपनाया। उनके जीवन का अंतिम समय भी कहाँ बीता? कितने पवित्र स्थान पर उनका अंतिम संस्कार हुआ? राम नाम के कैसे पवित्र वातावरण में उन्होंने अंतिम

श्वाँस छोड़ा? तपस्या के वन में-जेल में ही उन्होंने बापू की पवित्र गोद में चिरशांति प्राप्त की, क्योंकि भारत-उनका प्यारा देश गुलामी के बंधन में बंधा हुआ था।

पूज्य बा सबकी वात्सल्यमयी बा थीं। वे बालक, नौजवान, स्त्री-पुरुष सबकी प्यारी बा बन गई थीं। अन्त में तो वे बापूजी की भी बा बन गई थी! इसका प्रमाण देते हुए बापू ने स्वयं कहा था- "अगर बा का साथ मुझे मिला न होता, तो मैं इतना ऊँचा नहीं चढ़ पाता। बा के ही प्रताप से मैं महात्मा बना हूँ।"

गाँधीजी के अनन्य मित्र और आश्रम के अधिष्ठान

डॉ. शैलनाथ चतुर्वेदी

[गाँधी विचारों की कुंजी है- हिन्द स्वराज्य। बापू के शब्दों में ' मैंने हिन्द स्वराज्य' पुस्तक अपने मित्र डा. प्राण जीवन मेहता के लिए लिखी। वे महात्मा गाँधी के हितैषी और आश्रम के अप्रतिम अधिष्ठान थे। उनका परिचय लिखा है: डा० शैल नाथ चतुर्वेदी ने।— सं.]

काठियावाड़ के अंतर्गत मोरवी के जैन परिवार में उत्पन्न मेहता जी के नाम परिचय पत्र लेकर गाँधी जी 1888 मे बैरिस्टरी पढ़ने इंग्लैण्ड गये, तब यूरोप के रीति रिवाजों संबन्धी शिक्षा मेहता जी ने ही दी थी और समझाया था कि 'हिन्दुस्तान में जैसे प्रश्न सहज ही पूछे जा सकते हैं, वैसे प्रश्न यहाँ नहीं पूछने चाहिए। हिन्दुस्तान में अंग्रेजों से बातचीत करते समय 'सर' कहने का रिवाज है, वह यहाँ अनावश्यक है। 'सर' तो केवल नौकर अपने 'मालिक' से अथवा कोई मातहत अपने बड़े अफसर से कहता है। यहाँ के रहन-सहन और रीति-रिवाजों का अनुभव प्राप्त करने के लिए तुम्हें किसी अंग्रेज परिवार में रहना चाहिए। किसी की चीज नहीं छूनी चाहिए। आदि। गाँधीजी से पाँच वर्ष बड़े मेहताजी ने बैरीस्टरी की परीक्षा उत्तीर्ण कर कुछ समय गुजरात-रियासतों की सेवा की। उसके बाद हीरा-मोती का व्यापार करने रंगून चले गये। 1909 के अन्त में टाल्सटाँय और गाँधी के बीच पत्र-व्यवहार हुआ और दक्षिण अफ्रीका में गाँधीजी चर्चा का विषय बने, तब मेहताजी ने ही गाँधीजी पर पहली पुस्तक लिखी : M.K. Gandhi and the South Afridcan Indian problem। उसमें उन्होंने दर्शाया कि पश्चिमी सभ्यता से प्रभावित होने के बाद भी गाँधी जी का जीवन-दर्शन मूलतः भारतीय है। अफ्रीका के फीनिक्स आश्रम में भारतीय राष्ट्रीय आन्दोलन के लिए कार्यकर्ता-प्रशिक्षण योजना के लिए धनराशि भी मेहताजी ने उपलब्ध करायी।

महात्मा गाँधी जनवरी 1915 में भारत लौटे और अहमदाबाद में आश्रम की जगह ढूंढ ली तो डा0 मेहता से जब जितना माँगा, उतना सहयोग मिला। 1920 में

उन्होंने गाँधीजी को नमक कानून के खिलाफ आन्दोलन करने की भी सलाह दी। वे गाँधीजी की व्यक्तिगत आवश्यकताओं तथा पोरबन्दर में उनके परिवार की 5-6 विधवाओं के लिए भी धन देते थे। उन्होंने गुजरात विद्यापीठ में आवासीय व्यवस्था के लिए ढाई लाख रुपये दिये। साबरमती आश्रम के पास 100 कमरों का छात्रावास बनवाया। 3 अगस्त 1932 को रंगून में देह मुक्त हुए, उस समय गाँधीजी यरवदा जेल में थे। उनकी याद कर वे बोले- डा0 मेहता मेरे सबसे पुराने साथी थे। उनकी उदारता की कोई सीमा नहीं थी। कोई गरीब व्यक्ति उनके द्वार से खाली हाथ नहीं लौटता था। उनके द्वारा दी गयी सहायता में कोई दंभ नहीं था। सब प्रान्त के लोगों को, समस्त जाति के लोगों को उनकी उदारता का लाभ मिला। डाक्टर के पास विपुल धन था, लेकिन अपने सुखोपभोग के लिए उन्होंने कोई पैसा खर्च किया हो, इसकी मुझे याद नहीं आती। अपने विशाल बंगले में स्वयं अपने लिए उन्होंने छोटी-सी जगह रखी थी। व्यापार और वकालत में जहाँ तक मैं जानता हूँ , सत्यव्रत का पालन करते थे। असत्य और दंभ के प्रति उन्हें बड़ी घृणा थी। वे आश्रम के स्तम्भ थे। उनके बिना आश्रम का जन्म भी न हुआ होता। आश्रम के साथ उनका निकट सम्पर्क आश्रम की धर्मवृद्धि का पोषक था।''

(गाँधी जी के आजीवन अनन्य मित्र डा0 प्राण जीवन मेहता :
लेखक डा0 शैलनाथ चतुर्वेदी की सद्यः प्रकाशित पुस्तक पर आधारित जानकारी। प्रस्तुति प्रभा जैन)

गाँधी–अस्त्र का चमत्कारपूर्ण परिणाम

श्री सी.एफ. एण्ड्रूज़

इस वर्ष की दूसरी अक्टूबर को महात्मा गाँधी अपने जीवने के सत्तरवें वर्ष में प्रवेश करेंगे। कुछ महीने हुए, पिछली बार जब मैंने उन्हें देखा, उस समय कलकत्ते में जो अकस्मात उनके रक्त का दबाव बढ़ गया था और अधिक दुर्बलता हो गई थी, उससे आरोग्य-लाभ करते हुए वे जुहू में डाक्टरों के आदेशानुसार बिछावन पर पड़े हुए थे। तब से उनका स्वास्थ्य बहुत चिन्ताजनक और उनके रक्त का दबाव अनियमित रहा है। फिर भी ईश्वर ने हम लोगों के लिए और सारी मानवता के लिए उनके प्राणों की रक्षा की है। हम प्रार्थना करते हैं कि वे और भी दीर्घायु हों, क्योंकि आज संसार में ऐसा कोई भी मनुष्य नहीं है, जिस पर महात्मा की तरह सारी दुनिया जान देती हो। असहयोग के जमाने में जिन लोगों ने उनकी निन्दा की थी, उन लोगों ने भी अब अपनी धारणा बदल दी है, और इस समय समस्त भारत और ग्रेट-ब्रिटेन के अधिक-से-अधिक अनुदार व्यक्तियों में भी जो एक समान भावना है, वह यह है कि विश्व-शांति के लिए महात्मा चिरंजीवी हों।

1913 में जब पहले-पहल उनसे मिला था, उस समय वे भारत से सुदूर दक्षिण-अफ्रीका में गये हुए गरीब प्रवासी भारतीय मजदूरों के न्यायोचित अधिकारों के लिए अजेय कठिनाइयों से युद्ध करते हुए वहीं पर थे। प्रायः वे सभी तमिलनाडु से शर्तबन्द मजदूर होकर दक्षिण-अफ्रीका गये थे। शर्तबन्दी समाप्त हो जाने के बाद एक अन्यायपूर्ण पोल-टैक्स लगाकर उन्हें क्रूरतापूर्वक भारत लौटाया जा रहा था, और महात्माजी ने सत्याग्रह से उस टैक्स को हटाने का निश्चय कर लिया था। उन्होंने एक लेखक के शब्दों में 'एक शान्तिपूर्ण सेना लेकर ऐसी अपूर्व युद्ध-यात्रा की, जिसकी तुलना इतिहास में कहीं नहीं है। यह 'सेना' उन शर्तबन्द मजदूरों की थी, जिनमें स्त्री, पुरुष, बच्चे सभी थे। उनके पास युद्ध के कोई शस्त्र नहीं थे। उनका एकमात्र शस्त्र था अहिंसा। नेटाल के एक मध्यवर्ती प्रान्त से चलकर वे ड्रेकनवर्ग के

ऊँचे पहाड़ से होते हुए ट्रांसवाल की सीमा तक पहुँच गये। जिस मार्ग से लोग उन पहाड़ों पर गये थे, उस पर मैं भी चला हूँ। जिस समय वे इन पहाड़ों को पारकर रहे थे, उस समय रात में इतनी ठंडक पड़ रही थी कि रास्ते में ही दो बच्चे चल बसे। भिन्न-भिन्न शहरों में जो भारतीय व्यापारी इस 'बेढंगी सेना' (जैसा कि इसका नाम था) के रास्ते में पड़ते, वे इसके लिए भोजन इत्यादि की सामग्रियाँ जुटा देते, किन्तु इतनी बड़ी भीड़ को खिलाना आसान नहीं है, और कितने भूखे ही रह जाते!

जब ये लोग ट्रांसवाल की सीमा पर पहुँचे, उस समय सभी यह जानते थे कि सीमा लाँघते ही वे पकड़ लिए जायेंगे, क्योंकि दक्षिण अफ्रीका का कानून ही यही था। फिर भी असाधारण उत्साह और उल्लास के साथ सारी सेना सीमान्त को लाँघ गई। तुरन्त ही फौज के अफसरों और घुड़सवारों ने उन्हें घेर लिया और आत्म-समर्पण करने की आज्ञा दी। सत्याग्रही होने के कारण उन्होंने बिना किसी संघर्ष के अपने-आपको पुलिस के हाथों में सौंप दिया और अपने महान नेता महात्मा गाँधी, उनकी स्त्री कस्तूर बाई और उनके पुत्रों के साथ सभी जेल में ठूँस दिये गये।

तीन महीने बाद जब मैं दक्षिण-अफ्रीका पहुँचा, उस समय महात्मा गाँधी पोलक और कैलेनबक आदि अन्य नेताओं के साथ छोड़ दिये गये थे, क्योंकि जनरल स्मट्स ने, जो उस समय वहाँ का प्रधान शासक था, झगड़े को रोककर शान्ति-स्थापना करने का निश्चय कर लिया था।

अतः उसने महात्माजी को ट्रांसवाल की राजधानी प्रिटोरिया में मिलने के लिए बुलाया। मुझे भी साथ जाने के लिए कहा गया, और जिस समय रेलवे और सोने की खानों में एक बहुत बड़ी हड़ताल शुरू होने को थी, उसी समय हम लोगों ने साथ ही ट्रेन से प्रस्थान किया। जिस मेल ट्रेन से हम लोग प्रिटोरिया पहुँचने वाले थे, वही आखिरी ट्रेन थी, जिसे हड़ताल के दौरान में जाने की अनुमति मिली थी। मुझे अच्छी तरह स्मरण है, आधी रात में जब एक पहाड़ी स्टेशन पर वह ट्रेन एक और इंजन जोड़ने के लिए रुक गई थी, हम लोगों ने यह समझ लिया कि हड़ताल शुरू हो गई और अब यात्रा के मध्य में ही अटके पड़ा रहना होगा। किन्तु थोड़ी देर बाद, जो कि उस समय एक युग-सा ही लगा, गाड़ी फिर चल पड़ी। ट्रेन का गार्ड हम लोगों के पास आया और कह गया कि यद्यपि हड़ताल के आधी रात से ही प्रारम्भ होने की सूचना थी, फिर भी हम लोगों की ट्रेन प्रिटोरिया पहुँच जाने के लिए छोड़ दी गई है।

जब हम लोग राजधानी पहुँचे, तो बहुत-सी बाधाएँ आ खड़ी हुईं। हड़तालियों ने तार की लाइनें काट दी थीं। उन दिनों 'बेतार' तो था नहीं, हम लोग सारे संसार से कटकर अलग हो गये।

हड़ताल के यूरोपियन नेताओं ने महात्मा गाँधी से एक परीक्षात्मक अनुरोध किया कि वे भी उन लोगों के साथ हड़ताल में सहयोग प्रदान करें, जिससे विजय निश्चित हो जाये, किन्तु महात्मा जी ने बिलकुल इनकार कर दिया, क्योंकि उनका सत्याग्रह तो अहिंसात्मक था, और इन यूरोपियनों की रेलवे और सोने की खानों की हड़तालों का आधार हिंसात्मक था।

महात्माजी के हिंसात्मक हड़ताल में, जिसमें उनका लाभ ही दीखता था, सहयोग देना अस्वीकार कर देने का हर जगह बड़ा प्रभाव पड़ा। इसका परिणाम हुआ कि जनरल स्मट्स ने शान्ति का प्रस्ताव रखा। और जब उसने प्रिटोरिया में महात्मा जी को अपने आफिस में मिलने के लिए बुलाया, उस समय बिना सोचे-विचारे उसने कहा- 'गाँधी, तुम अपनी सारी शर्तें पेश करो। बताओ, तुम क्या चाहते हो, मैं उसके लिए कोशिश करूँगा।'

सामने ऐसा सुविधाजनक प्रस्ताव रखा जाने पर कोई भी दूसरा होता, अधिक-से-अधिक माँगें पेश करता, किन्तु सत्य की मूर्ति गाँधीजी ने कम-से-कम माँगें रखी। उनकी एक अन्तिम माँग यही थी कि वह तीन पौंड का पोल-टैक्स (जो दासताका चिह्न था) बिलकुल हटा दिया जाय। जनरल स्मट्स ने इसे मान लिया और सुलहनामे पर हस्ताक्षर कर दिया।

यह उस महान नाटक के -जिसमें महात्मा गाँधी ने दक्षिण-अफ्रीका में सत्याग्रह-संग्राम में अनेक बाधाएँ होते हुए भी विजय पाई-अन्तिम दृश्य का प्रारम्भ था। यह भारत और सारे संसार के इतिहास में एक परिवर्तन-बिन्दु है, जहाँ से भविष्यत् इतिहासकार हिंसा के स्थान पर अहिंसा के आरोहण का उल्लेख करेंगे। इस विचित्र कथा को मैंने बहुत थोड़े में कहा है, केवल यही दिखाने के लिए कि महात्माजी ने इन बीच के दिनों में भी अपने अहिंसा के महान् सिद्धान्त का किस सच्चाई के साथ पालन किया है। वे दाएँ-बाएँ किसी ओर न घूमकर सीधे अपने अहिंसा के उसी पथपर अनवरत चलते ही गये हैं।

मेरे सामने टेबुल पर एक छोटी-सी किताब पड़ी है, जिसे उन्होंने 1908 में लिखा था। इस किताब में उन्होंने अहिंसा के विषय में अपना विश्वास दिखाते हुए लिखा है :

''पशुबल या गोली-बारूद का प्रयोग करना सत्याग्रह के सिद्धान्त के विरुद्ध है, क्योंकि इसका अर्थ है कि हम अपने विपक्षी को अपने बल प्रयोग से कुछ ऐसा करने के लिए बाध्य करते हैं, जिसे हम चाहते हैं, किन्तु वह नहीं चाहता। और यदि ऐसा बल-प्रयोग न्याय हो, तो फिर उसको भी हमारे प्रति वैसा ही करने का अधिकार है। और तब आपस में सुलह होना असम्भव है। एक चक्की के चारों ओर घूमते हुए

अंधे घोड़े की तरह हम केवल सोच-भर सकते हैं कि हम प्रगति कर रहे हैं। जिनका यह विश्वास है कि वे अपनी आत्मा के प्रतिकूल कानूनों को मानने के लिए बाध्य नहीं हैं, उनके लिए केवल एक सत्याग्रह का मार्ग खुला है। दूसरा कोई भी मार्ग हो, उसका अन्त होगा विध्वंस।

" सत्याग्रह या दूसरे शब्दों में आत्म-शक्ति अतुलनीय है। यह बाहु-बल से श्रेष्ठ है। तब ऐसी अवस्था में यह केवल दुर्बलों का शस्त्र कैसे कहा जा सकता है? भौतिक शक्ति का प्रयोग करने वालों के लिए वह शक्ति अज्ञात-सी है, जो सत्याग्रही के लिए आवश्यक होती है। क्या तुम विश्वास कर सकते हो कि एक कायर कभी कानून को पसन्द नहीं करने पर भी उसकी अवज्ञा करने का साहस कर सकता है? क्रान्तिकारी पशु-बल के समर्थक समझे जाते हैं। तब फिर वे कानून मानने के विषय में बातें क्यों करते हैं? मैं उन्हें दोष नहीं देता। वे और कुछ नहीं कह सकते। जब वे अंग्रेजों को भगाने में सफल हो जायेंगे और स्वयं शासक बन बैठेंगे, तब वे चाहेंगे कि हम और तुम सभी उन्हीं के कानूनों को मानें। और यह उनके विधान के लिए एक उपयुक्त चीज है, किन्तु सत्याग्रही तो यही कहेगा कि वह अपनी आत्मा के विरुद्ध कोई भी कानून नहीं मानेगा, चाहे इसके दण्ड में उसे तोप के मुँह पर रखकर उड़ा ही क्यों न दिया जाय।

" तुम क्या सोचते हो- किसमें अधिक साहस की जरूरत है, तोप के मुँह पर किसी को रखकर उड़ा देने में या स्वयं हँसते-हँसते तोप के मुँह पर जाकर उड़ जाने में? सच्चा योद्धा कौन है- जो मृत्यु को अपना अन्तरंग मित्र बनाकर रखता है वह, या जो दूसरों की मृत्यु-व्यवस्था करता है वह? मेरा विश्वास करो कि जिसमें साहस और पुरुषत्व नहीं है, वह सत्याग्रही कभी हो ही नहीं सकता।

"हाँ इतना मैं मानूँगा कि शरीर से दुर्बल होकर भी मनुष्य सत्याग्रह कर सकता है। जैसे लाखों सत्याग्रह कर सकते हैं, वैसे एक मनुष्य भी। यह स्त्री और पुरुष दोनों ही के लिए है। इसमें सैन्य शिक्षा की जरूरत नहीं और न जुजुत्सुकी ही आवश्यकता है। इसके लिए केवल मस्तिष्क पर संयम रखना जरूरी है, और जब वह हो जाता है, तब जंगल के राजा की तरह मनुष्य स्वतंत्र हो जाता है और केवल उसकी दृष्टि से शत्रु थर्रा उठते हैं।

" सत्याग्रह की तलवार की सभी धारें तेज होती हैं। इसका जिधर से चाहें उपयोग कर सकते हैं। जो इसका उपयोग करता है और जिसके प्रति इसका उपयोग किया जाता है, यह दोनों को ही सुखी बनाती है। बिना रक्त की एक बूँद गिराये, सत्याग्रह सुदूरव्यापी फल उत्पन्न कर देता है।"

अपने जीवन के इन पिछले दिनों में महात्मा गाँधी ने बुराई से युद्ध करने की

इस महान् रीति पर, जो आजीवन उनका मुख्य शस्त्र रहा है, और भी अधिक जोर दिया है। इसका अर्थ जितना उन्होंने समझा, उतना शायद और किसी ने नहीं। किन्तु इसके प्रयोग का चमत्कारपूर्ण परिणाम जिन्होंने देखा है (जैसा कि दक्षिण-अफ्रिका में मुझे देखने का सौभाग्य प्राप्त हुआ था), वे इस निष्पत्ति पर पहुँचे हैं कि यह संसार की सबसे बड़ी शक्ति है, और इतना ही नहीं, यह भी कि यही एकमात्र शक्ति है, जो वर्तमान युद्ध की जघन्य पाशविकता को जीत सकती है।

जिस तरह युद्ध द्वारा अनैतिक विरोध के लिए सैन्य तैयार किये जा रहे हैं, उसी तरह शांति द्वारा नैतिक विरोध के सैन्य भी तैयार किये जा सकते, तो आधुनिक युद्ध-कला की आसुरिक हिंसा का शीघ्र ही अन्त हो जाता, किन्तु ऐसा विरोध करने की नैतिक शक्ति है हममें?

विश्वशांति को महात्मा गाँधी की देन

आर.एच. वार्ड

(युद्ध-विरोधी शान्तिवादी संगठन 'पीस प्लेज यूनियन' के प्रवर्तक)

विश्व-शान्ति को गाँधी ने क्या प्रदान किया, यह केवल आने वाला युग ही कह सकेगा। रोम का निर्माण एक दिन में नहीं हुआ था, और एक युग में शान्ति की स्थापना नहीं की जा सकती, किन्तु तब जैसे ईंट पर ईंट रखकर ही रोम बना, वैसे ही एक व्यक्ति के बाद दूसरे व्यक्ति और एक युग के बाद दूसरे युग के अनुक्रम से ही शान्ति का संस्थापन हो सकेगा। यदि हम यह समझें कि आँख से ओझल थोड़ी दूर पर कहीं शान्ति छिपी पड़ी है और मानव के थोड़े-से परिश्रम से ही आविष्कृत हो जायेगी, तो यह बड़ी भूल होगी, और विश्व-शान्ति को हम कभी नहीं ला सकेंगे। वह विश्व-व्यापी युद्ध जो हमारे इतिहास का भावी परिणाम-सा बन हमारे सामने मँडरा रहा है, कान्फ्रेंस बुलाने, कोई कानून पास करने या किसी सन्धि पर हस्ताक्षर करने से नहीं रुक सकता। क्योंकि युद्ध तो वर्तमान पूँजीवादी और साम्राज्यवादी समाज का यौक्तिक और अवश्यम्भावी परिणाम है, क्योंकि इसकी राजनैतिक, आर्थिक या मनोवैज्ञानिक जितनी भी प्रवृत्तियाँ हैं, उन सभी में युद्ध की भावना है। शान्ति तो किसी दूसरी समाज-व्यवस्था में ही सम्भव है। और यदि हमें शान्ति-स्थापना करनी है, तो फिर वैयक्तिक और सामूहिक विकास की प्रक्रिया से हमें एक नया समाज बनाना होगा, जिसका मूल्यांकन वर्तमान काल से भिन्न होगा और जिसमें प्रतियोगिता के बदले सहयोगिता, लोभ के बदले उदारता, स्वार्थ के बदले उत्सर्ग, स्वरक्षा की चेष्टा के बदले साहस, दायित्वहीनता के बदले उत्तरदायित्व, कठोरता के बदले पश्चात्ताप और घृणा के बदले प्रेम होगा। बार्ट डि लाइट अपने 'Conquest of Violence' में लिखता है कि 'इस समाज की व्यवस्था ही वर्तमान युद्ध का अन्तर्निहित कारण है। मध्यवित्त पूँजीवाद की प्रणाली में हिंसा और युद्ध प्रमुख पदार्थ हैं। हम लोगों का समाज उसी तरह हिंसात्मक है, जैसे कुहासा आदि सजल होता

है।' फिर उसी किताब में वे कहते हैं। 'विश्व-शान्ति के लिए आवश्यक है कि हमारे सामाजिक और व्यक्तिगत जीवन में आमूल परिवर्तन हो जाय...हमें व्यक्तिगत और सामाजिक स्वातंत्र्य का नया सामूहिक निश्चय करना होगा- ऐसा निश्चय जिसका विकास व्यक्तिगत और समवेत उत्तरदायित्व पर हो, जिसमें वह प्राकृतिक प्रेरणा ही बन जाय।' यह वही नवीन सामाजिक व्यवस्था है, जिसका गाँधी हमें आभास देता है।

1906 में ट्रांसवाल के पहले आन्दोलन-काल से ही गाँधी ने यह स्पष्ट कर दिया और यह भी बता दिया कि क्यों लक्ष्य उत्तम रहने पर भी हमारे साधन उत्तम नहीं होते। ये सभी कारण धार्मिक कहानियों में और उन महात्माओं की वृत्तियों में निहित हैं, जिनका प्रभाव स्वयं गाँधी पर पड़ा है। व्यक्तिगत रूप से हम लोगों को वर्तमान सामाजिक व्यवस्था की कर्त्तव्याकर्त्तव्य-शिक्षा ही मिली है, और इसलिए इसके साधनों को छोड़कर दूसरा कोई साधन हम प्रयुक्त नहीं कर सकते। एक नयी समाज-व्यवस्था की हम कामना कर सकते हैं, और उसकी प्राप्ति के लिए अनुकूल साधनों की कल्पना भी कर सकते हैं, किन्तु वहाँ तक पहुँचने के लिए उन साधनों का प्रयोग करने में हम बिल्कुल ही अशक्त हैं, 'क्योंकि जो भलाई हम कर सकते थे, वह तो हम कर नहीं पाते, किन्तु जो बुराई नहीं करना चाहते थे, वही कर देते हैं।'

समाज में जिन सिद्धान्तों का वे आदर करते हैं, उन्हें लाने के पहले व्यक्ति का शिक्षित और अभ्यस्त होना आवश्यक है, और यह तभी हो सकता है, जब वह इच्छा और कल्पना शक्ति की चेष्टा से अपने में उसी विकास के परिवर्तनों को लावे, जो वह समाज में लाना चाहता है। चूँकि समाज का कोई अपना पृथक् अस्तित्व नहीं है और वह अंग भूत व्यक्तियों की सामूहिक व्यंजना मात्र है, इसलिए व्यक्ति का परिवर्तन ही समाज का भी परिवर्तन है, और व्यक्ति जितना ही नवीन समाज का सदस्य बनने के उपयुक्त हो जायेगा, उसी अंश में उस नवीन समाज का संस्थापन समझा जा सकता है।

हिन्दुस्तान में जो इस नवीन समाज-व्यवस्था की स्थापना होने को है, उसका नाम है 'हिन्द स्वराज्य'। गाँधी ने इसी नाम की एक पुस्तक में यह स्पष्ट कर दिया है कि स्वराज्य एक प्रकार का आत्म-शासन है। भारत तब तक अपना शासन करने के योग्य नहीं हो सकेगा, जब तक उसके अधिवासी वैयक्तिक और सामूहिक रीति से आत्म-शासन करना न सीख लें। भारत दुहरे अत्याचार से लदा हुआ है। एक अत्याचार तो है उसके देशी राजाओं और जमींदारों का, दूसरा ब्रिटिश शासन और उसके परिणामभूत पाश्चात्य सभ्यता का। भारत को इन अत्याचारों से मुक्त होना है।

और यह तभी संभव है, जब वह आत्म-शासन का आन्तरिक अभ्यास करे, जिसकी प्रत्युपन्न शक्ति- अहिंसात्मक विरोध -से ही पूँजीपतियों और साम्राज्यवादियों का सशस्त्र बल पराजित हो सकेगा।

पश्चिम में स्थिति कुछ भिन्न-सी दीखती है, किन्तु यह भिन्नता केवल सतह पर ही है। उदाहरणार्थ, इंग्लैण्ड में यद्यपि विदेशी शासन नहीं है, फिर भी अपनी जाति ही के लोग भारत की तरह वहाँ भी अत्याचार कर रहे हैं। वहाँ जितने भी वर्ग हैं, सभी वर्तमान सामाजिक व्यवस्था के हैं, नवीन समाज का कोई भी नहीं। आन्तरिक आत्म-शासन की वहाँ भी उतनी ही आवश्यकता है, जितनी भारत में। पीड़ितों का स्वतन्त्र होना आवश्यक है, और यदि हिंसात्मक क्रान्ति के लिए उन्हें युद्ध के शस्त्र मिल भी जायँ, तो यह प्रगतिशील लक्ष्य के लिए अनुपयुक्त साधन होगा। अत्याचार का अन्त करने की इस चेष्टा से दूसरे अत्याचार का जन्म होगा, जैसे रूस में हुआ है।

इस समय पश्चिम में आन्तरिक या अन्तर्राष्ट्रीय युद्ध का अर्थ है पश्चिमी सभ्यता का मूलोच्छेद, इसलिए एक मात्र मार्ग है उस नवीन समाज का विधान करना, जिसमें युद्ध उतना ही असम्भव हो जाय, जितना आज वह अवश्यम्भावी है। अतः पश्चिम में भी यदि सामाजिक न्याय का संस्थापन करना और युद्ध का बहिष्कार करना है, तो व्यक्तियों को वहाँ भी अभ्यासी बनना होगा और उन्हें भी अपने लक्ष्य के अनुकूल आन्तरिक आत्मशासन और अहिंसा का प्रयोग करना होगा।''

कभी-कभी कहा जाता है कि अहिंसात्मक विरोध किसी वस्तु को पाने के लिए वैसा ही बुरा साधन है, जैसा और कोई हो सकता है। किसी दूसरी वस्तु की तरह इसका भी दुरुपयोग हो सकता है। पश्चिम की बैठक हड़ताल (Sitdown-strike) को अहिंसात्मक कभी नहीं कहा जा सकता। जैसा गाँधी ने कहा है- अहिंसात्मक विरोध अच्छा है या बुरा, यह तो उस मनुष्य की प्रवृत्ति पर निर्भर है, जो इसका प्रयोग करता है। अपने लिए कोई चीज लेने के निमित्त या किसी विरोधी से बदला चुकाने के लिए यह राइफल की तरह ही बुरा है, और इसमें सफलता की सम्भावना उससे भी कम है। यह तो घृणा का नहीं, प्रेम का शस्त्र है, और इसका प्रयोग केवल आत्म-रक्षा के निमित्त नहीं, किन्तु दूसरों की रक्षा के लिए (जिसमें अपने विरोधी की रक्षा भी शामिल है) और मानवता के मूल्यों की रक्षा के लिए किया जाता है। तब यह पूछा जा सकता है कि जो शान्तिवादी हिंसा या अहिंसा किसी का भी प्रयोग करना नहीं चाहता, वह क्या करे, क्योंकि संघर्ष में तटस्थ रहना तो कठिन है। जैसे-जैसे जनता के विचार और क्रिया नवयुग के मूल्यों के अनुरूप विकसित होते जायेंगे, वैसे-ही-वैसे वर्तमान व्यवस्था के प्रतिपालक, जिनकी समृद्धि और रक्षा इसी पर निर्भर

है, अहिंसा का प्रयोग करेंगे, जो कि इस युग का मुख्य शस्त्र है। और जैसे-जैसे उनकी शक्ति घटती जायेगी, वैसे-ही-वैसे ये उत्कट होते जायेंगे। यद्यपि कुछ परिस्थितियों में थोड़े-से चुने हुए अहिंसात्मक सत्याग्रही हिंसा का आघात सहते रह सकेंगे, फिर भी हिंसाविहीन नवयुग के संस्थापन में जिनकी सहानुभूति है, उन्हें कम-से-कम सहानुभूति तो दिखानी ही होगी, चाहे वे उसमें सक्रिय भाग भले ही न ले सकें।

गाँधी का मत है कि जो अहिंसात्मक सत्याग्रह नहीं कर सकते, वे कायर हैं, और यदि नहीं, तो फिर वे अपने सिद्धान्तों की रक्षा के लिए हिंसा का आश्रय लें। कुछ नहीं करना तो नकारात्मक है, और हिंसा का प्रयोग, चाहे उसका परिणाम कितना भी नकारात्मक हो, धनात्मक है। इस प्रकार गाँधी के सिद्धान्त के अनुसार योग्यता के अनुक्रम में प्रथम है अहिंसात्मक सत्याग्रह, द्वितीय है हिंसात्मक विरोधी और नितान्त निष्क्रिय बिलकुल अन्त में।

प्रायः शान्तिवादी समाज की ऐसी नवीन व्यवस्था की कामना करते समय, जिसमें युद्ध अज्ञात हो, यह स्वीकार नहीं करते कि उस व्यवस्था के संस्थापन के लिए युद्ध आवश्यक और प्राकृतिक है और तब युद्ध का एकमात्र उचित साधन अहिंसा है। इस भूल से प्रायः उनके गाँधी की तीसरी श्रेणी में जा गिरने की सम्भावना रहती है। लोग प्रायः यह मान लेते हैं कि अहिंसात्मक सत्याग्रह एक प्रकार की निष्क्रियता ही है, किन्तु वास्तव में यह शस्त्र और शारीरिक बल की भौतिक शक्ति के बदले मानवता में अन्तर्निहित आध्यात्मिक और रचनात्मक शक्ति का ही प्रयोग है। गाँधी कहता है कि अहिंसा मनुष्य का वैसा ही धर्म है, जैसा पशु का हिंसा। पशु की आत्मा सुप्त निश्चेष्ट रहती है और शारीरिक बल के अतिरिक्त और किसी बल को वह नहीं जानता। किन्तु मनुष्य की मर्यादा तो इसी में है कि वह उच्च नियम- आध्यात्मिक बल का नियंत्रण माने।'

मेरी राय में गाँधी जी और उनके सिद्धान्तों का प्रभाव शान्ति प्रतिज्ञा संघ (Peace Pledge Union) आदि पश्चिमी शान्तिवादी संस्थाओं पर अभी तक उतना नहीं पड़ा है, जितना उन संस्थाओं को विश्व-शान्ति की नैमित्तिक शक्ति बनाने के लिए पड़ना चाहिए। शायद इसका कारण यह है कि यहाँ के नेताओं और सदस्यों ने गाँधी के व्यक्तित्व में निहित आदर्शों को मानने में अनिच्छा दिखाई है। (इसके अपवाद भी हो सकते हैं)। अभी जो सबसे अधिक अस्वीकरणीय है, वह है पहली और सबसे महत्त्वपूर्ण बात- हम लोगों के जीवन का सम्पूर्ण पुनर्निर्माण। इसमें आश्चर्य कुछ भी नहीं है। यह इतना महान कार्य है कि विरले ही कोई स्त्री या पुरुष नैराश्य छोड़कर इसे कर सकने का साहस करें। इसकी सबसे अधिक स्वाभाविक

प्रतिक्रिया वही है, जिसकी ओर हम सभी आसानी से खिंच जाते हैं- शान्ति प्राप्ति की छोटी पगडंडी की जल्दीबाजी के साथ खोज, उदाहरणार्थ कोई राजनैतिक चाल, जिससे इस कार्य का भार न उठाना लक्ष्य हो जाये। किन्तु ऐसी छोटी पगडंडी कोई है ही नहीं। ये सभी राजनैतिक चालें, इसी वर्तमान युग की हैं और इसी युग के लक्ष्यों को परिसीमित करती हैं। हम लोगों के लक्ष्यों के प्रतिकूल ये साधन पड़ते हैं और तब विवश हो हमें अनुकूल साधनों का अभ्यास करने की आवश्यकता की ओर लौटना पड़ता है।

पूर्व-पश्चिम नहीं है, और न हिन्दुस्तानी अंग्रेज है- सतह पर यह बात सच है, किन्तु प्रत्येक युग के उपदेष्टाओं के, जिनमें गाँधी भी एक हैं, सिद्धान्त एक- ही रहे हैं। जाति, जन्म, देश शिक्षा या धर्म का जो भी विभेद हो, सत्य हर जगह एक ही है। किन्तु जैसे इन सिद्धान्तों की अभिव्यक्ति पूर्व से पश्चिम में भिन्न होगी, उसी तरह जो इनका पालन पश्चिम में करना चाहते हैं, इनके अनुसार अपने जीवन का निर्माण करना चाहते हैं, उनका अभ्यास गाँधी के अनुयायियों के अभ्यास से भिन्न होगा।

पश्चिम में अहिंसात्मक सत्याग्रह, असहयोग और भद्र-अवज्ञा आदि के प्रयोग की सम्भावना की जो एक प्रचलित-सी आलोचना है, वह यह कि ऐसी बातें अपेक्षाकृत भारत में अधिक सहज हैं, क्योंकि वहाँ की धार्मिक पृष्ठभूमि, रहन-सहन और अन्य परिस्थितियाँ इनके अनुकूल हैं, किन्तु पश्चिम में स्थिति इतनी भिन्न है कि यहाँ ये साधन असम्भव-से हो जाते हैं। पश्चिम में अहिंसात्मक सत्याग्रह कठिन है, इसे कोई अस्वीकार नहीं कर सकता, किन्तु फिर यहाँ युद्ध भी तो असम्भव ही हो गया है। हम लोगों की सभ्यता जटिल है। व्यक्तिगत जीवन की सादगी, आत्म-त्याग, आंतरिक आत्म-शासन के अभ्यास के लिए निश्चिन्तता, ये सभी कठिन हैं, किन्तु फिर यह सत्य, कि आत्मा सभी मनुष्यों में एक-सी ही है और सर्वत्र उसका उद्घाटन हो सकता है, इसे सम्भावना के क्षेत्र में ला रखता है।

पश्चिम में पाश्चात्य परिस्थितियों के अनुसार गाँधी के अभ्यास और युद्ध के सिद्धान्तों का विकास करने के बदले उन्हें यथावत् पूर्व से पश्चिम में उठाकर ला रखना, यह आशा ही गलत है। भारत के लिए एक ऐसी बाहरी सभ्यता को, जिसने उसके विकास को विपथगामी बना दिया, फेंक डालना आवश्यक है। और पश्चिम में हमें अपनी सभ्यता को, जिसका निर्माण स्वयं हमीं ने किया और फिर उसका ऐसा दुरुपयोग किया, जिससे हमारा अस्तित्व ही खतरे में पड़ा है, अब परिष्कृत करना है। यह हो सकता है कि पदार्थवाद का भार हमारे ऊपर बहुत बड़ा हो, जिससे हमारी आत्मा मुक्त होकर काम न कर सकती हो। यह भी हो सकता है कि जैसा भारत में गाँधी कर रहा है, पश्चिम में यंत्रों का बहिष्कार करना गलत हो। भारत में

यंत्रों के आधिपत्य ने उसके विकास को बहुत-कुछ पथ भ्रष्ट कर डाला है, किन्तु पाश्चात्य सभ्यता का तो यह एक प्रमुख अंग है। हम लोगों की आवश्यकता इसका बहिष्कार नहीं, परिष्कार करना है। इसे त्याग देना तो उस दायित्व से भागना होगा, जो हमारे मस्तिष्क ने हमारे लिए ही बनाया है। यदि हम उस दायित्व को गम्भीरता से ग्रहण करें, तो यंत्र हमारी अच्छी सेवा कर सकता है।

जो बात यंत्र के विषय में है, वही स्वभाव धर्म, जलवायु, भोजन आदि हमारी सभ्यता के दूसरे पहलुओं के विषय में भी है। इन सारी चीजों की अच्छी और बुरी सम्भावनाओं का मनन करना होगा, और तब पश्चिम के मनुष्यों के लिए उस सिद्धान्त का समुचित विकास हो सकेगा, जो न पूर्वीय है, न पश्चिमीय, किन्तु निखिल विश्व का है। इस दिशा में कुछ प्रयत्न हुए भी हैं और ऐल्डस हक्सले की। 'Ends and Means' जरोल्ड हर्डकी 'The Third Morality' वार्ट डि लाइटकी 'The Conquest of Violence' और रिचार्ड बी0 ग्रेग की 'The Power of Non-Violence' और 'Training for Peace' में, किस प्रकार यह कार्य हो सकता है, इसका कुछ निर्देश मिलता है।

संभवतः व्यक्तिगत जीवन की तरह इतिहास में भी एक ऐसा काल आता है, जब दो दिशाओं में से किसी एक में जाने के लिए मनुष्य को चुनौती मिलती है। हो सकता है, पाश्चात्य सभ्यता भी आज किसी ऐसे ही काल के बिन्दु पर खड़ी हो।

आज यूरोप बारूद की एक विशाल मेगजीन बना खड़ा है। यदि हम साहस और विश्वास से काम नहीं करेंगे, तो यह निश्चित है कि हमारा विध्वंस हो जायेगा। पहले और भी कई बार बहुत-सी सभ्यताओं के सम्मुख ऐसा संकट आता रहा है और कितनी ही बार उन्होंने आत्म-हत्या का पथ ही चुना है,किन्तु आत्म-हत्या तो किसी प्रत्यक्ष असह्य स्थिति से निवृत्ति का ही मार्ग है। जब जीवन अत्यन्त दुःखमय और कठिन हो जाता है, तब हम मृत्यु का वरण करते हैं, किन्तु मृत्यु से जो निकटतम क्षण है, जीवन से भी वही निकटतम है, और उसी क्षण में नवीन और पूर्ण अस्तित्व में प्रवेश किया जा सकता है। यही हम लोगों का अवसर है। गाँधी का जीवन और उनकी पुस्तक 'हिन्द-स्वराज्य' हमारा नेतृत्व कर सकते हैं। वे व्यक्ति को विश्व का पुनर्निर्माण करने के प्रत्यक्षतः असम्भव कार्य के लिए चुनौती देते हैं। फिर भी मनुष्य की अदम्य आत्मा ऐसे ही असम्भव को संभव कर दिखाने के लिए बनी है। यह हो सकता है कि यह सभ्यता आत्मघात के पथ पर इतनी दूर अग्रसर हो गई हो कि अब इसका विनाश अवश्यम्भावी हो, किन्तु यह कोई कारण नहीं है। क्यों? भावी सभ्यताओं के लिए, जिनके सम्मुख फिर ऐसी ही स्थिति आएगी, वे मनुष्य, जो

मृत्यु की अपेक्षा जीवन को अधिक आवश्यक समझते हैं, इस आवश्यकता का पालन करें।

गाँधी का ऋण ऐसे व्यक्तियों के प्रति और भावी मानवता के प्रति कितना होगा, यह (जैसा कि कहा जा चुका है) केवल भविष्य ही बता सकेगा। पश्चिम के इतिहास के किसी काल में भी हिंसा इतनी व्यापक नहीं थी और न उसके उत्तर की आवश्यकता कभी इतनी प्रबल। यह उत्तर गाँधी ने हमें दिया है। बहुत दिनों से हम यह जानते आये हैं कि बुराई को बुराई से शांत नहीं किया जा सकता और एक शैतान को दूसरा शैतान नहीं निकाल सकता, किन्तु सामयिक मानवता को इस ज्ञान का अभ्यास करने का मार्ग बताने का श्रेय गाँधी को ही है। यदि सभ्यता के लिए इस समय या भविष्य में कोई भी आशा है, तो गाँधी के शिक्षण में और यदि पश्चातापहीन उत्पीड़न अत्याचार और स्वार्थपरता में अभ्यस्त राष्ट्रों के हृदय में थोड़ा-सा भी प्रेम बाकी है,तो इस मनुष्य का आदर्श, जिसके जन्म-दिन का हम आज यहाँ सम्मान कर रहे हैं, उस चिनगारी को फूँककर ऐसी पुनीतकारी अग्नि-शिखा बना देने की क्षमता रखता है, जिससे मद और घृणा से रुग्ण यह संसार निर्मल हो उठेगा।

('विशाल भारत' अंक जनवरी 1939 में प्रकाशित)

नये मार्ग के पथ प्रदर्शक

एगाथा हैरिसन

महात्मा गाँधी की भारत को आवश्यकता है, वैसी ही समूचे संसार को भी उनकी आवश्यकता है। मुझे केवल दस वर्ष के परिचय का ही सौभाग्य मिल सका है किन्तु फिर भी लिखते समय उनसे सम्बद्ध अनेक चित्र मानस-पट पर दौड़ जाते हैं। उदाहरणतया सन् 1931 में दूसरी गोलमेज़ कांफ्रेंस के समय, जब महात्माजी ने किंग्सले हाल में ईस्ट एण्ड के निर्धन लोगों में रहने का निश्चय किया था। इस निश्चय से उनके सहयोगियों को बड़ी कठिनाई हुई, और आगे चलकर उन्होंने वेस्ट एण्ड में भेंट करने का स्थान लेना स्वीकार भी कर लिया, पर फिर भी रात को विश्राम के लिए वे बराबर किंग्सले हाल ही आते रहे। इन दिनों की स्मृतियों में कुछ विशेष उल्लेखनीय हैं। बड़े सबेरे जब वे नाइट्स ब्रिजवाले घर में आते थे, तब मानो घर में एक अभिनव ज्योति दीप्त हो उठती थी! कार से वे सीधे अपने कमरे की ओर जाते और तकली लेकर कातने लगते, और उनके चारों ओर कमरे के कोने-कोने में जुटे हुए सुप्रसिद्ध मूर्तिकार, चित्रकार और फोटोग्राफर इस विचित्र प्राणी की मूर्ति, छवि या फोटो लेने का प्रयत्न किया करते। उनके आस पास महत्वपूर्ण चिट्ठियाँ और तार और आवश्यक कागज़ात पड़े होते। गोलमेज़ कांफ्रेंस के अनेक सदस्य और संसार के भिन्न-भिन्न देशों के नर-नारी उनसे भेंट करने को उत्सुक बैठे होते। इस बीच कांफ्रेंस की किसी बैठक का समय हो जाता और महात्माजी उठकर मोटर की ओर दौड़ पड़ते। उनके पीछे-पीछे कोई परिचारक उनका विख्यात चरखा और जलपान की छोटी-सी टोकरी लिए हुए, और सबसे पीछे स्काटलैण्ड यार्ड द्वारा नियुक्त दो संरक्षक जासूस चलते। ये जासूस, जो राजपुरुषों और ऐसी ही हस्तियों के पीछे दौड़ने के आदी थे, इस नये प्रकार के कार्य से प्रसन्न ही हुए, और शीघ्र ही इस 'छोटे-से आदमी' से स्नेह करने लग गये। जब महात्माजी भारत लौटे, तब उन्होंने इन दोनों जासूसों के पास उपहार-स्वरूप एक-एक घड़ी भिजवायीं, जिस पर खुदा

हुआ था , 'मो.क. गाँधी की ओर से सप्रेम'। ये घड़ियाँ अब भी उन दोनों के विचित्र अनुभव-भरे जीवन की संगिनियाँ हैं।

कई मनोरंजक घटनाएँ भी वहाँ होती थीं। जैसे एक दिन मीराबेन ने पाया कि महात्माजी के लिए जो शाक अलग रखा गया था, वह छिपाने की जगह से गायब हो गया है। वे जहाँ-तहाँ उसकी खोज में दौड़ने लगीं। जहाँ तक मुझे याद है, मिस्टर एण्डूज ही अपराधी साबित हुए थे! विचित्र दिन थे, वे-काम से और अनुभव से और मिलनेच्छुकों की भीड़ से खचाखच भरे हुए दिन! मैं सोचती हूँ। मैंने उस समय आगन्तुकों की एक सूची रखी होती, तो आज पता लग सकता कि उस घर में संसार के किस-किस कोने से, किस-किस मत के अनुयायी कौन-कौन से राजनीतिज्ञ, धर्मवेत्ता और अन्य लोग आये! नित्य प्रार्थना के समय एक अद्भुत दृश्य होता था। कमरे में जितने भी आदमी आ सकते थे, आने दिये जाते थे। महात्माजी के लन्दन-प्रवास के अन्तिम दिन कमरा खचाखच भरा हुआ था, तिल धरने का भी स्थान नहीं था। जब प्रार्थना हो चुकी, तब किसी ने महात्माजी का प्रियभजन-'Lead Kindly Light' आरम्भ किया। उसको सुनते-सुनते न जाने क्यों उस भजन के 'encireling gloom' - अतिव्याप्त अन्धकार-की तीव्र अनुभूति हृदय में जाग उठी! उसके छः सप्ताह बाद ही महात्माजी बन्दी बना लिये गये थे।

क्या हमारे देशवासियों ने अपने बीच इस व्यक्ति की स्थिति का महत्व समझा था? प्रेस में ये समाचार तो छपे कि वे चार्ली चैपलिन और बर्नाड शॉ से मिले, अथवा कि वे केवल अपनी सुप्रसिद्ध 'लँगोटी' लगाये ही सम्राट् से मिलने बकिंगघम महल में गये, किन्तु कांफ्रेंस में जो भावी अनिष्ट की सूचनाएँ उन्होंने दी थीं-जिनकी सच्चाई हम आज जान रहे हैं-उनकी ओर किसी का ध्यान नहीं गया था। मुझे याद है, किसी ने उनके संबन्ध में बाइबल की यह उक्ति दुहराई "Thou knewest not the time of thy visitation", - आलोक के आने का समय तूने नहीं जाना- और मुझे डर है कि हमारे देश के बारे में यह बात बिल्कुल सच सिद्ध हुई!

मैं एक ही और घटना का उल्लेख कर सकती हूँ। इसका उद्घाटन बिहार में होता है। बिहार-भूकम्प के बाद ही महात्मा गाँधी और बाबू राजेन्द्र प्रसाद के साथ मुझे ध्वस्त प्रदेश का दौरा करने का अवसर मिला था। उनकी मोटर में अपने सुरक्षित आसन पर से सामने दौड़ते हुए दृश्यों को देखकर मैं चकित हो रही थी। उस पखवारे में कुछ-एक मील रास्ते को छोड़कर बराबर ही हम लोग मानों लोगों की 'दीवारें' भेदते हुए जाते थे! जब भी हम किसी गाँव के निकट आते, तब ये दीवारें इतना विराट आकार ग्रहण कर लेतीं, जिसकी मैंने कल्पना भी कभी न की थी! इन असंख्य नर-नारियों को महात्माजी के संवाद का सार मुझे अनुवाद में मिलता। कोई

भी और व्यक्ति ऐसे मौके का भरपूर लाभ उठाता, किन्तु महात्माजी के ध्यान में भी यह बात नहीं आई। रव "इस दैव-दुर्विपाक ने तुम्हें क्या सीख दी है? यह समय सरकार और कांग्रेस, हिन्दू और मुस्लिम, स्पृश्य और अस्पृश्य में भेद करने का नहीं है। किसी भी सहायक फण्ड से रुपया लो, तो पहले जाँच लो कि तुम उसके योग्य हो कि तुमने उसका प्रतिदान दे दिया है"- यही उनकी सीख का सार था। स्त्रियों को पर्दे में देखकर वे कहते-"यह बेवकूफी क्यों? पर्दे का एक ही स्थान है, और वह हृदय में है।" और व्यावहारिक बातों को वे कभी नहीं भूलते, क्योंकि उस ध्वस्त और निस्साधन प्रदेश में भी चन्दे की उगाही वे करते रहे!

हरिजन-आन्दोलन के सिलसिले में फिर हमने दक्षिण-उड़ीसा की पैदल यात्रा की। एक सोमवार की बात मुझे याद है। सोमवार महात्माजी के मौन का दिन है। बड़ी गर्मी थी। हम सब कुछ पेड़ों की छाया में बैठे भिन्न-भिन्न कामों में लगे थे। महात्माजी अपनी चिट्ठियाँ और तार लिए बैठे थे, मैं विलायत से हाल में आये हुए कागज़-पत्र देख रही थी। पत्रों में झाँकते हुए अचानक एक पत्र- 14.3.34 के 'क्रिश्चन सेंचुरी'- के सम्पादकीय पर मेरी दृष्टि रुक गई। सम्पादकीय का शीर्षक था- 'नोबेल-पुरस्कार के लिए हमारा प्रस्ताव-गाँधी।' इस शीर्षक के नीचे कुछ वाक्य ये थे :-

"नोबेल शान्ति-पुरस्कार गाँधी को क्यों न दिया जाय? वह कोई व्यक्तिगत आभार नहीं होगा और वे शायद इसे चाहते भी नहीं। इस 'सम्मान' को वे अधिक महत्व नहीं देंगे, और इतने धन के लिए सिवाय दे डालने के दूसरा उपयोग भी उन्हें नहीं सूझेगा। ये सब इस पुरस्कार की पात्रता के ही प्रमाण हैं।...कहा गया है, पुरस्कार के प्रवर्तक का उद्देश्य था। ऐसे **साहसी स्वप्नद्रष्टाओं और भवितव्यदर्शियों को** प्रोत्साहित करना, जिनके विचार उनके युगसे इतने आगे बढ़े हुए हों कि बिना ऐसी आकस्मिक सहायता के लोगों को आकृष्ट न कर सकें। यह उद्देश्य नहीं था कि मील-भर मोर्चा बाँधने वाले व्यावहारिक राजनीतिज्ञ को पुरस्कृत किया जाय। दोनों ढंग के कार्य श्रेयस्कर हैं, किन्तु यदि पुरस्कार का कुछ प्रभाव इतिहास की प्रगति पर पड़ सकता है तो तभी जब वह सफल व्यावहारिक राजनीतिज्ञों की बजाय रचनात्मक आदर्शवादियों को दिया जाय। **यदि गाँधी जैसे अत्यन्त अव्यावहारिक अन्ध-विश्वासी हों भी, जैसाकि उनके कठोरतम आलोचक उन्हें मानते हैं, तो भी यह सत्य ही रहेगा कि वे अहिंसा सिद्धान्त में संसार के सर्वप्रथम प्रतिनिधि हैं।** यदि इतने पर भी वे नोबेल शान्ति-पुरस्कार के सर्वाधिक अधिकारी नहीं हैं, तब उस पुरस्कार के उद्देश्य और प्रभाव के संबन्ध में जनता की धारणा बदलने की ज़रूरत है।"

मैंने आँख उठाकर महात्माजी की ओर देखा। वे अपने कागज़ों के बीच प्रशान्त भाव से बैठे थे। मौन का यह एक दिन ही उन्हें इन कागज़ों को निबटाने का अवकाश देता है। महात्माजी से कुछ दूर पर गाँव के लोगों का एक समूह-जिसमें से कुछ लोग पहली रात से वहाँ खड़े या बैठे थे- चुपचाप उस व्यक्ति की ओर टकटकी लगाये था, जो कि इस निर्दय जगत् में उनके सर्वस्व का प्रतीक है। मैं उठकर वह सम्पादकीय लेख उनके पास ले गई- उपर्युक्त वाक्य मैंने चिन्हित कर दिये थे। उन्होंने समूचे लेख को दो बार पढ़ डाला, फिर कागज़ का एक टुकड़ा उठाकर उस पर लिख दिया-

"ऐसा स्वप्नद्रष्टा कभी हुआ है, जो 'आकस्मिक सहायता' से लोगों को आकृष्ट कर सका हो?"

बस यही उनकी टिप्पणी थी, सिवाय इसके कि परचा मुझे पकड़ाते समय वे मुस्कुरा दिये थे।

जिस समय मैं यह लिख रही हूँ, उस समय सारे संसार की आँखें मध्य-यूरोप की परिस्थिति पर लगी हुई हैं। फ्रांस अपनी रिजर्व फौज बुला रहा है। (ब्रिटिश) प्रधानमन्त्री कैबिनेट की बैठक बुला रहे है। लार्ड हैलिफैक्स को जेनेवा जाना स्थगित करना पड़ा है-परिस्थिति विकट हो रही है। यहाँ का जनमत-जो इसी सप्ताह के ट्रेड यूनियन सम्मेलन में व्यक्त हुआ- यह है कि तुरंत पार्लामेंट की बैठक होनी चाहिए और यह घोषणा होनी चाहिए कि अगर हिटलर चेकोस्लोवाकिया पर आक्रमण करेगा, तो इस देश की पूरी ताकत आक्रान्त देश की सहायता में लगाई जायेगी।

इससे उत्तम मार्ग भी एक है, जिसे संसार के राष्ट्रों ने कभी आजमाया नहीं है। वह अहिंसा का मार्ग है। अहिंसा **अजेय** है-अगर हम में उसे बरतने का साहस हो। इस नये मार्ग के पथदर्शक महात्मा गाँधी हैं।

मैंने बापू की अधिनायकता क्यों स्वीकारी?

आचार्य कृपलानी

आज बापूजी की बात कहने लगा हूँ, उससे पूर्व थोड़ी अपनी कहानी भी सुना दूँ। इससे मेरा कथन लोगों को अधिक अच्छी तरह समझ में आ सकेगा। मैं बालपन से ही विद्रोही रहा हूँ। घर में विद्रोह, पाठशाला में विद्रोह। सर्वत्र ही विद्रोह मचाता रहा हूँ। शिक्षकों के साथ भी मेरे अनेक झगड़े हुए हैं। दो बार तो मुझे कालेज में से निकाल दिया गया था। मुझे कालेज बदलने पड़े हैं, नौकरियाँ बदलनी पड़ी हैं, इतना ही नहीं, प्रान्त भी बदलने पड़े हैं। मैं अपने मित्रों को भी कष्ट देता हूँ। शत्रु की तो कोई बात ही नहीं। इसी कारण मुझे कोई अपने पास नहीं रखता!

आजकल क्रान्ति की बातें खूब होती हैं। जहाँ जाओ, वहाँ 'इंक्लाब जिंदाबाद' की आवाज सुनाई देती है; परन्तु उस जमाने में इंक्लाब पुकारनेवाला कोई नहीं था, मरनेवाले थोड़े-से थे। शायद उन थोड़ों में एक मैं भी था। हमको अहिंसा में विश्वास न था। हमें जहाँ-जहाँ अवसर मिलता, वहाँ-वहाँ लोगों को अंग्रेजी राज्य को निकाल देने की बात समझाया करते। विद्याभ्यास पूरा होते ही मैं अध्यापक बन गया। वह क्यों? दूसरों पर क्रान्ति की रंगत लगाने के लिए! सरकार मुझे वेतन देती थी, और मैं सरकार के विरुद्ध उत्तेजना फैलाता था। ऐसे समय में जब बापूजी आये, तब मैं मुजफ्फरपुर (बिहार) में अध्यापक था। इतिहास पढ़ाता था।

बापूजी जब सन् 1914 में अफ्रीका से भारत आये और अपने लड़कों-अर्थात् अपने आश्रम के लड़कों-को लेकर कविवर रवीन्द्रनाथ ठाकुर के शान्ति-निकेतन में उतरे, तब वे 'महात्मा' की उपाधि से विभूषित नहीं हुए थे। उस समय वे मि० गाँधी कहलाते थे। फिर भी वे एक विचित्र प्राणी तो थे ही। विचित्र प्राणी को देखने का किसका मन नहीं होता? मैं भी कौतुहूलवश उनसे मिलने निकला।

उनका शरीर इतना छोटा और पतला है कि किसी को यह नहीं प्रतीत हो सकता कि यहाँ कोई महापुरुष बैठा है। परन्तु जो दो वस्तुएँ उनको सबसे पृथक्

सूचित कर देती हैं, वे हैं उनकी वाणी और आँखें! उनकी आँखों में कोई अद्भुत ज्योति है। उनकी वाणी में अजब शक्ति है। उनकी आवाज भारी नहीं है, तो भी ऐसा मालूम होता है, मानो मेघ गरज रहा हो। खूब विचार-विचार कर बोल रहे हों, इस प्रकार वे शब्दों का उच्चारण करते हैं। और शब्द आन्तरिक गहराई से आ रहे हों, ऐसा प्रतीत होता है। जो-कुछ कह रहे हैं, वे करके छोड़ेंगे, इस प्रकार की ध्वनि उसमें से सुनाई देती है। इसी कारण उनका क्षीण और मन्दगति शब्द-प्रवाह भी प्रबल, शक्तिशाली लगता है।

उस समय बापू की पोशाक, आहार, सब-कुछ जुदा था। आज जो गाँधी टोपी घर-घर प्रख्यात हो चुकी है, वही गाँधी टोपी वे पहनते थे। पैर नंगे! आहार में मूँगफली! फलाहार करने का उनका नियम था; परन्तु यहाँ आकर देखा कि यहाँ तो फलाहार बहुत मँहगा पड़ेगा, और मँहगा आहार गरीब को कैसे ठीक पड़ेगा? अतः उन्होंने मूँगफली शुरू की। यह तो उनकी बाहर की बात हुई।

प्रथम मुलाकात में ही मैं समझ गया कि यह मनुष्य जो काम हाथ में लेगा, उसे पूर्ण किये बिना छोड़ेगा नहीं। या तो काम को समाप्त कर डालेगा, अथवा अपने को ही समाप्त कर डालेगा। इसके अतिरिक्त उस समय उनमें एक दूसरी शक्ति भी प्रतीत हुई। वह है मनुष्यों को अपनी ओर आकृष्ट करने की शक्ति। इस आकर्षण का कारण यह था कि यह मनुष्य सर्वथा प्रामाणिक था। ऐसी एकाग्रता, दृढ़ता, प्रामाणिकता तथा विचारवत्ता वाला मनुष्य मैंने पहले कभी नहीं देखा था। महापुरुष मैंने अनेक देखे थे; परन्तु उनके जैसा मनुष्य, उनके जैसी शक्ति मैंने कहीं भी नहीं देखी थी। उस समय के बहुत बड़े-बड़े अग्रनायकों ने भारतवर्ष की गरीबी के विषय में बड़ी-बड़ी पुस्तकें लिखी थीं; परन्तु गरीबी क्या वस्तु है, यह भी नहीं जाना था। उन लोगों ने स्वदेशी के विषय में बड़े-बड़े उत्तेजक भाषण दिये थे; परन्तु स्वेदशी कपड़ा कैसा होता है, यह कभी नहीं देखा था।

इस प्रथम मुलाकात के समय बापू को मैंने दो बातें कही थीं, वे अभी तक मुझे भली प्रकार याद हैं। उस समय हम दोनों अंग्रेजी में बातें करते थे। हिन्दी तो बापूजी आज बोलने लगे हैं। उस समय तो मैं कदाचित् टूटी-फूटी हिन्दी बोल सकता; परन्तु मि. गाँधी को तो हिन्दी आती ही नहीं थी, इसलिए मैंने उनसे अंग्रेजी में कहा "Whenever you think that you are going to do any real piece of work, you can call me," अर्थात् - जब कभी आप कोई वास्तविक काम हाथ में लेने का विचार करें, तब आप मुझे बुला सकते हैं।' एक और बात भी मैंने उनसे कही थी। वह यह थी- "आपके अफ्रीका के कार्य के लिए जिन-जिन लोगों ने आपकी प्रशंसा की है, उनमें से एक भी आदमी यहाँ आपके काम में सहायता नहीं

देगा। आप जिनको पहचानते भी नहीं होंगे, ऐसे ही मनुष्य आपके पास एकत्र होंगे और सहायता देंगे।''

इस प्रकार अपनी प्रथम मुलाकात में ही मैंने अपने को उनके प्रति सौंप दिया था; परन्तु इसका यह अर्थ नहीं है कि बापू की सभी बातें मुझे मान्य हैं- कदापि नहीं! बापू जबसे आये हैं, संयम की बातें करते रहते हैं। मुझमें संयम है ही नहीं! मुझे कोई चाय दे, मैं पी जाऊँगा; दूध दे, वह भी पी जाऊँगा। बड़े पलंग पर सुलाया जाय, तो सो जाऊँगा- पीछे नींद आये या न आये। इस प्रकार हमारे बीच में कुछ भी मेल नहीं है। मेरे जैसा विद्रोही अनुयायी गाँधी का दूसरा कोई नहीं होगा! इतना होते हुए भी मैंने उनकी अधिनायकता स्वीकार की है। इसका कारण बताता हूँ।

दुनिया में तीन प्रकार के मनुष्य होते हैं। पहला प्रकार उनका है, जो अपनी महत्ता और शक्ति को समझते हैं। उनमें दूसरों को ले चलने की भी शक्ति होती है। दूसरा प्रकार उन लोगों का है, जिनमें दूसरों को चलाने की शक्ति नहीं होती। वे स्वयं अनुयायी होने के लिए सृजे गये होते हैं। इसलिए वे लोग दूसरे की महत्ता और शक्ति को समझ सकते हैं, स्वीकार कर सकते हैं तथा स्वीकार कर लेते हैं। तीसरे प्रकार के लोग वे होते हैं, जिनमें महत्ता और शक्ति नहीं होती। वे दूसरों की महत्ता और क्षमता को समझ नहीं सकते, स्वीकार भी नहीं कर सकते। ये लोग कुछ नहीं कर सकते। इनकी स्थिति त्रिशंकु जैसी बड़ी विचित्र होती है। हमलोग बिना गुरुवाले लोगों को 'नगुरा' (गुरु-विहीन) कहते हैं। ये लोग भी 'नगुरे' होते हैं। ऐसे लोग कभी कोई कार्य नहीं कर सकते! प्रथम प्रकार के लोग स्वयं गुरु बन जाते हैं। दूसरे प्रकार के लोग दूसरे को गुरु बना लेते हैं। इसी कारण वे जगत् में काम कर सकते हैं। मैंने अपने विषय में सोचा था कि मैं अकेला देश के भार को नहीं उठा सकता, मुझमें अग्रणी बनने की शक्ति नहीं है, इसलिए मुझे कोई अग्रणी खोज ही लेना चाहिए। मुझे किसी के हाथ के नीचे काम करना चाहिए, तभी मेरी अल्पशक्ति भी उपयोगी हो सकेगी, अन्यथा यह यों ही बरबाद हो जायेगी। मैंने देखा कि इस व्यक्ति में अग्रणी बनने की शक्ति विद्यमान है। यह मनुष्य काम करेगा, जो काम हाथ में लेगा, पूरा करके छोड़ेगा। मुझे उसमें विश्वास हो गया, और मैंने उसको अपना अग्रणी बना लिया।

प्रायः लोग मुझसे पूछते हैं कि आप हिंसा में श्रद्धा रखनेवाले हैं और गाँधीजी परम अहिंसावादी! गाँधीजी ब्रिटिश राज्य में श्रद्धा रखनेवाले हैं और आप उसका उच्छेद करने वाले। तो आपने उनका नेतृत्व किस प्रकार स्वीकार किया? मैंने इस मनुष्य में एक शक्ति देखी है। वह है या तो कार्य का अन्त लगाना अथवा अपना अन्त कर देना। इसलिए मैंने इनको अपना नेता स्वीकार किया है। दूसरे उनमें सच्चाई है। आज वे अहिंसा का समर्थन करते हैं; परन्तु जिस क्षण इनको यह समझ

में आ जायेगा कि अहिंसा से कुछ सिद्ध होनेवाला नहीं है, उसी समय वे हिंसात्मक मार्ग पर आरूढ़ होकर जिस उग्रता से लड़ेंगे, वैसा दूसरा नहीं लड़ेगा। इस एक ही वस्तु ने मुझे उनके प्रति आकृष्ट किया है, इसीलिए मैं उनके साथ सम्मिलित हुआ हूँ। हिंसा के विषय में तो मेरा विश्वास हो गया है कि बापू को अहिंसा से डिगा देना, विचलित करना, अशक्य वस्तु है। उनको जिस क्षण यह प्रतीत हुआ कि ब्रिटिश राज्य भारत के कल्याण के लिए नहीं है, उसी समय उन्होंने उसके लिए ऐसे कठोर विशेषण प्रयुक्त किये हैं, जैसे लोकमान्य तिलक ने भी नहीं प्रयुक्त किये थे। ब्रिटिश शासन को उन्होंने शैतानी राज्य कहा है और वह भी इतनी उग्रता के साथ कि समस्त देश उसको शैतान कहने लगा है। नन्हें बालक भी उसे शैतानी सरकार कहते हैं, तो भी कोई उनको पकड़ता नहीं था।

उनके जैसा काम करनेवाला और काम लेनेवाला अब तक मैंने नहीं देखा। वह छोटे-छोटे कामों में भी अपना प्राण होम करने के लिये तैयार हो जाता है। उस जैसा प्राण हथेली पर रखकर घूमने वाला मैंने दूसरा नहीं देखा। अपने प्राणों को संकट में डालकर उसको यह नहीं प्रतीत होता कि मैं कोई महान् त्याग कर रहा हूँ। छोटे-छोटे कामों में भी वह बड़े-बड़े कामों को समाया हुआ समझता है। वह टट्टी साफ करता है, और मानता है कि मैं देश का उद्धार कर रहा हूँ। वह हरिजनों का कार्य करता है और मानता है कि मैं देश का उद्धार करता हूँ। जिस कार्य को कुछ एक लोग old dames work- पुरानी बुढ़िया-का काम कहते हैं, उस चरखे में भी वह देश का उद्धार देखता है। कोई भी छोटा काम उसको छोटा नहीं प्रतीत होता। उसमें उसको स्वराज्य के दर्शन होते हैं। हमलोग आत्मा में परमात्मा का दर्शन करना कहते हैं, उसी प्रकार वह उन वस्तुओं में स्वराज्य के दर्शन करता है। इसी कारण उसके साथ कोई प्रतिस्पर्द्धा नहीं कर सकता। मुझे तो यह प्रतीत होता है कि उसकी फिलासफी का एक महत्वपूर्ण अंग यह है कि उसने कहीं भी प्रतिस्पर्द्धा के लिए अवकाश ही नहीं रखा। तुम एक बन्दूक रखोगे, तो सामनेवाला दो बन्दूक लायेगा! परन्तु यदि तुम अहिंसक बन जाओगे, बन्दूक ही नहीं रखोगे तो सामनेवाला क्या कर सकता है?

सत्यानुभव कराने वाला प्रसंग

मुकुल भाई कलार्थी

गाँधी जी दक्षिण अफ्रीका में थे, उस समय कितने ही ईसाई मित्र उन्हें ईसाई होने के लिए समझा रहे थे। धर्म-मन्थन और ईसाई धर्म का अवलोकन करने से गाँधीजी को वह धर्म सम्पूर्ण अथवा सर्वोपरि न लगा। उन्होंने अपने विचार ईसाई मित्रों के समक्ष उपस्थित किये। वे गाँधीजी के मन का समाधान हो, इस प्रकार न समझा सके।

ईसाई मित्रों की भाँति मुसलमान मित्रों का भी प्रयत्न था कि गाँधीजी इस्लाम का अभ्यास करें। वे लोग इस्लाम धर्म की विशेषता समझाने का परिश्रम करते थे।

गाँधीजी उन बातों से दुविधा में पड़े गये। उन्होंने श्रीमद् राजचन्द्र के समक्ष अपनी कठिनाई उपस्थित की।

गाँधीजी पर तीन महापुरुषों की गहरी छाप पड़ी है : टॉलस्टॉय, रस्किन और राजचन्द्र भाई। टॉलस्टॉय की उनकी पुस्तक द्वारा और उनके साथ के थोड़े से पत्र-व्यवहार से। रस्किन की पुस्तक 'अनटू दिसलास्ट' से, जिसका गुजराती नाम 'सर्वोदय' रखा। रायचन्द्र भाई की उनके साथ के गाढ़ परिचय से। ई.सं. 1891 के जुलाई मास में गाँधीजी विलायत से बैरिस्टर होकर लौटे, उस समय बम्बई में उनका ठहरना डॉ. प्राणजीवन दास मेहता के यहाँ हुआ। डाक्टर के बड़े भाई पोपट लाल के जमाई लगते थे रायचन्द्र भाई। उनके साथ डाक्टर ने गाँधीजी की जान-पहचान करायी। किसी ने गाँधीजी से कहा कि आप राजचन्द्र भाई को किसी भी भाषा के कुछ शब्द सुनायें तो वे उसी क्रम से आपको कह जायेंगे। गाँधीजी ने लिखा है कि "मैं था जवान, विलायत से आया हुआ, अपने भाषा ज्ञान का भी आडम्बर और विलायत की हवा उस समय कुछ कम नहीं थी। विलायत से आया, मानों ऊँचे से उतरा। मैंने भिन्न-भिन्न भाषाओं के शब्द लिख डाले। क्योंकि शब्द क्रम मुझे कहाँ याद रहनेवाला था? फिर उन शब्दों को बोल गया। रायचन्द भाई ने उसी क्रम से धीरे से एक के बाद एक सभी शब्द कह बताये। मैं प्रसन्न हुआ और चकित भी।

विलायत की हवा शान्त करने के लिये यह अनुभव उत्तम रहा।" गाँधीजी ने पहली मुलाकात में ही देख लिया था कि श्री मद् निर्मल चरित्रशील और सच्चे ज्ञानी हैं। उन्हें पत्र लिखने से गाँधीजी को धैर्य रखने और हिन्दू धर्म का गहराई से अध्ययन करने के अनुरोध के साथ श्रीमद् ने 'पंचीकरण', 'मणिरत्नमाला', 'योगवशिष्ट' इत्यादि पुस्तकें गाँधीजी को पढ़ने-विचारने के लिये भेज दीं।

जैन दर्शन के अनुयायी होते हुए भी श्रीमद् ने हिन्दू धर्म की पुस्तकें भेजी, और गाँधीजी को अपने आचार को समझने का, अपनी अन्तर्रात्मा जिस प्रकार प्रेरणा करे, उस प्रकार से जीवन के विषय में विचारने को लिखा। श्रीमद् की दृष्टि उदार थी। अमुक दर्शन, पंथ या घेरे में सत्य समाया है, ऐसा मानने के बदले सत्य आत्मानुभव में ही है, ऐसा उनका अभिप्राय था। सभी सम्प्रदायों के शास्त्र-ग्रंथ उपदेश सद्बोध प्राप्त करने के लिए बाचने-विचारने योग्य हैं- ऐसा वे मानते थे। इसलिए उनके आध्यात्मिक तथा चरित्रशील जीवन का प्रभाव गाँधीजी पर हुआ। श्रीमद् राजचन्द्र के प्रभाव को स्वीकार करते हुए गाँधीजी ने लिखा है : मैंने अनेकों के जीवन से बहुत लिया है, परन्तु सबसे अधिक यदि किसी के जीवन से मैंने ग्रहण किया है तो वह कवि श्रीमद् राजचन्द्र के जीवन से है।"

(श्रीमद् रायचन्द्र जीवनसाधना पृ. 135-142)

बाइबल से आगे की सोच

रोम्या रोला

गोरक्षा की नीति हिन्दू धर्म की एक विशिष्टता है। गाँधी उसमें मानव-सभ्यता के विकास की उच्चतम स्वीकृति देखते हैं। क्यों? क्योंकि गाय 'समस्त मानवेतर जगत्' का प्रतीक है, जिसके साथ मनुष्य मैत्री की शर्त से बँधा हुआ है। उससे मनुष्य के साथ पशुओं के 'भ्रातृत्व बँधन' का प्रमाण मिलता है। उन्होंने एकबार अपनी सुन्दर भाषा में कहा था : 'वह मनुष्य को उसकी सीमा से ऊपर ले जाता है। जो भी प्राणवान है, उसके साथ वह मनुष्य को एकाकार करता हैं।

अन्यान्य पशुओं को छोड़कर केवल गाय को चुन लेने का कारण यह है कि गाय ही भारत की श्रेष्ठ संगी है, प्रचुरता का उद्गम है। इस शान्त-शिष्ट पशु में गाँधी ने 'करुणा का काव्य' देखा है। फिर भी इस नीति में मूर्ति पूजन का लेश भी नहीं है। भारत के लिए हितकर न हो, ऐसी किसी भी बात को लेकर शोरगुल मचाने के वे प्रबल विरोधी थे। बेशक, भारतवासियों ने ईश्वर के इन मूक प्राणियों के बारे में शास्त्रों की आज्ञा मान कर ही छुट्टी पा ली है। करुणा की बात सोचने की झंझट उन्होंने मोल नहीं ली। जिन्होंने एक बार यह बात अच्छी तरह समझ ली, उन्हें आश्चर्य न होगा कि गाँधी क्यों इस बात को इतना कीमती मानते हैं।

गाँधीजी जब अपने इस अर्थ में कहते हैं कि "गोरक्षा का उपदेश संसार के लिए हिन्दू धर्म का एक उपहार है" तो उन्हें किसी तरह दोषी नहीं ठहराया जा सकता, क्योंकि जहाँ बाइबल यह कहती है कि 'पड़ोसी को अपनी ही तरह प्यार करो', वहाँ गाँधी इतना और जोड़ देते हैं कि जिस किसी में प्राण है, वही तुम्हारा पड़ोसी है।

(गोसेवा स्मारिका 1986)

जो हँसी के पात्र बनने आये, वे पूजनीय हो गये!

सोम बेनेगल

1857 का वर्ष भारतीय इतिहास का तथा अंग्रेजों और भारत के रिश्तों का निर्णायक क्षण था। चाहे आप इसे सैनिक विद्रोह कहें या स्वतंत्रता का युद्ध, इसने भारत में दमन के अमानवीय और क्रूर तरीकों के द्वारा ब्रिटिश शासन का और गहरा प्रभाव डाला। लेकिन यह भारतीयों में तथा उनकी स्वतंत्रता के लिए भूख में दीर्घकालिक उबाल का कारण भी बना।

इस भूख को सन्तुष्ट करने के लिए कौन-सा उपाय या तरीका नियोजित किया जाना चाहिए, यह एक प्रश्न था, जो अगली पाँत के उन देशभक्तों को झकझोरता था, जो बड़ी संख्या में जन-नेतृत्व की ओर आकर्षित थे। क्रान्तिकारियों को बमों और बन्दूकों की संस्कृति में विश्वास था। वे यूरोप की हिंसक क्रान्तियों से प्रेरणा लेते थे, यद्यपि उनमें सभी सफल नहीं हुई थीं। अतीत के परिप्रेक्ष्य में देखें तो लगता है कि यह एक विनम्र, किन्तु निराशाजनक प्रयास था।

निराशापूर्ण स्थिति से निकालने के लिए एक सौम्य और महत्त्वहीन व्यक्ति अपने स्थान से क्रमशः ऊँचा उठा, जिसने भारत के लिए केवल सम्पूर्ण आजादी ही नहीं माँगी अपितु एक अलग किस्म की क्रान्तिकारी पद्धति भी पेश की। बिल्कुल ही अनजानी और इतिहास में विरल अहिंसा की पद्धति। संवैधानिक दिमाग के लोगों के नेतृत्व का, उनकी नीरसता का ऐसा सम्भ्रम था कि इसने इस आदमी को अपने उन्माद में हर कहीं से हटाने की कोशिश की और जब असफल हो गये तो उन्होंने उसे एक ऐसा खतरनाक और गैर जिम्मेदार आदमी घोषित करने की कोशिश की, जिसके हाथ में राष्ट्रीय आन्दोलन की बागडोर नहीं दी जा सकती थी। यह आदमी था मोहनदास करमचन्द गाँधी, जो जल्दी ही दक्षिण अफ्रीका से जातीय अहंकार के व्यथित करने वाले समाचार लेकर आया था। वह इनका समाधान करने के लिए अहिंसक आन्दोलन की तकनीकों का अभ्यासपरक विचार भी लेकर आया था।

आश्चर्यजनक नहीं है कि गाँधीजी जैसे थे, उच्च स्तर और नैतिक अवधारणा पर आधारित जैसी उनकी सम्पूर्ण क्रान्तिकारी दृष्टि थी, जो एक साथ समरस और नैतिकता की माँग करती थी, उनके साथ वैसा ही व्यवहार किया गया। तात्कालिक नेतृत्व न तो उनको समझ सका और न ही समझने का प्रयास किया गया, किन्तु आश्चर्यजनक यह है कि उनके असामयिक दर्शन के पीछे छिपे हुए असीम स्रोतों के माध्यम से एक बड़ी संख्या में लोगों को लगता था कि वे उस विनम्र आदमी के पीछे चलने को तैयार थे, जिसका निश्चय, समर्पण और गम्भीरता बेदाग थी और उसकी करनी और कथनी एक साथ प्रदर्शित होती थी। अगर किसी के बारे में ऐसा कहा जा सके 'वे हँसी का पात्र बनने आये थे और पूजा के पात्र बन गये' तो यह गाँधीजी के बारे में होगा।

मैं गाँधीजी को बहुत ज्यादा आदर्शवान् बनाने की इच्छा नहीं रखता। एक असाधारण पुस्तक 'सत्य के प्रयोग' में उन्होंने बेहद खुलेपन से अपने प्रयोगों का कुछ हिस्सा रिक्त रखा है। इसे उनके प्रतिद्वन्द्वियों द्वारा अधिगृहीत कर लिया गया था, जिनका व्यक्तिगत वैर अनुभूतिहीन संवेदनावाद के द्वारा समाप्त करने के लिए उनके पास बहुत कुछ था। पर इससे गाँधीजी को स्वयं समझने तथा औरों को समझाने के लिए उनकी निष्कपट आत्मस्वीकृति तथा महानता का पता चलता है। मैं उनकी बहुतेरी अहिंसक लड़ाइयों, गरीबों के लिए उनके सतत समर्पण, अधिकारच्युत अन्तिम व्यक्ति, जिसे वे समाज का दुर्भाग्य कहते थे, के लिए उनके संघर्ष के विस्तार में नहीं जा सकता। उन्होंने राष्ट्र के अन्तर का विद्युतीकरण कर दिया था। इससे भी आगे उन्होंने सत्य, शान्ति, अहिंसा के हथियारों से जो अनोखा आन्दोलन चलाया था, उसके माध्यम से स्वयं विश्व को भी आलोकित किया। वे सांकेतिक या आभासी विजय के बिन्दु पर पहुँचकर सामुदायिक आन्दोलनों को वापस लेने से भी नहीं डरे, क्योंकि कहीं-कहीं यह हिंसा के कारण कलंकित हुआ। इसके लिए उनकी कटु आलोचना की गयी, किन्तु बाद में वे सही साबित हुए। इससे उनके अनुयायियो में उनके प्रति श्रद्धा का निर्माण हुआ और उन्हें अनुगामी मिले। इसने उनके ब्रिटिश विरोधियों को न केवल विभ्रान्त किया बल्कि उन्हें अद्वितीय सम्मान भी दिलाया।

वे इसे 'करिश्मा' कहते थे; किन्तु इसकी व्याख्या कौन कर सकता है? गाँधीजी साधारणतः विनम्रता और महानता के निर्णायक शब्द थे। उनके अन्दर आडम्बर, पूँजी की महत्ता तथा क्षणभंगुर प्रभामण्डल को बाँध रखने का कोई निशान नहीं था। उन्होंने लोगों को बाहुबल से नहीं, अपितु अपनी अत्यन्त करुणा से पराभूत कर दिया था।

मुझे स्पष्ट याद है कि मेरे जीवन में दो चीजें थी, जिनके कारण गाँधीजी के साथ मेरा पारस्परिक जुड़ाव था। उनमें से पहला दूरवर्ती तथा दूसरा निकटवर्ती था। पहली, वह अपरिमित शक्ति थी। जिससे उन्होंने लोगों को काबू में रखा। 10 वर्ष की अवस्था में भी मैं उस तूफान के रोमांच को महसूस कर सकता था, जो उन्होंने हमारी जमीन पर खड़ा किया था। बंगलोर में रहते हुए मैं अपने मित्रों के अन्दर उत्साह का संचार कर सका और हमने एक 'गाँधी गैंग' का निर्माण किया। हमने ज्यादा कुछ नहीं किया, बल्कि यह महसूस किया कि चाहे दूर से ही सही, हमें उस हलचल का हिस्सा होना चाहिए, जो भारत की जमीन की सफाई कर रहा था। असल में उन्होंने जो कहा, उसे हमने कुछ-कुछ समझा किन्तु हम जानते थे कि हम एक खतरनाक किन्तु रोमांचक यात्रा में थे, जिससे हम पृथक् नहीं हो सके। यह नोट करना रुचिकर है कि इन नौजवानों में से ज्यादातर समाज और उद्यमिता के प्रयत्नों में विशिष्ट और प्रभावकारी स्थान पर पहुँचते रहे। मैं नहीं समझता हूँ कि वे कभी उस प्रेरणा को भूल सके, जो उन्होंने अपने बचपन में गाँधीजी की दूरस्थ उपस्थिति से पायी थी।

मेरा व्यक्तिगत अनुभव अधिक निकटतम है। मुम्बई (जहाँ मैं पढ़ता था) से दिल्ली (जहाँ मेरे बड़े भाई नौकरी करते थे) की यात्रा के दौरान मेरे एक मित्र द्वारा सलाह दी गयी कि मुझे सीधे दिल्ली की ट्रेन से नहीं बल्कि वर्धा होते हुए जाना चाहिए, जहाँ मैं अपनी यात्रा से छुट्टी पाकर गाँधीजी के आश्रम, से-गाँव जा सकता था, जो बाद में सेवाग्राम कहलाया। यह 1939 का वर्ष था और भारत में एक नयी हलचल थी, क्योंकि द्वितीय विश्व युद्ध की खलबली शुरू हो चुकी थी और भारत बीभत्स साम्राज्यवाद और अधिनायकवाद के बीच की भिड़न्त के प्रति दृढ़तापूर्वक, किन्तु सावधानी से अपनी प्रतिक्रिया व्यक्त कर रहा था। नेतृत्व के लिए सभी की निगाहें गाँधीजी की तरफ थीं। जब मैं सेवाग्राम पहुँचा, तब शाम हो चुकी थी और अँधेरा उस छोटे से मैदान को ढँकने लगा था, जहाँ गाँधीजी की प्रार्थना-सभा आयोजित की गयी थी। यह केवल एक समूह या भीड़ की बैठक नहीं थी, जैसी अन्य स्थानों पर होती थी। वहाँ थोड़े लोग थे और थी एक निबिड़ शान्ति, जो दुनियाभर के विभिन्न धर्मों की प्रार्थनाओं की लय द्वारा खण्डित हो रहे वातावरण पर धीरे-धीरे छा रही थी। जब वे पंक्तियों से ज्यादा हो गये और क्रम से श्रद्धापूर्वक बैठ गये तो गाँधीजी धीरे से आ गये। जब वे जमीन पर बैठ रहे थे, तब मेरा नम्बर आने पर मैं उनके पैर छूने के लिए घुटनों के बल झुका। इसके पहले कि मैं ऐसा कर सकूँ, हमारी आँखें मिलीं। वे कुछ क्षण के लिए स्थिर हुईं, एक शाश्वत सत्य का-सा भान हुआ। इस प्रकार यह एक अविस्मरणीय , अविनाशी चिरन्तनता की अनुभूति थी, जो अपनी चुम्बकीयशक्ति के कारण सदैव याद रही तथा इससे मुझमें एक आश्चर्यजनक तथा

उत्साहजनक गुण अनुप्राणित हुआ। यह कैसा करिश्मा है? उसी क्षण गाँधीजी मेरे लिए महात्मा गाँधी बन गये।

लेकिन केवल मेरे लिए ही ऐसा नहीं था। बल्कि वे इस भूमि के लिए तथा समय व दूरी के दूसरे छोर पर स्थित सारे लोगों के लिए महात्मा बने। जब वे एक छोटी-सी गोली के शिकार हुए तो न केवल भारत रो रहा था, बल्कि सम्पूर्ण विश्व दुःख की आवेगपूर्ण अभिव्यक्ति कर रहा था। फ्रेंच प्रतिक्रिया का सार सर्वोत्तम था—"फ्रांस उस महान् व्यक्ति की अर्थी को कन्धा देता है, जो अपने कभी नष्ट न होने वाले आदर्शों के लिए नष्ट हो गया।"

महात्मा गाँधी के अपने देश के लोग, हो सकता है उनके रास्ते से भटक गये हों, पर उनके प्रकाश ने दूसरे स्थानों पर दूसरे लोगों को ज्यादा प्रकाशित किया है। मार्टिन लूथर किंग द्वारा अफ्रीका में नीग्रो लोगों के अधिकारों के लिए चलाया गया आन्दोलन पूर्ण रूप से महात्मा गाँधी के अहिंसा के विचारों पर आधारित था। पिछले दिनों जब राष्ट्रपति अब्दुल कलाम साहब अफ्रीका गये तो अफ्रीकियों ने उनसे कहा—"आपने हमें एक गाँधी भेजा था, हमने आपको एक महात्मा वापस किया।"

(हिन्दी अनुवाद : प्रेमप्रकाश पाण्डेय)

मानवतानिष्ठ अर्थतंत्र का असर

विदुषी बहन विमला ठकार

म. गाँधी के चिन्तन और जीवन-दर्शन में जिस मानवनिष्ठ अर्थनीति का दर्शन है, उससे पाश्चात्य देशों के लोग, खासकर चिली, आस्ट्रेलिया, लिथुआनिया के लोग अभिभूत हैं। उसका प्रयोग करना चाहते है। पूर्वी यूरोप के देशों के सामने भी सवाल हैं। पोलैण्ड में हुए शिविर में दस दिन साथ रहना हुआ। वे लोग कह रहे थे कि मानवनिष्ठ मानवतावादी अर्थतंत्र की बात हम समझना चाहते हैं भारतीयों के पास।

पूँजीवादी अर्थतन्त्र असफल हुआ क्योंकि वह भ्रष्टाचार व शोषण लाता है। साम्यवादी- समाजवादी अर्थतन्त्र भी सफल न हो सका। अब यूरोप के देश बाजार के अर्थतन्त्र (Free market economy) की ओर झुक रहे हैं। इन सभी प्रकारों में कहीं-न-कहीं जो दोष सामने आता है, उन दोषों से मुक्त कोई अर्थतन्त्र हो सकता है या नहीं?

उत्तान भोगवाद का, भ्रष्टाचार का यदि प्रतिकार करना हो तो आज का जो ढाँचा है उस ढाँचे में परिवर्तन लाना होगा। जीवन के व्यापारीकरण की तरफ ले जाने वाली अर्थनीति, अर्थतन्त्र, आर्थिक मूल्य, आर्थिक आचरण की संहिताओं का- बौद्धिक, वैचारिक, शाब्दिक एवं क्रियात्मक प्रतिकार करने की घड़ी आ गयी है। शासन-व्यवस्था में आयी भ्रष्टता, बीभत्सता, मानवीय मूल्यों के सम्पूर्ण ह्रास का प्रतिकार यदि हम नहीं करेंगे, मानवीय मूल्यों को अर्थनीति, राजनीति में लागू नहीं करेंगे, एक नया समग्र विकल्प यदि राजनीति-अर्थनीति के लिये खड़ा नहीं करेंगे तो हम स्वधर्म पालन नहीं कर रहे हैं, यही मानना होगा।

हम भारत सन्तान हैं। जिन्होंने अखिल विश्व में एक तत्त्व देखा, विभिन्न आकार, रंग-रूप वाले अलंकारों में एक ही स्वर्ण को देखा, उनकी सन्तान हैं। हम, तो क्यों आकृति-जाति-धर्म-भाषा-क्षेत्र और संस्कृतियों की विविधता से समृद्ध को एक मानवीय दृष्टि से न देख सकें? समाज की सब व्यवस्थाओं का आधार मानवता को न बना सकें? इसलिये हम पर जिम्मेवारी है कि अभारतीय पद्धति हमारे जीवन में जितनी घुस

पड़ी है, उसे खोज-खोजकर निकालें। संस्कृति को संभालते हैं-प्रबुद्धजन। वे ही शासकों पर दबाव लाते हैं, इसे संभालने के लिये।

छत्रपति शिवाजी के मन में आया कि 'मैं सबका पालन कर रहा हूँ। समर्थ गुरु रामदास उन्हें एकान्त बीहड़ में ले जाकर बोले "शिवा! यह पत्थर उठा तो"। उस भारी पत्थर के नीचे से निकला एक हृष्ट-पुष्ट मेढ़क। गुरु ने कहा-"इसका पालन-पोषण तुम्हीं करते हो न?" महाराज समझ गये। शासकों की चेतना को इस प्रकार हिलाने वाले प्रबुद्धजन मूर्च्छा में पड़े रहेंगे, अपने छोटे-छोटे स्वार्थों में उलझे रहेंगे और आशा रखेंगे कि कानून से संस्कृति का संरक्षण होगा? कानून मदद कर सकता है, पर कानून अधिष्ठान नहीं है। वह है मानव चेतना। सत्संग द्वारा इस प्रकार चेतना को हिलाने की मेरी कोशिश है।

आज भारतीय चेतना 'धर्म क्षेत्रे कुरुक्षेत्रे' खड़ी है। युग-परिवर्तन की बेला में भौतिक, ऐतिहासिक, मानसिक, आध्यात्मिक आवश्यकता है पदार्थ-विज्ञान के साथ जीवन-विज्ञान का समन्वय साधन की। पदार्थ-विज्ञान में भौतिकी, रसायन शास्त्र, जीव-विज्ञान, भूगर्भ एवं खगोल विज्ञान आ गये। साथ ही आवश्यकता है मनोविज्ञान के साथ आत्मविज्ञान को समन्वित करने की और यन्त्र विज्ञान तथा तकनीक के साथ मानव-विज्ञान और मानवीय मूल्यों को समन्वित करने की। पदार्थ विज्ञान ने ऐसा प्रभूत ऐश्वर्य दिया है, जो प्रत्यक्ष देखा-नापा-तौला जा सकता है, जिसकी लालसा जनमानस में है। इसे न्याय पूर्ण रीति से कमाने और इसका समुचित रसिक उपयोग व आस्वादन करने में कोई हर्ज नहीं। भारतीय संस्कृति 'श्री' की आराधक है। दरिद्रता, अभाव, श्रीहीनता की उपासक नहीं। लेकिन श्री सम्पन्नता के लिये भोगवादी मानस होना आवश्यक नहीं। विविध भोग्य पदार्थ सुख-शान्ति के साधन हो सकते हैं, साध्य नहीं।

भारतीय संस्कृति का यह व्यवहार पक्ष आज ढक गया है। गरीबी, भूखमरी तथा गुलामी के कारण पाश्चात्य उपभोग परायण संस्कृति के भी नीति पक्ष छोड़कर केवल उपभोग पक्ष को ही जीवन की पद्धति और लक्ष्य मान लेने के कारण। सत्ता और सम्पत्ति हथियाने-बटोरने की पागल लालसा भारतीय चेतना पर सवार हो गयी है, जिसके अतीव दुःखद एवं विषाद पैदा करने वाले परिणाम आज व्यक्तिगत एवं सामुदायिक जीवन में देखने को मिलते है। भोगवाद की वेदी पर सभी जीवन मूल्य चढ़ाने वाली अर्थनीति अनर्थकारिणी है। केवल तत्त्व का आकलन जीवन-परिवर्तन लाने में असमर्थ होता है। उसमें एक explosive dynamism तब पैदा होता है, जब आकलित सत्य जिया जाता है। अपने ही सत्य आकलन को जीने वाला हमें बनना है। मानव की श्रेष्ठता, मानवता की उपासना, मानवीय मूल्यों की समाज-रचना में प्रतिष्ठा और जन-जन की समझ की ज्योति हम जगायेंगे, तो दुनिया को विकल्प मिल जायेगा।

(अध्यात्म शिव समग्र जीवन-विज्ञान, पृ. 328-336 विमल प्रकाशन ट्रस्ट, आबू पर्वत)

चुटकी भर नमक से हिला ब्रिटिश साम्राज्य

भंवरसिंह चौधरी

अंग्रेज हुकूमत द्वारा नमक बनाने एवं समुद्र द्वारा किनारे पर छोड़े नमक को उठाने तक से रोकने के प्रतिबंध और कानून को तोड़ने के लिये मोहनदास करमचन्द गाँधी 61 वर्ष की उम्र में करीब 80 युवा सत्याग्रहियों के साथ 12 मार्च 1930 को गुजरात में अहमदाबाद के पास साबरमती आश्रम से निकल पड़े और 24 दिन तक पदयात्रा, जो सत्याग्रह का स्वरूप थी, करते हुए 241 मील का फासला तय कर समुद्र के किनारे सूरत के पास दांडी नामक स्थान पर पहुँचे और 6 अप्रैल 1930 को प्रातः समुद्र के किनारे मुट्ठी भर नमक उठाकर, हजारों लोगों के साथ नमक बनाया और अंग्रेज हुकूमत को चुनौती दी।

नमक सत्याग्रह ने सारे भारत के लोगों को एवं विश्व भर के स्वतंत्रता प्रेमियों को झकझोर दिया। इस घटना से अंग्रेज हुकूमत सकते में आ गई और गाँधीजी का असहयोग आंदोलन और प्रखर हो गया।

नमक सत्याग्रह के लिए दांडी के चयन का इतिहास है। अंग्रेज जब भारत आये थे, तब वे सूरत बंदरगाह पर उतरे, जो दांडी से करीब 50 किमी दूर है। वहीं पर जाकर गाँधीजी ने नमक बनाकर कानून तोड़ने का निश्चय किया।

बताया जाता है कि गाँधीजी करीब छः सप्ताह तक सोचते रहे। तब उन्हें अन्तर्रात्मा की आवाज सुनाई दी, जिसने नमक कानून तोड़ने के लिये कहा। यह एक विलक्षण योजना थी। जिसका तत्कालीन अंग्रेज वाइसराय ने 'चुटकी भर नमक से सरकार का तख्ता पलटने की मिस्टर गाँधी की पागल योजना कहकर मजाक उड़ाया।'

लेकिन गाँधीजी ने नमक सत्याग्रह की योजना को अंतिम रूप देने से पहले अपने साप्ताहिक पत्र 'यंग इंडिया' में लिखा कि पानी के बाद नमक ही सबके उपयोग

की चीज है। वह सरकार गैर कानूनी है, जो लोगों का नमक छीनकर उस पर कर लगाकर फिर उसे महंगी कीमत पर बेचती है। लोगों को पूरा अधिकार है कि जो उनका अपना है, उसे वे ले लें। नमक सत्याग्रह प्रारम्भ करने से पहले गाँधीजी ने तत्कालीन वाइसराय को लिखा। यद्यपि मैं भारत में अंग्रेजी शासन को शाप समझता हूँ, फिर भी मेरी भावना किसी अंग्रेज को हानि पहुँचाने की नहीं है। ब्रिटिश शासन ने शोषण किया है और लाखों लोगों को मूक और कंगाल बना दिया है।

गाँधीजी ने इस लम्बे पत्र में अनेक बातें लिखी और वाइसराय से कहा कि उनके पत्र पर इस महीने की 19 तारीख तक कोई प्रतिक्रिया नहीं दिखाई तो वे अपने साथियों को साथ लेकर नमक कानून को तोड़ेंगे। गाँधीजी ने यह पत्र उनके आश्रम में रह रहे एक अंग्रेज के साथ भेजा।

वाइसराय का कोई अनुकूल उत्तर न आने पर गाँधीजी सत्याग्रह की तैयारी करते रहे और आखिर 11 मार्च 1930 को साबरमती आश्रम में शाम की प्रार्थना सभा में जिसमें हजारों लोग उपस्थित थे, उन्होंने कहा कि 'मुझे अपने उद्देश्य और अपने साधनों की पवित्रता में पूरा विश्वास है। जब साधन शुद्ध और सही होते हैं तो भगवान भी सफलता प्रदान करते हैं। भगवान सबका भला करे और कल शुरू होने वाले आंदोलन की सब बाधाएँ दूर करे, यही हमारी प्रार्थना है।' दूसरे दिन 12 मार्च को दुबली पतली आकृति का वह महापुरुष, मोटी खद्दर की धोती पहने हुए दांडी यात्रा पर निकल पड़ा। उस समय अहमदाबाद और आसपास के लाखों लोग साबरमती आश्रम व मार्ग पर जमा थे।

मानव मूल्यों के मैनेजमेण्ट गुरु

रमेश दवे

महात्मा गाँधी शैक्षणिक आधुनिकता के सबसे बड़े प्रतीक थे। उनके पास एक ऐसा गुरुमंत्र था कि वे जो कहते और करते, लोग उस पर अपने आप चलने लगते थे। उन्होंने सबसे पहले मेनचेस्टर के बने कपड़ों का विरोध करके औद्योगिक सभ्यता को पहली भारतीय और सांस्कृतिक चुनौती दी थी। 'स्वेदशी' उनके मैनेजमेंट पाठ्यक्रम का पहला अध्याय था। इसी स्वदेशी के अन्दर से उन्होंने खोजा था एक डिजाइनर पाठ्यक्रम। उनका यह नया डिजाइन था-चरखा। इस चरखे की स्वावलम्बी ताकत से उन्होंने एक नये वस्त्र की डिजाइन बनायी, जिसे खादी नाम दिया गया। गाँधी, खादी-वस्त्र के प्रथम डिजाइनर बन गये और उस समय के भारत में जिसने भी गाँधी को अपनाया, उसने चरखे को स्वतः अपना लिया। यहाँ तक कि नेहरू जैसे आधुनिकतावादी ने भी चरखे पर सूत कातना शुरू कर दिया।

उन्होंने ग्रामीण और गरीब लोगों के लिये स्थानीय स्तर पर रोजगार पैदा करने वाले कुटीर उद्येग का पक्ष लेकर पारम्परिक कुटीर व्यवसायों को पुनर्जीवित करने की कोशिश की। जो लोग चटाई बनाना, कुम्हारी करना, लोहारी या सुतारी करना, हथकरघों पर कपड़ा बुनना छोड़ चुके थे, गाँधी ने उन्हें याद दिलाया कि पुरखों के उद्योग में इतना दम है कि देश का कोई भी आदमी भूख से मर नहीं सकता। घर बैठे कमाई का ऐसा मैनेजमेंट आज के किसी मैनेजमेंट गुरु ने नहीं दिया। इस दृष्टि से गाँधी मैनेजमेंट गुरुओं के भी गुरु थे। गाँधी का मैनेजमेंट व्यवहार का मैनेजमेंट था। जब उन्होंने सत्याग्रह या सविनय अवज्ञा आंदोलन रचा तो सबसे पहले नमक सत्याग्रह किया। नमक को जनता का नमक बनाया। क्या दुनिया में किसी ऐसी अनिवार्य वस्तु के लिये इतना बड़ा आंदोलन और वह भी इतने अहिंसक तरीकों से किया गया?

गाँधीजी ने ही सबसे पहले बुनियादी शिक्षा की कल्पना की। आज जिसे विश्वविद्यालय स्तर पर 'फाउंडेशन कोर्स' कहा जाता है, उसकी पृष्ठभूमि में गाँधी की

बुनियादी यानी बेसिक शिक्षा ही थी। स्कूली बच्चे कक्षा 1 से ही तकली से सूत कातते थे,...इसी काम को बाद में 'पढ़ो कमाओ' योजना के अन्तर्गत मध्य प्रदेश के एक शिक्षाविद् प्रेमनारायण रुसिया ने टाटपट्टी बुनने के काम से जोड़ा था।...

गाँधी ने अपने शैक्षिक विचार शिक्षा तक ही सीमित नहीं रखे थे, बल्कि उन्होंने एक ऐसी समग्र किताब लिखी, जो कौटिल्य के अर्थशास्त्र की तरह महत्वपूर्ण है। अमर्त्य सेन जिस स्व-रोजगार की शिक्षा की वकालत करते हैं। उसका पहला मॉडल 'हिन्द स्वराज्य' के जरिये गाँधी ने बनाया था। अगर हिन्द स्वराज्य को हमारे स्नातक पाठ्यक्रम का बुनियादी या फाउंडेशन कोर्स बना दिया जाता तो देश में बेकारी का यह विकराल दैत्य न खड़ा होता।

गाँधी के मैनेजमेंट का अगला हिस्सा था चेतना की शिक्षा। चेतना के सबसे ताकतवर माध्यम उस समय अखबार थे। गाँधी ने स्वयं अपने अखबार निकाले। गाँधी का हर पाठ्यक्रम एक कार्यक्रम हुआ करता था। उन्होंने सवर्ण समाज के साथ वंचित वर्ग का भी मैनेंजमेंट किया और कई कार्यक्रम डिजाइन किये।

हिन्द स्वराज्य कोई साधारण पुस्तक नहीं, गॉंधी विचार का बीज ग्रन्थ है। एक युगातीत महात्मा की पश्चिमी सभ्यता और जीवन-शैली पर की गयी टिप्पणियाँ आज के संदर्भ में आत्यंतिक रूप से प्रासंगिक हैं और आर्थिक, सामाजिक तथा राजनीतिक तौर पर विकल्पविहीन वैश्विक परिदृश्य में एक सक्षम व ग्रामोत्थान आधारित विकल्प भी प्रस्तुत करती हैं। सोवियत संघ के विघटन के बाद एक ध्रुवीय हो चली दुनिया अति भोगवाद के दुष्परिणामों और विकास के वर्तमान ढाँचे-खाँचे के बीच व्याप्त अंतहीन रिक्तता को महसूस कर रही है। विश्वव्यापी मंदी और रोजगार विहीनता के आलम ने वैकल्पिक व्यवस्था, वैकल्पिक रोजगार और वैकल्पिक शिक्षा की अनिवार्यता पैदा कर दी है।

हमारा कोई विश्वविद्यालय या स्कूल बोर्ड वैसा व्यावहारिक और प्रबंध-कुशल पाठ्यक्रम क्यों नहीं बना पाया, इस पर शिक्षाविदों को विचार करना चाहिए। माना कि गाँधी बाजार-मूल्यों के डिजाइनर नहीं थे, मगर वे जीवन मूल्यों और मानव-मूल्यों के सबसे बड़े शिक्षक तथा मैनेजमेंट के सबसे बड़े गुरु थे।

सेवाग्राम आश्रम में तैंतीस दिन

श्रीराम शर्मा

बापू संबन्धी पुस्तकों की अपेक्षा बापू के साक्षात् सत्संग से लाभ उठाने की लालसा वश 2 अप्रैल 1941 से 5 मई 1941 तक सेवाग्राम में रहा। बापू से अनुमति मिली। उन्होंने सुबह-शाम अपने साथ टहलने और मध्यान्ह में दो बजे से सायं 5 बजे तक अपने कमरे में बैठने की इजाजत भी दे दी, ताकि उस बीच होने वाली सब बातों को सुनने, उनके साथ हुई भेटों तथा परामर्शों के ढंगों का पता चल सके।

बापू के कमरे में रहकर इन पंक्तियों के लेखक को अपनी ओर से बातें नहीं करनी थी। एक शर्त और थी, वह यह कि यदि उन्हें किसी से कोई गुप्त बात करनी होगी, ऐसी बात, जिसको बापू या भेंट करने वाला हरेक को बताना पसन्द न करे,तो कमरे से उठ जाना होगा। एक मास में ऐसे केवल तीन अवसर आये। लेखक घर के व्यक्ति की भाँति विश्वासपात्र होकर रहा। अपने घर की बात को लिखना या ढिंढोरा पीटना न तो शिष्टता है और न कोई आवश्यकता। इसके मानी यह भी नहीं कि बापूजी के यहाँ कूटनीति की चालें चली गयीं, जिनके लिखने से किसी रहस्य का उद्घाटन होगा। जहाँ पर सचाई का वातावरण हो और सच्चाई ही राष्ट्र की गुत्थियों को सुलझाने की नीति हों, वहाँ पर चालबाजी और धोखाधड़ी के लिये कोई गुंजाइश नहीं। जब देश की अग्नि परीक्षा हो रही है और गुलामी की जंजीरों को रगड़-रगड़ कर बेकार करने पर (सत्याग्रह) उतारू हों, तब बापू के कमरे की सच्चाई की कसौटी पर कसी गयीं बातों को वहीं दफन समझना चाहिए।

सेवाग्राम देश के उन पिछड़े गाँवों में से है, जहाँ पहुँचना श्रम साध्य है। बापू को वहाँ रहने से भले ही कष्ट न हो, पर उनसे मिलने आने वालों को तो कष्ट होता ही है। आश्रम में नौकरों से कोई काम नहीं करा सकता। पाखाना भी आश्रम वासी साफ करते हैं। लोगों को ग्लानि लगती है, पर बापू छोटे-से-छोटा काम करते हुए देश की आत्मा में अपना जीवन उड़ेलने में लगे हैं। आश्रम में सीमा प्रान्त और असम

को छोड़कर शेष सभी सूबों के लोग हैं। किन्तु किसी के मन में प्रान्तीयता का खयाल तनिक भी नहीं है। प्रतिदिन देश के कोने-कोने से दर्शकों की धारा सेवाग्राम की ओर बढ़ा करती है और वापस हुआ करती है।

प्रातःकाल चार बजे घंटी बजती है। घंटी सुनते ही आश्रमवासी जाग पड़ते हैं। दीपक और लालटेन के प्रकाश, अंधेरी रात में, आश्रमवासियों के अनेक नेत्रों की भाँति, चारों ओर चमकने लगते हैं। शान्त वातावरण में आश्रम शान्त महासागर में स्थित एक टापू-सा जान पड़ता है। 20 मिनट के लगभग शौचादि के लिए रहते हैं। 4 बजकर 20 मिनट पर दूसरी घंटी होती है और आश्रमवासी प्रार्थना के लिए खुले स्थान में बैठ जाते हैं। बापू भी या तो बैठ जाते हैं या कमजोरी होने पर लेटे ही लेटे प्रार्थना में मग्न हो जाते हैं। प्रातःकाल की प्रार्थना किसी उपनिषद् के श्लोक से आरंभ होती है। प्रार्थना के समय सन्नाटा छा जाता है। 5 बजे से लगभग 6 बजे तक पीसना, 6.20 पर कलेवा, 8.15 से 9.15 तक पानी भरना या पाखाने साफ करना, 9.45 से 10.45 तक स्नानादि करना, फिर पढ़ने के बाद 11.20 पर भोजन कर 12 बजे तक विश्राम करना दिनचर्या का अंग है।

स्वास्थ्य की दृष्टि से आश्रम का भोजन बहुत बढ़िया हैं। हाँ चटोरों और विलासियों को वह भोजन रुचिकर नहीं लगता। रसोईघर से लगे बड़े कमरे के दालान में चटाइयाँ डालकर सब लोग बैठ जाते हैं। ठीक समय पर लम्बी-लम्बी डगें रखते हुए बापू अपने कमरे से आते हैं। परोसा जाता है। 'ॐ सहनाववतु सहनौ भुनक्तु सहवीर्यं करवावहै' के मंत्रोच्चार के बाद लोग भोजन शुरू करते हैं। सब लोग अपने-अपने बरतन साथ लाते हैं। भोजन के बाद हर कोई उठ सकता है। थाली के आस-पास कोई जूँठन नहीं छोड़ता। छिलकों और डंठलों की जूठन डालने के लिए बरतन रखा है। जहाँ रहट चलता है, टोंटी दार टंकी है और कनस्तरों में राख। बरतन मांज-साफ करके लोग अपने-अपने कमरों में ले जाते हैं। रसोई घर के सामने पतीलियाँ और अन्य बरतन रख दिये जाते हैं। अपने बरतनों के साथ लोग दो एक बरतन चौके के भी माँज कर चौके में रख देते है।

बापू शारीरिक सफाई पर भी उतना ही जोर देते हैं। जितना कि आत्मा की शुद्धता पर। आश्रमवासियों को इस बात की ताकीद है और इस संबन्ध में नोटिस भी टंगा हुआ है कि लोग सफाई का खास ख्याल रखें। यों तो प्रत्येक व्यक्ति अपने कमरे की सफाई खुद करता है, पर कुछ व्यक्तियों के सुपुर्द आश्रम की आम सफाई का काम रहता है। बापू की पैनी नजर ब्रिटिश गवर्मेण्ट की पैंतरेबाजी को ही नहीं समझती, वरन् वह जीवन के अन्य पहलुओं पर भी भलीभाँति पड़ती है। सफाई के बारे में वे बड़े सतर्क रहते हैं। जब बापू सेवाग्राम आये थे, तब वहाँ बेहद मक्खियाँ

थीं- इतनी ज्यादा कि खाना खाना भी मुश्किल हो जाता था, पर सफाई के बारे में वे आदेश देते है, तब ऐसा प्रतीत होता है, मानों जीवन भर वे स्वास्थ्य विभाग के अध्यक्ष रहे हैं। सफाई करने वालों से कहते हैं कि जहाँ कहीं गंदगी देखो, फौरन दूर करो। कूड़ा उठाने और गढ्ढे भरने का काम तो प्रायः रोजाना ही चला करता है।

साबुन मिला गरम पानी टंकियों में भरा रहता है। प्रत्येक व्यक्ति बाल्टी या कनस्तर में आवश्यकतानुसार साबुन मिला गरम पानी डालकर रहट से कुछ दूर रखें पत्थरों पर अपने कपड़े धोता और पछीटता है। पाखाना सफाई का काम बड़ा ही रोचक और महत्वपूर्ण है। सेवाग्राम में कई जगहों पर नालियाँ खोदकर और उनके ऊपर लकड़ियों का ढाँचा खड़ा करके चटाइयों से मढ़े पाखाने बने हैं। पर रसोई से आगे लगभग 30 गज की दूरी पर अलग-अलग छ पाखाने हैं और कोने पर एक पेशाबघर है। पाखाने के अन्दर एक कोने में मिट्टी भर बाल्टी रखी रहती है, जिसमें लकड़ी के मूठ वाली एक करछी-सी पड़ी रहती है। लकड़ी की एक ऊँची चौकी होती है, जिसमें पेशाब और पाखाने के लिए दो अलग स्थान होते हैं। चौकी के नीचे मल और पेशाब के लिए दो बाल्टियाँ रखी रहती हैं। पाखाने की पंक्ति के अन्त में टीन के कुछ तामलोट और बड़े-बड़े मिट्टी के मटके-मौने पानी से भरे रखे रहते हैं। जो अपना लोटा साथ नहीं ले जाना चाहते, वे टीन के तामलोट मटकों से भरकर साथ ले जाते हैं। चौकी की बनावट इस तरह से है कि मल या पिशाब नीचे रखी बाल्टियों से अलग नहीं गिर सकता। शौच के बाद यह आवश्यक है कि प्रत्येक व्यक्ति सूखी मिट्टी को मल वाली बाल्टी में इतनी डाले कि मल ढँक जाये। ऐसा करने से दो लाभ हैं - (1) मक्खियाँ मल पर नहीं बैठ सकतीं और (2) बाल्टियों को साफ करते समय विशेष कठिनाई नहीं होती। जो लोग बाल्टी में मिट्टी अच्छी तरह से नहीं डालते, वे एक प्रकार से अज्ञानवश बाल्टियाँ साफ करने वाले लोगों का काम बढ़ाते हैं। कुछ लोगों को लगता था कि आश्रम की और सब बातें तो ठीक हैं, पर पाखाना साफ करने का काम बड़ा ही गंदा है। लेकिन बापू के लिये तो सफाई करने, घास खोदने, चक्की पीसने, खेत पर फावड़ा चलाने और लेख लिखने जैसा ईमानदारी और सच्चाई से किया गया प्रत्येक काम महत्वपूर्ण है।

दोपहर 12 से 1 बजे तक साग-सब्जी काटना, 1 से 2 बजे तक पढ़ना-पढ़ाना, 5 से 5.20 तक लिखना, तत्पश्चात् भोजन। सायं 6 से 7.20 तक निर्धारित काम करना, टहलना और 7.20 पर प्रार्थना करना दिनचर्या में शामिल है। उसी समय टहल कर बापू आ जाते हैं। आसन पर बैठते ही प्रार्थना शुरू हो जाती है। आश्रमवासियों के अतिरिक्त बाहर के अनेक दर्शक भी प्रार्थना में शामिल हो जाते हैं। आश्रमवासियों के पास तुलसी कृत रामायण की एक प्रति होती है। सब मिलकर

रामायण का पाठ करते हैं। बापू भी सब के साथ रामायण पाठ करते हैं। उसके बाद 'रघुपतिराघव राजा राम, पतित पावन सीताराम' का कीर्तन होता है। रात्रि 8 से 10 बजे तक लिखने-पढने और 11 से 4 बजे तक पूर्ण विश्राम का समय रहता है।

यों तो सेवाग्राम में चार दिन ठहरने वाले की जाँच-पड़ताल पुलिस करती है कि अमुक व्यक्ति क्यों आया। महात्मा गाँधी द्वारा संचालित सत्याग्रह आन्दोलन के समय खुफिया विभाग का पूछताछ करना साधारण सी बात थी पर कई कथित गाँधीवादियों ने भी चुपचाप यह तहकीकात की कि इन पंक्तियों का लेखक बापू के पास क्यों रह रहा है- इस पर मुझे जरूर आश्चर्य हुआ। पूर्व जन्म के किसी पुण्य-प्रताप से ही तैंतीस दिन सेवाग्राम तीर्थवास करने का अवसर मिला।

(विशाल भारत अक्टूबर 1941 में प्रकाशित लेखांश)

बापू-कुटी का संदेश

इवान इलीच

विश्वविख्यात विचारक और क्रांतदर्शी इवान इलीच सेवाग्राम में हुए एक सम्मेलन के उद्‌घाटन हेतु आये थे। बापू की कुटिया में ही उन्होंने अपना अधिक समय बिताया, क्योंकि वे कुटिया की आवाज सुनना चाहते थे। उसके बाद उनका भाषण हुआ, वह निम्न है। — सं.

मित्रों,

आज बड़े सबेरे मैं इस कुटिया में आकर बैठा, जहाँ महात्मा गाँधी का आवास था। मैं प्रयास कर रहा था कि इस कुटिया के पीछे बापू की क्या कल्पना थी और यह क्या संदेश हमको देती है, यह समझूँ। मुझे कुटिया की दो बातों ने बहुत ही प्रभावित किया। एक हैं, उसका आध्यात्मिक पहलू और दूसरा, उसका भौतिक सुविधाएँ प्रदान करने वाला पहलू।

मैं जितना इस कुटिया के बारे में गॉधीजी की दृष्टि को समझने का प्रयास करता गया, उतना ही मुझे उनकी सादगी, सफाई और सौन्दर्यवृत्ति का स्पष्ट दर्शन होता गया। इस कुटिया का संदेश हैं सबके साथ स्नेह और बराबरी का संबन्ध स्थापित करना। मेक्सिको देश में जिस मकान में मैं रहता हूँ, वह भी कई मानों में इसी कुटिया जैसा है, इसलिए मैं उपरोक्त भावना को समझ सका और आत्मसात कर सका।

सात पहलू

मैंने इस कुटिया में सात प्रकार के स्थानों की व्यवस्था पाई। पहला स्थान है वह जहाँ आप इस कुटिया में प्रवेश करते हैं, वहाँ आपको जूते उतारने और कुटिया में आने के लिए, अपने को तन-मन से तैयार होने के लिए जगह रखी गयी है।

फिर एक बड़ा कमरा आता है, जिसमें एक बड़ा परिवार एकत्र हो सकता है। प्रातः चार बजे प्रार्थना के समय मेरे साथ और भी चार व्यक्ति एक ओर की दीवार के सहारे बैठे थे और उतनों ही के लिए दूसरी दीवार के सहारे बैठने का स्थान है। यहाँ घरेलू बैठकें हो सकती हैं।

गाँधीजी के अपने और काम करने के लिए एक अलग स्थान है ही, यह तीसरी जगह हुई। इसके अतिरिक्त दो और कमरे हैं- एक मेहमान के लिए दूसरा, बीमार के लिए। छठा स्थान एक बड़ा स्नान घर है और सातवाँ, एक बरामदा। इन सातों ही स्थानों का परस्पर बड़ा सम्यक् संबन्ध है।

मकान नहीं घर

मैं सोचता हूँ कि अमीर लोग आते होंगे तो इस जगह का मजाक ही उड़ाते होंगे। पर जब मैं सामान्य भारतीय की निगाह से इस स्थान को देखता हूँ, तो मुझे लगता है कि इससे बड़े मकान की जरूरत भी क्या? यह मकान लकड़ी और मिट्टी का बना है। इसको बनाने में मशीनों ने नहीं, इंसान के हाथों ने काम किया है। आपको मालूम है ' मकान' और 'घर' के बीच बड़ा अंतर है। यह कुटिया मकान नहीं है, घर है। मकान वह है, जहाँ लोग अपने फर्नीचर आदि सामान को सजा सकें, जिसमें वे अपनी स्वयं की सुविधा से भी अधिक अपनी धन सम्पत्ति की सुरक्षा का ख्याल रखते हैं।

दिल्ली में ऐसे ही एक मकान में मैं ठहराया गया हूँ। उसे इसी प्रकार सामान रखने की सुविधाओं की दृष्टि से बनाया गया है। वह सीमेंट और पक्की ईटों से बना एक ऐसे बक्से की तरह है, जिसमें फर्नीचर और दूसरे प्रसाधन फिट किये जा सकें। यह साफ समझ लेने जैसी बात है कि जिंदगी में जो भी सामान सरंजाम हम एकत्र करते चलते हैं, वे हमें कभी आंतरिक बल नहीं प्रदान कर पायेंगे। वे तो अपंग के लिए एक लाठी के समान हैं। जितना ही हम इन टेकों का सहारा लेते जायेंगे, उतना ही हम अपने को अपंग बनाते जायेंगे और हमारी जिंदगी एकांगी होती जायेंगी। इसके विपरीत गाँधीजी की इस कुटिया में जो थोड़ा-सा सामान हैं, वह एक अलग कोटि का है। ये ऐसी वस्तुएँ हैं जिनसे मनुष्य परावलंबी नहीं बन सकता। जब मकान उन वस्तुओं से भरा होता है, जिन पर मनुष्य का परावलंबन बढ़ता जाता है, तब इंसान कमजोर बनता है। हमारी जीवन-शक्ति जितनी क्षीण होती है, उतनी हमारी निर्भरता बाढ़ वस्तुओं पर अधिक बढ़ती जाती है। यह निर्भरता उसी प्रकार की है। जैसे स्वास्थ्य के बारे में अस्पतालों पर और शिक्षण के संबन्ध में शालाओं पर हम निर्भर रहते हैं। दुर्भाग्य से अस्पताल और स्कूल, दोनों ही किसी राष्ट्र के स्वास्थ्य या ज्ञान के माप नहीं हो सकते। सच देखा जाय तो अस्पतालों की संख्या लोगों की बीमारी और स्कूलों की उनके अज्ञान की ही द्योतक मानी जानी चाहिए। इसी प्रकार जीवन की अनापशनाप सुविधाओं का गुणीकरण मानव-जीवन की क्रियाशीलता को कम ही करने वाला होता है।

तत्त्वको खोया

वस्तुस्थिति का अंधापन इस बात में है कि जिनके पास ऐसी जीवन सुविधाएँ हैं, जो जीवन के प्रकटीकरण को कम कर देती हैं, इन्हीं को बड़ा माना जाता है। क्या ऐसा समाज अजीब नहीं माना जाएगा, जहाँ बीमारी को स्वास्थ्य से अधिक महत्व दिया जाता हो और भले चंगों के मुकाबले लकड़ी के पैरों से चलने वालों को अच्छा मानते हों। गाँधीजी की कुटिया में बैठा मैं इसी उलटी समझ के बारे में सोच रहा था तो मुझे बड़ा दुःख हुआ। मैं इस नतीजे पर आ गया कि औद्योगिक सभ्यता को मानवीय विकास का मार्ग मानना स्पष्टतया गलत है। यह अब साबित हो चुका है कि हमारे आर्थिक विकास के लिए अधिक और बड़ी मशीनों और बड़ी संख्या में इंजीनियरों, डाक्टरों और प्रोफेसरों की आवश्यकता नहीं हैं। इस विचारसरणी के आधार पर मैं पूर्णतः निश्चिंत हूँ कि जिन लोगों को गाँधीजी की इस कुटिया का महत्व नहीं समझमें आता और जो रहने के लिए बड़ी-बड़ी जगहों की चाह रखते हैं, उनके मस्तिष्क, शरीर और जीवन-पद्धति में दिवालियापन छाया हुआ है। उन पर तो मुझे दया आती है। वे अपने सचेतन भाव को अचेतन मकानियत के हवाले सौंप देते हैं। इस प्रक्रिया में वे अपने शरीर का लचीलापन और जिंदगी की जिंदादिली, दोनों खो बैठते हैं। उनका संबन्ध न तो प्रकृति-माता के साथ निकटता का रह पाता है और न ही आम समाज के साथ उनका नाता नजदीक का रह पाता है।

(वेव्हर्ली हॉल के सौजन्य से जनवरी 1978)

गाँधी लेखन की विशेषता

अनु बंद्योपाध्याय

गाँधी ने बहुत लिखा है और उन्हें बहुत उच्चकोटि का लेखक माना जाता है। अपने लेखों में से बहुतों को गाँधी ने पुस्तक का रूप नहीं दिया। ये या तो सत्य, अहिंसा, स्वदेशी और चरखा पर लिखे गये लेख थे या महिलाओं, विद्यार्थियों या राजाओं को दिये गये अभिभाषणों के संकलन थे। वह बड़ी नपी-तुली भाषा में अपनी बात कहते थे। वह लच्छेदार शब्दों के पीछे कभी नहीं जाते थे। उनका उद्देश्य लोगों को चमत्कृत करना नहीं, उनसे अपने दिल की बात कहना था। उनकी एक सीधी-सादी, किन्तु निराली शैली थी, जिसमें वह अपने हृदय को उड़ेल कर रख देते थे और जो दिल को छू लेती थी। उनकी भाषा बहुत सरल और अर्थ बिल्कुल स्पष्ट होता था। उनकी भाषा उतनी ही सरल व सहज थी जितना कि उनका जीवन था। कई अंग्रेज लाटों ने यह स्वीकार किया है कि गाँधी अपनी बात बहुत सीधे ढंग से कहते थे। उसमें घुमाव-फिराव नहीं होता था और वह इतनी अच्छी अंग्रेजी में अपने विचार प्रकट करते थे, जिसमें हर शब्द का चुनाव बहुत अच्छा होता था। गाँधी का कहना था कि मैं बिना सोचे-विचारे एक शब्द भी नहीं लिखता या बोलता। ऑक्सफोर्ड विश्वविद्यालय के एक प्राध्यापक ने जिन्होंने लंदन में गोलमेज सम्मेलन में गाँधी के कुछ वक्तव्यों का मसविदा तैयार करने में उनकी मदद की थी, कहा था: "अंग्रेजी के अव्यय (उपसर्ग) का प्रयोग गाँधी जितना सही करते थे, उतना सही करने वाला आज तक मुझे कोई भारतीय नहीं मिला। मैं मसविदा तैयार करने में बहुत मेहनत करता था। गाँधी मेरे मसविदे पर एक नजर डालते थे और एक दो अव्यय बदल देते थे। इससे मानो चमत्कार हो जाता था और मेरी बात गाँधी की बात बन जाती थी।"

अंग्रेजी भाषा के अच्छे लेखकों की पुस्तकों और बाइबिल को उन्होंने बहुत ध्यानपूर्वक पढ़ा था और शायद इसी से उन्होंने शब्दों के सही चुनाव की कला सीखी थी। उन्होंने विविध विषयों की पुस्तकें पढ़ी थीं और जो कुछ पढ़ा था, उसे गुना भी था।

लेखक के रूप में उनका प्रथम प्रयास 'लंदन गाइड' नामक पुस्तिका थी, जो उन्होंने भारतीय छात्रों के लिए लिखी थी। उस समय वह तरुण ही थे। इस पुस्तिका में लंदन के बारे में उपयोगी सूचनाएँ दी गयी थीं। इसके बाद उन्होंने दो छोटी पुस्तिकाएँ लिखीं- 'ऐन अपील टु एवरी ब्रिटन' और 'दि इंडियन फ्रेंचाइज'। पहली पुस्तिका में नेटाल में भारतीयों की दशा और दूसरी पुस्तक में वहाँ के भारतीयों के मताधिकार का इतिहास दिया गया था। इसके बाद उन्होंने 'ग्रीन पैम्फलेट' (हरी पुस्तिका) लिखी, जिसकी भाषा सरकारी रिपोर्टों की तरह तथ्यात्मक थी। इसके प्रकाशन के एक महीने बाद उन्होंने इसका दूसरा संशोधित संस्करण प्रकाशित किया। इस पुस्तिका का सारांश जब दक्षिण अफ्रीका के अखबारों में छपा तो पढ़कर वहाँ के यूरोपीय लोग बहुत ही चिढ़ गये। नतीजा यह हुआ कि जब इसके बाद गाँधी भारत से वापस दक्षिण अफ्रीका पहुँचे तो क्रुद्ध गोरों ने उन्हें घेर लिया और उनकी जान लेने की कोशिश की। गाँधी को यह कटु अनुभव हुआ कि उनकी लिखी चीजों के भाव को संक्षेप में ठीक से व्यक्त नहीं किया जा सकता। उनको यह कमाल हासिल था कि वह अपनी बात कम-से-कम शब्दों में, पर प्रभावशाली ढंग से कह सकते थे। कांग्रेस के संविधान और कांग्रेस के अनेक प्रस्तावों का मसविदा उन्हीं का तैयार किया हुआ है।

भोजन के संबन्ध में अपने प्रयोगों को गाँधी ने 'ए गाइड टू हेल्थ' नामक पुस्तक के रूप में प्रकाशित किया। यह पुस्तक गुजराती 'इंडियन ओपीनियन' में छपे उनके मूल गुजराती लेखों का अंग्रजी में अनुवाद थी। इस पुस्तक का अन्य कई यूरोपीय और भारतीय भाषाओं में भी अनुवाद हुआ और भारत में तथा विदेशों में इसे खूब पढ़ा गया।

उनके दिमाग में जब कोई विचार जम जाता था, तब वह पूरे विश्वास के साथ उसको लिपिबद्ध करते थे और इस बात से बिल्कुल नहीं डरते थे कि लोग उन पर हँसेंगे। जब उन्हें लिखने की धुन होती थी, तब वह चलती हुई रेलगाड़ी और पानी में हिलते जहाज पर भी लिखते थे। पूरी की पूरी 'हरी पुस्तिका' उन्होंने सन् 1896 में समुद्री जहाज में भारत की यात्रा के समय लिख डाली थी। इसी प्रकार सन् 1909 में इग्लैण्ड से दक्षिण अफ्रीका जाते हुए जहाज पर उन्होंने 'हिन्द स्वराज' नामक पुस्तक लिखी थी, जिसमें आधुनिक सभ्यता की बड़ी कटु आलोचना की गयी है। इस पुस्तक को लिखते-लिखते जब उनका दायाँ हाथ थक जाता था, तब वह बायें हाथ से लिखने लगते थे और इस प्रकार उन्होंने दस दिन के अंदर यह पुस्तक लिख डाली। इस पुस्तक को पढ़कर टॉल्स्टॉय ने कहा था, "इसमें अहिंसक संघर्ष का प्रश्न केवल भारत के लिए ही नहीं, सारे संसार के लिए बहुत महत्वपूर्ण है।" राष्ट्र

निर्माण के विषय पर 'कंस्ट्रक्टिव प्रोग्राम' नामक पुस्तिका उन्होंने रेलगाड़ी में यात्रा करते समय लिखी थी। वह जो कुछ लिखते थे उसमें काटकूट बहुत कम होती थी और उसमें बाद में शायद ही कभी किसी परिवर्तन की जरूरत होती थी। इसका कारण गाँधी के शब्दों में 'सत्य के एक पुजारी का आत्मसंयम' था अर्थात् एक-एक शब्द को तौल कर कहने की आदत के कारण ऐसा लेख लिखना संभव हो सका।

किसी विचार का एक भाषा से दूसरी भाषा में अनुवाद करते हुए बिल्कुल उपयुक्त शब्दों का चुनाव करने की उनमें अद्‌भुत क्षमता थी। वह शाब्दिक अनुवाद नहीं करते थे बल्कि उसी भाव का शब्द और मुहावरा रखते थे। अंग्रेजी के शब्द 'डेथ डांस' का अनुवाद उन्होंने 'पतंग नृत्य' किया। रस्किन लिखित 'अन टु दिस लास्ट' नामक पुस्तक पढ़कर गाँधी को लगा कि उसमें उनके हृदय के विचारों की प्रतिध्वनि है। वह उन्हें इतनी अच्छी लगी कि उन्होंने गुजराती में उसका अनुवाद कर डाला। यह 'सर्वोदय' के नाम से प्रकाशित हुआ। गाँधी ने कार्लाइल की कुछ रचनाओं के अंश और मुस्तफा कमाल पाशा की जीवनी के कुछ अंश भी अंग्रेजी से गुजराती में अनुवाद करके छापे। गाँधी की लिखी 'स्टोरी ऑफ ए सत्याग्रही' प्लेटो रचित 'डिफेंस एण्ड डेथ ऑफ साक्रेटीज' (सुकरात का मुकदमा) पर आधारित है। गाँधी जब जेल में थे, तब उन्होंने आश्रम भजनावली और भारत के कुछ संत कवियों की रचनाओं का अंग्रेजी में अनुवाद किया था। इन कवियों की रचना 'सांग्स फ्रॉम द प्रिजन' नाम से प्रकाशित हुई।

गाँधी ने अपनी आत्मकथा गुजराती में लिखी। इससे गुजराती भाषा में एक नया युग शुरू हुआ। इसकी भाषा ऐसी सरल और दिल को छूने वाली है, जिसने गुजराती के लेखकों पर बड़ा प्रभाव डाला और पंडितों की मंडली से निकलकर गुजराती भाषा जनता की भाषा बन गयी। इस आत्मकथा के अंग्रेजी अनुवाद को विद्वानों ने एक उच्च कोटि की साहित्यिक रचना माना है। यह आत्मकथा न केवल संसार के एक महापुरुष के मानवीय व्यक्तित्व की जीती-जागती झाँकी है, बल्कि इसमें उन्होंने अपने माता-पिता, पत्नी और इष्ट मित्रों के मर्मस्पर्शी चित्र खींचे हैं और रोचक संवादों और नाटकीय घटनाओं का ऐसा वर्णन किया है कि पाठक की उत्सुकता अंत तक बनी रहती है। पुस्तक उपन्यास की तरह रोचक लगती है। इस पुस्तक का भारतीय भाषाओं के अलावा अंग्रेजी, फ्रेंच, रूसी, जर्मनी, चीनी तथा जापानी भाषाओं में भी अनुवाद हुआ है और इसकी लाखों प्रतियाँ बिक चुकी हैं। इसकी गिनती संसार की श्रेष्ठतम आत्मकथाओं में है।

गाँधी के सभी लेखों में सत्य और उच्च नैतिक आदर्शों पर जोर दिया गया है। लेकिन इस कारण ऐसा नहीं लगता कि कोई आदमी ऊँचे आसन पर बैठ कर

उपदेश दे रहा है, क्योंकि वे अपने अनुभव की बात कहते थे। उन्होंने बच्चों के लिए एक 'बाल पोथी' लिखी और 'नीति धर्म' नामक एक पुस्तक की रचना की। वह बच्चों को किसी ऐसी बात का उपदेश नहीं देना चाहते थे, जिसका प्रयोग बच्चे अपने जीवन में न कर सकें। गाँधी जेल से आश्रम के बच्चों को जो पत्र लिखते थे, वे मजेदार होने के साथ ही शिक्षाप्रद भी होते थे। गाँधी पत्र बहुत लिखते थे। एक-एक दिन में अपने हाथ से पचास-पचास पत्र तक लिख डालते थे। उनके लगभग एक लाख पत्रों के संकलन का उनकी रचनाओं में विशिष्ट स्थान है।

गाँधी 'कला के लिए कला' के सिद्धान्त को नहीं मानते थे। उनके लिए सच्ची कला वही है जो सत्य पर आधारित हो और केवल उसी साहित्य का कुछ मूल्य है जो मनुष्य को ऊँचा उठाने में मदद करे। भारत के करोड़ों भूखे-नंगे इंसानों के लिए वह सरल और अच्छी कहानियाँ तथा ऐसे पद और दोहे चाहते थे, जिन्हें खेतों में हल चलाते हुए किसान अपने बैलों को हॉकते समय आनंद से झूमते हुए गा सकें और गंदी गालियाँ बकना भूल जायें। एक बार साहित्यकारों के एक सम्मेलन में उन्होंने कहा था:- " क्या आपने कभी इन करोड़ों मूक लोगों की मॉग और आशाओं पर भी ध्यान दिया है? आखिर किन लोगों की खातिर आप साहित्य रचते हैं। मैं उन लोगों को क्या पढ़कर सुनाऊँ?" उन्होंने अच्छे लेखन के एक आदर्श नमूने के रूप में डीन फरार रचित ईसा मसीह की जीवनी का दृष्टांत दिया। वह ऐसी सरल और सुबोध भाषा में लिखी गयी है, जिसे इंग्लैण्ड का सर्वसाधारण समझ सकता है। गॉधी ने 'इंडियन ओपीनियन' के गुजराती संस्करण में कई विशिष्ट पुरुषों और स्त्रियों के रेखाचित्र लिखे। एक बार उनसे प्रिय कवि और दार्शनिक राजचंद भाई की जीवनी लिखने का अनुरोध किया गया। गाँधी ने कहाः- " उनकी जीवनी लिखने के लिए मुझे बहुत तैयारी करनी होगी। उनके घर और नगर को देखना होगा और उनके मित्रों, सहपाठियों, संबंधियों और अनुयायियों से मिलना होगा।" इससे पता चलता है कि लिखने में गाँधी तथ्यों का कितना ध्यान रखते थे।

गाँधी लिखने और बोलने में अकसर महाभारत, रामायण, राम, कृष्ण, मुहम्मद और ईसा की कथाओं से दृष्टांत दिया करते थे। इससे उनकी बात साधारण लोगों को बहुत अच्छी तरह समझ में आ जाती थी। गाँधी की वाणी और लेखनी में जनता के हृदय को स्पर्श करने की जो अदभुत शक्ति थी, उसका यही मूल था। बुरी बातों की निन्दा करने में गाँधी कभी कसर नहीं रखते थे। चाहे गोरे लोग काले लोगों पर अत्याचार करें, चाहे सवर्ण लोग कमजोरों पर अत्याचार करें या स्वार्थी कांग्रेसी सदस्य सफेद खद्दरधारी गुंडे हो जायँ, सब पर गॉधी की कलम चाबुक की तरह पड़ती थी। इस संबन्ध में जो बातें उन्होंने कही थीं, उनमें से बहुत-सी आज सच

साबित हो रही हैं। भारत के एक बड़े लाट लार्ड कर्जन ने एक बार कह दिया था कि 'सत्य का आदर्श बहुत हद तक पश्चिम की कल्पना है।' इसके विरोध में गाँधी ने रामायण, महाभारत, वेदों आदि के उदाहरण देकर यह सिद्ध किया कि भारत में सत्य का पालन अत्यंत प्राचीनकाल से होता आ रहा है और लार्ड कर्जन से कहा कि भारत के ऊपर जो निराधार अपमानजनक लांछन लगाने की आपने कोशिश की है, उसे वापस लें। गाँधी ने एक बार कहा था: " हजरत मुहम्मद और उनका शान्ति संदेश अब कहाँ है? यदि आज मुहम्मद साहब भारत आयें तो अपने बहुत से तथाकथित अनुयायियों की हरकतों को देखकर वह कह देंगे कि ये मेरे नहीं, और मुझे अपना सच्चा अनुयायी मानेंगे। वैसे ही ईसा मसीह भी मुझे अपना असली ईसाई स्वीकार करेंगे। पश्चिम में ईसाइयत है ही नहीं, होती तो वहाँ युद्ध न होते।"

गाँधी कहा करते थे : " कवि तो अपने कल्पना लोक में रहता है, लेकिन मैं तो चरखे का दास हूँ, मैं स्वप्नलोक में नहीं, भूख और अभाव की दुनिया में रहता हूँ।" गाँधी के लेखों में ऐसे बहुत से अंश हैं, जिनमें कवित्व छलकता है। गाँधी में कुछ ऐसी साहित्यिक प्रतिभा थी, जिससे चंद शब्दों में ही वह जीता-जागता चित्र खींच देते थे। जैसेः-

" मैसूर के एक प्राचीन मंदिर में मैंने एक छोटी-सी मूर्ति देखी थी। यह मूर्ति जैसे मुझसे बोल रही थी। एक अर्द्धनग्न स्त्री की मूर्ति, जो कामबाण से बिद्ध होकर छटपटा रही थी और अपने वस्त्रों से उलझ रही थी। उसके पैरों पर मृत बिच्छू पड़ा था, जो पराजित कामेदव का प्रतीक था। उसकी अंगभंगिमा से कामवेदना, बिच्छू के दंश जैसी यातना, साफ-साफ साकार हो उठी थी।"

" क्या आपने उड़ीसा में नर कंकालों को देखा है? नर कंकालों के इस भूखे, नंगे और गरीब प्रदेश में ऐसे शिल्पी हुए हैं, जिन्होंने हड्डी, सींग और चाँदी की चीजों में चमत्कार भर दिया है। जाइये और देखिये कि एक दुबले-पतेले व्यक्ति की आत्मा भी किस प्रकार निर्जीव सींग और धातुओं में जीवन फूँक सकती है। देखिये एक गरीब कुम्हार ने मिट्टी से क्या चमत्कार पैदा कर दिखाया है!"

" वह स्थान एक नदी के तट पर था। वृक्षों और झाड़ियों से ढकी छोटी-छोटी पहाड़ियों के बीच से नदी बहती थी। नदी की तलहटी बलुई थी, चिकनी मिट्टी की नहीं। मंच नदी के जल पर बना था। मंच के सामने की सड़क के दोनों ओर बारह हजार से अधिक नर-नारी बिल्कुल शांत बैठे थे।"

" सवेरे तड़के मैंने मलाबार में प्रवेश किया। परिचित स्थानों से गुजरते हुए, अचानक मेरी आँखों के सामने एक 'नायड़ी' चेहरा उभर आया, जिसे मैंने अपनी पिछली यात्रा के समय देखा था। अस्पृश्यता पर बातचीत हो रही थी। कि तेज

आवाज सुनायी पड़ी। जो लोग मुझसे बात कर रहे थे, उन्होंने कहा: 'हम आपको एक जीता-जागता नायडू दिखायेंगे। सार्वजनिक सड़क उसके लिए नहीं थी। नंगे पाँव दबा-दबा वह खेत पर चल रहा था। मैंने उसे पास बुलाया। घबराता और काँपता हुआ वह आया। मैंने उसे बताया कि मेरी तरह तुम्हें भी आम सड़क पर चलने का अधिकार है। उसने कहा: ' ऐसा नहीं हो सकता। मैं सड़क पर नहीं चल सकता।' आप मुझे अपने साथ हँसते और हँसी-मजाक करते देख रहे हैं, लेकिन आप यह जान लें कि इस हँसी-मजाक में भी उस दीन नायडू का चेहरा मुझे नहीं भूलता। मलाबार की पूरी यात्रा में यह याद मुझे सताती रहेगी।''

गाँधी के अन्तिम दिनों के संदेश

रेशमा भारती व भारत डोगरा

अपने साधन 'अहिंसा' पर गाँधीजी की अगाध श्रद्धा थी। आजादी के तुरन्त पहले और बाद में हुई अकल्पनीय हिंसा के बावजूद उनका विश्वास 'अहिंसा' से नहीं डिगा। उनका कहना था कि इस असफलता (ऐसा उनका ही कहना था) ने उनका 'अहिंसा' में विश्वास और भी दृढ़ कर दिया है। प्रस्तुत आलेख उनके आखिरी कुछ महीनों के उद्‌गारों पर केन्द्रित है।- सं.

किसी भी महान् व्यक्ति के अन्तिम दिनों के संदेश विशेष महत्त्व के माने जाते हैं क्योंकि इनमें अधिक परिपक्वता मिलती है। महात्मा गाँधी के संदर्भ में यह और भी महत्त्वपूर्ण है, क्योंकि उनके अन्तिम वर्ष सद्‌भावना स्थापित करने के बेहद कठिन प्रयासों के बीच गुजरे थे, जिसमें उन्होंने विशेषकर बंगाल, बिहार व दिल्ली में बेहद कठिन व खतरनाक चुनौतियों के बीच काम किया। अत: इसमें कोई आश्चर्य नहीं कि उन दिनों उन्होंने सद्‌भावना व एकता का आह्वान बार-बार किया।

जनवरी, 1948 में अपनी शहादत से कुछ ही दिन पहले एक उपवास के दौरान उन्होंने कहा था, " जब मैं नौजवान था और राजनीति के बारे में कुछ नहीं जानता था, तभी से मैं हिन्दू मुसलमान वगैरह के हृदयों की एकता का सपना देखता आया हूँ। मेरे जीवन के संध्याकाल में अपने उस स्वप्न को पूरा होते देखकर मैं छोटे बच्चों की तरह नाचूँगा।... ऐसे स्वप्न की सिद्धि के लिए कौन अपना जीवन कुरबान करना पसन्द नहीं करेगा? (पूर्णाहुति, खण्ड 4, पृ. 322)

साम्प्रदायिक प्रवृत्ति के लोगों के दोहरे चरित्र की आलोचना करते हुए गाँधीजी ने लिखा, "राम नाम लेना और व्यवहार में रावण के रास्ते पर चलना निरर्थक से भी गया-बीता है। यह केवल पाखण्ड है। आदमी स्वयं को या दुनिया को धोखा दे सकता है, पर उस सर्वशक्तिमान को धोखा नहीं दे सकता। (हरिजन, 23.6.1946)

18 जनवरी, 1948 को साम्प्रदायिक सद्‌भावना के लिए गाँधीजी का उपवास दिल्ली में समाप्त हुआ। उसी शाम गाँधीजी ने लोगों को सम्बोधित करते हुए कहा,

"हम बीती बातों को भूल जायँ। आज हम सीखें कि कोई भी इंसान हो, कैसा भी हो, उसके साथ हमें दोस्ताना ढंग से काम करना है। दुश्मनी नहीं करेंगे, दोस्ती ही करेंगे। मेरी नजर में आज से मैं आशा करता हूँ कि हम ईश्वर की ओर जाना शुरू करते हैं। लेकिन हम यह तय करें कि एक बार हमने अपना मुँह ईश्वर की ओर घुमाया, तो फिर उसे ईश्वर की ओर से हम कभी नहीं हटायेंगे। ऐसा होगा तो भारतीय संघ दुनिया को विश्वशान्ति का मार्ग दिखायेगा। मैं चाहूँगा कि हिन्दू और सिख कुरान का अध्ययन करें और उसका अर्थ समझें, जैसे वे भगवद्गीता और ग्रन्थ साहब का अध्ययन करते हैं और उनका अर्थ समझते हैं। मैं चाहूँगा कि मुस्लिम भाई-बहन भी गीता पढ़ें, ग्रन्थ साहब पढ़ें और उनका अर्थ समझें। जैसे हम अपने धर्म को मानते हैं, वैसे दूसरों के धर्म को भी मानें।...आदर व सहिष्णुता की भावना को बढ़ाकर हम सब धर्मों से सीख सकते हैं।

साम्प्रदायिक हिंसा से बहुत गहरी वेदना महात्मा गाँधी को पहुँची थी और वे बार-बार अपने आप से पूछने लगे थे कि हम में कहाँ और कैसी कमी रह गयी थी। 30 जुलाई, 1947 को अपने एक पुराने साथी को लिखे पत्र में गाँधीजी की मुख्य व्यथा व्यक्त हुई, " जिस हिंसा को अब तक हमने अहिंसा समझा और अहिंसा के नाम पर अभी तक जिसका आचरण किया, उससे सच्ची अहिंसा का विकास कैसे किया जाय? तीस वर्ष के गलत अभ्यास के बाद लोगों को फिर से सच्ची अहिंसा की ओर कैसे ले जाया जाय? मेरी समस्या यह है। मैं अपने भीतर इस समस्या का हल ढूँढ़ रहा हूँ। मेरे भीतर यही पीड़ा भरी है।"

23 नवम्बर, 1947 को उन्होंने 'हरिजन' में लिखा, " अहिंसा की मेरी कार्य-पद्धति की असफलता से स्वयं अहिंसा में मेरी श्रद्धा मिट नहीं जाती। इसके विपरीत, कार्यपद्धति का दोष मालूम हो जाने से वह श्रद्धा अधिक दृढ हुई है।"

कांग्रेस के कुछ कार्यकर्ताओं से बातचीत के दौरान उन्होंने कहा था, " अणुबम के आगमन से मेरा यह विश्वास प्रबल ही हुआ है कि अहिंसा का शस्त्र ही एक मात्र वह शस्त्र है, जो अन्त में अणुबम को हरायेगा और दूसरे सारे शस्त्रों को बेकार बना देगा"।

जून, 1947 में कुछ विदेशी मुलाकातियों से उन्होंने कहा, " भारत के पास दुनिया को देने के लिए यदि कोई विरासत है, तो वह क्षमा और श्रद्धा का संदेश है, जो उसकी गौरवपूर्ण समृद्धि है। मुझे विश्वास है कि भविष्य में भारत इसे विनाश के उस खतरे के विरुद्ध खड़ा कर देगा, जो संसार ने अणुबम की खोज करके मोल ले लिया है। सत्य और प्रेम का शस्त्र अमोघ होता है, परन्तु उसके पुजारियों में अर्थात्

हम लोगों में कोई न कोई ऐसा दोष है, जिसने हमें वर्तमान आत्मघाती संघर्ष में डुबो दिया है। इसीलिए मैं आत्म निरीक्षण का प्रयत्न कर रहा हूँ।''

दिसम्बर, 1947 में एक बार दुखी होते हुए गाँधीजी ने कहा था कि '' मुझे कभी-कभी ऐसा लगता है कि मैं पृथ्वी पर व्यर्थ का भार बन गया हूँ। भारत के पास अब अपनी स्थल सेना है, जल सेना बन रही है और हवाई सेना भी। इस सबका अधिक विकास किया जा रहा है। परन्तु मेरा यह दृढ़ विश्वास है कि यदि भारत अपनी अहिंसक शक्ति का विकास नहीं करेगा, तो वह अपने लिए या दुनिया के लिए कुछ भी प्राप्त नहीं करेगा।''

तमाम निराशाओं के बीच गाँधीजी ने उम्मीद नहीं छोड़ी थी। उन्होंने बादशाह खान से कहा, ''जय और पराजय उनके लिए है, जो भौतिक शक्ति का आधार रखते हैं सत्याग्रही के लिए असफलता होती ही नहीं।''

मार्च, 1947 में दिल्ली में हुए इंटर-एशियन रिलेशन्स कान्फ्रेंस में गाँधीजी ने पूछे गये एक प्रश्न के जवाब में 'एक विश्व' की संकल्पना में अपनी गहरी निष्ठा व्यक्त की और कहा '' मैं अवश्य चाहूँगा कि मेरे जीवनकाल में ही 'एक विश्व' का यह सपना सच हो जाय।''

अपने जीवन के अन्तिम उपवास के दौरान, जनवरी, 1948 में, उन्होंने आदर्श समाज का अपना स्वप्न लोगों के समक्ष रखा कि आदर्श समाज एक ऐसा जन्नत होगा जहाँ, ''... न कोई गरीब होगा, न कोई ऊँचा होगा, न नीचा, न कोई करोड़पति होगा, न आधा भूखा नौकर, न शराब होगी, न दूसरी कोई नशीली चीज। सब लोग अपने आप खुशी से और गर्व से अपनी रोटी कमाने के लिए मेहनत-मजदूरी करेंगे। वहाँ स्त्रियों की रक्षा की जायेगी, वहाँ अस्पृश्यता नहीं होगी, सब धर्म समान होंगे। वहाँ सब कोई समानता, भाईचारा और पवित्रता के आदर्श को प्राप्त करने के लिए जी-तोड़ प्रयत्न करेंगे।

गाँधी की सबसे बड़ी विजय

अल्बर्ट आइन्स्टीन

गाँधीजी ने जातिवाद के विरुद्ध जीवन भर संघर्ष किया और उसी संघर्ष में अपने जीवन की बलि दे दी। ऐसी दुःखान्त घटनाएँ महान् पुरुषों के साथ होती रहती हैं,लेकिन गाँधीजी की मृत्यु उनकी सबसे बड़ी विजय थी।

हिंसा के बिना क्रान्ति-यही था गांधी का तरीका, जिससे उन्होंने भारत को आजादी दिलायी। मेरा यह अटूट विश्वास है कि सब देशों के द्वारा विश्व में शान्ति लाने की समस्या भी, गाँधी के तरीके को व्यापक पैमाने पर लागू करने से ही हल हो सकती है।

हमारे युग की सबसे महान् राजनैतिक प्रतिभा है गाँधी, जिसने हमें वह मार्ग बताया है, जो अपनाना चाहिए। उन्होंने यह भी सिद्ध किया है कि सही रास्ते पर चलकर मानव कितना असीम त्याग कर सकता है। अजेय निष्ठा से प्रभावित मानव की संकल्प शक्ति इन सब भौतिक ताकतों से अधिक प्रभावशाली होती है, जिन पर विजय पाना असंभव प्रतीत होता है।

विश्व-साम्राज्य को चुनौती देने वाले जीवन-मूल्य

रामनाथ सुमन

भारतीय लोक-जीवन में गाँधीजी का प्रवेश इस युग की, शायद सबसे बड़ी घटना है। वह हमारे जीवन में शतधा ज्योति-धारा के रूप में आये और आने के साथ ही उन्होंने हमें उस विराट् स्वरूप की झाँकी दी, जिसे हम सदियों से भूले हुए थे। उन्होंने हमारी आत्मा का स्पर्श किया। जादू हुआ और मिट्टी के लोंदों-से निर्जीव मानव अकस्मात् शेर बन गये और आत्म-विश्वास तथा निर्भय सत्कर्म का अरुणोदय हुआ। विश्व के इतिहास में ऐसी दूसरी घटना नहीं है, जिसमें कोटि-कोटि मनुष्यों का असहाय समाज, इस प्रकार एक थोड़े समय, में अपने पैरों पर खड़ा हुआ हो।

निश्चय ही भारत के किसी भी अधिवासी के लिए गाँधीजी को विस्मृत करना संभव नहीं है। आप उनका विरोध कर सकते हैं, उनका तिरस्कार कर सकते हैं, उनके सिद्धान्तों का उपहास कर सकते है, परन्तु किसी की शक्ति नहीं कि उनको अपने मानस की परिधि से निकाल सके।

गाँधीजी हमें कर्तव्यपथ पर अग्रसर करते रहते थे। भारतीय महत् संस्कार, पवित्रता, आत्म-बलिदान, निःस्वार्थ सेवा, निष्काम कर्म, अभय और अहिंसा इत्यादि गुणों की वे हमसे अपेक्षा रखते थे, जिनका वे स्वयं मूर्त रूप थे। उनको समझकर, उनसे प्रकाश लेने की शायद कभी इतनी आवश्यकता नहीं थी, जितनी-आज है। हम जीवन के प्रत्येक मैदान में विशृंखल, विजड़ित और विघटित होते जा रहे हैं और जिन मूल्यों ने हमें एक दिन विश्व के सबसे बड़े साम्राज्य से आँखें मिलाकर उसे निर्भय चुनौती देने की शक्ति प्रदान की थी, उन्हें हम भूलते जा रहे हैं।

('उत्तर प्रदेश में महात्मा गाँधी' पुस्तक के दो शब्द का अंश।)

भेदभाव मिटाने में रस लेते थे बापू

काकासाहेब कालेलकर

हिन्दू समाज में चन्द जातियों को अस्पृश्य माना गया है, यह अधर्म है। इसका निराकरण करने के लिए गाँधीजी ने अस्पृश्य जाति के लोगों को अपने आश्रम में स्थान दिया। प्रारम्भ में यह बात बिल्कुल नई थी। आश्रम के अन्दर भी इससे थोड़ी-बहुत खलबली मची। ऐसे समय गाँधीजी ने मुझे अपने आश्रम में रहने के लिये बुलाया। मुझे कहते हुए संतोष है कि आश्रम में दाखिल होते ही मेरी पत्नी ने आश्रम में रह रहे हरिजन दूधा भाई की पत्नी को साथ लेकर रसोई बनाने का काम हाथ में लिया। एक ब्राह्मण स्त्री और एक हरिजन स्त्री मिलकर सबके लिए रसोई बनाती है, सबको खिलाती है, सबके साथ बैठकर खाती है- यह दृश्य देखकर उस समय के सामान्य जन को आश्चर्य हुआ, लेकिन गाँधीजी के समाधान का तो पूछना ही क्या? वे चाहते थे कि समाज में पाया जाने वाला उच्च-नीच का भेद तुरंत दूर हो। हरिजन समाज हिन्दू-समाज में पूरा-पूरा घुलमिल जाय। जो आत्मीयता हरिजनों के प्रति गाँधीजी के हृदय में थी, वह समाज के हृदय तक अभी तक पूरी नहीं पहुँची है।

(चौराहा वर्ष 5, अंक 13, 26 जनवरी 1973)

दर्शन, संस्कृति और इतिहास का हिन्दी संस्करण

आचार्य शरदकुमार साधक
(अध्यक्ष - जयजगत सेवा संस्थान)

इतिहास में महात्मा गाँधी के व्यक्तित्व एवं कृतित्व से बोध मिलता है कि साध्य के साथ साधन शुद्धि के प्रति प्रतिबद्ध रहकर बिना विद्रोह या विनाश के जीवन संग्राम में जय प्राप्त की जा सकती है। जय का मूलाधार है, लेखक की प्रस्तुति 'नये युग का सूत्रपात' ग्रन्थ। उसका लोकार्पण पूर्व प्रधानमंत्री जी ने किया और कहा कि भारत सरकार द्वारा प्रकाशित सम्पूर्ण गाँधी वाङ्मय के बड़े-बड़े सौ खंडों का सागर इस गागर (ग्रन्थ) में समाहित है। सबल, स्वस्थ, स्वच्छ और सतत विकासशील समाज निर्माण गाँधी जीवन दर्शन की बुनियाद पर हो सकता है। जीव, जीविका और जैव विविधता संरक्षित कर जीवन चक्र गतिमान रखने वाली यही मूल्याधारित जागतिक विज्ञान-विधा है। - सं.]

जीवत्त्व की दृष्टि से समान होते हुए भी विकासमान जीवन

जीवन क्या है? जन्म-मरण के बीच की समयावधि। जननी जिस जीव को अस्तित्व प्रदान करती है, उसे जन्म भूमि जीवित रहने का संबल देती है। जननी और जन्म भूमि को स्वर्ग से भी श्रेष्ठ मानने वाला भारत चौरासी लाख जीव योनियों से परिचित है। भारतीय जानते हैं कि पृथ्वी, पानी, वायु, वनस्पति स्पर्शजीवी है। कृमि, शंख, जौंक स्पर्श-रसजीवी हैं। चींटी, मकोड़े, खटमल, स्पर्श-रस-घ्राणजीवी हैं। मच्छर, मकड़ी, बिच्छू, स्पर्श-रस-घ्राण-चक्षुजीवी हैं। हाथी-घोड़ा, गाय स्पर्श-रस-घ्राण-चक्षु-श्रोतजीवी हैं। जीवत्त्व की दृष्टि से समान होते हुए भी इन्द्रिय विकास के कारण पंचेन्द्रिय जीवों में मानव श्रेष्ठ है। जीवन क्रिया समान होते हुए भी पशु स्वार्थ की भूमिका से ऊँचा नहीं उठ पाता, किन्तु मानव परार्थ व परमार्थ की ऊँचाई पर पहुँचता है। पौधों, जीवाणुओं, जैविक प्रक्रियाओं और जानवरों के आधार पर संचालित जीवन चक्र धरती माता, गंगामाता, तुलसीमाता के साथ मत्स्यावतार, कच्छपावतार, शूकरावतार, वामनावतार की अवधारणा से जाना जाता है। मानव जीवन को समृद्ध करने में सहायक साधनों को विभूति मानना अंधविश्वास नहीं, वरन् जीवन को चरम मूल्य के रूप में प्रतिष्ठित करने वाला सर्वतोभद्र दर्शन है। 'जीओ और जीने दो' उसकी पूर्व पीठिका है तथा उत्तर

पीठिका है- 'जिलाओ और जीओ'। मनुष्य, मनुष्य को न मारे-यह जीवन निष्ठा है और जीवजगत की प्रतिनिधि गोमाता को न मारे-यह जीव निष्ठा है। जीवजगत कल्याणार्थ प्राचीन मनीषी चिन्तननिष्ठ रहे, किन्तु गाँधी रहे चरित्रनिष्ठ, इसलिये वे जीवन-संग्राम की जय का प्रतिमान हैं। इसे सर्वतोभद्र जीवन दर्शन, सांस्कृतिक चेतना एवं विकासमान इतिहास का हिन्दी संस्करण कह सकते हैं।

सर्वतोभद्र जीवन-दर्शन बोध

महात्मा गाँधी 2 अक्टूबर 1869 को भारत में पैदा हुए और एक मुकदमे की पैरवी करने दक्षिण अफ्रीका गये। वहाँ 5 मई 1906 को सर्वतोभद्र जीवन दर्शन का बोध होते ही लिखा : "जन्म भूमि हिन्द मेरी माता है, जिसकी रक्षा दुनिया का सबसे बड़ा पर्वत करता है, जो अजेय है। हिन्द समुद्र की गोद में सोया है, जिसकी शक्ति आरोग्यप्रद है। हिन्द खुदाई बगीचा है, जिसमें सुरम्य झरने और पवित्र नदियाँ तथा महान पुरुषों द्वारा पवित्र किये हुए वन-उपवन हैं। हिन्द की रज पवित्र है, जिससे मेरा शरीर बना है। हिन्द में जन्मे महापुरुषों की हड्डियों से मेरी हड्डियाँ बनी हैं। हिन्द में भूतकाल में हुए और भविष्य में होने वाले हिन्दियों के बीच हमेशा का संबन्ध है और उनका संबन्ध मेरे साथ है। हिन्द की सब कौम, सभी धर्मों के पुत्र मेरे भाई हैं। हिन्द के स्त्री-पुरुष नीतिवान, शूरवीर और स्वदेशाभिमानी हैं। हिन्द के हरेक पुत्र के लिए एक ही देश, एक ही प्रेम एवं एक ही कार्य है- हिन्दी भाइयों की सेवा। वही मेरे जीवन का ध्येय और आधार है। हे माता! मुझे तेरी सेवा करने की शक्ति दे।" हिन्दी वस्तुतः संस्कृति है। अभिव्यक्ति का माध्यम भाषा हिन्दी है और ध्येय है : **'एक हृदय हो भारत जननी'**।

वन्दनानुकूल व्यवहार

मातृभूमि हिन्द की वन्दना के अनुकूल व्यवहार का शुभारंभ हिन्दुस्तानी भाइयों की सभा से हुआ। प्रिटोरिया में हाजी जुस्तेव के घर आयोजित सार्वजनिक सभा में जीवन का पहला भाषण देते हुए गाँधीजी ने कहा- 'मैं प्रत्येक हिन्दुस्तानी के सम्पर्क में आना चाहता हूँ और उनकी स्थिति का अध्ययन करना चाहता हूँ। आपकी मदद अपेक्षित है।' सबने मदद देना कबूल किया और गाँधीजी सत्य पर बोले। सभा में उपस्थित मेमन व्यापारी कहने लगे-'व्यापार में सत्य चल नहीं सकता। सत्य यथाशक्ति ही बोला जा सकता है।' गाँधीजी ने उनकी दलीलों का विरोध किया और व्यापारियों को दोहरे चरित्र से होने वाली हानि बतायी। परदेश में आने से उनकी जिम्मेदारी देश की अपेक्षा अधिक होने का कारण समझाया कि आपके यहाँ मुट्ठीभर लोगों के रहन-सहन से हिन्दुस्तान

के करोड़ों लोगों को नापा-तोला जाता है। अंग्रजों के रहन-सहन की तुलना में निम्नस्तरीय रहन-सहन से होने वाले कष्टों और कठिनाइयों के निवारणार्थ हिन्दू, मुसलमान, पारसी, ईसाई अथवा गुजराती, मद्रासी, पंजाबी, सिंधी जैसे भेद भूलकर भारत सेवा मण्डल स्थापित कीजिये। उसके लिए अर्जियाँ लिखने, अधिकारियों से मिलने का काम बिना पारिश्रमिक के करने की इच्छा जतायी। मण्डल बना। व्यापार संबन्धी अधिकारों की रक्षा एवं गरीबों पर होने वाले अत्याचारों का विरोध करने के क्रम में सविनय अवज्ञा और सत्याग्रह करने वालों ने जेल की सजा भुगती। गोलियाँ खायीं। धीरता, शुद्धि, साहस दिखाया और हिन्दुस्तानी गिरमिटिया गुलामी से मुक्त हुए।

प्रेम और प्रतिकार का समन्वय साधने की तकनीक

हिन्दुस्तानी भाइयों पर जुल्म करने वाले अंग्रेजों पर आफत आयी तो उनके भी सेवा कार्यों में गाँधी जी शामिल हो गये। जोहानिसबर्ग में महामारी फैली तो म्युनिसिपैलिटी की मदद करने से अधिकारी प्रसन्न हुए। ब्रिटिश प्रजाजन के नाते गाँधीजी ने हिन्दुस्तानी स्वयंसेवकों को लेकर बोअर युद्ध में घायलों की सेवा की। उसके लिए नेटाल के गर्वनर ने आभार माना। पश्चिम के गोरे लोग अफ्रीका, एशिया के गैर गोरों के साथ पशुवत् व्यवहार करते थे, उनका बरताव बदलना आरंभ हुआ। प्रथम विश्व युद्ध 1914 में ब्रिटिश साम्राज्य की सहायता करने का ही असर था कि भारत लौटने पर बंबई में गर्वनर लार्ड विलियम्स ने बुलाकर वचन लिया कि आप सरकार के बारे में कोई कदम उठाने से पहले मुझसे बात करेंगे। वचन देते समय गाँधीजी ने खुलासा किया : " सत्याग्रही के नाते मेरा यह नियम ही है कि किसी के विरुद्ध कोई कदम उठाना हो तो पहले उसका दृष्टिकोण समझ लूँ। जिस हद तक उसके अनुकूल होना संभव हो, उस हद तक अनुकूल हो जाऊँ। दक्षिण अफ्रीका में मैंने सदा इस नियम का पालन किया। अब भारत में भी वैसा ही करने वाला हूँ। मेरा लक्ष्य स्वतंत्रता से ज्यादा ऊँचा है। भारत की मुक्ति द्वारा मैं पश्चिम के भीषण शोषण से दुनिया के निर्बल देशों का उद्धार करना चाहता हूँ।" प्रेम और प्रतिकार की दुहरी भूमिका वाले सत्याग्रही से लोहा लेने में गोरों के हाथ-पाँव फूलने लगे। निहत्थे सत्याग्रहियों पर किये जाने वाले जोर-जुल्म को न्यायसंगत ठहराने के लिये उन्हें बहाने खोजने पड़े।

निर्बल में बल संचरित

म. गाँधी ने भारत की गुलामी के कारण और निवारण की भाव भूमि समझने के लिए देश का दौरा किया। अनुभव लिया कि 'ग्रामवासिनी भारत माता' निर्बल है। किसी गाँव में एक बाघ आये तो उसे मारने के लिए लोग कलेक्टर से प्रार्थना करते हैं।

चोर-डाकुओं को मार-भगाने की शक्ति भी गाँव वालों में नहीं है। उन्हें शमशेर बहादुर बनाने की जरूरत है। उन दिनों अंग्रेज सरकार रंगरूट भरती कर रही थी। भरती होने वाले सरकारी सेना के अंग बनते। गाँधीजी ने रंगरूट भरती का काम सँभाल कर 'राष्ट्रीय सेना' खड़ी करने का उपक्रम किया। भरती होने वाले हथियार चलाना सीखे। भारत के लिए प्राण न्यौछावर करने का उनमें जोश जागा। कायर नहीं, क्रूर भी नहीं, कुशलता से निर्भय होकर सैनिक कर्त्तव्य पालन करने वाली फौज प्रशिक्षित हुई और उसे शान्ति सेना माना गया।

जमींदार, राजा, महाराजा बेगार लेते थे। अंग्रेजों की बेगारी न करने का परिवेश स्वतंत्रता संग्राम से बना। उसमें आम आदमी को भागीदार बनाने के लिये गाँधीजी ने समझाया कि हमने सरकार को बेगार देना बन्द किया, वैसे हमें भी कुम्हार, भंगी, ढेड़ आदि से बेगार लेना बंद करना चाहिए। हम स्वराज्य माँग रहे हैं तो दूसरों को स्वराज्य देने से ही स्वतंत्रता संग्राम में जनशक्ति लग पायेगी। शहरों में ही नहीं, गाँव-गाँव और घर-घर में 'वन्दे मातरम्' जय घोष होने लगा।

जनता बिना विचारे झूठ बोलती है। डर के मारे काम करती है। जाति, धर्म-सम्प्रदाय, भाषा और रीति-रिवाजों के नाम पर आपस में झगड़ती है। सब निर्बलों को दबाते हैं। दबाने वालों का साथ देने का मौका मिलने से ही अंग्रेज भारत को गुलाम बना पाये। 'अब हम गुलाम नहीं रहेंगे'-कहने का साहस जनता में 'एक नेक' रहने से ही आता है। उस के लिए गाँधीजी ने द्वेष के तमाम बलों को एकत्र कर उचित, शुद्ध व सत्य की दिशा में मोड़ा। सत्य जीवन का लक्ष्य, संयम जीवन की पद्धति और सेवा जीवन का कार्य बन गया। लोग मिलजुलकर रहने, राष्ट्रीय उपासना के तौर पर कम से कम आधा घंटा श्रम करने लगे। अपव्ययी ढंग से संचालित सरकारी विभागों, खर्चीले अधिकरियों और मन मानी करने वाले शासकों को चुनौती देना आया। वीरमगाँव चुंगी प्रसंग के चलते परेशान लोगों ने मोर्चा संभाला। उनके बीच दिये गये भाषण को अधिकारियों ने धमकी माना तो गाँधी जी बोले-'यह धमकी नहीं, लोक-शिक्षण है। लोगों को अपना दुःख दर्द दूर करने का उपाय बताना मेरा धर्म है। साधारणतः ऐसे उपाय हिंसात्मक होते हैं, पर हमारा शुद्ध अहिंसक शस्त्र है- सत्याग्रह'।

चंपारण में नील की खेती करने वालों की विवशता, खेड़ा में सूखे के कारण फसल नष्ट होने पर भी लगान अदा करने की मजबूरी, जलियांवालाबाग में उत्तरदायी शासन की मांग करने पर हुई बर्बरता के विरोध में गाँधी-गर्जना सुनकर कुछ लोग उत्तेजनावश हिंसा कर बैठे और उन्हें उत्तेजित करने के आरोप में गाँधी जी को जेल में रखा। 18 मार्च 1922 को अहमदाबाद स्थित शाहीबाग में उनपर राजद्रोह का अभियोग लगाया गया, जिसे स्वीकारते हुए न्यायमूर्ति आर.एस. ब्रूमफील्ड के पूछने पर

गाँधीजी ने कहा : "मुझ जैसे राजभक्त को राजद्रोही बनना पड़ा, क्योंकि इस देश में कानून का उपयोग विदेशी शासकों की सेवा के लिए होता है। भारतीय अदालतों में सौ में से निन्यानवे मामलों में यूरोपियों के मुकाबले भारतीयों के साथ न्याय नहीं किया जाता। राजनीतिक मुकदमों में सजायाफ्ता निरपराध लोगों का अपराध यही है कि उन्हें अपने देश से प्रेम है। जिस धारा 124 के अधीन मुझ पर आरोप मढ़ा गया है, वह भी भारतीय नागरिकों की स्वतंत्रता का गला घोंटने वाली है। इसलिए कानून की नजर में जो जानबूझ कर किया गया अपराध है, वह मेरी दृष्टि में नागरिक के नाते मनुष्य का सर्वोपरि कर्त्तव्य है। मेरी प्रवृत्तियाँ सार्वजनिक कल्याण के लिए हानिकर हैं, तो कड़ी से कड़ी सजा दें। मैं सजा पाने और शिरोधार्य करने के लिए प्रस्तुत हूँ।" जान की जोखम उठाने के जज्बे ने जनता में जान फूंक दी।

सजा सुनाने से पूर्व न्यायमूर्ति के मुँह से निकला- "मेरे सामने विचार के लिए अब तक जितने लोगों के मुकदमे आये, उनमें आप सबसे भिन्न श्रेणी के व्यक्ति हैं। देशवासियों की नजर में आप एक महान देशभक्त हैं। जो लोग आपसे राजनीतिक मतभेद रखते हैं, वे भी आपको उच्च आदर्शवादी और एक ऐसा नेता मानते हैं, जिनका जीवन संतों जैसा है। मैं जानता हूँ कि आपने बहुतों के स्वभाव को देखते हुए कई बार हिंसा को रोकने के लिये बहुत कुछ किया है, लेकिन जिन्हें आपने उपदेश दिया, उनमें बहुतों के स्वभाव को देखते हुए आपने कैसे माना कि उसका अनिवार्य परिणाम हिंसा नहीं होगा। कोई भी सरकार आपको जेल से बाहर नहीं रहने दे सकती।" साबरमती जेल ले जाते समय संदेश माँगने पर गाँधीजी बोलेः "हर हिन्दुस्तानी शान्ति रखे। यदि लोग शान्ति छोड़ देंगे तो मैं जेल में ही रहना पसन्द करूँगा।" इस संदेश से देशभक्तों ने सहनशील, सत्यग्राही और शान्तिप्रिय रहकर आन्दोलन चलाने का पदार्थ पाठ सीखा।

सत्याग्रह के कारण शासक ने भारत-सेवा कर मैत्री निभायी

हरिजन सत्याग्रह (1924) चैने सत्याग्रह (1927) बारडोली सत्याग्रह (1928-29) नमक सत्याग्रह (1930) हीरेकरुर सत्याग्रह (1931) झंडा सत्याग्रह (1935) व्यक्तिगत सत्याग्रह (1940) भारत छोड़ो आन्दोलन के दौर में जब जनता उत्तेजित हुई, हिंसा हुई तो अनुगामियों के अपराध का प्रायश्चित गाँधीजी ने उपवास कर किया। सिद्ध हुआ कि इन्सानियत के निमित्त जीवन अर्पित करने वाले ही देश दुनिया को उन बुराइयों से मुक्ति दिलाते हैं, जिनसे सब पीड़ित हैं। पीड़ा सहकर भी पीड़क के प्रति प्रेम भाव की अनुभूति कर इतिहास लेखक अर्नाल्ड टायनबी ने लिखा कि राजनीति की गंदी बस्ती की कालकोठरी में जाकर भी गाँधीजी न केवल बेदाग रहे, वरन् राजनीतिक परिर्वतन करने में सफल रहे। बन्दूक और बलवा दबाने वाले लाटसाहब को भी लगा कि चरखा,

चूल्हा, चक्की चलाने वाले निःहत्थे सत्याग्रहियों को सताने के बजाय उनकी मांगें मान लेना चाहिए। वही हुआ। गोरी सरकार का झंडा उतरा और 15 अगस्त 1947 को स्वतंत्र भारत का तिरंगा फहरा। भारत सरकार की सेवा कर अंतिम वाइसराय लार्ड माउण्ट बेटन ने मैत्री निभायी। उन दिनों भारत विभाजन के कारण भड़की अशान्ति रोकने में सरकारी मशीनरी से अधिक गाँधी असरकारी सिद्ध हुए। **'वन मेन मिशन'** कहकर लार्ड माउण्ट बेटन ने उनकी सराहना की, क्योंकि पशुबल से मोर्चा लेकर वह शांति का मसीहा 30 जनवरी 1948 तक अमन का परचम फहराता रहा।

स्वदेशी आन्दोलन

'देश की धरती, देश की हवा, देश का पानी, देश की दवा' का मूल्य समझने वाले गाँधीजी **'वैष्णवजन तो तेने कहिये जे पीड़ परायी जाणे रे'** गाते और देश सेवा की अलख जगाते थे। उन्होंने पुराने-शूरवीर-सामन्तों की भाँति सेवा को पेशा नहीं बनाया। भूखों-नंगों का संरक्षक बनकर उन्हें रोटी के टुकड़े या उतरे वस्त्र नहीं दिये। अपने भोजन वस्त्र में उन्हें भागीदार बनाया। साधन सुविधा जुटाकर उनको काम में लगाया और उनके काम में हाथ बँटाया। उत्पादन के साधन, उत्पादन की पद्धति, उत्पादन की प्रक्रिया आम आदमी की पहुँच में होने से **गाँधी-सेवा राष्ट्र निर्माण का साधन बनी**। भूखे को खिलाने से सेवा होती है, लेकिन उसे उत्पादन के साधन देकर उसके खाने की अनुकूलता करने से हुआ निर्माण। बच्चा, बूढ़ा, बीमार, साधनहीन भी तकली-चर्खा चलाकर उत्पादन करता और उत्पादित खादी पहनता-जिसको **'आजादी की वर्दी '** कहा जाने लगा। गाँव-गाँव में अनाज पैदा होता है, वैसे ही गाँव-गाँव में खादी बनने लगी। अन्न-वस्त्र के अलावा बुनियादी आवश्यकता की चीजें उत्पादन करने का उत्साह पैदा होने से नाना ग्रामोद्योग खड़े हुए। गाँधीजी ने इतिहास बोध कराया, जब दुनिया के सारे लोग आदिम ढंग की जिन्दगी बसर कर रहे थे। उन्हें जानवरों की खालों या पेड़ों की छालों से बेहतर पहनावा नसीब नहीं था, तब हमारे भारतीयों ने कपास पैदा कर रूई से सूत निकाला, कपड़ा तैयार किया। महिलाओं और पुरुषों ने इतनी कला हस्तगत की और इतने उत्पाद बनाये कि भारत समृद्ध हुआ। समृद्धि से आकृष्ट होकर ही ईरानी, यूनानी, फ्रांसीसी, डच, चीनी, अंग्रेज भारत आये। वे महीन कपड़ा, मसाले, जड़ी-बूटियाँ जहाजों में भर-भर कर ले जाते थे। उनसे प्रशंसित होकर हम फूल गये और अपनी कलाएँ भूल गये। उन्हें पुनर्जीवित करना है तो गाँव को स्वयं पूर्ण बनाना है। जो चीजें गाँवों में नहीं बन सकती हैं, वे शहर वाले बनायें। शहरी वैसे उद्योग लगायें, जिससे विदेशी माल मँगाने की जरूरत न रह जाये'।

सदियों से बाहरी आक्रमण और विदेशी गुलामी से मुक्ति चाहने वाली जनता ने विदेशी वस्त्रों की होली जलायी। स्वदेशी अपनाने की कसम खायी। गुरुदेव रवीन्द्रनाथ टैगोर ने लिखा –

देश की माटी, देश का जल, हवा देश की,
देश के फल, सरस बनें प्रभु सरस बनें।
देश के घर और देश के घाट, देश के वन
और देश के वाट, सरल बनें प्रभु सरल बनें।
देश का तन और देश का मन, देश के जन
और भाई बहन, विमल बनें प्रभु विमल बनें।

देशवासी किसान, मजदूर, आदिवासी, हरिजन, रोगी और विपन्नों के विकास का ख्याल कर शराब बंदी, साम्प्रदायिक एकता, राष्ट्र भाषा प्रचार में लगे। सामूहिक श्रम, सामूहिक कताई, सामूहिक सफाई, सामूहिक प्रार्थना से सारी ऊर्जा सेवा में प्रयुक्त हुई। सेव्य और सेवक की सहभागिता सर्वोदय का अधिष्ठान बनी। **'हतं ज्ञानं क्रियाहीनम् हता चाज्ञानिनो क्रिया'** क्रियाहीन ज्ञानी तथा अज्ञानी क्रियावानों की भूमिका में परिवर्तन आया। 'अंधे लंगड़े का न्याय' पेश कर जो अनुत्पादक उत्पादकों के कंधों पर सवार रहते थे, वे उत्पादन में हाथ बँटाने लगे। तन को विश्राम, मन को आनन्द, जीवन को संस्कारित करने की सुविधा उत्पादक पाने लगे। फलतः सामाजिक जीवन में स्वावलम्बन, आर्थिक जीवन में समानता, राजनीतिक जीवन में विकेन्द्रीकरण, धार्मिक जीवन में समन्वय सधा। साधने में जिन्हें दुविधा हुई या जिनका स्वार्थ प्रबल हुआ, उन्हें गाँधी जी ने सीख दी कि आप अपने किसी परिचित गरीब / असहाय का स्मरण कर अपने आपसे पूछिये कि क्या आपकी करनी उसके काम आयेगी और उसका जीवन उन्नत होगा? बस इतना सोचते ही आपकी दुविधा मिट जायेगी। 'दुविधा में दोनूं गये, माया मिली न राम' की उक्ति ने दुविधा मिटायी। स्वदेशी आन्दोलन में जान आयी।

स्वराज्य की समझ

स्वदेशी आन्दोलन की राह स्वराज्य के दरवाजे पहुँची। स्वराज्य का अर्थ हुआ। (1) अपने ऊपर अपना राज्य (2) देश के आयात-निर्यात तथा सेना व अदालतों पर जनता का नियंत्रण (3) अन्न-वस्त्र की बहुलता (4) उत्पादन, उपभोग, विनिमय, वितरण, रक्षण का सामर्थ्य (5) शासन-सूत्र के संचालकों की नहीं, पूरी शासन-प्रणाली और तौर-तरीकों को बदलना (6) व्यक्तिगत हित की सामुदायिक हित से संगति बिठाना (7) पशुबल की जगह आत्मबल का आश्रय लेना।

'वन्दे मातरम्' का उद्‌घोष करने वालों ने परस्पर अविश्वास और लादी हुई हुकूमत की जगह (1) आपसदारी में विश्वास करने (2) आततायी का उत्तर आततायीपन से न देने (3) पुरुषार्थ के साथ पारमार्थिक मूल्यों का मेल बिठाने पर ध्यान केन्द्रित किया। बात-बात में झुंझलाकर राष्ट्रीय जान-माल की हानि करने, लूट-खसोट, आगजनी और पागलपन दिखाने की भावना से की जाने वाली सेवा की निरर्थकता समझी। झगड़ालू वृत्ति नियंत्रित होने से रचनाधर्मिता बढ़ी।

स्वराज्य से समझ में आया कि (1) शराब, अफीम इत्यादि मादक द्रव्यों का व्यापार न हो (2) अनाज, रूई का सट्टा न हो (3) धन जनता में बँटना है तो उत्पादन के साधन उसकी पहुँच में रहें (4) मूल्यहीन समाज निर्माण में राहत, सेवा व क्रान्ति कार्य भी निर्मूल्य हो जाते हैं। (5) अहिंसक समाज रचना में मनुष्य शक्ति कमजोर पड़े तो पशुशक्ति, पशुशक्ति कमजोर पड़े तो पावर शक्ति का उपयोग करने से जरूरी उत्पादन हो जाता है। फालतू (विलासी) माल उत्पादित करने से उसे खपाने के लिए विदेशी बाजार खोजने या शस्त्रीकरण की दौड़ में शामिल होना पड़ता है। (7) जिस तरह सशस्त्र विद्रोह के लिए सैनिक शिक्षा जरूरी है, वैसे सत्याग्रहियों के लिए सृजनात्मक शिक्षण अपेक्षित है।

म. गाँधी के आश्रम में स्वराज्य-शिक्षण पाने वालों ने संडास सफाई से लेकर शासन प्रणाली की सफाई कर सेवा-मूल्यों को समान माना। स्वीकार किया : **'अन्तः शुद्धिः बहिः शुद्धिः श्रमः शान्तिः समर्पणम्'।**

राष्ट्र धर्म

सिद्धान्तहीन राजनीति, श्रमहीन धन, नैतिकताहीन व्यापार, चरित्रहीन शिक्षण, विवेकहीन आनन्द, मानवताहीन विज्ञान, त्याग हीन पूजा के कारण समस्याएँ सिर उठाती हैं। राजनेता समस्या का समाधान न कर जब उससे लाभ उठाने लगते हैं, तब राष्ट्रीय चरित्र आघातित होता है। जाति, धर्म-सम्प्रदाय, भाषा, पक्ष, प्रान्त के स्वार्थ से ऊपर उठकर जो उपलब्ध संसाधनों का उपयोग राष्ट्र हित में करते हैं, उनका आचरण व्यावर्तक (अलगाववादी) नहीं, व्यापक होता है। वे मनुष्य का पशु के साथ, पशु-पक्षी का वनस्पति के साथ और सबका सृष्टि के साथ समायोजन करते हैं। एकादशव्रतों की आचार संहिता उनके जीवन को समग्रता प्रदान करती है :

अहिंसा, सत्य, अस्तेय, ब्रह्मचर्य असंग्रह शरीरश्रम, अस्वाद, सर्वत्र भयवर्जन। सर्वधर्म समानत्व, स्वदेशी, स्पर्शभावना, विनम्र व्रत निष्ठा से ये एकादश सेव्य हैं॥

अहिंसा, सत्य, अस्तेय, ब्रह्मचर्य, असंग्रह गुणों के साथ शरीर श्रम, अस्वाद, निर्भयता, सर्वधर्म समानता, स्वदेशी और स्पर्शता जुड़ने से समुदाय गुणी होता है और उसे 'पिण्ड में ब्रह्माण्ड' की अनुभूति होती है। समूह जब प्राणीमात्र में परमात्मा और परमात्मा में प्राणीमात्र की छवि देखता है, तब प्रत्यय होता है :

ईशावास्यं इदं सर्वम्, यत् किञ्च जगत्यां जगत् ।
तेनत्यक्तेन भुञ्जीथा, मा गृधः कस्यचिद् धनम् ॥

हम सिर्फ अपने शरीर में ही नहीं हैं, समष्टि का शरीर हमारा ही विस्तार है। वामन के गुण सामाजिक मूल्य न बनने से दोष हो जाते हैं, वैसे ही विराट की वासनाएँ विश्वानुकूल होने पर उपासना बनती हैं और वही बनाकर गाँधी जी ने राष्ट्रधर्म रूपायित किया। देह को दिव्यत्व प्रदान करने वाला राष्ट्रधर्म औपचारिक रूढ़िगत धर्म नहीं, वरन् सभी धर्मों के श्रेष्ठ मूल्यों का समवाय है, जो जन-गण-मन में सत् चित् आनन्द के भाव संक्रमित करता है। विश्वास भरता है :

जतन करें जर्रे-जर्रे का,
भिन्न जीव-जगदीश नहीं है।
सत्य अहिंसानिष्ठ लोकहित,
स्वर्ग यहीं, अपवर्ग यहीं है।

राष्ट्रीय चेतना

हिमालय से हिन्द महासागर तक फैले भू भाग के पेड़-पौधे, पशु-पक्षी, मानव मानवेत्तर सृष्टि का योग है : राष्ट्र- परिवार। बाघ राष्ट्रीय पशु है। मयूर राष्ट्रीय पक्षी है। कमल राष्ट्रीय पुष्प है। विन्ध्य, हिमालय, यमुना, गंगा, जलधि राष्ट्रगान के अंग हैं। साँड़, घोड़े सहित शेर **'सत्यमेव जयते'** के फलक पर प्रतिष्ठित हैं। राष्ट्रीय उद्घोष है-वन्दे मातरम्। राष्ट्रीय चेतना को नवजीवन देने वाले गाँधी राष्ट्रपिता हैं। उन्हीं से प्राणवायु प्राप्त कर उग्र प्रकृति के युद्धप्रिय पख्तून खुदाई खिदमतगार बने और उनके अगुआ बादशाह खान अब्दुल गफ्फार खाँ 'सीमान्त गाँधी'। अब आधुनिक शस्त्रास्त्र और सैन्य शक्ति संपन्न विकसित राष्ट्रों के अलावा विकासशील व अविकसित राष्ट्र भी घरेलू हिंसा से मुक्ति पाने हेतु गाँधी मार्ग अपनाने को आतुर हैं। संयुक्त राष्ट्रसंघ ने गाँधी जयंती 'अहिंसा दिवस' के रूप में आयोजित कर हिंसा शक्ति की विरोधी दण्डशक्ति से भिन्न जागतिक जीवन निरापद रखने हेतु अहिंसा अपनाने का मन बना लिया है। इसी से प्रमाणित होता है कि हमारे राष्ट्रपिता ने विश्वचित्त, चिन्तन, चरित्र को स्पंदित कर रखा है।

गाँधी की चुनौती

भारत आज एक सम्पूर्ण संकट में से गुजर रहा है। यह संकट सभी क्षेत्रों को स्पर्श करता है यानी हमारे व्यक्तिगत, संस्थागत एवं राष्ट्रीय जीवन को प्रभावित कर रहा है।

देश की स्थिति

1. आर्थिक क्षेत्र

- हमारे देश के 23 करोड़ लोग आज गरीबीं की सीमा-रेखा के नीचे जी रहे हैं।
- देश में चार करोड़ बेरोजगार और पाँच करोड़ अर्द्ध बेरोजगार हैं, इतना ही नहीं हर पंचवर्षीय योजना के बाद बेरोजगारों की संख्या बढ़ती ही जा रही है।
- करोड़ों लोग गरीबी और कंगालियत का जीवन जी रहे हैं।
- किसानों को उनके उत्पादन का वाजिब दाम नहीं मिलता।
- गाँव और शहर की विषमता घटने के बजाय बढ़ रही है और गाँव नगरों के उपनिवेश बन गये हैं। लोगों के पलायन से गाँव उजड़ते जा रहे हैं।
- पानी, मिट्टी और हवा जैसे जीवन के मूलाधार गलत विकास नीति के कारण प्रदूषित हो रहे हैं और न सिर्फ आज की पीढ़ी वरन् भावी पीढ़ियों के लिए भी पर्यावरण के संकट को बढ़ाने-वाली अणु-नीति को अपनाया जा रहा है।
- नियोजन की सारी दिशा पर्यावरण विरोधी है।
- नगरों में खासी संख्या झुग्गी-झोपड़ियों में और फुट पाथों पर रहने को विवश है।
- महँगाई उत्तरोत्तर बढ़ रही है।
- राष्ट्र पर एक लाख करोड़ रुपये का विदेशी कर्ज हो गया है। यानी प्रति व्यक्ति पर 1200.00रु0 विदेशी कर्ज का भार है।
- सैकड़ों बहुराष्ट्रीय कम्पनियों के दस हजार प्रकल्प भारत का शोषण कर रहे हैं।

- प्रतिवर्ष करीब गाय-बैलों की हत्या हो रही है।
- भ्रष्टाचार, शिष्टाचार हो गया है।
- पूरी अर्थ-व्यवस्था जन-विरोधी हो रही है।

2. राजनीतिक क्षेत्र

- आज कानून और व्यवस्था प्रायः टूट चुकी है।
- जनतांत्रिक व्यवस्थाएँ और संस्थाएँ टूट रही है।
- सत्ता का केन्द्रीकरण भयानक रूप लेता जा रहा है।
- चुनाव हिंसाधारित और धनबहुल हो गये हैं, इतना ही नहीं, इस पूरी प्रक्रिया में अपराधियों की भागादारी खतरनाक रूप से बढ़ गई है और इसलिए चुनाव की सारी प्रक्रिया का मजाक हो रहा हे।
- आतंकवाद दिनोंदिन बढ़ रहा है और नागरिक असुरक्षा महसूस करते हैं।
- अलगाववाद पुष्ट हो रहा है। पंजाब, कश्मीर और बोडोलैण्ड इसके ज्वलन्त प्रमाण हैं।
- शान्ति और समृद्धि के लिए तरसती जनता को युद्ध और अणुबम बनाने की बातें सुनायी जा रही हैं।
- गत तैंतालीस वर्षों से शासन की बागडोर सम्भालने वाले अपना-अपना स्वार्थ सिद्ध करते रहे हैं।
- दलों पर से नागरिकों का विश्वास प्रायः उठ गया है।

3. सामाजिक क्षेत्र

- चारों ओर हिंसा का मानस व्याप्त है। इससे पारिवारिक और सामाजिक हर स्तर पर बिखराव का खतरा पैदा हो गया है।
- गाँव और नगरों में सामाजिकता प्रायः नष्ट हो गयी है।
- स्त्री-पुरुष, मालिक-मजदूर, सम्प्रदाय-सम्प्रदाय के रिश्ते टूट रहे हैं।
- दलितों, आदिवासियों और पीड़ितों में या तो दीनता या आक्रोश बढ़ता जा रहा है
- संकुचित सम्प्रदायवाद और धर्मान्धिता बढ़ रहे हैं।
- दहेज करीब-करीब सर्वव्यापी हो गया है।
- शराब बेतहाशा बढ़ रही है। चालीस वर्ष पूर्व शराब से सरकारी आमदनी 40 करोड़ रुपये थी, जो आज 3000 करोड़ रुपये हो गयी है।
- शिक्षा इस चौमुखी संकट को मिटा नहीं रही है, बल्कि बढ़ा ही रही है।

- मातृभाषा और राष्ट्रभाषा की अवहेलना की गयी है और अंग्रेजी का प्रभुत्व बढ़ रहा है। स्वदेशी की भावना क्षीण हो गयी है।

4. नैतिक और आध्यात्मिक

- व्यक्तिगत और सामाजिक जीवन में नैतिक एवं मानवीय मूल्यों का ह्रास हो रहा है।

दुरावस्था का कारण

स्वराज्य मिले देश को बयालीस वर्ष हो गये हैं। महात्मा गाँधी के नेतृत्व में राष्ट्र ने एक अद्वितीय मार्ग से आजादी की लड़ाई लड़ी थी। स्वतंत्रता मिलने पर राष्ट्र के नेताओं ने गाँधी-मार्ग को छोड़ दिया। विकास के क्षेत्र में पश्चिम की नकल हुई और राष्ट्र उसकी चकाचौंध में बह गया। इस पश्चिमी मॉडेल पर चार दशक तक चलने पर भी गरीबी और बेरोजगारी नहीं मिटी, पर्यावरण प्रदूषित हुआ, जनता का आत्मविश्वास घटा और देश की ऐसी दुरावस्था हो गयी।

इस दुरावस्था का मुख्य कारण विकास की गलत अवधारणा है। लोभ को माध्यम बनाकर बाजार की अर्थनीति के द्वारा सबकी गरीबी मिट जायेगी और तरक्की हो जायेगी, ऐसा गत तीन सौ वर्षों में दुनिया ने माना। इसके साथ-साथ कल्याणकारी राज्य जनता के दुख दूर करेंगे यह मानकर पूँजीवादी राज्य का विकास कल्याणकारी राज्य में हुआ। ऐसा हुआ नहीं, उल्टे मजदूरों का अपार शोषण देखकर प्रतिक्रियास्वरूप साम्यवाद का जन्म हुआ, जिसमें डर को माध्यम बनाकर सर्वहास की तानाशाही का रास्ता अपनाया गया। इन दोनों में केन्द्रीकरण, बोरियत, पर्यावरण-हानि, विश्वयुद्ध, आणविक ऊर्जा का खतरा आदि तत्त्व समान हैं। इन दोनों विचार-प्रणालियों के चलते परिवार टूट गये हैं और साथ ही समाज व्यसनों का शिकार बना है। बेतहाशा भोगवाद के कारण आगे आने वाली पीढ़ियों के लिए खनिज आदि प्राकृतिक सम्पदा नहीं बचेगी, ऐसी खतरे की घण्टी विशेषज्ञों ने बजायी है। तिरपन नोबल पुरस्कार विजेजाओं ने एक वक्तव्य द्वारा दुनिया को इस खतरे से सावधान करते हुए गाँधी-मार्ग का अनुसरण करने की हिदायत दी है। पिछले दो वर्षों में, खासकर गत छः महीनों में, पूर्वी यूरोप के साम्यवादी राष्ट्रों ने तानाशाही-मार्ग का त्याग किया है। अतः लोभ और भय के माध्यम बेकार सिद्ध हुए हैं और दुनिया किसी अन्य रास्ते की खोज में है। अपने देश में भी राज्यों और केन्द्र में कांग्रेस और अन्य दलों का राज्य मतदाताओं ने देखा है, और देखा है कि मूलभूत भौतिक प्रश्न तो हल हुए ही नहीं, नैतिकता का भी मानो दिवाला निकल गया। नैतिकता का यह दिवाला मात्र राजनैतिक

दलों या आम समाज में ही नहीं है बल्कि व्यक्तिशः भी हम अपनी अस्मिता खोकर हीन और गरिमाविहीन हो गये हैं।

इस अमावस्या के अन्धकार में प्रकाश खोजने की लोगों की मानसिकता बन रही है। और सबमें एक मनोमंथन प्रारम्भ हो गया है। लोभ और डर के स्थान पर प्रेम, सहयोग, परिश्रम, सादगी, स्वावलम्बन का रास्ता देश अपनाये तो क्या नहीं हो सकता? गाँधीजी का बताया हुआ यही मार्ग है।

उद्देश्य

गाँधी-मार्ग से भटके हुए राष्ट्र को, खासकर युवा पीढ़ी को, इस मार्ग की जानकारी देकर राष्ट्र की समस्याओं के निराकरण एवं नये विकल्प का मार्ग प्रशस्त करना।

समाज का स्वरूप

अगर देश इस रास्ते से चले तो भारत का स्वरूप क्या होगा, यह गाँधीजी के ही शब्दों में देखिए " ग्रामस्वराज्य की मेरी कल्पना यह है कि वह एक ऐसा पूर्ण प्रजातंत्र होगा, जो अपनी अहम जरूरतों के लिए अपने पड़ोसियों पर भी निर्भर नहीं करेगा, और फिर भी बहुतेरी दूसरी सहयोग से काम लेगा। इस तरह हरेक गाँव का पहला काम यह होगा कि वह अपनी जरूरत का तमाम अनाज और कपड़े के लिए पूरा कपास खुद पैदा कर ले। उसके पास इतनी फाजिल जमीन होनी चाहिए, जिसमें गाँव के ढोर चर सकें और गाँव के बड़ों व बच्चों के लिए मनोरंजन के साधन एवं खेलकूद के मैदान वगैरह का बंदोबस्त हो सके। इसके बाद जमीन बचने पर गाँव ऐसी उपयोगी फसलें बोयेंगे, जिन्हें बेचकर वह आर्थिक लाभ उठा सके। लेकिन वह गाँजा, तम्बाकू, अफीम की खेती बचेगा। हर गाँव समृद्ध प्रजातंत्र बन जायेगा जिसमें कोई व्यक्ति अनपढ़ नहीं रहेगा और काम के अभाव में कोई बेकार नहीं रहेगा। हरेक आदमी को खाने की पौष्टिक चीजें, रहने को अच्छा हवादार मकान और जन ढँकने को काफी खादी मिलेगी। और हरेक देहाती को सफाई और आरोग्य के नियम मालूम होंगे, जिनका वह पालन किया करेगा। ऐसे ग्रामराज्य की विभिन्न प्रकार की और उत्तरोत्तर बढ़ती हुई आवश्यकताएँ होनी चाहिए, जिन्हें वह स्वयं पूरा करेगा, अन्यथा उसकी गति रुक जायेगी। हरेक गाँव में गाँव की अपनी नाटकशाला, पाठशाला और सभा-भवन रहेगा। पानी के लिए उसके अपने वाटर वर्क्स होंगे जिससे गाँव के लोगों को शुद्ध पानी मिला करेगा। जात-पाँत और क्रमागत अस्पृश्यता के आज जैसे भेद इस ग्राम-समाज में बिल्कुल नहीं रहेंगे। गाँव की रक्षा के लिए ग्राम-सैनिकों का एक ऐसा दल रहेगा, जिसे लाजमी तौर पर बारी-बारी से गाँव के चौकी-पहरे का काम

करना होगा। सत्याग्रह और असहयोग के शस्त्र के साथ अहिंसा की सत्ता ही ग्रामीण समाज का शासन बल होंगी।''

कार्यक्रम

ऐसा समाज बनाने के लिए क्या कार्यक्रम होंगे?

1. आर्थिक बेरोजगारी-निवारण

ऐसे गाँवों में सबों को पूरा काम कैसे मिलेगा? इसलिए कृषि, पशुधन विकास और ग्रामोद्योगों पर आधारित गाँव की योजना बनानी होगी। आज की कृषि की दिशा परावलम्बन की है। बीज, खाद, कीटनाशक और कृषि-उत्पादों के भाव के मामले में गाँव केन्द्रित अर्थ और राज्य-व्यवस्था का गुलाम हो गया है। इसमें परिवर्तन लाने के लिए 'नॅडेप-पद्धति' से किसान कम्पोस्ट खाद बनायेंगे। इससे करोड़ों लोगों को काम मिलेगा और पैसा खर्च किये बिना आज से दस गुना और अधिक शक्तिशाली खाद खेतों को मिल सकेगी। गैस प्लान्ट से ईन्धन और ऊर्जा की समस्या आसान होगी। अम्बर-चरखा सरीखी पूँजी न्यून श्रमप्रधान सर्वजन सुलभ सुधरी हुई तकनीकी का उपयोग कर गाँव में कच्चे माल का पक्का माल बनाया जायेगा। कपड़ा, तेल, साबुन, गुड़-खाण्डसारी,जूते इत्यादि गाँव में बनी हुई चीजों का उपयोग करने का संकल्प लेने, बड़े कारखानों में बनी हुई वस्तुओं के बहिष्कार करने तथा ग्रामोद्योगों के लिए संरक्षण प्राप्त करने के आन्दोलन चलाये जायेंगे। इससे करोड़ों को काम मिलेगा। गाँव की दौलत शहरों में जाने से रुकेगी। ग्रामीणों की क्रय-शक्ति बढ़ेगी और किसानों के उत्पादों को उत्पादन-व्यय पर आधारित दाम प्राप्त करने की शक्ति बढ़ेगी। गाँवों से रोजगार की खोज में शहरों की ओर होने वाला पलायन रुकेगा।

2. राजनैतिक सत्ता का विकेन्द्रीकरण

गाँव का कारोबार गाँव में हो सके और जो काम निचले स्तर पर गाँव में हो सकता है, उसे ऊपर के स्तरों पर करने पर रोक लगाने के लिए संगठित जनमत द्वारा शासन पर दबाव लाना होगा, जिससे कि गाँवों के संसाधन, ग्राम-योजना बनाने के अधिकार और गाँवों में कारोबार करने की शक्ति कानून द्वारा ग्राम- सभा को दी जाय। वैसे ही गाँवों में होने वाले उत्पादन के आरक्षण के लिए ऊपर के स्तरों पर ऐसे उत्पादन पर कानून से रोक लगा दी जाये। इस प्रकार का जनमत प्रकट करने वाले प्रस्ताव हर गाँव में पारित किये जायेंगे। लोगों की आकांक्षा के अनुसार सरकारें चलें, इसलिए विधान सभा-लोकसभा के निर्वाचन क्षेत्रों मे मतदाता-परिषदों का गठन

किया जाये। ये परिषदें अपने प्रतिनिधि को बुलाकर उनसे संवाद करेंगी, उनके सही कामों में मदद करेंगी, गलत कामों का निषेध करेंगी और भविष्य के कामों के लिए दिशा- निर्देश करेंगी। आवश्यक लगने पर ये मतदाता-परिषदें भ्रष्ट या मनमानी करने वाले प्रतिनिधियों को वापिस भी बुला सकेंगी। प्रत्येक गाँव में गाँव के सब बालिगों की ग्रामसभा संगठित होगी। ऐसा संगठित जनमत प्रकट हुए बिना सरकार की दिशा कैसे बदलेगी? सबको पूरा रोजगार, वाजिब दाम, शराबबन्दी, भ्रष्टाचार और महँगाई पर रोक, प्रदूषण-मुक्ति, शुद्ध जल की आपूर्ति, गोवंश हत्याबन्दी, सार्थक शिक्षा आदि अधिकांश मतदाता चाहते हैं। भारत देश में बालिग मताधिकार पर आधारित दुनिया का सबसे बड़ा लोकतंत्र है। ऐसा होते हुए भी ये काम इन बयालीस सालों में नहीं हुए, यद्यपि संविधान के दिशा-निर्देशक तत्त्वों के अध्याय में ये सारे काम दर्ज किये गये हैं। यह भारतीय लोकतंत्र की विडम्बना है। लोकेच्छा के अनुसार चलने के बजाय बहुतेरे नेताओं ने स्वराज्य को नेताशाही, पूँजीशाही, नौकरशाही और गुण्डाशाहीं की चांडाल चौकड़ी के हवाले कर दिया। इस दिशा को उलटने के लिए एक ओर ग्रामसभा संकल्प कर पुलिस-अदालत मुक्ति, शराब और अन्य मादक पदार्थों की बन्दी, सफाई और कम्पोस्ट खाद का निर्माण, भ्रष्टाचार को ललकारना, जङ्गल बढ़ाना आदि सारे काम करने लगेगी और दूसरी ओर राजकाज व कारोबार चलाने की शक्ति ग्रामसभा को मिले, ऐसा परिवर्तन मतदाता-परिषदों और जन-आन्दोजनों द्वारा कराना होगा। आज की विस्फोटक स्थिति के लिए हम नागरिक भी जिम्मेदार हैं, क्योंकि हम अपने बूते का काम स्वयं न कर सरकारों पर निर्भर रहते रहे।

3. सामाजिक-हिंसा का त्याग

ऊपर के काम करने के लिए जन-आन्दोलन चलाना होगा। इसके लिए हिंसा का त्याग करना होगा। आज क्या चुनाव में और क्या राजनीति और अर्थनीति में सर्वत्र हिंसा का राज्य है। इन बयालीस वर्षों में राजनीति और अर्थनीति नीति-अनीति निरपेक्ष बनायी गयी है। लोकतंत्र और हिंसा परस्पर विरोधी है। अतएव अन्याय-निराकरण के लिए गाँव-गाँव में ग्रामसभा की सम्मति से शान्ति सेना बनायी जाये तो सेवा के कामों के साथ-साथ अहिंसक प्रतिकार से अन्याय-निवारण का काम करें।

4. नैतिक-आध्यात्मिक-मूल्य-आधारित जीवन

आज व्यक्तिगत और सामाजिक जीवन में मूल्यों का अपार क्षय हो रहा है। हम कर ही क्या सकते है? इस हताशा से जन-जन ग्रसित है। आत्मविश्वास का अभाव सर्वत्र व्याप्त है। इसलिए परिवर्तन का प्रारम्भ स्वयं से कर अपने इन विचारों को बदलना

होगा और आचार में तबदीली लाने के ऊपर बताये हुए प्रथम कदम उठाने होंगे। सोचना चाहिए कि दुनिया में आज भी सज्जन ज्यादा हैं और दुर्जन कम। तो भी सज्जनों की दुर्दशा क्यों और मूल्यों का अपार क्षरण क्यों है? कारण समझ में आयेगा कि बहुसंख्य सज्जन उदासीन, निष्क्रिय और असंगठित हैं और दुर्जन तत्पर, सक्रिय और संगठित हैं। संगठन अहिंसा की कसौटी है, यह गाँधी ने कहा था। गुलामी के गहन अंधकार को गाँधी ने कैसे दूर किया? खुद में आत्मशक्ति जगाकर और जनता को संगठित कर वही हमें करना होगा। इस हेतु आज की समस्याओं के संदर्भ मे गाँधी-मार्ग की प्रासंगिकता नागरिकों के सम्मुख रख कर राष्ट्र के खोये हुए शुद्धि का आग्रह जीवन में रखे बिना अन्य कोई उपाय बचा नहीं है। साधन-शुद्धि का हमारा आग्रह किसी भावना पर नहीं, बल्कि इस ऐतिहासिक तथ्य पर आधारित है कि अशुद्ध साधनों से कभी भी शुद्ध साध्य की प्राप्ति नहीं की जा सकी है। अच्छे साध्य की प्राप्ति शुद्ध साधनों से ही हो सकती है। अतः साध्य-साधन-विवेक अत्यावश्यक हैं।

खुली चुनौती

हमारे देश में एक ओर भोली और उदासीन जनता है तो दूसरी ओर संकुचित और स्वार्थी नेता हैं। ऐसी परिस्थिति में आज जो हुआ, उससे भिन्न होता भी क्या? क्या इस संकट को हम चुपचाप सह लेंगे? कोई भी स्वाभिमानी व्यक्ति ऐसे में चुप बैठा नहीं रह सकता। यह सारी दुरावस्था भारत के हम आजाद नागरिकों के लिए एक खुली चुनौती है जिसे हमें स्वीकार करना ही होगा।

आज दुनिया भर में परिवर्तन की लहर है। भारत में भी परिवर्तन का प्रारम्भ हुआ है। परिवर्तन की इस अनुकूल परिस्थिति का लाभ उठाकर हमें भी उठ खड़ा होना होगा और देश को गाँधी-मार्ग की जानकारी देकर क्रान्ति का प्रारम्भ करना होगा। शान्तिमय परिवर्तन के लिए काम करने वाले युवक-युवतियाँ, रचनात्मक संस्थाओं के कार्यकर्ता और गाँधी-प्रेमी नागरिक आज भी देश में करोड़ों की संख्या में हैं। ज्ञान सर्वोच्च शक्ति है, ऐसा विश्वास लेकर यदि हम सब प्रयत्नशील हो जायँ तो हम बड़ों-से-बड़ी चुनौती का सामना कर सकते हैं।

(राष्ट्रीय अभियान समिति)

2

बीसवीं सदी के स्मरणीय संकेत

क्रान्ति-विज्ञान और वैज्ञानिक क्रान्ति

आचार्य दादा धर्माधिकारी

हमें भेद से अभेद की ओर जाना है। पुरानी परिभाषा में कहें तो हम द्वैत में से अद्वैत की ओर जाना चाहते हैं, आधुनिक परिभाषा में कहें तो स्वार्थों का संघर्ष जिन्हें कहा जाता है, उन सारे सामाजिक, आर्थिक और राजनैतिक विरोधों का निराकरण हम करना चाहते हैं।

मनुष्य को प्रेम में आनन्द आता है, द्वेष में नहीं। संवाद में आनन्द आता है, विवाद में नहीं। आपका और मेरा मतभेद हो, तो मैं बेचैन रहता हूँ। आपका और मेरा मतैक्य हो जाय, दोनों का एकमत हो जाय, तो मुझे आनन्द आता है। सहमति में आनन्द होता है और जहाँ मतभेद होता है, वहाँ मनुष्य बेचैन हो जाता है। उसकी बुद्धि भी अस्पष्ट रहती है और जब तक संवाद की स्थापना नहीं हो जाती, तब तक बुद्धि का समाधान नहीं होता। बुद्धि का धर्म संवाद की स्थापना करना है।

'हमें भेद का निराकरण करना है, अभेद की स्थापना करनी है' यह प्रतिज्ञा दुनिया के सभी क्रान्तिकारियों की है। हमने भिन्न-भिन्न विचारों में संवाद अधिक खोजा है, विवाद कम खोजा है, क्योंकि विवाद का निराकरण करना है। दूसरों में और हममें जितना एकमत है, उसका तो हमें संग्रह करना है और जो भेद है, उसका निराकरण करना है।

क्रान्ति कैसी हो?

संस्कृति और सम्प्रदाय अब सार्वभौम नहीं रह गये, पर विज्ञान के अविष्कार, विज्ञान के शोध सार्वभौम हैं। विज्ञान सार्वभौम है, इसलिए जो क्रान्ति हो, वह वैज्ञानिक होनी चाहिए यानी समाज-विकास के नियमों के अनुरूप होनी चाहिए। इसे वैज्ञानिक क्रान्ति कहते हैं।

क्रांति अन्तर्राष्ट्रीय होनी चाहिए। अन्तर्राष्ट्रीय क्रान्ति का अर्थ क्या है? ऐसी क्रान्ति, जो कि अंतर्राष्ट्रीय आकांक्षा और ऐतिहासिक आवश्यकता के अनुरूप हो।

आज अन्तर्राष्ट्रीय आकांक्षा क्या है? शान्ति की आकांक्षा आज अन्तर्राष्ट्रीय आकांक्षा और ऐतिहासिक आवश्यकता है, विशेष रूप से आणविक शस्त्र-संभार के बाद। आज युद्ध निषिद्ध-सा हो गया है। क्योंकि सारी मानव-जाति के अस्तित्व के लिए ही खतरा उत्पन्न हो गया है। अतः यह भी जरूरी नहीं है कि जिस पद्धति से यानी जिस कार्यक्रम से किसी एक जगह पर क्रान्ति हुई, उसी कार्यक्रम के अनुसार दूसरी जगह क्रान्ति हो। अब जो क्रान्ति होगी, उसकी प्रक्रिया न किसी का अनुकरण होगी, न उसका ही कोई अनुकरण हो। अनुसरण हो सकता है। यानी हम अपनी विशिष्ट परिस्थिति के अनुरूप उसके सिद्धान्तों को अपना सकते हैं।

राममनोहर लोहिया ने एक किताब लिखी है- 'दी व्हील ऑफ हिस्ट्री' (इतिहास का चक्र) उसमें लेखक ने काफी गंभीरता और गहराई के साथ विचार किया है कि किस तरह क्रान्ति की प्रक्रियाओं में और क्रान्ति की पद्धति में भी विकास होना चाहिए। आज यदि अन्तर्राष्ट्रीय क्रान्ति हो, तो वह सशस्त्र क्रान्ति नहीं हो सकती। यह आज की ऐतिहासिक परिस्थिति है।

आज जन-प्रतिकार का कोई सशस्त्र साधन नहीं रह गया है। इसलिए अब जनता की क्रान्ति शस्त्रों से हो सकती है यानी कुछ नेता लोग क्रान्ति का ठीका ले लें, तो 'उनके द्वारा' आपके लिए क्रान्ति होगी, लेकिन वह क्रान्ति 'आपके द्वारा' नहीं होगी। जनतंत्र में इस बात की आवश्यकता है कि जो क्रान्ति हो, वह केवल जनता के लिए न हो, जनता की क्रान्ति जनता के द्वारा हो। आज क्रान्ति भी जनतांत्रिक होनी चाहिए, अन्यथा दुनिया में गणतंत्र की कुशल नहीं है। क्रान्ति की प्रक्रिया ही जनतांत्रिक हो जानी चाहिए। आज तक क्या था? यही कि क्रान्ति की प्रक्रिया भी तानाशाही की हो, क्रान्ति के बाद की सत्ता भी तानाशाही की हो और फिर आशा की जाती थी कि उसमें से जनतंत्र का विकास होगा।

वैज्ञानिक क्रान्ति की बात पर हम सोचें। वैज्ञानिकता का अर्थ क्या है? विज्ञान केवल पदार्थ-विज्ञान या रसायन-शास्त्र ही नहीं है। इनके सारे नियम मनुष्य के लिए लागू करना अवैज्ञानिक है। मानव और पदार्थ के बीच में सजीव और निर्जीव जितना अंतर है। मानवीय विज्ञान और पदार्थ-विज्ञान में बहुत बड़ा अंतर है। मानवीय विज्ञान क्या है? मानवीय विज्ञान है- भेद का निराकरण, अभेद की स्थापना। इसी दिशा में हमें जाना है अतः इस दिशा में जो ले जायेगा, वह विज्ञान है। इस दिशा में हमें जो नहीं ले जाता, वह विज्ञान नहीं है।

संघर्ष नहीं, सहयोग

मैं थोड़ी देर के लिए मान लेता हूँ कि संघर्ष ही जीवन का नियम है। लेकिन वह

किसलिए है, जीवन संपन्न करने के लिए या जीवन का नाश करने के लिए? अंततः संघर्ष में से भी तो जीवन ही सम्पन्न होना चाहिए न? जिस संघर्ष में से जीवन सम्पन्न होता है, उसे संघर्ष का नाम भले ही दे दीजिये, असल में वह सहयोग ही है। ताश के खेल में दो पक्ष होते हैं, तभी खेल पूरा होता है। 'वे संघर्ष में खड़े हुए' कहलाते अवश्य हैं, लेकिन वास्तव में सहयोगी पक्ष होते हैं। इसका अर्थ यही हुआ कि प्रतिकार सहयोगात्मक होना चाहिए। गाँधी ने कहा, "सहयोगात्मक प्रतिकार करो।" प्रश्न उठता है, "क्या प्रतिकार भी सहयोगात्मक हो सकता है ?" प्रतिकार में जब अहिंसा जोड़ दी जाती है, तब प्रतिकार भी सहयोगात्मक बन जाता है। यह जो सहयोगात्मक सेवात्मक प्रतिकार होता है, इसी का नाम है, सत्याग्रह। इसमें कोई स्वपक्षीय नहीं, कोई प्रतिपक्षीय भी नहीं। हम एक-दूसरे को परास्त करना नहीं चाहते, एक दूसरे से सहयोग इसलिए करना चाहते हैं कि दोनों में गुणात्मक परिवर्तन हो।

शक्ति का अंतिम अधिष्ठान

अब सवाल इतना ही है कि संघर्ष यदृच्छा से होगा या बुद्धिपूर्वक होगा। यदृच्छा से होगा, तो मनुष्य नियति का एक अंश बन जाता है। उससे उसका व्यक्तित्व नष्ट हो जाता है। मनुष्य की मानवता ही समाप्त हो जाती है। यदि पुरुषार्थ है तो उसमें मनुष्य की अपनी बुद्धि होनी चाहिए। इस चेतना का सशस्त्र क्रान्ति में अभाव पाया जाता है। सशस्त्र क्रान्ति की अंतिम प्रतिष्ठा, अंतिम शक्ति कहाँ होती है? शेक्सपीयर का दूसरा रिचार्ड कहता है, " हमारी जो कलाई की ताकत है, वही" हमारी सदसद्विवेक-बुद्धि है और हमारी तलवार ही हमारा कानून है।" सशस्त्र युद्ध चाहे कैसा भी हो, अंत में यहाँ आकर वह रुक जाता है। शस्त्र-शक्ति ही उसका मुख्य अधिष्ठान है।

रामदास स्वामी ने कहा, " भगवान का अधिष्ठान हो।" लेकिन भगवान का अधिष्ठान कहाँ हो? हृदय में हो। और हाथ में तलवार हो!" तो क्या भगवान काफी नहीं है?" तो कहते हैं, " नहीं भगवान के संरक्षण के लिए तलवार की जरूरत है।" तब तो तलवार ही बड़ी है, भगवान् बड़ा नहीं हुआ। और जिसकी तलवार बड़ी हुई, वही भगवान हो गया। प्रश्न यह है कि अंत में शक्ति का अधिष्ठान कहाँ मानते हैं? हम अपने आदर्श को श्रेष्ठ मानते हैं या बाहुबल को? सशस्त्र क्रान्ति यहाँ आकर रुक जाती है। इसलिए सशस्त्र क्रान्ति जैसी अवैज्ञानिक और अव्यवहारिक प्रक्रिया संसार में आज दूसरी है ही नहीं। यह गाँधी और मार्क्स का सवाल नहीं हैं, हमें तटस्थ होकर विचार करना है और सोचना है कि आज के जागतिक संदर्भ में कौन-सी-क्रान्ति वैज्ञानिक और व्यावहारिक हो सकती है।

क्रान्ति की प्रक्रिया

हम भेद का निराकरण करना चाहते हैं, अभेद की ओर बढ़ना चाहते हैं। यही हमारी कसौटी है। इसके अनुरूप हमारी प्रक्रिया होनी चाहिए। "दूसरे की बीमारी को अपनी समझो। उसकी सेवा करो।" "बीमारी में मैं शुश्रूषा करता हूँ, इसलिए कि 'तेरा' दुःख 'मेरा' दुःख है।"- समाज और संसार आज यहाँ तक पहुँचाया गया है। अज्ञानी के साथ हमें सहानुभूति है। 'तेरा' प्रश्न 'मेरा' प्रश्न है। 'तेरा' अज्ञान 'मेरा' अज्ञान है। दोनों मिलकर उसका निराकरण करेंगे।"- शिक्षण और विद्या के क्षेत्र में हम यहाँ तक पहुँच गये हैं।

गाँधी कहते हैं, " और एक कदम आगे बढ़ो। दूसरे के अपराधों को भी अपने अपराध मानो। तुम्हारी सहृदयता, तुम्हारा तादात्म्य दूसरों के साथ यहाँ तक हो। तुम्हें अपराध में सहयोग नहीं करना है, अपराध क्षमा भी नहीं करना है, लेकिन उस अपराधी को अपना दूसरा स्वरूप मान लेना है।" यह करुणा की प्रक्रिया है। इस क्रान्ति में करुणा की प्रक्रिया क्यों है? इसलिए कि अब पापी, अपराधी और अन्यायी के लिए भी हमको करुणा बरतनी होगी।

हमारी क्रान्ति की प्रक्रिया में जो प्रेरणा होगी, वह बहुजनों की स्वार्थ की भी न हो और द्वेष की भी न हो। क्रान्ति की प्रेरणा जब मानवीय प्रेरणा होगी, तभी वह क्रान्ति वैज्ञानिक हो सकती है, अन्यथा नहीं। मानवीय प्रेरणा सहानुभूति की प्रेरणा होती है, जिसे विनोबा ने करुणा की प्रेरणा कहा है और गाँधी ने 'अहिंसा की प्रेरणा' या 'प्रेम की प्रेरणा' कहा था। इसकी व्यक्तिगत भूमिका क्या है? यही कि दूसरों के अपराधों को अपना अपराध मानो। गाँधी ने यह नहीं कहा कि बुराई का प्रतिकार मत करो। उन्होंने कहा, "जैसे रोग हैं, जैसी बीमारियाँ हैं, वैसे ही अपराध हैं। मेरे अन्दर भी अपराध है और दूसरे के अपराध में मेरे अपराध हैं, इसलिए दूसरे के और मेरे सबके अपराधों का प्रतिकार करना है, निराकरण करना है। अपराध का प्रतिकार करना है, अपराधी को क्षमा करना है।

प्रश्न है कि समाज में से अपराध-निराकरण कैसे हो? आज का वैज्ञानिक कहता है, अपराध-निराकरण की दो प्रक्रियाएँ हैं: (1) समाज में अपराध के लिए अवसर न रहे, ऐसी परिस्थिति पैदा की जाय और (2) अपराधी का उद्धार हो।

'सबार उपरे मानुष सत्य'

गाँधी इससे सिर्फ एक कदम आगे बढ़ता है। अन्याय का निराकरण होगा, अन्याय का प्रतिकार होगा और अन्यायी का उद्धार होगा। यह मानवीय प्रक्रिया है। अब इसे कोई अवैज्ञानिक कहे तो अवैज्ञानिकता का आरोप सह लेने के लिए हम नम्र भाव से तैयार

हैं। हमारे लिए मनुष्य विज्ञान से श्रेष्ठ है। यंत्र बहुत बड़ा होगा, परन्तु यंत्र से विज्ञान बड़ा है और विज्ञान से मनुष्य बड़ा है। हमने मनुष्य को केन्द्र में मान लिया है। हम जो परीक्षण करेंगे, वह हमेशा अपने सामने मनुष्य को केन्द्र में रखकर करेंगे। इसलिए जब मैं कहता हूँ कि क्रान्ति वैज्ञानिक होनी चाहिए तो उसका अर्थ होता है विज्ञान की आज तक हुई प्रगति का फायदा उठाते हुए और मानवीय विज्ञान को दृष्टि में रखते हुए हमको एक नयी प्रक्रिया की खोज करनी है। एक ऐसी प्रक्रिया जिससे भेद का निराकरण हो, अभेद की स्थापना हो, पर मानव का निराकरण न हो। बुराई के निराकरण के साथ बुरे आदमी का ही निराकरण हो जाता है तो वह निराकरण नहीं हुआ। वह तो अज्ञान के निराकरण के साथ विद्यार्थी का ही निराकरण हो गया, बीमारी के निराकरण के साथ रोगी का ही निराकरण हो गया। मानवीय विज्ञानमूलक प्रक्रिया यानी भेद का निराकरण के और अभेद की स्थापना के अनुकूल तथा बुराई का निराकरण और बुरे व्यक्तियों के उद्धार की प्रक्रिया। इस सांस्कृतिक मूल्य के अुनरूप ही आज की क्रान्ति की प्रक्रिया हो सकती है। यही सांस्कृतिक प्रक्रिया है, यही वैज्ञानिक प्रक्रिया है, यही अन्तर्राष्ट्रीय भी। यह प्रक्रिया अन्तर्राष्ट्रीय इसलिए है कि आज की अन्तर्राष्ट्रीय आकांक्षा और ऐतिहासिक आवश्यकता-विश्व शान्ति के अनुरूप और अनुकूल है।

मार्क्स की शोषण मुक्ति और गाँधी की हिंसा मुक्ति

आचार्य राममूर्ति

[मार्क्स और गाँधी का लक्ष्य समान होते हुए भी सामाजिक न्याय के आर्थिक, राजनैतिक और सांस्कृतिक क्षेत्रों में समता तथा शेयरिंग की नींव डालने हेतु अलग-अलग आयाम रहे। क्यों इसका विश्लेषण कर रहे हैं - आचार्य राममूर्ति, जो चाहते हैं कि पीड़ित मानवता को मुक्ति का आश्वासन मिले है। -सं0]

बीसवीं शताब्दी

बीती शताब्दी का पूर्वार्द्ध तीन बातों के लिए हमेशा याद किया जायेगा-एक, विश्व-युद्ध में अणुबम का प्रयोग, दो, योरप में साम्राज्यवाद का अंत, तीन प्रतिकार के हथिहार तथा हिंसक संघर्ष के विकल्प के रूप में अहिंसा का प्रयोग। इसी तरह उत्तरार्द्ध भी कई बातों के लिए स्मरणीय रहेगा। राष्ट्र की सीमाओं को लांघकर बहुराष्ट्रीय पूँजीवाद का विकास, पश्चिमी यूरोप तथा कुछ क्षेत्रों में कई देशों का परस्पर विकास के लिए एक सहकारी व्यवस्था के अन्तर्गत आना, पूर्वी यूरोप और सोवियत रूस में कम्यूनिस्ट व्यवस्था का पतन, कई राष्ट्रों पर उप-राष्ट्रीय अस्मिताओं का उदय, तथा राज्य-शक्ति (स्टेट पावर) का घटता महत्त्व, और उससे भिन्न एक स्वायत्त शक्ति के रूप में लोक शक्ति (पीपुल्स पावर) की कल्पना और भारत-जैसे देश में उसके सुनियोजित प्रारंभिक प्रयोग- ये ऐसी घटनाएँ हैं, जिनके गहरे और दूरगामी परिणाम होंगे। दुनिया के जीवन पर इनके प्रभाव अभी ही दीखने लगे हैं, और कई जगह इनमें छिपे कुछ शुभ संकेत प्रकट भी हो रहे हैं। दक्षिण अफ्रीका में काले-गोरे के प्रश्न पर दोनों के बीच संवाद की पहल, भारत में सामाजिक न्याय की बढ़ती स्वीकृति, अनेक देशों में मानवीय तथा नागरिक अधिकारों की उठती आवाज आदि आज की विश्व-परिस्थिति के कुछ ऐसे संकेत हैं, जिनकी स्पष्ट छाप अगली शताब्दी के राष्ट्रीय तथा अंतर्राष्ट्रीय जीवन पर पड़े बिना नहीं रहेगी। सोवियत रूस में कम्यूनिस्ट व्यवस्था का अंत अकेली एक ऐसी घटना है जिसमें सभ्यता के भावी विकास को नया मोड़ देने की संभावना छिपी हुई है। लोग पूछने लगे हैं कि क्या अब सारी धरती पर अकेला पूँजीवाद राज करेगा?

क्रान्ति की प्रेरणा

पूँजीवाद अभी एक जीता-जागता दर्शन है। उसकी विकासशील बाजार-व्यवस्था की संभावनाएँ दिनोदिन बढ़ रही हैं। बाजार की रचना में पूँजीवाद का जादू प्रकट होता है। बाजार की अपनी एक अलग दुनिया है, जिसके अलग तरीके हैं। उसमें मार्क्स या उसके जैसे लोगों के लिए स्थान नहीं है। एक ओर ये बाजारवादी हैं तो दूसरी ओर वे हैं, जिनकी दृष्टि में रूस में पतन केवल एक व्यवस्था का हुआ है, न कि मार्क्सवाद की मूल प्रेरणा और क्रान्ति-दर्शन का। वे मानते हैं कि मार्क्स का दर्शन मनुष्य-जाति की एक अमिट धरोहर है। करुणा-जैसी मूल मानवीय प्रेरणा, जो क्रान्तियों की जननी है, अक्षय है। मार्क्स इतिहास का पहला व्यक्ति था, जिसने इस प्रेरणा से प्रेरित होकर समाज के विकास का गहन अध्ययन और चिंतन किया, और उसके आधार पर मनुष्य-जाति को यह आश्वासन दिया कि शोषण मनुष्य की बनायी कृत्रिम स्थिति है, जिसका अंत वह अपने पराक्रम से कर सकता है। स्वयं इतिहास शोषण और दमन से मुक्ति की दिशा में बढ़ रहा है। मार्क्स के इस आश्वासन ने मनुष्य को वह प्रेरणा दी, जिसने सर्वहारा को इतिहास-निर्माता बना दिया। कल तक जो मजदूर था। वह सहसा क्रान्तिकारी हो गया। जिस दिन यह आश्वासन नहीं रहेगा, उस दिन मनुष्य में पराक्रम की क्या प्रेरणा रह जायेगी? यदि शोषण-मुक्ति का ध्रुवतारा न हो तो मनुष्य किस प्रकाश को देखकर आगे बढ़ेगा, और गिर-गिर कर भी बढ़ता रहेगा, इसलिए किसी भी मूल्य पर इस प्रेरणा को बनाये रखना है। व्यवस्था के पतन को पूरे दर्शन का पतन नहीं माना जा सकता। व्यवस्था हमेशा परिस्थिति के साथ जुड़ी रहेगी, इसलिए बदलती रहेगी। लेकिन कोई दर्शन तो तभी छोड़ा जा सकता है, जब विज्ञान और अनुभव उसे गलत सिद्ध कर दे। मनुष्य मुक्ति की खोज एक अंतहीन प्रक्रिया है। जब तक वह प्रक्रिया रहेगी, तब तक शोषण-मुक्ति का दर्शन पुराना नहीं पड़ सकता।

मार्क्स की शोषण-मुक्ति गाँधी की हिंसा-मुक्ति

आज तक के सामाजिक विकास की मुख्य धारा शोषण की रही है, और आज भी है। मार्क्स की बतायी यह बात ऐसी है, जिसे स्वीकार करने में किसी को कठिनाई नहीं होनी चाहिए। गाँधी को भी नहीं हुई, जबकि मार्क्स की कई बातें गाँधी को मान्य नहीं थीं। हाँ, गाँधी ने शोषण को आर्थिक शोषण तक सीमित नहीं माना, बल्कि उसे हिंसा के व्यापक रूप में देखा, इसलिए हिंसा से मुक्ति, यानी अहिंसा, को उन्होंने विकास और सभ्यता की कसौटी माना। गाँधी ने यहाँ तक कहा कि हजारों वर्षों में मनुष्य उसी सीमा तक सभ्य हुआ है, जहाँ तक वह हिंसा से मुक्त हुआ है। मार्क्स ने शासन-मुक्त

समाज (स्टेटलेस सोसाइटी) की कल्पना मुक्त मानवों के मुक्त भाईचारे के रूप में की थी। ऐसा समाज राज्य की कानूनी हिंसा, यानी दंड-शक्ति, से भी मुक्त होगा। उसी तरह गाँधी का भावी समाज हर प्रकार की हिंसा से मुक्त यानी अहिंसक होगा। मार्क्स के शासन-मुक्त समाज और गाँधी के अहिंसक समाज, दोनों में मनुष्य के चरम उत्कर्ष की कल्पना है। उस कल्पना का मनुष्य न शोषक होगा, न शोषित। उस पर राज्य का शासन नहीं होगा, वह स्व-शासित होगा।

क्रान्ति दर्शन के प्रयोग

19वीं शताब्दी के उत्तरार्द्ध में जब मार्क्स अपने विचारों को पक्का कर रहा था तो गाँधी सुदूर दक्षिण अफ्रीका में एक दूसरी तरह की लड़ाई लड़ रहा था। दोनों ने सभ्यता के संकट को पहचाना। लेकिन गाँधी ने संकट से मुक्त होने का जो रास्ता निकाला, वह मार्क्स के रास्ते से भिन्न था। बाद को मार्क्स के क्रान्ति-दर्शन का प्रत्यक्ष प्रयोग रूस में लेनिन और स्टालिन ने किया जबकि गाँधी ने अफ्रीका और भारत में अपने 'सत्य के प्रयोग' अनेक वर्षों तक खुद किये। रूस की क्रान्ति 1917 में हुई, और गाँधी ने 1916 में अपना पहला आश्रम स्थापित किया। दक्षिण अफ्रीका में रंगभेद तथा भारत में अंग्रेजी साम्राज्यवाद के विरुद्ध संघर्ष में निहत्थी जनता के हाथ में सत्याग्रह का हथियार देकर गाँधी ने पीड़ित जनता के लिए मुक्ति का एक नया मार्ग प्रशस्त कर दिया। इतना ही नहीं, स्वयं युद्ध और संघर्ष को हिंसा से मुक्त कर दिया। सामान्य जनता द्वारा सत्याग्रह गाँधी का अविष्कार था। मार्क्स और लेनिन के संघर्ष की स्ट्रैटेजी नयी थी, हथियार पुराना था, जबकि गाँधी की स्ट्रैटेजी और हथियार दोनों नये थे। इसी हथियार से भारत की जनता ने आजादी की लड़ाई लड़ी- लेकिन आजादी के बाद भारत के शासकों ने गाँधी के रास्ते का प्रयोग जरूरी नहीं समझा। रूस और भारत दोनों में सुसंगठित 'नेशन-स्टेट' का निर्माण हुआ। जिसके परिणाम दोनों देशों में प्रायः समान आये। राज्य-शक्ति का विस्तार, केन्द्रित नियोजन, नौकरशाही और पार्टी का एक विशाल शासक वर्ग, निष्क्रिय (पैसिव) समाज,लोकतांत्रिक तथा नैतिक मूल्यों का ह्रास, आदि लक्षण रूस और भारत दोनों जगह प्रकट हुए। रूस के विघटन में 72 वर्ष लगे, किंतु भारत आजादी के चन्द वर्षों बाद ही विघटन की कगार पर पहुँच गया है। रूस समाजवाद को छोड़कर बाजार की ओर लौटा है, और भारत तो पूरे दिल से समाजवाद की राह पर कभी चला ही नहीं। अब वह बाजार और विदेशी पूँजी की शरण में जा रहा है। रूस की राज्य-शक्ति (मार्क्सवादी) समाजवाद को नहीं चला सकी, और भारत की राज्य-शक्ति-लोकतांत्रिक समाजवाद और लोक कल्याण के नाम पर सरकार-स्वामित्व के कुछ हलके कदम उठाकर ठिठक गयी।

विशिष्ट जन (एलीट) का वर्चस्व

पिछले अनेक वर्षों में रूस, भारत तथा अन्य कई देशों में समाजवाद और लोककल्याण की अर्थनीति के अन्तर्गत जिस तरह राज्य-शक्ति का विस्तार हुआ है तथा समाज के साधन उसके हाथ में चले गये हैं, उसके कारण सत्ता और सामान्य जन के बीच एक विशाल विशिष्ट वर्ग (एलीट क्लास) पैदा हो गया है, और जो अपने स्वार्थ में पुराने 'मालिकों' से कम लोभी, स्वार्थी, और क्रूर सिद्ध नहीं हुआ है। वह समाजवाद का नाम तो लेता रहा है किन्तु उसके सही मूल्यों को उसने धरती पर नहीं उतरने दिया है। इसका परिणाम यह हुआ कि समाज में विशिष्ट जन तथा सामान्य जन के बीच द्वंद्व की विकट स्थिति (कनफ्लिक्ट सिचुएशन) पैदा हो गयी है। आज हर जगह परिवर्तन-विरोधी शक्तियाँ परिवर्तन समर्थक शक्तियों से ज्यादा मजबूत स्थिति में हैं, और उन्होंने परिवर्तन के सहज प्रवाह को रोक दिया है। भारत आज वस्तुतः इस एलीट वर्ग की मुट्ठी में चला गया है। इस विशिष्ट वर्ग के वर्चस्व से मुक्ति कैसे मिले? यह मुख्य प्रश्न देश के सामने है। परिवर्तनकारियों को इस प्रश्न का उत्तर ढूँढ़ना है।

गाँधी-विचार की विशेषता

क्या 'स्टेट सोशलिज्म' से भिन्न समाजवाद का कोई दूसरा 'ब्लू प्रिंट' कहीं है, जिसमें शोषण-मुक्ति, समानता, और शेयरिंग के मूल्य चरितार्थ करने की संभावना हो, हाँ उस तरह का ब्लूप्रिंट- कम-से-कम उसकी स्पष्ट रूपरेखा-भारत में गाँधी और गाँधी-विचार के पास मौजूद है।

सत्य और अहिंसा, विज्ञान और लोकतंत्र

मार्क्स के वर्ग-संघर्ष के सिद्धान्त की तरह गाँधी ने समाज के विकास के किसी सिद्धान्त का प्रतिपादन नहीं किया। उन्होंने केवल दो मूल्य प्रस्तुत किये- सत्य और अहिंसा। आधुनिक युग के दो शब्द 'विज्ञान' और 'लोकतंत्र' गाँधी के सत्य और अहिंसा के सबसे नजदीक पहुँचते हैं। विज्ञान सत्य के सिवाय दूसरी कोई सत्ता नहीं स्वीकार करता, और लोकतंत्र वस्तुतः हिंसा-मुक्ति का दर्शन है। विज्ञान और लोकतंत्र दोनों ऐसी चीजें हैं, जिनमें यह नहीं माना जा सकता कि मनुष्यों का समाज सिद्धान्त के किसी बने-बनाये साँचे में ढाला जाये- वह भी राज्य की दंड-शक्ति के बल पर। और, जब लोकतंत्र लोकमत के आधार पर शांति संघर्ष की छूट देता हो तो हिंसा का औचित्य और आवश्यकता क्या रह जाती है? अगर यह तर्क सही हो तो हिंसक वर्ग-संघर्ष तथा सर्वहारा की तानाशाही के सिद्धान्त का विज्ञान और लोकतंत्र के साथ मेल कैसे बैठेगा?

जिस तरह किसी समय समाजवाद का विकास खुले बाजार की शक्तियों पर अंकुश लगाने के लिए हुआ, उसी तरह हिंसक राजनीति (राजा का दमन, तानाशाह का जुल्म या अराजकता) से मुक्ति के लिए लोकतंत्र का विकास हुआ है। आज के जमाने में विज्ञान में जिस प्रकार नये सत्य सामने आते जा रहे हैं, उसी प्रकार लोकतंत्र में संगठन और समुदायों के संबन्ध के नये सत्य स्वरूप विकसित हो रहे हैं। ऐसी स्थिति में सामाजिक क्रान्ति को भी विज्ञान और लोकतंत्र की मर्यादाएँ स्वीकार करनी पड़ेंगी। उन मर्यादाओं में मतवाद (आइडिया लॉजी) और हिंसा-प्रतिहिंसा के लिए स्थान नहीं रह जायेगा। उनका स्थान लेंगे स्थायी मूल्य, शांतिपूर्ण संघर्ष, सत्याग्रह, सहयोग और समन्वय। सत्याग्रह के हथियार का भिन्न-भिन्न परिस्थितियों में भिन्न-भिन्न तरीकों से प्रयोग दुनिया भर में होने लगा है। उसके प्रभावी और सौम्य स्वरूप विकसित हो रहे हैं।

शोषण की रचना और शोषण मुक्ति के उपाय

गाँधी जी मानते थे कि समाजवाद और हिंसा परस्पर-विरोधी सिद्ध हुए हैं। इस दृष्टि से शोषण-मुक्ति के नाम पर शोषक-वर्ग के स्थूल संहार का समर्थन नहीं किया जा सकता। वास्तव में शोषण की व्यवस्था में एक भाग द्वारा दूसरे भाग का शोषण होता है। यह शोषण की कुल रचना है। इसलिए शोषण का अंत करना हो तो पूरी रचना बदलनी पड़ेगी। व्यवस्था का बदलाव राज्य के हाथ में राजनैतिक और आर्थिक शक्तियों के केन्द्रीयकरण से नहीं हो सकता। रूस में नहीं हुआ। कहीं भी नहीं हुआ। इसके विपरीत हुआ यह कि राज्य स्वयं शोषण और दमन का माध्यम बन गया। सारे अधिकार केन्द्रित हो जाने से राज्य की हिंसा को बढ़ावा मिलता गया है, और शोषण-मुक्ति के नाम पर हिंसा का औचित्य ठहराया गया है।

केन्द्रित उद्योगवाद दोषी

गाँधी ने 19वीं शताब्दी के पूँजीवादी उद्योगवाद को सभ्यता के संकट के रूप में देखा था। उसके लिए उन्होंने दोषी पूरे उद्योगवाद को माना। उद्योगवाद में पूँजी का निजी स्वामित्व था, केन्द्रित उत्पादन था, भोगवादी जीवन-शैली थी। तीनों को मिलाकर उद्योगवाद का विनाशकारी स्वरूप बन गया। गाँधी की दृष्टि में प्रश्न इतना ही नहीं था कि पूँजी का स्वामित्व निजी हाथों से निकालकर राज्य के हाथों में सौंप दिया जाय, बल्कि यह था कि सम्पूर्ण प्रचलित उद्योगवाद का विकल्प ढूँढ़ा जाये। इसलिए गाँधी को अपनी क्रान्ति-योजना में विकल्प के सभी आयाम रखने पड़े। उसमें संघर्ष और रचना का समन्वय करना पड़ा। शोषण-मुक्त उत्पादन तथा शासन-मुक्त जीवन को वह दूर का लक्ष्य नहीं मानते थे, बल्कि उनका प्रयास था कि तत्काल ऐसे कार्यक्रम अपनाये

जायें, जो उस दिशा में ले जाने वाले हों। नयी ऊर्जा, नयी तकनालोजी तथा नये औद्योगिक संगठन से नयी संभावनाएँ प्रकट हुई हैं। चर्खा-संघ का संगठन इसी दिशा में एक प्रारंभिक प्रयास था। गाँधी ने परिवर्तन के तीन पहलुओं पर साथ-साथ ध्यान दिया था- 1. राज्य की व्यवस्था में परिवर्तन, 2. समाज की रचना में परिवर्तन, 3. व्यक्ति के जीवन में परिवर्तन। इन तीनों क्षेत्रों में परिवर्तन साथ-साथ होगा, तब परिवर्तन में पूर्णता, समग्रता आयेगी।

मार्क्स ने क्रान्ति को 'इंडस्ट्री' के साथ जोड़ा था। गाँधी ने भी ऐसा ही किया। यही कारण है कि गाँधी ने चर्खे को अहिंसा का प्रतीक माना। मार्क्स की सोच केन्द्रित बड़े उद्योगों की ओर थी, जबकि गाँधी की ऐग्रो-इंडस्ट्रियल इकानमी की ओर। वह उसके अनुरूप तकनालोजी चाहते थे। मार्क्स के सामने योरप के बनते-बढ़ते औद्योगिक नगर और उनमें नारकीय जीवन बिताने वाले मजदूर थे, गाँधी के सामने भारत के लाखों उजड़ते गाँव। मार्क्स मजदूरों का मालिकों द्वारा होता शोषण देख रहा था, जबकि गाँधी केन्द्रित औपनिवेशिक, और महानगरीय अर्थनीति (कलोनियल ऐन्ड मेट्रापालिटन इकानमी) द्वारा ग्रामीण अर्थनीति के शोषण की विनाश-लीला को गरीबी, भुखमरी, बेरोजगारी और सामाजिक ह्रास के रूप में देख रहे थे। इसलिए गाँधी के सामने प्रश्न स्वामित्व बदल देने का तो था ही, इससे आगे बढ़कर एक इकानमी का दूसरी इकानमी द्वारा होने वाले शोषण का अंत करने का था। यह शोषण उस शोषण से भिन्न था, जो मार्क्स ने योरप में देखा था। फलतः दोनों के सोचे हुए शोषण-मुक्ति के उपायों में अन्तर पड़ना स्वाभाविक था।

राष्ट्र यानी ग्राम-गणराज्य

गाँधी की योजना में राष्ट्र का वह चित्र नहीं है, जिसे 'नेशन स्टेट' कहते हैं। वास्तव में उन्होंने भारतीय राष्ट्र की कल्पना लाखों 'ग्राम-गणराज्यों के महासंघ' के रूप में की थी। ग्राम-गणराज्य का अर्थ है कि हम ग्रामीण भारत को ग्राम-इकाइयों में बाँटकर देखें। हर इकाई अपनी भीतरी व्यवस्था में स्वायत्त हो, तथा मूल आवश्यकताओं की पूर्ति में एक क्षेत्र की ग्राम-इकाइयों में परस्पर-सहकार हो। आज की तकनालोजी इतनी विकसित है, और जैसी आवश्यकता हो, उसके अनुसार विकसित की जा सकती है, कि सही प्लैनिंग हो तो मूल आवश्यकताओं की पूर्ति हर गाँव अपने बलबूते पर गाँव की आंतरिक व्यवस्था चला सकता है। ऐसी स्थिति में विकेन्द्रित, सरकार के दैनंदिन हस्तक्षेप से मुक्त, व्यवस्था तथा स्वयं-संचालित 'फेस-टु-फेस ऐग्रोइंडस्ट्रियल कम्यूनिटी' तत्काल संभव है।

द्वंद्वों का जाल

रूस की तरह भारत का शासक-वर्ग भी पूँजीवादी, कल्याणवादी, बाजारवादी, पश्चिम की राह पर जोर-शोर के साथ चल पड़ा है। भारत का 'एलीट वर्ग' कुल जनसंख्या के एक-चौथाई भाग से अधिक नहीं है, फिर भी उसने सत्ता, सम्पत्ति, सुरक्षा, शिक्षा, संस्कृति, आदि राष्ट्रीय जीवन के प्राय: सब सूत्र अपने हाथ में कर लिये हैं। भारतीय राज्य-व्यवस्था के संरक्षण तथा सुनियोजित प्रोत्साहन से देशी-विदेशी पूँजी का गठबंधन हो रहा है और भारत सरकार ने जो नयी अर्थनीति अपनायी है, उसने ग्लोबलाइजेशन के नाम से उसे प्रतिष्ठित किया है।

राष्ट्र का जीवन हितों के विरोध (कनफिलक्ट आफ इंटरेस्ट्स) से जर्जर हो रहा है। कोई जगह नहीं, क्षेत्र नहीं, स्तर नहीं, जहाँ तनाव और टकराव की स्थिति न हो। लोग असुरक्षा और अनिश्चितता में जी रहे हैं। आर्थिक हितों के विरोध के बिछे जाल के दो स्तर मुख्य हैं। एक, नेशनल बनाम मल्टिनेशनल, दो, ग्रामीण बनाम मेट्रापालिटन। इनमें महानगरीय हितों को ही राष्ट्रीय हित माना जाने लगा है। ग्रामीण अर्थनीति का कोई अस्तित्त्व है, और उसके भी हित हैं, यह नहीं सोचा जाता। ग्रामीण अर्थनीति का आधार खेती है, लेकिन शहरी उद्योग और व्यापार के हितों द्वारा खेती के हितों की घोर उपेक्षा की जाती है। गाँव के उद्योग प्राय: लुप्त हो चुके हैं। राष्ट्र के उद्योगीकरण में गाँव के उद्योगीकरण की कोई सुव्यवस्थित योजना नहीं बनायी जाती। 'इनकम जेनरेशन' से आगे बढ़कर गाँव की एक सम्पूर्ण, स्वस्थ, इकानमी विकसित की जानी चाहिए, यह सोच न सरकार में है, न विद्वानों-विशेषज्ञों में।

शिक्षा का एलीटिज्म

विशिष्ट जन और सर्वजन के हितों का विरोध अगर कहीं नंगे रूप में प्रकट होता है तो शिक्षा के क्षेत्र में। शहरों की तो बात ही क्या, गाँवों तक में 'मिनी पब्लिक स्कूल' बनते जा रहे हैं, जिनमें काफी फीस देकर पढ़ने वाले बच्चे सुबह गले में टाई बाँधकर और पीठ पर किताबों का बोझ लादकर जाते देखे जाते हैं। सरकार के खर्च से चलने वाले नवोदय विद्यालयों में यही दृश्य है। उनमें प्रति विद्यार्थी 9-10 हजार रुपये प्रतिवर्ष का खर्च सरकार देती है, और बच्चे हैं 'गरीबों' के, यानी उनमें जो एलीट हैं उनके। इस तरह के सरकारी और गैरसरकारी संस्थाओं में भारत के शासक तैयार होते हैं तथा आई.आई.टी. और इंजीनियरिंग कॉलेजों जैसे तकनीकी संस्थानों में भारत के टेक्नोक्रेट तैयार होते हैं। मान लिया गया है कि सामान्य जन को इन क्षेत्रों के बाहर ही रहना है। विषमता को पोषण देने वाली योजना इससे बढ़कर दूसरी क्या होगी?

भूमि-व्यवस्था और संस्कार दोनों सामंती

दूसरा उदाहरण बिहार में भूमि की व्यवस्था का है, जो जमींदारी का अंत हो जाने के इतने वर्ष बाद भी सामंती बनी हुई है। जमींदारी के जमाने में जमींदार जमीन का मालिक था, उसके नीचे बंटाईदार थे। सबसे नीचे थे भूमिहीन मजदूर। आज जमींदार की जगह किसान है, बँटाईदार और मजदूर अपनी जगह बदस्तूर मौजूद हैं। व्यवस्था की जो तीन सीढ़ियाँ पहले थीं, वे आज भी हैं। जातीय दृष्टि से सबसे ऊपर की सीढ़ी पर सामान्यतः ऊँची जातियों के लोग हैं। बीच में मध्य जातियों के हैं। और सबसे नीचे हरिजन, आदिवासी हैं। यह रचना ही ऐसी है कि इसमें किसानों और बँटाईदारों, तथा किसानों और मजदूरों के बीच 'शीत-संघर्ष' की स्थिति सदा बनी रहती है। परिणाम यह होता है कि एक मामूली आर्थिक प्रश्न भी जाति-संघर्ष का रूप ले लेता है। पहले की अपेक्षा केवल इतना अंतर पड़ा है कि पहले प्रहार अकेले मालिक की ओर से होता था, अब दोनों ओर से होने लगा है। दल कोई हो, जाति कोई हो, भूमि के स्वामित्व से लाभ उठाने वाला एलीट वर्ग भूमि की इस सामंती व्यवस्था को बदलने का नाम नहीं लेता। जो लोग परिवर्तन के नारे लगाते हैं, वे भी नहीं।

आर्थिक धरातल पर हित-विरोध तीव्र है तो सामाजिक धरातल पर पूर्ण अलगाव है। गाँव पहले से इस तरह बसे हुए हैं कि ऊँची, मध्य और निम्न कही जाने वाली जातियों और मुसलमानों के टोले अलग-अलग हैं। खान-पान अलग, शादी, श्राद्ध अलग, रहन-सहन, रस्म, रिवाज, पर्व-उत्सव अलग, सुख-दुख अलग। कुल मिलाकर सामाजिक अलगाव ऐसा है कि सामंजस्य का कोई बिन्दु नहीं रह गया है। अलगाव के बाद दुराव और दुराव के बाद टकराव दूर नहीं रह जाता।

स्थायी अलगाव

आर्थिक क्षेत्र में दुराव और सामाजिक जीवन में अलगाव-दोनों को मिलाकर बिहार के जातिवाद का सामाजिक-आर्थिक आधार तैयार हुआ है। इसी का प्रतिबिम्ब और प्रतिनिधित्व राजनीति में होता है। आर्थिक शक्ति 'ऊँची' जातियों के हाथ में है, लेकिन राजनैतिक सत्ता बालिग मताधिकार की चुनावी पद्धति में संख्या के आधार पर 'मध्य' जातियों के हाथ में चली गयी है, इसलिए फारवर्ड-बैकवर्ड का टकराव मुख्यतः राजनैतिक और आर्थिक शक्तियों का टकराव है। इस रचना में कहीं साझेदारी (शेयरिंग) नहीं है, इसलिए समाज में भाई चारा नहीं है।

सोचने की बात यह है कि जिस समाज में जाति एक 'मनापली स्ट्रक्चर' हो, और जो परंपरा से प्रतिष्ठित और संस्कारों से पोषित हुआ हो, उसमें समाजवाद, सर्वोदय, सम्पूर्ण क्रान्ति, या साम्यवाद की क्रान्तिनीति क्या होगी? जाति की यह रचना

टूटी होती, अगर जमींदारी के अंत के साथ-साथ भूमि की व्यवस्था बदली होती तथा किसान-बँटाईदार-मजदूर में 'डिपेन्डेंसी रिलेशनशिप' खत्म की गयी होती। इसके अलावा अगर प्रशासन का विकेन्द्रीकरण होता, और 'कामन स्कूल' की शिक्षा-नीति अपनायी गयी होती, तथा 'म्युचुअल एड' की खेती को बढ़ावा दिया गया होता, और गाँव के साधनों पर स्वामित्व सामूहिक रूप से ग्राम सभा का माना गया होता तो इन नीतियों के प्रभाव से स्थानीय जीवन पड़ोसीपन तथा राष्ट्रीय जीवन सहकार और समता की दिशा में बढ़ता। ऐसा नहीं हुआ, न होने के परिणाम सामने हैं।

वास्तव में भारतीय समाज 'त्रिविध मनापली' की रचना में जी रहा है। जाति अपनी जगह है। राजनैतिक सत्ता दलों के हाथ में है, और पूँजी के स्रोतों पर पूँजीपति हावी है। इस तिहरे एकाधिकारी ने सामान्य जन के लिए कहीं स्थान नहीं छोड़ा है। ऐसी ही स्थिति लगभग पूरे एशियाई समाज की है। विविध विषमताओं में जकड़े ऐसे समाज को समता और शेयरिंग की दिशा में ले जाना है। वह क्रान्ति कैसी होगी, जो इस लक्ष्य की ओर ले जायेगी?

संघर्ष, लेकिन कैसा, कैसे?

सदियों के दमन और शोषण ने ऐसी स्थिति बना दी है कि नीचे दबे हुए विशाल समुदाय के लिए मुक्ति पहले चाहिए, विकास उसके बाद। डेवलपमेन्ट पीछे, लिबरेशन पहले। यह तभी संभव है जब विशिष्ट जन का वर्चस्व समाप्त हो, स्वामित्व गाँव का सामूहिक हो, ऐग्रोइंडस्ट्रियल इकानमी हो, तथा शिक्षा उत्पादक हो। आज की समाज-रचना और राज्य-व्यवस्था इस परिवर्तन की दिशा में ठोस कदम नहीं उठने दे रही है। निहित स्वार्थों (वेस्टेड इंटरेस्ट्स) ने अपना हित साधने के लिए कानून की फौलादी दीवार खड़ी कर ली है। वह टूटे कैसे? उपाय क्या है? क्या संघर्ष के सिवाय कोई दूसरा उपाय है? लेकिन उस संघर्ष की व्यूह-रचना क्या हो? संघर्ष के परिचित तरीके काम नहीं देंगे।

प्रश्न भारत के समस्त 'अन्तिम जन' का है- आदिवासी, हरिजन, भूमिहीन, औरत, आदि सबका। उन्हीं में छोटे खेतिहर, दस्तकार और बेरोजगार भी शामिल हैं। बहुत बड़ा दायरा है, इतनी बड़ी संख्या के संघर्ष का। यह संघर्ष भारत के तीन-चौथाई लोगों का होगा। भारतीय समाज में वर्ग और जाति के मिल जाने से वर्ग-संघर्ष की रेखाएँ स्पष्ट नहीं रह गयी हैं। मजदूरी, बेदखली, या बेरोजगारी के प्रश्नों को अलग-अलग लेने से कभी कुछ एजीटेशन हो जाता है, जिससे कुछ गर्मी पैदा हो जाती है, लेकिन पूरी व्यवस्था के परिवर्तन के लिए समग्र आन्दोलन नहीं बन पाता। मार्क्स ने व्यवस्था-परिवर्तन का काम वर्ग-क्रान्ति के बाद बनने वाली सर्वहारा की तानाशाही पर

छोड़ा था। भारत में वह संभव नहीं है, उचित और आवश्यक भी नहीं है। लोकतंत्र के रास्ते से अब तक सरकारें बदली हैं, कानून बने हैं, लेकिन व्यवस्था वही बनी हुई हैं, जो अंग्रेजी राज में थी। संस्कार सामंतवादी और आकांक्षाएँ पूँजीवादी तो थीं ही, कम-से-कम नारे समाजवादी थे, अब वे भी नहीं रह गये। कारण यह है कि लोकतंत्र में तंत्र ही बढ़ता रहा, लोक की शक्ति नहीं विकसित हुई। आजादी के जमाने की सत्याग्रही नैतिक शक्ति भी 'जैसे-जैसे समय बीतता गया' सूखती चली गयी।

लोकतंत्र का चौखट

जिस लोकतंत्र ने जन-जन को अपनी शक्ति का भान कराया है, उसे छोड़कर संघर्ष के किसी षडयंत्रकारी स्वरूप की बात सोचना परिवर्तन की दृष्टि से निरर्थक है। जन-संघर्ष लोकतंत्र के चौखट के भीतर ही होना चाहिए। वह चौखट टूट जायेगा, तो सामान्य जन की मुक्ति का मार्ग बंद हो जायेगा, क्योंकि उनकी आवाज ही समाप्त हो जायेगी। इस नाते लोकतंत्र को हर कीमत पर बनाये रखना चाहिए। बालिग मताधिकार में अजेय शक्ति है। लोकतंत्र में ही यह संभव है कि मतदाता संकट की स्थिति में कारवाई (डाईरेक्ट ऐक्शन) कर सके। वह संसदीय मोर्चे के साथ-साथ सत्याग्रही मोर्चा भी बना सकता है। जन-मोर्चे पर जन-आन्दोलन हो, सत्याग्रह हो, और संसद-विधानसभा में उस आन्दोलन का प्रतिनिधित्व करने वाले जन-प्रतिनिधि बैठें तो लोकतंत्र गतिशील हो उठेगा, और उसमें प्रचंड लोकमत की शक्ति वह काम कर दिखायेगी, जो बन्दूकें नहीं कर सकतीं।

क्रान्ति योजना के दो बिन्दु

मार्क्स की, गाँधी की, या कोई भी क्रान्ति-योजना हो, उसमें दो बिन्दु ऐसे हैं, जिन पर विचार कर लेना आवश्यक है। वे हैं- साधनों का स्वामित्व (ओनरशिप), तथा सत्ता पर अधिकार (कैप्चर आफ पावर)।

जहाँ तक स्वामित्व का प्रश्न है, मार्क्स की तरह गाँधी-विचार उत्पादन के साधनों के निजी स्वामित्व को मान्यता नहीं देता। वास्तव में गाँधी ऐसी समाज-रचना और जीवन की शैली के समर्थक थे, जिसमें हर व्यक्ति पसीने की कमाई खाने वाला उत्पादक हो। वह तो यहाँ तक जाने को तैयार थे कि वोट का अधिकार केवल उन्हीं को होना चाहिए, जो प्रत्यक्ष उत्पादन करते हों। उनकी नजर में बौद्धिक श्रम की गिनती उत्पादक श्रम में नहीं होनी चाहिए। आज तक सभ्यता के विकास में बौद्धिक श्रम श्रेष्ठ माना गया है, और इसी मान्यता पर धर्म, दर्शन, साहित्य, कला आदि का विकास हुआ है। इनके आधार पर एक प्रकार की परजीवी संस्कृति (पैरासाइटिकल कल्चर) विकसित हुई है।

आज तो स्थिति यह है कि व्यवस्थापकों का एक विशाल वर्ग (मैनेजीरियल क्लास) बन गया है। रूस में यही हुआ। हमारे देश में अपना पसीना बहाकर उत्पादन करने वालों का समुदाय अलग है। जो धनवान हैं, धर्मात्मा हैं, विद्वान हैं, 'ऊँची' जाति के हैं, वे प्रत्यक्ष उत्पादक श्रम से अलग रहते हैं। इस कारण भी शोषण और अलगाव की जो दीवारें परंपरा से बनी हुई हैं, उनको ढहाना उत्पादक शिक्षा और समतामूलक प्लैनिंग से ही संभव है।

गाँधी ने मालिकों का संहार करने की सलाह नहीं दी। वह मालिकी को समाप्त करना चाहते थे, वह मालिक की हो या राज्य की। इस दृष्टि से उन्होंने ट्रस्टीशिप का विचार प्रस्तुत किया था। स्थूल साधन, हुनर, या किसी भी प्रकार की प्रतिभा हो, जिस व्यक्ति के पास है उसका वह ट्रस्टी है, मालिक नहीं। उसे अपने श्रम के लिए पारिश्रमिक, तुल्य पारिश्रमिक, केवल पारिश्रमिक का अधिकार है, जैसे श्रमिक को है। स्वामी बनकर मुनाफा कमाने का अधिकार किसी को नहीं है। ट्रस्टीशिप स्वैच्छिक (वालंटरी) हो सकती है, या कानून द्वारा लागू होने वाली 'स्टेटुटरी ट्रस्टीशिप'। दुनिया के सामने राज्य-स्वामित्व का जो अनुभव है, उसे देखते हुए अब निजी स्वामित्व की ही बात सोचनी चाहिए। ग्राम-स्वामित्व और ट्रस्टीशिप को मिलाकर स्वामित्व के दोष नहीं रहते, और व्यक्ति की प्रतिभा का पूरा लाभ समाज को मिलता रहता है।

विनोबा के भूदान-ग्रामदान का आधार ग्राम-स्वामित्व था। उसके अनुसार गाँव के बालिगों की ग्रामसभा गाँव की भूमि और अन्य प्राकृतिक साधनों की कानूनी मालिक होती, खेतिहरों को केवल जोतने-बोने का अधिकार होता, उन्हें ग्रामसभा की अनुमति के बिना बेचने-खरीदने का अधिकार न होता। ग्रामसभा एक प्रकार की ग्राम-सरकार होती, जो विधायिका, न्यायपालिका, कार्यपालिका तीनों के काम करती। ग्राम-स्वामित्व को विनोबा ने 'ट्रस्टीशिप इन ऐक्शन' कहा था। अनुभव के आधार पर कहा जा सकता है कि जब तक गाँव का अपने बुनियादी साधनों पर सामूहिक स्वामित्व नहीं होगा, तब तक गाँव का विकास नहीं होगा, और न ग्रामीण समाज में शांति और सहकार बढ़ेगा,और न तो ग्रामीण अर्थनीति का शोषण रुकेगा। इन सभी दृष्टियों से स्वामित्व का यह तीसरा पैटर्न स्वीकार करने योग्य है।

दूसरा प्रश्न पावर पर अधिकार का है। गाँधी ने पावर के तीन आयाम बताये थे- 1. कैप्चरिंग पावर, 2. कंट्रोलिंग पावर 3. एक्सरसाइजिंग पावर। लोकतंत्र में सत्ता प्राप्त करने के लिए दलों का संगठन होता है। गाँधी की योजना में दलों के अतिरिक्त 'लोक-सेवकों' का स्थान है। दल राजनैतिक शक्ति के संगठन हैं, और लोकसेवक नैतिक शक्ति के वाहक हैं। लोकसेवकों का काम सत्ता में जाना नहीं, बल्कि स्थायी लोक-हित तथा जीवन-मूल्यों (वैल्यूज) का संरक्षण है, जिसके लिए उनका काम पावर

पर अंकुश रखने का है। पावर का दुरुपयोग सत्ताधारी द्वारा हो, या मूल्यों का उल्लंघन स्वयं समाज द्वारा हो, दोनों स्थितियों में 'सत्य' की आवाज बुलंद करना नैतिक शक्ति का काम है। गाँधी का लोकसेवक शिव है, जो इन्द्रासन की अभिलाषा नहीं रखता, लेकिन जिसके तांडव से इन्द्र सदा भयभीत रहता है। दल और लोकसेवक से अलग शक्ति है नागरिकों की, जिनका काम है प्राप्त अधिकारों का प्रयोग करना। जिस सीमा तक नागरिक अपने अधिकारों का प्रयोग तथा उत्तरदायित्व का निर्वाह करेंगे, उस सीमा तक समाज शासन-मुक्त होगा, और लोकतंत्र विधायक क्रान्ति का वाहक बनेगा। अभी तक लोकतंत्र बहुत कुछ सरकार बनाने तक सीमित रहा है। मतदाता का नागरिक की हैसियत से मत देने के अलावा भी लोकतंत्र में महत्त्व का स्थान है, इस पर कम जोर दिया गया है। और, लोकतंत्र में 'नैतिक शक्ति' पर नहीं के बराबर विचार हुआ है। गाँधी का लोकतंत्र नैतिक शक्ति के बिना अधूरा रह जाता है। नैतिक शक्ति के बिना राजनैतिक शक्ति निरंकुश होगी, और राजनैतिक शक्ति के बिना नैतिक शक्ति निष्प्रभावी। दोनों के संतुलन से लोकतंत्र का स्वास्थ्य बना रहता है। विनोबा के भूदान-ग्रामदान आन्दोलन में अनुभव हो चुका है कि राजनैतिक शक्ति के अभाव में नैतिक शक्ति कितनी सीमित हो जाती है। यही अनुभव जे.पी. के बिहार आन्दोलन में हुआ। आन्दोलन ने संसद के लिए नयी राजनैतिक शक्ति तो संगठित की, किंतु संसदीय मोर्चे के साथ समाज का मोर्चा खाली पड़ा रहा, और नैतिक शक्ति बिल्कुल नहीं बन पायी। इन कारणों से जो लोकशक्ति बनी थी, वह भी सूख गयी।

ध्रुवतारा नहीं

अगर रूस में मार्क्स के विचार को सफलता नहीं मिली तो भारत में गाँधी के विचार का प्रयोग तक नहीं हुआ। राज्य के माध्यम से समाजवाद का प्रयोग न रूस में चल सका न भारत में। हम देखते हैं कि हमारी सरकार कानून बनाती है, विरोध के प्रदर्शन होते हैं, प्रतिकार की बन्दूकें चलती हैं, विकास के लिए योजनाएँ बनती हैं, स्वैच्छिक संस्थाएँ सेवा करती हैं- यह सब होता है, लेकिन परिवर्तन नहीं होता, व्यवस्था नहीं बदलती, नागरिक और नैतिक मूल्यों पर अमल नहीं होता। भविष्य के प्रति लोगों का मन आश्वस्त नहीं होता, समस्याएँ हल नहीं होतीं, जन-मन के हृदय में मुक्ति की प्रेरणा नहीं जगती। कोई ध्रुवतारा दिखायी नहीं देता। राष्ट्र किधर जाये?

आजादी के बाद दो बड़े गाँधियन आन्दोलन हुए- विनोबा का 1951 में भूदान-ग्रामदान, तथा 1974 में जे.पी. का बिहार-आन्दोलन। लेकिन प्रचलित व्यवस्था की जड़ें नहीं हिलीं, और आज कोई 'इनिशिएटिव' गाँधी-विचार के हाथ में नहीं है। भूदान-ग्रामदान में यह कोशिश हुई थी कि गाँव से लेकर केन्द्र तक ग्रामस्वराज्य का 'काउंटर-

स्ट्रक्चर' खड़ा किया जाये, किंतु कई कारणों से वह आन्दोलन एक सीमा से आगे नहीं बढ़ सका।

आज स्थिति यह है कि देश में जो बड़े 'कनफ्लिक्ट्स' हैं, उनको हल करने के कोई उपाय- सही और सटीक- न गाँधी-विचार के पास हैं, न मार्क्स के विचार के पास। दोनों के पास जो मुख्य कार्यक्रम हैं, वे सामान्य हैं सरकार के किसी गलत काम की प्रतिक्रिया में हैं, वे परिवर्तन के 'पाजिटिव' कार्यक्रम नहीं हैं। दोनों विचारों से देश को परिवर्तन का कोई नया 'विजन' नहीं मिल पा रहा है। विजन का अभाव विनाश का कारण बनता है। परिवर्तन के रास्ते में सबसे बड़ी रुकावट कुछ द्वंद्व बन रहे हैं।

बुनियादी द्वन्द्व

क. राष्ट्र के अस्तित्त्व के मार्ग में दो बड़े द्वंद्व
- राष्ट्रीय अस्मिता बनाम (क्षेत्रीय) उप-राष्ट्रीय अस्मिताएँ
- हिन्दू-बनाम मुस्लिम।

ख. सामाजिक क्षेत्र में:-
- जाति का मनापली स्ट्रक्चर बनाम सामाजिक न्याय, तथा
- आदिवासी बनाम गैर-आदिवासी।

ग. विकास के क्षेत्र में:-
- ग्रामीण अर्थनीति बनाम महानगरीय अर्थनीति
- इंडियनाइजेशन बनाम ग्लोबलाइजेशन
- पर्यावरण बनाम विकास
- भूमि का सामंती स्वामित्व बनाम सामाजिक स्वामित्व।

घ. सांस्कृतिक क्षेत्र में:- पर-जीवी संस्कृति बनाम श्रमजीवी संस्कृति।

आज के समाज में द्वंद्वों का चरित्र वह नहीं रह गया है, जो मार्क्स या लेनिन के जमाने में था। इसलिए उनका हल सीधे, सपाट, हिंसक वर्ग- संघर्ष से निकलना संभव नहीं है। फिर भी इतना स्पष्ट है कि कुछ, विशेष रूप से आर्थिक द्वंद्वों में, वर्ग-संघर्ष के तत्त्व मौजूद हैं, इसलिए सोचने की बात है कि उनमें वर्ग-संघर्ष की पद्धति का प्रयोग किया जा सकता है या नहीं। अगर किया जा सकता है तो किस सीमा तक, तथा उस संघर्ष की स्ट्रेटैजी क्या हो? क्या सत्याग्रह शांतिपूर्ण वर्ग-संघर्ष की स्ट्रेटैजी बन सकता है? आर्थिक द्वंद्वों के अलावा कई द्वंद्व ऐसे हैं, जैसे हिन्दू बनाम मुस्लिम अथवा फारवर्ड बनाम बैकवर्ड या हरिजन और आदिवासी बनाम गैर-आदिवासी, जो धर्म-परंपरा और सामाजिक संस्कारों के अंग बन गये हैं, इसलिए उन्हें हल करने की कुछ दूसरी स्ट्रेटैजी सोचनी पड़ेगी। पहले जब प्रहार एक ओर से होते थे, यानी धनी

गरीब पर, बलवान असहाय पर या 'ऊँच' 'नीच' पर प्रहार करता था, तो प्रतिकार का रास्ता साफ था, किन्तु आज प्रहार दो-तरफा हो रहे हैं, इसलिए स्थिति जटिल हो गयी है। ऐसी जटिल स्थिति में प्रतिकार की क्या पद्धति हो?

भारतीय राज्य का नेगेटिव रोल

सबसे अधिक दुख की बात यह है कि पिछले वर्षों में भारतीय राज्य (इंडियन स्टेट) की जो रचना हुई है, और उसका जो रोल रहा है, उसने इन द्वंद्वों को घटाया नहीं, बल्कि बढ़ाया है, और बराबर बढ़ाता जा रहा है। राज्य-शक्ति ने सुनियोजित ढंग से ऐसी रीति-नीति अपनायी है, जिससे 'विशिष्टजन' तथा निहित स्वार्थों को प्रोत्साहन मिला है, और जिसने एक ऐसी राजनीति को जन्म दिया है, जिसने लोकतंत्र को भ्रष्ट और निकम्मा बना दिया है। कुल मिलाकर परिणाम यह हुआ है कि भारतीय राज्य-व्यवस्था भारतीय राष्ट्र के सहज विकास में एक 'नेगेटिव फैक्टर' बन गया है।

राज्य की हिंसा और लोकतंत्र

हिंसा क्रान्तिकारी की हो अथवा राज्य की 'कानूनी' हिंसा हो, हिंसा पर आधारित समाज-दर्शन, चाहे जितना भव्य हो, सत्ता का हथकंडा बनकर रह जाता है, और अंत में समाज के लिए अहितकर सिद्ध होता है। इसके भी काफी प्रमाण मिल चुके हैं। यदि क्रान्ति में हिंसा के लिए स्थान बना रहेगा तो राज्य की हिंसा से मुक्ति की बात भी नहीं सोची जा सकती, जबकि लोकतंत्र के विकास में हम ऐसी जगह पहुँच गये हैं, जहाँ नागरिक अधिकार तथा आंतरिक शांति और सुव्यवस्था के दो क्षेत्रों में हिंसामुक्त राज्य-व्यवस्था की दिशा में 'प्रिवेंटिव पीस ऐक्शन' जैसे ठोस कदम उठाये जा सकते हैं। यह संभावना ऐसी है जिसके प्रकट करने में सभी परिवर्तनवादियों द्वारा चाहे समाजवाद, साम्यवाद, सर्वोदय, सम्पूर्ण क्रान्ति आदि किसी भी धारा को मानने वाले हों, सुव्यवस्थित प्रयास होने चाहिए। हिंसा की शक्ति का आधार लेकर लोकतंत्र टिकाऊ नहीं हो सकता।

इस दृष्टि से परिवर्तनवादियों को साध्य-साधन के प्रश्न पर अपना मन बना लेना चाहिए। अगर साध्य-साधन एक लाइन में नहीं होंगे तो क्रान्ति अपने लक्ष्य तक, भले ही वह शुद्ध हो, नहीं पहुँच सकेगी। इस दृष्टि से अब 'क्रान्तिकारी हिंसा' (रेवोल्यूशनरी वायलेंस) जैसी चीज को हमेशा के लिए त्याज्य मानना चाहिए, विशेष रूप से जब लोकतंत्र में संगठित लोकशक्ति द्वारा शांतिपूर्ण प्रत्यक्ष कार्रवाई (डायरेक्ट ऐक्शन) के लिए पूरा स्थान है। शांतिपूर्ण प्रत्यक्ष कारवाई को 'सत्याग्रह' का नाम देकर गाँधी ने नैतिक भूमिका प्रदान की, और संघर्ष के धरातल को ऊँचा उठा दिया। गाँधी-विचार

के लोगों के मन में वर्ग-संघर्ष के प्रति बनी भावना दूर होनी चाहिए। यदि द्वंद्व का अस्तित्व स्पष्ट है तो संघर्ष को टालने का क्या अर्थ है? आर्थिक या सामाजिक संघर्ष को शुद्ध सत्याग्रह का रूप कैसे दिया जाये, यह गाँधी-परंपरा के लिए प्रयोग की विषय है। परिस्थिति की माँग है कि इस दिशा में प्रयोग किये जायें। यह समय है जब मार्क्सवादी मित्रों को देखना चाहिए कि कहाँ तक मार्क्स का सपना गाँधी की योजना से पूरा होता है, उसी तरह गाँधी-विचार के मित्रों को समझना चाहिए कि कहाँ तक गाँधी का 'सत्याग्रह' मार्क्स के 'संघर्ष' से शक्ति प्राप्त करता है।

क्रांन्ति, परिवर्तन, न्याय

यदि परिवर्तन और प्रगति की विभिन्न धाराओं का समन्वय हो जाता है तो आज की हताशाभरी परिस्थिति से निकलना संभव होगा। यह स्पष्ट है कि भारत का चित्त अभी सामाजिक क्रांति (सोशल रेवोल्यूशन) के लिए तैयार नहीं है। उसे सामाजिक परिवर्तन के लिए तैयार होने में समय लगेगा। अभी जो चीज सामने दिखायी देती है, वह सामाजिक न्याय (सोशल जस्टिस) है। आजादी मिलने के पहले दस वर्षों में परिवर्तन की दिशा में कई बड़े कदम उठाये जा सकते थे, लेकिन वह न होने से परिवर्तन की समस्या कठिन हो गयी है। जनता सुखी जीवन के साधन और सुविधाएँ चाहती है, क्योंकि वह कुछ लोगों के पास उन्हें देखती है। वह समझ नहीं पाती कि जो कानून बनकर रखे हुए हैं, उनका लाभ सबको क्यों नहीं मिल सकता? नहीं मिल रहा है इसलिए रोष, अरक्षा और अनिश्चितता की भावना व्याप्त है। इतने वर्ष तक कल्याणवाद में किसी तरह जी लेने के बाद करोड़ों-करोड़ वंचित लोगों के बीच सामाजिक न्याय की पुकार तीव्र हो रही है। अगर प्रचलित व्यवस्था में संभव न्याय भी न मिले तो सामाजिक परिवर्तन और क्रान्ति का मार्ग कैसे प्रशस्त होगा? वास्तव में यदि सामाजिक न्याय के राजनैतिक, आर्थिक, सामाजिक, और सांस्कृतिक आयामों में समता और शेयरिंग की नींव पड़ जाये तो आगे और अधिक बुनियादी परिवर्तन सहज हो जायेंगे। तब जनता परिवर्तन के जोखिम उठाने को तैयार हो जायेगी। न्याय का संघर्ष कठिन है, क्योंकि अनीति और अन्याय की व्यवस्था आसानी से नहीं बदलती। यह कठिनाई कैसे दूर हो, यह सभी परिवर्तनवादियों को मिलकर सोचना पड़ेगा।

पीपुल का पोलिटिकल ऐक्शन

जैसे-जैसे लोकतंत्र और विज्ञान का विकास हो रहा है, नागरिक और मतदाता के रूप में व्यक्ति के नये-नये रोल विकसित हो रहे हैं। 1974-75 में जिस तरह मतदाताओं (पोलिटिकल सावरेन) ने आगे बढ़कर संविधान और लोकतंत्र की निरंकुश शासन से

रक्षा की, वह लोकतंत्र में इतिहास में एक उल्लेखनीय प्रसंग है। उसने दलीय लोकतंत्र में पीपुल के 'पोलिटिकल ऐक्शन' के लिए रास्ता खोला तथा दलों की शक्ति से आगे बढ़कर स्वतंत्र लोकशक्ति का दर्शन कराया। इन बातों से मतदाता को नया रोल मिला। दिनों दिन स्पष्ट होता जा रहा है कि लोकतंत्र की राजनीति अब पुरानी परिभाषाओं और दल की सीमाओं में बँधकर नहीं रह सकती, बल्कि नागरिक और मतदाता के माध्यम से पोलिटिकल ऐक्शन के नये स्वरूप विकसित करेगी। यदि ऐसा होगा तो लोकतंत्र अधिक गतिशील होगा और परिवर्तन की प्रक्रियाएँ अधिक लोकतांत्रिक होंगी।

इन दो नामों में मुक्ति का आश्वासन

भारत के लिए कसौटी का समय है। यह शुभ संयोग है कि इस देश में मार्क्स और गाँधी दोनों धाराएँ मौजूद हैं। परिस्थिति की माँग है कि जब दुनिया में और अपने देश में पूँजी का प्रभुत्व तेजी से बढ़ रहा है तो दोनों धाराएँ मिलकर मनुष्य की, उत्पादक की, प्रतिष्ठा के लिए सामने आयें, और बाजार के नाम पर पनपने वाले नये उपनिवेशवाद की चुनौती स्वीकार करें। यह लड़ाई अकेले-अकेले नहीं लड़ी जा सकती। यह निश्चित है कि यदि मार्क्स और गाँधी दोनों की प्रेरणाओं और पद्धतियों का समन्वय हो तो आज का संकट 'हीलिंग क्राइसिस' सिद्ध होगा। ये दो नाम पीड़ित मानवता को आज भी मुक्ति का आश्वासन दे सकते हैं। आश्वासन पाकर जनता इक्कीसवीं शताब्दी की नयी चुनौतियों के लिए तैयार हो जायेगी।

संघर्ष का गाँधीवादी तरीका

मार्टिन लूथर किंग

मैं न केवल रंगभेद से नफरत करते हुए ही बड़ा हुआ, परन्तु साथ ही दमन करने वाले क्रूर व्यवहारों से भी, जो कि रंगभेद के ही परिणाम थे, मुझे गहरी घृणा थी। मैंने अटलांटा में वे स्थान देखे थे, जहाँ नीग्रो लोग क्रूरतापूर्वक पीटे जाते थे और 'कु कलक्स क्लान' (रंगभेद में विश्वास करने वालों की संस्था) के निरीक्षण में उन्हें रात में सताया जाता था। मैंने अपनी आँखों से पुलिस के क्रूर दुर्व्यवहार को भी देखा था। मैंने न्यायालयों में नीग्रो लोगों के मुकदमों में दुःखद और अन्यायपूर्ण फैसले होते हुए भी देखे थे। इन सभी बातों से मैं मजबूर होकर सभी श्वेतांगों के प्रति क्रोध करने के निकट पहुँच गया था।

मैंने यह भी जाना कि रंगभेद का जुड़वाँ भाई आर्थिक अन्याय है। यद्यपि मैं आर्थिक रूप से सुरक्षित और अपेक्षाकृत आरामदेह घर में पैदा हुआ था, फिर भी मैं अपने साथियों की आर्थिक असुरक्षा और मेरे पास-पड़ोस में रहने वालों की कष्टदायी गरीबी को कभी भी अपने दिमाग से निकाल नहीं पाता था। मैंने अपने किशोर-जीवन के उत्तरार्ध में एक ऐसे कारखाने में दो बार काम किया, जहाँ नीग्रो और गोरे मजदूर एक साथ काम करते थे, हालाँकि मेरे पिताजी की इस काम के लिए सहमति नहीं थी। वे नहीं चाहते थे कि मैं और मेरा भाई श्वेतांगों के साथ काम करें, क्योंकि उनका व्यवहार बहुत दमनकारी होता था। इस कारखाने में पहली बार मैंने आर्थिक अन्याय के दर्शन किये और देखा कि श्वेतांग गरीब मजदूरों का भी उतना ही शोषण होता था, जितना कि नीग्रो मजदूरों का। इन प्रारम्भिक अनुभवों के कारण हमारे समाज में होने वाले तरह-तरह के अन्यायों को समझते हुए मैं पला।

इसीलिए जब मैं सन् 1944 में अटलांटा के मोरहाउस कॉलेज में पढ़ने के लिए गया, तब रंग-भेद और अर्थ-भेद के आधार पर चलने वाले अन्यायों के विरुद्ध मेरी भावनाएँ काफी मजबूत हो चुकी थीं। अपने कॉलेज के छात्र-जीवन में ही मैंने थोरो का

'सिविल डिसओबिडियन्स' (सविनय अवज्ञा) शीर्षक निबन्ध पहली बार पढ़ा था। दोषपूर्ण व्यवस्था से असहयोग करने के इस जादू की तरह असर करने वाले विचार से मैं इतना गहरा प्रभावित हुआ कि उस लेख को मैंने कई बार पुनः-पुनः पढ़ा। अहिंसात्मक प्रतिकार के सिद्धान्त के साथ मेरा यह प्रथम बौद्धिक परिचय था।

परन्तु जब तक सन् 1948 में 'क्रोजर थियोलॉजिकल सेंटिनरी' में मैं प्रविष्ट नहीं हुआ, तब तक मैंने सामाजिक अन्यायों को मिटाने के तरीकों को खोज करने का बौद्धिक अभियान गम्भीरतापूर्वक प्रारम्भ नहीं किया। यद्यपि मेरी मुख्य दिलचस्पी अध्यात्म-विद्या और दर्शन के क्षेत्र में थी, फिर भी मैंने महान् समाज-शास्त्रज्ञों एवं दार्शनिकों की पुस्तकें पढ़ने में काफी समय लगाया। श्री वाल्टर रॉषनवष की पुस्तक 'क्रिश्चियन धर्म और सामाजिक संघर्ष' (Christianity and the Social Crisis-by Walter Rauschenbusch) मैंने पढ़ी तो मेरे विचारों पर उसकी गहरी छाप पड़ी। प्रारम्भिक जीवन के अनुभवों के कारण मेरे हृदय में जो तड़प पैदा हो चुकी थी, उसको इस पुस्तक ने एक आध्यात्मिक बुनियाद दी। अवश्य ही कुछ ऐसे मुद्दे भी थे, जहाँ लेखक के विचारों से मैं सहमत नहीं हो पाया। मुझे लगा कि वे उन्नीसवीं सदी के 'अनिवार्य प्रगतिवाद' के शिकार हो गये थे। इसीलिए उन पर मनुष्य-स्वभाव के संबन्ध में ऊपरी आशावाद छा गया था। उन्हें यह लगता था कि एक खास तरह की सामाजिक और आर्थिक व्यवस्था ही ईश्वर का राज्य-किंगडम ऑफ गॉड-बन जायेगी। ऐसा ख्याल चर्च को कभी नहीं आना चाहिए।

श्री वाल्टर की किताब पढ़ने के बाद मैं और भी सामाजिक और नैतिक सिद्धान्तों पर लिखी गयी विभिन्न दार्शनिकों की पुस्तकें पढ़ने में जुट गया। प्लेटो और एरिस्टॉटल से लेकर रूसो, हॉब्स, बेंथम, मिल और लॉक तक को मैंने पढ़ डाला। इन सभी ने मेरे विचारों में हलचल पैदा की। यद्यपि इन सब के विचारों में कुछ-न-कुछ तर्क और मतभेद की गुंजाइश थी, परन्तु मैंने इन सभी से बहुत कुछ सीखा।

सन् 1949 की क्रिसमस की कुछ छुट्टियों का समय मैंने कार्ल मार्क्स के विचारों को पढ़ने में बिताने का तय किया। मैं यह समझना चाहता था कि बहुत-से लोगों को साम्यवादी विचारों में जो आकर्षण है, उसका क्या कारण है। पहली बार मैंने 'पूँजी' (दास कैपिटल) और 'साम्यवादी घोषणापत्र' (दी कम्युनिस्ट मेनिफेस्टो) को सूक्ष्मता पूर्वक परखने की कोशिश की। मार्क्स और लेनिन के विचारों की व्याख्या करने वाले कुछ दूसरे साहित्य को भी मैंने पढ़ा। इस साम्यवादी साहित्य को पढ़ने के बाद मैं कुछ ऐसे नतीजों पर पहुँचा, जो कि मैं आज तक दृढ़ विश्वास के रूप में संजोये हुए हूँ। एक तो उनके इतिहास संबन्धी अनात्मवादी विश्लेषण को स्वीकार नहीं कर सका। धर्म निरपेक्ष और अनात्मवादी साम्यवादी विचार में ईश्वर के लिए कोई स्थान नहीं है। इसको

मैं कभी स्वीकार नहीं कर सकता। एक क्रिश्चियन होने के नाते मेरा यह विश्वास है कि इस विश्व में निश्चय ही एक ऐसी शक्ति है, जो कि समस्त वस्तुओं का आधार है। उस शक्ति का विश्लेषण भौतिक ढंग से नहीं किया जा सकता। विश्व का इतिहास आखिरकार उसी आत्मशक्ति से संचालित होता है, न कि भौतिक शक्ति से। दूसरे, साम्यवाद के नैतिक सापेक्षता के विचार से भी मेरा गहरा मतभेद हुआ। साम्यवादी के लिए कोई दैवी संचालन नहीं है, न अन्तिम नैतिक सिद्धान्त है, न निश्चित आध्यात्मिक आदर्श है। इसलिए जबरदस्ती, हिंसा, हत्या, असत्य आदि कोई भी आचरण उनके लिए हजारों वर्षों बाद भी प्राप्त होने वाले उद्देश्य के लिए उचित साधन हो सकता है। इस तरह के सिद्धान्त के प्रति मेरे मन में नफरत ही पैदा हुई। अच्छे और रचनात्मक साध्य को पाने के लिए बुरे और तोड़फोड़ मूलक साधनों का प्रयोग किसी भी तरह नैतिक दृष्टि से उचित और तर्कपूर्ण नहीं माना जा सकत। तीसरे, मुझे साम्यवादियों के राजनैतिक अधिनायकवाद से भी विरोध था। व्यक्ति राज्य के लिए अपने अस्तित्व को मिटा देता है। हाँ, साम्यवादी यह तर्क देंगे कि राज्य तो अन्तरिम काल की व्यवस्था है। वर्गहीन समाज की रचना के बाद राज्य का अस्तित्व तो मिट ही जायेगा। परन्तु मुझे लगता है कि जब तक राज्य रहता है, तब तक वही साध्य बनकर रहता है और व्यक्ति राज्य के हाथ का एक खिलौना मात्र बन जाता है। अगर किसी व्यक्ति की स्वतंत्रता राज्य के पथ में बाधा बनेगी तो उसे रास्ते से साफ कर दिया जायेगा। व्यक्ति का विचार-स्वातंत्र्य, वोट देने की स्वतंत्रता, जो कुछ समाचार वह सुनना चाहता है, उसकी स्वतंत्रता, जो कुछ वह पढ़ना चाहता है उसकी स्वतंत्रता आदि पर भी बंधन डाल दिये जाते हैं। इस तरह मनुष्य साम्यवादी व्यवस्था में राज्य के पहिये की एक कील बनने के अलावा और कुछ नहीं रह जाता।

व्यक्ति की स्वतंत्रता को नष्ट करने का यह विचार मुझे दोषपूर्ण लगता है। मेरा यह दृढ़ विश्वास था और आज भी है कि मानव अपने-आपमें एक साध्य है, क्योंकि वह ईश्वर का पुत्र है। मनुष्य का निर्माण राज्य के लिए नहीं किया गया है, बल्कि राज्य का निर्माण मुनष्य के लिए किया गया है। उसे अपनी स्वतंत्रता से वंचित करना एक तरह से उसे अपने स्तर से गिराने जैसा है, न कि अपने स्तर से ऊपर उठाने जैसा। मनुष्य के साथ ऐसा व्यवहार नहीं किया जाना चाहिए कि वह राज्य के लिए एक साधन मात्र बन जाये, बल्कि उसके साथ ऐसा व्यवहार होना चाहिए, जैसे कि वह अपने-आपमें एक साध्य हो।

साम्यवाद के प्रति मेरा रुझान नकारात्मक होने पर भी और उसे दोषपूर्ण मानते हुए भी उसमें मुझे कई ऐसे रोल मिले, जो चुनौती से भरे हुए थे। कँटरबरी के स्व. आर्चबिशप श्री विलियम टैंपल ने साम्यवाद को 'क्रिश्चियन विरोधी धर्म' कहा था। ऐसा

कहने से उनका तात्पर्य यह था कि साम्यवाद के पास भी कुछ सत्य है, जो कि क्रिश्चियन दृष्टिकोण में भी आवश्यक है। लेकिन साम्यवाद ने उस सत्य को ऐसे विचार और क्रिया से बांध दिया है, जिसे क्रिश्चियन धर्म कभी भी स्वीकार नहीं कर सकता। साम्यवाद ने इस स्व. आर्चबिशप को चुनौती दी थी और वह प्रत्येक क्रिश्चियन को चुनौती देने वाला है। उसने सामाजिक न्याय के प्रति मेरे हृदय में उठने वाली तड़प को भी चुनौती दी। अपने अनेक तर्कहीन विचारों और दोषपूर्ण तरीकों के बावजूद साम्यवाद का जन्म शोषित व्यक्तियों पर लादी गयी कठिनाइयों के विरुद्ध आन्दोलन के रूप में हुआ। सिद्धान्ततः साम्यवाद ने एक वर्गहीन समाज की स्थापना पर जोर दिया और सामाजिक न्याय की प्रतिष्ठा के लिए तड़प पैदा की। हालाँकि संसार अपने दुःखद अनुभवों से यह जानता है कि व्यवहार में साम्यवाद ने नये वर्गों का निर्माण किया तथा अन्याय के नये तरीकों को जन्म दिया। कोई भी क्रिश्चियन सदैव ऐसे किसी भी आन्दोलन से चुनौती महसूस करेगा, जो गरीबों के साथ किये गये अनुचित व्यवहार के विरोध में पैदा हुआ हो, क्योंकि स्वयं क्रिश्चियन धर्म इसी तरह का एक आन्दोलन है। ईसामसीह के शब्दों में यह बात जितनी अच्छी तरह प्रकट हुई है, उस तरह शायद ही कहीं दूसरी जगह प्रकट हुई हो! उन्होंने कहा है- "मुझमें ईश्वर की ही प्रेरणा काम कर रही है। क्योंकि उसने मुझे गरीबों को धर्मोपदेश सुनाने के लिए नियुक्त किया है। उसने मुझे टूटे हुए दिलवालों को आश्वस्त करने के लिए भेजा है। बंधन में पड़े हुए लोगों को मुक्ति का संदेश सुनाने के लिए, अन्धों को दृष्टि देने के लिए, कुचले हुए लोगों को आजाद कराने के लिए तथा ईश्वर के उपदेशों को सुनाने के लिए, ही मैं भेजा गया हूँ।"

मैंने आज की बुर्जुआ संस्कृति के संबन्ध में मार्क्स द्वारा की गयी आलोचना के क्रमबद्ध उत्तर भी ढूंढे। मार्क्स के अनुसार पूँजीवाद उत्पादन के साधनों के मालिकों और मजदूरों, जो कि सच्चे उत्पादक हैं, के बीच का मूल संघर्ष है। उसने यह भी बताया है कि आर्थिक प्रक्रिया का तर्कपूर्ण विकास जिस तरह से हुआ है, उसमें समाज सामन्तवाद से पूँजीवाद के द्वारा समाजवाद तक पहुँचता है। इस ऐतिहासिक क्रम से विभिन्न वर्गों के हित एक-दूसरे से टकराने वाले होते हैं। इस विश्लेषण में बहुत-से असाधारण महत्त्व के पहलू, जैसे राजनैतिक, आर्थिक, नैतिक और धार्मिक अलग छूट जाते हैं, जो कि पश्चिमी सभ्यता के नाम से पहचाने जाने वाले विचार को आकृति देते हैं और फिर मार्क्स का पूँजीवाद पुराना भी पड़ गया है।

बावजूद इन कमियों के मार्क्स ने अपने विश्लेषण में कुछ बहुत ही बुनियादी प्रश्न पैदा किये हैं। मैं अपने किशोर-जीवन से ही ऊँचे धनियों को और भयंकर गरीबी को देखकर बहुत ही तड़प का अनुभव करता था। मार्क्स के विचारों को पढ़ने से गरीबों

और अमीरों के बीच की यह दूरी और भी अधिक खटकने लगी। यद्यपि अमेरिका के आधुनिक पूँजीवाद ने समाज-सुधार के माध्यम से इस दूरी को बहुत कुछ कम कर दिया है, फिर भी अर्थ के सम्यक् वितरण की अब भी बहुत जरूरत है। बड़ी बात तो यह है कि मार्क्स ने मुनाफे के उद्देश्य को बुनियादी मानकर चलने वाली अर्थव्यवस्था के खतरे स्पष्ट रूप से सामने ला दिये थे। पूँजीवाद मनुष्य को ऊँचे जीवन-सिद्धान्तों की अपेक्षा ऊँची रहन-सहन का निर्माण करने के लिए झुकाता है। यह खतरा तो उसमें है ही। हम अपनी सफलता का मापदण्ड इसमें मानते हैं कि हमारी मासिक आमदनी कितनी है, अथवा हमारे पास मोटर-कारें कितनी बड़ी हैं, बजाय इसके कि हम अपनी सेवाओं के गुणों अथवा मानवता के साथ हमारे संबन्धों की ओर ध्यान दें। इस तरह पूँजीवाद हमें भौतिकवाद अथवा अनात्मवाद की ओर ही ले जाने वाला होता है। यह अनात्मवाद भी उतना ही खतरनाक और अवांछनीय है, जितना कि साम्यवाद के द्वारा सिखाया गया अनात्मवाद।

संक्षेप में मैंने मार्क्स को भी वैसे ही आलोचनात्मक दृष्टिकोण से पढ़ा, जैसे कि अन्य प्रभावशाली विचारकों को पढ़ा था। उन सभी विचारकों के विचारों से मैं एक हद तक सहमत था और एक हद तक नहीं। जहाँ तक मार्क्स ने द्वंद्वात्मक भौतिकवाद, नैतिक सापेक्षवाद और मजबूत अधिनायकवाद का विचार दिया, वहाँ तक मैं मार्क्स से साफ-साफ असहमत था। लेकिन जहाँ उसने परम्परागत पूँजीवाद की कमजोरियों का विश्लेषण किया, आम लोगों में एक निश्चित स्वाभिमान पैदा करने में अपना सहयोग दिया और क्रिश्चियन लोगों की सामाजिक चेतना को उसने चुनौती दी, वहाँ मैं निश्चित रूप से मार्क्स के साथ सहमत हुआ।

मार्क्स के साहित्य को पढ़ने के बाद मेरा यह विश्वास भी पक्का हुआ कि सत्य न तो मार्क्सवाद के अन्दर प्राप्त है और न परम्परागत पूँजीवाद के अन्दर, प्रत्येक के पास सत्य का केवल एक अंश है। पूँजीवाद सामूहिक उद्यम में निहित सत्य को देखने में असमर्थ रहा है और मार्क्सवाद वैयक्तिक उद्यम में सत्य को देखने में उन्नीसवीं सदी का पूँजीवाद व्यक्ति के जीवन की सामाजिकता को समझने में असफल रहा और मार्क्सवाद जीवन को वैयक्तिकता और उसके निजत्व को समझने में आज भी असफल है। ईश्वरीय राज्य न तो वैयक्तिक उद्यम का सिद्धान्त है और न सामूहिक उद्यम का सिद्धान्त, बल्कि यह सत्य के दोनों पहलुओं को जोड़ने वाला एक सह सिद्धान्त है।

क्रोजर में रहने के दौरान शान्तिवादी विचारधारा के प्रभाव में भी मैं पहली बार आया जब कि मैंने डा0 ए0जे0 मस्ते का एक भाषण सुना। मैं डॉ0 मस्ते के भाषण से बहुत ही प्रभावित हुआ। लेकिन उनकी बातों की व्यावहारिकता पर क्रोजर के अन्य अधिकांश छात्रों की तरह मुझे विश्वास नहीं हुआ। मुझे लगा कि युद्ध विधायक और

अन्तिम रूप से अच्छा या वांछनीय नहीं हो सकता, परन्तु एक दोषपूर्ण शक्ति के बढ़ावे को रोकने के अर्थ में वह नकारात्मक रूप से तो वांछनीय हो ही सकता है। युद्ध भयंकर होने के बावजूद नात्सी, फासिस्ट या कम्युनिस्ट शक्तियों जैसी अधिनायकवादी व्यवस्था के सामने-आत्म-समर्पण करने की अपेक्षा बेहतर है।

इस अरसे के बीच सामाजिक समस्याओं का हल करने में प्रेम की शक्ति की उपयोगिता में मुझे निराशा होने लगी थी। शायद थोड़े समय के लिए प्रेम की शक्ति में निहित मेरे विश्वास को नीत्शे के सिद्धान्त ने हिला दिया था। मैंने नीत्शे द्वारा लिखित 'नैतिकता की परम्पराएँ' नामक पुस्तक के कुछ अंश पढ़े थे और उसके बाद 'शक्ति की चाह' नाम की पुस्तक तो मैंने पूरी ही पढ़ डाली थी। नीत्शे ने शक्ति की महिमा का जो गान किया था, उसकी जड़ साधारण नैतिकता के प्रति उसके तिरस्कार में है। नीत्शे ने यहूदी व क्रिश्चियन नैतिकता के ऐसे सम्पूर्ण विचार पर ही हमला किया था, जो धर्मनिष्ठा और नम्रता के गुणों पर आधारित था, जो परलोक-परायणता से बंधा था और जो कष्ट-पीड़ित के प्रति एक विशेष रुख रखता था, क्योंकि ये नैतिक मान्यताएँ नीत्शे के अनुसार दुर्बलता की महिमा बढ़ाने वाली हैं तथा जरूरतमंदी एवं बेबसी को सद्‌गुणों की संज्ञा देने का प्रयत्न है। नीत्शे ने मानव को लाँघते हुए अतिमानव का विकास देखने की कोशिश की, जैसे कि बन्दर या लंगूर की अवस्था को लाँघकर मानव का विकास हुआ है।

एक रविवार की दोपहर को मैं हावर्ड विश्वविद्यालय के अध्यक्ष डॉ0 मार्देकाई जॉनसन का प्रवचन सुनने के लिए फिलाडेल्फिया गया। वे वहाँ पर फिलाडेल्फिया के फेलोशिप हाउस के लिए व्याख्यान देने वाले थे। डॉ0 जानसन हाल ही में भारत की यात्रा करके लौटे थे और मेरे लिए बड़ी दिलचस्पी की बात यह थी कि वे महात्मा गाँधी के जीवन और विचारों के संबन्ध में बोले। उनका व्याख्यान इतना प्रभावोत्पादक और बिजली की तरह झकझोर देने वाला था कि सभा समाप्त होते ही मैंने गाँधी के जीवन और काम के संबन्ध में आधा दर्जन पुस्तकें खरीद डालीं।

बहुत से और लोगों की तरह मैंने भी गाँधी का नाम सुना था, लेकिन उनके संबन्ध में गम्भीरता से कोई अध्ययन नहीं किया था। जब मैंने उनके संबन्ध में पुस्तकें पढ़ीं तो उनके अहिंसात्मक प्रतिकार मूलक आन्दोलनों से मैं मोहित हो गया। खास तौर से नमक सत्याग्रह के लिए की गयी उनकी यात्रा और उनके अनेक उपवासों की बातों से मैं बहुत ही प्रभावित हुआ। सत्याग्रह का पूरा विचार मेरे लिए अत्यन्त असाधारण महत्त्व का था। ज्यों ही मैंने गाँधी-दर्शन में गहरा गोता लगाया, त्यों ही प्रेम की शक्ति के बारे में मेरे संदेह दूर होने लगे और मैं पहली बार यह अच्छी तरह देख सका कि सामाजिक सुधारों के क्षेत्र में प्रेम के सिद्धान्त का प्रभावशाली उपयोग हो सकता है।

गाँधी को पढ़ने के पहले मैं इस नतीजे पर लगभग पहुँच चुका था कि ईसामसीह के सिद्धान्त केवल व्यक्तिगत संबन्धों तक ही प्रभावकारी हो सकते हैं। अगर तुम्हारे एक गाल पर कोई थप्पड़ मारता है तो दूसरा गाल आगे कर दो और 'अपने दुश्मनों से भी प्यार करो' का आदर्श केवल तभी उपयोगी हो सकता था, जब संघर्ष एक-दो व्यक्तियों के बीच ही सीमित हो। लेकिन जब अलग-अलग रंगों के वर्ग या अलग-अलग देश संघर्ष में उलझे हों तो हमें कोई दूसरा ज्यादा व्यवहारिक रास्ता ढूंढना जरूरी होगा। लेकिन गाँधी-साहित्य पढ़ने के बाद मैंने देखा कि मैं कितना गलत था।

गाँधी शायद इतिहास का पहला व्यक्ति था, जिसने ईसामसीह के संदेश को दो व्यक्तियों के बीच की कड़ी मात्र से ऊपर उठाकर उसे एक व्यापक पैमाने पर शक्तिशाली तथा प्रभावकारी सामाजिक शस्त्र बनाया। गाँधी के लिए प्रेम एक ऐसा शक्तिशाली हथियार था, जिसके द्वारा सामाजिक और सामूहिक जीवन में क्रान्तिकारी परिवर्तन लाया जा सकता है। मैं जिस चीज को महीनों से खोज रहा था, सामाजिक क्रान्ति का वह तरीका मुझे गाँधीवादी प्रेम और अहिंसा के विश्लेषण में प्राप्त हुआ। जैसा बौद्धिक और आध्यात्मिक संतोष मुझे गॉधी के अहिंसात्मक प्रतिकार के सिद्धान्त में प्राप्त हुआ वैसा बेंथम और मिल के उपयोगितावाद (यूटीलिटेरियनिज्म) में, अथवा हॉब्स (Hobbes) के सामाजिक समझौतावाद (सोशियल-कंट्राक्टस थ्योरी) में, अथवा रूसो के 'प्रकृति की ओर' वाले आशावाद में, अथवा नीत्शे के अतिमानववाद (सुपरमैन फिलॉसफी) में भी प्राप्त करने में मैं असफल रहा था। मैं यह अनुभव करने लगा कि शोषित जन-समुदाय के पास आजादी के संघर्ष के लिए गाँधी का तरीका ही एक नैतिक और व्यवहारिक दृष्टि से पक्का तरीका है।

लगभग इसी समय मैंने श्री निबुहर द्वारा प्रस्तुत शान्तिवादी विचारों की समालोचना भी पढ़ी। वे स्वयं भी किसी समय शान्तिवादी संगठनों के सदस्य रह चुके थे। बहुत सालों तक वे 'फेलोशिप ऑफ रिकॉन्सिलिएशन' नाम की क्रिश्चियन शान्तिवादी संस्था के अध्यक्ष भी रह चुके थे। शान्तिवादी विचारधारा के साथ उनका मतभेद सन् 1930-35 के बीच हुआ। उन्होंने पहली बार जिस वक्तव्य में आलोचना की, वह 'नैतिक मनुष्य और अनैतिक समाज' शीर्षक से प्रकाशित हुआ था। उन्होंने यह तर्क उपस्थित किया था कि हिंसक प्रतिकार और अहिंसक प्रतिकार के बीच कोई नैतिक भेद-रेखा स्पष्ट रूप से नहीं खींची जा सकती। इन दोनों तरीकों के सामाजिक परिणाम भिन्न हो सकते हैं। लेकिन इन दोनों के बीच का भेद परिणाम में हो सकता है, प्रकार में नहीं। आगे इन्होंने इस बात पर भी जोर दिया कि अहिंसात्मक प्रतिकार पर निर्भर रहने से गैरजिम्मेदारी भी पैदा होती है, क्योंकि इस बात की कोई गारण्टी नहीं दी जा सकती कि अधिनायकवाद के प्रसार को रोकने में अहिंसात्मक प्रतिकार

के तरीके सफलता प्राप्त करेंगे। उनका यह भी तर्क था कि अहिंसा तभी सफलता प्राप्त कर सकती है, जब कि उसका उपयोग किसी ऐसे समुदाय के विरुद्ध किया जाय, जो कुछ-न-कुछ परिमाण में नैतिक चेतनावाला हो, जैसा कि गाँधी ने ब्रिटिश लोगों के सामने किया। निबुहर ने शान्तिवाद को पूरी तरह से अस्वीकार किया और यह अस्वीकृति उनके मानववादी विचारों पर आधारित थी। उनका यह कहना था कि शान्तिवाद सामाजिक क्रान्ति को चरितार्थ करने में असफल हुआ और उसके स्थान पर उसने एक साम्प्रदायिक परिपूर्णतावाद का सहारा लिया, जो यह मानता है कि " ईश्वरीय शक्ति मनुष्य को इतिहास की पापपूर्ण परिस्थितियों से ऊपर उठा लेती है और उसे पापपूर्ण संसार से ऊपर ही प्रतिष्ठित रखती है।"

पहले तो श्री निबुहर द्वारा की गयी शान्तिवाद की आलोचना से मैं भ्रम में फँस गया। लेकिन ज्यों-ज्यों मैं उनके विचारों को आगे पढ़ता और समझता गया, त्यों-त्यों उनमें अनेक कमियाँ दिखाई देने लगीं। उदाहरण के तौर पर उन्होंने शान्तिवाद की व्याख्या एक उदासीनता मूलक तत्त्व के रूप में की, जो कि बुराई का प्रतिकार करने के लिए उद्यत नहीं होता और केवल भोले प्रेम में विश्वास रखता है। लेकिन यह एक गम्भीर भूल थी। गाँधी के विचार पढ़ने के बाद मैं यह अच्छी तरह समझ गया कि शान्तिवाद बुराई का अप्रतिकार नहीं, बल्कि अहिंसक प्रतिकार है। इस अप्रतिकार में और अहिंसक प्रतिकार में रात-दिन का अन्तर है। गाँधी ने बुराई का प्रतिकार उतनी ही उत्कटता और ताकत के साथ किया, जितना कि कोई हिंसक प्रतिकार करने वाला करता। लेकिन उनके प्रतिकार में घृणा के स्थान पर प्रेम था। सच्चा शान्तिवाद बुरी शक्तियों के सामने निरा आत्म समर्पण नहीं है, जैसा कि श्री निबुहर ने कहा है। यह तो बुराई के साथ प्रेम की शक्ति का साहसपूर्ण मुकाबला है। इसमें यह विश्वास रहता है कि हिंसा को सहन कर लेना बेहतर होगा, बजाय हिंसा का जवाब हिंसा से देने के। क्योंकि हिंसा के व्यवहार से हिंसा और कटुता बढ़ती ही जायेगी, जब कि इसे विषपान की तरह स्वीकार कर लेने से प्रतिपक्षी के हृदय में शायद शर्म उत्पन्न होगी और तब उसका हृदय-परिवर्तन सम्भव हो सकेगा।

इन सब बातों के बावजूद श्री निबहुर के सिद्धान्तों में मुझे बहुत-सी प्रेरक बातें भी मिलीं। बहुत से ऐसे विचार-बिन्दु थे, जिन्होंने मेरे चिंतन को सक्रिय रूप से प्रभावित किया। समकालीन अध्यात्म-विद्या के क्षेत्र में श्री निबुहर का महान योगदान यह था कि उन्होंने प्रोटेस्टेंट पंथ के अति उदारवादी व्यक्तियों के निरर्थक आशावाद का विरोध किया। फिर भी वे कॉण्टीनेण्ट के अध्यात्मवादी श्री कार्ल बर्थ के हेतुवाद-विरोधी (anti-rationalism) विचारों में अथवा अन्य संदेहशील अध्यात्मवादियों के अर्धसिद्धान्तवाद (semi-fundamentalism) के विचारों में नहीं उलझे। श्री

निबुहर के विश्लेषण की विशेषता यह भी थी कि उन्होंने बड़े असाधारण ढंग से मानव-स्वभाव का अन्तर्दर्शन किया था। खास तौर से राष्ट्रों तथा सामाजिक वर्गों के बीच का आपसी व्यवहार किस तरह चलता है, इसके विश्लेषण में उन्होंने अपनी सूक्ष्म दृष्टि का अच्छा परिचय दिया था। वे मानव के उद्देश्यों में निहित पेंचों और गुत्थियों को बड़ी पैनी दृष्टि से देखते थे तथा नैतिकता एवं सत्ता के संबन्धों के भी सूक्ष्म विवेचक थे। उनका अध्यात्म- चिंतन इस वास्तविकता की बराबर याद दिलाता है कि मनुष्य के अस्तित्त्व में हर स्तर पर पाप मौजूद रहता है। श्री निबुहर के चिंतन में प्रस्तुत इन मुद्दों ने मुझे यह समझने में मदद पहुँचायी कि मनुष्य-स्वभाव के संबन्ध में ऊपरी आशावाद मात्र काल्पनिक दौड़ है और वास्तविकता से हटा हुआ निरर्थक आदर्शवाद खतरों से भरा हुआ है। मैं अभी भी यह विश्वास करता हूँ कि मनुष्य में अच्छाइयों की सम्भावनाएँ भरी हैं, परन्तु निबुहर ने मेरा ध्यान इस बात की ओर भी आकृष्ट किया कि अच्छाइयों की तरह ही बुराइयों की संभावनाएँ भी मनुष्य में निहित हैं। निबुहर ने मुझे यह समझने में मदद की कि मनुष्य जहाँ सामाजिक जीवन में पड़ता है, वहाँ उसमें अनेक पेंच और वक्रताएँ आ जाती हैं। उन्होंने सामूहिकता के कारण पैदा होने वाले दोषों की चमकती हुई वास्तविकता मेरे सामने रखी।

बहुत से शान्तिवादियों ने इस पहलू की उपेक्षा की है, ऐसा मुझे लगा। बहुत से शान्तिवादी मनुष्य के संबन्ध में बहुत अधिक आशावादी थे और वे अवचेतन मानस में अपने को ही पूरी तरह सत्य के दावेदार मानने लगे थे। श्री निबुहर के विचारों के प्रभाव के कारण मेरे मन में शान्तिवादियों के इस रुख के खिलाफ विद्रोह जागा और इसीलिए शान्तिवाद की ओर गहरा झुकाव होने के बावजूद मैं किसी भी शान्तिवादी संगठन में शामिल नहीं हुआ। श्री निबुहर को पढ़ने के बाद मैंने वास्तविकतावादी शान्तिवाद को अपनाने की कोशिश की। दूसरे शब्दों में मैंने शान्तिवाद को सर्वथा निर्दोष विचार के रूप में नहीं, बल्कि वर्तमान परिस्थितियों में कम-से-कम दोष वाले विचार के रूप में अपनाया। मेरा यह विचार उस समय भी था और आज भी है कि शान्तिवादियों के संगठन में शामिल न होने वाले क्रिश्चियन लोग जिस नैतिक पेसोपेश का अनुभव करते हैं, अगर शान्तिवादी लोग उससे सर्वथा ऊपर उठे हुए होने का दावा न करें, तो समाज पर वे अपना प्रभाव ज्यादा अच्छी तरह डाल सकेंगे।

मेरी अहिंसा की बौद्धिक तीर्थयात्रा का दूसरा पड़ाव बोस्टन विश्व विद्यालय में पढ़ते समय आया। यहीं पर मुझे बहुत से अहिंसावादी व्याख्याताओं से मिलने का सौभाग्य प्राप्त हुआ। इनमें से कुछ विद्यार्थी थे और कुछ बाहर से आने वाले लोग। डीन श्री वचाल्टर मुल्डर तथा प्रो0 एलेन नाइट चामर्स के तत्त्वावधान में चलने वाला बोस्टन विश्वविद्यालय का 'स्कूल ऑफ थियॉलॉजी' उन्हीं के असर की वजह से

शान्तिवाद के साथ गहरी सहानुभूति रखता था। उपर्युक्त दोनों व्यक्तियों को सामाजिक न्याय की स्थापना के विचार से बहुत गहरा लगाव था। यह लगाव केवल ऊपरी आशावाद का ही परिणाम नहीं था, बल्कि उनके हृदय में मानव के प्रति एक गहरी श्रद्धा थी। उनका विचार था कि अगर मानव को ईश्वर के साथ मिलकर काम करने का मौका दिया जाय, तो मानवीय स्वभाव में बड़ी गहरी सम्भावनाएँ छिपी हैं। बोस्टन विश्वविद्यालय में ही मुझे स्पष्ट प्रतीति हुई कि श्री निबुहर ने मनुष्य स्वभाव की भ्रष्टता पर जरूरत से ज्यादा जोर दिया था। मनुष्य के स्वभाव के बारे में उनकी निराशा के साथ मनुष्य में निहित ईश्वरीय स्वभाव के प्रति आशा का संतुलन नहीं था। निबुहर मनुष्य के पापों की बीमारी का विश्लेषण करने में इतने व्यस्त हो गये थे कि उन्होंने उस बीमारी के ईश्वरीय वरदान द्वारा होने वाले उपचार को नजर अन्दाज कर दिया।

मैंने बोस्टन विश्वविद्यालय में श्री एडगर एस0 ब्राइटमॅन और श्री एल0 हेराल्ड डे वोल्फ की देखरेख में दर्शन और अध्यात्मवाद का अध्ययन किया। इन दोनों ने मेरे चिंतन को बड़ी गति दी। इन्हीं अध्यापकों के तत्त्वावधान में मैंने व्यक्तिवादी दर्शन (personalistic philosophy) का अध्ययन किया। इस दर्शन का मुख्य सूत्र यह है कि अन्तिम वास्तविकता के रहस्य को समझने की कुंजी व्यक्तित्व ही है। वह व्यक्तिपरायण आदर्शवाद ही आज मेरा बुनियादी दार्शनिक सिद्धान्त है। व्यक्तिवाद के इस आग्रह ने कि- मर्यादित या अमर्यादित- व्यक्तित्व ही अन्तिम वास्तविकता है, मुझे दो तरह से बल पहुँचाया। एक तो मुझे व्यक्तिगत ईश्वर के विचार के लिए तात्विक और दार्शनिक भूमिका मिली तथा दूसरे मुझे सभी मनुष्यों के व्यक्तित्व की प्रतिष्ठा रखने के लिए तात्विक या आध्यात्मिक आधार मिला।

डॉ0 ब्राइटमॅन की मृत्यु के कुछ ही पहले मैंने उनके साथ ही श्री हेगेल के दर्शन का अध्ययन शुरू किया। यद्यपि पाठ्यक्रम में उनकी 'फेनोमेलॉजी ऑफ माइण्ड' नाम का ग्रन्थ ही था। लेकिन मैंने अपना खाली समय भी उनके ग्रन्थ, जैसे 'फिलॉसफी ऑफ हिस्ट्री' 'फिलॉसफी ऑफ राइट' आदि पढ़ने में बिताया। उनके इस कथन और विश्लेषण ने कि 'सत्य पूर्ण है', मुझे एक दार्शनिक और तर्कपूर्ण विचारधारा दी। उनका न्याय पद्धति का विवेचन अपनी कमियों के बावजूद मुझे यह समझाने में मददगार हुआ कि संघर्ष से ही विकास होता है।

सन् 1954 में मैंने इन सभी बुद्धिवादियों की विचारधारा का अध्ययन समाप्त कर लिया और उनके विचारों में से एक विधायक सामाजिक दर्शन की पँखुड़ियाँ मेरे मानस में फूटने लगी थीं। इन विभिन्न दर्शनधाराओं से मुझे यह दृढ़ विश्वास प्राप्त हुआ कि दमित एवं शोषित समाज के पास सामाजिक न्याय की प्राप्ति के संघर्ष में विजय पाने के लिए अहिंसात्मक प्रतिकार का शस्त्र ही सर्वाधिक उपयुक्त था। किन्तु उस समय

तक अहिंसा को मैंने केवल बौद्धिक रूप से ही समझा और सराहा था। इस विचार को किसी सामाजिक परिस्थिति में आजमाने की निष्ठा मुझमें पैदा नहीं हुई थी।

जब मैं एक पादरी के रूप में मॉण्टगोमरी गया था, तो मेरे दिमाग में तिलमात्र भी यह विचार नहीं था कि मैं वहाँ जाकर किसी ऐसे सामाजिक आंदोलन में लिप्त हो जाऊँगा, जिसमें कि अहिंसात्मक प्रतिकार के तरीकों को आजमाने का मौका मिलेगा। मैंने मॉण्टगोमरी का बस आंदोलन न तो शुरू किया और न उसे शुरू करने का सुझाव ही दिया। मैंने तो लोगों की इस माँग को स्वीकार भर किया कि इस आंदोलन के संचालन में प्रवक्ता का काम करूँ। जब हमारा बस-आंदोलन शुरू हुआ, तब मेरा ध्यान सचेतन या अवचेतन रूप से 'सरमेन ऑन दी माउण्ट' के सिद्धान्त, जिसमें कि प्रेम का उत्कृष्ट दर्शन निहित है, और गाँधी जी के अहिंसात्मक प्रतिकार के तरीकों की ओर गया। ज्यों-ज्यों दिन बीते, त्यों-त्यों अहिंसा की शक्ति को मैंने अधिक-से-अधिक समझा। जब आंदोलन के वास्तविक अनुभव के दौरान से मैं गुजर रहा था, तब अहिंसा मेरे लिए केवल बौद्धिक तर्क-वितर्क का विषय न रहकर जीवन-पद्धति हो गयी और सारे प्रश्न, जीवन के व्यावहारिक क्रिया-कलापों में स्वतः हल होते गये। ('आजादी की मंजिलें' पुस्तक से)

रचना दृष्टि और दिशा

प्यारेलाल (निजी सचिव म.गाँधी)

स्वास्थ्यचक्र का रहस्य

गाँधीजी ने कहा है: 'पृथ्वी प्रत्येक मनुष्य की आवश्यकता पूरी करने के लिए तो काफी देती है, परन्तु प्रत्येक मनुष्य के लोभ को तृप्त करने के लिए नहीं देती।' जब तक हम जीवन-चक्र के साथ सहयोग करते हैं, तब तक जमीन अपना उपजाऊपन निरन्तर नये सिरे से निर्माण करती रहती है और जो उस पर निर्भर करते हैं, उन्हें स्वास्थ्य, मनोरंजन, पोषण और सुख-शान्ति प्रदान करती रहती है। परन्तु जब 'छीन कर खाने' की वृत्ति का बोलबाला होता है, तब प्रकृति का संतुलन बिगड़ जाता है और सर्वत्र जीवन के क्षेत्र में बिगाड़ होने लगता है। इसलिए मनुष्य-जीवन और प्राणी-जीवन के बीच तथा प्राणी-जीवन और वनस्पति-जीवन के बीच ठीक संबन्ध और संतुलन होने पर धरती और समाज दोनों के स्वास्थ्य का आधार रहता है। मनुष्य, प्राणी और वनस्पति का स्वास्थ्य जमीन के स्वास्थ्य पर आश्रित है, "स्वास्थ्यप्रद खुराक पाने वाली जमीन अपना स्वास्थ्य वनस्पति को देती है, वनस्पति अपना स्वास्थ्य प्राणियों और मनुष्यों को देती है और मनुष्य अपनी विवेकपूर्ण खेती से उसे फिर जमीन को लौटा देता है। यह 'स्वास्थ्यचक्र' है।"

यत्रंवाद के दुष्परिणाम

यंत्रवाद के विषय में उसकी अच्छी से अच्छी मानी हुई कल्पना में भी एक भ्रामकता, एक मायावी गुण होता है। वह सुनहले वचन देता है, जो प्रथम दृष्टि में तो शत प्रतिशत पूरे होने लायक दिखायी देते हैं। परन्तु साथ ही वह ऐसी विपरीत प्रतिक्रियाओं को भी जन्म देता है, जिनसे उसकी सिद्धियाँ बहुत अंश में नष्ट हो जाती हैं। उदाहरणार्थ, उससे रोजगार के नये और हमेशा बढ़ने वाले क्षेत्र पैदा होते हैं। परन्तु वह जितनी तेजी से नये काम उत्पन्न करता है, उससे अधिक तेजी से पहले से काम में लगे हुए लोगों

को उनके स्थान से हटा देता है। नतीजा यह होता है कि "एक आदमी और एक मशीन मिल कर हाथ से काम करने वाले दस आदमियों की जगह ले लेते हैं।...एक आदमी रह जाता है और नौ आदमी चले जाते हैं। समाज को उत्पादन की सस्ती प्रक्रिया मिल जाती है और नौ आदमियों की रोजी छिन जाती है। अन्तिम शुद्ध लाभ हमेशा इतना स्पष्ट नहीं होता।" ' संघर्षजनित बेकारी' की समस्या का कोई हल अभी तक नहीं मिला है और मनुष्य के संचालन के बिना अपने-आप चलने वाले यंत्रों के आगमन से और भी बुरी स्थिति उत्पन्न होने का खतरा रहता है।

इसके बाद एक स्थान से दूसरे स्थान में जाने के साधनों की प्रगति को लीजिए। इससे हमें यात्रा में लगने वाले समय को कम कर सकना चाहिए था। परन्तु जैसा बर्ट्रैण्ड रसेल ने बताया है, नियम यह मालूम होता है कि यात्रा का समय घटने के बजाय परिवहन के साधनों में सुधार हो जाने से वह प्रदेश ही बढ़ जाता है, जिसमें लोग यात्रा करते हैं और इसलिए जो समय वे यात्रा में खर्च करते हैं वह बढ़ जाता है- क्योंकि पहले तो उन्हें अपने काम के स्थान से दूर रह सकने की सुविधा दी जाती है और फिर उन्हें ऐसा करने के लिए विवश किया जाता है। ऑस्टिन फ्रीमैन के शब्दों में, जो बात आरम्भ में पसन्द की थी, वह जल्दी ही अनिवार्य जरूरत की बन गयी। " बढ़ी हुई गति और बढ़ा हुआ अन्तर सामान्य गति और सामान्य अन्तर बन गये, जिन पर जीवन की साधारण परिस्थितियों का आधार था।" मानव-प्रवृत्तियाँ नयी सुविधाओं के अनुकूल हो गयीं और अनुकूल होने में अतिरिक्त लाभ को उन्होंने खतम कर दिया। जाने-आने की बढ़ी हुई सुविधाओं ने मनुष्य से उसकी फुरसत छीन ली और एक शताब्दी की यांत्रिक प्रगति के बाद सभी लोग यह शिकायत करते हैं कि 'भारी दबाव के इन दिनों में' दौड़भाग', 'कशमकश' और 'फुरसत की कमी' रहती है और पुराने जमाने के शांत और स्थिर जीवन को आतुरता से याद करते हैं, जब 'जीवन की सुविधाएँ' तो तुलना में थोड़ी थीं, परन्तु आराम अधिक था, उत्पादन सीमित था, परन्तु जीवन की बुनियादी जरूरतों की बहुतायत थी और वे सबको मिल सकती थीं।

इसी तरह यंत्रों के उपयोग से उत्पादन की क्षमता तो बढ़ गयी, परन्तु साथ ही प्राकृतिक साधनों के बदले में दूसरे उपयुक्त साधन तलाश करने की कीमत बहुत ज्यादा बढ़ रही है। ये प्राकृतिक साधन बुरी तरह बरबाद किये जा रहे हैं, क्योंकि फिजूल खर्च करने की आदतें पड़ गयी हैं और यंत्रोद्योग के सस्ते माल के लिए 'निरादर' का भाव होने के कारण माल तैयार करने की प्रक्रिया में कच्चे माल का लापरवाही से उपयोग किया जाता है। स्टुअर्ट चेज कहते हैं: " सभी पाश्चात्य राष्ट्रों ने उड़ाऊ कपूत कहलाने का पात्र अपने को सिद्ध कर दिया है।"

यह दलील दी गयी है कि प्राकृतिक साधनों के खत्म हो जाने का डर वैसा ही

बहुत अतिरंजित है, जैसा यह डर कि सूर्य ठंडा हो रहा है या पृथ्वी की धुरी अपना स्थान छोड़ रही है। गर्व और लापरवाही के साथ यह कहा जाता है कि " अभी तो विज्ञान के चमत्कारों का शैशव काल ही है, कुछ न कुछ उपाय तो इसका खोज ही लिया जायेगा।" स्टुअर्ट चेज इसका उत्तर देते हैं: " विज्ञान के चमत्कार के बारे में मुझे सब कुछ मालूम है और उसकी कुछ भव्य असफलताओं के बारे में भी मैं जानता हूँ। मैं आप महाशयों से पूछता हूँ कि आखिर किस चीज की निश्चित रूप से खोज की जायेगी और कितनी कीमत देकर?"

अन्त में सस्तेपन की बात को लीजिए। विशाल राशि के उत्पादन से ऊपरी तौर पर खर्च कम हो गये हैं। परन्तु यंत्र ने एक समस्या हल की है, तो उसके बदले में कई ऐसी दूसरी समस्याएँ पैदा कर दी हैं, जो पहले नहीं थीं और जिनका मुकाबला या तो विज्ञान की भव्य प्रगति कर नहीं सकी है, अथवा आंशिक रूप में ही कर सकी है। क्या कोई रामबाण दवा या आधुनिक शल्यक्रिया के चमत्कार आधुनिक जीवन-पद्धति के कारण होने वाले कैंसर (नासूर), बहुमूत्र, रक्तचाप और हृदय-रोगों के भयंकर फैलाव का सामना कर सकते हैं? पहले तो हम लोगों को उनके स्वाभाविक वायुमण्डल से हटा कर और विशेष प्रदेशों में इकट्ठा करके शुद्ध ताजी हवा, धूप और शुद्ध तथा पूर्ण आहार आदि स्वाभाविक जीवन के लाभों से वंचित करते हैं और फिर उनके बदले उन्हें कृत्रिम नीली रोशनी, विटामिनों (जीवन तत्त्वों) का सार, सार्वजनिक बगीचे, उपनगरों में बसायी हुई मजदूर-बस्तियाँ, हवा की उष्णता अथवा शीतलता का नियमन करने वाले साधन आदि मुहैया करते हैं। और बदले में दी जाने वाली ये चीजें कितनी घटिया होती हैं! इससे उत्पन्न होने वाली राष्ट्रीय स्वास्थ्य तथा कार्य-क्षमता की विराट् समस्याएँ, परिवहन और नागरिक सुविधाओं की व्यवस्था तथा ऐसे मानव-समूहों को जो प्राणशक्ति के स्रोतों से अलग कर दिये गये हैं, दिये जाने वाले बीमारी, बुढ़ापे और बेकारी के बीमे के लाभ सामाजिक खर्च का बजट बेहद बढ़ा देते हैं। जीवन-शक्ति के रूप में चुकायी जाने वाली कीमत तथा सामाजिक असंतोष, वर्ग-संघर्ष और मानसिक रोगों के रूप में चुकायी जाने वाली कीमत, प्राकृतिक साधनों की विचारहीन बरबादी और इनसे होने वाला मनुष्य के उत्तराधिकार का ह्रास तो और भी भारी कीमतें हैं। परन्तु ये तो सब 'लम्बी मियाद के बिल हैं, जो अनिश्चित भविष्य में चुकाये जाने वाले हैं' और उत्पादन के खर्च के तलपट में शामिल नहीं होते, इसलिए उनकी कोई चिंता नहीं करता और ' सम्पन्नता' और 'सस्तेपन' का भ्रम बना रहता है।

सस्तापन या महँगापन: आरोपित गुण

स्वाधीनता से पहले कांग्रेस द्वारा नियुक्त और मौजूदा योजना-आयोग की पूर्वज

नियोजन-समिति के काम की प्रारम्भिक स्थिति में एक बार समिति को यह सुझाया गया था कि अगर ढाई फीसदी के लगभग छोटा-सा चुंगी-कर मिल के कपड़े पर लगा कर उतनी सहायता खादी को दे दी जाये, तो खादी और मिल के कपड़े की कीमत बराबर हो जायेगी। इसका उत्तर यह दिया गया था कि 'जो मूलतः आर्थिक दृष्टि से घाटे के उद्योग' हैं, उन्हें सहारा देकर खड़ा रखना और यांत्रिक उत्पादन की स्पर्द्धा करने देना 'सिद्धान्त के रूप में गलत' होगा, क्योंकि इससे देश की 'उत्पादक शक्ति' घट जायेगी। गाँधीजी ने इसका खण्डन किया। उन्होंने बताया कि लम्बे समय से कारखाने के माल को ही प्रत्यक्ष और अप्रत्यक्ष सहायता मिलती रही है और आज भी मिल रही है और इसका भार करदाताओं पर पड़ता है। इस सहायता के रूप ये हैं: सस्ता रेल-परिवहन, विशेष म्युनिसिपल सुविधाएँ, खेती और खुराक की नीतियों का इस प्रकार निर्धारण कि, जिससे गाँव की आबादी को हानि पहुँचा कर उत्पादन न करने वाली शहरी और औद्योगिक आबादी के लिए कच्चा माल और अन्न सस्ता किया जा सके, कारखाने के मजदूरों के लिए मकानों की और दूसरी सुविधाएँ, यंत्र-संबन्धी शोध की और तालीम की संस्थाएँ आदि। लेकिन चूँकि इससे हमें प्रगति के साथ-साथ तेज-सफर मोटर गाड़ियाँ, रेडियो, सिनेमा, बिजली की रोशनी और शहरी जीवन की सैकड़ों रोमांचक वस्तुएँ मिल गयीं और हम उनके आदी हो गये, इसलिए हमने इस भारी खर्च की परवाह नहीं की।

इस प्रकार किसी पदार्थ का सस्तापन या महँगापन उसका कोई मूलभूत गुण नहीं होता, वह तो 'आरोपित गुण' है। उसका विचार उन मूल्यों और जीवन की पद्धतियों से अलग नहीं किया जा सकता, जिन्हें हम अपने लिए वांछनीय समझते हैं। यह तो 'सम्पूर्ण सौदे' का एक हिस्सा ही है। इससे अलग उसकी कोई वास्तविकता नहीं रहती। जब खादी उपयोग करने वाले की अपनी ही पैदा की हुई कपास से उसी के काम के लिए बनायी जाती है, तो उससे सस्ता कपड़ा नहीं होता। इसी तरह अपनी ही जमीन पर काम करने वाले, रहने वाले और निर्वाह करने वाले आदमी को जो जीवन-तत्त्व घर की उगायी हुई ताजी तरकारियों, स्वाभाविक पूर्ण अन्न और धूप से मुफ्त में मिलते हैं, उनका स्थान कृत्रिम जीवन-तत्त्व (विटामिन) नहीं ले सकते। इसी प्रकार किसानों का भूमि के साथ सीधा संबन्ध होने से उन्हें जो स्वाभाविक स्वास्थ्य, बल और जीवन-शक्ति मिलती है, उसका स्थान और कोई चीज कभी ले सकती है? लेकिन जब हम पैसे के मूल्यों में ही रमे रहते हैं और जब 'प्रतिष्ठा' और 'सत्ता' की दृष्टि से भी विचार करते हैं, तब व्यापार और उद्योग की माँगें आसानी से राष्ट्रीय हित के समकक्ष मान ली जाती हैं। और जो वस्तुएँ मनुष्य को उसकी मुख्य सुख-सुविधा प्रदान करती हैं, उनकी उपेक्षा की जाती है।

प्राचीन सिंचाई-व्यवस्था संबन्धी असफल लड़ाई का परिणाम

उस असफल लड़ाई को लीजिए, जो इस सदी के तीसरे दशक में बंगाल की प्राचीन सिंचाई-व्यवस्था को फिर से कायम कराने के प्रश्न पर लड़ी गयी थी। उस व्यवस्था से दो हजार वर्ष से अधिक काल तक ग्रामीण बंगाल की आवश्यकता पूरी हुई थी। उससे न सिर्फ बंगाल की बाढ़ और मलेरिया के नियंत्रण की, वर्ष के बहुत बड़े भाग के लिए सस्ते यातायात की तथा प्रतिवर्ष जमीन की नये सिरे से प्राप्त होने वाली उर्वरता की एक-दूसरे से सम्बद्ध समस्याओं का एकमात्र आदर्श हल मिल गया था, बल्कि सिंचाई के अधिकारों पर आधारित एक सामुदायिक संगठन भी खड़ा हो गया था। चूँकि इस संगठन में प्रत्येक को अपने पड़ोसी के हित को अपना ही हित समझना पड़ता था, इसलिए जो लोग इसमें शरीक होते थे, वे ऊँचे उठ जाते थे और 'चरित्र-निर्माण का किसी भी शाला से अधिक अच्छा क्षेत्र' मिल जाता था।

बरसात के मौसम में बंगाल में भारी वर्षा होती है। परन्तु भूमि के नीचे के भाग की एक अजीब खासियत के कारण भूगर्भ स्थित जल का स्तर वर्षा के बाद तेजी से नीचे चला जाता है और जिस समय पानी की सबसे ज्यादा जरूरत होती है, उसी समय पानी की गम्भीर कमी हो जाती है। इसके फलस्वरूप तालाब और कुएँ सूख जाते हैं या प्रवाहहीन हो जाते हैं और मलेरिया तथा कई अन्य व्यापक रोग पैदा करते हैं। बंगाल के तत्कालीन सार्वजनिक स्वास्थ्य के निर्देशक डॉ0 बेंटले ने अपने उत्तम निबन्ध 'मलेरिया एंड दि इरिगेशन इन बेंगाल' में बताया था कि इसका एक मात्र उपाय यह है कि इन कुओं और तालाबों को साफ कर दिया जाय और " वर्षा के अधिक से अधिक पानी को सतह पर रोक कर और अधिक समय तक संग्रह करके भूमि के नीचे के भाग को पानी से भरा रखा जाये।" पहले ऐसा किया जाता था, खास तौर पर बंगाल के पश्चिमी और मध्य विभाग में। इसके लिए नदियों की बाढ़ के गंदले पानी से तालाबों और चावल के खेतों को लबालब भर दिया जाता था और बारिश का पानी तालाबों में जमाकर लिया जाता था। किसी समय अकेले बर्दवान जिले में ही पचास हजार से अधिक तालाब काम में आ रहे थे। धान के खेतों और भरे हुए तालाबों से छन-छन कर जो पानी नीचे चला जाता था, उससे भूगर्भ-स्थित जल-भण्डार आज की अपेक्षा दस-पन्द्रह फुट ऊँचे स्तर पर रहता था और गरमी में हरी फसल का और सूखे मौसम में कुओं और तालाबों का सूखना रुक जाता था। मानव-श्रम से खोदी हुई सिंचाई की नहरें थीं। उनका एक सिलसिला बंगाल में बहुत प्राचीन काल से विद्यमान था। नदियों की बाढ़ का मिट्टी वाला गंदला पानी धान के खेतों में ले जाया जाता था और वहाँ उसकी मिट्टी जम जाती थी। नदी की मिट्टी बहुत मूल्यवान खाद होती है। उससे खेती

समृद्ध होती थी और तालाबों और धान के खेतों का हानिकारक घासफूस नष्ट हो जाता था। हर एक तालाब और धान के खेत में धुलाई और सिंचाई की नालियाँ होती थीं। नदी के पानी की मिट्टी के साथ कार्प नाम की मछली के अण्डे भी आ जाते थे। यह मछली इल्लियों को खाने वाली होती है। वह एनेफोल नामक मलेरिया के मच्छरों की सारी इल्लियाँ खा जाती थी और साथ ही चावल खाने वाले किसानों के लिए अत्यावश्यक पोषण प्रस्तुत करती थी। नदी के पानी से मिट्टी हटा देने की वजह से नदियों के मुहाने पर मिट्टी जमा नहीं होती थी और इसलिए बाढ़ नहीं आती थी। परन्तु कुशासन और राजनीतिक अव्यवस्था के जमाने में किसानों का संगठन टूट गया और इस प्रणाली के चलने के लिए जो ऊँचे दर्जे का सहयोग चाहिए था, वह खत्म हो गया, इसलिए पानी की नालियाँ मिट्टी से भर गयीं और अज्ञानी अंग्रेज इंजीनियरों ने उन्हें 'मृत' या 'काना' करार दे दिया। इसके बाद भीषण विनाशकारी बाढ़ों का तांता लग गया। उन्हें रोकने के लिए जो रक्षक बाँध बनाये गये, उनसे बाढ़ों की भीषणता और बढ़ गयी। इन रक्षक बाँधों ने और पूर्व बंगाल रेलवे के बाँधों ने पानी के बहने के कुदरती मार्गों को बन्द कर दिया। इसके तुरन्त बाद सख्त मलेरिया की भयंकर बीमारी फैली, जिसने एक ही दशक में एक जिले की कुल आबादी के एक-तिहाई हिस्से का सफाया कर दिया। जो क्षेत्र किसी समय प्रसिद्ध 'स्वास्थ्यप्रद प्रदेश' थे, वे 'नाश के प्रदेश' हो गये। संसार के एक बड़े से बड़े सिंचाई इंजीनियर सर विलियम विलकॉक्स ने बताया है कि किसानों के सहयोग से 'मुर्दा नदियों' को फिर से जिन्दा करने के लिए जरा से प्रारम्भिक खर्च की ही जरूरत है। परन्तु इस सूचना पर किसी ने ध्यान नहीं दिया। यह कुचक्र एक बार टूट जाता तो बाकी की योजना का खर्च अपने आप निकल आता। परन्तु नदियों में यातायात करने वाली स्टीमर कम्पनियों और रेलवे परिवहन की स्पर्द्धा इसमें बाधक बन गयी। नतीजा यह हुआ कि जिस एक चीज से किसानों के 'वे पुराने वैभव के दिन जब गंगा की बाढ़ के मिट्टीवाले पानी की सिंचाई सबकी विरासत थी', फिर से वापस आ सकते थे, उसको कभी आजमाया ही नहीं गया। मलेरिया और बाढ़-नियंत्रण की योजनाओं पर करोड़ों रुपये खर्च किये गये। और सत्तर वर्ष तक बाढ़ों को रोकने के लिए नदियों और बाँधे गये बाँधों से 'जमीन को और लोगों को गरीबी से विपन्न और मलेरिया से पीड़ित होने दिया गया, जब कि पैसे के मामूली खर्च से प्रजा को बहुत बड़ी राहत दिलायी जा सकती थी।' सर विलियम विलकॉक्स के शब्दों में: "सिंचाई-विभाग ने प्राचीन सिंचाई के सिवा दूसरी हर तरह की सिंचाई पर हाथ आजमाया है। इसके फलस्वरूप धरती का घटियापन, मछलियों का विनाश, मलेरिया का आरम्भ और नदियों के मुहानों का मिट्टी से भर जाना आदि बुराईयाँ नहरों और नदियों के

किनारों पर हर जगह मौजूद हैं और देश में आज जगह-जगह निकम्मे और हानिकारक बाँधों के खण्डहर खड़े हैं।''

उत्पादन और उपभोग स्थानीय हों

गाँधीजी का उत्पादन की प्राचीन पद्धतियों के प्रति प्राचीन होने के कारण ही कोई पक्षपात नहीं था। उनकी चुनौती आजकल जिसे बार-बार प्रगति का नाम दिया जाता है, उसी की बुद्धिमत्ता के प्रति थी। उन्होंने लिखा है :- ''मैंने अपने बहुत से देशवासियों को यह कहते सुना है कि हम अमरीका जितनी समृद्धि तो प्राप्त करेंगे, मगर उसकी कार्य-पद्धतियों से बचेंगे। मैं यह कहने का साहस करता हूँ कि ऐसी कोशिश की गयी, तो वह असफल ही साबित होने वाली है। हम एक ही क्षण में, 'बुद्धिमान, शांत और उत्तेजित' नहीं हो सकते। यह कल्पना नहीं की जा सकती कि एक ऐसे देश में देवताओं का निवास होगा, जिसे मिलों और कारखानों के धुएँ और कोलाहल ने कुरूप बना दिया है तथा जहाँ ऐसे मनुष्यों से खचाखच भरे हुए- जिन्हें इस बात की कोई समझ ही नहीं है कि वे क्या कर रहे हैं और जो अक्सर शून्यमनस्क रहते हैं- रेल के अनेक डिब्बों को एंजिन रास्तों पर से खींचकर ले जाते हैं, जिनमें भेड़ बकरियों की तरह ठूँस-ठूँस कर डिब्बों में भरे हुए ये लोग एक-दूसरे को इन डिब्बों में से निकाल बाहर करने की ताक में रहते हैं। मैं इन चीजों का उल्लेख यहाँ इसलिए करता हूँ कि इन्हें भौतिक प्रगति का प्रतीक समझा जाता है। परन्तु इनसे सुख में रत्तीभर भी वृद्धि नहीं होती।''

''क्षणभर के लिए मान लीजिए कि यंत्रों से मानव-जाति की सारी जरूरतें पूरी हो जाती हैं, फिर भी उनसे होने वाला उत्पादन विशेष प्रदेशों में केन्द्रित रहेगा और वितरण का नियमन करने के लिए हमें लम्बे रास्ते अपनाने पड़ेंगे। इसके विपरीत, जहाँ चीजों की जरूरत है, उन्हीं प्रदेशों में उनका उत्पादन और वितरण हो, तो उसका नियमन अपने-आप हो जाता है और धोखेबाजी की सम्भावना कम रहती है- सट्टेबाजी की तो बिलकुल ही नहीं रहती।... जब उत्पत्ति और उपभोग दोनों स्थानीय हो जाते हैं, तब उत्पादन की गति अनिश्चित रूप में और किसी भी कीमत पर बढ़ाने का प्रलोभन मिट जाता है। जो अनन्त कठिनाइयाँ और समस्याएँ हमारी वर्तमान अर्थ-व्यवस्था प्रस्तुत करती हैं, वे भी सब उस हालत में खत्म हो जायेंगी।... हाँ, विशाल मात्रा में उत्पादन अवश्य हो,... परन्तु वह उत्पादन व्यक्तिगत आधार पर लोगों के अपने ही घरों में हो। अगर आप व्यक्तिगत उत्पादन को लाखों गुना कर लें, तो क्या इससे प्रचण्ड पैमाने पर विशाल मात्रा में उत्पादन नहीं हो जायेगा?... आपका 'विशाल मात्रा में उत्पादन'... कम-से-कम मनुष्यों द्वारा और निहायत पेचीदा यंत्रों की मदद से होता

है।... मेरे यंत्र अत्यन्त प्राथमिक ढंग के होंगे, जिन्हें मैं करोड़ों लोगों के घरों में रख सकता हूँ।''

सच्चेलोकतंत्र की कुंजी

गाँधीजी चाहते थे कि हमारी योजना में मनुष्य को फिर से उसका उचित स्थान दिया जाय और उत्पादन को मनुष्य के प्राथमिक कल्याण के अनुकूल बनाया जाय, न कि मनुष्य को उत्पादन बढ़ाने के लिए खर्च की जा सकने वाली सामग्री माना जाये। गाँधीजी ने कहा था कि जहाँ पैसे और यंत्रवाद का बोलबाला रहा है, वहाँ पूँजी अपनी वृद्धि के लिए थोड़े से लोगों के श्रम का शोषण करती है।

''पूँजी अपनी वृद्धि के लिए थोड़े से लोगों के श्रम का शोषण करती है, परन्तु करोड़ों लोगों के श्रम का बुद्धिमानी से उपयोग किया जाये, तो उस सारे परिश्रम के फलस्वरूप करोड़ों लोगों की सम्पत्ति बढ़ जाती है।'' वे चाहते थे कि श्रम का उपयोग इस तरह किया जाय जिससे उत्पादन की क्रिया स्वयं जीवन, आनन्द और स्वतंत्रता का स्रोत बन जाय। वे यह नहीं चाहते थे कि उत्पादन के लिए इनमें से किसी एक वस्तु का और अर्थ के मूल्यों के लिए इन सब वस्तुओं का बलिदान किया जाय। इसी में सच्चे लोकतंत्र की कुंजी है।

परन्तु जीवन के स्तर का क्या होगा? क्या इससे 'जीवन का स्तर गिर नहीं जायेगा?' इसका उत्तर इस बात पर निर्भर है कि ऊँचे जीवन-स्तर से हमारा मतलब क्या है। अगर 'ऊँचे जीवन-स्तर' का अर्थ यह है कि जिन्हें खाने को पूरा भोजन नहीं मिलता, उन्हें पर्याप्त मात्रा में ताजा, स्वास्थ्यप्रद और संतुलित आहार मिले, जो नंगे हैं, उन्हें सादे किन्तु कलापूर्ण टिकाऊ कपड़े मिलें, जो बिना हवा और रोशनी वाली गंदी चालियों में रहते हैं या जिनके लिए कोई आश्रय-स्थान नहीं है, उनके रहने के लिए सुहावने वातावरण में हवा, रोशनी और आरामवाले मकान होने चाहिए, तब तो गाँधीजी की बतायी हुई अर्थ-व्यवस्था ही आम लोगों को तुरन्त जीवन का सभ्य स्तर दिलाने वाला सबसे सक्षम, सबसे सस्ता और सबसे निश्चित उपाय है।

लेकिन जब लोग जीवन का स्तर ऊँचा उठाने की बात करते हैं, तब शायद उनका यही अभिप्राय नहीं होता। जीवन का स्तर ऊँचा उठाने से उनका मतलब 'आधुनिक जीवन' है। हमने जिन झूठे मूल्यों को अपना लिया है, उनके कारण हम सोचते हैं कि अगर कोई आदमी अपने खेत में कुदाली चलाता है और घर की उगायी हुई या बगीचे में पैदा हुई ताजी तरकारियाँ और फल काम में लेता है, तो उसकी जीवन-पद्धति नीची, प्राचीन ढंग की है। अगर लोग स्वास्थ्यप्रद प्राकृतिक वातावरण में बड़े होकर जीवन के आनन्द की उमंग में ही गाते और खेलते हैं, तो वे असभ्य देहाती हैं।

लेकिन अगर वे रेडियो के आसपास उदास होकर बैठते हैं और ' तैयार' संगीत सुनते हैं- जिसके चुनाव में उनका कोई हाथ नहीं होता- तो वह संस्कृति का प्रमाण माना जाता है। मगर मजदूर अपना धन्धा अपने गाँव में करता है, जहाँ उसे ताजी हवा और धूप बारहों महीने मुफ्त मिलती है, उसके काम में विविधता रहती है और उसे मनोरंजन के कुदरती मौके मिलते हैं, तो उसे जीवन की गँवारू पद्धति कहा जाता है। परन्तु यदि उसे कारखाने के आत्मघाती घोर परिश्रम से एक पखवाड़े की छुट्टी मिल जाती है और वह उसे ग्रामीण क्षेत्र में जाकर मुफ्त मनाता है, तो उसे मजदूरों के स्वर्ग की सिद्धि माना जाता है।

गाँधीजी की दुनिया में लोगों को जीवन की तड़क-भड़कवाली चीजें- सभ्यता के खिलौने- कम मिल सकती हैं, परन्तु वे प्रकृति की गोद में रहेंगे और प्रचुर मात्रा में शुद्ध स्वास्थ्यप्रद भोजन का आनन्द लेंगे, जो उन्हें अपने ही परिश्रम से मिल सकेगा। इस दुनिया में उन्हें प्रकृति की दी हुई धूप, ताजी हवा और सौन्दर्य-सुख बहुत बड़ी मात्रा में मिलेंगे। ये चीजें शहरी कारखानों के मजदूरों को कृत्रिम साधनों द्वारा थोड़ी-सी मात्रा में भारी खर्च करने पर मिलती है। उस दुनिया में काम जीवन का नाश करने वाला नहीं होगा, बल्कि जीवन के सम्पूर्ण सुख और संतोष का एक साधन होगा- वह स्थायी सौन्दर्य और आनन्द का साधन होगा। वहाँ असंख्य अनावश्यक चीजों के बीच में आवश्यक चीजों का अभाव नहीं होगा। अनेक लोगों की आवश्यकताओं का थोड़े-से लोगों की विशेष सुविधाओं के लिए अथवा 'राष्ट्रीय सम्पन्नता' और 'प्रगति' जैसी काल्पनिक वस्तु के लिए बलिदान नहीं किया जायेगा। लोग बिना किसी अंकुश के आजादी का उपभोग करेंगे, उनके हाथ में अपनी उत्पादक शक्ति बढ़ाने वाली नयी-नयी कुशलताएँ और पद्धतियाँ होंगी, लेकिन इससे उनकी व्यक्तिगत स्वतंत्रता कम नहीं होगी: उच्च कक्षा के अर्थतंत्र, उच्च कक्षा की यांत्रिक कला तथा बुद्धि की सामन्तशाही के प्रभुत्व से मुक्त होकर वे पहली ही बार अपना भविष्य-निर्माण करने का कार्य अपने हाथ में लेंगे और 'जीवन में अधिक से अधिक मात्रा में जो कुछ सिद्ध करना सम्भव हो' उसे सिद्ध करने के लिए उन्हें उतना ही अवसर मिलेगा, जितना कि देश के किसी प्रथम पंक्ति के व्यक्ति को मिल सकता है।

सुख-सुविधाओं के साधनों और प्राप्त सुख-सुविधाओं के स्तर में आकाश-पाताल का अन्तर है। यांत्रिक प्रगति के परिणामस्वरूप सुख-सुविधा के साधनों में अत्यन्त वृद्धि हुई है, परन्तु यही बात करोड़ों के लिए प्राप्त सुख-सुविधाओं के स्तर के बारे में कही जा सकती है अथवा नहीं, इसमें शंका है। स्टुअर्ट चेज कहते हैं, 'हम सब प्रगति के कोलाहल में खो गये हैं।' वर्जिल जॉर्डन के शब्दों में " समृद्धि शब्द के उपयोग की कोई सीमा ही नहीं रह गयी है और... वह समृद्धि बुनियादी सामग्री और

मूलभूत सेवाएँ प्रदान करने वाले पुराने उद्योगों को हानि पहुँचाकर आंशिक रूप में ही प्राप्त हुई है।'' स्टुअर्ट चेज ने तथ्य और आँकड़े देकर यह सिद्ध किया है कि कच्चे माल का जो भारी ढेर एक औसत अमरीकी परिवार के रहन-सहन पर खर्च होता है, उसका लगभग आधा भाग तो खान से खोद कर उसका कच्चा माल बनाने में बरबाद हो जाता है, और उसका बड़ा भाग माल तैयार करने की प्रक्रिया में नष्ट हो जाता है और बाकी का भाग आखिर में उपभोग के लिए बचता है- जिसका बड़ा भाग ' निकम्मा कूड़ा-कर्कट' ही होता है। उनकी राय है कि इसके बदले में अगर बहुत बड़ी तादाद के लोगों के लिए अधिक स्वास्थ्यप्रद आहार, अधिक मात्रा में ज्यादा अच्छे कपड़े और जीवन की दूसरी आवश्यक वस्तुएँ प्राप्त की जायँ, तो वह ' कोई बहुत बड़ा त्याग' न कहा जायेगा। वे आगे चलकर कहते हैं: '' बेशक, हमारे मकान अधिक तड़क-भड़कवाले हैं, हमारे भोजन में नाना प्रकार के व्यंजन होते हैं और कपड़े अधिक महीन और मुलायम होते हैं, परन्तु एक राष्ट्र के नाते हमारे मकान जितने विस्तृत, हमारा भोजन जितना संतोषप्रद और हमारे कपड़े और जूते जितने अधिक एक पीढ़ी पहले होते थे, उतने अब नहीं होते।'' प्रकृति की गोद में रहने वाली प्रचुर अन्न के क्षेत्र में बसी हुई प्रजा उनके पास भौतिक वस्तुएँ हमसे थोड़ी होने पर भी कदाचित् हमसे अधिक सुख-सुविधा का जीवन जीती है।''

जो भी हो, जीवन के ऊँचे स्तर का लक्ष्य रखने में बहुत समझदारी नहीं है, यदि उसके फलस्वरूप जीवन की प्रक्रिया ही स्वयं नष्ट हो जाये। यह सिद्ध करने वाले प्रमाणों की संख्या दिनोंदिन बढ़ती जा रही है कि जमीन की तेजी से घटने वाली उर्वरता, गतिहीन और उद्यम-रहित जीवन तथा उत्तेजक दवाओं का ही काम करने वाले स्वादिष्ट बनाये हुए अर्करूप खाद्य-पदार्थों के उपयोग से उत्पन्न होने वाली पोषण की कमी के कारण तथा 'प्रगति' के प्रसार के साथ घटने के बदले दिनोंदिन बढ़ती दिखायी देने वाली स्वास्थ्य-संबन्धी बुरी आदतों के प्रसार के कारण प्रबल नगर-परायणता 'मनुष्य के मूलभूत आरोग्य' के लिए हानिकारक सिद्ध हुई है। सार्वजनिक स्वास्थ्य का मापदण्ड सुधर जाने के कारण और चिकित्सा-विज्ञान में प्रगति होने से मनुष्य का औसत आयुकाल बढ़ गया है, परन्तु साथ ही रोगों का अनुपात भी ' आधुनिक जीवन' के कारण इतनी तेजी से बढ़ा है कि उससे ' अत्यधिक भय' उत्पन्न हो गया है। रीगा की युनिवर्सिटी ऑफ मेडिकल क्लीनिक के डाइरेक्टर प्रो0 मार्टिन सिंहले ने यह प्रमाणित किया है: '' जब हम अपने रोगियों की ज्ञानेन्द्रियों का भी विचार करते हैं, तब हमें उनकी क्रियाओं के दोष बार-बार मालूम होते हैं। एक आदमी की नजर-कम है, तो दूसरा ऊँचा सुनता है, तीसरे को तथाकथित पुराना जुकाम है... चौथे के फेफड़ों के ऊपर का भाग अच्छी तरह काम

नहीं करता... पाँचवें का हृदय अक्सर बढ़ जाता है।... और पाचन के अवयव? वे तो बहुत ही थोड़ों के पूरी तरह काम करते हैं।''

अमेरिकन मेडिकल एसोसिएशन के मुखपत्र के कथनानुसार 15 वर्ष और उससे ऊपर की आयु वाले 1,000 अमरीकियों में से 976 लोगों में कोई न कोई बीमारी या गड़बड़ पायी जाती है। इन रोगों में खून की कमी, मोटापा और क्षय से लेकर कोई 20 अन्य शारीरिक दोष और व्याधियाँ पायी जाती हैं। दूसरे विश्व युद्ध के पहले और उसके दौरान जिन 1 करोड़ 40 लाख अमरीकी नौजवानों की सैनिक भरती के लिए परीक्षा की गयी, उनमें से केवल 20 लाख ही कसौटी पर पूरे उतरे। हमें बताया गया है कि अमरीका में मधुमेह (डाएबिटीज) की वृद्धि का प्रतिशत अनुपात ' जन्मसंख्या के अनुपात की वृद्धि से अधिक है।' 70 लाख से अधिक अमरीकी गठिया के शिकार हैं। दस स्वस्थ अमरीकी पुरुषों में से एक के पेट में नासूर है। छः में से एक अमरीकी नपुंसक है।

इससे भी गम्भीर स्थिति मानसिक विकृतियों, मानसिक रोगों तथा हिस्टीरिया आदि की है। अमरीका के प्रधान सर्जन के कार्यालय के चिकित्सा-संबन्धी आँकड़ा-विभाग की 1946 की रिपोर्ट से मालूम हुआ है कि दूसरे विश्व युद्ध में अमरीकी सेना की भरती के समय जिन डेढ़ करोड़ आदमियों की जाँच-पड़ताल की गयी थी, उनमें से 12 प्रतिशत को मानसिक व्याधियों के कारण अस्वीकार कर दिया गया। 1945 में इन व्याधियों से 6, 57, 393 आदमी पीड़ित थे- अर्थात् देश के तमाम अस्पतालों के वार्डों में 38 प्रतिशत ऐसे रोगी थे। 1944 वर्ष के लिए अमरीका में मानसिक रोगों के कारण होने वाले सारे खर्च और नुकसान का अनुमान 1, 29, 50,00,000 डॉलर लगाया गया था।

'शांतिदायक औषधियों', ' आनन्द-बटियों' आदि के उत्पादन और बिक्री में भयंकर वृद्धि एक और संकेत है, जिसके महत्त्व की उपेक्षा नहीं की जा सकती। कुछ अत्यन्त उद्योग-प्रधान पश्चिमी देशों में इन दवाओं की जितनी बिक्री और खपत होती है उतनी अन्य अब दवाओं की मिलाकर भी नहीं होती।

औद्योगिक युग और उसके पहले के युग का तुलनात्मक जीवन

वह बुरी अर्थ-व्यवस्था है, जिसमें ' सम्पत्ति बढ़ती है और मनुष्यों का ह्रास होता है।' गाँव में काम करने वाले लोगों का दैनिक जीवन बहुत शिक्षाप्रद होता है। एक किसान को मौसम, ऋतुओं, फसलों, पेड़ों, पौधों और घरेलू तथा जंगली जानवरों का ज्ञान होना चाहिए। इसी तरह एक हाथ-कारीगर को लकड़ी, धातुओं, मिट्टियों और कपड़ा बुनने के लिए जरूरी रेशों वगैरा का ज्ञान होना चाहिए। गाँव में काम करने वाले मानव का

अपने आस-पास के वातावरण के साथ प्रतिदिन जो सजीव सम्पर्क बना रहता है, उसके बारे में स्टुअर्ट चेज का, जो यांत्रिक प्रगति के सचमुच विरोधी नहीं हैं, कहना है कि " इससे वह बुनियादी तौर पर ज्ञानवान ही नहीं बनता, बल्कि साहसी, दक्ष, स्वावलम्बी और स्वाधीन भी बनता है।" इसके विपरीत शहर में काम करने वाले मजदूर के दैनिक कार्यक्रम में ऐसा कोई शिक्षात्मक तत्त्व नहीं होता। उसका जीवन इस बात पर निर्भर करता है कि वह 'मोटर-गाड़ियों की चपेट से बचने की योग्यता रखे, समय-पत्रक, चेतावनी के संकेत और डिब्बों में बन्द खाद्य-पदार्थों के नाम वाले लेबल पढ़ सके, पैसे और टेलीफोन का उपयोग जानता हो तथा मरम्मत करने वाले यांत्रिकों को सूचनाएँ दे सकता हो और जमाखर्च के हिसाब के साधारण सिद्धान्तों का कुछ ब्यौरा जानता हो।' वह कुछ और भी सीख लेता होगा और साधारणत: सीख भी लेता है। परन्तु ' इसका उसके आसपास के वातावरण की विशेष परिस्थितियों के साथ कोई स्थान नहीं होता और जीवित रहने की उसकी योजना में इस ज्ञान का कोई स्थान नहीं होता।' इसके फलस्वरूप उसमें उस ' आत्म-निर्भरता और दक्षता का, उस बुनियादी समझदारी का अभाव होता है,जो अविकसित प्रदेश में विकास का सर्वप्रथम कार्य आरंभ करने वाले अगुवा तथा आत्म निर्भर गाँव के निवासी की स्वाभाविक विरासत होती है।' और इस प्रकार हमारे सामने यह अनोखी वस्तु आती है- जिसकी ओर ऑस्टिन फ्रीमैन ने हमारा ध्यान आकर्षित किया है- कि किसी जाति-विशेष में ' सामान्य बुद्धिमत्ता का स्तर उतरने के साथ-साथ ज्ञान की लगातार वृद्धि हो सकती है।' ग्रेट ब्रिटेन और अमरीका में ली गयी बुद्धि की परीक्षाओं से यह पाया जाता है कि प्रत्येक पीढ़ी में एक दो बिन्दु तक बुद्धि का स्तर गिर रहा है।

कभी-कभी यह तर्क किया जाता है कि कारखानों के लोगों में ज्ञानतन्तुओं की दुर्बलता बढ़ना संयोग की बात है और औद्योगिक परिस्थितियों में सुधार होने से वह दूर हो जायेगी। यह सिद्धान्त की दृष्टि से भी सही नहीं है और सत्य की दृष्टि से भी सही नहीं है। लंदन अस्पताल के एक प्रसिद्ध डॉक्टर कुपिन के अध्ययन से निश्चित रूप से यह पता लगा है कि ऐसे परिश्रमालय में 'जहाँ काम करने की परिस्थितियाँ उत्तम थीं' नाड़ियों की दुर्बलता का अनुपात ऊँचा था और एक ऐसे परिश्रमालय में 'जहाँ तेजी से काम करने की और दूसरी परिस्थितियाँ खराब थीं, उसका अनुपात नीचा था।' आधुनिक यंत्रों पर काम करने वाले मजदूरों में स्नायु-विकार की वृद्धि का या काम के वातावरण के साथ कोई संबन्ध मालूम नहीं होता। यह कोई आकस्मिक घटना नहीं है, परन्तु काम के स्वरूप के साथ अनिवार्य रूप में ही यह परिणाम जुड़ा हुआ है।

औद्योगिक युग से पहले जब मजूदर अपने परिवार के बीच आनन्दप्रद और रुचिकर वातावरण में काम करता था, तब वह अपने काम, आराम और खेल-कूद का

समय सुविधा के अनुसार रख या बदल सकता था। वह कुशल कारीगर होता था- चाहे खेत में काम करे, चाहे परिश्रमालय में। उसकी प्रवृत्तियों में ही उसे विविधता और परिवर्तन मिल जाता था और उसमें उसे अपनी बुद्धि और कुशलता का उपयोग करने का अवसर मिलता था। वह जो वस्तु बनाता था, वह आरम्भ से अन्त तक उसके हाथ में रह कर ही बढ़ती और बनती थी। उसे अपने काम से सर्जन का संतोष मिलता था। यंत्र पर काम करने वाला मजदूर अपने श्रम और तैयार माल के बीच का संबन्ध देख नहीं सकता। वह कारीगर न रहकर यंत्र को चलाने वाला एक 'हाथ' बन जाता है। वह कोई वस्तु उत्पन्न नहीं करता, हर वस्तु यंत्र उत्पन्न करता है। वह केवल यंत्र को चलाता है। 'कार्य और परिणाम की मानसिक एकता' टूट जाती है। बार-बार वही काम करने के कारण और अथक तेज गतिवाले यंत्र के साथ जुड़े रहने के कारण मजदूर पर निरन्तर शारीरिक और मानसिक तनाव बना रहता है। इसके फलस्वरूप उसमें चिड़चिड़ापन, असंतोष और काम के प्रति विद्रोह पैदा होता है। उसे जो वस्तु अपने काम में नहीं मिलती, उसको वह खेल में पाने की कोशिश करता है। परन्तु दिन के अन्त में वह शरीर और मन से इतना शिथिल हो जाता है कि ' उसमें खेलने की शक्ति ही नहीं रह जाती।' उसके लिए फुरसत 'एक व्यापक शून्यता,... खोखलेपन और सूनेपन की निराशापूर्ण स्थिति बन जाती है।' उसके जी में इतना ही आता है कि इस रिक्तता को वह निष्क्रिया मनोरंजन से भरे। 'वह खेलने के बजाय खेल देखता है, नाटक में स्वयं भाग लेने के बजाय नाटक-गृह में जाकर दूसरों का अभिनय देखता है, पैदल चलने के बजाय किसी मोटर की सवारी करता है।' हमारे इस युग में जिसे 'प्रदर्शन' की कला और संस्कृति कहा गया है, उसकी बाढ़ का यही रहस्य है। स्टुअर्ट चेज ने अमरीका के लिए इस प्रकार के विविध खेलों और मनोरंजन के कुल वार्षिक खर्च का अनुमान 21 अरब डालर लगाया है। 'यह खर्च राष्ट्रीय आय के चौथाई भाग के आसपास पहुँचता है।' स्टुअर्ट चेज आगे कहते हैं कि इनमें से अधिकतर खेल-कूद 'मनोरंजक' अर्थात् 'काम में प्रसन्नता खो दी हो, उसकी खेल द्वारा पूर्ति करने वाले' नहीं होते, परन्तु 'ग्लानि पैदा करने वाले' अर्थात् ' निरर्थक खेलों द्वारा काम की वजह से उत्पन्न हुए प्रसन्नता के अभाव को चौगुना बढ़ाने वाले होते हैं।' यह प्रगति की नहीं, परन्तु ह्वास और पतन के आरम्भ की निशानी है, जैसा कि रोमन साम्राज्य और दूसरी प्राचीन नाम शेष सभ्यताओं के इतिहास से प्रमाणित होता है।

सच्चे कारीगर को, 'फुरसत नहीं, आराम ही मिलता है।' शिक्षाशास्त्री हर्बर्ट रीड कहते हैं: ' स्वतंत्रता का आनन्द लेने वाली मुक्त मानव-आत्मा' नहीं, परन्तु 'शहरों की घिचपिच में फँसी हुई, और ऋतुओं से अलग पड़ी हुई तथा संतोषप्रद प्रवृत्तियों के स्वाभाविक परिवर्तनों से वंचित' आत्मा ही अपनी नीरसता दूर करने के लिए खर्चीले

मनोरंजनों की लालसा रखती है। 'फुरसत' की आधुनिक समस्या 'विशाल पैमाने पर समाज में फैले हुए मानसिक रोग' का एक लक्षण है, जो हमारे जमाने का एक प्रधान सत्य है।

इसलिए 'काम से मुक्ति' होने पर 'मनोरंजक फुरसत' का द्वार खुल जायेगा और उससे प्रत्येक के लिए और सबके लिए सभ्य जीवन सम्भव हो जायेगा, इस तरह की बातें बिलकुल निरर्थक बकवास हैं। स्टुअर्ट चेज के शब्दों में, काम और खेल में 'किसी तरह का सम्बद्ध संतुलन रहना चाहिए। अगर आप काम करने की वृत्ति का नाश कर देंगे, तो उसके साथ खेल की वृत्ति भी नष्ट हो जायेगी।'

रोगी मनुष्य और रोगी समाज

आज हमारे सामने जो चित्र आता है, वह 'रोगी मनुष्य और रोगी समाज' का चित्र है। चिकित्साशास्त्र के प्रसिद्ध विद्वान् डॉ० जेम्स एल० हैलिडे, एम.डी., मानसिक-सामाजिक चिकित्सा संबन्धी अपनी पुस्तक 'ए स्टडी ऑफ सिक सोसाइटी' में बताते हैं कि आज का चिकित्सा-शास्त्र भी 'केवल शारीरिक रोगों का भौतिक न्यूनताओं या कीटाणुओं की अपेक्षा रोगी समाज के परिणामरूप' रोगियों के इलाज खोजने में अधिक व्यस्त है। उन्होंने सिद्ध किया है कि आज के रोग का महत्त्वपूर्ण भाग 'लोगों की जीवन-प्रणाली से उत्पन्न होने वाले सामाजिक विघटन और क्षीण हो रही जीवन-शक्ति का परिणाम है।' हमारा सामाजिक रोग हमारे अपने मानसिक रोग का ही प्रतिबिम्ब है। एक सुसंकलित सम्पूर्ण व्यक्ति की तरह एक सुसंकलित सम्पूर्ण समुदाय स्वास्थ्य को खराब करने वाले तत्त्वों के आक्रमण का मुकाबला करता है और उन्हें बाहर फेंक देता है। परन्तु जब समुदाय की प्रतिरोध-शक्ति कम हो जाती है, तब 'यह मानसिक, शारीरिक रोग अधिकाधिक संक्रामक होता जाता है और समुदाय स्वयं रोगी हो जाता है।' वर्ग युद्ध और 'विनाश के लिए नेतृत्व' इसी रोग का एक प्रकट रूप है।

युद्धों की विनाशकता, उनकी सम्भावना और उनका क्षेत्र आज बढ़ रहा है और इससे व्यक्ति और समाज के मानसिक स्वास्थ्य का प्रश्न परम चिंता का विषय बन जाता है। हर्बर्ट रीड हमें बताते हैं कि 'आवारा समाज' के वैज्ञानिक अध्ययन किये गये हैं और उनसे पता चलता है कि 'फुरसतवाले यानी अतिरिक्त समय वाले समाजों से ही, जिनमें बेकारी की क्षतिपूर्ति करने वाले धंधे नहीं होते, अपराध, गुंडागिरी और फासिस्टवाद का अनिवार्य रूप से विकास होता है।' हमारे बीच आज ऐसे लोगों का एक वर्ग बढ़ रहा है, जिन्हें अपने पदों का- उनसे मिलने वाले पुरस्कार और सामाजिक दर्जे के कारण- गर्व है। लेकिन उन्हें अपने काम को देखते ही उससे घृणा होती है। ये ही वे लोग हैं 0 जो अपने 'धंधे की नीरसता से पैदा होने वाली अनिवार्य रिक्तता'

को भरने के लिए महत्त्वाकांक्षा और सत्ता के दुःस्वप्न सिद्ध करने में अपने-आपको लगा देते हैं। इसलिए गाँधीजी ने कहा था कि आर्थिक प्रगति का लक्ष्य 'मानव-सुख और उसके साथ मनुष्य का सम्पूर्ण मानसिक और नैतिक विकास' होना चाहिए। दूसरे शब्दों में, हमारी जीवन-पद्धति ऐसी होनी चाहिए, जिसमें न सिर्फ जीवन के भौतिक साधनों की बल्कि संतोषप्रद प्रवृत्तियों की भी व्यवस्था हो। ये प्रवृत्तियाँ स्वभावतः 'खेलकूद जैसी आकस्मिक और वैकल्पिक' नहीं हो सकतीं। इसके विपरीत ये 'हेतुपूर्ण प्रवृत्तियाँ' होंगी, जिनका हमारे और समाज के प्राथमिक धारण-पोषण के साथ सीधा संबन्ध रहेगा। उनमें न केवल हमारी बुद्धि और कुशलता का उपयोग होगा, बल्कि हमारी मांसपेशियों का भी उपयोग होगा। कारण, मांसपेशियों को उपयोगी कामों की तालीम न दी जाये, तो वे स्वतंत्र रूप से अपना काम करती हैं।

इसका अर्थ यदि थोड़ा अधिक शारीरिक श्रम हो और जिन शहरी सुविधाओं के हम आदी हो गये हैं, उनमें से कुछ का त्याग हो, तो ज्यादा चिन्ता की बात नहीं है। इसके परिणामस्वरूप लाखों-करोड़ों लोगों को अधिक जीवन, अधिक स्वास्थ्य और अधिक सुख मिलेगा, और शांति के लिए यह बहुत बड़ी कीमत नहीं होगी। हर्बर्ट रीड की इस बात से अधिक सच्ची बात और किसी ने नहीं कही कि 'उत्पादन की यांत्रिक प्रणाली, ऐश-आराम और सुख-सुविधा तथा जीवन के ऊँचे स्तर के लिए जो कीमत हम चुकाते हैं, युद्ध उसी का एक हिस्सा है।''

मानव-प्रगति एवं जीवन-शक्ति का प्रश्न

मानव-प्रगति के सम्पूर्ण विचार में जीवन-शक्ति का प्रश्न बुनियादी प्रश्न है। जीवन-शक्ति की व्यवस्था इस प्रकार की गयी है: यह 'जीवन को टिकाये रखने की क्षमता और जीवन का वह भण्डार है, जो हमारे सम्पूर्ण शारीरिक और सांस्कृतिक उत्तराधिकार के द्वारा एक पीढ़ी से दूसरी पीढ़ी तक संचित और सुरिक्षत रखा जाता है।' ग्रिस्कम मॉर्गन ने अपनी पुस्तक 'वाइटेलिटी एण्ड सिविलाइजेशन' में बताया है कि इतिहास के क्रम पर 'जीवन-शक्ति का उतना ही नियंत्रण है, जितना राजनीति, अर्थशास्त्र या विचारों का है।' इतिहास में अनेक बार लोगों की संचित जीवन-शक्ति का दुरुपयोग करके सभ्यता के आकस्मिक और अल्पकालीन उत्कर्ष सिद्ध किये गये हैं। परिणाम सदा ही ऐसी सभ्यताओं के ह्रास और मृत्यु के रूप में आया है।

प्रोफेसर सोरोकिन ने गाँव को आबादियों का 'उत्पादक' और शहर को उनका 'नाशक' बताया है। जीवन धरती से उत्पन्न होता है। संस्कृति और जीवन-शक्ति गाँव में उत्पन्न होती है। शहर तो वह स्थान है, जहाँ उनका शोषण और अपव्यय होता है

और जहाँ अन्त में उनकी मृत्यु हो जाती है।महान यात्री, राजनीतिज्ञ और इतिहासवेत्ता इब्न खाल्दुन ने लिखा है कि 'जब नगर की वृद्धि और नगर की कला, विज्ञान और व्यापार का विकास चरम सीमा को पहुँचता है, तब नगर के और सारे समाज के ह्रास और पतन का प्रारम्भ होता है। ... शहरी परिवारों के उत्थान और पतन का साधारण क्रम चार पीढ़ियों में पूरा हो जाता है।"

मनुष्यों का शुद्ध शहरी समाज अपने-आपको कभी तब तक स्थायी रूप से टिका नहीं सका, जब तक उसने अपनी नष्ट हुई संख्या की पूर्ति गाँवों से लोगों को बुलाकर न की हो। शहरों के द्वारा गाँवों का यह सतत मानवीय शोषण औद्योगिक सभ्यता का एक अत्यन्त अर्थपूर्ण सत्य है।

जैसा कि सामान्यतः माना जाता है, औद्योगिक आबादियों का स्वास्थ्य गिरने का कारण उनकी कड़ी मेहनत या भौतिक वस्तुओं का अभाव नहीं है, परन्तु आधुनिक प्रगति के कारण मिलने वाले ऐश-आराम और सुखमय जीवन का ऊँचा स्तर इसका कारण है। विपत्ति और शरीर-श्रम तो जीवन-शक्तियों का संचय और रक्षण को अनिवार्य बना देते हैं। 'जब अधिकांश लोग सूर्यास्त के बाद सक्रिय जीवन व्यतीत नहीं कर सकते थे और शीतकाल में विवश होकर उन्हें निष्क्रियता का आश्रय लेना पड़ता था, तब प्रकृति उनकी प्राणशक्ति की रक्षा में सहायक होती थी।' परन्तु जब मनुष्य को अपने धंधे में कोई अर्थ दिखायी नहीं देता और दिनभर कड़ी मेहनत करने के बाद जब वह घर लौटता है और उसकी विफल सृजनशील वृत्ति पूरा विद्रोह करती है, तब उसे अपनी जीवन-शक्ति को चूस लेने वाली तरह-तरह की प्रवृत्तियों द्वारा आराम पाने की चाह होती है। माता-पिता बनने, पारिवारिक जीवन जीने और सामुदायिक दायित्त्व निभाने की जिन आवश्यकताओं पर किसी सभ्यता का टिकना निर्भर करता है, उनकी उपेक्षा की जाती है।

सफलता की सच्ची कसौटी

किसी राष्ट्र या सभ्यता की सफलताओं की सच्ची कसौटी उसके उत्पादन के आँकड़ें नहीं होते, बल्कि टिके रहने की उसकी शक्ति होती है। हमें चेतावनी दी गयी है कि मानव-मूल्यों को आर्थिक प्रगति के अधीन कर देने के फलस्वरूप पाश्चात्य समाज में आज 'मानव साधनों का इतना बिगाड़ हो रहा है कि उसका हमारे भविष्य पर निर्णायक असर हो सकता है।' इसमें पूँजीवाद और साम्यवाद दोनों समान रूप से दोषी हैं। 'जन-साधारण को अपनी दया पर निर्भर रहने की स्थिति में डालकर ये दोनों वाद सभ्यता के विशाल कार्यपूरा करने के लिये उनकी जीवन शक्ति का निर्दय शोषण करते हैं। भविष्य में इसकी क्या कीमत चुकानी पड़ेगी, इसकी कोई गिनती नहीं की जा सकती।'

जो सभ्यताएँ काल का ग्रास बन चुकी हैं, उनके भग्नावशेषों को देख कर यह सिद्ध होता है कि नगर-परायण समाज-रचना, व्यवसायवाद, खेती का ह्रास और बाहर से मँगायी हुई खाद्य सामग्री का उपयोग-जिसके फलस्वरूप 'सभ्यता की अमुक बीमारियाँ', जैसे दाँतों की खराबी, गठियाँ, संधिवात आदि फैलती हैं- अनिवार्यतः उन सभ्यताओं के पतन की पूर्व-सूचना देने वाली थी। किसी रास्ते चलते आदमी को भी दिखायी दे सकता है कि आज हमारे बीच में चेतावनी के इन संकेतों का अभाव नहीं है। इन संकेतों की उपेक्षा करके हम खतरा ही मोल लेंगे।

विशाल पैमाने की उत्पादन-प्रणाली का जन्म अधिकाधिक भौतिक सामग्री प्राप्त करने की इच्छा से हुआ है। उसने समाज में 'मनुष्य को दिग्मूढ़ बना डालने वाली' विशालता पैदा कर दी है, जिसमें व्यक्ति का व्यक्तित्व नष्ट हो जाता है। जो माल दुनिया के एक सिरे पर पैदा होता है और जिसकी खपत दूसरे सिरे पर होती है, उसके लिए दूर-दूर के देशों में बाजार खड़े हो गये हैं। भावों का निर्धारण और विनिमय की दरों में उतार-चढ़ाव विशेषज्ञों के सिवा अन्य सभी के लिए रहस्यमय और समझ में न आने जैसे बन गये हैं। यही हाल यंत्र-विज्ञान का है। स्टुअर्ट चेज का कहना है कि 'जिस यंत्र-विज्ञान से साधारण मनुष्य को आवास, वस्त्र और अन्न मिलता है, उसको समझने की उसकी शक्ति में चौंकाने वाली कमी हो गयी है। यंत्र-विज्ञान की सिद्धि और उसके गूढ़ार्थों के विषय में जनता का अज्ञान, दोनों विपरीत दिशाओं में समान गति से आगे बढ़ रहे हैं।' सामान्य जन को अपने और अपने परिवार के लिए जीविका कमानी पड़ती है, इसलिए उसके पास न तो इतना समय होता है और न तालीम होती है कि वह अपने चारों ओर की औद्योगिक और आर्थिक रचना या उसके काम की पेचीदगियों का अध्ययन कर सके या उसे समझ सके। उसे ऐसा लगता है कि मानो वह सामान को इधर-उधर पहुँचाने वाले यंत्र के पट्टे पर बैठा है, जिसके ठीक तरह से चलते रहने पर ही उसका जीवन निर्भर करता है। या तो उसके चलते रहने में वह मन-बेमन से सहयोग दे या खत्म हो जाये। वह उस पर बहुत कम नियंत्रण रख सकता है, उसकी अपनी सूझ-बूझ का कोई महत्त्व नहीं है। उसे अपने लिए दूसरों को ही विचार करने देना होता है। इस प्रकार व्यक्तिवादी व्यवस्थाओं में बलशाली व्यवस्थापकों और नियोजित अर्थ-व्यवस्था में राजनीतिज्ञों, नियोजकों, विशेषज्ञों और नौकरशाहों का एक नया शासक-वर्ग खड़ा हो जाता है। विशेषाधिकार नयी शकल में लौट आते हैं। समानता को विपुलता के पीछे पड़कर कुर्बान कर दिया जाता है। यंत्र-विज्ञान के युग का यह बेचैनी पैदा करने वाला पहलू है कि आम लोगों की नजर में व्यक्तिगत स्वतंत्रता की 'कीमत दिनों दिन घटती जा रही है।'

आर्थिक और यंत्रविज्ञान संबन्धी दुर्बलता

गाँधीजी को आर्थिक प्रगति से नफरत नहीं थी। इसके विपरीत, वे तो यहाँ तक कहते थे कि भूखों को ईश्वर दाल-रोटी के रूप में ही दिखायी दे सकता है। ' गरीबों के लिए जो आर्थिक है, वही आध्यात्मिक है।' 'उनसे आधुनिक प्रगति की बात करना, उनके सामने ईश्वर का नाम लेना उनका अपमान करना है। अगर हम उनसे ईश्वर की चर्चा करेंगे, तो वे आपको और मुझे राक्षस कहेंगे। उन्हें ईश्वर का अगर कुछ भी ज्ञान है, तो वह आतंक और प्रतिशोध का ईश्वर और निर्दय अत्याचारी ईश्वर ही है।' अपने ढंग से उन्होंने आम लोगों को जीवन के कुछ अधिक भौतिक साधन दिलाने के लिए जितना प्रयत्न किया, उतना दूसरे किसी ने नहीं किया। इतना जरूर था कि वे भौतिक आवश्यकताओं की वृद्धि को ही प्रगति की एकमात्र कसौटी मानने से इनकार करते थे और जब भौतिक तथा नैतिक वस्तुओं के बीच संघर्ष होता, तब वे भौतिक को नैतिक वस्तु से पहले नहीं रखते थे।

जो बात आर्थिक पहलू की है, वही यंत्र-विज्ञान से संबन्धित पहलू की है। किसी अति आधुनिक नगर में जीवन कई अत्यावश्यक सेवाओं पर निर्भर करता है। उनमें से कोई एक असफल हो जाये, तो लोग अपने घरों में उतने ही असहाय हो जायेंगे, जितना चूहा जहर डाले हुए बिल में असहाय हो जाता है, और यदि वह सेवा जल्दी ही फिर से चालू न हो जाये तो सारा शहर कब्रिस्तान बन जायेगा। बिजली के बन्द हो जाने से प्रत्येक घर अन्धकार में डूब जायेगा। टेलीफोन, परिवहन, लिफ्ट, दूध, अन्न तथा पानी की व्यवस्था और हवा तक की गतिविधि अचानक ठप हो जायेगी। स्टुअर्ट चेज द्वारा चित्रित इस भयानक चित्र में अतिशयोक्ति नहीं है, 'किसी दिन कोई कटु मजदूर आन्दोलन या कोई छोटा-सा भी मुख्य उद्योग में काम करने वाला मजदूर-समूह सचमुच शहरी जीवन की किसी नाड़ी को काट सकता है। किसी दो व्यवसाय-मण्डलों की कशमकश से कोई नाड़ी कट सकती है। किसी दिन भूकम्प से कई नाड़ियाँ कट सकती हैं, लेकिन इस भूकम्प से गाँवों में कोई खास हानि नहीं होगी।' वे पूछते हैं : 'इन सेवाओं के यंत्र-विज्ञान संबन्धी कामकाज को और उनके पारस्परिक संबन्धों को कौन समझता है?' कहाँ हैं ऐसे आदमी,.....कहाँ है वह केन्द्रीय बुद्धि, जो इन नाड़ियों के बन्द हो जाने पर किसी बड़े नगर की सेवा कर सके? और वे ही उत्तर देते हैं : 'कहीं नहीं।.... इसकी समस्याएँ इतनी ज्यादा पेचीदा हैं कि किसी एक मनुष्य को या किसी एक छोटे समूह को उनकी पकड़ नहीं हो सकती।' हमें समुचित प्रमाणों के साथ बताया गया है कि किसी सारे शहर के जीवन को ठप करने के लिए जरूरी मनुष्यों की संख्या 'एक प्रतिशत आबादी के बहुत छोटे-से भाग' से अधिक होने

की आवश्यकता नहीं। बढ़ती हुई एकांगी विशेषज्ञता से और विद्युत-शक्ति, बाहर से आनेवाले ईंधन तथा बाहर से आनेवाली खाद्य-सामग्री पर निर्भर रहने से गाँवों में भी सामुदायिक आत्म-निर्भरता तेजी से नष्ट हो रही है और उसी के साथ साधारण मनुष्य की अपने लोकतान्त्रिक अधिकारों के लिये लड़ने की क्षमता भी क्षीण हो रही है। जहाँ इतने अधिक लोग इतने थोड़े लोगों की दया पर जीते हैं, वहाँ न तो चुनाव की कोई सच्ची आजादी हो सकती है, न काम करने की।

ऐसी आर्थिक और यंत्र-विज्ञान संबन्धी दुर्बलता की बुनियाद पर लोकतंत्र और शान्ति की इमारत खड़ी नहीं की जा सकती। जो राष्ट्र बाहर से आनेवाली खाद्य-सामग्री पर आधार रखते हैं, उन्हें सदा डर बना रहता है कि उनकी जीवन-धाराओं को कोई भी विदेशी शत्रु राष्ट्र काट सकता है। इससे लोगों में असुरक्षितता की भावना, डर की मनोवृत्ति पैदा होती है, जिसका तानाशाह और युद्ध-व्यवसायी किसी संकट के समय आसानी से अनुचित लाभ उठाकर लोगों को भावोन्मत्त बना सकते हैं। इसके फलस्वरूप वे अपने चिरपोषित आदर्शों को ताक में रखकर युद्धकालीन सर्वसत्तावादी कार्य-क्षमता की वेदी पर अपनी व्यक्तिगत स्वतंत्रता की बलि चढ़ाने तथा यंत्र-पुरुषों की तरह दूसरों को मारने और स्वयं मरने के लिये तैयार हो जाते हैं। यंत्र-विज्ञान की उन्नति से वास्तव में व्यक्ति की स्वतंत्रता कम हुई है। सामान्य व्यक्ति के सामने व्यक्तिगत या राष्ट्रीय सुरक्षा और अर्द्ध-गुलामी के बीच चुनाव का सवाल खड़ा होता है, तब वह ज्यादातर अर्द्ध-गुलामी को ही पसन्द करता है। इसीलिये आल्डस हक्सले ने कहा है : ''अनेक मोर्चों पर प्रकृति पर विजय प्राप्त कर ली गयी है; परन्तु....मनुष्य की उसकी स्वतंत्रताओं की लगातार पराजय हुई है।''

यंत्र विज्ञान

क्या यह यंत्र-विज्ञान और प्रगति के परिणामों को अस्वीकार करना नहीं होगा? गाँधीजी से एक बार पूछा गया था : ''क्या आप भारत का उद्योगीकरण नहीं करेंगे?''

उन्होंने उत्तर दिया : ''मैं उद्योग शब्द के अपने अर्थ के अनुसार जरूर ऐसा करूँगा।''

''तब तो आप प्राकृतिक अर्थ-व्यवस्था की दिशा में वापिस लौट जायेंगे?''

''हाँ...परन्तु मैं गाँवों का उद्योगीकरण अलग ढंग से कर रहा हूँ।''

उसमें यंत्रों का क्या स्थान होगा? गाँधीजी बोले : ''सबके लाभ के लिये किये गये विज्ञान के हर आविष्कार का मैं आदर करूँगा।'' ''प्रत्येक ऐसे यंत्र के लिये स्थान है, जो प्रत्येक व्यक्ति को सहायता पहुँचाता है।'' परन्तु इसमें उन यंत्रों के लिये कोई स्थान नहीं होगा, जो मानव-श्रम को हटाकर थोड़े से लोगों में सत्ता केन्द्रित कर देते

हैं। ''सभ्य और सुसंस्कृत मानव-परिवार में श्रम का अनोखा स्थान है।''

गाँधीजी यंत्र मात्र के विरोधी नहीं थे, परन्तु यंत्रों की विवेकहीन वृद्धि के विरोधी थे। वे 'यंत्रों की बाहरी विजय' से प्रभावित होने से इनकार करते थे। वे कहते थे : ''सादे औजारों और साधनों का और ऐसे यंत्रों का, जिनसे व्यक्ति के श्रम में बचत होती है तथा करोड़ों कुटीर-निवासियों का भार हल्का होता है, मैं स्वागत करूँगा।''

दूसरे शब्दों में, जैसाकि उन्होंने एक युवा प्रश्नकर्त्ता को समझाया था वे 'यंत्रों के पीछे पागल होने' के विरुद्ध थे। 'यह पागलपन जिन्हें श्रम बचाने वाले यंत्र कहा जाता है, उन यंत्रों के लिये है।

...समय और श्रम मैं जरूर बचाना चाहता हूँ, परन्तु मानव-जाति के छोटे से भाग के लिये नहीं, बल्कि सबके लिये। धन का एकत्रीकरण मैं भी चाहता हूँ, परन्तु कुछ लोगों के हाथों में नहीं, बल्कि सब लोगों के हाथों में। आज तो यंत्र केवल थोड़े से लोगों को करोड़ों की पीठ पर सवार होने में मदद करते हैं। इस सबके पीछे मानवदया की वृत्ति से श्रम बचाने की प्रेरणा नहीं है, परन्तु लोभ है। मैं इसी व्यवस्था के खिलाफ अपनी सारी ताकत लगाकर लड़ रहा हूँ।''

गाँधीजी से प्रश्न किया गया : ''तब आप यंत्र के विरुद्ध नहीं, बल्कि उसके दुरुपयोग के विरुद्ध लड़ रहे हैं और दुरुपयोग तो आज उसका बहुत ज्यादा होता दिखायी दे रहा है।''

उन्होंने उत्तर दिया : ''मैं निःसंकोच 'हाँ' कहूँगा। परन्तु मैं यह भी कहूँगा कि सबसे पहले वैज्ञानिक सत्य और शोधें लोभ के साधन नहीं रहने चाहिए। तब मजदूरों को शक्ति से ज्यादा काम नहीं करना पड़ेगा और यंत्र बाधक होने के बजाय सहायक बन जायेंगे। मेरा लक्ष्य सभी यंत्रों का नाश करना नहीं, बल्कि उनकी मर्यादा बाँधना है।''

एक और प्रश्न गाँधीजी से यह किया गया : क्या तर्क को अन्त तक ले जाने पर इसका यह गूढ़ार्थ नहीं होगा कि शक्ति-संचालित कोई भी अटपटे यंत्र नहीं रहने चाहिये? उत्तर में उन्होंने स्वीकार किया कि ऐसे यंत्र जाने चाहिये। ''पर एक बात मुझे यहाँ स्पष्ट कर देनी चाहिये। सर्वोपरि विचार मनुष्य का होना चाहिये। ऐसा नहीं होना चाहिये कि यंत्र मनुष्य के हाथ-पैरों को बेकार बनाने लग जायँ।...व्यक्ति का ही सबसे अधिक महत्त्व माना जाना चाहिये। व्यक्ति की मेहनत को बचाना उनका ध्येय होना चाहिये और लोभ के बजाय प्रामाणिक मानव-कल्याण उनका हेतु होना चाहिये।''

गाँधीजी ने कहा : जब मुनाफाखोरी और मानव-शोषण नहीं रहेंगे, तब लोगों को आजादी होगी कि वे ग्राम-समुदाय को आत्म-निर्भर बनाने और उत्पादन बढ़ाने के लिये जो यंत्र जरूरी हों, उन्हें गाँवों में दाखिल करें। शर्त यह होगी कि उत्पादन मुख्यतः

उपयोग के लिये हो, न कि दूसरों के शोषण के लिये। जब तक इस शर्त का पालन होता रहेगा, तब तक "ग्रामवासी जिन्हें बना सकें और जिनका उपयोग उनको पुसाये, ऐसे आधुनिक यंत्रों और औजारों का भी वे उपयोग करें तो किसी को आपत्ति नहीं होगी।" मैं 'बुद्धिपूर्वक अपवाद' भी कर दूँगा। उदाहरण के लिये, सिंगर की सिलाई की मशीन ले लीजिये। "यह उन थोड़ी सी उपयोगी चीजों में से एक है, जिनका आज आविष्कार किया गया है।...सिंगर ने अपनी पत्नी को अपने ही हाथों से सीने और कपड़ों को जोड़ने की थका देनेवाली प्रक्रिया पर श्रम करते देखा और केवल पत्नी के प्रति अपने प्रेम के कारण उसने सिलाई की मशीन खोज निकाली।... उसने...उसी का श्रम नहीं बचाया, परन्तु ऐसे सब लोगों का श्रम बचा दिया, जो सिलाई की मशीन खरीद सकें।" इसी तरह छापेखाने जारी रहेंगे और हमें साइकिलों तथा शस्त्रक्रिया के साधनों की भी जरूरत रहेगी। "ये सब यंत्र और साधन हाथ से कैसे बनाये जा सकते हैं? इनके लिये भारी यंत्रों की आवश्यकता होगी ही।" इसी तरह 'सार्वजनिक उपयोग का जो काम मानव-श्रम के द्वारा नहीं कराया जा सकता,' उसके लिये भी भारी यंत्रों का अपना 'अनिवार्य स्थान' रहेगा। परन्तु गाँधीजी ने कहा कि इतना आग्रह रखने की हद तक समाजवादी अवश्य कहते हैं कि लोगों की बड़ी संख्या को काम में लगाने वाले ऐसे समस्त भारी उद्योगों का 'या तो राष्ट्रीयकरण हो या उन पर राज्य का नियंत्रण हो' और वे 'अत्यन्त आकर्षक और आदर्श स्थिति में मुनाफे के लिये नहीं, परन्तु मानव-समाज के लाभ के लिये' काम करें।

ऐसे समुदाय में समाज यंत्रों और संगठन का जो स्तर अपनायेगा, वह लोगों की बदलती हुई जरूरतों के अनुसार, जीवन के वांछित मापदण्ड के अनुसार और बदलती हुई परिस्थितियों के अनुसार समय-समय पर स्थान-स्थान पर भिन्न होगा। मार्गदर्शक सिद्धान्त हमेशा यह रहेगा कि कीमती और पेचीदा यंत्रों या प्रक्रियाओं को जारी करके समाज की आत्म-निर्भरता को घटाया न जाय और वे लोगों की बुद्धि और समझ में उतर सकें। साथ ही उन यंत्रों का खरीदना व्यक्तिगत या सामूहिक रूप में लोगों की आर्थिक शक्ति के बाहर न हो।

अन्न की आत्म-निर्भरता का जितना महत्त्व है, उतना ही महत्त्व कुदरती शक्तियों में-कोयला, बिजली, तेल आदि में-क्षेत्रीय आत्म-निर्भरता सिद्ध करने का है। जैसा कि आल्डस हक्सले ने बताया है, असीम शक्ति के नये स्रोतों की शोध में इतनी विशाल मात्रा में पूँजी लगाने की अथवा कच्चे माल का उपयोग करने की जरूरत होती है कि बहुत थोड़े लोग ही यह सब खर्च कर सकते हैं और इस कारण से यह शोध लोकतंत्र, स्वतंत्रता और शान्ति के लिये सहायक सिद्ध होने के बजाय पहले से चल रही भयंकर अन्तर्राष्ट्रीय प्रतिस्पर्द्धा को तथा निर्बलों पर सबलों के प्रभुत्व को अधिक तीव्र बनायेगी।

इसका प्रमाण मध्यपूर्व में महान सत्ताओं की तेल के लिये होने वाली प्रतिस्पर्द्धा से और 'तेल की कूटनीति के' अशुभ लक्षण से मिलता है। अणुशक्ति से यह स्थिति और भी खराब हो जायेगी।

चूँकि मैं खुद गाँवों में बिजली की सुविधा पैदा करने के विचार से बहुत प्रभावित था, इसलिये पूना की हमारी पिछली नजरबन्दी के समय मैंने कई बार इसके लिये गाँधीजी का समर्थन प्राप्त करने की कोशिश की। गाँधीजी पहले कह चुके थे कि हर झोपड़ी में बिजली समान रूप से दी जा सके, तो कम-से-कम सिद्धान्त के तौर पर ग्रामोद्योगों को बिजली से चलाने पर उन्हें कोई आपत्ति नहीं होगी।

'लेकिन उस स्थिति में ग्राम-समाज या राज्य बिजली-घरों का वैसे ही स्वामी होगा, जैसे वह चारागाहों का होता है।' परन्तु खेती की बात दूसरी है। जो कारण पहले समझाये गये हैं और आगे जो दूसरे कारण बताये जायेंगे, उन पर विचार किया जाय, तो बिजली से चलने वाले यंत्रों का स्थायी अर्थव्यवस्था में खेती के लिये यदि कोई उपयोग होगा भी तो बहुत थोड़ा ही हो सकता है। परन्तु ऐसा मालूम होता है कि गाँधीजी ने अपनी स्वीकृति के साथ जो शर्त लगा दी थी, उसे वे केवल 'सिद्धान्त की दृष्टि से सत्य किन्तु अव्यावहारिक सलाह' मानते थे। मैं गाँवों के विद्युतीकरण के विचार के लिये उनमें कभी उत्साह पैदा नहीं कर सका। उन्होंने कहा : मैंने अपनी स्वीकृति पर जो शर्तें लगायी हैं, उन्हें मैं अधिक से अधिक महत्त्व देता हूँ। मुझे डर है कि विद्युतीकरण के उत्साही लोग अपनी सुविधा के लिये गाँवों की उपेक्षा कर देंगे। शायद उनका यह भी ख्याल था कि एक बार बिजली ने गाँवों में पैर जमा लिये तो फिर उसके उपयोग को किसी पूर्व निश्चित मर्यादा के भीतर रख सकना, असम्भव नहीं तो कठिन अवश्य होगा। उदाहरण के लिये, यदि रोशनी और भोजन बनाने के लिये बिजली का उपयोग किया जाय, तो फिर सिंचाई के लिये, आटा पीसने के लिये, चावल कूटने के लिये या तिलहन से तेल निकालने के लिये उसका उपयोग क्यों न किया जाय? और क्या भारत के पाँच लाख गाँवों के विद्युतीकरण का काम देश का सर्वांगीण उद्योगीकरण किये बिना और आत्मनिर्भर गाँवों की सारी अर्थव्यवस्था पर हानिकारक असर डाले बिना पूरा किया जा सकता है? तर्क की अपनी सारी शक्ति खर्च करने के बाद मैं उनसे अधिक से अधिक इतनी ही स्वीकृति ले सका कि जिन्हें विद्युतीकरण में विश्वास है, उनका काम है कि मेरी शंकाएँ दूर करें और इसका प्रत्यक्ष प्रमाण दें कि सबसे कमजोर आदमी को भी हानि पहुँचाये बिना गाँवों में बिजली ले जायी जा सकती है। उन्होंने कहा, जहाँ तक मेरा संबन्ध है, मैंने जो काम पहले से हाथ में ले रखा है, उन्हीं के लिये अभी बहुत कुछ करना बाकी है।

शोषण और मुनाफाखोरी से मुक्त समाज

गाँधीजी का कहना था : जिस समाज से शोषण और मुनाफाखोरी निकल गयी हो, उसकी स्वाभाविक वृत्ति यह होगी कि जो भी काम हाथ से अधिक अच्छा किया जा सकता है और जो काम श्रमिक को आरोग्यवर्धक और संतोषप्रद ढंग की रोजी देता है, उसके लिये यंत्रों का स्थान हस्त-उद्योगों को दिया जाय। मनुष्य के हाथ में जो उच्च कक्षा की कुशलताएँ निहित हैं, उनके विकास की और उत्पादन की गति को तीव्र बनाने के लिये जो औजार काम में लिये जा रहे हैं, उनकी कार्य क्षमता को बढ़ाने की कोई सीमा नहीं है। इस प्रकार एक व्यक्ति के उत्पादन में होने वाली जरा सी वृद्धि को भी लाखों गुनी कर देने से राष्ट्रीय सम्पत्ति में जो शुद्ध वृद्धि होगी, वह करोड़ों रुपये खर्च करके बिजली से चलने वाले भीमकाय कारखाने खड़े करने से होनेवाली वृद्धि की अपेक्षा कहीं ज्यादा होगी। यदि मनुष्य और पशु की सारी मेहनत का पूरा-पूरा उपयोग करने के बाद और कुछ करना बाकी रह जाय, तो लोगों को अधिकार होगा कि वे आवश्यक यांत्रिक शक्ति का उपयोग करें। उदाहरण के लिये, मान लीजिये कि कोई ग्राम या ग्रामों का समूह एक सड़क, बाँध या जलाशय बनाना चाहता है या धरती की रक्षा के लिये ढालू जमीन पर पाल बनाना चाहता है, तो उसे यह विचार करने का अधिकार होगा कि उस काम को पूरा करने में आवश्यक श्रम को बचाने की दृष्टि से यंत्रों अथवा श्रम बचाने वाले उपकरणों का उपयोग किया जाय या नहीं और किया जाय तो कितना किया जाय। अनिवार्य शर्त यह है कि इसका निर्णय खुद लोग ही करें।

इस व्यवस्था में चुनाव का स्वाभाविक क्रम यह होगा कि पहले हवा, पानी, ज्वार और धूप की शक्ति का उपयोग किया जाय। बाहर से लायी जाने वाली बिजली अथवा ईंधन की शक्ति का उपयोग तो अनिवार्य होने पर ही किया जाय। इस प्रकार वे गंदे पानी की गैस का, जो मनुष्य और पशु के मल-मूत्र से तैयार की जायेगी, आजादी से उपयोग करेंगे। यदि गाँवों में यह काम किफायत से किया जा सके; सूर्यताप से चलने वाले चूल्हों और बैटरियों तथा पवन-चक्कियों और जल-चक्कियों का भी उपयोग किया जा सकेगा, यदि वे मानव और पशु के श्रम की पूर्ति करें और उसे हटाने का या शहर पर गाँव की निर्भरता को बढ़ाने का काम न करें।

इस रचना में खेती और उद्योग साथ-साथ चलेंगे। ग्रामवासियों के दैनिक उपयोग की चीजें अथवा उनके गृह-उद्योगों में काम आने वाली चीजें गाँवों में ही बना ली जायेंगी। बची हुई पैदावार ही शहरों में भेजी जायेगी और वह भी न्यायपूर्ण आधार पर प्राप्त होने वाली सेवाओं और माल के बदले में। शहरों में तैयार किया हुआ माल गाँवों पर लाद देने के बजाय शहर गाँवों की पैदावार के बिक्री-भण्डारों का काम करेंगे। यंत्रों का सर्वथा

त्याग नहीं किया जायेगा। इसके विपरीत, लोगों के पास आज से कहीं ज्यादा यंत्र होंगे। परन्तु ये यंत्र सीधे-सादे होंगे, जिन्हें लोग खुद ही चला सकेंगे और खुद ही व्यक्तिगत रूपों में या सामूहिक रूप में उनके मालिक होंगे। समाज ऐसे छोटे-छोटे घटकों का बना होगा, जिनकी आसानी से व्यवस्था की जा सके; और वे सहयोग के आधार पर एक-दूसरे से सम्बद्ध होंगे। वह ऐसी दुनिया होगी, जिसे साधारण आदमी भी समझ सकेंगे और इसलिये जिसका अच्छी तरह नियंत्रण कर सकेंगे। इस छोटी-सी दुनिया की सीमाएँ सँकरी तो होंगी, परन्तु उसकी स्वतंत्रता की सीमाएँ बढ़ जायेंगी। इस व्यवस्था में व्यवसाय और उद्योग-धन्धे खेती के अधीन होंगे, खेती उनके अधीन नहीं होगी।

एक बार विज्ञान और यंत्रों के उपयोग के बारे में अपनी दृष्टि स्पष्ट करते हुए गाँधीजी ने ये उद्‌गार प्रगट किये थे : "एक साधारण बुद्धि के आदमी के नाते मैं जानता हूँ कि मनुष्य उद्योग के बिना नहीं रह सकता। इसलिये मैं उद्योगीकरण के विरुद्ध नहीं हो सकता। परन्तु यंत्र-उद्योग आरम्भ करने के बारे में मुझे बड़ी चिन्ता है। यंत्र बहुत ही तेजी से उत्पादन करते हैं और अपने साथ एक ऐसी आर्थिक व्यवस्था को लाते हैं, जिसे मैं समझ नहीं सकता। मैं किसी ऐसी चीज को स्वीकार नहीं करना चाहता, जिसके दुष्परिणाम मुझे दिखायी देते हैं और जो उस भलाई से अधिक हैं, जो कि उसके साथ आती है। मैं चाहता हूँ कि हमारे देश के करोड़ों मूक लोग स्वस्थ और सुखी हों और वे आध्यात्मिक दृष्टि से आगे बढ़ें। अभी तक यह हेतु साधने के लिये हमें यंत्रों की आवश्यकता नहीं है। हमारे देश में बेशुमार बेकार हैं। परन्तु जब हमारी समझ बढ़ेगी, तब यदि हमें यंत्रों की जरूरत मालूम होगी तो हम उन्हें जरूर रखेंगे।" हमें उद्योग चाहिये; हम उद्योगी बनें। हम अधिक स्वावलम्बी बन जायँ; उसके बाद हम दूसरे लोगों के नेतृत्व में इतने ज्यादा नहीं चलेंगे। अगर हमें यंत्रों की जरूरत होगी तो समय आने पर हम उन्हें दाखिल करेंगे। एक बार हमने अहिंसा के आधार पर अपना जीवन बना लिया, तो हमें मालूम हो जायेगा कि यंत्रों पर नियंत्रण कैसे रखा जाता है?

जब गाँधीजी 1931 में इंग्लैण्ड गये, तब एक अमरीकी पत्र-प्रतिनिधि ने अनेक प्रश्नों के अन्त में उनसे पूछा था : "तो आप यंत्रों का विरोध सिर्फ इसलिये और तभी, करते हैं, जब वे उत्पादन और वितरण को मुट्ठी भर लोगों के हाथों में केन्द्रित करते हैं?"

गाँधीजी ने उत्तर दिया : "आप ठीक कहते हैं। मुझे विशेषाधिकार और एकाधिकार से घृणा है। जो चीज आम लोगों को नहीं मिल सकती, वह मेरे लिये निषिद्ध है। इसमें सब कुछ आ जाता है।"

आधुनिक विज्ञान के दो पहलू

आधुनिक विज्ञान के दो पहलू हैं- शिक्षात्मक अथवा मूलभूत और आर्थिक या शिल्प-विज्ञान संबन्धी। मूलभूत पहलू में एक शिक्षात्मक और मुक्तिदायक बल रहा है। उसने सत्य को कट्टरता के बंधनों से मुक्त किया है। सत्य का यह पहलू गाँधीजी के व्यक्तित्व में जितना मूर्त होता था, उतना शायद और किसी जीवित व्यक्ति में नहीं होता था। गाँधीजी से अधिक अथक प्रयत्न अन्य किसी ने वह बौद्धिक प्रामाणिकता साधने के लिये, वस्तुनिष्ठ सत्य का-जो अपनी ही मान्यता को सच मानने के लिये अंधाग्रह से सर्वथा भिन्न है-वह अनासक्त परीक्षण और शोध करने की आदत डालने के लिये नहीं किया, जो वैज्ञानिक अनुशासन के लिये आवश्यक है, न अन्य किसी ने गाँधीजी से अधिक प्रयत्न जन साधारण में जीवन की हर वस्तु को वैज्ञानिक दृष्टि से देखने-परखने की भावना उत्पन्न करने के लिये किया। उन्होंने चरखे को 'विज्ञान का सर्वोपयोगी स्वरूप' बताया था। आर्थिक दृष्टि से गाँधीजी चरखे को आम लोगों की मानसिक जड़ता पर विजय पाने का और उनकी बुद्धि तथा आविष्कार-शक्ति को तीव्र करने का उत्तम साधन समझते थे। असहयोग आन्दोलन के शुरू में जब लाखों लोगों ने चरखे को और उसके साथ जुड़ी हुई प्रक्रियाओं को अपना लिया था और गाँव की सबसे बूढ़ी महिलाओं से लेकर छोटे-से बच्चे तक के हाथ में तकली या पींजन थी और वे सब सोचने लगे कि इन औजारों में सुधार कैसे किया जाय, तब एक बार गाँधीजी ने उल्लसित होकर कहा था : "साधारण लोगों में आविष्कार की वृत्ति जितनी तेजी से इस समय काम कर रही है, उतनी तेजी से उसने कभी काम नहीं किया।" मैं इस बात को कभी भूल नहीं सकता कि जब उन्होंने यह उद्‌गार प्रगट किया था तब उनका सारा चेहरा कैसा खिल उठा था और उनकी आँखों में कैसी चमक आ गयी थी।

हेनरी फोर्ड ने अपने व्यक्तिगत संस्मरणों की पुस्तक 'माई लाइफ एण्ड वर्क' में लिखा है कि कैसे एक बार जब उनके पास किसी देश से ट्रैक्टरों की माँग आयी तो उन्होंने ट्रैक्टरों के बदले मोटर-ट्रकें भेज दी थीं। उन्होंने समझाया कि "लोगों को तेज गति की मनोवृत्तिवाला बनाने के लिये मैंने ऐसा किया था। एक बार वे समय की कीमत समझने लग जायेंगे, तो मुझे विश्वास है कि वे बहुत ज्यादा ट्रैक्टर चाहेंगे।" और परिणाम से साबित हो गया कि उनका यह विचार ठीक था। मोटर-ट्रकों के बाद ही उनके पास ट्रैक्टरों की जितनी माँग शुरू में आयी थी, उससे कहीं बड़ी माँग आ गयी। गाँधीजी को यह आशा थी कि चरखे और उसके साथ जुड़ी हुई सब प्रक्रियाओं के पुनरुद्धार से शिल्प-विज्ञान में एक नयी क्रान्ति का सूत्रपात होगा और उससे आविष्कारों की वैसी ही चमत्कारी परम्परा शुरू होगी, जैसी औद्योगिक क्रान्ति से हुई थी।

परन्तु उसका रूप दूसरा होगा। वे आविष्कार औद्योगिक क्रान्ति के दुष्परिणामों को सुपरिणामों में बदल देंगे।

आल्डस हक्सले का कहना है कि मान लीजिये आविष्कारों और इंजीनियरों का यह हेतु है कि वे व्यावहारिक विज्ञान का उपयोग करके आम लोगों के लिये "लाभदायक और वास्तव में सार्थक काम करने के तथा स्त्री-पुरुषों को अपने मालिकों से स्वाधीनता प्राप्त करने में मदद देने के साधन जुटा दें, ताकि वे स्वयं अपने मालिक बन सकें अथवा आजीविका और स्थानीय क्रय-विक्रय के लिये काम करने वाले एक स्वशासन-भोगी सहकारी मण्डल के सदस्य हो सकें।" इसके समर्थन में उपयुक्त कानून बन जाने पर 'यंत्र-विज्ञान की इस भिन्न स्वरूप लेनेवाली प्रगति' का फल यह होगा कि "जनसंख्या का, भूमि की सुलभता का, उत्पादन के साधनों के स्वामित्व का और राजनीतिक तथा आर्थिक सत्ता का दिनोंदिन विकेन्द्रीकरण होता चला जायेगा।" इसके अतिरिक्त "यह सामाजिक लाभ होगा कि अधिक लोगों को मानव-दृष्टि से अधिक सन्तोषप्रद जीवन मिलेगा, अधिक मात्रा में सच्चा स्वशासन-भोगी लोकतंत्र प्राप्त होगा और उस बेहूदा या हानिकारक प्रौढ़शिक्षा से सुखद मुक्ति मिलेगी, जो उपभोक्ताओं के माल का बड़े पैमाने पर उत्पादन करने वाले लोग विज्ञापनों के जरिये जनता को देते हैं।" इससे विज्ञान को भी लाभ होगा। जब विज्ञान व्यवसाय की चीज बन जाता है, तब उसकी प्रगति रुक जाती है।

अब तक विज्ञान और यंत्र-विज्ञान का उपयोग ज्यादातर, मजबूती से जमी हुई सत्ताओं के हित में-बड़े उद्योगपतियों, बड़े पूँजीपतियों और कृत्रिम तथा स्वार्थपूर्ण जीवन बिताने वाले शहरी लोगों के फायदे के लिये हुआ है। ग्रामीणों को-किसानों को, दस्तकारों और कारीगरों को-तो उससे संयोगवश ही लाभ पहुँचा है। गाँधीजी का लक्ष्य विज्ञान और यंत्र-विज्ञान को पहाड़ों की चोटी से नीचे उतार कर मैदानों में लाना था, जहाँ आम लोग रहते हैं, ताकि जनसाधारण को-छोटे उत्पादकों को, जमीन तोड़ने वाले किसानों को और अपनी झोपड़ी में बैठकर धन्धा करने वाले कारीगरों को-उनका पूरा लाभ मिल सके।

जबसे कांग्रेस अहिंसक सीधी कार्रवाई से हटकर 'राजनीतिक प्रवृत्ति' पर जोर देने लगी, तबसे गाँधीजी को यह देखकर गहरी चिन्ता होती थी कि गाँवों पर शहरों का प्रभुत्व बढ़ रहा है। उन्होंने बार-बार यह घोषणा की थी कि सच्चा भारत "उसके मुट्ठीभर शहरों में नहीं, बल्कि उसके सात लाख गाँवों में बसा हुआ है। परन्तु हम....नगर-वासियों की मान्यता यह रही है कि भारत शहरों में ही बसा है और गाँव तो हमारी जरूरतें पूरी करने के लिये ही खड़े किये गये हैं।"

जिन्हें शिक्षा का लाभ मिला था, उनकी उपेक्षा के कारण ग्रामवासियों को

दीर्घकाल से कष्ट भोगने पड़े थे। बुद्धिशाली वर्ग ने शहरी जीवन पसन्द कर लिया था। नगर-निवासी "आम तौर पर ग्रामजनों का शोषण करते थे; वास्तव में तो वे गरीब ग्रामवासियों के निर्वाह के साधनों पर ही गुजर करते रहे हैं।" किसी समय भारत के गाँव, कस्बों और शहरों को उनकी जरूरत की तमाम चीजें पैदा करके देते थे। "भारत गरीब और कंगाल तब बना, जब हमारे शहर बाजार बन गये और विदेशों के सस्ते और भद्दे माल को देश में ला ला कर भरने और गाँवों की दौलत खींचकर ले जाने लगे।"

ग्रामवासियों को 'अज्ञान और संकुचित' कहने का फैशन हो गया था। गाँधीजी इस तरह की बातें करनेवालों को चुनौती देकर कहते थे कि गाँवों में जाकर उस भोजन पर गुजर करें, जिस पर करोड़ों ग्रामीण गुजर करते हैं। "वह खुराक खाकर हम एक महीने से अधिक जीवित रहने की आशा नहीं रख सकेंगे या हमारी मानसिक शक्तियाँ खो देने का भय पैदा हो जायेगा।' फिर भी ग्रामीण तो प्रतिदिन और प्रतिवर्ष इसी अवस्था में से गुजरता है। गाँधीजी कहते थे कि बुद्धिशाली वर्गों ने अपनी पिछली अवहेलना के द्वारा ग्रामीणों के साथ जो घोर अन्याय किया है, उसके प्रायश्चित्त का एकमात्र उपाय यह है कि वे ग्रामीणों को उनके मृत उद्योगों और कलाओं को फिर से जीवित करने के लिये प्रोत्साहन दें और उनके माल की बिक्री तत्परता से कराने का उन्हें आश्वासन दें। जब शहर यह समझ लेंगे कि उन्हें गाँवों से जो बल और पोषण मिलता है, उसका पूरा बदला चुकाना उनका कर्तव्य है और उन्हें स्वार्थी बन कर गाँवों का शोषण नहीं करना चाहिए, तभी दोनों के बीच लाभदायक और नैतिक संबन्ध पैदा हो सकेगा।

भूतकाल में उद्योगवाद का आधार सस्ते कच्चे माल के भण्डारों का लाभ उठाने की उसकी क्षमता पर तथा अतिरिक्त तैयार माल को खपाने के लिये उपलब्ध प्रतिस्पर्धा-रहित विदेशी बाजारों पर रहा है। उद्योगीकरण की दौड़ के आरम्भ में जो देश आगे निकल गये थे, उनके लिये यह आकांक्षा रखना ठीक ही था कि वे विश्व के कारखाने बन जायँ। परन्तु गाँधीजी ने चेतावनी दी थी : संसार के सब भागों में तेजी से जागृति उत्पन्न हो रही है, व्यापार की प्रतियोगिता बढ़ रही है और एक के बाद दूसरे देश में अपने-अपने स्वदेशी उद्योगों की उन्नति हो रही है। इसलिये उद्योगीकरण की दौड़ में नये शामिल होनेवालों के लिये यह काम उतना आसान नहीं होगा, क्योंकि उनके विरोध में पुराने जमे हुए प्रतिस्पर्द्धी मौजूद होंगे। कुछ भी हो, भारत जैसे देश के लिये, जहाँ समस्या यह नहीं है कि उसके गाँवों के करोड़ों आदमियों के लिये फुरसत कैसे जुटायी जाय, बल्कि यह है कि उनके बेकारी के समय का उपयोग कैसे किया जाय, उद्योगीकरण की आवश्यकता ही नहीं है :

“पाश्चात्य अर्थ में भारत को उद्योग-प्रधान देश क्यों बनना चाहिये? पश्चिम की सभ्यता शहरी सभ्यता है। इंग्लैण्ड या इटली जैसे छोटे देशों के लिये अपनी समाज-व्यवस्थाओं को शहरी बनाना शायद लाभदायक हो सकता है। बहुत छिछली आबादीवाले अमरीका जैसे बड़े देशों के लिये शायद दूसरा कोई चारा न हो। परन्तु एक बड़े देश को, जिसकी आबादी करोड़ों की हो, जिसकी प्राचीन ग्रामीण परम्परा हो और जिसका काम उस पम्परा से अब तक अच्छी तरह चला हो, पश्चिमी नमूने की नकल करने की जरूरत नहीं; उसे नकल नहीं करनी चाहिये। जो बात एक स्थितिवाले किसी राष्ट्र के लिये अच्छी है, वह भिन्न स्थितिवाले दूसरे राष्ट्र के लिये भी अच्छी हो, यह जरूरी नहीं। अक्सर एक आदमी का भोजन दूसरे के लिये जहर होता है।....जो काम पूरा करना है, उसके लिये जब करनेवाले लोग बहुत थोड़े हों, तब यंत्रीकरण लाभदायी होता है। किन्तु भारत की तरह जब काम करनेवाले लोग जरूरत से अधिक हों, तब यंत्रीकरण हानिकारक होता है।”

गाँधीजी को यह डर था कि अगर भारत में भारी उद्योगों का बोलबाला हो गया, तो उसे अन्त में मजबूर होकर शोषण का आश्रय लेना पड़ेगा और वह ‘दूसरे राष्ट्रों के लिये एक अभिशाप तथा संसार के लिये खतरा’ बन जायेगा। औद्योगिक पद्धति में अति-उत्पादन की वृत्ति स्वाभाविक ही होती है। यंत्र जितना अधिक उन्नत और लगाने में जितना अधिक महँगा होगा, उतना ही माँग की परवाह किये बिना उत्पादन के लिये उसकी पूरी शक्ति का उपयोग करने के लिये हमें अधिक मजबूर होना पड़ेगा। कारण, यंत्र बेकार रखा जायेगा, तो भी उस पर लगी हुई भारी पूँजी का ब्याज बढ़ता रहेगा। इसलिये उद्योग को या तो घाटा उठाकर माल बेचना होगा या अतिरिक्त माल को बेचने के लिये नये बाजार खोजने पड़ेंगे। इससे जो व्यावसायिक प्रतियोगिता और बाजारों के लिये संघर्ष पैदा होगा, उसका परिणाम अन्तर्राष्ट्रीय संघर्ष और विस्तारवाद ही होगा। व्यापार के पीछे-पीछे देश का झंडा भी जाता है। अन्त में किसी देश की विदेश-नीति का निर्णय उसके घोषित आदर्शों या नारों से न होकर उसकी उत्पादन-प्रणाली की अटल जरूरतों से होता है। गाँधीजी कहते थे : “ईश्वर करे भारत कभी पश्चिम के ढंग के उद्योगवाद को न अपनाये। एक ही छोटे से द्वीपराज्य (इंग्लैण्ड) के आर्थिक साम्राज्यवाद ने सारे संसार को गुलामी की जंजीरों में पकड़ रखा है। तब यदि 30 करोड़ का समस्त राष्ट्र (भारत) इसी तरह के आर्थिक शोषण का मार्ग अपना ले, तो वह टिड्डीदल की तरह सारी दुनिया का सफाया कर देगा।”

और जो बात भारत पर लागू होती है, वही दुनिया के घनी आबादी वाले दूसरे देशों पर भी लागू होती है।

बुराइयाँ, जो उद्योगवाद के मूल में हैं

कभी-कभी यह दलील दी जाती है कि शोषण का कारण उद्योगवाद नहीं, परन्तु पूँजीवादी प्रणाली है। समाजवादी अर्थ-व्यवस्था में उद्योगीकरण का उपभोग आम लोगों की सेवा के लिये-उन्हें घोर परिश्रम की दासता से मुक्त करने के लिये-किया जायेगा, न कि किसी के शोषण के लिये। गाँधीजी इस विचार से सहमत नहीं थे। उन्होंने कहा था : "पंडित नेहरू उद्योगीकरण चाहते हैं, क्योंकि उनका ऐसा खयाल है कि वह समाजवादी ढंग का होगा तो पूँजीवादी बुराइयों से मुक्त रहेगा। मेरा अपना विचार यह है कि ये बुराइयाँ उद्योगवाद के मूल में ही हैं और उद्योगों का कितना ही समाजीकरण क्यों न किया जाय, फिर भी वे जड़ से दूर नहीं हो सकतीं।"

आज हम देखते हैं कि अत्यन्त उद्योग-प्रधान राज्य-फिर वे पूँजीवादी हों, समाजवादी हों या साम्यवादी हों-अपना औद्योगिक प्रभुत्व बढ़ाने में एक-दूसरे से होड़ लगा रहे हैं। पूँजीवाद और समाजवाद में यह 'आर्थिक साम्राज्यवाद', उपनिवेशवाद और 'अधीनस्थ देशों' तथा 'शासनाधीन प्रदेशों' की प्राप्ति का रूप ग्रहण करता है, तो साम्यवाद में वह 'रक्षित राज्यों' के रूप में सामने आता है। सच तो यह है कि शोषण का कोई रूप इतना निर्दय और भयानक नहीं होता, जितना कि जीवन के ऊँचे स्तर के पीछे पड़े हुए एक देश के सारे श्रमिक-वर्ग द्वारा किया जानेवाला दूसरे देश का शोषण। गाँधीजी ने यह चेतावनी दी थी : "आप कारखानों की सभ्यता के आधार पर अहिंसा का निर्माण नहीं कर सकते, परन्तु आत्म-निर्भर गाँवों के आधार पर उसका निर्माण किया जा सकता है।...मेरी कल्पना की ग्रामीण अर्थ-व्यवस्था शोषण से सर्वथा मुक्त है; और शोषण हिंसा का सार है। इसलिये अगर आपको अहिंसक बनना हो, तो पहले ग्रामीण मनोवृत्ति का विकास करना होगा और ग्रामीण मनोवृत्ति का विकास करने के लिये चरखे में विश्वास रखना होगा।" फिर कहा : "अहिंसा पर आधारित समाज गाँवों में बसे हुए समूहों का ही हो सकता है, जिसमें गौरवपूर्ण और शान्तिमय जीवन जीने की शर्त होगी स्वेच्छापूर्ण सहयोग।"

गाँधीजी के साथ ग्रामोद्योगों की लम्बी चर्चा के बाद पोलैण्ड के एक मित्र ने कहा था :"गाँधीजी समाजवादियों से भी अधिक क्रान्तिकारी सुधारक हैं। समाजवादी श्रमिकों के शोषण के विरुद्ध हैं; गाँधीजी केवल इस बात के ही विरुद्ध नहीं हैं, वे तो इसके भी विरुद्ध हैं कि श्रमिक दूसरों का शोषण करें।"

उद्योगीकरण के बजाय गाँधीजी चाहते थे कि भारत में ऐसे ढंग की अर्थ-व्यवस्था का विकास हो, जिसका आधार 'अहिंसक धंधे' हों। अहिंसक धंधे की व्याख्या उन्होंने यह की थी: 'जो धंधा बुनियादी तौर पर हिंसा से अछूता हो' और

जिसमें 'दूसरों का शोषण अथवा द्वेष न हो' वह अहिंसक धंधा है। वे मानते थे कि एक समय ऐसा था, जब भारत की ग्रामीण अर्थ-व्यवस्था का आधार अहिंसक धंधे थे। जो लोग ये धंधे करते थे, वे अपनी जीविका तो जरूर कमाते थे, परन्तु इन धन्धों का मूल आधार समाज-सेवा की भावना थी। भार अधिकारों पर नहीं, किन्तु कर्तव्यों पर दिया जाता था। दूसरे शब्दों में समाज का आधार लाभ का हेतु नहीं, परन्तु सेवा का हेतु था। इन धन्धों का हार्द शरीर-श्रम था और उनमें बड़े पैमाने पर कोई यंत्र नहीं थे। यह अर्थ-प्रणाली वास्तव में शोषणहीन थी। कारण, जब मनुष्य को उतनी ही जमीन का मालिक बनने में संतोष हो, जिसे वह अपनी मेहनत से जोत सके, तब वह दूसरों का शोषण नहीं कर सकता। हाथ-उद्योगों में शोषण और गुलामी की गुंजाइश ही नहीं होती।''

अन्याय इस प्रणाली में भी हो सकता था। परन्तु उसे कम-से-कम किया जा सकता था।... लोगों की आँखों में अधिक तेज था और उनके हाथ-पैरों में अधिक शक्ति थी।... वह ऐसा जीवन था, जिसका आधार सहजात अहिंसा पर था। गाँधीजी मानते हैं: वह जीवन बहुत अविकसित था। मैं जानता हूँ कि उसमें मेरी परिभाषा और कल्पना की अहिंसा नहीं थी। परन्तु इसका बीज उसमें मौजूद था। उनकी राय थी कि भारत का ग्राम-प्रजातंत्र अहिंसा पर आधारित सभ्यता के अधिक से अधिक निकट था।

गाँधीजी ने अपने सपनों के स्वराज्य की व्यवस्था इस प्रकार की थी कि उसमें राजाओं और अमीरों की तरह ही गरीबों को भी जीवन की आवश्यक वस्तुएँ प्राप्त होंगी। उन्होंने समझाया था कि इसका मतलब यह नहीं कि उनके पास भी राजाओं की तरह महल हों, गाँधीजी चाहते थे कि भारत की और सारी दुनिया की संरचना ऐसी हो कि उसमें अन्न-वस्त्र की कमी का कष्ट किसी को भी नहीं भोगना पड़े। दूसरे शब्दों में, हर एक व्यक्ति को इतना काम मिलना चाहिये, जिससे वह अपना जीवन-निर्वाह कर सके। यह आदर्श उनकी राय में सर्वत्र तभी पूरा हो सकता है '' जब जीवन की प्राथमिक आवश्यकताओं के उत्पादन के साधन आम लोगों के नियंत्रण में रहें। साधन सबको वैसे ही आजादी से मिलने चाहिए, जैसे ईश्वर का दिया हुआ पानी और हवा मिलते हैं, या मिलने चाहिए। उन्हें दूसरों के शोषण के लिए व्यापार का साधन नहीं बनाना चाहिए।''

यही समाज की वह समाजवादी रचना है, जो पश्चिम की अंधी नकल न हो कर भारत की प्राचीन परम्परा और संस्कृति के अनुसार तथा जनता के स्वभाव और प्रतिभा के अनुकूल है और जिसे गाँधी जी भारत के द्वारा सिद्ध कराना चाहते थे। यह उनका दृढ़ मत था कि कम-से-कम जहाँ तक भारत का संबन्ध है, निकट भविष्य में लोकतांत्रिक मूल्यों का बलिदान किये बिना उसे सिद्ध करने का सबसे शीघ्र उपाय यही

है कि देश में ऐसी विकेन्द्रित सामाजिक और आर्थिक व्यवस्था खड़ी की जाये, जिसका आधार किसान-कारीगरों के स्वशासन-भोगी ग्राम-समाज हो और जो अपनी मूलभूत आवश्यकताओं के बारे में वैसी प्रादेशिक आत्म-निर्भरता का उपभोग करते हो, जैसी हमारे देश में किसी समय थी।

अठारह सूत्री रचनात्मक कार्यक्रम

भारत के लाखों-करोड़ों लोगों को भाईचारे के सामान्य बन्धन में बाँध कर रखने और उनके जीवन की बुनियादी प्रवृत्तियों में अहिंसा को गूँथ देने के लिए गाँधीजी ने अपना अठारह-सूत्री रचनात्मक कार्यक्रम तैयार किया था। यह कार्यक्रम जन-साधारण की मानवतापूर्ण सेवा का कार्यक्रम था। इसे कार्यान्वित करने के लिए उन्होंने अ0भा0 चरखा-संघ, अ0भा0 ग्रामोद्योग-संघ जैसे कई संगठन खड़े किये। इस प्रकार की प्रवृत्ति जब ज्ञानपूर्वक की जाती है, तब वह लोगों के लिए अहिंसक संगठन और अुनशासन का आधार बन जाती है। उसकी बुनियाद बल पर नहीं, किन्तु प्रेम पर होती है। इसे गाँधीजी ने रचनात्मक अहिंसा का नाम दिया था।

विविध रचनात्मक प्रवृत्तियों के स्वरूप में कोई कठोर या अनिवार्य तत्त्व नहीं हैं। उनमें जब भी चाहे परिवर्तन या कमोबेशी की जा सकती है और संबन्धित लोगों की बदलने वाली जरूरतों, और परम्परा के अनुसार तथा सामाजिक, आर्थिक और धार्मिक पृष्ठभूमि के अुनसार बदले में वैसे ही दूसरे रूप अपनाये जा सकते हैं। अत्यावश्यक वस्तु एक यही है कि वे 'बुनियादी तौर पर अहिंसक' हों और उनसे किसी न किसी तीव्र आवश्यकता की पूर्ति या स्वीकृत बुराई का निराकरण होता हो। वे अत्यन्त सादे और सार्वत्रिक उपयोग के योग्य अवश्य हों, ताकि बड़ी से बड़ी संख्या में लोग-खासकर जन-साधारण-उनमें भाग ले सकें।

गाँधीजी के शब्दों में "अहिंसक सेना के लिए रचनात्मक कार्य वही महत्त्व रखता है, जो महत्त्व संहारक युद्ध के लिए खड़ी की गयी सेना के लिए कवायद वगैरा का है।"

रचनात्मक कार्य की विभिन्न संस्थाएँ अपने जन्म से ही बराबर कांग्रेस के साथ सहयोग करती रही हैं। कांग्रेस ने अपनी ओर से, खास तौर पर अंग्रेजों से लड़ने में उनके सहयोग का राजनीतिक महत्त्व होने के कारण, स्वागत किया था। गाँधीजी ने कितनी ही बार कहा था कि रचनात्मक कार्य जितना जरूरी स्वाधीनता की प्राप्ति के लिए है, उतना ही स्वाधीनता को टिकाये रखने के लिए भी है। जब अहिंसक संग्राम चल रहा था, तब उन्होंने स्वतंत्रता प्राप्त करने के साधन के रूप में रचनात्मक कार्यक्रम के सिद्धान्त और आचरण पर एक पुस्तिका लिखी थी। स्वाधीनता के बाद जब

प्रकाशकों ने उसका नया संस्करण निकालना चाहा तो गाँधीजी ने उनसे कहा कि नये संस्करण के लिए उसे बिलकुल नये ढाँचे में ढालना होगा- शायद उसे दुबारा लिखना होगा और उसकी दलीलें भी यह सिद्ध करने के लिए दूसरी ही होंगी कि आम जनता की दृष्टि से स्वाधीनता का पूरा लाभ उठाने के लिए रचनात्मक कार्यक्रम का उपयोग कैसे किया जाये।

अभी तक अहिंसा का उपयोग विदेशी सरकार का विरोध करने में हुआ था। अब समस्या यह थी कि अहिंसक पद्धति से सरकार कैसे चलायी जाये। अहिंसा का एक विश्वशक्ति के रूप में तब तक कोई भविष्य नहीं हो सकता, जब तक यह सिद्ध न किया जा सके कि जिस स्वाधीनता को हासिल करने में वह सहायक सिद्ध हुई थी, उसे टिकाये रखने और उसकी रक्षा करने की भी उसमें क्षमता है। दूसरे शब्दों में, उसमें सत्ता की राजनीति पर सफल प्रभाव डालने की सामर्थ्य होनी चाहिए। प्रश्न यह था कि अहिंसा का ऐसा उपयोग हो सकता है या नहीं और हो सकता हो तो किस प्रकार?

रचनात्मक कार्यकर्ताओं के एक महत्त्वपूर्ण वर्ग की यह प्रबल भावना थी कि कांग्रेस जब स्वातंत्र्य-संग्राम में व्यस्त थी, तब तो वह रचनात्मक कार्यक्रम और हस्त-उद्योगों तथा गृह-उद्योगों पर आधारित विकेन्द्रित ग्रामीण अर्थ-व्यवस्था को दृढ़ता से पकड़े रहने की वर्षों तक शपथ लेती रही थी, परन्तु सत्तारूढ़ होने के बाद ऐसे आसार नजर आने लगे हैं कि वह उसे तिलांजलि दे रही है। वे पूछते थे कि जब हमारी सरकार शक्कर और चावल की मिलें खड़ी करने की मंजूरियाँ दे रही हैं और शक्कर-उद्योग को संरक्षण प्रदान कर रही है, तब हमारे खाण्ड और हाथकुटे चावल जैसे गाँवों के माल के उपयोग को लोकप्रिय बनाने की कोशिश करने से क्या फायदा? कांग्रेस के नेता खादी-उत्पादन का विस्तार करने की बातें कर रहे हैं, परन्तु प्रान्तीय सरकारें कपड़े की मिलें बढ़ा रही हैं। अब जब सरकार हमारी अपनी है, तो जो लोग रचनात्मक कार्य में श्रद्धा रखते हैं, उनके लिए क्या सही मार्ग यह नहीं है कि वे सरकार में शामिल हो जायँ और अपने लक्ष्य की पूर्ति के लिए अर्थात् अहिंसक समाज-व्यवस्था के निर्माण के लिए उसका उपयोग करें? इस प्रकार पाँच वर्ष में वे वह काम कर लेंगे जो गैर-सरकारी सुधारक मण्डल के रूप में सरकार से बाहर रहकर पचास वर्ष में भी नहीं कर सकेंगे।

गाँधीजी का मत इससे भिन्न था। जिस क्षण अहिंसा सत्ता हाथ में ले लेती है, उसी क्षण वह सच्चे धर्म को छोड़ देती है और दूषित हो जाती है। 1937 में उन्होंने अहिंसा में सोलह आने विश्वास रखने वालों के संगठन-गाँधी-सेवा-संघ- के कुछ सदस्यों को विधान-सभाओं में राजनीति को शुद्ध करने और उसे हिंसा और भ्रष्टाचार

से मुक्त करने के लिए भेजा था। "संघ ने कुछ समय के लिए मेरे मार्गदर्शन में देश की राजनीति में प्रवेश करने और उसे शुद्ध करने का प्रयत्न किया, परन्तु मुझे हार माननी पड़ी और अन्त में संघ को ही बन्द कर देना पड़ा।" उन्होंने कार्यकर्ताओं से कहा कि यदि आप अपने घर को ठीक कर लें और उस स्तर पर पहुँच जायँ, जिसकी आप से आशा रखी जाती है तो आपका हेतु सिद्ध हो जायेगा। तब आप सत्ता का पथप्रदर्शन करेंगे और स्वयं सत्ता ग्रहण किये बिना देश की राजनीति को जैसा चाहें वैसा बना सकेंगे।

आप में सरकार को अपना पूरा साथ देने के लिए तैयार करने की शक्ति क्यों नहीं है? दोष रचनात्मक कार्यकर्ताओं का है। रचनात्मक कार्य में आपकी श्रद्धा तो है, परन्तु वह श्रद्धा इतनी गहरी या ज्ञानपूर्ण नहीं है कि वह आपकी बुद्धि को प्रज्ज्वलित कर सके। इसलिए आपका विकास एकांगी हुआ है।" रचनात्मक कार्यकर्ताओं के विरुद्ध टीका यह की जाती है कि उनके दिमाग जड़ हैं, उनमें कल्पना-शक्ति और बुद्धिशक्ति का अभाव है। आम तौर पर बुद्धि भावना का अनुगमन करती है। हमारे बुद्धिशाली लोगों में रचनात्मक कार्य के प्रति सहानुभूति का अभाव नहीं है। परन्तु हम उनके दिलों में इतने नहीं घुसे हैं कि उनकी बुद्धि हमारा साथ दें। यह है हमारा दिवालियापन।"

फिर गाँधीजी ने इस असफलता के कारणों का विश्लेषण किया। कांग्रेस ने रचनात्मक कार्य को उसके राजनीतिक मूल्य के लिए अपनाया था। " आजादी की लड़ाई पूरी हो जाने पर रचनात्मक कार्य में हमारी दिलचस्पी घट गयी। रचनात्मक कार्य कोई रणनीति या युद्धकला तो है नहीं, जिसे आवश्यकता के अनुसार अपनाया अथवा ठुकाराया जा सके। वह तो एक जीवन-प्रणाली का प्रतीक है। उसे हृदय और बुद्धि दोनों से अंगीकार करना पड़ता है।" कांग्रेस को दोष देने से कोई फायदा नहीं। कांग्रेस ने रचनात्मक कार्य की विभिन्न संस्थाओं को अपना नाम दिया, उन्हें काम करने का अधिकार पत्र दिया, परन्तु रचनात्मक कार्यकर्ता कसौटी पर खरा नहीं उतरे। रचनात्मक कार्य का लक्ष्य बेकारों को आर्थिक राहत पहुँचाना या गरीबों को कुछ मजदूरी बाँट देना नहीं, परन्तु अहिंसक समाज-व्यवस्था निर्माण करना है-इसमें हमने बहुत प्रगति नहीं की है। इसके लिए जरूरत है एक ऊँचे प्रकार के, अधिक उन्नत कार्यकर्ता की, जिसे रचनात्मक कार्य की वैज्ञानिक भूमिका की पूरी समझ हो और अहिंसा की दृष्टि से उसके गूढ़ार्थों का भान हो। सफलता अधिक से अधिक शुद्धता पर निर्भर रहेगी, अधीरता घातक सिद्ध होगी।"

गाँधीजी ने कार्यकर्ताओं से कहा कि इस समय हमारे अधिकांश कार्यकर्ता शहरों से लिये जाते हैं। परन्तु आइंदा हमें " ऐसे कार्यकर्ताओं की सेना की अधिकाधिक

आवश्यकता होगी, जो खुद गाँव के हों, जो ग्रामवासियों के मन की बात समझ सकें और उन्हीं के विचारों की दृष्टि से स्वभावतः सोच सकें।''

गाँधीजी ने यह सुझाया कि कार्यकर्ता इस नये कर्तव्य का पालन करने के लिए तैयार हो सकें, इसके लिए रचनात्मक कार्य की विभिन्न संस्थाओं का एकीकरण और उनकी प्रवृत्तियों का समन्वय होना चाहिए। यदि विविध संस्थाएँ एकराग होकर संयुक्त रूप से चुने हुए प्रतिनिधियों की देखरेख में एक होकर काम कर सकें, तो यह आगे की दिशा में उठाया गया एक बहुत बड़ा कदम होगा। दूसरी ओर, यदि रचनात्मक कार्यकर्ता अपने आपसी संबन्धों में अहिंसा को प्रकट नहीं कर सकें और आपस में मिलकर काम न कर सकें, तो अपने आस-पास के लोगों पर वे कोई प्रभाव नहीं डाल सकेंगे।

विविध संघों ने अब तक एक-दूसरे से अलग और स्वाधीन रहकर काम किया है। उनके एक साथ मिल जाने से व्यवस्था-खर्च घट जायेगा। उदाहरण के लिए, चरखा-संघ और ग्रामोद्योग-संघ के अलग-अलग गोदाम और बिक्री-भण्डार क्यों रहें? चरखा-संघ के तंत्र का दोनों की प्रवृत्तियों को आगे बढ़ाने के लिए क्यों न उपयोग हो? इसके सिवा, रचनात्मक कार्यकर्ताओं के बालकों की शिक्षा का भी प्रश्न है? इसे हिन्दुस्तानी तालीमी संघ क्यों न हाथ में ले ले? क्या यह तालीमी संघ का काम नहीं है? यदि हम ऐसी बातों में भी सहयोग नहीं करेंगे, तो इससे यह सिद्ध होगा कि हमने यह नहीं समझा है कि सत्य और अहिंसा कैसे काम करते हैं।

चर्चा के दौरान डॉ. जाकिर हुसैन बोले : ''अगर विविध संघों का एक समग्र संगठन बन जाता है, तो उसके लिए सत्ता की राजनीति से अलग रहना सम्भव नहीं होगा।''

गाँधीजी : ''यदि रचनात्मक कार्यकर्ताओं का सम्मिलित संगठन सत्ता की राजनीति में पड़ने की कोशिश करेगा, तो वह नष्ट हो जायेगा।....... सत्ता से दूर रहकर मतदाताओं की शुद्ध स्वार्थरहित सेवा में लगे रहेंगे, तो हम उनका पथ प्रदर्शन कर सकते हैं और उन पर प्रभाव डाल सकते हैं। इससे हमें सरकार में जाने की अपेक्षा कहीं अधिक सत्ता मिलेगी। एक स्थिति ऐसी आ सकती है, जब लोग कहें कि वे हमें ही चाहते हैं, अन्य किसी का सत्तारूढ़ होना वे पसन्द नहीं करते। उस समय इस प्रश्न पर विचार किया जा सकता है। बहुत सम्भव है कि उस समय मैं जीवित न रहूँ। परन्तु जब वह समय आयेगा, तब संस्था के सेवकों में से ही कोई ऐसा निकल आयेगा, जो शासन की बागडोर सम्भाल लेगा। उस समय तक भारत एक आदर्श राज्य बन चुकेगा।

डॉ. जाकिर हुसैन : ''क्या आदर्श राज्य की स्थापना करने के लिए हमें आदर्श मनुष्यों की जरूरत नहीं होगी?''

गाँधीजी :-"हम स्वयं सरकार में न जाकर अपनी पसन्द के आदमी भेज सकते हैं। आज तो कांग्रेस में हर आदमी सत्ता के पीछे दौड़ रहा है। हमें सत्ता के भूखों की चिल्लाहट में शरीक न होकर... सत्ता की राजनीति और उसकी छूत से बिलकूल दूर रहना चाहिए। रचनात्मक कार्य की संस्थाओं का उद्देश्य राजनीतिक सत्ता को उत्पन्न करना है, न कि उसे हथियाना। लेकिन अगर हम यह कहें कि राजनीतिक सत्ता प्राप्त हो जाने के बाद वह हमारे परिश्रम के पुरस्कार के रूप में हमारी होनी चाहिए, तो इससे हमारा पतन होगा।"

(**महात्मा गाँधी :- पूर्णाहुति-** चतुर्थ खण्ड से संकलित)

एक नैतिक सिद्धान्त के सामाजिक-राजनैतिक परिणाम

मानवेन्द्रनाथ राय

एक राजनैतिक संघर्ष में अहिंसा के सिद्धान्त का प्रवेश करा देना न केवल महात्मा गाँधी की महानता का प्रमाण माना जाता है, बल्कि आधुनिक संसार की विभिन्न समस्याओं के समाधान के लिए भारत की विशिष्ट प्रतिभा का दान भी समझा जाता है, किन्तु बौद्धिक स्वतंत्रता किसी सिद्धान्त को केवल इसीलिए नहीं स्वीकार कर सकती कि उसके पीछे एक महापुरुष का नाम अथवा एक रहस्यमय जातीय विशेषता है। वह महापुरुष एक सत्पुरुष भी है, इससे भी उसका सिद्धान्त स्वयं सिद्ध सत्य नहीं मान लिया जा सकता। सभी सिद्धान्तों और स्थापनाओं की परख उनकी भीतरी तर्क-संगति पर होनी चाहिए। उनकी जाँच उनके परिणामों के आधार पर होनी चाहिए, और तब भी तर्क से नहीं, सर्वहित सामाजिक उपयोगिता को ध्यान में रखकर। मानव सामाजिक प्राणी है, अतएव ऐसा सिद्धान्त जो सामाजिक दृष्टि से हानिकर है, तार्किक दृष्टि से कितना भी ऊँचा होकर भी सर्वहित सिद्ध नहीं कर सकता।

हिंसा का हिंसा ही के लिए कोई भी समर्थन नहीं करता-सिवाय उनके जिनकी नैतिक प्रवृत्तियाँ बिलकुल मर गई हैं- जैसे फेसिस्ट युद्धवादी हैं। हिंसा मानव के बर्बर अतीत का एक हेय उच्छिष्ट है। किन्तु हिंसा से घृणा करना एक बात है और अहिंसा को एक धार्मिक मतवाद मानकर ऐसे समय भी उसे अखण्ड नियम के रूप में पूजना, जब कि मानव-समुदाय हिंसा के भार से कुचला जा रहा हो, बिलकुल दूसरी बात। ऐसी पूजा तार्किक दृष्टि से भले ही प्रशंसनीय हो, किन्तु अन्ततः वह अधार्मिक और अनैतिक है, क्योंकि अहिंसा के प्रसार का साधन बन रही है।

अहिंसा-धर्म ने कांग्रेस पर बन्धन लगाया है कि वह स्वराज्य प्राप्ति के लिये 'सभी साधनों का प्रयोग' नहीं कर सकती। इसका परिणाम यह है कि घोषित आदर्श

एक अप्राप्य आदर्श ही रहा है। साधनों को अकारण सीमित करना साध्य को अप्राप्य बनाना है। कांग्रेस नेताओं को बाधित किया जाने पर वे आसानी से स्वीकार कर लेते हैं कि यदि कभी यह सिद्ध हो गया कि स्वाधीनता केवल हिंसा से ही मिल सकती है, तब वे स्वाधीनता का त्याग कर देंगे, क्योंकि अहिंसा को उन्होंने धर्मवत् अपनाया है। इसमें गौण रूप से यह स्वीकृति भी है कि उनका ध्येय स्वाधीनता नहीं है। स्वाधीनता की प्राप्ति कुछ शर्तों के साथ है, और उसके लिए किसी तरह की नैतिक बाध्यता या उत्तरदायित्व नहीं है। निरे राजनीतिक विचारों का उन लोगों के लिए अधिक महत्त्व नहीं हो सकता, जो नैतिक सिद्धान्तों और धार्मिक परम्पराओं से ही उलझे हुए हैं। क्योंकि अहिंसा पर अडिग श्रद्धा राजनैतिक स्वधीनता के संग्राम की आवश्यकताओं से भी अधिक महत्त्व रखती है, अत: अन्ततोगत्वा अहिंसा की पूजा का अर्थ हो जाता है साम्राज्यवादी हिंसा के अनुरूप चलना।

इस विषय पर अधिक तर्क करने की आवश्यकता नहीं कि किसी देश का साम्राज्यवादी शासन संगठित हिंसा का ही एक प्रकार है। कुछ-एक शब्द कह देना ही पर्याप्त होगा। साम्राज्यवादी शासन-सत्ता का मूलाधार है विजयी का अधिकार, जिसकी जड़ में हिंसा है। राजनैतिक स्वाधीनता अहिंसा द्वारा प्राप्त शायद न भी हो सके, इस आशंका की पुष्टि इसी बात के ज्ञान से होती है कि स्वाधीनता के मार्ग का बाधक हिंसा द्वारा ही काम करता है। इस ज्ञान के कारण स्वाधीनता के ध्येय को छोड़ देने का अर्थ यह मान लेना है कि साम्राज्यवादी विजेता की व्यावहारिक हिंसा भी नैतिक दृष्टि से पराजित जाति के स्वतंत्रता के अधिकार की अपेक्षा अधिक युक्तियुक्त है। जो लोग वास्तव में स्वाधीनता पाने के अधिकार में विश्वास रखते हैं, वे उसे किसी तरह भी नहीं छोड़ सकते, क्योंकि उसे छोड़ना एक नैतिक सिद्धान्त को छोड़ना होगा, और इसलिए एक अनैतिक कार्य होगा। अगर हमें अपने अधिकार की नैतिकता में अखण्ड विश्वास है, तब कोई नैतिक आशंका हमें उसकी प्राप्ति के लिए विद्रोह करने के पुनीत कर्त्तव्य से डिगा नहीं सकती। कांग्रेस द्वारा अहिंसा की उपासना ने उसे ऐसा बना दिया है कि वह अपने विचित्र तर्क के परिणाम समझने में असमर्थ हो गई है।

इस उपासना का सामाजिक परिणाम बिलकुल घातक है। थोड़े से विश्लेषण से ही यह बात स्पष्ट हो जायेगी। उदाहरणार्थ इस सम्प्रदाय के प्रवर्तक की एक उक्ति लीजिए, जो अकस्मात् उनके मुख से प्रकट हो गई थी। सन् 1934 में गाँधीजी से किन्हीं श्री लोटवाला ने किसी अमेरिकन पत्र की ओर से भेंट की थी। देशी राजाओं के संबन्ध में प्रश्न पूछा जाने पर महात्माजी ने कहा था कि अगर उन्हें बलपूर्वक पदच्युत करने की चेष्टा की जायेगी, तो उस चेष्टा के विरोध में वे सभी साधन प्रयुक्त करेंगे। अर्थात् राजाओं की स्वार्थ रक्षा के लिए वे सभी साधन, जिनमें शायद हिंसा भी शामिल

है, काम में लायेंगे। एक ओर तो एक पराधीन देश अपना अकाट्य-सिद्ध नैतिक अधिकार- स्वाधीनता का अधिकार इसलिए छोड़ दे कि उसकी प्राप्ति में उसे विद्रोह करना पड़ेगा, जिसका अक्षुण्ण अधिकार आधुनिक युग के सभी नीतिज्ञों ने माना है। दूसरी ओर बर्बरता के अवशेष को, जो भारत की गुलामी की शृंखला में एक कड़ी है, बचाने के लिए हिंसा अनुमत हो।

यह उतनी दूर की बात नहीं है, जितनी ऊपरी दृष्टि से देखने पर जान पड़ती है। यह स्वयं महात्मा जी की उक्ति का तर्कसंगत परिणाम है। उनकी उक्तियाँ स्पष्टता और सत्यता के लिए प्रसिद्ध हैं। उन पर किसी तरह का संशय नहीं किया जा सकता। अतएव उनकी उक्ति से एक मात्र तर्कयुक्त परिणाम निकालने में हमसे भूल नहीं हो सकती।

किन्तु हम प्रश्न की ओर एक दूसरे कोण से भी देख सकते हैं और उधर से भी इसी परिणाम पर पहुँचते हैं। सत्य का थोड़ा-सा प्रयोग हम भी कर देखें। महात्माजी देशी राजाओं पर कोई बलमूलक आक्रमण नहीं सह सकते। इसमें उन्हें राजाओं की सम्पत्ति से कोई प्रयोजन नहीं है, केवल अहिंसा के आध्यात्मिक सिद्धान्त से ही है। वे रक्षा करेंगे तो राजाओं की शान अथवा सम्पत्ति की नहीं, प्रत्युत् अपने सिद्धान्त की, जो उन्हें इतना प्रिय है कि उसके लिए हिंसा अनुमोदनीय होगी। ऐसी सम्भावना तो कोई नहीं है कि उन्हें बर्बर सामन्तवाद की रक्षा के लिए सेना का नायकत्व ग्रहण करना पड़े, किन्तु यह मान कर भी वह बात बची रह जाती है, जिससे अहिंसा का सम्भाव्य घातक परिणाम दिख जाये।

देशी राजाओं का कट्टर-से-कट्टर समर्थक भी यह सिद्ध करना कठिन पायेगा कि ये अघाए हुए शोषक अपनी प्रजा के संरक्षक हैं। यह कोई भी नहीं कह सकता कि भारतीय रियासतों का शासन राजा और प्रजा की परस्पर सहमति पर आश्रित है। शासन का आधार सत्ता है, जो प्रत्यक्ष या अप्रत्यक्ष रूप से हिंसा ही है। अहिंसा धर्म की सम्पूर्ण स्वीकृति अहिंसावादी को इस हिंसा-मूलक शासन का पक्षपाती- निष्क्रिय अथवा क्रियाशील-बना देती है। उसके अनुसार इस अनैतिक व्यवस्था को तोड़ने के लिए हिंसा नैतिक साधन नहीं रहती, भले ही वह इच्छापूर्वक नहीं, केवल बाध्यता के कारण की जाये। क्योंकि जिस व्यवस्था को मिटाने का प्रयत्न किया जायेगा, वह बैठी तो रहेगी नहीं, अपनी और अपने स्वार्थ की रक्षा करेगी, और इसके साधन चुनते समय नैतिक-अनैतिक चिन्ता नहीं करेगी-बल्कि अब भी नहीं करती है। दूसरी ओर लाखों प्रजा को स्थायी हिंसा का शिकार बने रहने देना नैतिक माना जाता है।

प्रश्न असल में हिंसा और अहिंसा का नहीं है, प्रश्न हिंसा और हिंसा ही का है। एक ओर वह हिंसा, जो सदियों से हो रही है, जो मानव-समुदाय को दासता के पाश में बाँधकर शोषण और उत्पीड़न करना चाहती है, दूसरी ओर वह हिंसा, जो

केवल विवशता की अवस्था में सम्भाव्य है,जो दासताबद्ध मानवता को मुक्तकर मानवोचित अधिकार दिलाना, स्वाधीनता प्राप्त करके हिंसा का अन्त करना चाहती है। अहिंसा को ग्रहण करना वास्तव में स्वेच्छापूर्वक पहले प्रकार की हिंसा को अंगीकार करना है। वह अहिंसा को सिद्धान्त-रूप में अपनाते हुए हिंसा के व्यावहारिक प्रयोग को प्रोत्साहित करना है।

अहिंसावादी तर्क करता है कि हिंसा द्वारा स्थापित प्रणाली का अन्त करने के लिए उसके शिकारों द्वारा हिंसा का प्रयोग क्षम्य नहीं है, चाहे उनके लिए मुक्ति का और कोई मार्ग न भी खुला हो। यह दृष्टिकोण पराजयवाद का ही दूसरा रूप है, जो अन्ततोगत्वा कायरता ही है। बल्कि परिणाम में वह इससे भी बुरा है, क्योंकि वह जन समूह की दासता का मूक अनुमोदन है।

राजनैतिक और सामाजिक स्वतंत्रता के युद्ध में स्वतंत्रता की अनवरत चेष्टा के साथ हिंसा के सम्पूर्ण और निरपवाद बहिष्कार का सामंजस्य तभी सिद्ध हो सकता, जब कि वैसा चाहने वाले यह दिखा सकते कि युद्ध में उपर्युक्त प्रकार की परिस्थिति (अहिंसा और स्वाधीनता में एक को चुनने की) कभी आ ही नहीं सकती। किन्तु स्पष्ट है कि ऐसा वे नहीं सिद्ध कर सकते, क्योंकि युद्ध में दो पक्ष होते हैं और युद्ध के अस्त्रों का निर्माण सदा उसी पक्ष के हाथ में होता है, जो सत्ताधारी होता है। जब अहिंसा के समर्थक यह नहीं मान सकते कि सत्ताधारी पक्ष को समझा-बुझाकर बल-प्रयोग के उस मार्ग से हटाया जा सकता है, जिस पर कि उसका अस्तित्व ही निर्भर करता है, तब वे इसकी भी गारंटी कैसे दे सकते हैं कि ऐसी परिस्थिति कभी नहीं उत्पन्न होगी? अतएव ठीक सूक्ष्मकाल में ही वे स्वतंत्रता की लड़ाई से पराजय को ही अधिक श्रेयस्कर समझेंगे। वे लोग इस बात से अपने को संतोष दिला सकते हैं कि जनता की हीनावस्था को कायम रखने में निष्क्रिय सहयोग देने वाली उनकी नीति अधिक नैतिक और उच्च कोटि की है, किन्तु यथार्थवादी इसके भीषण परिणाम की अनेदखी नहीं कर सकता।

अहिंसा के प्रचारक स्वाधीनता-संग्राम में हिंसा के प्रयोग से बचने की चेष्टा करते रहें। उसमें समूचे सभ्य संसार की सहानुभूति और सद्भावना उनके साथ रहेगी। वे चाहें तो यह प्रयत्न भी करते रहें कि जनता के शोषक और उत्पीड़क हृदयहीन आततायी के हृदय पिघला दें। किन्तु यदि वे पद दलित और पराजित जनसमुदाय से यह माँग करते हैं कि वह बाध्य होने पर भी, विद्रोह के पुनीत अधिकार और दासता की घृणित शृंखला में से एक को चुन लेने के लिए विवश होने पर भी, बल-प्रयोग न करे, तब वे अहिंसा के प्रचारक अपने कथित आदर्श के विरुद्ध जाते हैं, क्योंकि उस दशा में वे अपने आध्यात्मिक आदर्शों और नैतिक विश्वासों और परोपकार-भावनाओं के रहते हुए भी उत्पीड़क और शोषक का हित सिद्ध करते हैं। जो कुबेर की उपासना करते

हैं, वे ब्रह्म की उपासना नहीं कर सकते। अहिंसा मत एक अनैतिक, क्षुद्र, पदार्थवादी प्रणाली के द्वारा हिंसा के प्रयोग के पक्ष में कार्यकर होता है।

महात्मा जी के सेक्रेटरी ने एक बार एक रोषपूर्ण वक्तव्य निकाला था कि पत्रकार लोग ऐसी बातें महात्माजी के मत्थे मढ़ते हैं, जो उन्होंने कभी कही नहीं। इस चेतावनी को ध्यान में रखते हुए हम उपर्युक्त रिपोर्ट (श्री लोटवाला की) को निराधार भी मान लेते हैं, यद्यपि उसका खण्डन नहीं हुआ था। किन्तु फिर भी यह तो सत्य है ही कि महात्माजी के प्रभाव और आदेश के कारण कांग्रेस ने देशी राज्यों के प्रति तटस्थता की नीति अपनाई है। इस नीतिका अर्थ है देशी राजाओं के अधिकारों को, और इसलिए उन अधिकारों को उत्पन्न करने वाले साधनों को, न्याय स्वीकार करना। इस नीति का समर्थन भी तरह-तरह के अवसरवादी तर्कों से किया गया है, जिससे प्रकट होता है कि नीति के प्रवर्तकों ने जानते बूझते हुए इसे ग्रहण किया है। भूलाभाई देसाई ने राजाओं के साम्पत्तिक- राजनैतिक अधिकारों का ही नहीं, परम्परागत विशेषाधिकारों का भी कानूनी सामाजिक समर्थन किया था, उससे कांग्रेस ने अपने को अलग नहीं किया है।

यह कहने से काम नहीं चलता कि कांग्रेस के पास देशी-राज्यों की जनता के प्रति अपने भावों को कार्यान्वित करने की शक्ति नहीं है, क्योंकि उसने उतना भी नहीं किया, जितना वह कर सकती थी। उसने अपने राजनैतिक कार्यक्रम को अपने कथित सामाजिक आदर्शों के अनुकूल बनाकर उस पर कार्य करने की चेष्टा नहीं की। क्योंकि कांग्रेस की घोषित नीति में देशी राजाओं के अधिकारों की स्वीकृति निहित है, अतएव यह सिद्ध है कि आवश्यकता पड़ने पर वह उनकी रक्षा करेगी, और रक्षा करने में सभी साधन प्रयुक्त होंगे ही। रक्षा या तो की जाती है, या नहीं की जाती, की जाती है, तो सब प्रकार से की जाती है। अतएव यह मान भी लें कि महात्माजी ने वैसा वक्तव्य नहीं दिया, जैसा कि ऊपर उद्घृत किया गया है, तो भी यदि वे अपने सिद्धान्तों पर चलेंगे, तो उन्हें यही रवैया लेना पड़ेगा।

गोलमेज कान्फरेंस में महात्माजी ने कहा था- " सबसे पहले कांग्रेस भारत की असंख्य मूक और दुर्भिक्ष से आक्रान्त प्रजा की प्रतिनिधि है, फिर वह प्रजा चाहे ब्रिटिश भारत की हो, चाहे देशी भारत की। कांग्रेस जिन हितों को संरक्षणीय समझती है, वे भी इस महान् व्यापक हित के आगे गौण हैं। यदि कभी विभिन्न हितों का परस्पर वास्तविक विरोध हुआ, तो कांग्रेस मूक जनता के हित के आगे और सब हितों को बलिदान कर देगी।" ये भाव निःसंदेह आदरणीय हैं। इनके पीछे की सदिच्छा भी असन्दिग्ध है, किन्तु कठिनाई यह है कि प्रश्न सदिच्छा का नहीं, बुद्धि का है। महात्मा जी के जनहित वादी विचार उनकी उस नीति के कारण खंडित और विफलीकृत हो जाते

हैं, जो सामाजिक-राजनैतिक मामलों में नीति और धर्म को खींच लाती है। ऊपर के उद्धरण में व्यक्त किये गये भाव और राजाओं की हित रक्षा करने का या तटस्थ नीति भी बरतने का वायदा साथ-साथ कैसे चल सकते हैं?

मूक प्रजा के हितों की रक्षा करने में कांग्रेस की तत्परता उतनी अकाट्य नहीं है, जितनी वह दिखती है। वह एक शर्त पर निर्भर करती है, और वह शर्त है कि 'यदि कभी विभिन्न हितों का वास्तविक विरोध हुआ तब।' ऐसा शर्तबन्द कार्यक्रम विफल है। हितों का विरोध बराबर स्पष्ट रूप से विद्यमान रहा है, और इस संघर्ष में देशी राज्यों के राजा और ब्रिटिश भारत में उनके समान-पदस्थ शोषकों का पक्ष हावी है, क्योंकि वह हिंसा पर आश्रित है। 'यदि कभी विरोध हुआ तब, का अर्थ होता है कि महात्माजी की राय में इस समय वह विद्यमान नहीं है, और न उसके होने की कोई सम्भावना है। किन्तु वह विरोध विद्यमान है, और संघर्ष में फूटने से उसे रोकने का एकमात्र तरीका यह हो सकता है कि मूक जनता को मूक ही रहने के लिए प्रेरित किया जाये। भाग्य के प्रति संतोष और स्वीकृति का भाव उत्पन्न किया जाये, जिससे शोषकों के अधिकार अक्षुण्ण बने रहें।

वर्ग-संघर्ष से बचाव करने का एक ही मार्ग हो सकता है- कि जनता अपनी सामाजिक दासता को विधि का विधान मान ले। अहिंसावाद का नैतिक-धार्मिक सिद्धान्त सम्भवतया ऐसी मनोवृत्ति उत्पन्न कर देगा। यह मान लेने पर कि भारतीय समाज में कोई हित-संघर्ष नहीं है और वर्तमान समाज-व्यवस्था की चारदीवारी के भीतर ही हमें शान्ति और सामंजस्य स्थापित करना है। परिणाम यह होगा कि यदि कभी संघर्ष हो भी गया, तो उसे मिथ्या कहा जायेगा और अनाचारी हिंसावादियों द्वारा भड़काया गया बताया जायेगा। इस अवस्था में शान्ति की जननी और उच्च आदर्शों की रक्षा के लिए असन्तोष की अभिव्यक्ति का दमन किया जायेगा।

परिणाम यह होगा कि शोषित और उत्पीड़ित जनता यदि स्वाधीनता के लिए आत्म-रक्षा और रूढ़िगत शासन-व्यवस्था को बलपूर्वक हटाने की चेष्टा करेगी, तो उस व्यवस्था की रक्षा के लिए **सब साधन** प्रयुक्त होंगे। तब संसार अहिंसा के सिद्धान्त की रक्षा के लिए हिंसा के व्यवहार का अद्भुत दृश्य देखेगा!

जो कोई नैतिक रूढ़ि के कारण हिंसा को वहाँ भी वर्जित बताता है, जहाँ कि प्रपीड़ित जनता की मुक्ति के लिए कोई उपाय नहीं है, वह स्वयं जनता के प्रपीड़न के लिए हिंसा करता या उकसाता है। और यह मानने का कोई कारण नहीं दिखता कि कट्टर कांग्रेसवादी इससे भिन्न रवैया ग्रहण करेगा। उसके कार्य का निर्णय उसके आदर्श पर होगा- जो कि जनता का उत्पीड़न करने वाले अल्पसंख्यक अधिकार-प्राप्त आततायियों के अधिकारों को न्याय सिद्ध करता है।

अहिंसा-धर्म के वास्तविक परिणाम के इस विवेचन के अन्त में उस धर्म के मूल प्रवर्तक की एक हाल की उक्ति उद्धृत करना उत्तम होगा। महात्माजी 'हरिजन' में 'हिंसा का प्रवेश' शीर्षक एक लेख में लिखते हैं-

"श्रमिकों को अपने काम पर जाने से रोकने के लिए उनके आगे खड़े होना विशुद्ध हिंसा है और त्याज्य है। यदि इसमें भाग लेने वाले कांग्रेस कार्यकर्ता इसे नहीं छोड़ते, तो मिल अथवा अन्य कारखानों के मालिकों का पुलिस की सहायता माँगना सर्वथा न्यायोचित होगा और कांग्रेसी सरकार को वैसी सहायता देनी होगी।...... कांग्रेस, जो असंख्य भूखी जनता के लिए पूर्ण न्याय प्राप्त करना चाहती है, पूँजीवाद का समर्थन नहीं कर सकती। किन्तु जब तक कांग्रेस की आधार नीति अहिंसा है, तब तक वह किसी के अधिकार छीन नहीं सकती, किसी वर्ग को अपमानित होने देने की, अथवा किसी कांग्रेसी व्यक्ति या दल द्वारा मनमानी करने की तो बात ही क्या।"

इस पर टिप्पणी भी अनावश्यक है। जब कांग्रेसी सरकार कारखाने पर धरना देने वाले मजदूरों को हटाने के लिए पुलिस भेजेगी, तब वह अहिंसा की रक्षा के नाम पर हिंसा-कर्म की आज्ञा देगी, यह तो स्पष्ट ही है। किसी भीड़ को तितर-बितर करने के लिए पुलिस को भेजने का अर्थ होता है उसे सभी साधनों के आवश्यक होने पर गोली चलाने के प्रयोग का अधिकार देना। और इतना सब एक अहिंसा वादी सरकार किस लिए करें कि पूँजीपति किसी असुविधा या अपमान का अनुभव न करें। अचम्भा नहीं कि कांग्रेसी अधिकारी भी पुरानी कहावत चरितार्थ करते हुए उसी का अनुमोदन कर रहे हैं, जिसका वे विरोध करते आये थे। अहिंसावाद ने उन्हें साम्राज्यवादी कानून और व्यवस्था के संरक्षकों में परिणत कर दिया है।

(विशाल भारत, अक्टूबर, 1938)

गाँधीवाद की जय या पराजय?

ई.एम.एस. नंबूद्रिपाद

1947 के सत्ता हस्तान्तरण को कांग्रेसी नेता विश्व इतिहास की बेजोड़ घटना बताते हैं। वे कहते हैं कि फ्रांसीसी क्रान्ति, रूसी क्रांति और चीनी क्रान्ति के विपरीत, 1947 की भारतीय क्रान्ति खून का एक कतरा बहाये बिना सम्पन्न हुई, क्योंकि इसका नेतृत्व स्वयं अहिंसा के अवतार महात्मा गाँधी ने किया।

लेकिन खुद महात्मा गाँधी ने इस विचार से असहमति प्रकट की। श्री तेन्दुलकर लिखते हैं :

"समूचे देश में खुशियाँ मनायी जा रही थीं, पर वह आदमी जिसने भारत को विदेशी शासन से आजाद कराने में सबसे बढ़ कर भाग लिया था, इन खुशियों में शरीक नहीं था। भारत सरकार के सूचना और प्रसार विभाग का एक अधिकारी जब गाँधी जी के पास उनसे संदेश लेने गया, तो गाँधी जी ने जवाब दिया, 'यह सोता सूख चुका है।' उनसे फिर कहा गया कि अगर आपने संदेश न दिया तो अच्छा नहीं लगेगा। लेकिन गाँधी जी ने जवाब दिया, **'मेरे पास कोई संदेश नहीं है। अगर यह बुरा लगता है, तो बुरा ही सही।**"

इसके पाँच महीने बाद, मारे जाने के चार दिन पहले, यानी 26 जनवरी 1948 को गाँधी जी ने कहा :

"आज 26 जनवरी है, स्वतंत्रता दिवस है, यह समारोह करना उस समय तक बिलकुल उपयुक्त था, जब तक हम उस आजादी के लिए लड़ रहे थे, जिसे हमने न देखा था, न हाथ में लिया था। पर अब हम इसे हाथ में लेकर देख चुके हैं और ऐसा लगता है कि हमारा भ्रम टूट गया है। कम-से-कम मेरा तो टूट गया है, आपका भले ही न टूटा हो।"

भ्रम टूटने का मुख्य कारण समूचे देश में फैला वह साम्प्रदायिक उन्माद था, जो ब्रिटिश सरकार के प्रतिनिधियों के साथ कांग्रेस, लीग और अन्य पार्टियों के नेताओं

की 1946-47 की समझौता वार्ताओं के बाद समूचे देश में फैल गया था। भारत के राष्ट्रीय आंदोलन के इतिहास में ऐसा उन्माद कभी नहीं देखा गया था। 15 अगस्त के ठीक पहले और उसके बाद के महीनों में सिख और मुसलमानों का भीषण हत्याकांड हुआ था।

गाँधी जी ने बराबर यह दावा किया था कि उन्होंने भारतीय जनता को घृणा के बदले प्रेम का मार्ग दिखाया है। अगर भारतीय जनता इसी मार्ग पर चलती रही तो वह ब्रिटिश साम्राज्यवादियों जैसे खूँखार उत्पीड़कों तक का हृदय-परिवर्तन कर देती। लेकिन ब्रिटिश साम्राज्यवादियों का हृदय-परिवर्तन होना तो दूर रहा, भारतीय भाइयों के दिल भी उससे एक न हो सके।

गाँधी जी को इस बात का श्रेय है और संभवतः वही एकमात्र ऐसे कांग्रेसी नेता भी थे जिसने 'सच्चे और खुले दिल से' यह स्वीकार किया था कि सत्ता-हस्तांतरण से संबन्धित घटनाएँ उन सिद्धान्तों की विजय की द्योतक न थीं, जिनकी उन्होंने जीवन भर हिमायत की थी, वे उनकी पराजय की द्योतक थीं। 14 जुलाई को उन्होंने कहा था :

"पिछले 30 वर्षों में हमने जो किया, वह अहिंसात्मक प्रतिरोध नहीं, बल्कि प्रतिकार-शून्य प्रतिरोध था, ऐसा प्रतिरोध था, जिसे सशस्त्र प्रतिरोध कर सकने में अशक्त और दुर्बल लोग करते हैं, किन्तु अनिच्छुक लोग नहीं। अहिंसात्मक प्रतिरोध वही कर सकते हैं, जिनके हृदय शाहबलूत की तरह पोख्ते हों। अहिंसात्मक प्रतिरोध करना यदि हम जानते तो दुनिया के सामने स्वतंत्र भारत की कुछ और ही तस्वीर पेश करते। ऐसी नहीं पेश करते जिसमें भारत दो टुकड़ों में कट चुका है। एक टुकड़ा दूसरे को घोर संदेह की दृष्टि से देखता है और दोनों इस कदर आपसी झगड़े में मस्त हैं कि वे **दरिद्रनारायण** के लिए, जिनके सामने एकमात्र धर्म और एकमात्र ईश्वर जीवन की आवश्यकताओं के रूप में प्रकट होता है, अन्न-वस्त्र की समस्या के बारे में ठिकाने से सोच भी नहीं पाते हैं।"

गाँधी जी को इस बात का भी श्रेय है कि वह जीवन के अन्तिम क्षण तक और तब तक जब तक कि शक्ति की आखिरी बूँद उनमें बाकी रही, साम्प्रदायिकता की दानवी शक्ति के खिलाफ अपने ढंग से लड़ते रहे। 16 अगस्त 1946 को मुस्लिम लीग ने प्रत्यक्ष संघर्ष दिवस का नारा दिया था। उसी दिन कलकत्ते में पहला साम्प्रदायिक दंगा शुरू हुआ। उस क्षण से ही गाँधी जी देश में फैलते जा रहे भीषण साम्प्रदायिक उन्माद के विरुद्ध साम्प्रदायिक एकता का मंत्र फूँकने पिल पड़े थे। जब दंगे नगरों से देहातों में फैलने लगे, तो गाँधी जी ने सब काम छोड़ कर एकता का प्रचार आरम्भ कर दिया। वह नोआखाली में गाँव-गाँव घूमे। इसी व्रत को लेकर वह नोआखाली से बिहार पहुँचे, पंजाब जाने को तैयार हुए, कलकत्ता गये और दिल्ली पहुँचे।

साम्प्रदायिक उन्माद से लड़ना, दंगा पीड़ितों की रक्षा करना, शरणार्थियों को सहायता प्रदान करना- ये ही उनकी दैनिक प्रार्थना-सभाओं के मुख्य विषय बन गये।

पर यह प्रकट होता जा रहा था कि उनका संदेश पहले से लगातार कम प्रभावशाली होता जा रहा है। किसी समय उनकी मौजूदगी मात्र से या ज्यादा से ज्यादा अनशन ठान लेने से ही भिन्न-भिन्न सम्प्रदायों के लोग परस्पर पास आ जाते थे और साम्प्रदायिक परिस्थिति सुधर जाती थी। नोआखाली, बिहार, कलकत्ता और दिल्ली आदि जगहों में उनके पहुँचने से एक हद तक या कुछ समय के लिए दंगे रुक गये, पर अब वह अपनी पूरी शक्ति लगा कर भी स्थानीय परिस्थिति में कोई बड़ा अन्तर नहीं ला पा रहे थे, दूरगामी असर डालने की तो बात ही दूर रही।

हालत इस कदर संगीन हो गयी कि एक बार तो गाँधी जी ने लोगों का ध्यान भारत और पाकिस्तान में युद्ध छिड़ जाने की सम्भावना की ओर आकृष्ट किया। स्वभावतः इससे देश भर में सनसनी फैल गयी। कुछ लोगों ने तो यहाँ तक कहा कि यदि ऐसा युद्ध छिड़ा, तो उसे गाँधी जी का अनुमोदन प्राप्त होगा। अतः गाँधी जी को समझाना पड़ा कि किस हालत में उन्होंने युद्ध की संभावना की बात की थी। उन्होंने कहा :–

" हमारे देश में यह अंधविश्वास प्रचलित है कि अगर किसी घर में एक बच्चा भी सांप का नाम ले ले, तो उस घर में सांप प्रकट हो जाता है। मैं आशा करता हूँ कि भारत में कोई आदमी युद्ध के संबन्ध में ऐसी कोई धारणा नहीं रखता। मैं तो दावा करता हूँ कि मैंने वर्तमान परिस्थिति का विश्लेषण करके और निश्चित रूप से यह बता करके कि दोनों राज्यों के बीच कब युद्ध का कारण उठ खड़ा हो सकता है, इन दोनों के लिए, जो भाई-भाई हैं, लाभ का काम किया। यह मैंने युद्ध भड़काने के लिए नहीं, बल्कि जहाँ तक हो सके, उससे बचने के लिए किया। मैंने यह भी बताने की कोशिश की कि यदि जनता द्वारा हत्या, लूट और आगजनी जैसे दुर्बुद्धिपूर्ण कांड किये जाते रहे, तो उनकी सरकारों को बाध्य होना पड़ेगा। एक घटना तर्कगत रूप से दूसरी घटना की ओर ले जाती है, एक कांड दूसरे को अनिवार्य बना देता है। क्या इस बात की ओर जनता का ध्यान आकृष्ट करना गलत था?"

गाँधी जी यह भी जानते थे कि हिन्दुओं और मुसलमानों की शत्रुता इतनी अधिक बढ़ चुकी है कि दोनों में एकता लाने वाले को दोनों ओर के धर्मोन्मादियों के क्रोध का शिकार बनना पड़ेगा। वह जानते थे कि साम्प्रदायिक उन्माद से लड़ना खुद उनके लिए खतरे से खाली न था। 28 जनवरी को राजकुमारी अमृत कौर से बातचीत करते हुए उन्होंने कहा था कि मैं " किसी पागल आदमी की गोलियों का शिकार बन सकता हूँ," उन्होंने यह भी कहा कि अगर ऐसा हुआ तो मैं " हँसते हुए अपने प्राणों की

बलि दूँगा। मेरे अन्दर क्रोध की भावना नहीं आनी चाहिए। मेरे हृदय में और मेरे होठों पर भगवान का नाम होना चाहिए।'' इस उक्ति के दो ही दिन बाद गाँधी जी हत्यारे की गोलियों के शिकार हुए। उनके ये हृदयविदारक शब्द हमारे कानों में सदा-सर्वदा गूँजते रहेंगे।

15 अगस्त के समारोह में इन दुखद घटनाओं के कारण ही गाँधी जी शरीक नहीं हो सके। पर खुद कांग्रेस के अन्दर जो घटनाएँ हो रही थीं, वे कम महत्त्वपूर्ण नहीं थीं। सत्ता हस्तांतरण के कुछ समय पहले से ही गाँधी जी कांग्रेस-जनों द्वारा संगठन का व्यक्तिगत स्वार्थों के लिए उपयोग किया जाना देखकर चिन्तित हो उठे थे। उदाहरण के लिए, जुलाई 1946 को उन्होंने 'दुखद बात' शीर्षक निम्न टिप्पणी लिखी थी।

''मेरी डाक में विधान निर्मात्री परिषद् का सदस्य बनना चाहने वालों के पत्रों की भरमार होती है। इससे मैं आशंकित हो उठा हूँ। यदि ये पत्र प्रचलित भावना के द्योतक हैं, तो कहना होगा कि हमारे बुद्धिजीवी देश की स्वतंत्रता से अधिक उत्सुक व्यक्तिगत स्वार्थ को बढ़ावा देने के लिए हैं।......''

पर बीमारी फैलती ही गयी। उसने एक गम्भीर समस्या का रूप धारण कर लिया। गाँधी जी को पत्र लिखने वाले अनेक लोगों ने इस समस्या की ओर गाँधी जी का ध्यान आकृष्ट किया। इसी समस्या तथा खतरनाक परिस्थिति ने गाँधी जी को जनवरी 1948 का अपना अनशन ठानने के लिए प्रेरित किया। यह उनके जीवन का अन्तिम अनशन व्रत था। 12 जनवरी की प्रार्थना-सभा में उन्होंने अगले दिन से अनशन शुरू करने का निर्णय घोषित किया। इस प्रार्थना सभा में उन्होंने आंध्र के वयोवृद्ध कांग्रेसी देशभक्त कोंडा वेंकटप्पैया के एक पत्र का हवाला दिया। पत्र में लिखा था–

'' हमारे सामने अनेक बहुत ही जटिल राजनीतिक और आर्थिक सवाल हैं। पर इनके साथ ही एक और बहुत बड़ी समस्या कांग्रेसी क्षेत्र के लोगों के नैतिक अधः पतन की है। दूसरे प्रान्तों के बारे में मैं अधिक कुछ नहीं कह सकता, पर मेरे अपने प्रान्त में स्थिति अत्यंत खेदजनक है। राजनीतिक सत्ता का रस चखकर लोगों के दिमाग फिर गये हैं।..... कांग्रेसी हल्कों में गुटबन्दियाँ कायम हो गयी हैं। असेम्बली और कौंसिल के बहुत से सदस्य धन बटोरने के चक्कर में लग गये हैं और मंत्रियों में दुर्बलता है, इस सबसे आम जनता में विद्रोह की भावना फैल रही है। लोग कहने लगे हैं कि ब्रिटिश सरकार कहीं अच्छी थी। वे कांग्रेस को गालियाँ तक देने लगे हैं।''

गुटबन्दियाँ और सत्ता प्राप्त करने की होड़ प्रान्तीय और जिला कांग्रेस कमिटियों में तो जोर-शोर से फैली हुई थी ही, केन्द्रीय नेतृत्व भी इनसे अछूता न

बचा था। नवम्बर 1947 में अखिल भारतीय नेतृत्व के अन्दर एक छोटा-मोटा संकट पैदा हो गया था।

'अखिल भारतीय कांग्रेस कमिटी के अधिवेशन के पहले ही दिन कांग्रेस अध्यक्ष कृपलानी जी ने गाँधी जी के सामने कहा कि मैं अपने पद से इस्तीफा दे रहा हूँ। सरकार ने उनसे परामर्श नहीं लिया था और न उन्हें सारी बातें बतायी जाती थीं। उन्होंने कहा कि सरकार कांग्रेस दल की उपेक्षा कर रही है। कृपालीनी जी ने यह भी प्रकट किया कि गाँधी जी के खयाल से ऐसी परिस्थिति में उनका इस्तीफा देना उचित था। नेहरू और पटेल सरकार के प्रमुख थे। उनकी लोक-प्रियता और कांग्रेस संगठन के ऊपर उनका प्रभाव निर्विवाद था। वे यह समझते थे कि हम और पार्टी दो नहीं हैं। फिर अपनी सत्ता पर कांग्रेस अध्यक्ष का अंकुश भला वे क्यों स्वीकार करते।'

कृपलानी जी का इस्तीफा मंजूर करके और उनकी जगह श्री राजेन्द्र प्रसाद को कांग्रेस अध्यक्ष बनाकर इस संकट को दूर किया गया। पर सरदार पटेल और जवाहर लाल नेहरू के संबन्ध और भी बिगड़ गये। श्री तेन्दुलकर लिखते हैं कि "गाँधी जी सरदार पटेल और नेहरू जी के झगड़े के बारे में जानते थे और उससे चिन्तित थे। वह चाहते थे कि दोनों एकता बनाये रखें।" इसी सिलसिले में 30 जनवरी की चार बजे शाम को, यानी मृत्यु से एक घण्टा पहले, उन्होंने सरदार पटेल से बात की और इसी सिलसिले में 'शाम की प्रार्थना के बाद नेहरू जी और मौलाना आजाद उनसे मिलने वाले थे।'

गाँधी जी के सभी सहयोगी पूर्ण स्वतंत्रता की प्राप्ति की खुशियाँ मना रहे थे, पर वह भारतीय राज्य की स्थापना पर प्रसन्नता अनुभव करने के बदले नवजात राज्य की अस्थिरता के बारे में चिन्तित थे। यह भी गाँधी जी की ही विशेषता थी। दूसरे कांग्रेसी नेता सत्ता-हस्तांतरण को अपने नेतृत्व में हासिल की गयी स्वतंत्रता आन्दोलन की जीत बता रहे थे, पर गाँधी जी दूसरे ही कार्य में व्यस्त थे। वह भारत की राजनीतिक अस्थिरता के दो मुख्य स्रोतों की ओर जनता का ध्यान आकृष्ट कर रहे थे। एक था हिन्दुओं और मुसलमानों के पारस्परिक संबन्धों का बिगड़ना, जिसके फलस्वरूप नवजात राज्य-भारत और पाकिस्तान के सम्बन्ध बिगड़ रहे थे। दूसरा था कांग्रेस संगठन का आन्तरिक ह्रास और अध:पतन।

इन्हीं चीजों के कारण गाँधी जी अन्य कांग्रेस नेताओं से विशिष्ट थे। वह जनता की नब्ज पहचानते थे। अत: उन्होंने देख लिया कि हिन्दुओं और मुसलमानों के आपसी संबन्धों को आमूल रूप में बदले बिना और कांग्रेस के आन्तरिक संगठन की हालत सुधारे बिना भारतीय राज्य के तहस-नहस हो जाने का खतरा है।

इसके अलावा गाँधी जी व्यक्तिगत स्वार्थ से अछूते थे। वह सम्पूर्ण पूँजीवादी वर्ग

के प्रतिनिधि थे, उसमें के किसी व्यक्ति या समूह के नहीं। इसीलिए वह प्रत्येक समस्या को पूरे वर्ग के दीर्घकालीन हितों के दृष्टि-बिन्दु से देख सकते थे- पूँजीपति वर्ग के किसी खास हिस्से के वैयक्तिक या दलगत हितों के संकीर्ण और टुच्चे दृष्टिबिन्दु से नहीं। उन्होंने एक हद तक वस्तुगत दृष्टि से नये राज्य की अस्थिरता के मुख्य स्त्रोतों को देख लिया। और देखा ही नहीं, इन्हें मिटाने का उन्होंने भरसक प्रयत्न भी किया। भारतीय पूँजीपति वर्ग के बौद्धिक-राजनीतिक नेता के रूप में गाँधी जी की महानता इसी में निहित है।

यह भी गाँधी जी की उल्लेखनीय विशेषता है कि वह इस चीज की कोई युक्तिसंगत व्याख्या न पेश कर सके कि क्यों तीस वर्षों तक प्रेम धर्म का उपदेश करने के बाद भी, जीवन के अन्तिम दिनों में उन्हें यह दुर्भाग्यपूर्ण दिन देखना पड़ा, जो भारतीय जनता दो युद्धरत साम्प्रदायिक खेमों में बंट गयी और स्वतंत्र भारतीय राज्य की स्थापना का उनका राजनीतिक लक्ष्य धर्म के आधार पर बँटे दो शत्रुतापूर्ण राज्यों के निर्माण के रूप में पूरा हुआ। इस बात की भी वे कोई विश्वासप्रद व्याख्या प्रस्तुत न कर सके, क्योंकि वे ही लोग जिन्होंने उनके नेतृत्व में राष्ट्रीय ध्येय लिए जबर्दस्त कुर्बानियाँ की थीं, सत्ता और वैयक्तिक स्वार्थ सिद्धि के लिए आपस में लड़ने-झगड़ने लगे।

वह यही युक्ति पेश कर सके कि मनुष्यों पर पागलपन छा गया था। याद रहे कि इस मनुष्य के नैतिक पुनरोत्थान के लिए ही उन्होंने अहिंसक प्रतिरोध का सिद्धान्त और व्यवहार प्रतिपादित किया था। पर तीस वर्ष के उनके प्रेम और अहिंसा के उपदेश के बाद भी पागल मनुष्य संयत मनुष्य बनने के बदले संयत पागल बन गया। ऐसा क्यों हुआ? इस सवाल का जवाब उन्होंने भगवान की मर्जी कहकर टाल दिया।

कार्यक्षेत्र में गाँधी जी साम्प्रदायिकता की आसुरी शक्तियों का बड़ी ही वीरता के साथ मुकाबला कर रहे थे, पर उनका आत्मविश्वास जाता रहा था। जीवन-रस और यहाँ तक कि जीने की इच्छा भी वह खो चुके थे। 1947 में अपनी वर्षगाँठ के अवसर पर एक मित्र को पत्र लिखते हुए उन्होंने कहा:

"निःसंदेह आदर्श वस्तु यह होगी कि न 125 वर्ष जीने की इच्छा रखी जाये और न फौरन ही मर जाना चाहा जाये। मैंने तो अपने को पूर्णतया हरि इच्छा पर छोड़ रखा है। यदि मैंने 125 वर्ष जीने की अपनी इच्छा खुलकर जाहिर करने की धृष्टता की थी, तो मुझमें, बदली हुई परिस्थिति में, इस इच्छा को खुलकर तिलांजलि देने की विनम्रता भी होनी चाहिए।... मैं तो सर्वशक्तिमान से यही प्रार्थना करता हूँ कि मुझे इस 'शोक भूमि' से उठा ले ताकि मुझे अपने को हिन्दू, मुसलमान या कुछ और कहने

वाले मानवों को, जो दरअसल वनमानुष बन गये हैं, एक-दूसरे का कत्लेआम करने का दृश्य बेबसी के साथ देखना न पड़े।''

यही गाँधी जी की महानता की सीमा थी। पूँजीपति वर्ग के विश्व दर्शन की परिसीमित दृष्टि रखने के कारण गाँधी जी यह देखने में असमर्थ रहे कि साम्प्रदायिक संबन्धों का बिगड़ना या सत्ता-हस्तांतरण के समय से कांग्रेस का अध:पतन आकस्मिक घटनाएँ न थीं, बल्कि ये सामाजिक विकास के कतिपय नियमों के क्रिया-कलाप के परिणाम थे। अगर वह इसे देख पाते तो अवश्य ही यह देखते कि हिन्दू-मुस्लिम झगड़ों का कारण हिन्दू या मुस्लिम जन-समुदायों का कोई आन्तरिक विकार नहीं था। उसका कारण यह था कि कुछ सामाजिक ताकतें उन्हें एक-दूसरे के विरुद्ध भड़का रही थीं। तब वह हिन्दू और मुस्लिम जनता के भाग्य को खुदा के हाथों में न छोड़ देते, बल्कि उन सामाजिक ताकतों से लड़ते जो हिन्दू-मुस्लिम झगड़े की आग लगा रही थीं।

साम्प्रदायिक फूट पैदा करने वाली सामाजिक ताकतों के बारे में ऐसी कोई समझदारी न रखने के कारण ही गाँधी जी सम्भवत: साम्प्रदायिक दंगों से भी ज्यादा भय प्रतिगामी तत्त्वों के विरुद्ध संघर्ष में एकता से खाते थे। नाविक विद्रोह के दौरान प्रकट होने वाली जंगी हिन्दू-मुस्लिम एकता इसकी मिसाल है। गाँधी जी ने उसके विषय में लिखा था।

'नौ सैनिकों की यह बगावत और इसके बाद की घटनाएँ किसी भी अर्थ में अहिंसक कार्रवाइयाँ नहीं हैं।... हिंसात्मक कार्य के लिए हिन्दुओं, मुसलमानों और दूसरों का मेलजोल अपावन मेलजोल है। वह पारस्परिक हिंसा की ओर ले जायेगा या वह सम्भवत: ऐसी हिंसा की तैयारी है। यह भारत के लिए और समूची दुनिया के लिए बुरा है। अरुणा का कहना है कि 'वैधानिक मोर्चे के ऊपर हिन्दुओं और मुसलमानों को एक करने से उन्हें रण के मोर्चे पर एक करना श्रेयस्कर है।'

गाँधी जी के कांग्रेसजनों के अध: पतन का कारण न देख पाने के पीछे भी यही बात थी। वह वर्ग संघर्ष के सिद्धान्त को बुरा समझते थे। उनका दावा था कि प्रत्येक व्यक्ति, यहाँ तक कि जमींदार और पूँजीपति वर्ग का प्रत्येक व्यक्ति भी सहज ही नेक और भला जीव है। इसलिए उन्होंने यह न देखा कि ऊपरी और मध्यम वर्गों के राजनीतिज्ञों का- ये ही कांग्रेस के नेता थे- सत्ता पाने के बाद वैयक्तिक स्वार्थ के लिए लड़ना उतना ही स्वाभाविक था जितना कि सत्ता प्राप्ति के संघर्ष में उनका वैयक्तिक कुर्बानियाँ करना। परिणाम यह हुआ कि व्यक्ति की आन्तरिक अच्छाई की मान्यता से आरम्भ करने वाले गाँधी जी ने इति इसी सिद्धान्त के साथ की कि मनुष्य पागल और पतित हो गया है।

ठीक उस घड़ी में जो करोड़ों भारतवासियों के लिए अपूर्व उल्लास की घड़ी थी, यानी स्वतंत्रता प्राप्ति की घड़ी में, गाँधी जी ने यह मत व्यक्त किया कि उनका जीवन-व्रत (मानव के पुनरुत्थान का व्रत) विफल सिद्ध हुआ है। यह इतिहास की बड़ी महत्त्वपूर्ण घटना है। अंग्रेज-विरोधी संघर्ष में पूँजीपति वर्ग की रणनीति और कार्यनीति के रूप में गाँधीवाद विजयी हुआ, पर नये सामाजिक दर्शन के रूप में, मानव-पुनरुत्थान के नये उपाय के रूप में वह शत-प्रतिशत असफल सिद्ध हुआ। उपरोक्त घटना इस तथ्य का अकाट्य प्रमाण है।

काम अधूरा : प्रभाव पूरा

डॉ. रामविलास शर्मा

म. गाँधी ने जिस विश्व व्यापी पूँजीवादी व्यवस्था में काम किया था, वह संभवत: अगली शताब्दी में भी कायम रहेगी। इसमें संदेह नहीं है। संसार में काफी परिवर्तन हुए हैं, परन्तु व्यवस्था की मूल विशेषताएँ ज्यों की त्यों बनी हुई हैं। जिन बहुत सी समस्याओं का सामना गाँधीजी ने किया, वे आज भी हमारे सामने हैं। उनके विचार तीसरी दुनिया के देशों के लिये, विशेष रूप से भारत के लिये, आश्चर्यजनक रूप से प्रासंगिक हैं। वह जो कुछ करना चाहते थे और कर सके, वह जो कुछ चाहते थे और नहीं कर सके- दोनों ही हमारे अध्ययन के लिये महत्वपूर्ण हैं।

गाँधीजी ने साम्राज्यवाद का विश्लेषण किया था। विदेशी पूँजी का जमकर विरोध किया था। उनका आन्दोलन सुसंगत रूप से साम्राज्य विरोधी नहीं था, परन्तु उन्होंने विदेशी पूँजी के बारे में जो कुछ लिखा था, वह आज के संदर्भ में अत्यन्त प्रासंगिक है। जो लोग विदेशी पूँजी को आमंत्रित कर रहे हैं, उन्होंने जाने या अनजाने गाँधीजी को अप्रासंगिक बना दिया है। उनकी यह अप्रासंगिकता ही उन्हें प्रासंगिक बनाती है। जो लोग भी देश को आर्थिक रूप से आत्मनिर्भर बनाना चाहते हैं, उन्हें विदेशी पूँजी के बारे में गाँधीजी के विचारों का गहराई से अध्ययन करना चाहिये।

गाँधीजी मजदूरों के जीवन से अच्छी तरह परिचित थे। दक्षिण अफ्रीका में उन्होंने मजदूरों की एक लम्बी हड़ताल चलायी थी। हड़ताल संगठित करने में कुछ बातें मजदूर-नेता गाँधीजी से सीख सकते हैं। गाँधीजी ने पूरे देश की यात्रा की थी। किसानों के जीवन से वह अच्छी तरह परिचित थे। उनके समय में स्वाधीनता आंदोलन कहाँ बढ़ा और कहाँ रुका, यह उनके किसान संबन्धी वृत्तान्तों से जाना जा सकता है।

गाँधीजी बहुत अच्छे इतिहास लेखक थे। दक्षिण अफ्रीका के सत्याग्रह का इतिहास उनकी श्रेष्ठ कृति है। भौगोलिक परिस्थितियों, ऐतिहासिक परम्पराओं, जनता के विभिन्न हिस्सों का अध्ययन करते हुए कैसे किसी आंदोलन का इतिहास लिखना

चाहिये, यह गाँधीजी ने कर दिखाया। गाँधीजी की दूसरी पुस्तक, जो बहुत प्रभावशाली है, वह पंजाब के उपद्रवों पर कांग्रेस की रिपोर्ट है। 1919 में कम से कम पंजाब के अन्दर, किस तरह क्रान्तिकारी परिस्थिति परिपक्व हो गयी थी और नेता उसे तर्क संगत परिणाम तक नहीं पहुँचा सके, यह गाँधीजी के वृत्तान्त से मालूम होता है। उन्होंने गाँवों और छोटे-छोटे कस्बों तक की यात्रा की थी, वहाँ के लोगों से मिलकर अंग्रेजों के अत्याचारों के विवरण एकत्र किये थे। हिन्दू, मुसलमान, सिख-तीनों ने मिलकर अंग्रेजों का मुकाबला किया था, तीनों ने अंग्रेजों के अत्याचार सहे थे। विभाजित पंजाब के लोगों को अपना इतिहास पहचानना चाहिये और इस पहचान के लिये गाँधीजी की पुस्तकें बहुत ही उपादेय हैं।

देश के सामने आज जो सम्प्रदायवाद और जाति प्रथा को लेकर समस्याएँ हैं, उनका संबन्ध भी गाँधीजी की नीति से है। 1946 में जब देश व्यापी क्रान्तिकारी उभार आया, तब उसे रोकने में गाँधीजी ने अग्रगामी भूमिका निभायी। यह उनके कार्यों का नकारात्मक पक्ष है। यदि वह क्रान्तिकारी उभार सफल होता तो भारत का विभाजन न होता। अंग्रेजों के राज्य का मुख्य सामाजिक आधार यहाँ की जमींदारी प्रथा थी। उसके विरुद्ध गाँधीजी यदि अहिंसात्मक आंदोलन चलाते, तो देश में बहुत बड़ा परिवर्तन होता। उनके चिन्तन और कार्यों के सकारात्मक और नकारात्मक, दोनों पक्षों का अध्ययन करना चाहिये। गाँधीजी भारत की सांस्कृतिक परम्पराओं से अच्छी तरह परिचित थे। वह नारी की स्वाधीनता के पक्षपाती थे। उनके नेतृत्व में जो स्वाधीनता आंदोलन चलाया गया, उसमें स्त्रियों ने पहली बार आगे बढ़कर बड़ी संख्या में भाग लिया। हमारे सामाजिक जीवन पर उसका गहरा असर हुआ।

गाँधीजी ने कुछ बातें ईस्ट इंडिया कम्पनी के कारनामों के बारे में कही हैं, फिर ब्रिटिश पूँजीवाद की शोषण प्रक्रिया उद्घाटित की है। दासों के व्यापार में पहले अंग्रेज पीछे थे, फिर वे यूरोप के सभी देशों से आगे बढ़ गये। उपनिवेशों में वे पराधीन देश के मजदूरों से गुलामों जैसा व्यवहार करते थे। उनकी इस नीति का गहरा संबन्ध उनके उक्त इतिहास से है। भारत से गरीब किसानों को फुसलाकर उपनिवेशों में ले जाते थे, वहाँ उनसे गुलामों की तरह काम कराते थे। इसी गुलामी से मुक्ति पाने के लिये दक्षिण अफ्रीका में गाँधीजी ने 'गिरमिटिया' मजदूरों को संगठित किया था।

दक्षिण अफ्रीका में गोरे व्यापारी थे, गोरे मजदूर थे। दोनों ही खुली आर्थिक होड़ में हिन्दुस्तानी व्यापारियों और मजदूरों का मुकाबला न कर पाते थे। मुनाफा कमाने के लिये गोरे व्यवसायी दमन का सहारा लेते थे। बीसवीं सदी के विकसित पूँजीवाद के गोरे प्रतिनिधि पराधीन भारत के व्यापारियों का मुकाबला न कर पाते थे। इससे अनुमान

लगाया जा सकता है कि उन्होंने किस तरह के छल-प्रपंच से स्वाधीन भारत के व्यवसाय का नाश किया होगा। गिरमिट प्रथा पुरानी दास प्रथा का नया संस्करण था। उपनिवेशों में भारतीय व्यापारियों को अधिकारहीन रखने और मजदूरों से अपने दुर्व्यवहारों को उचित ठहराने के लिये अंग्रेज रंगभेद की नीति से काम लेते थे। काले आदमी शासित होने के लिये बने हैं और गोरे उन पर शासन करने के अधिकारी हैं। भारतवासियों को असभ्य बताकर वे उनके इतिहास और संस्कृति पर आक्षेप करते थे, परन्तु अनेक अंग्रेज विद्वानों ने भारत के ज्ञान, विज्ञान, कला-कौशल का उचित मूल्यांकन किया था। गाँधीजी ने उनका हवाला देकर उपनिवेशवादियों के दृष्टिकोण का खंडन किया। इस तरह उन्होंने भारत के सांस्कृतिक इतिहास के दमन को राजनीतिक संघर्ष का अस्त्र बना लिया। गाँधीजी से पहले किसी ने व्यापारियों और मजदूरों का संयुक्त मोर्चा न बनाया था। अनेक वर्गों के शामिल होने से साम्राज्य विरोधी आंदोलन का जातीय स्वरूप निर्धारित हुआ। इससे निष्कर्ष यह निकला कि साम्राज्य विरोधी आंदोलन में पूँजीपतियों के बदले मजदूरों की प्रधानता हो तो उसका परिणाम शत्रु से समझौता नहीं, वास्तविक अधिकारों की प्राप्ति होगा।

गाँधीजी ने राष्ट्रीय आत्म सम्मान पर अधिक बल दिया और जातीय अलगाव का विरोध किया। इसी नीति के फलस्वरूप वह प्रान्तों-प्रदेशों-राज्यों में जातीय भाषाओं और परस्पर सम्पर्क के लिये राष्ट्रभाषा हिन्दी के व्यवहार का समर्थन करते थे। भाषा और संस्कृति के विकास के लिये वह प्रत्येक जातीय प्रदेश को एकताबद्ध करने के पक्ष में थे।

गाँधीजी देश का विभाजन नहीं चाहते थे। वह उसे रोक नहीं पाये। वह सरकारी कामकाज से अंग्रेजी को निकाल देना चाहते थे, नहीं निकाल पाये। वह अछूतों को ऊँची जातियों के बराबर दर्जा देना चाहते थे, नहीं दे पाये। वह विदेशी पूँजी के दबाव से देश को मुक्त कराना चाहते थे, नहीं कर पाये। वह चाहते थे, पूँजीपति जमींदार और धनी लोग अपनी सम्पत्ति का उपयोग गरीबों के हित में करें, उनकी यह इच्छा भी पूरी नहीं हुई, वह चाहते थे, हिन्दू-मुसलमान का भेदभाव खत्म हो, वैसा नहीं हुआ।...पर उनका प्रभाव करोड़ों पर था। भारतीय इतिहास में कोई भी एक व्यक्ति, किसी भी युग में इतने विशाल जन समुदायों को प्रभावित नहीं कर सका। विश्व-इतिहास में भी किसी व्यक्ति का ऐसा व्यापक प्रभाव नहीं देखा गया। वह भारतीय जनमानस की आकांक्षाएँ समझते थे, उन्हें अपनी भाषा में व्यक्त करते थे, यह उनकी लोकप्रियता का मुख्य कारण था।

गाँधीजी की बहुत बड़ी देन यह है कि उन्होंने राष्ट्र की धारणा को एक नई अन्तर्वस्तु दी। इसके बाद स्वराज्य और नैतिक संबन्धों के बारे में कहा : "स्वराज्य

प्राप्त करने का अर्थ यह हुआ कि सरकार को 500वीं मंजिल से नीचे लाना और अपने तथा उसके बीच स्वाभाविकता पैदा करना-फिर भले ही वह ब्रिटिश सरकार हो या देसी। ''भविष्य की ओर देखते हुए वे सावधान कर गये कि ''स्वराज्य का कारोबार अगर उसी मंजिल से चलाया जाय तो वह स्वराज्य नहीं हो सकता''।

(गाँधीजी, अम्बेडकर, लोहिया और भारतीय इतिहास की समस्याएँ पुस्तक की भूमिका)

जैन धर्म को गाँधीजी की देन

पं. सुखलालजी संघवी

राष्ट्र पर पिछली सहस्त्राब्दी में जो आफतें आयीं, और पश्चिम के सम्पर्क के बाद विदेशी राज्य ने पिछली दो शताब्दियों में गुलामी, शोषण, आपसी फूट की जो आफत बढ़ायी, उसका शिकार तो जैन समाज शत-प्रतिशत था ही, उसके अलावा सत्य, अहिंसा, अपरिग्रह जैसे शाश्वत मूल्यों के प्रति सबकी देखा देखी बढ़ती हुई अश्रद्धा ने भी उसकी उलझनें बढ़ा दी थीं। ऐसी स्थिति में सत्य, अहिंसा और अपरिग्रह की निर्भय और गगनभेदी गाँधी-वाणी सुनकर और गाँधी का जीवन-व्यवहार देखकर जैन समाज चौंका। उसे भय मालूम हुआ कि दुनिया की प्रवृत्ति या सांसारिक राजकीय प्रवृत्ति के साथ अहिंसा और अपरिग्रह का मेल कैसे बैठ सकता है? ऐसा हो तो फिर त्याग मार्ग और अणगार धर्म, जो हजारों वर्ष से चला आता है, वह नष्ट ही हो जायेगा।

फिर जैसे-जैसे कर्मवीर गाँधी एक के बाद एक नये-नये सामाजिक और राजकीय क्षेत्र को सर करते गये, वैसे-वैसे जैन समाज की भी सुषुप्त और मूर्च्छित-सी धर्म चेतना में स्पंदन शुरू हुआ, जिसने जैन समाज की काया पलट ही दी। यही कारण है कि अपेक्षाकृत इस छोटे से समाज ने अन्य समाजों की अपेक्षा अधिसंख्यक सेवाभावी स्त्री-पुरुषों को राष्ट्र के चरणों में अर्पित किया है। कई त्यागी अपना भिक्षु वेष रखकर भी या छोड़कर भी निवृत्ति-प्रवृत्ति के गंगा-यमुना संगम में स्नान करने आये और वे भिन्न-भिन्न सेवा क्षेत्रों में पड़कर अपना अणगारपना सच्चे अर्थों में साबित कर रहे हैं। उनके लिए गाँधीजी के जीवन ने ऐसा विशाल कार्य-प्रदेश चुन दिया है, जिसमें कोई भी त्यागी निर्दम्भ भाव से त्याग का आस्वाद लेता हुआ समाज और राष्ट्र के लिए आदर्श बन सकता है।

(जैन संस्कृति संशोधन मण्डल, पत्रिका नं 20)

हिंसा तथा दण्डशक्ति का विकल्प

लोकनायक जयप्रकाश नारायण

तीन गुण, तीन दोष, तीन मूर्ति, तीन लोक आदि की कल्पना भारतीय समाज ने प्राचीन काल से कर रखी है। वर्तमान इतिहास में तीन दुनिया की कल्पना की गयी है। दुनिया का जो भाग अमेरिका अथवा रूस के प्रभाव या 'गुट' में नहीं है, उसे थर्ड वर्ल्ड, तीसरी दुनिया, कहते हैं। इसी प्रकार तीसरी शक्ति, थर्ड फोर्स, की भी एक धुँधली कल्पना इन दिनों है, जो (विश्व) शान्ति की शक्ति मानी जाती है। परन्तु इस शक्ति की रूपरेखा काफी अस्पष्ट है।

मानव समाज के परिवर्तन, पुनर्निर्माण तथा धारण के लिये इतिहास में केवल दो शक्तियों का जिक्र आता है : हिंसा-शक्ति तथा दण्ड-शक्ति। प्रेम की शक्ति का भी जिक्र है, परन्तु वह परिवार के सीमित दायरे के बाहर काम करती नहीं दीखती। ईसा ने अवश्य उसके दायरे को पड़ोसी तक फैलाने की कल्पना की और वैसा उपदेश किया। पड़ोसी का अर्थ व्यापक रूप में लिया जा सकता है और पूरे सामाजिक जीवन से उसका अभिप्राय माना जा सकता है। परन्तु प्रेमधर्म को सामाजिक जीवन में उतारने का ईसा के अनुयायियों द्वारा कोई प्रयत्न किया गया, ऐसा विदित तो नहीं है। हाँ, ईसाई-धर्म के प्रारम्भिक काल में तद्धर्मावलम्बियों ने प्रेमाधारित बस्तियों की अवश्य स्थापना की थी। ये बस्तियाँ ईसाई-धर्म के आदर्शों पर अपना जीवन-व्यवहार चलाने में काफी सफल रहीं। बाद में जब ईसाई-धर्म का प्रसार हुआ और वह रोमन-साम्राज्य का राज्य-धर्म बन गया तो उसके प्रेम-तत्व का सामाजिक प्रभाव क्षीण होता गया। वर्तमान ईसाई-समाज के लिये यह तो कदापि नहीं कहा जा सकता कि वह किसी माने में ईसा के प्रेम या अहिंसा के उपदेशों पर कायम है।

जब तक ईसाई-धर्म राज्य-धर्म नहीं बना था, तब तक ईसाईयों ने रोमन-साम्राज्य के अत्याचारों का ईसा के उपदेशों के अनुसार पूर्ण अहिंसक रीति से बड़े साहस और वीरता के साथ सामना किया था। परन्तु राज्य-धर्म बनने के बाद सामाजिक जीवन के

भिन्न-भिन्न पहलुओं (राजनीतिक, आर्थिक) इत्यादि को अहिंसक रूप देने का प्रयत्न लगभग समाप्त हो गया- जो कुछ बचा या आगे जाकर प्रकट हुआ, वह छोटे-छोटे समूहों तक सीमित रहा-जैसे सोसाइटी ऑफ फ्रेण्ड्स (क्वेकर-जमात) में।

पाश्चात्य समाज में समय-समय पर आदर्शवादियों ने आदर्श बस्तियाँ कायम कीं, परन्तु न वे स्थायी ही रह सकीं, न सामान्य समाज पर उनका विशेष प्रभाव ही पड़ा।

भारत में महावीर तथा बुद्ध ने अहिंसा तथा करुणा को धर्म का आधार बनाया। परन्तु यह धर्म व्यक्ति अथवा भिक्षु-संघ के आन्तरिक जीवन तक सीमित रहा। सम्राट् अशोक जगत् के एकमात्र ऐसे शासक हुए, जिन्होंने बौद्ध धर्म को स्वीकार करने के बाद तथा कलिंग-विजय के रक्तपात से संतप्त होकर आगे युद्ध न करने का संकल्प किया। फिर भी अशोक कालीन भारतीय समाज अहिंसा अथवा करुणामय बना, ऐसा तो नहीं लगता। प्रत्यक्ष हिंसा जहाँ नहीं है, वहाँ अहिंसा है, ऐसा मानना बड़ी भूल है। शोषण, उत्पीड़न, विषमता तथा अन्य प्रकार के सामाजिक-आर्थिक अन्याय, जो राज्य की दण्ड-शक्ति के बल पर चलते हैं, हिंसा ही तो हैं, यद्यपि सब प्रच्छन्न अथवा अप्रत्यक्ष हैं।

प्रेम-अहिंसा-करुणा की आधारशिला पर स्थापित इन तीनों धर्मों के माननेवाले अपने-अपने समाज की रचना इस आधारशिला पर नहीं कर सके। उनकी यह प्रकट विफलता गूढ़ शोध का एक विषय है। ऐसा नहीं कहा जा सकता कि महावीर, बुद्ध अथवा ईसा ने समाज में छिपी हुई, परन्तु निरन्तर चलती हुई, हिंसा को पहचाना नहीं। उन सबने गरीबी-अमीरी के संबन्ध में, संग्रह, तृष्णा आदि के संबन्ध में जो गूढ़ उपदेश दिये हैं, उनसे स्पष्ट होता है कि समाज की अप्रत्यक्ष हिंसा के प्रति वे पूर्ण जागृत थे।

समाज के अन्तस् से हिंसा को निकालने के विषय में इन धर्मों की जो विफलता हुई, उसके दो मुख्य कारण मुझे प्रतीत होते हैं। एक यह कि संयम, अपरिग्रह, त्याग, तृष्णा-क्षय, करुणा आदि गुण व्यक्ति के आध्यात्मिक उत्थान अथवा निर्वाण के साधनमात्र मान लिये गये। इस लोक का परिवर्तन तथा परिष्कार इनके द्वारा करना है, ऐसा महात्माओं का उद्देश्य होते हुए भी, इन धर्मों की संगठित संस्थाओं ने नहीं माना; क्योंकि ऐसा करने से समाज के शासक तथा शोषक वर्ग की अप्रसन्नता और सम्भाव्य विरोध का सामना करना पड़ता, जिससे धर्म (सम्प्रदाय) का प्रसार नहीं हो पाता। दूसरा कारण जो धर्म-प्रसार की इसी मनोवृत्ति से उत्पन्न हुआ, वह यह था कि ये तीनों धर्म राज्य-धर्म बने। राज्य की संगठित हिंसा तथा दण्ड-शक्ति का पोषक बन जाने से यह असम्भव हो गया कि वे समाज में अहिंसा की प्रतिष्ठा कर सकें।

हिंसा-शक्ति तथा दण्ड-शक्ति (जो स्वयं भी प्रच्छन्न हिंसा-शक्ति ही है, यद्यपि लोकतंत्र में उतनी हिंसा लोकसम्मत होती है) आज तक मानव-समाज को शासित करती

रही है। उनके कारण जहाँ एक ओर मानव-समाज आणविक युद्ध की सम्भावना के कगार पर खड़ा है, वहाँ दूसरी ओर-चाहे लोकतंत्र हो, एकतंत्र हो, अथवा और कोई अन्य तंत्र हो-मानव एक अति-केन्द्रित, अति-यांत्रिक राजनीतिक-आर्थिक संगठन के नीचे दबकर अपना व्यक्तित्व तथा स्वायत्तता (आटोनॉमी) खो चुका है। सबसे धनी देश अमेरिका में भी 15 प्रतिशत गरीब हैं, अपार विषमता हैं, रंग (जाति), भेद है, तरुण तथा बुद्धिजीवी वर्गों में विद्रोह है। उधर रूस में 52 वर्षों के साम्यवादी शासन के बाद भी न मजदूरों के हाथ में कारखाने हैं, न किसानों के हाथ में खेत, न विद्यार्थियों के हाथ में विश्वविद्यालय, न विचार-स्वातंत्र्य, न श्रमिकों का अपना राज्य, जिसमें सत्ता (आर्थिक, राजनीतिक, सामाजिक) श्रमजीवियों की सोवियतों अथवा पंचायतों के हाथों में हो। सत्ता आज भी साम्यवादी पक्ष के हाथ में है, जिसमें लोकतांत्रिक आचार-व्यवहार का अब भी पूर्ण अभाव है। चीन के माओ ने तो बन्दूक की नली को सत्ता की जननी बताकर वर्तमान मानव-सभ्यता के एक अत्यन्त कटु सत्य को नग्न रूप दे दिया है।

जो लोकतांत्रिक समाजवादी हैं, उनकी दौड़ तो राष्ट्रीयकरण तक ही है। परन्तु जहाँ-जहाँ समाजवादी शासनों के तत्वावधान में भी राष्ट्रीयकरण हुआ है, वहाँ-वहाँ विषमता, शोषण आदि का अन्त हो गया है, अथवा सत्ता श्रमजीवियों के हाथों में आ गयी है; अथवा इतना भी हो गया है कि राष्ट्रीयकृत (नेशनलाइज्ड) आर्थिक क्षेत्रों में मजदूर प्रबन्धकों के समकक्ष आ बैठे हैं और निर्णायक (डिसीशन-मेकिंग) अधिकारों में उन्हें उचित भाग प्राप्त हो चुका है; अथवा उन क्षेत्रों में कोई नवीन भावना (स्पिरिट) पैदा हुई है, जो प्रबन्धक तथा श्रमजीवी दोनों को प्रेरित कर रही है और उनके पारस्परिक संबन्धों तथा उनके अपने-अपने कार्यों के प्रति उनके दृष्टिकोण को परिवर्तित कर पायी है, ऐसा तो कुछ भी लक्षित नहीं होता। तकनीकी और औद्योगिक विकास के चलते मजदूरों की आर्थिक स्थिति में उन्नति अवश्य हुई है; मजदूर यूनियनों की शक्ति में बड़ी वृद्धि हुई है; मंगलकारी राज्य का उदय हुआ है, परन्तु इन सबको मिलाकर भी समाजवाद नहीं बनता। उसकी कसौटी तो वे ही परिवर्तन हैं, जिनकी ओर ऊपर इशारा किया गया है।

उपर्युक्त विश्लेषण से निष्कर्ष यही निकलता है कि हिंसा-शक्ति तथा दण्ड-शक्ति दोनों ही मानव-समाज की मूल समस्याओं को हल करने में विफल हुई हैं। किसी तीसरी शक्ति की आवश्यकता स्पष्ट दीखती है। यह शक्ति तो वही है, जिसका महावीर, बुद्ध, ईसा ने कुशलता से प्रतिपादन किया था- यानी प्रेम-अहिंसा-करुणा की शक्ति। परन्तु प्रश्न यह उठता है कि जब यह शक्ति उनके समय में, अथवा उनके मतावलिम्बयों के समाज में, सामाजिक समस्याओं को हल न कर सकी-चाहे व्यक्ति के स्तर पर वह चाहे कितनी ही सफल हुई हो-तो इस युग में उनकी सफलता की क्या सम्भावना है? यह

एक सर्वथा समीचीन प्रश्न है। पूर्ण रूप से इसका उत्तर तो आज किसी के पास नहीं है। फिर भी परिस्थिति अनुभव तथा विचार से इतना और ऐसा उत्तर आज प्राप्त है कि उपर्युक्त सम्भावना पहले से कहीं अधिक सबल हुई है, ऐसा मान सकते हैं।

एक तो यह परिस्थिति है कि पूर्व-काल की अपेक्षा सर्व-साधारण इस समय अधिक चेतनाशील (कॉन्शस) हैं। उनकी इस चेतनाशीलता का एक लक्षण यह है, जैसाकि ऊपर कहा गया है कि हिंसा-शक्ति अथवा दण्ड-शक्ति से जैसी भी समाज-रचना अब तक हुई है या जैसी भी राजनीतिक तथा आर्थिक व्यवस्था उनके द्वारा कायम की गयी है, उससे उन्हें, संतोष नहीं है। पाश्चात्य देशों के तरुण विशेष रूप से वर्तमान सामाजिक व्यवस्था से असंतुष्ट दीखते हैं। साम्यवादी देशों के तरुणों में भी यह असंतोष व्याप्त है, ऐसा लगता है। इसलिये वर्तमान ऐतिहासिक परिस्थिति की यह माँग है कि इन दोनों शक्तियों से भिन्न किसी तीसरी शक्ति का आश्रय लिया जाय।

दूसरी बात, पुराने प्रयोगों के अनुभवों पर से आज की पीढ़ी के लिये यह सम्भव हो गया है कि पहले की गलतियों को न दुहराया जाय। प्रेम आदि की शक्ति ने पूर्वकाल में एक बड़ी गलती यह की थी कि राज्य का आश्रय लेकर अपना प्रसार करना चाहा। परिणाम उल्टा हुआ। प्रेम-शक्ति पर दण्ड-शक्ति, अहिंसा-शक्ति पर हिंसा-शक्ति तथा करुणा-शक्ति पर कानून-शक्ति हावी हो गयी और विनायक का बानर बन गया। इस अनुभव का लाभ उठाकर हमें राज्य-सत्ता से अलग रहकर तीसरी शक्ति का विकास करना है। इसीलिये गाँधीजी ने कहा था कि अहिंसा में विश्वास करने वालों को राज्य-सत्ता में नहीं जाना चाहिये।

पुराने अनुभव से एक सबक और सीखा जा सकता है। जहाँ पुराने प्रयोगकर्त्ताओं ने व्यक्तिगत जीवन तथा धर्म-संघों तक प्रेम आदि शक्ति को सीमित रखा, वहाँ हमें संकल्पपूर्वक समाज के सभी व्यवहारों तथा संस्थानों में उस शक्ति को प्रतिष्ठित करना है और तदनुसार प्रेमाधारित अहिंसक समाज का निर्माण करना है। इसके लिये समाज के अन्दर जो अप्रत्यक्ष हिंसा निहित है, उसे उन्मूलित करना, प्रत्यक्ष हिंसा को रोकने या शांत करने से अधिक महत्त्व रखता है, यह सदा ध्यान में रखना होगा।

गाँधीजी ने इस तीसरी शक्ति का समाज के स्तर पर जो व्यापक प्रयोग दक्षिण अफ्रीका तथा भारत में किया, उसने भी हमें महत्त्वपूर्ण पाठ सिखाये हैं। ये सब पाठ हमारे लिये नये हैं, जो पहले के प्रयोगों से उपलब्ध नहीं थे। बाद में विनोबाजी ने भी जो व्यापक प्रयोग किये, उनसे भी हमें कई नये सबक मिले हैं, जिनसे आगे के प्रयोगकर्त्ताओं को बड़ी सहायता मिलेगी।

निर्बल का ब्रह्मास्त्र

प्रभाष जोशी (सुप्रसिद्ध पत्रकार)

11 सितम्बर 1906 को क्या हुआ था, वह कितने भारतीयों को याद होगा? उस दिन दक्षिण अफ्रीका के जोहान्सबर्ग के इंपीरियल थिएटर का हॉल भारतीयों से खचाखच भरा था। तमिल, तेलुगू, गुजराती और हिन्दी बोलने वाले इन लोगों में सब थे- हिन्दू, मुसलमान, ईसाई, यहूदी। साड़ी पहने कुछ महिलाएँ भी थीं। इनमें गिरमिटिया मजदूर थे, दुकानदार थे, बड़े व्यापारी थे, रिक्शा चलाने वाले थे और इन्हीं के नौकर-चाकर और कुली थे। ये तीन हजार लोग ट्रांसवाल के ब्रिटिश उपनिवेश के कोई अट्ठारह हजार भारतीयों की तरफ से आये थे और अपने खिलाफ बनाये जा रहे खौफनाक भेदवाले कानूनों पर विचार करने वाले थे। सभा उन्हीं के एक वकील मोहनदास करमचन्द गाँधी ने बुलाई थी। सभा में उत्तेजना और भीड़ का कारण था- एक अध्यादेश। इसके तहत आठ वर्ष से बड़े हर बच्चे, औरत और मर्द को पच्चीस पाउंड जमा करके अपने को रजिस्टर करवाना होगा। सरकारी अधिकारियों से प्रमाण-पत्र लेना होगा। अपने हाथ और अँगूठे-उँगलियों की छाप देनी होगी। प्रमाण-पत्र हमेशा अपने साथ रखना होगा। जो भी भारतीय प्रमाण-पत्र लेने और अपनी उँगलियों के निशान देने से इंकार करेगा उसे ट्रांसवाल में रहने नहीं दिया जायेगा। उसे जुर्माना और जेल होगी या वह ट्रांसवाल से रवाना कर दिया जायेगा। यह अध्यादेश विधानसभा में जायेगा और पारित होने पर कानून बन जायेगा।

इस अध्यादेश के आने के पहले भी दक्षिण अफ्रीका में लाये गये भारतीय गिरमिटिया मजदूरों को कोई कम कष्ट नहीं थे। वे पाँच साल के एग्रीमेंट करार पर लाये गये थे। गोरों के खेतों पर दिन-रात मजदूरी करते थे। सिवाय मजदूरी और उनके एवज में मिलने वाले पैसों के अलावा दक्षिण अफ्रीका में उनका कुछ नहीं था। न कोई हक, न कोई सुनने वाला। पाँच साल का करार पूरा हो जाने पर उसे लौट जाना है। अगर वह वहीं रहना चाहे तो प्रत्येक व्यक्ति को सालभर में तीन पाउंड देना होगा। यह एक

गिरमिटिया मजदूर की छह महीने की कमाई के बराबर था। जो भारतीय व्यापार करने आये, उन्हें भी फलते-फूलते देखकर यूरोपियनों ने नटाल में उनसे वोट देने का अधिकार छीनने का कानून बनाने की कोशिश की। ब्रिटेन की अंग्रेज सरकार ने नस्लभेद को कानूनी स्वीकृति देने से इनकार किया तो नटाल की सरकार उसे घुमा-फिराकर दूसरे दरवाजे से दूसरे रूप में ले आई। फिर व्यापार के लिये लाइसेंस लेना जरूरी कर दिया गया। यूरोपियनों को तो आसानी से मिल जाता था, लेकिन भारतीयों को लाइसेंस मिलना लगभग असंभव कर दिया गया। इस तरह सिवाय गिरमिटिया मजदूरी के भारतीयों के लिये दक्षिण अफ्रीका में कुछ नहीं था। ऊपर से अब यह कि रजिस्टर करने और प्रमाण-पत्र लेने का कानून आ रहा था। चार भाषाओं में गुस्से और खीझ से भरे हुए भाषण हुए, फिर सभापति ने लोगों को थोड़ा शांत किया और हाजी हबीब ने प्रस्ताव रखा कि हम भारतीय इस कानून को नहीं मानेंगे। सभा को कहा गया कि इस पर प्रत्येक व्यक्ति वोट दे, लेकिन यह कोई वैसा वोट नहीं था। उनसे कहा गया- "भगवान को अपना गवाह मानकर वोट दीजिये।" तभी मोहनदास करमचंद गाँधी उठे और बोलने लगे। उन्हीं ने प्रस्ताव बनवाया था। उन्होंने कहा- 'हम हिन्दू हों या मुसलमान, सब एक ही भगवान को मानते हैं। हम अगर उस भगवान के नाम पर प्रतिज्ञा कर रहे हैं तो इसे तोड़ नहीं सकते...। हम कायर और फिजूल होंगे, अगर इस कानून को मानेंगे। सोच लीजिये कि हम में इसका विरोध करने की ताकत है या नहीं, लेकिन एक बात पक्की है। यह लड़ाई तभी खत्म होगी, जब हम जीतेंगे। प्रस्ताव ऐसे ही पास हुआ।'

यही इन निपट असहाय निहत्थे, निर्धन लोगों के अहिंसक संघर्ष की शुरूआत थी। गाँधी ने इसे 'सत्याग्रह' का नाम दिया।

सत्य और न्याय के लिये अहिंसा की लड़ाई। गाँधी और उनके सैकड़ों सत्याग्रही जेल गये। सब तरह के कष्ट सहे। दक्षिण अफ्रीका में उनका कोई नहीं था। सरकार गोरों की थी। जेलें गोरों की थीं। अदालतें भी उन्हीं की थीं। 14 मार्च, 1913 को केप कॉलोनी की सुप्रीम कोर्ट के न्यायाधीश ने फैसला दिया कि सिर्फ ईसाई विवाह ही वैध है। दक्षिण अफ्रीका में हिन्दू, मुस्लिम और पारसी ब्याह गैर कानूनी है।

भारतीय स्त्रियाँ रखैल, जिनके कोई अधिकार नहीं। सत्याग्रह अब और तेज हुआ। भारतीयों ने कूच किया। आव्रजन कानून तोड़े, दूसरे कानून तोड़े और सम्मान से जीने की अहिंसक लड़ाई को चरम पर पहुँचा दिया। रजिस्टर करना बंद हुआ। हिन्दू, मुस्लिम, पारसी विवाह वैध हुए। आठ साल चला सविनय अवज्ञा असयोग आंदालन विजय के साथ समाप्त हुआ। 11 सितम्बर 1906 को सत्याग्रह (निर्बल के ब्रह्मास्त्र) का आविष्कार हुआ। भारत लौटकर गाँधी ने स्वतंत्रता संग्राम में इसका उपयोग

किया। भारत सन् 1947 में आजाद हुआ और उसके साथ एशिया और अफ्रीका के उपनिवेश भी स्वतंत्र हुए। जिनके पास कुछ नहीं था, वे भी न्याय प्राप्ति के लिये सत्याग्रह से लड़ सकते हैं। दुनिया भर के वंचितों, निर्धनों और निर्बलों को दिया गया यह गाँधी का ब्रह्मास्त्र है।

वैज्ञानिक अनिवार्यता

डॉ. विजय कुमार (सम्पादक गाँधी ज्योति)

20वीं शताब्दी में भौतिक विज्ञान के क्षेत्र में यदि परमाणु बम का आविष्कार हुआ है तो वहीं इसके विकल्प के रूप में सत्याग्रह की अवधारणा और प्रयोग भी हमारे सामने हैं लेकिन सत्याग्रह को केवल गाँधी जी की धरोहर मानना गलत है। हाँ गाँधी ने उसे आधुनिक युग में प्रासंगिक अवश्य बनाया है।

यूनान में सुकरात, मध्यपूर्व में मंसूर और भारत में ध्रुव, प्रह्लाद आदि अनेक ऋषि संतों ने सत्याग्रह का अपने जीवन में प्रयोग किया, लेकिन गाँधी ने सत्याग्रह को व्यक्तिगत धर्म से उठाकर सामूहिक स्वधर्म बना दिया। वस्तुतः अन्याय का प्रतिकार हमारे जीवन का पुरुषार्थ है और यह सतयुग से आज तक मानव के उत्कर्ष का विधान माना जाता है। लेकिन अन्याय का प्रतिकार सतयुग, द्वापर और कलयुग में भी अधिकतर शस्त्र के द्वारा हुआ है, जिसे हम राम के धनुष बाण, कृष्ण के सुदर्शनचक्र और युद्ध की संस्कृति में देखते हैं। आधुनिक युग में शस्त्रों का सांस्कृतिक मूल्य समाप्त हो गया है। इसीलिये शस्त्र का विकल्प ढूँढना ही होगा, वरना मानवता ही नहीं बचेगी। प्रस्तर युग में पत्थरों से हम लड़ते थे। बाद में लाठी, गदा और धनुष बाण से हमने युद्ध किये। फिर धातु युग में भाला, बरछी और तलवार आदि का उपयोग किया। बारूद के युग में बंदूक, तोप और बम का प्रयोग हम कर चुके और अब हम आधुनिक युग में पहुँच चुके हैं, जिसमें युद्ध का अर्थ है मानव अस्तित्व का पूर्ण विनाश। हिरोशिमा, नागाशाकी का अनुभव करने के बाद संयुक्त राष्ट्र अमरीका ने 30 हजार परमाणु बम रखने के बावजूद वियतनाम और अन्य दूसरी जगहों में उनके हजारों सैनिकों की शव यात्रा निकलने पर भी परमाणु बम का प्रयोग नहीं किया इसलिये सत्याग्रह पागलनपन या सनक नहीं, युग की वैज्ञानिक अनिवार्यता है।

सत्याग्रह भी तो एक विज्ञान ही है। जिस तरह विज्ञान सार्वभौम है, तो सत्याग्रह भी सार्वभौम होगा। सत्याग्रह के कारण न केवल इस युग के सबसे बड़े साम्राज्य-

वादियों को भारत छोड़ना पड़ा बल्कि उसी सत्याग्रह की आवृत्ति से संयुक्त राज्य अमेरिका में रंग भेद का अहंकार टूटा और समाजवादी सोवियत संघ के आक्रमण के खिलाफ पोलेंड में लेहवलिस के नेतृत्व में सत्याग्रह की विजय हुई; भारत में भी हाल में पुनः सम्पूर्ण क्रान्ति के नाम पर अपरिपक्व सत्याग्रह ने भी एक बार तानाशाही को इतिहास के कब्र में फेंक दिया था। इसलिये चाहे सामाजिक जीवन हो या अन्य राजनैतिक अन्याय हो, हर जगह सत्याग्रह का अमोघ शस्त्र पहले से अधिक प्रासंगिक है।

इतिहास साक्षी है कि लूई मारा गया, लेकिन उससे नेपोलियन बोनापार्ट जैसा राक्षस निकला। इंग्लैंड में चार्ल्स प्रथम जैसा मेरूदंडहीन राजा तलवारों के घाट उतारा गया, लेकिन उससे क्रामवेल जैसा तानाशाह का उदय हुआ। वर्तमान युग में भी सोवियत रूस में जारशाही का नृशंस उन्मूलन हुआ, लेकिन उससे स्टालिन जैसा मानव दैत्य निकला। अपने पड़ोस बंगलादेश में मुजीबुर्र रहमान के लगभग पूरे खानदान को नष्ट किया गया। उससे भी जियाउलहक या रहमान जैसा निरंकुश तानाशाह ही निकले, जिससे वहाँ के लोकतंत्र पर ग्रहण लगा। इसीलिये स्वस्थ समाज परिवर्तन के लिये सत्याग्रह के सिवा दूसरा और कोई उपयोगी मार्ग नहीं है।

आज हिंसा कालबाह्य हो चुकी है और नैतिकता विहीन राजनीति के पाँव उखड़ चुके है। सत्याग्रह राजनीति का अपराधीकरण या सिद्धान्तहीन दल परिवर्तन नहीं है बल्कि यह तो राजनीति का आध्यात्मीकरण है। सत्याग्रह के बिना लोकतंत्र एक दिवास्वप्न है और लोकतंत्र के बिना राजनीति एक अभिशाप है।

(गाँधी विचार विभाग, भागलपुर विश्वविद्यालय)

बापू के बुनियादी विचार

श्रीमन्नारायण (राज्यपाल, गुजरात)

देश में जिन नवयुवकों ने स्वतंत्र भारत में जन्म लिया है, उन्हें बापू को देखने या सुनने का अवसर नहीं मिला। इसलिये आवश्यक है कि राष्ट्रीयता के विचार उन तक पहुँचाये जायँ, ताकि वे उन्हें पढ़कर बापू के सपनों के अनुसार, नया भारत बनाने में सक्रिय हिस्सा ले सकें।

गाँधीजी भारत के प्रति अगाध श्रद्धा व्यक्त करते थे, क्योंकि वे इस देश से बड़ी आशाएँ रखते थे। उनकी हार्दिक इच्छा थी कि भारत अपनी अहिंसा के जरिये सारे विश्व के लिये शान्ति के दूत का काम करे। उनका दृढ़ विश्वास था कि 'भारत का भविष्य पश्चिम के रक्तरंजित मार्ग पर नहीं है, जिस पर चलते-चलते पश्चिम अब खुद थक गया है, उसका भविष्य तो सरल धार्मिक जीवन द्वारा प्राप्त शान्ति के अहिंसक रास्ते पर चलने में ही है।' बापू ने हमेशा साधनों की शुद्धि पर बहुत जोर दिया। वे स्वराज्य के लिये भी असत्य और हिंसा का प्रयोग निषिद्ध समझते थे। उन्होंने कई बार कहा था कि 'मैं भारत की आजादी के लिये सब कुछ त्यागने को तैयार हूँ, किन्तु सत्य अहिंसा को नहीं। वे सादा जीवन और उच्च चिन्तन के आदर्श को ही सर्वोपरि मानते थे'।

बापू हमें बार-बार समझाते थे कि 'यदि स्वराज्य हो जाने पर लोग अपने जीवन की हर छोटी बात के नियमन के लिये सरकार का मुँह ताकना शुरू कर दें तो वह स्वराज्य सरकार किसी काम की नहीं होगी।' उनकी आकांक्षा थी कि स्वतंत्र भारत में गरीब से गरीब लोग भी महसूस करें कि यह देश उनका है और इसके निर्माण में उनकी आवाज का महत्त्व है। इस प्रकार का स्वराज्य तभी स्थापित हो सकता है जबकि समाज सत्य और अहिंसा के शुद्ध साधनों का ही उपयोग करे और जनता का परस्पर सहयोग और सद्भाव हो। गाँधीजी ने बुलंद आवाज में कहा था कि 'लोकतंत्र और हिंसा का मेल नहीं बैठ सकता। सच्चे प्रजातंत्र में नीचे से नीचे और ऊँचे से ऊँचे आदमी को

समान अवसर मिलने चाहिये। इसीलिये 'सच्ची लोकशाही केन्द्र में बैठे हुए दस-बीस आदमी नहीं चला सकते, वह तो नीचे से हर एक गाँव के लोगों द्वारा चलायी जानी चाहिये। इस दृष्टि से बापू ग्राम पंचायतों के विकास के लिये बहुत उत्सुक थे। उन्होंने असंख्य बार दोहराया था कि 'भारत अपने चन्द शहरों में नहीं, बल्कि अपने सात लाख गाँवों में बसा हुआ है।' जब तक हमारे गाँवों का समग्र दृष्टि से समुचित विकास नहीं किया जायेगा, तब तक बापू के सपनों के भारत का निर्माण करना अशक्य होगा।

बापू चाहते थे कि ग्राम स्वराज्य एक ऐसा पूर्ण प्रजातंत्र हो, जिसमें हमारी बुनियादी जरूरतें स्वावलम्बन के आधार पर पूरी की जा सकें और अन्न, वस्त्र के लिये दूसरों पर निर्भर न रहना पड़े। वे चाहते थे कि हर एक गाँव में नाटकशाला, पाठशाला और सभा-भवन रहे। सभी के लिये पीने के पानी का इंतजाम हो। बुनियादी तालीम सब बच्चों के लिये उपलब्ध हो। गाँव के सारे काम सहयोग के आधार पर किये जायँ। ग्राम समाज में जाति-पाँति और अस्पृश्यता जैसे भेद बिल्कुल न रहें। हमारे गाँवों में स्वच्छता की पूरी व्यवस्था रहे। झोपड़ियों में पर्याप्त प्रकाश और हवा का प्रबंध हो और उनके निर्माण में स्थानीय सामान का ही यथासंभव उपयोग किया जाय। खादी के अलावा हमारे गाँवों में कुटीर-उद्योग स्थापित किये जायँ, ताकि हर एक को अपने जीवन-निर्वाह के लिये रोजगार मिल सके।

बापू चाहते थे कि भारत एक 'सेक्यूलर स्टेट' बने और उसमें सभी धर्मों के प्रति समान आदर हो। सेक्यूलर का यह अर्थ कदापि नहीं है कि देश में मजहब का स्थान न हो; उसका सच्चा अर्थ सवधर्म समभाव ही हो सकता है। उन्होंने ऊँची आवाज में दोहराया था कि मेरे लिये हिन्द स्वराज्य का अर्थ सब लोगों का राज्य, न्याय का राज्य है। वह गरीबों का राज्य होगा, जिसमें सभी जाति, धर्म व भाषा की जनता को बराबरी का स्थान होगा। उसमें न कोई नंगा-भूखा रहेगा, न कोई बेपढ़ा-लिखा होगा, न कोई बेरोजगार होगा। उसमें किसी भी तरह का भेदभाव नहीं रहना चाहिये।

गाँधीजी का 'सर्वोदय समाज' सत्य और अहिंसा पर ही आधारित हो सकता है। इस तरह का आधार ईश्वावास्योपनिषद् के पहले ही श्लोक में मिल जाता है :

ईशावास्यम् इदं सर्वम् यत् किञ्च जगत्यां जगत्।
तेन त्यक्तेन भुञ्जीजथाः मा गृधः कस्यचिद् धनम्।।

बापू साम्यवाद के बिल्कुल खिलाफ थे। यद्यपि सर्वोदय और साम्यवाद के अन्तिम ध्येय समान ही हैं, फिर भी उनके काम करने के तरीके मूलतः भिन्न हैं।

भारत का संयोजन आर्थिक व आध्यात्मिक संतुलित विकास की बुनियाद पर ही किया जाना चाहिये। (मेरे सपनों का भारत (संक्षिप्त) का प्राक्कथन)

गाँधी-विचार के क्रान्तिकारी पहलू

सिद्धराज ढड्डा (सम्पादक 'मेरे सपनों का भारत')

कुछ दिन पहले राजस्थान विश्वविद्यालय में अध्ययन कर रहे विदेशी युवक-युवतियों को गाँधी के विचार एवं व्यक्तित्व के बारे में सम्बोधित करने के लिये राजस्थान सरकार के सूचना विभाग ने मुझे बुलाया। एशिया, अफ्रीका आदि नवोदित राष्ट्रों के 40-50 नौजवान उपस्थित थे। अपनी बात कहने से पहले मैंने उन्हीं से पूछा कि उनके ख्याल से गाँधीजी के जीवन का सबसे बड़ा काम क्या था? लगभग हर एक ने एक ही बात कही कि 'वे हिन्दुस्तान की आजादी की लड़ाई के नेता थे और उन्होंने भारत को आजाद किया।' जब मैंने उन्हें बताया कि गाँधीजी की अपनी दृष्टि में जैसा उन्होंने 'आत्मकथा की अपनी भूमिका में लिखा है, यह काम कम से कम कीमत रखता था और सत्याचरण के अपने आध्यात्मिक प्रयोगों के साथ-साथ गाँधीजी के जीवन और विचारों का एक महत्त्वपूर्ण पहलू आज की दुनिया की उलझन भरी समस्याओं से संबन्धित था तो उन्हें अचम्भा हुआ। उनके सामने गाँधीजी के विचारों का यह पहलू कभी नहीं आया था।

गाँधीजी का जीवन निरन्तर और आग्रहपूर्वक सत्य के आचरण में लगी हुई आत्मा की अखण्ड यात्रा थी। उनका सारा जीवन सामाजिक अन्याय, आर्थिक विषमता, शोषण, गरीबी और ऊँच-नीच के भेदभाव के खिलाफ सतत संघर्ष था, क्योंकि वे रूप असत्य ही के रूप या उसकी संतान हैं। भारत की राजनीतिक आजादी इस अन्याय को दूर करने के लिये पहला कदम था। गाँधीजी के लिये आजादी अपने आप में कोई साध्य नहीं था, पर भारत की दलित और पीड़ित जनता के त्राण का साधन था।

आज के युग में गरीबों के वोट या उनका समर्थन तो सबको चाहिये। इसलिये गरीबी और अन्याय मिटाने का जाप सब करते हैं, लेकिन जहाँ तक क्रिया का संबन्ध है, टॉलस्टॉय के शब्दों में "हम सब कुछ करने को तैयार हैं, सिवा गरीबों की पीठ

पर से उतरने के' जाने-अनजाने 'भद्र' और 'प्रबुद्ध' कहे जाने वाले हम सब लोगों का यह निहित स्वार्थ बन गया है। इसके कारण गरीबी और अन्याय को मिटाने के सीधे और सरल उपाय भी हमें अव्यवहारिक मालूम पड़ते हैं। गाँधीजी के सामने ध्येय और मार्ग दोनों स्पष्ट थे। उन्होंने अनेक बार इस बात को दोहराया था कि उनके लिये उस आजादी का कोई मूल्य नहीं है, जिसमें सबसे पीड़ित और सबसे कमजोर को शोषण और अन्याय से मुक्ति न मिले। 'मेरे सपनों का स्वराज्य तो गरीबों का स्वराज्य होगा' ऐसा वे कहा करते थे। इस ध्येय की पूर्ति का मार्ग भी उनके सामने स्पष्ट था कि हमें गाँवों वाले भारत और शहरों वाले भारत- इन दोनों में से एक को चुन लेना है।' उनकी कल्पना थी कि हर गाँव पूर्ण प्रजातंत्र होगा, जो अपनी अहम जरूरतों के लिये अपने पड़ोसी पर भी निर्भर नहीं करेगा।'

पर इसके विपरीत पं. जवाहर लाल नेहरू का ध्यान बड़े-बड़े उद्योग-धंधों पर विराट योजनाओं के जरिये उत्पादन बढ़ाने तथा राज्य की शक्ति के द्वारा सामाजिक न्याय स्थापित करने की ओर था इसलिये 1945 के आरम्भ में गाँधीजी ने पंडितजी को लिखा कि "मेरी दृढ़ मान्यता है कि अगर भारत को सच्ची आजादी प्राप्त करना है और भारत के जरिये संसार को भी, तो आगे या पीछे हमें यह समझ लेना होगा कि जनता को गाँवों में ही रहना है, शहरों में नहीं, झोपड़ियों में रहना है, महलों में नहीं। करोड़ों लोग शहरों या महलों में कभी एक दूसरे के साथ शान्तिपूर्वक नहीं रह सकते। उस परिस्थिति में उनके पास सिवा इसके कोई चारा नहीं होगा कि वे हिंसा और असत्य दोनों का सहारा लें।"

आजादी के नेता और उसके राजनैतिक उत्तराधिकारी के बीच दृष्टिकोण का यह अन्तर दूर नहीं हो पाया। आजादी मिलने के चंद दिनों बाद ही गाँधीजी हमारे बीच से उठ गये। उसके बाद भारत सरकार की नीति और योजनाओं के कारण देश की जो स्थिति बनी है, वह किसी से छिपी नहीं है। हमने गाँधीजी को राष्ट्रपिता कहकर उनके चित्रों, मूर्तियों आदि की पूजा तो शुरू की, लेकिन प्रचलित सामाजिक और आर्थिक व्यवस्था के खिलाफ उन्होंने जो बुनियादी विचार दिया था, उसको परदे के पीछे धकेल दिया।

पिछले वर्षों के संसार व्यापी युवक विद्रोह ने यह तो स्पष्ट कर दिया है कि नयी पीढ़ी दुनिया की मौजूदा व्यवस्था और तौर-तरीकों और मूल्यों से उकता गयी है। अब वह और ज्यादा बर्दाश्त नहीं करना चाहती। लेकिन जीवन के सीधे-सादे सिद्धान्तों का उसे भान न होने के कारण वह केवल पुरानी व्यवस्था को तोड़-फोड़ कर अपना गुस्सा शांत कर रही है, जो बिल्कुल स्वाभाविक है, हो सकता है कि अन्ततोगत्वा यह भी भ्रम साबित हो; लेकिन मेरे जैसे व्यक्ति को लगता है कि शायद समाज रचना के बारे

में गाँधीजी के सीधे-सादे नुस्खे और अन्याय के प्रतिकार तथा समाज-परिवर्तन के बारे में उनके क्रान्तिकारी विचारों से दुनिया की नौजवान पीढ़ी को प्रकाश मिले। गाँधीजी के विचार कितने मौलिक और क्रान्तिकारी थे, इसका सबूत उससे बढ़कर क्या होगा, जो आइन्स्टीन जैसे विश्वविख्यात वैज्ञानिक ने उनके बारे में कहा था : **"सदियों बाद आने वाली पीढ़ियाँ शायद इस बात पर आश्चर्य करेंगी कि हाड-मांस का ऐसा पुतला भी कभी इस पृथ्वी पर चला था।"**

(मेरे सपनों का भारत (संक्षिप्त) सम्पादकीय, 21 जुलाई 1969)

दंगों की राजनीति और राजनीति का विकल्प

नरेन्द्र दूबे (सम्पादक 'गोविभा')

भारतीय राजनीति में जातीय और साम्प्रदायिक दंगे राजनीति का अंग बन गये है। वस्तुतः 1946 में पाकिस्तान की मांग को लेकर मुस्लिम लीग ने 'सीधी कार्यवाही' करके कलकत्ता में जब योजना पूर्वक दंगे कराये, तब उन दंगों का लाभ उसे मिला। इन दंगों के कारण हिन्दू-मुसलमानों के दिल टूट गये और गाँधीजी के न चाहते हुए भी भारत का विभाजन हुआ। पहले दिल टूटे, फिर देश टूटा।

गाँधीजी की शहादत के कारण लगभग 20 सालों तक भारत में बड़े साम्प्रदायिक दंगे नहीं हुए। 1969 में गुजरात में अहमदाबाद में साम्प्रदायिक दंगे हुए, जिनमें तीन हजार से ज्यादा लोग मारे गये थे। उस समय सीमांत गाँधी बादशाह खान भारत आये थे और वे सबसे पहले अहमदाबाद में दंगा पीड़ितों से मिलने गये। इस साम्प्रदायिक दंगे का राजनीति के लिये उपयोग किया गया। अब तो साम्प्रदायिक और जातीय दंगे राजनीति का अपरिहार्य अंग जैसे बन गये हैं। युगोस्लाविया में, ईराक में कुर्द, सुन्नी और शिया मुसलमानों के बीच योजनापूर्वक दंगे भड़काये गये। एशिया के श्रीलंका, पाकिस्तान, बांग्लादेश, मलेशिया, फिजी और अनेक अफ्रीका देशों में साम्प्रदायिक भावना का उद्रेक हुआ है। अब यह साफ समझ में आ रहा है कि सम्प्रदायवाद के पीछे सत्ता और दलों की राजनीति ही मुख्य प्रेरक है।

मानव मन में सैंकड़ों वर्षों से जाति, धर्म, पंथ, भाषा, क्षेत्र, रंग, वर्ग और पक्ष की भावनाओं को सिंचित किया गया है। ये संस्कार कूट-कूट कर भर दिये गये हैं। कुशल राजनेता सत्ता प्राप्ति के लिये एक समूह के संस्कारों को उत्तेजित कर देते हैं। उसकी विपरीत प्रतिक्रिया दूसरे समूह पर होती है। इस प्रकार क्रिया-प्रतिक्रिया की श्रृंखला चल पड़ती है, जिसकी अंतिम परिणति दंगों में होती है।

यह सत्य है कि इस्लाम, बौद्ध, सिख, हिन्दू या ईसाई या कोई भी धर्म हिंसा का समर्थन नहीं करता। किन्तु सत्ता की राजनीति में विश्वास करने वाले राजनेता सत्य,

प्रेम, करुणा जैसे धर्म के इन बुनियादी उसूलों में विश्वास नहीं करते। वे सामान्य या अज्ञानी लोगों की धर्म के प्रति श्रद्धा का अपने दलीय सत्ता स्वार्थ के लिये कुशलतापूर्वक उपयोग करते हैं। वे इतिहास की कुछ घटनाओं को इस प्रकार प्रस्तुत करते हैं, जिससे सम्प्रदाय या जाति में ऐसी भावना बन जाती है कि यदि उनकी जाति धर्म वाले के हाथ में सत्ता नहीं रहेगी तो वे दोयम दर्जे के नागरिक बन जायेंगे और उनका सामाजिक, आर्थिक और सांस्कृतिक विकास नहीं होगा। हिन्दू राष्ट्र, इस्लामिक राज्य, खालिस्तान, गोरखालैण्ड आदि बनाने के पीछे यही भावना काम कर रही है। विश्व हिन्दू परिषद्, बजरंग दल, सिमी, बब्बर खालसा, हूजा आदि सारे संगठन इसी उद्देश्य को लेकर एक दूसरे से स्पर्द्धा कर रहे हैं। वे अपने-अपने सम्प्रदायों की रक्षा और विकास के नाम पर दबाव, दंगे और आतंक फैलाकर लोगों में भय पैदा करने वाले तौर तरीके अपनाते हैं। ये हिंसा के ही विविध रूप हैं।

साम्यवादी और वामपंथी दल यद्यपि सम्प्रदायवाद और जातिवाद के विरोधी हैं। किन्तु वे समाज परिवर्तन और गरीब (Have-nots) के बीच वर्ग-संघर्ष को तीव्र करना चाहते हैं। वे वर्ग विद्वेष के आधार पर श्रमिकों को, सर्वहारावर्ग को संगठित करते हैं। उनकी मान्यता है कि जब तक क्रांति नहीं होगी, तब तक व्यवस्था में बुनियादी परिवर्तन नहीं होगा। वे क्रान्ति के लिये हिंसा को वर्जित नहीं मानते। चूंकि ज्यादातर अल्पसंख्यक और पिछड़े वर्ग के लोग आर्थिक दृष्टि से विपन्न हैं इसलिये इस वर्ग की सहानुभूति वामपंथी दलों को सहज मिलती है। साम्यवादी, मार्क्सवादी और वामपंथी दल तत्वतः दुस्साहसवादी हिंसा को, नक्सलवादियों की हिंसा को अमान्य करते हैं। किन्तु वे साफ-साफ शब्दों में और खुले तौर पर उनका विरोध भी नहीं करते। कुछ वामपंथी बुद्धिजीवी तो नक्सलवादी-हिंसा का समर्थन करते हैं। यद्यपि वामपंथी दल 'शांति और एकजुटता' की वकालत करते हैं, किन्तु उनकी श्रद्धा भी हिंसा में ही है।

जब गाँधीजी भारत में आये, तब भारत में आजादी के लिये काम करने वाला एकमात्र संगठन कांग्रेस था। उसमें भारत के विभिन्न धर्मों, जातियों, भाषाओं और क्षेत्रों के नेता थे, जो भारत की आजादी के लिये काम कर रहे थे। उस समय कांग्रेस के विधान में लिखा था कि "कांग्रेस अपना लक्ष्य शांति पूर्ण और वैध' उपायों से प्राप्त करेगी।' गाँधीजी कांग्रेस के नेता थे। एक बार अध्यक्ष भी चुने गये थे। सन् 1934 में कांग्रेस के विधान में शांतिपूर्ण और वैध उपायों के स्थान पर यह संशोधन पेश किया कि "कांग्रेस अपना लक्ष्य सत्य और अहिंसा से प्राप्त करेगी।" लेकिन उनका यह संशोधन स्वीकार नहीं किया गया। इसलिये उन्होंने कांग्रेस की प्राथमिक सदस्यता से त्याग पत्र दे दिया और रचनात्मक काम में लग गये। उन्होंने खादी ग्रामोद्योग, नशाबन्दी,

अस्पृश्यता निवारण, बुनियादी शिक्षा, ग्रामसफाई, राष्ट्र भाषा का प्रचार जैसे रचनात्मक कार्यों में अपने को झोंक दिया। ऐसे रचनात्मक कार्यों के द्वारा ही वे देश के गाँव-गाँव तक अपना विचार पहुँचा सके।

आजादी के बाद वे चाहते थे कि कांग्रेस जैसा संगठन एक राजनैतिक दल के रूप में न रहकर सच्चे लोकतंत्र के विकास के लिये और देश के लाखों गाँवों की सामाजिक, आर्थिक और नैतिक आजादी के लिये 'लोक सेवक संघ' में रूपांतरित हो जाए। किन्तु कांग्रेस ने गाँधीजी का यह प्रस्ताव भी स्वीकार नहीं किया। इसका परिणाम यह हुआ कि कांग्रेस भी अन्य राजनैतिक दलों की तरह ही एक सामान्य राजनैतिक दल बन गई।

आजादी के बाद गाँधीजी के अनुयायियों ने विनोबाजी के मार्गदर्शन में 'सर्वोदय समाज' की स्थापना की और गाँधीजी द्वारा स्थापित रचनात्मक संस्थाओं को समन्वित कर 'सर्व सेवा संघ' कायम किया। सर्व सेवा संघ 'पक्षमुक्त' था, सर्वसम्मति से निर्णय करता था और शासन मुक्त भी था। विनोबाजी ने अहिंसक-शक्ति से देश की अत्यन्त कठिन भूमि समस्या का समाधान करने के लिये भूदान यज्ञ, ग्रामदान, ग्रामाभिमुख खादी, शांतिसेना, देवनागरी लिपि का प्रसार आदि रचनात्मक कार्यक्रमों को भी आगे बढ़ाया। यद्यपि कांग्रेस ने इन कार्यक्रमों को स्वयं नहीं उठाया, किन्तु वह इनका समर्थन करती रही। इसके कारण कांग्रेस को जन समर्थन मिला और देश में शांति, एकता और स्थिरता बनाये रखने में सर्वोदय आंदोलन से मदद मिली।

कालांतर में कांग्रेस इन रचनात्मक प्रवृत्तियों की सतत उपेक्षा करती गई और इस कारण कांग्रेस और सर्वोदय आंदोलन की दूरियाँ सतत बढ़ती गईं। कांग्रेस द्वारा रचनात्मक प्रवृत्तियों की ऐसी उपेक्षा से क्षुब्ध होकर श्री जयप्रकाशजी ने भ्रष्टाचार मिटाने, शिक्षा सुधार करने, चुनाव सुधार करने, महंगाई घटाने जैसे मुद्दों को लेकर संघर्ष / आंदोलन चलाया। उनके आंदोलन का स्वरूप कांग्रेस-विरोध का बन गया, जिसमें संगठन कांग्रेस, समाजवादी, जनसंघ, स्वतंत्र पार्टी, अकाली दल, आर.एस.एस. और सर्व सेवा संघ के अनेक प्रमुख लोग सम्मिलित हो गये। संघर्ष-आंदोलन के बारे में सर्व सेवा संघ में सर्वसम्मति नहीं थी और यह आंदोलन पक्षमुक्त भी नहीं था। इसलिये इसे विनोबा का समर्थन नहीं मिला। अंततः सर्व सेवा संघ में विभाजन हो गया और वह निष्प्रभावी हो गया।

परिणामतः देश में इमर्जेन्सी आई। श्री जयप्रकाशजी ने जनता दल का गठन कराया और चुनाव में उसे जिताने की जी-तोड़ मेहनत की। चुनाव में कांग्रेस की हार हुई। जनता दल को संसद में प्रबल बहुमत मिला। मार्क्सवादियों ने भी जनता दल को बाहर से समर्थन दिया। लेकिन अपने अंतर्विरोधों के कारण जनता दल विघटित हो

गया। कांग्रेस पुनः सत्ता में आई। लेकिन कांग्रेस विरोध के वातावरण में देश में क्षेत्रवादी, अलगाववादी, जातिवादी, सम्प्रदायवादी और मार्क्सवादी राजनीति का उद्भव हुआ।

पंजाब, जम्मू-कश्मीर, असम, मणिपुर, नागालैण्ड आदि पूर्वांचल के प्रदेशों में आतंकवाद ने जोर पकड़ा। श्रीमती गाँधी की हत्या हुई, संत लोंगोवाल की हत्या हुई, राजीव गाँधी की हत्या हुई, राम मंदिर-बाबरी मस्जिद के मुद्दे को लेकर देश में साम्प्रदायिक दंगे हुए। राजस्थान में गुज्जर आंदोलन के कारण पचासों लोग मारे गये और अरबों-खरबों की सम्पत्ति नष्ट हुई। बस्तर में नक्सलवादी हिंसा और 'सलवा जुडूम' के कारण लाखों लोग विस्थापित होकर शिविरों में पड़े हैं, उनकी खेती खराब हो रही है। अमरनाथ श्राइन बोर्ड को जमीन देने और वापस लेने के मामले को लेकर सारे देश में पुनः साम्प्रदायिक तनाव पैदा हुआ है और देश में हिंसा का भयानक वातावरण बन गया है।

देश में एकता, स्थिरता और अखण्डता के लिये आज समर्थ और प्रभावी केन्द्रीय सत्ता की आवश्यकता है, तब केन्द्रीय सत्ता निरंतर क्षीण हो रही है। ऐसी कठिन परिस्थिति में गाँधीजी के सत्य-अहिंसा जैसे बुनियादी जीवन मूल्यों में श्रद्धा रखने वाले कार्यकर्त्ताओं और विचारकों को गहराई से और अत्यन्त गंभीरता से विचार कर ठोस निर्णय करने की जरूरत है। उन्हें अब ऐसा संगठन खड़ा करना होगा, जो सत्ता और दलों की राजनीति से सर्वथा मुक्त रहे, पक्षमुक्त रहे यानि न तो किसी राजनैतिक पक्ष का समर्थक हो और न किसी पक्ष का विरोधी। ऐसा संगठन 'शासन-मुक्त' रहे यानि न तो वह शासन-समर्थक हो, न शासन-विरोधी हो और न शासन आश्रित ही हो। यद्यपि यह कठिन कार्य है, लेकिन यही राजनीति का विकल्प होगा।

वर्तमान सभ्यता का संकट : कारण एवं निवारण

न्यायमूर्ति चन्द्रशेखर धर्माधिकारी

एक बार मैंने दादा धर्माधिकारी से पूछा, आज गाँधीजी होते तो क्या करते? दादा ने उत्तर दिया, "मैं नहीं जानता कि वे क्या करते! लेकिन तुम हो तो क्या करोगे या कर सकते हो, उसके बारे में सोचो!" गाँधीजी के बाद समस्याओं का स्वरूप बदल गया है। गाँधी का कोई 'वाद' या 'संप्रदाय' नहीं है, सिर्फ विचार-प्रवाह है। विचार हमेशा गतिशील होता है और उसमें विकास होता रहता है। गाँधी का विचार संदर्भहीन, कालबाह्य हो गया है, ऐसा मानने वालों की संख्या रोज-रोज बढ़ रही है और हम हैं जो विचार के बदले 'ग्रंथ प्रामाण्यवादी' और 'व्यक्ति प्रामाण्यवादी' बन रहे हैं। जहाँ गाँधीजी का खून हुआ और विचार-प्रवाह रुका, वहीं से हमारे चिंतन-मंथन की शुरूआत होनी चाहिये।

वर्तमान सभ्यता का मतलब क्या है? वह अभिशाप है या वरदान? अगर हम उसे संकट मानते हैं तो उसकी जड़ में जाकर हमें उसके कारण ढूँढ़ने होंगे और इलाज भी। इस संदर्भ में प्रसिद्ध तत्ववेत्ता **खलील जिब्रान** के एक वाक्य की ओर आपका ध्यान आकर्षित करना चाहता हूँ। वे कहते हैं-**जिस तरह वृक्ष का एक भी पत्ता, समूचे झाड़ की मूक संमति के बिना पीला नहीं पड़ सकता, वैसे ही हम में छिपी हुई इच्छाओं के बिना इस संकट का निर्माण नहीं हुआ है।** हम संक्रमण-काल से गुजर रहे हैं। पुराने मूल्य, पुरानी प्रतिष्ठाएँ जीर्ण या कालबाह्य होकर ढह रही हैं, नये मूल्यों की प्रतिस्थापना नहीं हुई है। जड़-यंत्रवादी मनुष्य यंत्राधीन, बाह्यतंत्राधीन तथा आत्म-केन्द्रित बन रहा है। जापान के विज्डम बैंक की रिपोर्ट ने कहा है : We are manufacturing artifil Brains कम्प्यूटर, कैल्क्यूलेटर, मोबाइल फोन्स आदि उपकरण दिमाग का काम कर रहे हैं। इन सबके कारण आदमी आत्मकेन्द्रित बन रहा है, काफी हद तक बन चुका है। किसी दूसरे व्यक्ति की, पड़ोसी की उसे जरूरत ही नहीं है। इसी रिपोर्ट में यह भी कहा गया है : We are manufacturing artificidal Needs पहले जो जरूरत की वस्तु नहीं थी, वह आज की नयी सभ्यता के कारण 'जरूरत' बन गयी है। आज का मध्यम वर्ग, मध्यम वर्ग नहीं रहा, 'त्रिशंकु' वर्ग है, जिसकी सहानुभूति तो गरीबों के प्रति है, लेकिन जो बनना चाहता है अंबानी, टाटा, बिड़ला। लोगों के सामने कोई आदर्श नहीं है, जीवन बदलने की प्रेरणा नहीं है, प्रयोजन भी नहीं है। वह सुख के साथ जीने के साधनों को जुटाने में ही जीवन की सार्थकता मान रहा है और जीने के प्रयोजन की अनदेखी कर रहा है। साधारण मनुष्य असमंजस में है, खोया-खोया सा, गुमराह है, लेकिन इसका भी उसे एहसास नहीं है। किसी उच्च आदर्श के अभाव में सुलभता, सुविधा और बेफिक्री को ही वह अपना स्वभाव मानने लगता है। जिन चीजों को पाने के लिये पहले विशिष्ट योग्यता, व्यक्तित्व और गुणवत्ता की आवश्यकता होती थी, वे अब अनायास, मात्र पैसे से प्राप्त हो रही हैं। इसलिये वर्तमान सभ्यता का प्रश्न मूलगामी है, वह सांस्कृतिक और एक हद तक आध्यात्मिक भी है। आई.टी. कल्चर के कारण लोगों को योग्यता से भी अधिक पैसा मिल रहा है। उसका क्या करें? समझ में नहीं आ रहा है, इसलिये विलासिता बढ़ रही है। दूसरों के प्रति, परिवार के प्रति भी जिम्मेदारी का एहसास नहीं रह गया है।

वर्तमान सभ्यता का मूल रोग अनास्था और आदर्शहीनता है। इसमें से एन.आर.आई. यानि 'नॉन रिलाइबल इंडियंस' की संख्या और प्रतिष्ठा बढ़ रही है। इतना ही नहीं, 'रेसीडेंट नॉन इंडियंस' की संख्या भी बढ़ती जा रही है। वे रहते हैं इंडिया यानी भारत में, पर उनकी आँखें अमरीका, इंग्लैंड, चीन, जापान की ओर लगी हुई हैं। वे भारत में रहने वाले 'अभारतीय' हैं और पश्चिमी भोग-संस्कृति उनका आदर्श है। उनके लिये पैसा ही भगवान् है। और, इसी में से 'भ्रष्टाचार' का जन्म होता है, जो आज 'शिष्टाचार' बन चुका है। यह भावना भी लगातार बढ़ रही हैं कि 'भ्रष्टाचार' तो रहेगा ही भले ही कभी कुछ कम, कभी कुछ ज्यादा! लोलुपता के कारण लोग उन्मत्त और आपे के बाहर हो रहे हैं। युवक-युवतियों के माँ-बाप भी इसे स्वाभाविक ही मानने लगे हैं। समाज भी मान रहा है। सब भूल रहे हैं कि संस्कार कहीं बाहर से नहीं दिये जा सकते हैं। वे तो वातावरण और अपनी जीवन-प्रणाली से ही दिये जा सकते हैं। इसीलिये गाँधी ने कहा था कि जीवन 'नीड बेस्ड' यानी जरूरतों पर आधारित होना चाहिये, 'ग्रीड बेस्ड' यानी लोभ पर आधारित नहीं।

आज की आर्थिक व्यवस्था और बाजार के वैश्वीकरण के माहौल में मनुष्य भी खरीद-ब्रिकी की वस्तु बन रहा है। हर इंसान की कीमत होती है और उसे खरीदा जा सकता है, यह वृत्ति बढ़ रही है। इमरसन का एक वाक्य है, जिसका आशय है कि सभ्यता का मापदंड उस समाज में स्त्रियों का प्रभाव कितना है, यही है! आज बाजार

ने 'स्त्री' को बाजार में प्रतिष्ठित कर दिया है। वह बिकाऊ बन रही है। जितनी भी सौंदर्य स्पर्धाएँ होती हैं, उनमें उसी देश की सुंदरी को चुना जाता है, जिसके बाजार में उन्हें अपना माल अधिक से अधिक बेचना होता है। स्त्री का शारीरिक सौंदर्य बिक्री और विज्ञापन का आधार है। वह 'वस्तु' बन रही है, मनुष्यत्व खो रही है। व्यक्ति जब मनुष्यत्व खोकर वस्तु रूप बन जाता है, तब अपना प्रभाव खो देता है। आज तो माँ-बाप भी लड़कियों को 'मॉडल' बनाना चाहते हैं।

गाँधीजी जब राउंड टेबल कांफ्रेंस में गये थे, तब अपनी 'उसी पोशाक' में गये थे, जिसे चर्चिल साहब 'लंगोटी' कहते थे। राजमहल में प्रवेश के लिये पोशाक के जो नियम थे, गाँधीजी के लिये वे शिथिल किये गये। तब यह सवाल पूछा गया कि इस 'भिखारी' के पास न शस्त्र है, न सम्पत्ति, न सत्ता; फिर इतने बड़े ब्रिटिश साम्राज्य ने यह समझौता क्यों किया? तब किसी ने जवाब दिया था : ''यह ऐसा व्यक्ति है, जिसे बंदूक दिखाकर डराया नहीं जा सकता! यह ऐसा व्यक्ति है, जिसे पैसों से खरीदा नहीं जा सकता। इसकी तपश्चर्या किसी अप्सरा को भेजकर भंग नहीं की जा सकती और अन्त में कहा था कि ऐसे चरित्रवान व्यक्ति के सामने ब्रिटिश साम्राज्य की सारी शस्त्र-शक्ति, धन-सम्पत्ति और सत्ता नाकाम साबित होगी, इसलिये यह समझौता करना पड़ा। क्या वर्तमान सभ्यता में यह चरित्र और चारित्र्य भी संदर्भहीन माना जायेगा?''

आज व्यसनाधीनता और लैंगिकता का विस्फोट हो रहा है। वैश्वीकरण के झंझावात में, भारत को आर्थिक दृष्टि से कमजोर ही नहीं, गुलाम बनाने के लिये व्यसनाधीनता और लैंगिकता को बढ़ावा दिया जा रहा है। प्रश्न सिर्फ नैतिक नहीं है, उसका गरीब के पेट से सीधा संबन्ध है और सभ्यता से भी है। व्यसनाधीनता और मॉल संस्कृति के कारण कौटुंबिक व्यवस्था डाँवाडोल हो रही है, परिवार टूट रहे हैं। असल में देखा जाय तो व्यसनों पर लैंगिकता, भोगवासना और विलासिता पर आधारित अर्थशास्त्र, केवल अनर्थशास्त्र ही नहीं, बल्कि स्वार्थशास्त्र एवं विपत्तिशास्त्र है। पश्चिमी पूँजीवादियों द्वारा भारत के खिलाफ रचा गया षडयंत्र है।

हाल ही में महाराष्ट्र के पुणे शहर में, जो भारत की संस्कार धनी मानी जाती है, एक रेव पार्टी (Rave Party) हुई। 'रेव' का अर्थ है 'स्वैराचार'। उसमें कुछ अंश में उन्माद, मूर्खता, उल्लूपन की भावना होती है। इस पार्टी में होली के दिन 280 युवक-युवतियाँ शराब ही नहीं, अन्य हानिकारक 'ड्रग्स' का सेवन करते पाये गये। कहा गया कि कैलिफोर्निया से जो नशीली वस्तु आयात की गयी, उसकी एक बूँद की कीमत 1500 रुपये थी। इनमें से अनेक युवक-युवतियाँ 'साफ्टवेयर' के धंधे में नौकरी करने वाले थे, जहाँ हराम की कमाई ही अधिक होती है। हराम की कमाई का मतलब है, वह कमाई, जिसका उस व्यवसाय में लगे श्रम से कोई अनुबंध

नहीं होता। जो श्रम से कई गुना अधिक होती है। उन पैसों का क्या करें, उन्हें समझ में नहीं आता। सबसे आश्चर्य की बात है कि इनके माँ-बाप तथा पालकों ने कहा : 'इस मौज-मस्ती में गलत क्या है? पैसा उनका है, और वे चाहे जैसे उसे खर्च करें, यह उनका अधिकार है।' वे भूल गये हैं कि जीवन विधायक संघर्ष और रचना के बिना आकार नहीं लेता। जो गुनाहगार मन है, वह सृजनात्मक नहीं बन सकता। वे भूल गये कि वे सम्पत्ति के ट्रस्टी हैं, मालिक नहीं। सारे व्यवसाय समाज-हित के लिये होते हैं।

आज गुजरात राज्य और वर्धा जिले में जो 'शराबबंदी' है उसे विकास के लिये पैसा चाहिये, इसलिये समाप्त करने या शिथिल करने की बात हो रही है। गाँधी-विचार माननेवालों को इसके खिलाफ आवाज उठानी चाहिये। अब्राहम लिंकन के आंदोलन का घोष वाक्य था : जब आवाज उठाने की जरूरत होती है, तब जो चुप्पी साधे रहते हैं, वे डरपोक होते हैं। मार्टिन लूथर किंग के अन्याय के खिलाफ संघर्ष का सूत्र-वाक्य था : दुर्जनों के बुरे कर्मों से भी सज्जनों का मौन ज्यादा खतरनाक होता है। गुजरात का एक पुराना कथन है कि सज्जन एक-दूसरे से सिर्फ श्मशान में ही मिलते हैं। इन कथनों को दुहराने का अभिप्राय यह है कि आज समाज में सज्जन निष्क्रिय और दुर्जन सक्रिय हैं। इस ओर ध्यान देने की जरूरत है। इन मुद्दों को हमें प्राथमिकता देनी है। किसी ने कहा है कि Followers only follow their masters. They do not explore new avenues.

हमें गाँधी-विचार पर आधारित नये रास्ते ढूँढ़ने होंगे और यह ध्यान में रखना होगा कि गलत के खिलाफ संघर्ष करने की वृत्ति नहीं होगी, तो तथाकथित रचनात्मक कार्य 'नपुंसक' साबित होगा और जिस संघर्ष में रचना और परिवर्तन करने की शक्ति नहीं होगी, वह संघर्ष भी 'नपुंसक' माना जायेगा। पर यह नहीं होगा तो हम नयी पगडंडियों का निर्माण नहीं कर सकेंगे, लकीर के फकीर ही बने रहेंगे। नयी लड़ाइयाँ पुराने शस्त्र-साधनों से नहीं लड़ी जा सकतीं। गाँधीजी की यही तो खासियत थी। इस संदर्भ में गाँधीजी ने जो 'शांति-सेना' का विचार रखा था और उसमें भी 'महिला शांति-सेना' का, उसका गंभीरता से विचार कर, उसे सशक्त बनाना जरूरी है।

विचारों का मुकाबला विचारों से करने के बदले गर्दन काट देने की प्रवृत्ति में बढ़ोत्तरी हो रही है। ऐसी मान्यता है कि गर्दन काट देने से विचार भी समाप्त हो जाते हैं। शायद इसीलिए सारे महामानवों का अंत उनके बलिदान या कत्ल से ही हुआ है। विज्ञान ने भी जान लेने की कला में ही अधिक प्रगति की है और दुनिया में युद्ध पिपासा भी बढ़ी है। सेंस वैल्यू के बदले न्यूसेंस-वैल्यू की प्रतिष्ठा बढ़ी है, उस पर विश्वास बढ़ा है। हाल में जो युद्ध हुए और वर्ल्ड ट्रेड सेंटर ध्वस्त हुआ, तब अमरीका के

राष्ट्रपति बुश साहब को भी गाँधीजी की याद आयी। शायद वह समझ गया कि जब नौजवान जान पर खेलकर आत्मघाती साधनों का उपयोग करते हैं तो एटम बम से लेकर अन्य सारे शस्त्र कोई अहमियत नहीं रखते। अब अमरीका अन्य राष्ट्रों को उपदेश दे रहा है कि गाँधी ने विचार पूर्वक जो मार्ग सुझाये थे, उसका कोई विकल्प नहीं है। अमरीका में युवकों के जो संगठन बने, उनका सूत्र-वाक्य है: वी वांट पीस, नाट वॉर! न्यूजर्सी की विधानसभा ने प्रस्ताव पारित किया है कि गाँधी की अहिंसा, मदर टेरेसा की करुणा और लूथर किंग की अन्याय और गुलामी के खिलाफ, शांतिमय और अहिंसक संघर्ष करने की वृत्ति तथा भावना विकसित करने की दृष्टि से भी स्कूलों और महाविद्यालयों के पाठ्यक्रमों में नये अध्याय जोड़े जाने चाहिए।

अब दूसरी किसी मानवीय शक्ति की खोज है। हिंसा या शस्त्र से सवाल हल नहीं होते, संस्कृति एवं मानवीय सभ्यता नष्ट-भ्रष्ट होती है और शस्त्र एवं संपत्ति की शक्ति विज्ञान के आविष्कारों तथा अनिर्बंध-सत्ता की ताकत से मूल्यों की प्रस्थापना नहीं हो सकती। संस्कृति और सभ्यता का संबन्ध मनुष्य के पारस्परिक संबन्धों से है। मूल्यों की प्रस्थापना के लिए एक ओर जहाँ परिस्थिति में परिवर्तन जरूरी है, वहीं दूसरी ओर वृत्ति में भी परिवर्तन आवश्यक है। गाँधी ने इसे मत-परिवर्तन और हृदय-परिवर्तन कहा था।

'सभ्यता' का मतलब क्या है? दूसरे के जीवन में शामिल होना और दूसरे को अपने जीवन में शामिल करना! असली सभ्यता का अर्थ है 'जीवन की शुद्धि' और उससे जुड़ी 'समृद्धि'। वर्तमान सभ्यता भौतिक साधनों के अमर्यादित दोहन, श्रम के प्रति विमुखता और शोषण द्वारा प्राप्त समृद्धि पर आधारित है। गाँधीजी के सत्याग्रही संग्राम से एक अभिनव मानवीय सभ्यता का उदय हुआ। सभ्यता तथा संस्कृति की गाँधीजी की व्याख्या समझने में सरल है। मनुष्य को कर्तव्य पालन का मार्ग दर्शाने वाली आचार-पद्धति यानी सभ्यता और संस्कृति! वासनाओं पर विजय पाना यानी संयम! वर्तमान सभ्यता जरूरतों में अमर्यादित वृद्धि करना सिखाकर, परिग्रह-वृत्ति का पोषण कर रही है। इस सभ्यता के आधार शोषण, षडयंत्र और रक्तपात हैं, इसलिए इसका स्वरूप राक्षसी सभ्यता का है। आज की सभ्यता के संदर्भ में बर्ट्रेंड रसेल नामक तत्त्ववेत्ता ने कहा था " शायद ईश्वर जब देख नहीं रहा था, तब उसका फायदा उठाकर शैतान ने यह दुनिया बना डाली।"

पुराने जमाने में कहा जाता था कि गाँधी ने तीन ध समाप्त किये-धर्म, धंधा और धन। बदले तीन झ दे गये-झंडा, झाड़ू और झोली! यही गाँधी की असली देन है। गाँधी धर्मांधता, धनशक्ति और बाजारवाद को समाप्त करना चाहते थे। इसलिए अंत्योदय से सर्वोदय हो, यह वे चाहते थे। वर्तमान सभ्यता का यह उद्देश्य नहीं है और न ही उसकी

वैसी आकांक्षा है। वह तो स्वार्थपरायण है और सोचती है कि सब अपने-अपने स्वार्थ का विचार करेंगे, तो उसके जोड़ से सबकी प्रगति होगी, सबका विकास होगा।

समस्याओं से जूझने की क्षमता न होने के कारण लोग पलायनवादी बन रहे हैं। इसलिए ज्योतिष और योगियों की शरण में जा रहे हैं। अब लोग योग के पीछे पागल हो रहे हैं। विज्ञान और वर्तमान सभ्यता ने जो अनिश्चितता पैदा की है, उस कारण उन्हें अतींद्रिय शक्ति की उत्कंठा है। इनसे सभ्यता पर एक के बाद एक संकट गहरा रहे हैं। व्यक्तिगत ही नहीं, सामाजिक संकट गहरा रहा है। तेजस्विता, तपस्विता और तत्वनिष्ठा जिनके जीवन की बुनियाद हो, ऐसे इंसानों की और उसमें भी युवकों की आवश्यकता है।

जब मानवीय सभ्यता की शुरूआत हुई, तब 'जीवो जीवस्य जीवनम्' को सभ्यता का सिद्धान्त माना गया था। जैसे-जैसे सभ्यता विकसित हुई, सहअस्तित्व का यानी जीयो और दूसरों को जीने दो का सिद्धान्त प्रस्थापित हुआ। इसके बाद, जब सभ्यता वास्तविक अर्थों में 'सभ्यता' बनी, तब यह माना गया कि सिर्फ 'सहअस्तित्व' काफी नहीं है। उससे तो स्वार्थपरायणता ही बढ़ेगी, तब नया सिद्धान्त प्रतिस्थापित हुआ कि खुद जीओ और दूसरों को प्रतिष्ठा से जीने में मदद करो। दूसरों को अपना बनाना, सभ्यता के विकास की प्रक्रिया बनी। सबके जीवन को सामाजिक मूल्यों के आधार पर संपन्न बनाकर संकट से पार पाया जा सकता है।

(7 अप्रैल 2007, सर्वोदय सम्मेलन का उद्घाटन भाषण)

3

विश्व-मैत्री की भाषा हिन्दी

हिंदी-साहित्य पर गाँधी का प्रभाव

डॉ. नगेन्द्र

आरंभ : भारतीय रंगमंच पर गाँधी जी का अवतरण-अपने पूर्ण उत्कर्ष के साथ-सन् 1920-21 में प्रथम सत्याग्रह के समय हुआ। भारतीय इतिहास में गाँधी-युग का सीमांकन सन् 1921 से 1935 तक-या और अधिक व्यापक रूप में सन् 1947 तक किया जा सकता है।

गाँधी के प्रभाव का माध्यम और स्वरूप : गाँधी का प्रभाव हिंदी-साहित्य पर प्रत्यक्ष तथा अप्रत्यक्ष, दोनों रीतियों से पड़ा। प्रत्यक्ष प्रभाव के माध्यम थे: (क) व्यक्तित्व और व्यक्तिगत उपलब्धियाँ, (ख) नैतिक आदर्श, (ग) सामाजिक-राजनीतिक सिद्धान्त एवं कार्यक्रम। अप्रत्यक्ष प्रभाव का संधान दो प्रकार से किया जा सकता है- (1) जीवन और साहित्य के मूल्यों की नवीन व्याख्या के रूप में, (2) जीवन और साहित्य में लक्षित क्रिया-प्रतिक्रिया के रूप में।

प्रत्यक्ष प्रभाव

गाँधी के विराट् व्यक्तित्व से प्रेरित होकर भारतीय भाषाओं में-विशेषकर हिंदी में-काफी काव्य-रचना हुई। उनके व्यक्तित्व में-कठोर इंद्रिय-निग्रह द्वारा अर्जित-आत्मिक शक्ति, त्याग एवं अपरिग्रह, सत्य-निष्ठा, आत्म-बलिदान, अहं का समाजीकरण, राग का उन्नयन आदि अनेक तपःपूत गुण थे, जिनका देश के अधिकांश प्रबुद्ध कवियों की चेतना पर अनिवार्य प्रभाव पड़ा। हिंदी में प्रसाद और निराला- इन दो महत्त्वपूर्ण अपवादों को छोड़कर, मैथिलीशरण गुप्त, पंत, महादेवी, सियारामशरण गुप्त, नवीन, दिनकर, बच्चन, नरेंद्र, अंचल, भवानीप्रसाद मिश्र आदि अनेक कवि पूरे दो दशकों तक उनकी व्यक्ति-गरिमा का शतशत कविताओं में स्तवन कर अपनी वाणी को पवित्र करते रहे। उन्होंने श्रद्धाभरित प्रगीत लिखे, लंबी विचार-कविताएँ लिखीं, जिनमें से अनेक कृतियाँ कलात्मक दृष्टि से निश्चय ही मूल्यवान हैं। कुछ महाकाव्यों और खंडकाव्यों की भी

रचना हुई, जैसे-पं. गोकुलचंद्र शर्मा का 'गाँधी-गौरव', सोहनलाल द्विवेदी का 'सेवा ग्राम', रघुवीरशरण मित्र का 'जन-नायक' आदि। किन्तु, इनमें विषय की गरिमा का अभाव है। सुमित्रानंदन पंत के विशाल ग्रंथ 'लोकायतन' में गाँधी एक जीवंत पात्र के रूप में अवतरित होते हैं, किन्तु वहाँ भी कवि गाँधी के व्यक्तित्व को उसकी संपूर्णता में मूर्त नहीं कर सका। गाँधी का बलिदान वर्तमान युग की सबसे प्रबल घटना है, जो महाकाव्य की पूर्ण गरिमा से मंडित है। रवीन्द्रनाथ ने अपने एक लेख में महाकाव्य के स्वरूप का निर्वचन इस प्रकार किया है:

"इसी प्रकार मन में जब एक महत् व्यक्ति का उदय होता है, सहसा जब एक महापुरुष कवि के कल्पना-राज्य पर अधिकार पा जाता है, मनुष्य-चरित्र का उदार महत्त्व मनश्चक्षुओं के सामने अधिष्ठित होता है, तब उसके उन्नत भावों से उद्दीप्त होकर, उस परमपुरुष की प्रतिमा प्रतिष्ठित करने के लिए, कवि भाषा का मंदिर निर्माण करते हैं। उस मंदिर की भित्ति पृथ्वी के अंतर्देश में रहती है, और उसका शिखर मेघों को भेदकर आकाश में उठता है। उस मंदिर में जो प्रतिमा प्रतिष्ठित होती है, उसके देव-भाव से मुग्ध और उसकी पुण्य किरणों से अभिभूत होकर, नाना दिग्देशों से आ-आकर लोग उसे प्रणाम करते हैं। इसी को कहते हैं महाकाव्य।"

उपर्युक्त संकल्पना के अनुसार मेरा विश्वास है कि आधुनिक विश्व के इतिहास में न महात्मा गाँधी से अधिक महाकाव्योचित चरित-नायक हुआ है और न उनके बलिदान से अधिक महाकाव्योचित घटना ही घटी है। किंतु, इस प्रकार के महाकाव्य की रचना हिंदी में अभी तक हुई नहीं है। वास्तव में गाँधी के व्यक्तित्व को, जो परंपरासिद्ध रम्य-उदात्त चरित्र से भिन्न हैं, कला में ढालने के लिए एक विशेष प्रकार की काव्य-प्रतिभा की अपेक्षा है। परंपरागत काव्य-नायक के रमणीय चरित्र से भिन्न, गाँधी के तपोनिष्ठ व्यक्तित्व के अनगढ़ तत्त्वों से कला-प्रतिमा का निर्माण असामान्य प्रतिभा के द्वारा ही संभव है। गाँधी के संदर्भ में 'सौंदर्य' की अपने प्रचलित अर्थ में-लालित्य के अर्थ में, सार्थकता नहीं रह जाती। जिन कवियों ने गाँधी की खादी की कोपीन पर रेशम से फूल काढ़ने के प्रयास किये हैं, उनकी रचनाएँ हास्यास्पद बन गयी हैं। बुद्ध के व्यक्तित्व की वह जन्मजात आभा, जिसने उसे एक सहज कलात्मक परिवेश प्रदान कर दिया था, गाँधी के व्यक्तित्व में कम-से-कम सामान्य कलाकार के लिए सुलभ नहीं थी। महान् रचना के लिए आभिजात्यवादी आलोचक काव्य-वस्तु की गरिमा पर बल देता है। उसकी मान्यता है कि महान् काव्य वस्तु में ऐसी घटनाओं का समावेश होना चाहिए, जिनका प्रभाव देश और काल दोनों की दृष्टि से दिगंतव्यापी हो, और जो स्थायी नैतिक मूल्यों के द्वारा अनुशासित हों। इधर, स्वच्छंदतावादी आलोचक का आकर्षण लोकातिक्रांत रूपों के प्रति रहता है। गाँधी की जीवन-गाथा में उपर्युक्त

दोनों ही तत्त्व प्रचुर मात्रा में विद्यमान हैं। किन्तु जन-सामान्य के साथ उन्होंने इस प्रकार तादात्म्य कर लिया था कि उनके जीवन और व्यक्तित्व के काव्यमय तत्त्वों का संधान करने के लिए कलाकार के लिए गहरे में पैठना जरूरी हो जाता है। अनेक लेखकों ने गाँधी के छोटे-बड़े जीवनचरित लिखे, कुछ प्रख्यात लेखकों ने नाटक और उपन्यास लिखे, जो उनके जीवन पर प्रत्यक्ष रूप में आधृत हैं। इस प्रसंग में लक्ष्मीनारायण मिश्र के नाटक 'मृत्युंजय' का उल्लेख किया जा सकता है। सेठ गोविंददास ने 'राम से गाँधी' नाटक लिखा और फिर 'गाँधी-युग पुराण' का बृहद् अनुष्ठान पूरा किया। इन कृतियों के साहित्यिक गुणों का अभाव नहीं है, परन्तु इनमें से कोई भी विषय वस्तु के साथ न्याय नहीं करती।

गाँधी द्वारा प्रस्तुत सत्य-अहिंसा-सिद्धान्तों की व्याख्याएँ हिन्दी तथा अन्य भारतीय भाषाओं के कथा-साहित्य और नाटकों में कई दशाब्दों तक निरंतर प्रतिध्वनित होती रहीं। प्रेमचंद पर गाँधी का प्रभाव प्रायः अंत तक बना रहा। उनके अनेक अमर पात्र-'प्रेमाश्रम' का प्रेमशंकर, 'रंगभूमि' का सूरदास और 'गोदान' का होरी भी अकसर गाँधी की भाषा बोलते हैं। उग्र के नाटक के 'ईसा' गाँधी के ही प्रतिरूप हैं। शैव आनन्दवाद में अटूट आस्था के कारण जयशंकर प्रसाद ने बुद्ध के समान गाँधी के भी प्रभाव से दूर रहने का सचेष्ट प्रयास किया, किन्तु फिर भी उनके कुछ पात्र, जैसे राज्यश्री आदि, गाँधी के रंग में पूरी तरह रंगे हुए हैं।

इसी प्रकार, गाँधी के रचनात्मक कार्यक्रमों की, जिनको कि बाद में उन्होंने सर्वोदय में समाहित कर दिया था, हिंदी की सैकड़ों कहानियों, उपन्यासों, नाटकों और कथाकाव्यों में विस्तार से चर्चा हुई है। अनेक कृतियों की कथावस्तु की संरचना ही इनके आधार पर हुई है- यहाँ तक कि प्राचीन कथानक भी इनसे अछूते नहीं रहे। 'साकेत' के नागरिक राम-वन-गमन के अवसर पर बाकायदा 'सत्याग्रह' करते हैं। 'कामायनी' की श्रद्धा तकली का प्रयोग करती है और हिंसा का सतर्क विरोध करती है। सर्वोदय-सिद्धान्त के प्रायः सभी कार्यक्रमों-अछूतोद्धार, नारी-मुक्ति, ग्राम-सुधार, कुटीर-उद्योग-विकास आदि का समावेश हिंदी के अनेक साहित्य-ग्रंथों में प्रत्यक्ष रूप से हुआ है। उदाहरण के लिए, मैथिलीशरण गुप्त के पद्य-नाटक 'अनघ' में अहिंसा का प्रतिपादन है। रामनरेश त्रिपाठी के खण्ड काव्य 'पथिक' और 'स्वप्न' में राष्ट्रीय संग्राम के खण्डचित्र हैं। हरिकृष्ण प्रेमी के नाटक 'रक्षा-बंधन' तथा 'स्वप्न'भंग' हिन्दू-मुस्लिम-एकता की भावना का समर्थन करते हैं। सियाराम-शरण गुप्त ने अपने काव्य तथा गद्य-कृतियों में नारी-मुक्ति, हरिजन-समस्या तथा अहिंसा आदि का प्रतिपादन किया है, और मैथिलीशरण गुप्त की एक परवर्ती रचना 'अजित' स्वतंत्रता-संग्राम का संक्षिप्त इतिवृत्त प्रस्तुत करती है। इन कार्यक्रमों का प्रभाव हमेशा अच्छा ही पड़ा हो, यह जरूरी नहीं है।

रचना की कलात्मक अन्विति में वे प्रायः बाधक ही हुए हैं, किन्तु इसके प्रभाव से मुक्त रहना उस युग के साहित्यकार के लिए असंभव हो गया है।

भारत की राष्ट्रभाषा के पद पर हिन्दी को प्रतिष्ठित कर गाँधीजी ने बहुत बड़ा उपकार किया।

अप्रत्यक्ष प्रभाव

गाँधी का अप्रत्यक्ष प्रभाव अधिक सूक्ष्म और गहन था- साथ ही वह कला की मूल चेतना के अधिक अनुकूल भी था। कला के संबन्ध में उनके विचार सौंदर्य-सिद्धान्त के इतने अधिक विपरीत थे कि उनके जीवन-दर्शन या कार्य-कलाप से प्रत्यक्ष प्रेरणा प्राप्त कर शायद एक भी महान् कलाकृति की रचना नहीं हुई। उनका दृष्टिकोण शुद्धतावादी था, जिसके अनुसार लोकहित के अतिरिक्त कला का कोई अन्य मूल्य नहीं था। कला के विषय में उनके विचार वे ही थे, जो रस्किन और टाल्स्टाय के-किन्तु भाषा का भेद था। रस्किन और टाल्स्टाय ने जो बात कला-समीक्षक अथवा कलाकार की भाषा में कही थी, गाँधी ने उसे सुधारक की सीधी अभिधात्मक भाषा में रखी। कहने का अभिप्राय है कि टाल्स्टाय या रस्किन के नैतिक दृष्टिकोण के मूल में जहाँ गहरी कलात्मक चेतना विद्यमान थी, वहाँ गाँधी के दृष्टिकोण के मूल में व्यावहारिक मानवतावाद की प्रत्यक्ष प्रेरणा थी। इस प्रसंग में वे सीधी-सपाट भाषा का प्रयोग करते हैं। कला-विषयक वक्तव्यों में उन सूक्ष्म-गहन वचन-भंगिमाओं तथा व्यंजनाओं का एकांत अभाव है, जिनका प्रयोग उन्होंने अपने सत्य और अहिंसा-सिद्धान्तों के विवेचन-विश्लेषण में बड़े कौशल के साथ किया है। इसीलिए उनके जीवन-दर्शन या आचार-नीति की प्रत्यक्ष अभिव्यक्ति प्रायः कलात्मक गरिमा से वंचित रही है और यही कारण है कि हिंदी तथा अन्य भारतीय भाषाओं के सौंदर्यचेता कवि-कलाकार, गाँधी के व्यक्तित्व के प्रति असीम श्रद्धा रखते हुए भी, रवींद्रनाथ या श्री अरविंद के प्रति आकृष्ट होते रहे हैं। सत्यं, शिवं, सुंदरं के शाश्वत त्रिक में, जिसमें अध्यात्म-दर्शन और सौंदर्यशास्त्र-दोनों का सार निहित है, गाँधी का पूरा बल सत्य पर ही था। शिव का भी उनके दर्शन में उचित महत्त्व था, क्योंकि सामाजिक-राजनीतिक नेता होने के कारण वे नैतिक आदर्शों का अवमूल्यन नहीं कर सकते थे- इसलिए जब वे कहते थे कि शिव और सत्य में कोई भेद नहीं है तो वे गंभीर तत्त्व-विवेचन न कर सामान्य व्यवहार की ही बात करते थे, अर्थात् वे उच्चत्तर दार्शनिक भूमिका पर ही नहीं, वरन् व्यावहारिक स्तर पर भी दोनों में अभेद मानते थे। किन्तु, जब वे सत्य और सौंदर्य के अभेद की बात करते थे तो उनकी मान्यता एक पक्षीय होती थी। सौंदर्यचेता कवि जहाँ आनन्दविभोर होकर गा उठा था कि 'सौंदर्य ही सत्य है और सत्य ही सौंदर्य है', वहाँ

सत्य के इस साधक के लिए उसका उत्तरार्ध ही मान्य था: अर्थात् गाँधीजी यह तो निर्विवाद रूप से मानते थे कि सत्य ही सौन्दर्य है, किन्तु यह मानना उनके लिए कठिन था कि सौंदर्य ही सत्य है। कलाकार की दृष्टि में सौंदर्य में सौन्दर्य के ऐसे अनेक रूप हो सकते थे, जो उन्हें स्वीकार्य नहीं थे- अथवा जिन्हें वे सुंदर मानने को तैयार नहीं थे। इस प्रकार मेरा विचार है कि उनकी सौंदर्यविषयक अवधारणा उतनी परिपूर्ण नहीं थी जितनी कि सत्य की संकल्पना। और यह वास्तव में, गाँधी जैसे तपोनिष्ठ साधक की सहज परिसीमा थी जिसने अपने जीवन-दर्शन की मूल प्रेरणा निरानंदवादी जैन-दर्शन या मध्ययुग के निर्गुण संतों से प्राप्त की थी। सिद्धान्त रूप में वे भी साहित्य को आत्माभिव्यक्ति ही मानते थे, किन्तु 'आत्म' शब्द का प्रयोग वे अधिक गंभीर अर्थ में-उसके मूल अर्थ में ही करते थे। 'आत्म' शब्द उनके लिए 'चित्' का पर्याय था, ऐंद्रिय मानसिक चेतना या जैविक व्यक्तित्व का नहीं: अर्थात् उनके मत से साहित्य लेखक के रागात्मक व्यक्तित्व की नहीं, वरन् शुद्ध चित्-तत्त्व की ही अभिव्यक्ति था। इस प्रकार नैतिक गुण और काव्य-गुण में अभेद करने के कारण वे कला या साहित्य का सही परिप्रेक्ष्य में आकलन नहीं कर सके, और इसीलिए साहित्य तथा कला पर उनका प्रत्यक्ष प्रभाव सीमित ही रहा।

गाँधी का वास्तविक योगदान जीवन और साहित्य के मूल्यों की पुनर्व्याख्या में निहित है। उदाहरण के लिए उन्होंने 'सत्य' को एक नयी अर्थवत्ता प्रदान की। उनसे पहले सत्य के दो अर्थ थे- या तो वह प्रत्यक्ष अनुभव एवं तर्क द्वारा सिद्ध वस्तुगत यथार्थ के रूप में गृहीत या फिर ऐन्द्रिय विकारों से मुक्त चिन्मय अनुभूति के रूप में। दूसरे शब्दों में, या तो वह प्रत्यक्षवादियों द्वारा परिभाषित मूर्त पदार्थ का प्रतीक था या भावुक भक्तों की तरह भावना का। गाँधी ने सहजानुभूति के साथ संबद्ध कर उसे सूक्ष्म-गहन अर्थ प्रदान किया और वह एक स्थिर धारणा न रहकर गत्यात्मक अनुभव बन गया। मानव-तत्त्व का समावेश कर गाँधी ने उसमें हृदय की ऊष्मा का संचार कर दिया। अब वह एक धारणा मात्र न रहकर मानव-सत्य का पर्याय बन गया। सत्य ही उनके लिए ईश्वर था-अर्थात् वह जड़ चेतन सृष्टि में व्याप्त विश्वात्मा का प्रतीक था। वे सत्य को पूर्ण और अखंड सत्ता मानते थे, जिसमें सभी प्रकार के द्वंद्व समाहित हो जाते हैं।-जीवन और जगत् की इस अखंड एवं परिपूर्ण संकल्पना का तत्कालीन साहित्य पर गहरा और व्यापक प्रभाव पड़ा। आगे चलकर यही संकल्पना सर्वोदय-दर्शन में पल्लवित हुई। प्रेमचंद का व्यापक जीवन-दर्शन, मैथिलीशरण गुप्त द्वारा प्रस्तुत हिंदू धर्म का व्यापक स्वरूप उस समग्र दृष्टि से काफी प्रभावित है। उसका प्रभाव उन विराट् चरित्रों पर भी परिलक्षित है, जो उस युग के उपन्यासों और नाटकों के संपूर्ण कथानकों को व्याप्त किये हुए हैं। गाँधी ने जिस अदम्य निष्ठा के साथ अपने साहित्य में सत्य

की व्याख्या की और जीवन में उस पर आचरण किया, उससे वीरता को एक नया अर्थ और आयाम प्राप्त हुआ। वीरकर्म आक्रामक उत्साह का पर्याय न रहकर निर्भयता की भावना का पर्याय बन गया, जो सत्य के प्रति बद्धमूल आस्था से प्राप्त होती है। इसी प्रकार काव्यगत वीररस के लक्षण में भी संशोधन हुआ। युयुत्सा का भाव अब वीररस का स्थायी भाव नहीं रहा, युद्ध के अहिंसक अवरोध का उत्साह-बलिदान का उत्साह ही-अब वीररस का आधार बन गया।

इसी प्रकार, अहिंसा के संबन्ध में भी गाँधी की मौलिक प्रकल्पना का भारतीय साहित्य पर दूरगामी प्रभाव पड़ा। उन्होंने अहिंसा को अभावात्मक धारणा के रूप में नहीं, वरन् भावात्मक प्रवृत्ति के रूप में परिभाषित किया। उनकी अहिंसा वास्तव में वैर-त्याग मात्र न होकर परदुःखकातरता की पर्याय है। इस अहिंसा के प्रचार से जीवन और साहित्य में मानव-करुणा की भावना की एक नये रूप में प्रतिष्ठा हुई।

गाँधी का व्यक्तित्व अंतर्विरोधों का पुंज था। उनकी सत्य और अहिंसा की परिभाषाओं में प्रबल अंतर्विरोध मिलता है। वे सत्य को शाश्वत और अखंड मानते थे, फिर भी जीवन-भर उसके साथ प्रयोग करते रहे। अहिंसा का अर्थ ही अभावात्मक है, परन्तु उन्होंने उसे भावात्मक रूप में स्वीकार किया और एक ऐसा व्यापक अर्थ प्रदान कर दिया कि कुछ परिस्थितियों में हिंसा के साथ भी उसकी संगति बैठ सकती है। जीवन भर वे अपने देश की जनता के भौतिक सुख-साधनों के लिए लड़ते रहे, लेकिन सिद्धान्त में भौतिक समृद्धि का विरोध करते थे। अंतिम क्षण तक वे निष्ठावान् हिंदू बने रहे। हिंदू के रूप में ही जिये और हिंदू के रूप में ही मरे, पर सर्वधर्म-समभाव का निरंतर प्रचार करते थे। सिद्धान्त-रूप से वे सत्य-रूप ईश्वर-निर्गुण ब्रह्म-को ही मानते थे, किन्तु दैनिक जीवन में सामूहिक प्रार्थना द्वारा भगवान् के अनुग्रह की याचना करते थे, अपने समस्त कार्यक्रम को अत्यंत बुद्धिसम्मत प्रणाली से आयोजित करते थे, पर निर्णय के लिए आत्मा की आवाज पर निर्भर रहते थे, वर्णाश्रम-धर्म में उनकी आस्था थी, किन्तु सिद्धान्त तथा व्यवहार दोनों में जाति-प्रथा के प्रबल विरोधी थे। संन्यासी का जीवन व्यतीत करने पर भी, पारिवारिक संबन्धों का निर्वाह अंत तक करते रहे, विवाह-संस्था का पूर्णतः समर्थन करने पर भी ब्रह्मचर्य का प्रचार करते थे। कट्टर समाजवादी होने पर भी पूँजीपतियों के मित्र थे। जीवन-भर लोकतंत्र के लिए संघर्ष करते रहे, परन्तु राजतंत्र के विरोधी नहीं थे। इन अंतर्विरोधों के कारण उनका चरित्र अत्यंत जटिल, और अनेक व्यक्तियों के लिए रहस्यमय बन गया था। वास्तव में ये अंतर्विरोध पुनरुत्थान के युग में भारत के सामाजिक तथा सांस्कृतिक जीवन में ही विद्यमान थे और गाँधी ने अपनी अत्यंत व्यापक संवेदना के द्वारा, जो भारतीय जनता की सामूहिक चेतना के साथ तदाकार हो चुकी थी, इन्हें अपने व्यक्तित्व में अंतर्भूत कर लिया था।- लेकिन

उनका गौरव यह था कि उन्होंने इन अंतर्विरोधों का समाधान कर भारतीय जीवन के विसंवादी स्वरों में सामंजस्य स्थापित किया। युग के इन अंतर्विरोधों और युगपुरुष द्वारा इनके समाधान के उस उदात्त संघर्ष का भारतीय साहित्य पर गहरा प्रभाव पड़ा है। इसका प्रमुख कारण यह है कि कला-सर्जना की प्रक्रिया भी प्राय: इसी प्रकार की होती है। हमारे महान् कलाकार भी, विशेषकर वे कलाकार जो उदात्त जीवन-मूल्यों से प्रतिबद्ध थे, नवजागरण के उस युग में, भारतीय मानस के अंतर्विरोधों को कलात्मक अन्विति में समाहित करने का प्रयास कर रहे थे। गाँधीजी जो कार्य सामाजिक-राजनीतिक स्तर पर कर रहे थे, भारत के युगद्रष्टा कवि-लेखक-कथाकार उसे कलात्मक स्तर पर सिद्ध कर रहे थे। गाँधीजी ने उन्हें केवल प्रेरणा ही प्रदान नहीं की, वरन् प्रविधि-प्रक्रिया का भी निर्देशन किया। भारतीय साहित्य के विकास में उनका यह अपूर्व योगदान था, और जब तक गाँधी से बड़ा व्यक्तित्व अपने देश में उत्पन्न नहीं होता, तब तक इससे अधिक गहन और व्यापक प्रभाव की कल्पना नहीं की जा सकती।

इस प्रकार, गाँधी ने भारतीय संस्कृति और साहित्य में बढ़ते हुए भौतिक मूल्यों के विरुद्ध जीवन के शाश्वत तथा अंतरंग मूल्यों की पुन: प्रतिष्ठा की। यह ठीक है कि जीवन के शाश्वत मूल्य उनसे पहले भी विद्यमान थे, किन्तु इनकी अर्थवत्ता नष्ट हो चुकी थी। गाँधी ने इन्हें युग की आवश्यकताओं के अनुरूप नया अर्थ प्रदान किया। उन्होंने अपने युग की सभी सामयिक समस्याओं पर ध्यान केंन्द्रित किया, परन्तु उनका समाधान सत्य और सदाचार के चिरंतन सिद्धान्तों के अनुसार ही प्रस्तुत किया। सत्य भौतिक तथ्य न होकर आध्यात्मिक अनुभव है। प्रेम सत्य है और घृणा असत्य है। शांति मानव-जीवन की प्रकृति है और संघर्ष विकृति। मनुष्य स्वभावत: सदय है। लोकोत्तर शक्ति तथा मानवता में आस्था जीवन का मौलिक सिद्धान्त है। ये सभी धारणाएँ भारतीय दर्शन और संस्कृति में परंपरा से चली आ रही थीं, गाँधी ने इन्हें जीवन्त अनुभूतियों का रूप दिया, जिनके आधार पर आस्थावान् कलाकारों ने स्थायी कला की सृष्टि की।

उपसंहार के रूप में, मैं एक बार फिर यही रेखांकित करना चाहूँगा कि भारतीय जीवन और साहित्य-दोनों पर गाँधी का परोक्ष प्रभाव उनके प्रत्यक्ष प्रभाव की अपेक्षा निश्चय ही अधिक जीवंत और स्थायी रहा। जीवन में वे लोग, जिन्होंने गाँधी के कार्यक्रमों में सक्रिय भाग लिया और उनका विवेकपूर्वक अनुसरण का दावा किया, गाँधी का पूरा लाभ नहीं उठा सके। वे गाँधी के साथ अपने संपर्क का भौतिक सिद्धियों के लिए उपयोग भर कर सके। वास्तविक लाभ उन प्रबुद्ध व्यक्तियों ने उठाया, जिन्होंने गाँधी के तप:पूत देश-काल में स्वतंत्र रूप से जीवन-यापन किया। इसी प्रकार साहित्य में भी, जिन्होंने गाँधी के जीवन पर महाकाव्यों की रचना की, या अपनी कृतियों में उनके सामाजिक-राजनीतिक सिद्धान्तों एवं कार्यक्रमों का प्रतिपादन किया, वे कुछ ही समय

तक प्रचारित होकर रह गये। गाँधी का सच्चा प्रभाव उन साहित्यकारों ने ग्रहण किया, जो अनुभूति और विचार के स्तर पर उनके व्यक्तित्व एवं कृतित्व का दबाव महसूस करते हुए स्वतंत्र रूप से साहित्य-सर्जना में लीन थे। ऐसे ही साहित्यकारों ने गाँधी का पूरा लाभ प्राप्त किया, क्योंकि उन्होंने गाँधी को राजनीतिक शक्ति या सामाजिक नीति-संहिता के प्रतीक-रूप में अंकित न कर उन्हें अपने जीवन-मूल्यों में आत्मसात् कर लिया था।

(डॉ. नगेन्द्र ग्रंथावली भाग-7 पृष्ठ 325-334)

साहित्य, आत्मतत्त्व और गाँधी जी

डॉ. देवराज उपाध्याय

विश्व आज जिन परिस्थितियों से होकर अपने विकास की मंजिलें पार कर रहा है-उसे देखने पर यह बात स्पष्ट हो जाती है, चाहे जो कुछ हो, वह कितना ही आगे बढ़ने का दावा करे, उसमें कहीं न कहीं त्रुटि अवश्य है। भले ही उसका स्वरूप हमें स्पष्ट न हो। इस त्रुटि को पहचानने और पहचानकर उसे दूर करने के लिए बहुत से मनीषीगण आगे बढ़े और यथाशक्ति उन्होंने इसे दूर करने के उपाय भी बताये। इस तरह के उपाय बतलाने वालों में आधुनिक युग के दो व्यक्तियों के नाम बहुधा लिये जाते हैं। मार्क्स और फ्रायड।

मार्क्स ने बतलाया कि मनुष्य की सारी विडम्बनाओं का उत्तरदायित्व पूँजीवाद की व्यवस्था पर है, जिसके कारण सम्पत्ति कुछ लोगों के हाथों में केन्द्रित हो गयी है और अधिकांश व्यक्ति भूखों मर रहे हैं। यदि इस व्यवस्था में सुधार हो और सम्पत्ति का संतुलित वितरण हो तो विश्व की अनेक समस्याएँ हल हो जा सकती हैं। आज विश्व में युद्ध की विभीषिका सबको आतंकित कर रही है। सब राष्ट्र अपनी-अपनी सुरक्षा की दृष्टि से अस्त्र और शस्त्रों के उपकरण को अधिक से अधिक मात्रा में एकत्र कर रहे हैं। जो शक्ति जीवन को समृद्ध बनाने के लिए लगायी जा सकती है, वह विध्वसंक अणुबमों के निर्माण में लगायी जा रही है। इसके मूल में आर्थिक विषमता है, यदि वह दूर कर दी जाय तो इस तरह की अशांति का आधार ही नष्ट हो जाय। मतलब यह है कि मार्क्स की दृष्टि बाहर से अन्दर की ओर जाती थी। अर्थात् वे यह समझते हैं कि मनुष्य बाहरी परिस्थितियों की उपज है और उनमें सुधार करने से उसकी आन्तरिक परिस्थितियों में परिवर्तन होगा और सुख और शांति की उपलब्धि होगी, जो हमारा ध्येय है। व्यवहारिक क्षेत्र में भी करीब 50 वर्षों से इस सिद्धान्त को कार्यान्वित करने की चेष्टा हो रही है। एक बहुत बड़े राष्ट्र ने इसे अपने ढंग से प्रयोग में लाने की चेष्टा की है। परन्तु हमने देख लिया है कि इससे समस्या

हल करने में यह तो नहीं कहा जा सकता कि हम आगे नहीं बढ़े, परन्तु उसका हल समीप नहीं नजर आता।

दूसरा प्रयत्न फ्रायड प्रमुख मनोवैज्ञानिकों की ओर से हुआ। उन्होंने समस्या को अन्दर की ओर देखा और बतलाया कि जीवन में जो कुछ भी बिडम्बनाएँ उपस्थित हैं, मार-काट छीना-झपटी दिखलायी पड़ती है, वह इसलिए कि मनुष्य को अपनी सहज अभिव्यक्ति करने का अवसर नहीं मिलता। सामाजिक प्रतिबन्धों के कारण उसकी भावनाएँ दमित हो गयी हैं और वे जब बाहर निकलने की कोशिश करती हैं तो विश्व में अवांछित हलचल होने लगती हैं। यह हलचल कभी तो वैयक्तिक स्तर पर, कभी सामाजिक स्तर पर, कभी राष्ट्रीय और अन्तर्राष्ट्रीय स्तर पर होती है। अतः मनुष्य के सहज होने में जितने प्रतिबन्ध हैं, उन प्रतिबन्धों को हटा देना ही समाज के हित में कल्याणकारी है। कहना नहीं होगा कि समस्या के इस समाधान से भी विश्व की समस्याएँ पूर्ण रूप से सुलझी नहीं हैं।

मतलब यह है कि अर्थशास्त्री, समाजशास्त्री और मनोवैज्ञानिक सभी अपने-अपने ढंग से सुधार में लगे हैं। गाँधी जी ने भी अपने ढंग से इस समस्या का हल उपस्थित करने का प्रयत्न किया था और वे इस निर्णय पर पहुँचे थे कि चाहे जो कुछ हो, दो बातें नहीं हो सकती हैं।

यदि मनुष्य की आत्मा शुद्ध नहीं है- वह स्वयं अन्दर से पवित्र नहीं है, उसमें आस्था नहीं है तो वह चाहे कितनी भी लम्बी चौड़ी बातें करे, उपदेश दे उससे कोई भी उपयोगी प्रभाव नहीं पड़ सकता। मनुष्य अंदर से जितना ही बड़ा होगा, उसकी सिद्धि भी उतनी ही बड़ी होगी। चाहे उसको बाहरी साधन या सहायता कुछ भी प्राप्त न हो। वे कहा करते थे कि अकेला व्यक्ति दुनिया की सबसे बड़ी शक्ति होता है। दूसरी बात वह यह कहते थे कि बाहरी दृष्टि से दीखने वाली सफलता भ्रामक हो सकती है और वह असफलता का सबसे निकृष्टरूप हो सकती है, उसी तरह जिस तरह लोग बालू में गंगा की धारा अथवा सीपी में चाँदी को देख लेते हैं। दूसरी ओर जिसे हम असफलता कहते हैं, वह सबसे बड़ी सफलता हो सकती है। वास्तव में जीवन न तो तथाकथित सफलता से समृद्ध होता है और न बाहरी वस्तुओं की उपलब्धि से। जीवन की सफलता साधनों की उत्कृष्टता और स्वच्छता में है। यदि हमारे साधन पवित्र हैं तो सफलता स्वयं अपनी खोज कर लेगी। अथवा जो कुछ उपलब्ध होगा। वह सफलता के सिवा और कुछ हो ही नहीं सकता। सिद्धि या सफलता साधन से अलग होने के लिये नहीं है।

मतलब यह कि गाँधी जी ने जीवन के प्रत्येक क्षेत्र में आत्मतत्त्व को केन्द्र में रखा और कहा कि इस आत्मतत्त्व के व्यापकत्व की अनुभूति से ही मनुष्य में आत्मवत्

सर्वभूतेषु की भावना जागृत होगी और तभी शान्ति की स्थापना होगी। शान्ति की स्थापना से जीवन समृद्ध होगा। समाजशास्त्र, अर्थशास्त्र, दर्शन, विज्ञान, सभी इसी उद्देश्य को लेकर अपने स्वरूप का विस्तार करते हैं। साहित्य भी यही करता है। सभी अपने को श्रेष्ठ कहते हैं। साहित्य भी अपने को इस उद्देश्य की सिद्धि के लिए अपनी श्रेष्ठता का दावा करता है। वह क्यों करता है, यही हमें देखना है।

जब हमारे पुराने विचारकों के सामने यह प्रश्न आया कि साहित्य क्या है तो उन्होंने उसे दो तरह से समझाया। 'सहितस्य भावः साहित्यम्' अर्थात् साहित्य मानवता में पारस्परिक सहयोग, आत्मीयता, सौहार्द्र की भावना उत्पन्न करता है। दूसरा है 'हितस्य भाव साहित्यम्' अर्थात् जिसके द्वारा हित के भावों का उन्मेष हो, वह साहित्य है। चाहे कोई अर्थ लिया जाय दोनों में कोई अन्तर नहीं है। जीवन का कल्याण इसी में है कि उसमें पारस्परिक सहयोग का विकास हो, एक अखण्ड, व्यापक, चिन्मयतत्त्व की छत्र-छाया में उसका विकास हो। साहित्य का इष्ट है अखण्ड मानवता। अखण्ड मानवता में आस्था का प्रमाण यही है कि इसके लिए कोई भी चीज त्याज्य नहीं है, जो जीवन में पाई जाती है। यदि यहाँ शृंगार रस है तो बीभत्स एवं करुण रस का भी उतना ही महत्त्वपूर्ण स्थान है। संस्कृत के साहित्य-शास्त्रियों ने कहा कि-

रम्यं जुगुप्सितमुदारमथापि नीच, मुग्रं प्रसादि गहनं विकृतं च वस्तु।
यद्वा अवस्तु कवि-भावकभाव्यमान, तन्नास्ति यन्न रसभाव मुपैति लोके।

मतलब वर्ण्य-वस्तु रम्य हो, जुगुप्सित हो, उदार हो, नीच हो, यहाँ तक कि अवस्तु ही क्यों न हो, पर संसार में वैसी कोई चीज नहीं जो कवि भावक द्वारा भाव्यमान होकर रसभाव से पूर्ण न हो जाय। इन पंक्तियों को पढ़कर गाँधी जी की बात याद आ जाती है। जब उग्र साम्यवादी हिंसा के बल पर पूँजीपतियों से सम्पत्ति को छीन कर सर्वहारा वर्ग को देने की बात कहते थे और कहते थे कि पूँजीपति वर्ग समाज की कोढ़ है, जिसे साफ कर देना चाहिये, उस समय गाँधी जी हृदय-परिवर्तन की बात कहते थे। पूँजीपतियों का समाज की सम्पत्ति के ट्रस्ट्री रूप में अस्तित्त्व स्वीकार करते थे। अर्थात् गाँधी जी समाज-व्यवस्था के केन्द्र में बैठकर वहाँ से उसकी लड़ाई लड़ना चाहते थे। ऊपर से गोली दागना नहीं चाहते थे। साँप को मारना तो चाहते थे, पर लाठी को तोड़ना नहीं। यही उनका दृष्टिकोण था। पता नहीं कि गाँधीजी ने अहिंसा का यह सूत्र कहाँ पाया, पर साहित्य में इसी अहिंसक नीति का पालन होता रहा है। इतिहास की कुरूप से कुरूप घटना साहित्यकार के स्पर्श से सुन्दर से सुन्दर बन गई है। राम कोई असाधारण व्यक्ति न थे, उनमें वे सब गुण या दुर्गुण थे, जो साधारण व्यक्ति में पाये जाते हैं। पर वे इतने कीर्तिपात्र हो गये, यह आदिकवि का प्रभाव है। यही बात गाँधी

जी ने की थी। आग्रह सदा होता रहा है, असहयोग भी कोई नई वस्तु नहीं थी, पर गाँधी जी ने इन सब के साथ 'डील' करते हुए उसी नीति से काम लिया, जिसे साहित्यालोचन के क्षेत्र में प्रबंधवक्रता कहते हैं। कालिदास को एक साधारण सा, नातिस्पृहणीय पात्र दुष्यन्त तथा शंकुन्तला के रूप में मिला था, पर दुर्वासा के शाप की कल्पना ने क्या से क्या नहीं बना दिया। गाँधी ने साहित्यिक दृष्टिकोण का व्यावहारिक प्रयोग किया। थीं तो पुरानी बातें, पर उन्होंने उन्हीं को सत्य और अहिंसा से जोड़ दिया और सारी दुनिया ही बदल गई। मैं इसे साहित्य की विजय मानता हूँ।

यह साहित्य के व्यापकत्व का सबसे बड़ा प्रमाण है। अन्य मानव व्यापार फिर भी कहीं न कहीं सीमित है। समाजशास्त्र, अर्थशास्त्र इत्यादि में जीवन का कुछ न कुछ ऐसा क्षेत्र रह जाता है, जो उसकी परिधि से बाहर पड़ता है, पर साहित्य सबको अपनाता है, अपना संपोषण देता है। एक उदाहरण लीजिए। काँटा कितना तुच्छ पदार्थ समझा जाता है, घृण्य, त्याज्य निकाल कर बाहर फेंक देने के लायक। एक दिन वह राजनीति-व्यावहारिकता के पास गया। चाणक्य के पैरों में चुभ गया, चुभ क्या गया, कहिए कि उसने तो अपना प्यार ही प्रकट किया। पर परिणाम जो हुआ, वह सब को विदित है। चाणक्य ने विश्व के सारे कण्टकों की जड़ में मट्ठा डालकर खोद-खोद कर उसको नेस्त-नाबूद करने की ही तैयारी की। यह तो कहिये कि एक कवि ने भी काँटे को देखा और कहा–

'हबीबों से रकीब अच्छे जो मर कर नाम लेते हैं,
गुलों से खार अच्छे हैं, जो दामन थाम लेते हैं।

तब वह जी उठा और इतना प्यारा हो उठा कि कहाँ तो पहले पैर में भी चुभता था और वह कलेजे में रखने के काबिल हो गया। मेघ 'धूमज्योतिः सलिल मरुता सन्निपात' के सिवा अर्थात् धुआँ, अग्नि, जल और वायु के जोड़ के सिवा क्या है? पर कवि ने उसे प्रेम की आँखों से देखा तो वह 'पटु करणैः प्राणिभिः प्रापणीय' संदेशार्थ वाहन सामर्थ्य-सम्पन्न हो गया अर्थात् उसमें इतनी योग्यता आ गई कि वह उस संदेश को पहुँचाने में समर्थ हो गया जिसे चतुर लोग ही करने में समर्थ हो सकते हैं। दो विरोधी तत्त्वों की शाश्वतिक विरोधिता को हटाकर उनमें समान-धर्मित्व की स्थापना साहित्य के ही बूते की बात है।

हेरिक ने Daffodil पुष्प को देखा। हम सभी देखते हैं और आँख फेर कर चले जाते हैं। पर हेरिक ने देखा तो सारा दृश्य ही बदल गया और हम उसके सामीप्य की कामना करने लगे।

Fair daffodials, we weep to see
your haste away so soon:

As yet the early rising Sun
Has not allarived his so noon
Stay, stay
Unitl the hasting day
Has sun
But to the even song;
And, having prayed together, we
Will go with your along

अब तक हम अपने में ही दूसरों से कट कर जी रहे थे, पर अब वह दुनिया ही बदल गई। हम एक साधारण पुष्प के साथ मिल कर प्रार्थना करने के लिए उत्सुक हैं। यदि साहित्य नहीं होता, कवि नहीं होता तो यह जादू किस तरह संभव होता।

अतः साहित्य की शरण में आकर व्यक्ति और समाज का सारा पार्थक्य नष्ट हो जाता है। आप साहित्य को व्यक्तिमूलक भले ही मानें, उस पर व्यक्ति-हित की परिभाषा मानने पर समाजवाद के लिए उसे अनिष्ट मानने की आवश्यकता नहीं। अथवा साहित्य को आप समाज हिताय, बहुजन हिताय मानें पर वह स्वान्तःसुखाय से भिन्न वस्तु, नहीं रह जाती। बाह्य दृष्टि से समाजवाद या आत्मवाद में जो भिन्नता दिखलाई पड़ती है, वैसी विमुखता वहाँ है ही नहीं और इसे स्पष्ट देखने का अवसर साहित्य में मिलता है। जिस परस्पराभिमुख, अहिंसक, शान्तिपूर्ण मानवता की हम कल्पना करते हैं, उसकी नींव यहीं पड़ती है। शैक्सपियर, कालिदास, इकबाल के यहाँ आकर सारी विभिन्नताएँ नष्ट हो जाती हैं।

कहलाने एकत बसत अहि मयूर मृग बाघ।
जगत तपोवन सो कियो दीरघ दाघ निदाघ।।

ऐसा तपोवन जिसमें सब अपना विरोध भूल जायें, वह इसी साहित्य के क्षेत्र में ही बनता है।

साहित्य के प्रति दो दृष्टिकोण हैं- समाजवादी और व्यक्तिवादी। मुझसे कोई वोट देने के लिए कहे तो मैं व्यक्तिवाद को ही वोट दूँगा। ब्रह्माण्ड की चिंता हम अपने ऊपर क्यों ओढ़ें। उसकी चिंता करने वाला कोई दूसरा है। काजी शहर के अंदेशे क्यों मरे? वह अपनी फिक्र करे। स्वधर्माचरण करने के लिये हमारे पास अपने 'स्व' के अतिरिक्त और क्या है जिस पर हम भरोसा करें। हम अखण्ड की साधना करने में यदि अपने प्रति ईमानदार हैं तो कौन कह सकता है कि हमसे भूल सी होती हुई जो चीज लगती है, वह अखण्ड का साधक नहीं हैं। वास्तव में यहीं पर साहित्य राजनीति से श्रेष्ठ हो जाता है। सभी राजनीति दुनिया की व्यवस्था पहले सँभालती है, तब व्यक्ति को सुखी

बनाती है, अर्थशास्त्र पहले पंचवर्षीय योजना बना लेता है, उसी ढाँचे में जीवन को ढालता है, मानो कल्याण मानवता के करने की चीज न हो, अर्थशास्त्रियों के द्वारा बनाई जानेवाली वस्तु हो, वह जीवन से सहज रूप से विकसित होनेवाली वस्तु न हो, Hot-house plant हो। पर साहित्य व्यक्ति-चेतना को परिष्कृत कर, संस्कृत तथा संगठित कर विश्व की सुव्यवस्था में सहयोग देता है। अतः यह सहज होता है और हमारी कल्पना के समाज के निर्माण में सहायक होता है। उसके द्वारा जो कल्याण होता है, उसमें स्थायित्व होता है और वह विकासशील होता है। हम भावी अहिंसक समाज की स्थापना करना चाहते हैं तो इसके लिये मार्ग वही है, जो साहित्य ने दिखलाया है। कवि ही सच्चा स्रष्टा है। जब किसी ने कहा था-

'अपारे खलु संसारे कविरेव प्रजापतिः'

तो हमने विश्वास नहीं किया था। अथवा हाल के एक शायर ने कहा-

खींचो न कमानों को न तलवार निकालो।
जब तोप मुकाबिल है तो अखबार निकालो।।

तो उसने झूठी बात नहीं कही थी। हम, जितना ही शीघ्र इसकी सत्यता को स्वीकार कर और इस पर अमल करें, उतनी ही जल्दी विश्व को शान्ति के समीप लाने में सफल होंगे।

मानवता के विकास के इतिहास को देखा जाय तो पता चलेगा कि वह सदा ही अहिंसा की ओर बढ़ता रहा है। समाज का अर्थ ही है अहिंसा अर्थात् स्व का पर में विलयन तथा 'पर' का 'स्व' स्वीकरण अर्थात् द्वैत भाव को मिटा कर अद्वैत चिन्मय तत्त्व की खोज। अहिंसा का प्रायः अभावात्मक अर्थ लिया जाता है कि हिंसा का अभाव। मतलब अहिंसा वह है, जो हिंसा न हो। पर अहिंसा का एक भावात्मक पहलू भी होता है, उसका अपना स्वरूप भी होता है। वह हिंसा से ही रूप नहीं ग्रहण करता। प्रकाश केवल अंधकार का अभाव नहीं है। वह स्वयं में ही कुछ है।

जनोन्मुखी साहित्य लेखन की प्रेरणा

डॉ. प्रभाकर माचवे

आज जो हिन्दी में ये टूटी-फूटी पंक्तियाँ लिख पाता हूँ, इसका प्रमुख श्रेय गाँधी जी को है। दक्षिण भारत की तीर्थयात्रा से लौटते हुए सेवाग्राम आश्रम में 25 दिसम्बर 1939 को मैं प्रार्थना सभा में उपस्थित हुआ, वहाँ पहली बार बापू के दर्शन हुए। उन्होंने पहला प्रश्न गुजराती में पूछा- कहाँ रहते हो?

'क्या करते हो?'

'कालेज में पढ़ाता हूँ।'

'क्या पढ़ाते हो?'

'दर्शनशास्त्र।'

बापू हँस पड़े। बोले- 'देखो भाई, हम लोग तो यहाँ ऐसे रहते हैं। अच्छी तरह से देख-भाल लो। बाद में यह न कहना कि तुम्हें यह पसंद नहीं था।' किसी ने परिचय में कहा था कि 'ये लिखते भी हैं'।

बापू ने पूछा-'क्या लिखते हो? किस भाषा में लिखते हो?'

मैंने बहुत ही संकोच से कहा- 'मराठी में भी लिखता हूँ। हिंदी से प्रेम है। परीक्षाएँ दी हैं।' (मैं सन् 1936 में साहित्यरत्न की परीक्षा आगरा से दे चुका था और सम्मेलन में प्रथम आया था)

बापू सहज भाव से बोल उठे- 'हिंदी में ही लिखो। जहाँ रहते हो, वहाँ की जनता की भाषा में लिखना चाहिए। उर्दू भी लिखो।'

मैंने कहा- अब हिंदी में ही लिखूँगा।'

सन् 40 के ग्रीष्मावकाश में मैं गाँधी जी के निमंत्रण पर आश्रम में जाकर रहा। वहाँ सामान्य आश्रमवासी की तरह शरीर-श्रम, कताई, प्रार्थना सब नित्य-नैमित्तिक कर्म करता था। वे गत महायुद्ध के आरंभ के दिन थे। महादेव देसाई ने मुझे गीता के अनासक्ति योग वाले गाँधी-भाष्य की पांडुलिपि पढ़ने को दी। 'हरिजन' के लिए कुछ

अंग्रेजी से हिन्दी अनुवाद भी मैं करता था। तब राजेन्द्र बाबू, आचार्य नरेन्द्र देव, लुई फिशर जैसे अतिथि वहाँ आश्रम में आकर रहते थे। उनके दर्शनों का और उनसे विचार-विनिमय का सौभाग्य मिलता था। आशा देवी और आर्यनायकम् का बुनियादी तालीमी संघ का ग्रंथालय मेरे लिए एक बहुत बड़ी नियामत थी। बीच-बीच में मैं वर्धा भी चला जाता। जहाँ काका साहब कालेलकर की हिन्दुस्तानी प्रचार-सभा थी। भदंत आनंद कौसल्यायन भी उधर ही रहते थे। महिलाश्रम में काशीनाथ त्रिवेदी और भवानी शंकर मिश्र पढ़ाया करते थे। वर्धा शहर में वाणिज्य महाविद्यालय के प्रिंसिपल सेठ जमनालाल जी के जमाई और 'तेरी का राग' के लेखक श्रीमन्नारायण (तब अग्रवाल भी) थे। मेरे मित्र मराठी के कहानी लेखक वामन चोरघडे वर्धा में अध्यापक थे। वे बहुत मजे के दिन थे। व्यक्तिगत सत्याग्रह शुरू ही हुआ था।

नवंबर 1940 को सेवाग्राम में बापू की कुटी के पीछे कुष्ठ पीड़ित पं. परचुरे शास्त्री के पौरोहित्य में, सवेरे, बा और बापू, सरोजिनी नायडू और डा0 खान साहब, कुमारप्पा और मौलाना आजाद, महादेव भाई और भारतानंद आदि के सान्निध्य में हमारा विवाह संपन्न हुआ। उसी दिन वर्धा में कांग्रेस वर्किंग कमेटी की सभा थी और देश के अनेक गण्यमाण्य नेता आये थे 7 नवंबर को जी0 रामचन्द्रन् और डा0 सौदरम्मा का विवाह हुआ था, जिसे बापू ने आशीर्वाद दिया था और 8ता0 को हमारा। इसके बाद तो मेरी स्थिति और भी असाधारण हो गई। आश्रम का सबसे छोटा जमाई था, इसलिए सबके लिए विनोद का विषय भी था। इस कारण से मुझे बापू की आत्मीयता पाने का बहुत बार सुअवसर मिला।

मेरे जीवन को मोड़ देने में गाँधी जी के विचारों का और विचारों से भी अधिक उनकी जीवन-पद्धति का बड़ा सूक्ष्म प्रभाव रहा। मेरी पत्नी और श्वसुर तो वहीं पले-बढ़ें, उनके विचारों से अभिभूत रहे। पर मैं अपने आपको उनकी तरह नैष्ठिक गाँधीवादी नहीं मानता। मैं खद्दर जरूर पहनता हूँ। हिंदी में अधिकतर अपना काम भी करता हूँ। पर न तो मैं नित्य कातता हूँ, न मैंने 'विवाहोत्तर ब्रह्मचर्य' के गाँधी जी के सिद्धान्त का पालन किया। गुस्सा मुझे अब भी आता रहता है। खानपान में भी मैं उनका पूर्णतः अनुयायी नहीं- चाय भी पीता हूँ, मिर्च मसाले भी खा लेता हूँ। औसत आदमी और औसत भारतीय हूँ। इसलिए चीन और पाकिस्तान के आक्रमण के बाद शत-प्रतिशत अहिंसक बने रहने का भी दावा नहीं करता। यह कहना भी मुश्किल है कि मैं हमेशा सच ही बोलता रहता हूँ। कोशिश तो करता हूँ कि सत्य पर अड़ा रहूँ। पर कमजोर आदमी हूँ। कविता-कहानी-एकांकी लेखन में झूठ और कल्पना का भी सहारा ले लेता हूँ। बहर-हाल, अपने आपको गाँधीवादी कहलाना बहुत ठीक नहीं समझता। यद्यपि विदेश में मैंने दो वर्ष तक काफी सफलता से गाँधी-दर्शन अमेरिकी छात्रों को पढ़ाया।

हाल में एक छोटी सी किताब 'गाँधी स्मारक निधि' के शताब्दी-कार्यक्रम के लिए भी लिखी-'सौ सवाल, एक जवाब' (शीर्षक दिवाकर जी ने दिया था।)। सुनता हूँ इसकी तीस-चालीस हजार प्रतियाँ एक वर्ष में बिक गईं। मैंने रायल्टी नहीं ली-सारी गाँधी स्मारक-निधि को दे दी।

जीवन में- अर्ध सदी का ही अनुभव है, उसमें भी पहले दस वर्षों की स्मृति नहीं-यों चार दशकों में यही पाया कि अंततः अहिंसा बड़ी फलवती और उपयोगी सिद्ध होती है। अब यह साहित्य का ही क्षेत्र ले लीजिए। न जाने कितने निंदक, कितने कटु आलोचक, कितने ऐसे मिले, जो हमें लेखक तो दूर 'शुद्ध हिन्दी लिख पाने वाला' भी नहीं मानते। (गो किताबें चालीस से ऊपर छप चुकी हैं। पी.एच.डी. भी हूँ, ईश्वर की दया से कुछ रचनाएँ कोर्स में भी लगी हैं और खासी हिन्दी बोल भी लेता हूँ।) अब ऐसे असूयाग्रस्तों का क्या कीजिए? गुटबाज हैं कि अपनी-अपनी दुकानें लगाये-सजाये बैठे हैं। 'परस्परं भावयन्तः' में जुटे हैं, किसी को अपने दोस्तों की 'ध्वनि' पसंद है तो किसी को उनका रूप! इस आपाधापी में क्या रक्खा है? अपने राम इस सारे उपेक्षा के घोर वातावरण में संतोष मान लेते हैं कि 'अरे भाई तुम किस खेत की मूली हो। तुम तो एक रजकण भी नहीं हो, जब इतने बड़े दयार्णव और अहिंसा के आगार गाँधी को भी बुरा-भला कहने से लोग नहीं चूके।' सबसे भली बता यह है कि चुपचाप रचनात्मक काम किये जाओ। एक न एक दिन आखिर 'सत्यमेव जयते' ही होगा। लड़-भिड़ कर, चीख-चिल्लाकर भी आखिर एक दिन राम-नाम 'सत्य' ही तो होना है। यह तटस्थता और मंद यशः- प्रार्थिता से उदासीनता हम जीवन में बापू से सीखे।

उन्हीं से हमने अपरिग्रह अपनाया, निर्व्यसनता और सादगी सीखी। हम दो वर्ष विश्व के अत्यन्त विलासी और आकर्षण-केन्द्र अमेरिका देश में भी रहे। पर 'सूरदास या कारी कमरी लगौ न औरो रंग'! यह हम अपनी डींग हाँकने के लिए या आत्म-श्लाघा में नहीं कह रहे हैं, पर नये लिखने वाले युवकों को देखता हूँ कि कैसे एक पुस्तक लिखी और कुप्पा हुए, कैसे बिना पग-पग पर व्यसन के उन्हें 'मूड़' नहीं आता, कविता नहीं सूझती! उनकी दशा दयनीय लगती है, उन पर हँसी आती है। जीवन में ऐसी कई बातें हैं, जो सिखाने से सिखाई नहीं जातीं, पर गाँधीजी के आश्रम के वातावरण में रहने से आपसे आप आ गईं। जैसे, श्रम की प्रतिष्ठा। जैसे, किसी भी काम को हलका न समझना। जैसे, किसी अनपढ़ या गरीब को भी ओछा न मानना। जैसे, परंपरा की अच्छी चीजों का आदर। जैसे, नये की भी बात सुन लेना। जैसे, सहिष्णुता। जैसे, सर्व भाषा समभाव......।

गाँधीजी के ही कारण साहित्य जनोन्मुखी हो, यह बात मेरी समझ में पक्की तरह से बैठ गयी। साहित्य केवल कल्पना-विलास नहीं हो सकता। वैसा होकर वह दिमागी

ऐयाशी या रीतिकालीन दरबारीपनवाला साहित्य होगा। आज भी कई लोग इस तरह की 'कला के लिए कला' मानने वाले महानुभाव हिन्दी में ही नहीं ' सारे भारतीय साहित्य में हैं, जो केवल अपनी छोटी मित्र मंडली के लिए ही लिखते हैं। उनके हाथ में अखबार हैं, पत्र-पत्रिकाएँ हैं, परस्पर- प्रशंसा के दौर भी चलते रहते हैं। पर जन-कल्याण उनके हाथ से छूट गया है। और मैं नहीं समझता कि दस बीस साल बाद उन्हें कोई पूछेगा भी। गाँधी जी ने इस देश में जनसाधारण का चारित्रिक साहस बढ़ा दिया। अब साहित्य हो या राजनीति, दोनों में 'काठ की हँडिया' ज्यादा दिन नहीं चल सकेगी। 'उघरहिं अंत न होहिं निबाहू' सच सिद्ध होता है। इसलिए केवल संस्थाओं के बल पर चलने वाले साहित्यकार, 'आया राम गया राम' की तरह भुला दिये जाते हैं। अब केवल पद-प्रतिष्ठा या व्यावसायिकता के स्तर पर साहित्य कितने दिन चल सकता है। ये बैसाखियाँ बेकार सिद्ध हो चुकी हैं। अब वही टिकेगा, जो टिकने लायक होगा।

साहित्य में गाँधीजी को जिन्दा रखने चाह

रामधारी सिंह दिनकर

महर्षि रमण सच्चे अर्थों में शुद्ध, बुद्ध, कूटस्थ, आत्मज्ञानी पुरुष थे और गीता-प्रतिपादित अकर्म का वे समर्थन करते थे। स्वतंत्रता-प्राप्ति के पूर्व राजेन्द्र बाबू और जमनालाल जी बजाज उनके दर्शन करने को रमणाश्रम गये थे। कई बातें कर लेने के बाद जमनालाल जी ने महर्षि से पूछा: 'भगवन्! स्वराज्य का कार्य तो परोपकार का कार्य है। यह तो अकर्म माना जा सकता है।'

महर्षि ने कहा: 'हाँ, यदि वह उस भाव से किया जाय, जिस भाव से उसे गाँधी जी कर रहे हैं। गाँधी जी का जीवन समर्पित जीवन है। वे अपने लिए कुछ भी नहीं चाहते। स्वराज्य का काम उनके लिए ईश्वर की आराधना का काम है।'

गाँधी जी जब तक जीवित रहे, उनके असली स्वरूप तक बहुत थोड़े लोग पहुँचे थे। अपने देश में तो खैर इतनी बात थी कि गाँधी जी का संतरूप जनता की आँखों से कभी भी ओझल नहीं था, मगर यूरोप के लोग गाँधीजी को केवल राजनीतिक विद्रोही समझते थे और सल्तनत के बागियों में जो गुण और देशों में देखे गये थे, यूरोपवाले बिना कुछ समझे-बूझे गाँधी जी के भीतर भी उन्हीं गुणों की कल्पना कर लेते थे।

मगर खुद गाँधी जी को इस बारे में कोई संदेह नहीं था कि वे क्या कर रहे हैं। सन् 1924 ई. में उन्होंने लिखा था कि 'मेरा चरम ध्येय आत्मा का मोक्ष है। मेरी देश-सेवा उसी मोक्ष की साधना है। पृथ्वी का नश्वर साम्राज्य प्राप्त करने की इच्छा मुझमें है नहीं। मैं तो उस स्वर्गीय साम्राज्य की प्राप्ति के लिए प्रयास कर रहा हूँ, जिसका नाम मोक्ष है। मुक्ति और शांति का जो शाश्वत लोक है, मैं उसी की ओर जाना चाहता हूँ। मेरी देशभक्ति इस यात्रा में एक पड़ाव भर है। राजनीति को मैं धर्म से रहित नहीं मानता। जो राजनीति धर्म-रहित है, वह यमराज का फंदा है, क्योंकि उससे आत्मा का हनन होता है।'

गाँधी जी ने स्वदेशी और चरखे का प्रचार किया, अछूतोद्वार का आंदोलन चलाया, खुद जेल गये, औरों को जेल भिजवाया, नमक-सत्याग्रह किया, भारत छोड़ो आन्दोलन चलाया और अंग्रेजों के लिए यह असंभव बना दिया कि वे भारत को अपने अधीन रख सकें। मगर इन सभी बड़े कामों से भी कहीं बड़ा काम उन्होंने यह किया कि भारत की आत्मा के प्रति उन्होंने सारे संसार में श्रद्धा उत्पन्न कर दी। ओसवाल्ड स्पैंगलर की 'डिक्लाइन आव द वेस्ट' नामक किताब गाँधी जी के पूर्णाविर्भाव के पहले निकली थी। इसीलिए स्पैंगलर ने लिख दिया कि 'संसार को सांस्कृतिक विनाश से बचाने की आशा भारत से भी लगाना बेकार है। मगर आर्नाल्ड ट्वायनबी को संपूर्ण गाँधी-युग देखने का अवसर सुलभ रहा। इसलिए सन् 1952 ई. में उन्होंने भविष्यवाणी की कि 21वीं सदी में जब धर्म का पूर्ण स्थान टेक्नालॉजी ले लेगी, भारत की महिमा उस समय परखी जायेगी। जिस भारत को लोगों ने जीत लिया था, वह भारत अपने विजेताओं पर विजय प्राप्त करेगा।'

विजय और पराजय बहुत अच्छे शब्द नहीं हैं, न गाँधी जी विश्वविजय की ओर भारत को ले जाना चाहते थे। झंडा-गीत की 'विजयी विश्व तिरंगा प्यारा' पंक्ति उन्हें सदोष दिखायी पड़ी थी। उन्होंने ही सुधरवाकर उसे 'प्रेमिक विश्व तिरंगा प्यारा' करवा दिया था। गाँधी जी ने भारत की जिस शक्ति को पुनरुज्जीवित किया है, वह खड्ग की शक्ति नहीं, सादगी, सहिष्णुता, प्रेम और सौहार्द की शक्ति है। ट्वायनबी साहब की दृष्टि इसी शक्ति पर पड़ी है। और फ्रांस के मनीषी मंत्री मालरो की दृष्टि भी भारत की इसी शक्ति पर थी, जब उन्होंने कहा कि वर्तमान सभ्यता के टूटने पर नयी सभ्यता की संजीवनी चीन से नहीं आयेगी, मगर भारत से उसकी आशा हम लगा सकते हैं, अगर भारतवर्ष यूरोप और अमरीका की नकल करके अपने को नष्ट न कर दे।

गाँधी जी केवल राजनीति के विद्रोही नहीं थे, केवल समाज के नेता नहीं थे, केवल जननायक और देशभक्त नहीं थे। वे यांत्रिक सभ्यता की एक खुली चुनौती भी थे, वे मानवता के उस अतीत के प्रहरी भी थे, जो इतनी मारों के बाद भी नहीं मरा है। वे सुख में पले हुए शरीर को आत्मा की याद दिलाने आये थे। वे मनुष्यों से कहने को आये थे कि आज भी कल्याण का मार्ग यही है कि हम अपनी जरूरतों में इजाफा न करें, उन्हें कम से कम रखें।

गाँधी की व्याख्या करते-करते बहुत लोग उनकी तुलना मार्क्स से करने लगते हैं, मगर वे भूल जाते हैं कि मार्क्स और गाँधी के बीच एक भेद है। मध्यकालीन संतों का मत था कि मनुष्य का सबसे बड़ा ध्येय निजी मोक्ष है और निजी मोक्ष प्राप्त करने का सर्वोत्तम साधन संन्यास है। मार्क्स ने कहा यह बात गलत है। मोक्ष व्यक्ति का नहीं,

समाज का होना चाहिए। तब गाँधी जी आये और उन्होंने बताया: 'मोक्ष तो व्यक्ति का ही होता है, मगर उसका रास्ता संन्यास नहीं, समाजसेवा का कार्य है।'

किन्तु गाँधी जी का यह रूप उनके अपने देशवासियों की भी समझ में नहीं आया। भारत भी, अंत में स्वार्थी ही निकला। जिस गाँधी ने भारतवर्ष को स्वराज्य दिलाया था, उस गाँधी को तो इस देश ने राष्ट्रपिता बनाकर रख लिया, किन्तु जो गाँधी उससे बड़ा गाँधी था, उसे हमने निर्वासित कर दिया, क्योंकि उसे घर में बनाये रखने पर हम झूठ नहीं बोल सकेंगे, जरूरतें नहीं बढ़ा सकेंगे और सरहद पर ललकारने वाले शत्रुओं को देखकर हम अहिंसा की दुहाई नहीं दे सकेंगे। गाँधी ने कहा था, सत्य के बिना अहिंसा चल नहीं सकती। हमने सत्य को तो छोड़ दिया, मगर अपनी कमजोरी छिपाने को अहिंसा की चादर और भी गाढ़ी बुनकर ओढ़ ली। जो गाँधी हमारी छोटी जरूरतों का गाँधी था, उसे हमने नहीं छोड़ा है, मगर जो गाँधी मानवता का गाँधी था, उसे हमने अपने घर से निकाल दिया है। मगर गाँधी को जिन्दा रखने की कोशिश अगर कहीं है, तो वह साहित्य में ही है। साहित्य में भी कितने थोड़े लोग हैं, जो गाँधी को जिंदा रखना चाहते हैं?

गाँधी जी से प्रभावित होकर हिन्दी में सबसे पहले किसने क्या लिखा, यह विषय शोध का है। किन्तु जहाँ तक मुझे पता है, गाँधी जी पर हिंदी में सबसे पहली कविता पं. माखनलाल चतुर्वेदी ने 'निःशस्त्र सेनानी' शीर्षक से सन् 1913 ई. में लिखी थी। इस समय तक गाँधी जी दक्षिण अफ्रीका से लौटकर भारत नहीं आये थे। इस समय तक वे महात्मा भी नहीं बने थे। जनता उन्हें कर्मवीर गाँधी के नाम से जानती थी। फिर भी गाँधी जी की सबसे बड़ी मौलिकता को माखनलाल जी ने उसी समय पहचान लिया था, जो कविता के शीर्षक से ही प्रत्यक्ष है:-

किंतु, क्या कहता है आकाश? हृदय! हुलसो सुन यह गुंजार!
'पलट जाये चाहे संसार, न लूँगा इन हाथों तलवार।'

साहित्य-सेवियों के लिए यह जानना भी रोचक होगा कि आगे चलकर कला के विषय में गाँधी जी का जो विचार बनने वाला था, उसकी झाँकी भी माखनलाल जी ने सन् 1913 ई. में ही प्राप्त कर ली थी। गाँधी जी टालस्टॉय से प्रभावित थे और उनका विश्वास कला की उपयोगिता में था। अच्छी कला को वे धर्म और पवित्रता से संबद्ध समझते थे। कहा जाता है कि गाँधी जी ने एक बार कहा था कि " जहाँ तक चरखे से बारीक सूत निकालने का सवाल है, वहाँ तक कला है। बाकी जो कुछ भी रच-रचाव होता है, वह बला है।"

'निःशस्त्र सेनानी' नामक कविता में माखनलाल जी ने लिखा है :

'कला?'-दुखियों की सुन कर तान, नृत्य का रंगस्थल हो धूल।
'टेक?'-अन्यायों का प्रतिकार, चढ़ा कर अपना जीवन-फूल।

यह वह बिन्दु है, जहाँ दयानंद और गाँधी परस्पर एक हो जाते हैं। केवल कवि ही कविता की रचना नहीं करता, बदले में, कविता भी कवि की रचना करती है। माखनलाल जी के समग्र जीवन से यह स्पष्ट भासित होता है कि उनकी आंतरिक प्रेरणा शुद्ध कवित्व की प्रेरणा थी, किन्तु कर्मवीर गाँधी पर कविता लिखकर वे सोद्देश्य काव्य की ओर चले गये। उनका पुष्प भी देवता या सुंदरी का हृदयहार बनना नहीं चाहता। उसकी कामना यह है कि वह बलिदानियों के रास्ते पर बिखर जाय। अर्थात् सौंदर्य के कारण काम्य नहीं है, बल्कि इस कारण कि वह बलिदान की भावना जगाता है। गाँधी जी कला के बारे में कुछ कहने वाले थे, उसका सार माखनलाल जी की 'पुष्प की अभिलाषा' नाम्नी कविता से, आप-से-आप, ध्वनित हो उठा था।

गाँधी जी पर हिंदी में दूसरी काव्य-कृति की रचना स्वर्गीय पंडित रामनरेश त्रिपाठी ने 'पथिक' शीर्षक से सन् 1920 ई. में की। यह वर्ष भारतवर्ष में गाँधी-युग का आरंभ माना जाता है। सन् 1920 ई. में त्रिपाठी जी ने गाँधी जी के बारे में जो कुछ लिखा, वह आज तक सत्य उतरा है, सिवाय इसके कि पथिक की हत्या दासता के दिनों में सरकार करती है, किन्तु गाँधी जी की हत्या स्वतंत्रता के बाद अपने ही देशवासी के हाथों होती है। इसमें कोई संदेह नहीं कि पथिक के रूप में त्रिपाठी जी ने गाँधी जी की ही कल्पना की थी और गाँधी जी जो कुछ कह रहे थे, वे सारी बातें कवि ने अपने पथिक काव्य में पथिक के मुख से कहलायी हैं :

अपना शासन आप करो, बस, यही शांति है, सुख है।
पराधीनता से बढ़ कर जग में न दूसरा दुख है।

हिंदी के जो भी पुराने लेखक और कवि थे, वे दयानंद-युग में ही जग चुके थे और गाँधी-युग का प्रभाव ग्रहण करने को वे पहले से ही तैयार थे। यहाँ संप्रदायवाद की बाधा भी अपना काम नहीं कर सकी। मैथिलीशरण जी गुप्त धर्म से सनातनी थे, किन्तु उनके राम के भीतर हम स्वामी दयानंद का स्पर्श देखते हैं:

उच्चारित होती चले वेद की वाणी
गूँजे गिरि-गह्वर-सिंधु पार कल्याणी।

यह और कुछ नहीं, स्वामी दयानंद के 'क्रीण्वंतो विश्वमार्यम्' का कविता में अनुवाद है। और वही राम हमें महात्मा गाँधी के भी एक प्रबल पक्ष की याद दिलाते हैं :

संदेश स्वर्ग का नहीं भूमि पर लाया,
मैं भूतल को ही स्वर्ग बनाने आया।

इसी प्रकार प्रेमचंद जी की भी आँखें दयानंद-युग में ही खुल चुकी थीं। उनकी 'प्रतिज्ञा' नाम की कहानी की समस्या विधवा-विवाह की समस्या है, जिसे लाल रंग से रेखांकित करने का श्रेय स्वामी दयानंद को है। किन्तु यही कहानी जब सन् 1929 ई. में संशोधित होकर दुबारा प्रकाशित हुई, उसके भीतर गाँधीमार्गी संवेदना का बहुत गहरा पुट आ गया।

प्रेमचंद जी का पहला प्रसिद्ध उपन्यास सेवा-सदन है, जिसका विषय वेश्यावृत्ति की समस्या है। मैं इस उपन्यास को भी गाँधी प्रेरित नहीं, दयानंद से प्रेरित मानता हूँ। यह बात दूसरी है कि इस समस्या पर भी गाँधी जी ने गहनता से विचार किया था। सेवा-सदन के अनेक स्थलों पर ऐसा लगता है, मानों प्रेमचंद गाँधी जी का पूर्वाभास दे रहे हों। सुमन का सेवा-सदन की अध्यक्षा बन जाना, अपने-आपमें, गाँधीवादी समाधान की ओर इंगित करता है। किन्तु यह गाँधी का प्रभाव नहीं, उस युग अथवा उस विचारधारा का प्रभाव था, जिसने गाँधी और प्रेमचंद, दोनों को उत्पन्न किया था।

प्रेमचंद पर गाँधी जी का स्पष्ट प्रभाव व्यंजित करने वाला पहला उपन्यास 'प्रेमाश्रम' है। इस उपन्यास का नायक प्रेमशंकर है, जो गाँधी-दर्शन का विश्वासी और अभ्यासी है। गांधी जी की धारणा थी कि एक भी व्यक्ति की सच्ची साधना और तपस्या से सारी सृष्टि में कंपन आ सकता है। प्रेमशंकर की निःस्वार्थ सेवा का प्रभाव यह होता है कि मायाशंकर अपनी जमीन किसानों में बाँट देता है। प्रेमाश्रम के भीतर से गाँधी जी की तीन शिक्षाएँ झलक मारती हैं। पहली यह कि जो भी धनी लोग हैं, वे समाज के ट्रस्टी हैं। उनका धन, असल में समाज का धन है। दूसरी यह कि जमीन पर नैसर्गिक अधिकार जोतदारों का है। और तीसरी यह कि हृदय-परिवर्तन की कल्पना कोरी कल्पना नहीं, वरन् तथ्य है। प्रेमाश्रम में वर्ग-संघर्ष की भावना है या नहीं, यह प्रश्न स्वभावतः ही उठता है। शायद है, मगर गाँधी जी की अहिंसा को ध्यान में रखकर प्रेमचंद ने उस भावना में उग्रता नहीं आने दी है।

गाँधीवादी प्रभावों की अभिव्यंजना की दृष्टि से 'रंगभूमि' प्रेमाश्रम की अपेक्षा अधिक महत्त्वपूर्ण है। रंगभूमि का लेखक वह व्यक्ति है, जिसने गाँधी जी के हृदय और मस्तिष्क को भली भांति परख लिया है, जिसने गाँधी जी को असहयोग आंदोलन चलाते और सत्य के समर्थन में प्राणों की बाजी लगाते देखा है, जो गाँधी जी की इस भावना का आदर करता है कि खेती पर आधारित समाज उस समाज से श्रेष्ठ था, जिसकी नींव कल-कारखानों पर रखी गयी है। रंगभूमि की असली समस्या दो प्रकार की सभ्यताओं के बीच संघर्ष की समस्या है, जिनमें से एक का आधार कृषि और दूसरी का उद्योग है। जिस प्रकार पं. रामनरेश त्रिपाठी ने अपने पथिक के चरित्र में गाँधी जी का चरित्र अंकित किया था, उसी प्रकार रंगभूमि के सूरदास में हम गाँधी जी के चरित्र

की झलक पाते हैं। सूरदास सच्चा सत्याग्रही और अहिंसक वीर है। वह इतना ही नहीं करता कि अपनी जमीन को बचा लेता है। उसके सत्याग्रह का अनुकूल प्रभाव उसके प्रतिपक्षियों पर भी पड़ता है। रंगभूमि का लेखक निश्छल भाव से शरीर-बल की अपेक्षा आत्मबल को श्रेष्ठ समझता है। वह यह भी मानता है कि औद्योगिक सभ्यता की अपेक्षा वह सभ्यता अधिक उत्तम थी, जिसका आधार कृषि रही थी। रंगभूमि के लेखक के भाव क्रांतिकारियों का समर्थन नहीं करते, समर्थन वे गाँधी जी के अहिंसक संग्राम का करते हैं, समर्थन वे इस आशा का करते हैं कि सत्याग्रही सच्चा हो, तो वह प्रतिपक्षी के हृदय में परिवर्तन ला सकता है। इसी प्रकार कर्मभूमि के भीतर भी गाँधी जी का पूरा प्रभाव है। इस उपन्यास में एक ओर जहाँ बारडोली के किसान-आंदोलन की गूंज सुनायी देती है, वहाँ दूसरी ओर वह छुआछूत की समस्या का भी उपन्यास है।

हिंदी के कई आलोचक इस बात से दुखी दीखते हैं कि प्रेमचंद पर गाँधी जी का इतना अधिक प्रभाव क्यों पड़ा? प्रेमचंद ने वर्ग-संघर्ष की उग्रता क्यों नहीं दिखायी, आतंकवादियों के चरित्र का उन्होंने सहानुभूति से चित्रण क्यों नहीं किया और क्यों वे गाँधी जी के पीछे-पीछे यह मानते चले गये कि औद्योगिक सभ्यता हीन तथा कृषि सभ्यता श्रेष्ठ है?

इन प्रश्नों के उत्तर हैं, मगर वे उनकी समझ में नहीं आयेंगे, जो यूरोप और अमरीका बनने को बेचैन हैं। क्या भारत भी इसीलिए स्वाधीन हुआ है कि वह उस चीज की नकल करे, जो खुद खत्म होने जा रही है?

गाँधी जी का मार्ग भारत के युग-पोषित व्यक्तित्व से निकला हुआ पुण्य का मार्ग है। केवल उसी मार्ग पर चलकर गरीब अपनी गरीबी से और अमीर अपनी अमीरी से त्राण पा सकता है। प्रेमचंद ने गाँधी जी का भरपूर समर्थन इसलिए किया कि उनकी भी जड़ भारत के आध्यात्मिक व्यक्तित्व में थी। वे भी सभ्यता के चाकचिक्य पर न रीझ कर समस्या की तह में पहुँचना चाहते थे और जो भी चिंतक समस्या की तह में पहुंचेगा, वह यही कहेगा कि सादगी अच्छी, चालाकी बुरी चीज है, संयम श्रेष्ठ, असंयम हीन है, और मनुष्यता की रक्षा के लिए जरूरतों को बढ़ाना नहीं, उन्हें घटाना अधिक योग्य है।

साहित्य को इज्जत देने के जोश में एक समय यह बात काफी जोर से कही जाती थी कि राजनीति में जो गाँधीवाद है, वही तत्त्व साहित्य में छायावाद बन गया है। मूर्खता की पहुँच यहाँ तक हो गयी कि आलोचकों ने लिख डाला: छायावाद में जो अवसाद था, वह इस कारण कि गाँधी जी लड़ाई हार गये थे। ऐसा कहने से छायावाद की इज्जत भले ही बढ़ती हो, मगर गाँधी की इज्जत उससे कम होती है। गाँधी का युद्ध जय और पराजय से परे रहता था। उसमें हार या जीत खोजना गाँधी-मत के प्रति अपना अज्ञान प्रकट करना है।

क्या हार जीत, खोजे कोई, उस अद्भुत पुरुष अहन्ता की,
हो जिसकी संगर-भूमि बिछी, गोदी में जगन्नियन्ता की?
संगर की अद्भुत भूमि, जहाँ, पड़ने वाला प्रत्येक कदम
है विजयः पराजय भी जिसकी, होती न प्रार्थनाओं से कम।

–बापू

और इसका क्या प्रमाण है कि गाँधी जी अपनी तथाकथित पराजय से निराश हुए थे? यदि तात्पर्य चौरी-चौरा कांड से है तो फिर निराश साहित्यिक पूरे बल के साथ राष्ट्र-सेवा में क्यों नहीं लग गये? वे अनंत में बसने वाले प्रियतम के विरह में क्षीण रोदन क्यों करने लगे?

असल में, छायावाद को समझने का यह सारा सिलसिला ही बेकार है। छायावाद पर गाँधी जी का कोई भी प्रभाव नहीं था। गाँधी जी कर्मठता के आराधक थे, छायावाद कल्पकों का कल्पना-विलास था। गाँधी जी कला से वैसा ही काम लेना चाहते थे, जैसा काम उससे प्रगतिवादी लेना चाहते हैं, किन्तु छायावाद की मूल-प्रवृत्ति प्रचार के विरुद्ध थी। गाँधीजी कृच्छ साधना में विश्वास करते थे, छायावादियों के भीतर भोग की ललक थी, जो छिपाये नहीं छिपती थी।

छायावाद और गाँधी जी के बीच मुझे तो उतनी भी समानता दिखायी नहीं देती, जितनी समानता यूरोप की रोमांटिक कविता और होमियोपैथी के प्रवर्तक सैमुएल हैनीमैन के बीच है। हैनीमैन कवि शैली के समकालीन थे, अतएव कहा जाता है कि विचारों की जिस लहर ने साहित्य में रोमांटिक धारा का प्रवर्तन किया, उसी लहर के कारण होमियोपैथी का भी आविष्कार हुआ। होमियोपैथी इलाज तो आध्यात्मिक पद्धति है, जिसकी खुराक आकार में जितनी ही छोटी, गुणों में उतनी ही तेज होती है। अगर हैनीमैन का जन्म बीसवीं सदी में भारतवर्ष में हुआ होता, तो यह कहना कुछ दूर तक युक्तिसंगत हो सकता था कि हैनीमैन और गाँधी विचार भी एक ही भूमि से जन्मे हैं। किन्तु कर्मठ गाँधी और कल्पना बिहारी छायावादियों के बीच बंधुत्व स्थापित करने का प्रयास बिलकुल ही उचित नहीं है।

अगर यह कहें कि जैसे गाँधी जी ने शरीर-बल के सामने आत्मा की शक्ति दिखलायी, उसी प्रकार छायावाद भी स्थूल के प्रति सूक्ष्म का विद्रोह था, तो भी बात ठीक से नहीं बनती है। छायावाद द्विवेदी-युगीन काव्य की सादगी और नीरसता के विरुद्ध प्रतिक्रिया के रूप में आया था। द्विवेदीयुग के कवि शृंगार से जरा परहेज रखा करते थे। छायावादियों ने इस परहेज को तोड़ना चाहा, स्वामी दयानंद की मुट्ठी से तो वे निकल भागे, लेकिन गाँधी के जाल से निकलना उनके लिए कठिन हो गया। छायावाद के भीतर हम ठिठुरी हुई काम-भावना को तड़पता

देखते हैं। इसका कारण कुछ तो स्वामी दयानंद की विरासत थी और कुछ गाँधी-युग का प्रभाव।

हाँ, इस युग में राष्ट्रीय कविताओं का जो ज्वार उठा, वह सीधे राष्ट्रीय आंदोलन की देन था और उन कविताओं के भीतर जहाँ कहीं भी गाँधी जी के प्रतिबिंब पड़े हैं, वे बड़े ही सुन्दर और स्वस्थ हैं। जो कवि केवल कलोन्मुख ही नहीं, कुछ समाज की भी ओर थे, उन पर गाँधी जी का प्रभाव अनेक रूपों में पड़ा।

सन् 1930 ई. में जब पेशावर के पठानों पर गोलियाँ चलीं और पठानों ने प्रतिशोध लेने को हाथ भी नहीं उठाया, उन दिनों मेरी एक कविता में ये पंक्तियाँ उत्तरी थीं :

यह विस्मय बड़ा प्रबल है, बल को बलहीन रिझाते।
मरने वाले हँसते हैं, आँसू हैं वधिक बहाते।

जब गाँधी जी अछूतोद्धार के अभियान पर निकले, संकीर्ण विचार वाले हिंदुओं ने उनका स्वागत लाठियों और पत्थरों से किया। उस समय श्री रामसिंहासन सहाय मोख्तार मधुर ने लिखा था :

ले लेंगे वे प्राण, हाय, वह देने पर राजी है।
बक्सर से पत्थर-प्रहार, पूने से बमबाजी है।
डोमराज! भयभीत न होना, निष्ठुरता हारेगी,
प्रभु की करुणा हृदय चीरकर यह बाजी मारेगी।

और जब गाँधी जी ने राजकोट में अनशन आरम्भ किया, श्री मधुर जी ने रजवाड़ों के उन्मूलन की भविष्यवाणी उसी दिन की थी।

ऊपर अंबर रोता है, नीचे धरनी अकुलानी,
यह मुकुट बेच दो राजा, यह महल बेच दो रानी।
इन कोटि-कोटि प्राणों में है एक आग तूफानी,
यह आग बुझाओ राजा, यह आग बुझाओ रानी।
यह धरती धंस जायेगी, है दो दिन की मेहमानी।
इतिहासों के पन्नों पर उड़ते हैं राजा-रानी।

भारत ही नहीं, मानवता मात्र का परम दुर्भाग्य यह रहा कि गाँधी जी अपनी ही साधना के बल से इतने ऊँचे उठ गये कि राजनीति में उन्हें एक भी ऐसा शिष्य नहीं मिला, जिसका मस्तक बापू के चरणों तक भी पहुँच पाया हो। इससे भी बड़े दुर्भाग्य की बात यह रही कि उनका शायद ही कोई शिष्य ऐसा हुआ, जिसे गाँधी जी पर चारों ओर से एक समान अडिग विश्वास रहा हो। नेता उन्हें सब मानते थे, मगर प्रत्येक के

भीतर कुछ-न-कुछ दुराव भी था। कोई सब कुछ मानता हुआ बापू की आध्यात्मिकता से घबराता था। किसी को इस बात की शिकायत थी कि गाँधी जी मशीनों का समर्थन क्यों नहीं करते हैं। कोई इस बात से खुश था कि गाँधी जी राम के भक्त हैं, मगर-मन-ही-मन यह नहीं समझ पाता था कि 'राम कहो, रहमान कहो' कैसे ठीक है। कोई शिष्यत्व निभाने के लिए चरखा तो चला लेता था, मगर मन-ही-मन सोचता था कि देश के स्वाधीन होने पर हम देश को अमरीका बना देंगे। यहाँ तक कि उनके अपने लोग गाँधी जी की भाषा-नीति तक के साथ नहीं थे, केवल उन्हें खुश रखने को ऊपरी मन से भारतीय भाषाओं का समर्थन करते थे।

लोगों की सबसे कम आस्था गाँधी जी की अहिंसा में थी। गांधी जी का मन रखने को वे अहिंसा की दुहाई तो सुबह और शाम, दोनों वक्त देते थे, मगर मन-ही-मन मानते थे कि अहिंसा हमारा धर्म नहीं, केवल नीति मात्र है। क्रिप्स आफर के समय तो बात यहाँ तक बढ़ी कि कांग्रेस ने यह प्रस्ताव पास कर दिया कि अगर स्वराज्य अभी दे दिया जाय, तो कांग्रेस युद्ध में सक्रिय सहायता देने को तैयार है। इस प्रस्ताव के पास होते ही गाँधी जी ने कांग्रेस के साथ अपना संबन्ध छिन्नकर लिया। कांग्रेस में फिर वे वापस तब आये, जब कांग्रेस ने, स्वराज्य न मिलने पर, उस प्रस्ताव को रद्द कर दिया।

हिंसा-अहिंसा का यह द्वंद्व अनेक हिंदी कवियों को भी सताता था, फिर भी कंठ तक आयी हुई आग को वे वापस निगल जाते थे और ऐसी बात बोल देते थे, जिससे कठघरे में खड़े होकर वे यह कसम खा सकें कि हिंसा की बात मैंने कभी नहीं कही है।

हिंदी में तीन चार कवि ऐसे भी हुए हैं, जो कम-से-कम अपनी रचनाओं में हिंसा और अहिंसा के द्वंद्व से सर्वथा मुक्त रहे। इनमें से सियारामशरण गुप्त सर्वतोभावेन गाँधीवादी थे और गाँधी जी के सिद्धान्तों पर शंका करने की बात वे सोच भी नहीं सकते थे। वैसे मैथिलीशरण जी गुप्त की अपेक्षा वे अधिक मौलिक कवि थे। उनकी मौलिकता भी गाँधी जी के किसी भी मत को शंका की कसौटी पर चढ़ाकर नहीं देख सकी। इससे उनकी कविताएँ कपास के समान हो गयीं- उस कपास के समान, जिसके बारे में तुलसीदास जी ने कहा है: 'निरस, विसद, गुनमय फल जासू।'

'भारत-भारती' की रचना के बाद से मैथिलीशरण जी गुप्त भारत के राष्ट्रकवि मान लिये गये थे। अपने इस पद के औचित्य को संभालने के लिए उन्होंने ऐसे अनेक काव्य लिखे, जिनमें कवित्व कम, राष्ट्रकवित्व अधिक था। गुरुकुल और कर्बला, ये दो काव्य यहाँ प्रमाण के तौर पर उल्लेखनीय हैं। गाँधी जी के प्रति उनका भी वही भाव था, जो उनके अनुज सियारामशरण गुप्त का था। एक हिंदुस्तानी को छोड़कर बाकी सभी बातों में दोनों भाई गाँधी जी के पूरे भक्त थे।

हिंदी में सबसे ईमानदार चिंतक मैं जैनेन्द्र जी को मानता हूँ। एक तो जैन धर्म ही अहिंसा से सराबोर है। उस पर जैनेन्द्र जी का स्थान गाँधीवाद के आचार्यों में से है। फिर भी वे यह मानने को तैयार नहीं हैं कि केवल अहिंसा की दुहाई देने से युद्ध का अंत किया जा सकता है। युद्ध जब आ ही जाय, तब उससे मुकर जाना कायरता का काम है। जैनेन्द्र जी के जयवर्धन उपन्यास में स्वामी जी ने आचार्य जी से कहा है :

'यहाँ सच ही कोई स्वतंत्रवान् नहीं है। जो है, जहाँ है, एक भगवत्-तंत्र है। अर्जुन ने पीछे मुड़ना चाहा था, कृष्ण ने उसे समक्ष बढ़ाया। यह काम आप पर है और जयवर्धन निश्चय ही आज के लिए अर्जुन के समान है। देखता हूँ, युद्ध समक्ष है और शांति श्मशान की भी शांति हो सकती है। लेकिन वह युद्ध से बदतर चीज होगी। इसलिए हर हाल समझौता हमें नहीं चाहना है। एक जगह पर कृष्ण ने समझौते की संभावना छोड़ दी और युद्ध मांगा गया, तो युद्ध का दान देने में योगी कृष्ण ने अपनी ओर से कृपणता नहीं दिखायी।'

हिंसा-अहिंसा की समस्या मनुष्य-जाति की सबसे जटिल समस्या है, जिसका कोई भी सीधा समाधान नहीं है। अगर कोई सीधा समाधान हुआ होता, तो गाँधी जी ने कश्मीर में फौज भेजने से अपने शिष्य को रोक दिया होता और चीनी आक्रमण के बाद आचार्य विनोबा भावे यह संकेत देने को बंदूक का स्पर्श नहीं करते कि कभी-कभी अहिंसा की रक्षा भी हिंसा के बिना नहीं की जा सकती है।

(अक्टूबर 19567 साहित्यमुखी रामधारी सिंह दिनकर से)

संस्कृति का संकट

जैनेन्द्र कुमार

गाँधीजी को हमने गंवा दिया है, सो निजी घटना नहीं है। यह तो संस्कृति का ही संकट है। यह साम्प्रदायिकता का विष है, जो गहरा घर करता जा रहा है। जात-पांत पर, अलग-अलग फिरकों पर ऐसे जोर पड़ता गया तो सब खण्ड-खण्ड ही न हो रहेगा? हमारी इकट्ठी संस्कृति कहाँ रह जायेगी?

मेरे देखते संकट शायद यह नहीं है कि हिंसा है। वह तो सदा से है, आगे भी शायद रहने वाली है। प्रश्न है कि हिंसा पर क्या प्रति हिंसा से काम लेते जाना होगा? ऐसे क्या चक्कर कटेगा? क्या कोई भी अलग होकर यह कहने वाला नहीं है कि हिंसा हमें झेल लेनी होगी और फिर लौटा कर नहीं देनी है, हिंसा का अहिंसा से सामना करना है?

ठीक है कि एक ने गाँधी को मार डाला। कोई नहीं कह सकता कि गाँधीजी गफलत में थे। क्या वह अपने को नहीं बचा सकते थे? क्या सारी हुकूमत इस काम में नहीं आ सकती थी? पर नहीं आयी और न आने दी गयी। कारण कि यद्यपि हत्याकारी और उसके-से विचार वाले अमुक दल की ओर से आने वाली हिंसा अवैध थी और हुकूमत की फौज और पुलिस वैध है... पर वैध मानी जाने वाली हिंसा से भी गाँधीजी अवैध हिंसा का सामना करने में स्वयं विश्वास नहीं करते थे। छोटी हिंसा को बड़ी से और अवैध को वैध से रोका जा सकता है, लेकिन वैध हिंसा में भी संस्कृति की सेवा नहीं है।

धर्मवाद के नाम पर यहाँ विभाजन हुआ और पाकिस्तान बन गया। गाँधीजी के नेतृत्व में कांग्रेस ने सदा एक राष्ट्र का सिद्धान्त माना था, लेकिन नीचे का व्यवहार दो की भावना लेकर चला और कौमें दो नहीं तो हुकूमतें दो बनी ही। सदियों से हिन्दुस्तान में बसने वाले सब लोगों के बीच एक इकट्ठापन बढ़ता चला आ रहा था। अंग्रेजों के आने से वह काम रुक गया। अंग्रेज उनके बीच मुंसिफ बनकर रहे। उनके जाते-जाते

हिन्दुस्तान के टुकड़े जो हुए तो वह सदियों से चली आयी कुदरत की कोशिश के खिलाफ काम था। हुकूमत में और सियासत में रहने वालों के दिमाग से इस दो के आदी और हिमायती भी हो गये हों, मुल्क का दिल इसके लिए तैयार न था। वहाँ से इसलिए जो गुस्सा और तनाव, मुसीबत और तबाही बरपा हुई, उसे कौन नहीं जानता? वह संस्कृति के खिलाफ काम था, वह संस्कृति जिससे इंसानियत छूट नहीं सकती और जिसकी टेक पर मानव जाति को बढ़ना होगा। इस कसौटी पर सियासतें और हुकूमतें कसी जायेंगी और फेंक दी जायेंगी। वही इतिहास के लिए कसौटी बनेगी और सब राजनीतियों का फैसला करेंगी। हिन्दुस्तान में धर्म के आधार पर, यूरोप में जातियों के आधार पर कामकाज चलाया गया। मगर वहाँ लड़ाइयाँ ज्यादा हुईं। वहाँ की जिन्दगी सियासत को लेकर उसमें अगल-अलग नाम और नारे ईजाद करके जुटाई और समेटी जाती है। हिन्दू और मुसलमान के बीच की नफरत फासिस्ट और कम्युनिस्ट की आपसी घृणा से क्या कुछ अलग चीज है? राजनीति होने से क्या उस नफरत की संभावनाएँ मीठी बन जाती हैं? क्या वह कम नृशंस और कम भीषण होती है?

किसी नये फैशन के प्रचलित राजनीतिक मतवाद को सामने करके उसे अधिक स्वच्छन्दता देने का कोई मौका नहीं होना चाहिए। मानव-संबन्धों को लेकर संस्कृति बनती है। उन संबन्धों में जब हिंसा आती है, तभी विकृति आती और संस्कृति के लिये संकट उत्पन्न होता है। धर्म क्षेत्र के विद्वेष और विग्रह को राज और समाज के क्षेत्र में लाकर रोप देने से ही संस्कृति की रक्षा और सेवा हो जायेगी, इसे भ्रम ही मानना चाहिए।

गाँधीजी राष्ट्र के पिता थे, सो क्यों? क्योंकि वे सबको... सब व्यक्तियों, समूहों, संस्थाओं और संगठनों को पूरा अवकाश देते थे। डेमोक्रेसी का यही नहीं तो दूसरा क्या अर्थ है? डेमोक्रेसी के सार को अन्दर लेकर चलने वाली भारतीय संस्कृति गाँधीजी के हाथों पूरी तरह मान्य और प्रतिष्ठित हुई। कारण, उन्होंने वैर की राजनीति के बीच निर्वैर की धर्मनीति को प्रतिष्ठित किया।

क्या हम मानें कि हिंसा जीती, गाँधीजी हारे! गाँधीजी की मृत्यु इसका जवाब है। वह आमंत्रित मृत्यु उनके जीवन कार्य को अमरता दे गयी और उससे बड़ी पराजय हिंसा के लिए दूसरी हो नहीं सकती। तो संस्कृति का सवाल इस जगह है कि हम घृणा को, द्वेष को कैसे जीतें? अपने से बाहर के द्वेष और घृणा को अपने अन्दर की निर्वैरता से जवाब देने लायक हम नहीं हैं। गाँधी की टेक थी कि हुकूमतें चाहे दो हो गयी हों, हिन्दुस्तान के दिल दो नहीं हो गये हैं। संस्कृति की सेवा और रक्षा होनी है तो उसको वह बनना होगा, जो हिन्दुस्तान के समूचे संयुक्त हृदय को प्रति ध्वनि दे। गाँधी जी ने भारत की राष्ट्रीयता को जिस बुनियाद पर रखा, वहाँ सब समान हैं

और सबके लिए समाई है। धर्म के विविध रूपों अथवा शरीरों की रक्षा करते हुए, उसकी अखण्डता, उसकी आत्मा की एकता को उन्होंने जगाया और चलते-चलते गुहार की 'ईश्वर अल्लाह तेरे नाम।'

हिन्दू-मुसलमान की लड़ाई यह थी कि हिन्दुस्तान तेरा नहीं, मेरा है, तो गाँधी ने कहा कि हिन्दुस्तान के मालिक तो वे हैं, जो धरती में पसीना डालते और वहाँ सबके लिए अन्न उगाते हैं। बस उत्पादन को ही अपना भाग मानकर बाकी लूट-खसोट का काम वाचालों के लिए छोड़ देते हैं। इसलिए हिन्दुस्तान किसी का है तो उसका है, जो इन मूक-मेहनती जनता का अकिंचन सेवक है, जो यह सेवा मानों प्रायश्चित की भावना से करता है। इसी तरह धर्म के मामले में ईश्वर और अल्लाह को एक पुकार में मिलाकर उन्होंने बता दिया कि भगवान किसी का नहीं है, सबका है और जो अपनी कुरबानी देता है, उसे पाता है।

(भारत सरकार की 'प्रकाशकों के सहयोग से हिन्दी लेखन, अनुवाद और प्रकाशन योजना के अन्तर्गत प्रकाशित पुस्तक 'शिक्षा और संस्कृति से संकलित)

पत्रकार गाँधी

माखनलाल चतुर्वेदी

जब-जब मैंने महात्मा गाँधी के पत्रकारत्व के विषय में सोचा है, मुझे स्मरण रहा है कि देश और काल की कसौटी पर, ईश्वरीय विश्वास और श्रम में अटूट श्रद्धा के साथ, बिना किसी को सताये अपने प्रयत्न को शोध बनाते जाना गाँधीजी के पत्रकारत्व की विशेषता थी। विश्व में ऐसे कितने ही पत्रकार हैं, जिन्होंने यद्यपि किसी पत्र का सम्पादन नहीं किया है किन्तु लोग उन्हें पत्रकार मान सकते हैं। समाज को समय की कसौटी पर कसने वाला कोई भी हो, वह पत्रकार कहलाने के उत्तरदायित्व से मुक्त नहीं हो सकता। किन्तु महात्मा गाँधी तो स्वयं 'यंग इंडिया', 'नवजीवन-', 'हरिजन' और 'हरिजन-सेवक' का सम्पादन और प्रकाशन भी करते रहे। यही क्यों, इन पत्रों से पहले वे दक्षिण अफ्रीका में 'इण्डियन ओपीनियन' नामक एक पत्र का संपादन करते रहे। संवाद, पत्र, लेखन-चर्चा, भेंट, मत-निश्चय, मत-प्रकाशन और मतानुकूल वर्तन आदि क्षेत्रों में गाँधीजी से महान् संपादक कदाचित् इस देश में पैदा नहीं हुआ। वे महज सुलझा देने की दृष्टि से किसी समस्या को नहीं पकड़ते थे। समस्याएँ ढूँढना और सुलझाना, व्यावहारिक सतह पर सुलझाना उनकी जनसेवा की परम्परा का एक महान् अंग बन गया था। इसलिए उनके 'यंग इंडिया', 'हरिजन' तथा 'हरिजन सेवक' में प्रकाशित होने वाले लेखों को लोग प्रकाशित होते न होते अपने पत्रों में छाप दिया करते थे। यों इस देश में जन-जीवन का उद्धार करने की दृष्टि से अथवा उसमें घुलमिल जाने के विचार से स्वर्गीय लोकमान्य तिलक ने भी इसी पथ को अपनाया था। समस्या अथवा घटना चाहे उड़ीसा की हो, चाहे दिल्ली की, चाहे बंगाल की हो, चाहे तमिल, तेलगू और मलय देश की, उत्तर प्रदेश की हो, चाहे मध्यप्रदेश की, गाँधी उन समस्याओं अथवा घटनाओं का अपने छोटे से साप्ताहिक में केवल उल्लेख मात्र ही नहीं करते थे, किन्तु उन पर अपना मत भी दिया करते थे। और कितनी ही बार वह मत लोकजीवन के परम्परागत मत से मेल नहीं खाता था, किन्तु वे उक्त मत के व्यक्त करने का खतरा उठाया करते थे।

समाचार-पत्र न केवल समय की आवश्यकता है, न केवल देश की रक्षापंक्ति का बहुत बड़ा बल है, न केवल शान्त अथवा अशान्त काल में लोकजीवन के लाचार विचारों का नियंत्रण करने वाला क्रान्ति-दूत है, वरन् धारणाओं और विश्वासों को सजग, श्रेष्ठ और समर्पणशील बनाये रखने के लिए वह एक महान् दर्शन भी है, जो गाँधीजी की पंक्ति-पंक्ति में व्यक्त होता था। एक ओर जहाँ वे वाइसराय को चुनौती का पत्र लिखते थे, तो दूसरी ओर लोक-जीवन के साथ विवाह, धर्म-अधर्म, हिंसा-अहिंसा, हरिजनोद्धार, खादी ग्रामोद्योग शिक्षा, चर्खा, भाषा और गौ-रक्षा आदि प्रसंगों की चर्चा भी करते थे। जिन चर्चाओं का समाचार-पत्र में अथवा उनके समाचार-पत्र में आना सम्भव न होता था, उनको अपनी व्यक्तिगत भेंटों तथा चिट्ठी-पत्री के द्वारा व्यक्त करते थे।

पश्चिमी राष्ट्र इस बात पर विश्वास करते हैं और हममें से कुछ लोग भी कदाचित् इस बात पर विश्वास करने लगे हैं कि जन-जीवन के सामने जीवन की गुत्थियों को पूर्णरूप से प्रगट नहीं किया जा सकता। किन्तु गाँधीजी इसके विपरीत यह धारणा रखते थे कि जीवन की गुत्थियों को जन-जीवन से छुपाकर रखना व्यक्ति के लिए, समाज के लिए और समस्त विश्व के लिए भी एक भयंकर जोखिम आमंत्रित करता है।

गाँधीजी की पत्रकारिता इस बात में बहुत बड़ी है कि वे लोक-जीवन के रंग में घुल-मिल जाते थे। उस समय उन्हें अपनी इकाई की गुरुता बिलकुल याद नहीं रहती थी, केवल उत्तरदायित्व और सोचे हुए कार्य का ही उन्हें भान रहता था। जिस दिन हमने गाँधीजी को खोया, उस दिन सारी पत्रकारिता देश-भक्ति के धर्म से हटकर पुनः राजनीति का जकड़-व्याल हो गयी।

मुझे ऐसा लगता है कि गाँधी-दर्शन की दृष्टि से देखें तो भगवान् बुद्ध तथा संसार के समस्त धर्म- प्रचारक अपने जमाने के महान् नायक के साथ-साथ महान् पत्रकार भी थे। कवियों में भी यदि टिप्पणी करने वाले फक्कड़ लोगों को देखें तो कबीर और तुलसीदास अपने युग के महान् पत्रकार कहे जा सकते हैं। पत्रकार वह है, जो समय के प्रवाह में अपने पैरों को डालकर अपनी पीढ़ी को थाह ले-लेकर बताता है कि 'चले जाओ, इस धारा के पार जाया जा सकता है। और तुम्हें जाना होगा।'

समस्याओं के साथ महात्मा गाँधी का जाने कौन-सा रिश्ता था कि वे अपने सारे वातावरण की समस्याएँ उठाते और उन्हें सुलझाने बैठ जाते। आश्रम में हों या पहाड़ पर, स्थिर हों, या यात्रा में, प्रार्थना में हों या परिचय के क्षेत्र में, गाँधीजी का नाम गाँधीजी है ही (था ही) नहीं, यदि वे प्रत्येक क्षण, जीवन के प्रत्येक क्षण, समस्याओं

को सुलझाने में नहीं लगे हों। अपने विरोधी के सामने जाते समय वे चरित्र की वह दृढ़ता व्यक्त करते थे, जो विरोधी को पहले और सम्पूर्ण अवसर देती है। उस समय पत्रकार गाँधी का सेवक होना तो प्रशंसा की बात थी ही, उनका विरोधी होना भी गौरव की बात थी।

जिस तरह वृक्ष अपने जीवन का रस कीचड़ में से खींचता है, उसी प्रकार गाँधीजी का पत्रकार, जन-जीवन की समस्याओं में से और प्रार्थना तथा चिंतन में से रस ग्रहण करता था और घटनाओं को विश्वास बनाकर जन-जीवन के पास लौटते समय उन्हें हर्ष होता था।

यदि सम्पादक गाँधी का परिचय दिया जाय तो गाँधीजी के 'इंडियन ओपीनियन' के विषय में लिखे गये इन शब्दों को सुनिए 'जब तक वह मेरे अधीन था, उसमें किये गये परिवर्तन मेरे जीवन में हुए परिवर्तनों के द्योतक थे। जिस तरह आज 'यंग इंडिया' और 'नवजीवन' मेरे जीवन के कुछ अंशों के निचोड़ हैं, उसी तरह 'इंडियन ओपीनियन' था। उसमें मैं प्रति सप्ताह अपनी आत्मा उँडेलता था और जिसे मैं सत्याग्रह के रूप में पहचानता था, उसे समझाने का प्रयत्न करता था। जेल के समयों को छोड़कर दस वर्षों के अर्थात् सन् 1914 तक के 'इंडियन ओपीनियन' के शायद ही कोई अंक ऐसे होंगे, जिनमें मैंने कुछ न लिखा हो।'

यही नहीं, सच्चे सम्पादक के नाते, गाँधीजी जो उत्तरदायित्व अनुभव करते थे उसका उदाहरण लीजिए। 'इंडियन ओपीनियन' ही के विषय में वे लिखते हैं, 'इसमें मैंने एक भी शब्द बिना विचारे, बिना तौले लिखा हो, किसी को केवल खुश करने के लिए लिखा हो अथवा जान-बूझकर अतिशयोक्ति की हो, ऐसा मुझे याद नहीं पड़ता।' गाँधीजी तो यहाँ तक कहते हैं कि मेरे लिए यह अखबार संयम और तालीम सिद्ध हुआ था, मित्रों के लिए यह मेरे विचारों को जानने का माध्यम बन गया था।

देश के कोने-कोने में घूमकर संवाददाता एक-दो खबरें ही लाता है, किन्तु महात्मा गाँधी समस्त राष्ट्र का बल अपनी मुट्ठी में ले आये थे। सच्चे पत्रकार के नाते, वह लिखते थे, जिसकी जन-जीवन को आवश्यकता होती थी, वह बोलते थे जिसे बोलते समय जन-जीवन काँपता था, वहाँ भुजा उठाते थे, जहाँ मुकुटों और सिंहासनों के द्वारा गरीबों को भुजा उठाने से मना किया जाता था।

महात्मा गाँधी की समस्त पत्रकारिता में, उनकी समस्त अभिव्यक्ति में एक महान् दर्शन है। वे घटना के सत्य की जितनी रक्षा करते थे, उतना ही उसके दार्शनिक पहलू को भी सँभाला करते थे। इसलिए सिर का सौदा करने वाले क्रान्तिवादी, सिर ऊँचा उठाये रखने वाले राष्ट्रवादी और झुके सिर का जन-जीवन सब महात्मा गाँधी के पास आकर प्राण पाते थे, त्राण पाते थे। सच तो यह है कि क्रान्तिवादी की अपेक्षा क्रान्तिवादी

पत्रकार और भी अधिक जोखिम को न्यौतता है। वह खतरों का खुला सामना करता है, चुनौती देता है, किन्तु दार्शनिक दृष्टि बिन्दु से अपनी समस्त पुरुषार्थमयी प्राप्ति को, उस चिन्तन के चरणों पर अर्पित कर दिया करता है, जहाँ से वह यह अनुभव करता है कि उसके प्रयत्नों को और संसार के सारे प्रयत्नों को बल मिलता है।

(माखनलाल चतुर्वेदी रचनावली 2)

गाँधी के संस्पर्श ने मुझे बदल दिया

कविवर सुमित्रानन्दन पन्त

संसार का शायद ही कोई प्रबुद्ध व्यक्ति हो, जो इस युग में महात्मा गाँधी के अद्वितीय व्यक्तित्व की ओर आकर्षित न हुआ हो। हमारे देश में तो आबाल-वृद्ध सभी व्यक्तियों ने, यहाँ तक कि गाँवों में रहने वाले असंख्य जनसाधारण ने भी महात्माजी के अलौकिक व्यक्तित्व के सम्मुख अपने को सदैव प्रणत अनुभव किया है। उनके व्यक्तित्व के इस महान् आकर्षण का कारण, मेरी दृष्टि में, मुख्यत: उनके हृदय की सच्चाई तथा स्वच्छता थी। वे स्फटिक की तरह स्वच्छ तथा दर्पण की तरह निर्मल थे। उनके भीतर आर-पार देखा जा सकता था। उनके मन में किसी प्रकार के भी भेद तथा दुराव की भावना नहीं आती थी। वे आत्मीय की तरह सभी से सहज उन्मुक्त हृदय से मिल सकते थे। मेरे हृदय को सर्वोपरि गाँधीजी के जीवन की स्वच्छता तथा पवित्रता ही ने आकर्षित किया। उनका व्यक्तित्व बाहर-भीतर जैसे खादी के ही स्वच्छ एवं उपयोगी भाव-सूत्रों से गुम्फित था।

आज के जड़वाद से अभिभूत जगत् में गाँधीजी का आविर्भाव अपना विशेष अर्थ रखता है। आज के बहिर्भ्रान्त, वस्तु स्थितियों के अधीन मनुष्य को अन्तर्मुखी जीवन का महत्त्व सिखलाकर उसे आत्मस्थित, अन्त:स्थित करने के लिए गाँधीजी मनुष्यत्व के एक अग्रदूत-से आये थे। आज के बहि: सम्पन्न जग में अन्तर्जगत् से जूझना मनुष्य के लिए नितान्त आवश्यक हो गया है, जिससे भौतिक विज्ञान की शक्ति मानवता के विनाश का साधन न बनकर-जिसके कि लक्षण दिखायी दे रहे हैं- उसके श्रेयस तथा विकास का साधन बन सके। मनुष्य को सभ्य के साथ ही संस्कृत भी बनना है। वैज्ञानिक कर-कौशल से सँवारे गये इस विश्व में एक उन्नत सुन्दर मनुष्य को भी जन्म लेना है- जो मानव-प्रेम , जीवन-सौन्दर्य, विश्व-शान्ति तथा अपने अन्त:प्रकाश या ज्ञान के आलोक का प्रतिनिधि बन सके। गाँधीजी आज के भौतिक वैभव-सम्पन्न युग की इसी महान् कमी की पूर्ति करने के लिए आये थे।

उनके इसी स्वरूप की प्रशस्ति में मैंने लिखा है :

अब ज्योतिशेष तुम, दिखता जन युग दर्पण में बिम्बित
गौतम ईसा से उज्ज्वल नर चरित स्वर्ग भू विस्तृत!
इतिहास पीठिका पर तुम सर्वोच्च खड़े वर भूधर
सम्पूर्ण संत जो विचरा जन गण सँग जर्जर भू पर।
देखा न चरित्र धरा ने तुम-सा समग्र संयोजित
तुम आत्म ऐक्य का अनुभव कर सके विश्व सँग जीवित!
नव युग के प्रथम पुरुष तुम, गत युग के अन्तिम मानव,
जीवन विकास कम तुमसे नव वर से भू पर सम्भव!

मेरी **'बापू'** शीर्षक एक अन्य रचना में भी उनके इस व्यक्तित्व को वाणी मिली है- जिसमें आस्था की अधिक गहराई है:

बापू, तुमसे सुन आत्मा का तेजराशि आह्वान,
हँस उठते हैं रोम हर्ष से, पुलकित होते प्राण!
भूतवाद उस धरा स्वर्ग के लिए मात्र सोपान,
जहाँ आत्मदर्शन अनादि से समासीन अम्लान!
नहीं जानता युग विवर्त में होगा कितना जन क्षय,
पर मनुष्य को सत्य-अहिंसा ईष्ट रहेंगे निश्चय!
नव संस्कृति के दूत, देवताओं का करने कार्य
आत्मा के उद्धार के लिए आये तुम अनिवार्य!

इस रचना में भूतवाद या भौतिकता को मैने मानव-आत्मा की प्रगति के लिए केवल सोपान या पीठिका मात्र माना है। विश्वमानवता के निर्माण के लिए आज के राजनीतिक-आर्थिक जीवन की उपयोगिता पर अटूट विश्वास होने पर भी- जो कि इस वैज्ञानिक जनयुग का सबसे विराट् स्वप्न है- मेरी जीवनदृष्टि सदैव ही इस विराट्ता का भी अतिक्रम कर उस उच्चतम मनुष्यत्व का स्वप्न देखती रही है, जो जनयुग की व्यापक सिद्धि को हिमालय के शिखरों से भी उन्नत सांस्कृतिक गौरव दे सके। अपनी इस कल्पना को मैं धरास्वर्ग की कल्पना कहता आया हूँ। इसी दृष्टि को सामने रखकर मैंने समाजवाद-गाँधीवाद को एक-दूसरे की तुलना में देखने का प्रयत्न किया है :

साम्यवाद ने दिया जगत् को सामूहिक जनतन्त्र महान्
भव जीवन के दैन्य दुःख से किया मनुजता का परित्राण!
अन्तर्मुख अद्वैत पड़ा था युग-युग से निष्क्रिय, निष्प्राण!
जग में उसे प्रतिष्ठित करने दिया साम्य ने वस्तुविधान!

गाँधीवाद जगत् में आया ले मानवता का नव मान,
सत्य अहिंसा से मनुजोचित नव संस्कृति करने निर्माण!
गाँधीवाद हमें जीवन पर देता अन्तर्गत विश्वास
मानव की निःसीम शक्ति का मिलता उससे चिर आभास!
व्यक्ति पूर्ण बन जग जीवन में भर सकता है नूतन प्राण!
विकसित मनुष्यत्व कर सकता पशुता से जन का कल्याण!
मनुष्यत्व का तत्त्व सिखाता निश्चय हमको गाँधीवाद!
सामूहिक जीवनविकास की साम्य योजना है अविवाद!

इस प्रकार मानवजीवन को समग्र दृष्टि से देखने पर भौतिकवाद तथा अध्यात्मवाद या आत्मवाद-दूसरे शब्दों में जड़ या चेतनवाद-एक-दूसरे के पूरक के रूप में, एक ही मानवसत्य के बाह्य और आभ्यन्तरिक आयाम या पक्ष बनकर सामने आते हैं। द्वितीय महायुद्ध के संहार से उद्वेलित होकर मैंने बाह्य विश्वपीठ के निर्माण के साथ ही अन्तर्मनुष्य के निर्माण पर अधिक बल देना उचित समझा, जिससे वैज्ञानिक शक्ति के अणु तथा तड़ित् के अश्वों पर आरूढ़ होकर आत्मजयी मनुष्य विश्व-जीवन तथा लोक-मंगल का भी निर्माता बन सके। गाँधीवाद की मानव-भविष्य के लिए मांगलिक उपयोगिता को सामने रखकर मैंने लिखा है :-

देख रहा हूँ शुभ्र चाँदनी का-सा निर्झर, गाँधीयुग अवतरित हो रहा जनधरणी पर,
विगत युगों के तोरण गुम्बद मीनारों पर, नव प्रकाश रेखाओं का शोभा जादू भर!

महात्मा गाँधी के दर्शन सर्वप्रथम मुझे सन् 1921 में हुए थे। तब तक वह सहज परिचय के घेरे में बँधकर, 'गाँधीजी', अथवा हृदय के अधिक समीप आकर- 'बापू' नहीं बने थे। वह पहला असहयोग आन्दोलन था, मैं तब इलाहाबाद के म्योर सेंट्रल कालेज में इंटरमीडिएट में पढ़ता था। परीक्षा के दिन निकट ही थे। सम्भवतः वह फरवरी का अन्तिम सप्ताह था। एक रोज मेरे मँझले भाई सवेरे के समय सहसा मेरे कमरे में घुसकर बोले- 'जल्दी करो, 9 बजे महात्माजी का भाषण होने वाला है। तुरन्त तैयार होकर मेरे साथ आनन्दभवन चलो।'

मैं चारपाई पर लेटा वर्ड्सवर्थ की रचनाएँ पढ़ रहा था, जो इण्टर के पाठ्यक्रम में थीं। भाई की आज्ञा सुनकर मन में बड़ी झुँझलाहट हुई। मैंने बिना उनकी ओर देखे ही उत्तर दिया, 'मैं नहीं जा सकूँगा, मुझे पढ़ना है।' मेरे भाई ने उत्तेजित स्वर में कहा, 'पढ़ना तो लगा ही रहता है। लेकिन महात्माजी का भाषण क्या बार-बार सुनने को मिलेगा?' मैंने दृढ़ स्वर में कहा, 'मुझे किसी का भाषण सुनने की इच्छा नहीं है।' भाई ने इस पर क्रुद्ध होकर तीखे स्वर में कहा, 'तुम इम्तहान पास कर सरकारी नौकरी और

जी-हजूरी करना चाहते हो? मैं यह सब नहीं होने दूँगा। उठो, भाषण नहीं सुनना चाहते तो कम से कम महात्माजी के दर्शन तो कर लो।'

दर्शन करने की बात सुनकर मेरा श्रद्धालु मन जाने को तैयार हो गया। मैं तुरन्त कपड़े पहन, भाई के साथ अन्य लड़कों के गिरोह में मिल-कर आनन्दभवन की ओर चल पड़ा। मेरे भाई तब बी0ए0 में पढ़ते थे और हम दोनों ही बोर्डिंग हाउस में रहते थे। प्रयाग में उन दिनों अनेक राजनीतिक सभाएँ हुआ करती थीं। पुरुषोत्तमदास टण्डन पार्क में अनेकानेक नेताओं के भाषण होते रहते थे। राजनीति की ओर किसी प्रकार की भी अभिरुचि न होने के कारण मैं उन सभाओं में बहुत कम जाता था।

हाँ, तो उस रोज जब हम आनन्दभवन में पहुँचे- वह पुराना आनन्दभवन अब स्वराज्यभवन कहलाता है- तो उसके मैदान में इलाहाबाद के स्कूल-कॉलेजों के बहुत-से छात्र एकत्रित होकर महात्मा गाँधी के आने की प्रतीक्षा कर रहे थे। मेरे भाई ने विद्यार्थियों की भीड़ को चीरकर, मुझे सबसे आगे, पहली पंक्ति में खड़ा कर दिया, और आप मेरे पीछे खड़े हो गये। महात्माजी के सभा में प्रवेश करते ही सब छात्रों ने उच्च स्वर से उनका जयजयकार किया। महात्माजी किस दिशा से होकर कब मंच पर सुशोभित हुए, यह मैं तब नहीं देख सका था। उनके आगमन के उत्साह में ऐसा स्पन्दन-कम्पन तथा जयघोष चारों ओर हुआ कि मेरा मन क्षणभर को विस्मय विमूढ़ हो गया। कुछ समय के बाद उनकी सौम्य उपस्थिति से वातावरण शांत हो जाने पर मैंने समस्त आँखों की केन्द्र बिन्दु बनी हुई जिस भव्य आकृति को सामने उच्च मंच पर बैठे देखा, उससे मेरे भीतर एक अज्ञात प्रकार का संतोष प्रवाहित हुआ। जैसे अपने देश के किसी चिर परिचित सत्य को या प्राचीन कथाओं में वर्णित उदात्त जीवन-आदर्श को आँखें मूर्तिमान रूप में, अपने सामने, शान्त मौन एकाग्रभाव में प्रतिष्ठित देख रही हों। स्वच्छ खादी से विमण्डित एक दुबली-पतली, दीर्घ, ताम्रवर्ण तपः क्लिष्ट मूर्ति-जैसे शरद ऋतु के शुभ्र मेघों से घिरा हुआ युगसन्ध्या का स्वर्णशुभ्र सूर्य बिम्ब-वह उन समस्त दृष्टियों और हृदय की भावनाओं का लक्ष्य बन गये थे। गाँधीजी का व्यक्तित्व तब मुझे विशेष आकर्षक नहीं प्रतीत हुआ। सम्भवतः उसमें तब वह कलात्मक संतुलन नहीं आया था, जो आगे चलकर पहली ही दृष्टि में मन को आकर्षित कर लेता था। उन्हें देखकर नेत्रों को तब वैसी तृप्ति नहीं हुई, जैसी कि सन् 1919 में बनारस में कवीन्द्र रवीन्द्र को देखकर हुई थी। परन्तु मन के किसी अज्ञात कोने में एक शांत मौन जिज्ञासा का उद्रेक अवश्य हुआ, और यह कि क्या यह कोई महापुरुष हैं?

महात्माजी ने अपने उस भाषण में विद्यार्थियों को स्कूल तथा कालेज छोड़ने का आदेश देते हुए अपना मन्तव्य समझाया और अन्त में अनुरोध किया कि जो विद्यार्थी उनके कथन से सहमत होकर कालेज छोड़ने को तैयार हों, वे अपना हाथ उठाकर अपनी स्वीकृति प्रकट करें। महात्माजी के नपे-तुले वचनों से प्रभावित होकर अनेक विद्यार्थियों ने अपने हाथ उठा दिये। मैं यह सब देख-सुनकर, ऊहापोह में पड़ा। अपने कर्तव्य पर विचार कर ही रहा था कि मेरे भाई ने पीछे से मेरी बाँह पकड़कर जल्दी से मेरा हाथ ऊपर उठा दिया। मैंने जब मुड़कर उनकी ओर देखा तो उन्होंने आँखें तरेरते हुए अपने ओठों के पास उँगली ले जाकर मुझे चुप रहने का आदेश दिया। मैं किंकर्तव्य विमूढ़ होकर भाई के हाथ के सहारे बलात् अपना हाथ उठाये हुए चुपचाप सब नेताओं की दृष्टि के सामने आगे की पंक्ति में पत्थर की मूर्ति-सा खड़ा रहा। अन्त में जिन लड़कों ने हाथ उठाया था, उनके अतिरिक्त शेष सब विद्यार्थियों को वहाँ से चले जाने का आदेश मिला।

जो विद्यार्थी वहाँ तब रह गये थे, अपने भाई को जब मैंने उनमें नहीं पाया तो मुझे बड़ा दुःख हुआ और मन ही मन डर भी लगा कि घरवाले न जाने इस आकस्मिक दुर्घटना के समाचार को सुनकर क्या कहेंगे। खैर, बोर्डिंग हाउस लौटने पर जब मैंने अपने भाई पर संदेह प्रकट करते हुए उनके आचरण की आलोचना की तो उन्होंने मुझे सान्त्वना देते हुए बड़ी सहानुभूति के साथ मीठे स्वर में समझाया कि मुझे चिन्ता करने की कोई जरूरत नहीं है। उन्होंने जो कुछ किया है, वह सब सोच-समझकर किया है। अगर हम दोनों भाई कालेज छोड़ देते तो पिताजी तब अवश्य ही बहुत नाराज होते। अब चूँकि वह इस वर्ष बी.ए. में प्रथम श्रेणी में पास होने का प्रयत्न करेंगे, घरवाले उसकी खुशी में इस घटना को भूल जायेंगे, इत्यादि ....

इस प्रकार, महात्माजी के प्रथम दर्शन का प्रभाव तो तब मेरे मन पर उतना अधिक नहीं पड़ा, पर हाँ, मेरे विद्यार्थी-जीवन को एक प्रकार से समाप्त कर, और मेरे बाह्य जीवन की गति में बहुत बड़ी उथल-पुथल मचाकर, उन्होंने उसकी दिशा को, जैसे अपने पहले ही संस्पर्श से सदा के लिए बदल दिया। घरवालों के संरक्षण में कालेज की शिक्षा पाने का अभिलाषी यह किशोर छात्र अब मुक्त तथा निरवलम्ब होकर अपनी परिस्थितियों से जूझता हुआ मानव-जीवन का एक विनम्र छात्र बन गया।

सन् 1921 के बाद गाँधी युग अपना सक्रिय स्वरूप धारण कर चुका था और उसके प्रभाव को भुलाना असम्भव हो गया था। मेरा साहित्य-रसलोलुप मन, अध्ययन-मनन छोड़कर, बीच-बीच में, श्वेत खादी से विभूषित गाँधीजी की अर्धनग्न, कर्मठ प्रतिमा को अपलक अर्न्तदृष्टि से देखने तथा उसके सच्चे स्वरूप, को समझने के लिए लालायित

हो उठता था। किन्तु कवीन्द्र रवीन्द्र की स्वप्नोन्मुखी चेतना के प्रभाव को भुलाना भी उसके लिए सम्भव नहीं था, क्योंकि उसी की सौन्दर्य छाया में वह तब तक पला था। युग कवि के अन्तर्मुख कल्पना-सौंदर्य तथा युग नायक या मानव के बहिर्मुख यथार्थ बोध के बीच तब जैसे मेरा मन आँखमिचौनी खेला करता था। उन दिनों विदेशी वस्त्रों की होली जलाने के संबन्ध में गाँधीजी तथा गुरुदेव में जो वादविवाद छिड़ा था, उससे संतोष मिलने के बदले मन की जिज्ञासा और भी बढ़ गयी थी। मानव-सत्य के मानदण्ड का अन्वेषण-यह मुझे धीरे-धीरे इस युग की परम आवश्यकता प्रतीत होने लगी। सन् 21 से सन् 36 तक का समय गाँधीवाद के विकास का समय था, जब समस्त देश उसकी प्रयोगशाला बन चुका था।

मैं जब सन् 36 में महात्माजी से दूसरी बार मिला था, तब नमक सत्याग्रह आन्दोलन वैयक्तिक आन्दोलन का रूप धारण कर विराम ग्रहण कर चुका था और गाँधीजी ग्रामोद्योग संगठन का कार्य आरम्भ कर चुके थे। भारतीय जीवन की परिस्थितियों की पृष्ठभूमि में गाँधीवाद तब सत्याग्रह, सविनय अवज्ञा, सत्य, अहिंसा आदि के नामों से गाँधी-दर्शन के रूप में पुष्पित-पल्लवित एवं विकसित हो चुका था। एक सक्रिय सामूहिक अस्त्र के रूप में उस पर भारतीय जनता का विश्वास दृढ़ प्रतिष्ठित हो चुका था। इस बार जब मैं उनसे मिला, तब वह दिल्ली में हरिजन आश्रम में ठहरे हुए थे। मेरे साथ मेरे वही मँझले भाई थे, जिन्होंने मेरा हाथ उठाकर मुझसे कालेज छुड़वाया था।

गाँधीजी ने दोपहर को हमें मिलने का समय दिया था, वह उनका भोजन करने का समय था। कुछ लोग उन्हें घेरकर बैठे हुए थे। मैं और मेरे भाई भी उन्हीं में सम्मिलित हो गये। मीरा बेन आकर महात्माजी के खाने की सामग्री रख गयीं। आधी छटाँक के करीब पिसे हुए गेहूँ, आधा गिलास बकरी का दूध, कुछ अंजीर और एक संतरा। गाँधीजी ने संतरा लौटा दिया। और क्षण-भर चुप रहकर, उस स्वल्प खाद्य सामग्री को भगवदर्पित कर, उन्होंने काठ की चम्मच से कच्ची गेहूँ की पीठी को दूध में मिलाया। चम्मच को मुँह तक ले जाने में उनका हाथ बराबर काँपता रहा।

गाँधीजी से तब जो सज्जन बातें कर रहे थे, उनका मस्तिष्क लाठी चार्ज के कारण विकृत हो गया था। उनके कान में बराबर आवाजें आया करती थीं। महात्माजी उनकी अटपटी बातें सुनकर मुक्त हृदय से हँसते जाते थे और अन्त में उनसे यह कहकर कि पागल को, तुम पागल हो, समझाना सम्भव नहीं है....... वह हम लोगों की ओर मुड़कर कुशल-समाचार पूछने लगे। अन्त में उन्होंने मुझे और भाई को आश्रम में भोजन कराके अपने साथ गाँवों में चलने का आदेश दिया।

उस समस्त वार्तालाप के अवसर पर मैं एकटक गाँधीजी की ओर देखता रहा। उनकी आँखों के भीतर जहाँ तक मेरी दृष्टि विचरण कर सकी, वह मुझे मुक्त अनन्त आकाश की तरह प्रतीत हुए। निर्लिप्त, निर्मल व्यापक आकाश, जो प्रेम की तरह स्निग्ध, सरस तथा अतल था। इस बार मैं उनके व्यक्तित्व से अत्यन्त गहरे तथा आन्तरिक रूप से प्रभावित हुआ। उनके साथ गाँवों में जाकर मैंने जो उनके भाषण सुने तथा गाँव वालों की दुःख कथा सुनकर उनकी मानसिक प्रतिक्रिया की जो छाप उनकी मुखाकृति पर देखी, उससे मुझे गाँधीजी को समझने में बड़ी सहायता मिली। घर लौटने पर मैंने महात्माजी पर अपनी सर्वप्रथम कविता लिखी थी जो 'बापू के प्रति' शीर्षक से सन्' 36 में प्रकाशित हुई थी। उसकी कुछ पंक्तियाँ इस प्रकार हैं :-

जड़वाद जर्जरित जग में तुम अवतरित हुए आत्मा महान्
यन्त्राभिभूत युग में करने मानव जीवन का परित्राण।
बहु छाया बिम्बों में खोया पाने व्यक्तित्व प्रकाशवान
फिर रक्त मांस प्रतिमाओं में फूँकने सत्य से अमर प्राण।

इसके बाद गाँधीजी से अनेक बार, प्रयाग, बम्बई तथा मद्रास में भेंट हुई। उनके देवोपम व्यक्तित्व से प्रेरणा ग्रहण कर समय-समय पर मैंने जो रचनाएँ लिखीं, वह मेरे अनेक काव्य-संग्रहों में प्रकाशित हो चुकी हैं। 'महात्माजी के प्रति रचना' में मैंने मानवता के विकास की वर्तमान पृष्ठभूमि में गाँधीवाद का मूल्यांकन इन शब्दों में किया है :

विश्व-सभ्यता का होना था नखशिख नव रूपान्तर
रामराज्य का स्वप्न तुम्हारा हुआ न यों ही निष्फल।
हे भारत के हृदय! तुम्हारे साथ आज निःसंशय
चूर्ण हो गया विगत सांस्कृतिक हृदय जगत का जर्जर।

गाँधीवाद के भविष्य पर आस्था प्रकट करते हुए मैंने लिखा है :

सत्य अहिंसा बन अन्तर्राष्ट्रीय जागरण
मानवीय स्पर्शों से भरते जन-भू के व्रण।

आज सह-अस्तित्व के सिद्धान्त के रूप में गाँधीजी का सौम्य समन्वयात्मक सत्य ही जैसे नवीन विश्वशान्ति का शिलान्यास करने का प्रयत्न कर रहा है।

अन्तिम बार गाँधीजी के दर्शन मैंने बम्बई में जुहू तट पर किये थे, जब वह 'भारत छोड़ो' आन्दोलन के बाद आगा खाँ महल में महादेव भाई तथा बा को सदा के लिए समाधि में सुलाकर, अन्तिम कारावास से मुक्त होकर, स्वास्थ्य लाभ करने आये थे। एक अभूतपूर्व, प्रज्वलित पर्वत-शिखर के समान ताम्रवर्ण, देदीप्यमान, वह तब मुझे

महत् संकल्प-शक्ति से मूर्तिमान प्रतीत हुए। गाँधीजी के संस्मरण मेरे लिए उनके बाह्य सम्पर्क से संबन्ध रखने वाली घटनाओं का चित्रण-मात्र नहीं है, व उससे भी अधिक, उनके आन्तरिक स्पर्शजनित सूक्ष्म अनुभवों तथा निगूढ़ प्रभावों का महत्त्व मेरे लिए रखते हैं। उनके सम्पर्क में आकर मेरे भीतर यह बात अपने-आप जैसे स्पष्ट हो गयी कि मानव-जीवन के सत्य का स्वरूप किस प्रकार, महान् ऐतिहासिक युगों में बदलकर पुनर्निमित तथा पुनः संगठित होता रहता है।

(सुमित्रानन्दन पंत ग्रंथावली भाग-6)

जिसे न देश समझ पाया, न देश के नेता

बालकृष्ण शर्मा 'नवीन'

उसका नाम गाँधी नहीं, पहेली है वह गाँधी! उसको जानना जरा कठिन है। गाँधी एक गुत्थी है। उसको जानने वाले देश में कितने हैं? बड़े-बड़ों ने उस पेचीदा पहेली को बूझने में गलती की है। देश के नेता उसे समझ नहीं पाये हैं। शायद देश भी उसे समझ नहीं सका है। उसके सहकारी तक उसे समझ नहीं सके हैं। अष्ट प्रहर उसके साथ रहने वाले भी कभी-कभी उसकी सनक को देख कर भौंचक्के हो जाते हैं। उसको समझने के लिए जिस संस्कृति और मानसिक सहानुभूति की जरूरत है, वह हममें से बहुतेरों में नहीं है। जहाँ बड़े-बड़े बह गये, वहाँ मेरे ऐसों की क्या गिनती? जहाँ गिरि मेरू उड़ाही', वहाँ मेरे जैसे बहहु तूल केहि लेखे माँही?' फिर भी मैं गाँधी को समझने की कोशिश करता हूँ। गाँधी के विषय में यदि मैं कभी कोई मिथ्या, तर्कआवृत्ता बात सुनता हूँ तो मुझसे रहाइस नहीं होती- रहा नहीं जाता। मैं जानता हूँ कि उस महात्मा को मुझ जैसे यः कश्चित् व्यक्ति के संरक्षण की अपेक्षा नहीं है। गाँधीवाद मेरे जैसों के अल्पबौद्धिक समर्थन से परे है। गाँधीवाद के विषय में कोई यह नहीं कह सकता कि 'वह एक बालू की भित्ति पर स्थित भवन था। आँधी आयी और झंझा झौंके लगे और वह गाँधीवाद का भवन ढह पड़ा और उसका विध्वंस बड़ा विशाल था।' गाँधीवाद का सौध नित्यताओं की शिला पर खड़ा है। आज से हजारों वर्ष बाद, जब न हम रहेंगे और न गाँधी के आलोचक रहेंगे, उस समय की मानवता कहेगी कि विक्रम की बीसवीं शताब्दी में एक भवन बना था, और वह आज तक कायम है। वह कायम रहेगा। गाँधी को समझना इतना कठिन क्यों है? केवल इसलिये कि वह इतना सरल, इतना स्पष्ट और इतना अधिक बुद्धि-ग्राह्य है कि लोग उसकी निपट सरलता के कारण उसे दुरूह समझने लगते हैं। इसलिए मैंने कहा है कि गाँधी पहेली नहीं, पहेला है।

(नवीन गद्य रचनावली 3)

वह चला गया!

आचार्य हजारीप्रसाद द्विवेदी

वह चला गया! वह ब्रह्मचर्य का विजय-केतन, धर्म का मूर्तिमान् विग्रह, संयम की धवल पताका, वैराग्य का प्रसन्न वैभव, सत्य का अवतार, अहिंसा का रूप, प्रेम का आकर, कीर्ति का कैलाश, भक्ति का उल्लास हमारे बीच से चला गया। इतिहास ने इतनी क्षीण काया में इतना बड़ा प्राण नहीं देखा था। धरित्री ने इतने अल्प अवकाश में इतना बड़ा प्रकाश नहीं देखा था, मनुष्यता ने इतना बड़ा विजयोल्लास कभी अनुभव नहीं किया था। वह हँसता हुआ आया, रुलाता हुआ चला गया। तपस्या का शुभ्र हिमालय गल गया, सारा संसार उस शीतल वारिधारा से आर्द्र है। संसार के इस कोने से उस कोने तक एक ही मर्मभेदी आवाज आ रही है- वह चला गया, गाँधी चला गया!

वह जिधर मुड़ा, जीवन लहरा उठा, वह जिधर झुका, प्रेम बरस पड़ा, वह जिधर चला, जमाना ढरक पड़ा। वह शक्ति का भण्डार था, क्योंकि वह सच्चे अर्थ में भक्त था। उसने अपने 'राम' को अपना सर्वस्व भेंट कर दिया था, इसीलिए वह सब-कुछ अपना सका था। भागवत में कहा है कि मनुष्य जितना भगवान् को दे देता है, उतना ही उसका अपना होता है। आईने के सामने जितना मुख बढ़ा दिया जाता है, उतने की ही आभा लौटकर आ जाती है। बाकी का कोई अर्थ नहीं। वह निष्फल होता है। जो जितना देता है, उतने का ही सच्चा अधिकारी होता है :

यत् यद् जनो भगवते विदमीत मानं
तच्चात्मनः प्रतिमुखस्य यथा मुखश्रीः।

गाँधी ने अपना सब-कुछ-ज्ञान, कर्म, भक्ति, मन, प्राण, वाणी, विद्या, बुद्धि, विभव-सब-कुछ 'राम' को दे दिया था, इसीलिए इन पर उनका अखण्ड अधिकार था। दुनिया हैरान होकर सोचती है कि इतनी शक्ति उन्हें मिली कहाँ से? वह बार-बार धोखा खाकर भी नहीं सीखती। वह मिट्टी के ठीकरों की व्यर्थता बार-बार देखकर भी नहीं समझती। वह बाह्य आवरणों की नीरसता बार-बार अनुभव करके भी उनसे चिपटती

है। हाय, पानी में बसने वाली मछली को प्यास से छटपटाते देखना कितना करुणाजनक, हास्यास्पद व्यापार है! कबीरदास ने इस अन्धे संसार को इसी प्रकार छटपटाते देख करुणा की ही हँसी से अपना दुख प्रकट किया था- 'पानी-बिच मीन पियासी, मोहि देखि-देखि आवै हाँसी!!' शक्ति का उत्स बाहर नहीं है, वह भीतर है। कब संसार इस महासत्य को समझेगा? बुद्ध ने अपने जीवन से इस ओर ही संकेत किया, ईसा ने प्राणों की आहुति देकर यही सिद्ध किया और अब गाँधी ने भी चकित संसार को इसी विशाल सत्य की ओर उन्मुख किया है।

मनुष्य की सेवा! वह मनुष्य का सर्वोत्तम सेवक था।

मनुष्य क्या है? आहार-निद्रा के साधनों से प्रसन्न होने वाला, घर-द्वार को जुटाकर खुश रहने वाला, कौड़ी-कौड़ी जोड़कर माया बटोरने वाला मनुष्य भी मनुष्य ही है, पर यही सब-कुछ नहीं है। मनुष्य पशु का ही विकसित रूप है। पर इसीलिए मनुष्य पशु ही नहीं है, पर यही सब-कुछ नहीं है। वह पशु से भिन्न है, पशु से उन्नत है, क्योंकि उसमें संयम और तप करने की शक्ति है। इन्द्रिय परायणता पशुसामान्य धर्म है, जितेन्द्रियता मनुष्य की अपनी विशेषता है। गाँधीजी ने मनुष्य को इस स्तर पर ले जाने का प्रयत्न किया था। यही मनुष्य की सेवा है। उसे यहीं तक आकर रुकना मनुष्य की सेवा नहीं है। गाँधी जी ने मनुष्य को इस स्तर पर ले जाने का प्रयत्न किया था। यही मनुष्य की सेवा है। उसे अन्न मिलना चाहिए, उसे वस्त्र मिलना चाहिए, उसे ज्ञान मिलना चाहिए, ठीक है, पर यहीं तक आकर रुकना मनुष्य की सेवा नहीं है। मनुष्य को संयम मिलना चाहिए, जितेन्द्रियता प्राप्त होनी चाहिए, तपस्या की योग्यता प्राप्त होनी चाहिए। संयम सबका मूल है। दुनिया में भली बात बताने वाले लोगों की कमी नहीं है। व्रत की, तप की, शास्त्र की, अध्ययन की, धर्म की, जप की, सामयिकी, मोक्ष की चर्चा किसने नहीं सुनी? कौन सा धर्म है, जिसकेशास्त्रों और आचार्यों ने इनकी चर्चा अपने अनुयायियों से नहीं की? पर सुनता कौन है! पानी पर लकीर के समान ये बातें उत्पत्ति के साथ ही विनाश की ओर बढ़ जाती हैं। कोई सुनता नहीं। क्यों नहीं सुनता? प्रह्लाद ने ठीक ही कहा था कि जो इन्द्रियों को काबू में नहीं कर सका, जिसे जड़ जगत् के प्रलोभन निरन्तर खींच रहे हैं, जो दम्भ में ही जीवन बिता देता है, वह इन बड़ी बातों की ओर नहीं जाता। जाता वही है, जो संयमी होता है, जो अपने को संभाल सकता है, जो सत्यवादी होता है। अजितेन्द्रिय की प्रवृत्ति उधर नहीं होती :

मौनव्रत श्रुततपोऽध्ययनस्वधर्म-व्याख्यारहोजपसमाधव-आपवर्ग्याः।
प्रायः परं पुरुष ते त्वजितेन्द्रियाणां वार्ता भवन्त्यु न वात्र तु दाम्भिकानाम्।।

–भागवत 8-9-56

हाय, जो महापुरुष चला गया, उसने इस रहस्य को समझा था। प्राण देकर भी उसने इस देश के जनसमुदाय को बताना चाहा था कि बड़ी साधना की पहली शर्त

है, संयम, आत्म-नियमन। उसने भुजा उठाकर कहा था कि मनुष्य की सेवा का लक्ष्य है मनुष्य को पशुसामान्य धरातल से ऊपर उठाना, इन्द्रियवश्यता के पङ्क से उबारना, आहार-निद्रा के साधनों की अपेक्षा बड़ी बात सोचने की आदत डलवाना।

वह मनुष्य की सेवा को उसके सर्वोच्च स्तर पर ले जाना चाहता था। नर की सेवा नारायण की सेवा है। मनुष्य को तापतप्त अवस्था से उबारना अखिलात्मा पुरुष की सबसे बड़ी आराधना है:

तप्यन्ते लोकतापेन साधवः प्रायशो जनाः।
परमाराधमं तद्धि पुरुषस्याखिलात्मनः।। भागवत 8-7-44

वह इस स्पर्धा और कुटिलता की घोर अन्धरात्रि में चन्द्रमा की भाँति स्निग्ध आलोक-विस्तार करता रहा। उसने जाति-धर्म निर्विशेष मनुष्य की सेवा का व्रत लिया, क्योंकि वह अखण्ड सत्य का दृष्टा था। कबीर की भाँति उसने समझा था कि जो व्यक्ति सरबस को छोड़कर खण्ड का रस चखने जाता है, वह तृप्त नहीं होता:

सरबस छोड़ि खण्ड रस चाखा तृष्णा ताप नसानी।

जो स्वयं तृप्त नहीं हो सका, वह दूसरों का ताप क्या दूर करेगा? गाँधी इस कण्टकाकीर्ण भवकानन का पारिजात था। इस स्नेहशून्य मरुकान्तार का मानसरोवर था, इस ताप-तप्त संसार में बरसने वाला सजल जलधर था। हाय, हतभाग्य भारतवर्ष, तू आज शोच्य है। तुझे वह रत्न मिला था, जो देवताओं को भी नहीं मिलता। गाँधी भारतवर्ष के अपने युगों के संचित पुण्य का मधुर फल था। आज देश-जननी की गोद सूनी है, आज वह सचमुच दरिद्र है।

पर धन्य है वह देश, जिसने गाँधी को पैदा किया, धन्य है वह भूमि, जिसने गाँधी को धारण किया, धन्य है वह जन-समाज, जिसके लिए उसने अपने को निःशेष भाव से दे दिया। गाँधी का आना मंगल का सूचक था, जाना किसी महान् भविष्य का सूचक बने। भारतजननी बन्ध्या नहीं है। गाँधी गया नहीं है, मनुष्यता थकी नहीं है। यद्यपि चित्त आज उन्मथित है, वाणी रुद्धचेष्ट है, हृदय व्याकुल है, परन्तु गाँधी का नाम ही आशा का संचार करता है। निराश होने की कोई बात नहीं है। वह चला नया-उसका केवल बाह्य रूप ही गया है। पर उसका सम्पूर्ण अस्तित्त्व रह गया है। अन्तर के अन्तर से आवाज आ रही है: वह गया नहीं है, वह अनन्त शक्तियों का ज्योतिर्मय पुरुष हृदय के गम्भीरतम गह्वर में आज भी वर्तमान है। हाँ, वह गया नहीं है। यद्यपि विश्वास है कि वह रह गया है, तथापि मन मानता नहीं। कहीं से रुद्ध क्रन्दन बार-बार फट पड़ना चाहता है- वह चला गया, हाय वह चला गया!!'

(हजारीप्रसाद द्विवेदी ग्रंथावली 9)

राष्ट्रभाषा बनाम राजभाषा

डॉ. परमेश्वरदत्त शर्मा

भाषा का संबन्ध भूगोल से है। जिस भू-भाग में जो भाषा बोली जाती है, उसी भू-भाग के नाम से भाषा का नाम हो जाता है। हिन्द देश की भाषा हिन्दी है, फ्रांस की फ्रांसीसी है, जर्मनी की जर्मन है। भाषा के अनेक रूप होते हैं- मातृभाषा, विभाषा, प्रादेशिकभाषा, जनभाषा, साहित्यभाषा, राजभाषा, राष्ट्रभाषा, सम्पर्कभाषा, विश्वभाषा आदि। जिस देश में अनेक भाग हों और ये सब भाग एक ही राजकीय व्यवस्था में जुड़े हों, तो उस देश के सरकारी कामकाज में प्रयोग में आने वाली भाषा को **राजभाषा** कहते हैं। इसी प्रकार देश के एक भाग के निवासी जब अपने ही देश के दूसरे भागों के लोगों से मिलते हैं, तब वे जिस भाषा के माध्यम से विचार-विमर्श करते हैं, तब देश की उस भाषा को राष्ट्रभाषा कहते हैं। भारत में अन्तर्प्रान्तीय व्यवहार की भाषा को भी राष्ट्रभाषा कहते हैं। सर्वप्रथम 1880 ई. में अंग्रेज विद्वान् सर जार्ज ग्रियर्सन ने भारत की भाषाओं का सर्वे कराकर जब 'लिंग्विस्टिक सर्वे ऑफ इण्डिया' का प्रकाशन किया, तब उन्होंने लिखा 'भारत में सबसे अधिक बोली जाने वाली भाषा हिन्दी है। वह भारत की 'लिंग्वा फ्रांका' है। लिंग्वा फ्रांका फ्रांसीसी भाषा का शब्द है और राष्ट्रभाषा का पर्यायवाची है। फिर कांग्रेस के राष्ट्रीय आन्दोलन का यह राष्ट्रभाषा शब्द राष्ट्रगीत और राष्ट्रध्वज के समान वंदनीय बन गया।

गाँधीजी ने कहा था राष्ट्रभाषा के बिना राष्ट्र गूँगा है। उन्होंने राष्ट्रभाषा-प्रचार को अपने रचनात्मक कार्यक्रम का अभिन्न अंग बना लिया था। उन्होंने कहा 'समूचे हिन्दुस्तान के साथ व्यवहार करने के लिए हमको भारतीय भाषाओं में से एक ऐसी भाषा की जरूरत है, जिसे आज ज्यादा से ज्यादा लोग बोलते और समझते हों, बाकी के लोग जिसे झट सीख सकें, वह राष्ट्रभाषा है और वह भाषा हिन्दी ही हो सकती है।' हिन्दी के इसी रूप को भारत के संविधान के अनुच्छेद 351 में विकसित करने का संकल्प लिया गया है। यही रूप आज की राजभाषा का आदर्श रूप है। राजभाषा के इसी रूप की विवेचना आगामी परिच्छेदों में की जा रही है–

राजभाषा

1. प्राचीन काल में भारत की राजभाषा संस्कृत, प्राकृत और अपभ्रंश रही है। मध्यकाल में यह पद फारसी को प्राप्त हुआ। ब्रिटिशकाल में अंग्रेजी राजभाषा रही है। आधुनिक काल में यह गौरव हिन्दी को मिला है।
2. लिपि भाषा का दृश्य रूप है। भारत की समस्त आर्य लिपियों का स्रोत ब्राह्मी लिपि है। ब्राह्मी की दक्षिणी शाखा से वर्तमान तेलुगु, कनड़ी, ग्रंथ, मलयालम्, तुलु और तमिल लिपियाँ विकसित हुई हैं। ब्राह्मी की उत्तरी शाखा से गुप्त, कुटिल, नंदिनागरी, देवनागरी, शारदा (कश्मीरी), टाकरी, कैथी, बंगला, मैथिली, उड़िया, गुजराती, गुरुमुखी और मोड़ी लिपियाँ प्रचलन में आई हैं। आधुनिक देवनागरी लिपि की वर्णमाला में अक्षरों के विकल्पों को कम करके एकरूपता स्थापित कर अक्षरों और अंकों के रूपों का मानकीकरण किया है भारतीय लिपि परिषद् ने।
3. भारत के संविधान के अनुसार संघ की राजभाषा और लिपि देवनागरी है। संघ के शासकीय प्रयोजनों के लिए प्रयोग होने वाले भारतीय अंकों का, अन्तर्राष्ट्रीय रूप मान्य है, किन्तु राष्ट्रपति-आदेश द्वारा अंकों के देवनागरी रूप के प्रयोग को भी प्राधिकृत कर सकता है। यह प्रावधान भारत के संविधान के 17वें भाग की धारा 343 में संविधानसभा ने 14 सितम्बर, 1941 ई. में स्वीकार किया है। संविधानसभा का गठन 1946 ई. में किया गया था, जिसकी पहली बैठक 9 दिसम्बर, 1946 ई. को हुई। बाबू राजेन्द्रप्रसाद इसके अध्यक्ष थे। लगभग तीन वर्षों के गहन विचार-विमर्श के बाद 14 सितम्बर, 1949 को हिन्दी को राजभाषा बनाने का मसौदा स्वीकार हुआ। इस पर संविधान सभा के अध्यक्ष के रूप में बाबू राजेन्द्रप्रसाद ने घोषणा की थी कि 'आज पहली बार हम अपने संविधान में एक भाषा स्वीकार कर रहे हैं, जो भारत संघ के प्रशासन की भाषा होगी और समय के अनुसार इसे अपने आपको ढालना और विकसित करना होगा। हमने अपने देश का राजनैतिक एकीकरण सम्पन्न किया है। राजभाषा हिन्दी देश की एकता को कश्मीर से कन्याकुमारी तक अधिक सुदृढ़ बना सकेगी। अंग्रेजी की जगह भारतीय भाषा को स्थापित करने से हम निश्चय ही एक दूसरे के और भी नजदीक आ सकेंगे।' इसके पूर्व सरदार वल्लभभाई पटेल ने कहा था 'हिन्दी का पेट महासागर की तरह विस्तृत है, जिसमें सब भाषाएँ समा सकती हैं। वह राष्ट्रभाषा है। राष्ट्रभाषा न तो किसी प्रान्त की और न तो किसी जाति की है। वह सारे भारत की भाषा है। इसके

लिए जरूरी है कि सारे भारत के लोग इसे समझ सकें और अपनाने में गौरव हासिल कर सकें।' इसी व्यापक परिप्रेक्ष्य में हिन्दी को राजभाषा बनाया गया है, और भारत के संविधान में अनुच्छेद 343 से लेकर 351 तक में इसके प्रयोग, स्वरूप और विकास के लिए प्रावधान किये गये हैं। अनुच्छेद 120 में संसद में प्रयोग की जाने वाली भाषा अनुच्छेद 210 में विधानमंडल में प्रयोग की जाने वाली भाषा का उल्लेख है। अनुच्छेद 394 क में संविधान के हिन्दी पाठ को प्राधिकृत माना गया है।

4. अनुच्छेद 343 में कहा गया है कि भारत की राजभाषा हिन्दी और लिपि देवनागरी होगी, किन्तु संविधान के प्रारम्भ होने की तिथि से पन्द्रह वर्ष की कालावधि तक जिन प्रयोजनों में अंग्रेजी का प्रयोग होता था, अंग्रेजी का ही प्रयोग होगा, बशर्ते कि राष्ट्रपति हिन्दी के प्रयोग का भी आदेश न दें। यदि राष्ट्रपति आदेश देंगे, तो हिन्दी का भी प्रयोग हो सकेगा। अनुच्छेद 343 के खण्ड 2 के अधीन 27 मई, 1952 को राष्ट्रपति ने राज्यों के राज्यपालों, उच्चतम न्यायालय के न्यायाधीशों तथा उच्च न्यायालयों के न्यायाधीशों के नियुक्ति अधिपत्रों में हिन्दी भाषा और देवनागरी अंकों के प्रयोग को भी प्राधिकृत किया। 3 दिसम्बर, 1955 के आदेश द्वारा राष्ट्रपति ने निम्नांकित प्रयोजनों के लिए अंग्रेजी के अतिरिक्त हिन्दी के प्रयोग को भी प्राधिकृत किया- (1) जनता के साथ पत्र-व्यवहार, (2) प्रशासनिक रिपोर्ट, सरकारी पत्रिकाएँ और संसद में प्रयुक्त की जाने वाली रिपोर्ट, (3) सरकारी संकल्प और विधायी अधिनियम, (4) जिन राज्य सरकारों ने हिन्दी को अपनी राजभाषा के रूप में अपना लिया है, उनसे पत्र-व्यवहार, (5) संधियाँ और करार, (6) अन्य देशों की सरकारों और उनके दूतावासों और अन्तर्राष्ट्रीय संगठनों से पत्र-व्यवहार, (7) राजनयिक और कौंसलीय पदाधिकारियों और अन्तर्राष्ट्रीय संगठनों में भारतीय प्रतिनिधियों के नाम जारी किये जाने वाले औपचारिक दस्तावेज।

5. संघ की राजभाषा हिन्दी के विकास के लिए अनुच्छेद 351 में जो निर्देश दिया गया है, वह इस प्रकार है, 'संघ का यह कर्तव्य होगा कि वह हिन्दी भाषा का प्रसार बढ़ाए उसका विकास करे, जिससे वह भारत की सामासिक संस्कृति के सभी तत्त्वों की अभिव्यक्ति का माध्यम बन सके और उसकी प्रकृति में, हस्तक्षेप किये बिना हिन्दुस्तानी में और आठवीं अनुसूची में विनिर्दिष्ट भारत की अन्य भाषाओं (असमियाँ, बंगला, गुजराती, हिन्दी, कन्नड़ कश्मीरी, मलयालम, मराठी, उड़िया, पंजाबी, संस्कृत, सिंधी, तमिल, तेलुगु, उर्दू, कोंकणी, मणिपुरी, नेपाली) में प्रयुक्त रूप, शैली और पदों को

आत्मसात करते हुए और जहाँ आवश्यक या वांछनीय हो, वहाँ उसके शब्द-भण्डार के लिए मुख्यत: संस्कृत से और गौणत: अन्य भाषाओं (कोंकणी, नेपाली, मणिपुरी आदि देशी या विदेशी) से शब्द ग्रहण करते हुए उसकी समृद्धि सुनिश्चित करे।' इससे यह स्पष्ट है कि केन्द्रीय सरकार ऐसी हिन्दी के विकास के लिए वचनबद्ध है, जो सार्वदेशिक और सर्व समावेशक हो। दिल्ली, हरियाणा, हिमाचल प्रदेश, उत्तरप्रदेश, बिहार, मध्यप्रदेश और राजस्थान में जो हिन्दी प्रयुक्त होती है, वह क्षेत्रीय हिन्दी है। संविधान की आठवीं अनुसूची में इसी हिन्दी का उल्लेख है। इसी क्षेत्रीय हिन्दी की प्रकृति को सुरक्षित रखना, देश की भाषाओं के रूप-पद और शैली को आत्मसात् करना और विविध भाषाओं से शब्द ग्रहणकर ऐसी भाषा विकसित करना जो भारत की समन्वित संस्कृति के तत्त्वों को अभिव्यक्त कर सके। यही विकसित क्षेत्रीय हिन्दी भारतव्यापी स्वरूप वाली भाषा राजभाषा हिन्दी होगी। हिन्दी के इसी व्यापक स्वरूप की अवधारणा संविधान-निर्माताओं ने की थी। यह इस रूप में गाँधीजी की राष्ट्रभाषा की पर्याय बन जाती है।

6. हिन्दी भाषा की उत्तरोत्तर प्रगति के लिए तथा संघ के राजकीय प्रयोजनों के लिए अनुच्छेद 344 में एक आयोग गठित करने और तदनुसार आदेश जारी करने का अधिकार राष्ट्रपति को दिया गया। उस आयोग का नाम राजभाषा आयोग है। आयोग के 20 सदस्य लोकसभा के और 10 राज्यसभा से निर्वाचित किये जाते हैं। यह आयोग 7 जून, सन् 1955 को गठित हुआ। उक्त आयोग की सिफारिश पर राष्ट्रपति ने 27 अप्रैल, सन् 1960 ई. को आदेश जारी किये कि (1) वैज्ञानिक तथा तकनीकी शब्दावली के निर्माण के लिए शिक्षा मंत्रालय एक स्थायी आयोग स्थापित करे, (2) शिक्षा मंत्रालय सांविधिक नियमों,विनियमों और आदेशों के अतिरिक्त सभी मैनुअलों तथा कार्यविधि-साहित्य का अनुवाद हाथ में लें और भाषा में एकरूपता सुनिश्चित करने के लिए यह काम केवल एक ही अभिकरण को सौंपे। (3) एक मानक विधि-शब्दकोश बनाने, हिन्दी में विधि के अधिनियम और विधि शब्दावली के निर्माण के लिए विभिन्न राष्ट्रीय भाषाओं का प्रतिनिधित्व करने वाले कानून-विशेषज्ञों का एक स्थायी आयोग स्थापित करे। तृतीय श्रेणी से नीचे के कर्मचारियों, औद्योगिक संस्थानों के कर्मचारियों और कार्यभारित कर्मचारियों को छोड़कर उन सभी केन्द्रीय कर्मचारियों के लिए हिन्दी का सेवाकालीन प्रशिक्षण अनिवार्य कर दिया जाए, जिनकी आयु 1-1-1961 को 45 वर्ष से कम हो। गृहमंत्रालय टंककों और आशुलिपिकों के हिन्दी टंकन तथा

आशुलेखन प्रशिक्षण की व्यवस्था करे। राष्ट्रपति के इस आदेश से जहाँ सक्रियता आई, वहीं हिन्दी-विरोध प्रबल हुआ। अंग्रेजी-समर्थक उग्र होते गये। सुविधाभोगी बुद्धिजीवियों ने प्रादेशिक भाषावाद को बढ़ावा दिया तथा अंग्रेजी पुस्तकों के व्यापारियों और साम्राज्यवादी-पूँजीवादी विदेशी राष्ट्रों ने विदेशी मानसिकता को प्रचारित किया, जिससे दुरंगी नीति वाले नेतागण प्रभावित हुए। उन्होंने 26 जून, सन् 1965 के बाद भी अनिश्चित काल तक के लिए अंग्रेजी के प्रयोग को मान्यता प्राप्त करने में सफलता प्राप्त कर ली। इसके लिए राजभाषा अधिनियम 1963 पारित कर अंग्रेजी को सह-राजभाषा बना दिया गया। परिणाम है- राष्ट्र में द्विभाषिकता की स्थापना याने दुगुना श्रम और दुगुना अर्थ का भार पूरे राष्ट्र पर। केन्द्रीय राजभाषा कार्यान्वयन समिति का गठन सन् 1976 में किया गया। यह समिति राजभाषा विभाग के अन्तर्गत काम करती है। संसदीय राजभाषा समिति का गठन भी 1976 में किया गया। 20 साल तक इस समिति ने खूब हवाई यात्राएँ कीं, किन्तु पूरी रिपोर्ट राष्ट्रपति को आज तक प्रस्तुत नहीं की, केवल 5 खण्ड ही प्रस्तुत किये हैं। सांसदों की यह मंथर कार्य-प्रणाली राष्ट्र को कहाँ ले जायेगी?

7. राजभाषा अधिनियम 1963 के 1967 वाले संशोधन के बाद सरकारी प्रयोजनों में हिन्दी-प्रयोग के लिए गृह-मंत्रालय ने 6 जुलाई, 1968 को विस्तृत अनुदेश दिये हैं। इससे राजभाषा कार्यान्वयन के लिए नगर राजभाषा समितियों, संसदीय राजभाषा समिति तथा केन्द्रीय राजभाषा कार्यान्वयन समितियों का गठन किया गया है, जो हिन्दी की प्रगति का लेखा- जोखा लेती रहती हैं। केन्द्रीय हिन्दी समिति प्रधानमंत्री की अध्यक्षता में हिन्दी के कार्यान्वयन पर निगरानी करती है।

8. संसद ने 16-12-1967 को एक संकल्प पारित किया था कि ' हिन्दी भाषी क्षेत्रों में हिन्दी और अंग्रेजी के अतिरिक्त, दक्षिण भारत की आधुनिक भाषाओं में से एक तथा हिन्दीतर भाषी क्षेत्रों में प्रादेशिक भाषाओं एवं अंग्रेजी के साथ-साथ हिन्दी का अध्ययन अनिवार्य किया जाए।' यह संकल्प त्रिभाषा-सूत्र के नाम से विख्यात हुआ। सैद्धान्तिक रूप से महत्त्वपूर्ण होते हुए भी व्यावहारिक रूप से इस सूत्र का वह परिणाम न हुआ, जो होना चाहिए था। कई राज्यों ने इस त्रिभाषा-सूत्र को ठीक से कार्यान्वित नहीं किया।

9. 17 जुलाई सन् 1976 को भारत के राजपत्र में राजभाषा नियम प्रकाशित हुए। इन नियमों के अधीन पूरे देश को तीन क्षेत्रों में बाँटा गया-क, ख और ग। 'क' क्षेत्र में हिन्दी भाषी राज्य हैं, जिसमें बिहार, उत्तर प्रदेश, मध्यप्रदेश,

राजस्थान, हरियाणा, हिमाचल प्रदेश और दिल्ली राज्य हैं। 'ख' क्षेत्र में पंजाब, गुजरात और महाराष्ट्र राज्य तथा अण्डमान, निकोबार द्वीप समूह और चंडीगढ़ संघ-राज्य हैं। 'ग' क्षेत्र में भारत के शेष सभी राज्य व क्षेत्र आते हैं। इस विभाजन से जहाँ सरकारी कामकाज में हिन्दी के प्रयोग में कुछ क्षेत्रों में तत्परता आई है, वहीं कुछ क्षेत्रों में विषमता पैदा हुई है। इन नियमों के अनुपालन का दायित्व कार्यालयों के प्रशासनिक अधिकारियों पर छोड़ा गया है, जिसमें अधिकारी विशेष की मानसिकता प्रतिबिम्बत होती है। इसके बाद भारत सरकार ने समय-समय पर अनेक अनुदेश और आदेश जारी किये हैं। उनका पालन सरकारी कार्यालयों, सार्वजनिक उपक्रमों, नियमों, बैंकों तथा कम्पनियों में किया जा रहा है। सरकारी आदेश तो हैं, किन्तु कार्यान्वयन में वरिष्ठ अधिकारियों की उदासीनता या स्वेच्छाचारिता ने हिन्दी को व्यवहार रूप में राजभाषा बनाने में बाधा पहुँचाई है।

10. संघ लोक-सेवा-आयोग की परीक्षाओं का माध्यम संविधान की आठवीं सूची में सम्मिलित सभी भाषाओं तथा अंग्रेजी को मान्य किया गया है। इससे लोगों के मन में अनासक्ति आ गई है। लोग सोचने लगे हैं कि जब अंग्रेजी से काम चल सकता है, तब हिन्दी की क्या जरूरत है? शिक्षा के क्षेत्र और सरकारी भाषा-नीति में जब तक कुछ परिवर्तन नहीं होते, तब तक ऐसी विचार धारा को रोका नहीं जा सकता है। कोठारी समिति की सिफारिशों के बावजूद कतिपय सेवाओं की परीक्षाओं में अंग्रेजी अनिवार्य बनी हुई है। जैसे- भारतीय वन सेवा, भारतीय आर्थिक सेवा, भारतीय सांख्यिकी सेवा, स्पेशल क्लास रेलवे अप्रेन्टिसशिप परीक्षा, इंजीनियरिंग, राष्ट्रीय रक्षा अकादमी, सम्मिलित रक्षा सेवा, भूवैज्ञानिक परीक्षा, सम्मिलित चिकित्सा, सहायक ग्रेड परीक्षा आदि। यद्यपि संबन्धित मंत्रालयों ने यह अनिवार्यता हटाने की संस्तुति की है, फिर भी लोक सेवा आयोग ये सिफारिशें नहीं मानता।

11. राज्यों की राजभाषाओं के संबन्ध में यह बताया गया है कि अनुच्छेद 345, 346 और 347 के अनुसार एक राज्य दूसरे राज्य के बीच अथवा राज्य और संघ के बीच संचार के लिए राजभाषा का प्रयोग होगा। राज्य और राज्य के बीच करार होने पर हिन्दी राजभाषा होगी। अनुच्छेद 347 के अनुसार यदि किसी राज्य की जनता का पर्याप्त भाग यह चाहता है कि उसके द्वारा बोली जाने वाली भाषा का विनिर्दिष्ट प्रयोजन के लिए मान्यता देने को राज्यपाल निर्देश दे सकेगा। इसमें प्रादेशिक भाषाओं की मान्यता का प्रश्न अपने आप हल हो जाता है।

12. संसद में प्रयोग की जाने वाली भाषा अनुच्छेद (1) के अनुसार अंग्रेजी या हिन्दी हो सकती है, परन्तु लोकसभा का अध्यक्ष या राज्यसभा का सभापति सदस्य विशेष को अपनी मातृभाषा में बोलने की अनुमति दे सकेगा। इसका तात्पर्य यह है कि आठवीं अनुसूची में उल्लिखित सभी 18 भाषाओं में संसद में बोलने का अधिकार है तथा संसद के पटल पर अंग्रेजी के साथ-साथ हिन्दी में भी बिल, रिपोर्ट, कागजात, टिप्पणी आदि रखना ही पड़ता है, किन्तु यह सब आँसू पोंछने के समान है। भारतीय भाषाओं के प्रति अधिकारियों में निष्ठा की कमी परिलक्षित होती ही रहती है।
13. अनुच्छेद 210 के अनुसार राज्यों के विधान-मण्डल की भाषा राज्य की राजभाषा या हिन्दी या अंग्रेजी है। विधान-मण्डल के सदस्य अपनी मातृभाषा का भी प्रयोग कर सकते हैं।
14. कानून बनाने तथा न्यायालयों में निर्णय, डिक्री या आदेश देने या कार्रवाई करने की भाषा अंग्रेजी ही है। अनुच्छेद 348 के अनुसार संसद और विधान-मण्डलों द्वारा बनाये जाने वाले कानूनों के प्राधिकृत पाठ अंग्रेजी में ही होंगे। साथ ही उच्चतम न्यायालय और उच्च न्यायालयों की डिक्री, निर्णय या आदेश का अंग्रेजी पाठ ही प्राधिकृत माना जायेगा। यदि उच्च न्यायालयों में किसी प्रादेशिक भाषा में निर्णय, डिक्री या आदेश है, तो उसका अंग्रेजी अनुवाद ही प्राधिकृत माना जायेगा। इस प्रकार विधि के क्षेत्र में अंग्रेजी का पूर्ण वर्चस्व है, किन्तु 1963 के अधिनियम की धारा 6 के अनुसार संबन्धित राज्यपाल द्वारा अनुमोदित हिन्दी अनुवाद प्राधिकृत माना जायेगा। उसी अधिनियम की धारा 7 के अनुसार उच्च न्यायालय द्वारा प्रादेशिक भाषा में दिया गया निर्णय स्वीकार किया जायेगा, किन्तु यदि उच्चतम न्यायालय में अपील हुई तो उस निर्णय का अंग्रेजी अनुवाद प्रामाणिक होगा। कानून के क्षेत्र में राजभाषा हिन्दी का पक्ष अत्यन्त दुर्बल है। इस क्षेत्र में अनुच्छेद 348 व 349 को संशोधित करना परमावश्यक है। यह कार्य विधि महाविद्यालयों में हिन्दी के अध्ययन-अध्यापन के माध्यम से हो सकेगा। उच्च न्यायालय अंग्रेजी अनुवाद कराके इस समस्या का हल करा सकता है।
15. पीड़ित मनुष्य अपनी व्यथा-निवारण के लिए संघ का राज्य के किसी भी अधिकारी को संघ में या राज्य में प्रयुक्त किसी भी भाषा में प्रतिवेदन दे सकता है। उसे यह अधिकार अनुच्छेद 350 में दिया गया है। इसी प्रकार भाषाई अल्पसंख्यक अनुच्छेद 30 (1) के अनुसार अपने बालकों को प्राथमिक शिक्षा अपनी मातृभाषा में दिलाने के अधिकारी हैं किन्तु भाषाई अल्पसंख्यक

शिक्षण संस्थाएँ खोलकर अंग्रेजी माध्यम के स्कूलों का जाल बिछा रहे हैं। संविधान प्राथमिक शिक्षा के लिए ही संरक्षण देता है (दृ. अनुच्छेद 350 अ), किन्तु वे माध्यमिक एवं महाविद्यालयीन शिक्षा में भी अंग्रेजी को ही बढ़ावा देते हैं, अपनी मातृभाषाओं को नहीं। इससे राजभाषा हिन्दी पिछड़ती जा रही है, भाषाई अलगाववाद बढ़ता जा रहा है, राष्ट्रीय एकता खण्डित हो रही है। राजभाषा में अलगाववादी कुचक्र- निहित स्वार्थी अधिकारियों, राजनेताओं, औद्योगिक घरानों, विद्वानों और अंग्रेजी पुस्तक विक्रेताओं ने हिन्दी के विरुद्ध षडयन्त्र रचा। ये सभी अंग्रेजी-भक्त हैं। भोली-भाली जनता को प्रलोभन देकर प्रान्तीयता को भड़काते हैं। कहा 'हिन्दी थोपी जा रही है। वह अविकसित भाषा है, आपकी भाषा श्रेष्ठ है। साहित्य अकादमियों के अधकचरे तथाकथित भाषा विज्ञानियों ने हिन्दी की विभाषाओं को भाषा कहकर उनको हिन्दी से अलग कर दिया और अपने चाटुकार शिष्यों को पुरस्कृत कर उन्हें नेशनल प्रोफेसर बनवा दिया। वे प्रोफेसर सच्चे ज्ञान से शून्य हैं। यदि कोई ज्ञानी व्यक्ति सामने आ जाता है, तो कन्नी काटकर भाग खड़े होते हैं। सरकार के अंग्रेजीभक्त अधिकारी उन्हें महाविद्वान बताकर राष्ट्रीय पदवियाँ दिला देते हैं। हिन्दी की बोलियों को अलगकर राजभाषा हिन्दी की जनसंख्या कम करना, इन अंग्रेजी बोलने वालों का कुचक है। सावधान कौन रहे! राजस्थानी, भोजपुरी या हरियाणवी या हिन्दी की सब बोलियाँ?

16. संविधान के 343 वें अनुच्छेद में कहा है कि संघ की लिपि देवनागरी होगी। देवनागरी लिपि भारतीय लिपियों की प्रकृति के अनुकूल है। यह परम्परा प्राप्त लिपि है। यह भारत की प्राचीनतम लिपि ब्राह्मी से विकसित हुई है। ब्राह्मी की उत्तरी शाखा से गुप्त लिपि, फिर कुटिल लिपि, बाद में शारदा लिपि और अन्त में देवनागरी लिपि का विकास हुआ है। देवनागरी की दो विशेषताएँ हैं- एक तो इसका व्यंजन अक्षर बोलने का आधार है और दूसरे, इसके स्वर को लिखने की बजाय केवल उसकी मात्रा लगाई जाती है। इससे जो बोला जाता है, वही लिखा जाता है। विनोबा विश्व की 20 लिपियाँ जानते थे। वे देवनागरी को सर्वश्रेष्ठ मानते थे। उनकी मान्यता थी कि विश्व की सभी भाषाएँ देवनागरी अक्षरों में लिखी जा सकती हैं। फिर भी वे दुराग्रही नहीं थे। उनका कहना था, देवनागरी 'ही' नहीं, देवनागरी 'भी' चलाओ। इसके पूर्व विख्यात न्यायशास्त्री जस्टिस शारदाचरण मित्र, लोकमान्य तिलक, स्वामी दयानन्द, महात्मा गाँधी, काका कालेलकर और बाबू पुरुषोत्तमदास टण्डन जैसे विद्वानों ने देवनागरी की श्रेष्ठता सिद्ध की थी, किन्तु संविधान सभा में देवनागरी की

प्रकृति के प्रतिकूल उसकी वर्णमाला में अन्तरराष्ट्रीय अंकों का प्रावधान कर उसे विकृत कर दिया गया है। इसी से 1952 में राष्ट्रपति ने देवनागरी अंकों के प्रयोग को भी प्रयोजन-विशेष के लिए प्राधिकृत कर दिया है।

देवनागरी लिपि में कुछ कमियाँ थीं। उन्हें टंकन, मुद्रण, दूरमुद्रण और शीघ्रलेखन सुलभ बनाने के लिए 'लिपि-सुधार समितियों के माध्यम से मानकीकृत कर दिया गया है। सन् 1978 में इसे विकसित कर फोटो कम्पोजिंग के लिए उपयुक्त बना दिया गया है। हाल में पिलानी में बिड़ला इन्स्टीट्यूट ऑफ टेक्नालॉजी एण्ड साइन्स के वैज्ञानिकों ने 'देव सिद्धार्थ संगणक' नामक देवनागरी कम्प्यूटर तैयार कर दिया है। इसलिए देवनागरी लिपि अब सर्वगुण आगरी बन गई है। इस कारण से यदि देश की सभी भाषाएँ एक ही लिपि देवनागरी में लिखी जाएँ तो देश की एकता और अखण्डता अपने-आप आ जायेगी और देश का अपार श्रम व धन बचेगा।

17. उक्त निष्कर्षों की पीठिका पर आसीन होकर राजभाषा की शैक्षिक, विधिक, न्यायालयीन, प्रशासनिक, लिपिकीय और भाषिक समस्याओं पर ऊहापोहपूर्वक विचार करना चाहिए तथा विविध क्षेत्रों से परामर्श कर उनका निदान खोजने की चेष्टा भी होनी चाहिए। दूसरा सिद्धान्त पक्ष और व्यवहार पक्ष के अन्तर स्पष्ट रूप से रेखांकित होंगे और होगा दोनों में समन्वय।

18. शिक्षा के क्षेत्र में त्रिभाषा-सूत्र की व्यावहारिक कठिनाइयाँ उजागर होते हुए भी विभिन्न राज्यों के आवरण पक्ष आलोचनीय है। विद्यार्थियों को तीन भाषाएँ पढ़ाने की योजना को किसी भी राज्य ने ईमानदारी से कार्यान्वित नहीं किया। दूसरे, अल्पसंख्यकों के नाम पर अंग्रेजी माध्यम के स्कूल गली-गली में खुल गये हैं, परिणामतः राजभाषा का विकास अवरुद्ध हो गया है तथा शिक्षा के मन्दिर व्यापार की मंडियाँ बन गयी हैं। आवश्यकता है, मातृभाषा में प्राइमरी शिक्षा देने की तथा अंग्रेजी संस्थाओं की मान्यता रद्द करने एवं संविधान की रक्षा करने की। महात्मा गाँधी ने कहा था कि 'शिक्षा का माध्यम तत्काल और हर कीमत पर बदल दिया जाना चाहिए। भाषा के बदलाव के कारण उच्च शिक्षा में थोड़े समय के लिए गड़बड़ी को मैं सहन कर सकता हूँ, लेकिन विदेशी भाषा के कारण हर दिन आपराधिक स्तर पर स्रोतों का व्यर्थ चला जाना ठीक नहीं है।' कनार्टक सरकार ने 30 अप्रैल 1983 ई. को प्रदेश में प्राथमिक शिक्षा मातृभाषा में ही देने का आदेश प्रसारित किया। अंग्रेजी स्कूलों के अभिभावकों ने कनार्टक उच्च न्यायालय में आदेश के विरुद्ध अपील की कि अनुच्छेद 29 और 30(1) के अनुसार उन्हें अल्पसंख्यक होने

से आरक्षण दिया जाय। 25 जनवरी 1992 को कनार्टक उच्च न्यायालय ने आदेश को संविधान सम्मत माना। अतः अभिभावकों ने उच्चतम न्यायालय में चुनौती दी। उच्चतम न्यायालय ने भी अुनच्छेद 350 ए के अुनसार 30 सितम्बर 1994 को निर्णय देकर प्राथमिक शिक्षा का माध्यम मातृभाषा होने के कनार्टक उच्च न्यायालय के निर्णय का अनुमोदन किया। भारत के मुख्य न्यायाधीश एम.एन. वेंकटचलैया ने महात्मा गाँधी के विचारों का उल्लेख किया कि गाँधीजी कई बार कह चुके हैं कि 'बच्चों को उनकी मातृभाषा के अलावा अन्य भाषा में शिक्षा देना पाप है। विदेशी भाषा से बच्चे के मस्तिष्क का विकास रुक जाता है।'

19. संसद तथा विधानमण्डलों के संकल्पों, विधेयकों, नियमों, उपनियमों, आदेशों और अनुदेशों में द्विभाषिक व्यवस्था है। इससे दोहरा श्रम और दोहरा धन व्यय होता है। सांसद और विधायकगण निर्वाचकमण्डल के समक्ष जिस भाषा में 'वोट' माँगते हैं, उन्हें उसी प्रान्तिक भाषा या राजभाषा में अपने विचार सदन में रखने चाहिए। निर्वाचित प्रतिनिधि अपनी भाषा के अतिरिक्त यदि सदन में अँग्रेजी में विचार व्यक्त करें, तो निर्वाचिक मण्डल उनका सामाजिक बहिष्कार करे या उन्हें बाध्य करे कि वह राजभाषा अधिनियम 1963 के अनुच्छेद 3 (3), 6 व 7 को संशोधित कराकर आठवीं अनुसूची की विनिर्दिष्ट 18 भाषाओं के प्रयोग का मार्ग प्रशस्त करायें।

20. न्यायालयों की भाषा की समस्या जटिल है। संविधान के अनुच्छेद 348 व 349 में संशोधन ही एकमात्र विकल्प है, परन्तु यदि उच्चतम न्यायालय और उच्च न्यायालयों के न्यायाधीशों की मानसिकता देश की अखण्डता के नाम पर उदार हो जाय, तो न्यायालयों में जो अनुवाद-प्रकोष्ठ बने हुए हैं, उनके माध्यम से राजभाषा के अनूदित निर्णयों, डिक्रियों, आदेशों, नियमों, विनियमों और उपविधियों के पाठ को प्राधिकृत माना जा सकता है। देश-भाषाओं में दिया गया न्याय सस्ता और सुबोध होगा। यदि विधि-महाविद्यालयों में पढ़ाई प्रादेशिक भाषाओं में ही होने लगे तो न्यायालयों का न्याय स्वयमेव राजभाषा में होने लगेगा।

21. प्रशासन में राजभाषा का व्यवहार बड़ी सरलता से हो सकता है, बशर्ते कि हमारा उच्च प्रशासक वर्ग अपनी वंश-परम्परा को सदा प्रशासक बनाये रखने की महत्त्वाकांक्षा को तिलांजलि दे दे। अखिल भारतीय सेवाओं का यह प्रशासनिक ढाँचा यह नहीं चाहता कि उसके बेटे-बेटियों, पोते-पोतियों, भांजा-भांजियों या नाती-भतीजों की रोटी-रोजी छिनकर, योग्य एवं राष्ट्रप्रेमी

युवकों के हाथों में चली जाय। उनको प्रोत्साहन और सहायता देता है विदेशी विचार थोपने वाला अंग्रेजी पुस्तकों का विदेशी व्यापारी। अब विधान में राजभाषा के प्रयोग के इतने अधिक प्रावधान कर दिये हैं कि प्रशासन में राजभाषा बेरोक-टोक व्यवहार में आ सकती है। जनता का मनोबल ही प्रशासन क्षेत्र में राजभाषा के व्यवहार का प्रेरक है। विभाग प्रमुखों और राजनीतिज्ञों की नीयत ही राजभाषा को उनका स्थान दिला सकती है।

22. देवनागरी लिपि आज इतनी समृद्ध हो गई है कि वह अन्तर्राष्ट्रीय ध्वन्यात्मक लिपि की आधारशिला है। उसकी परम्परा, इतिहास और कार्य-क्षेत्र भारत है। वह विश्व की किसी भी भाषा का दृश्य रूप हो सकती है, अत: अब अन्तर्राष्ट्रीय अंकों के प्रयोग की आवश्यकता नहीं है। वह स्वावलम्बिनी और अपने-आपमें पूर्ण तथा लचीली है। कम्प्यूटरों में उसका प्रयोग अब प्रारम्भ हो गया है।

23. हिन्दी को संघ भाषा के रूप में स्वीकारना एक महत्त्वपूर्ण बात है। यह देश के मध्य-आन्तर भारतीयता की माध्यम है। इन आवश्यकताओं की पूर्ति के लिए अुनच्छेद 351 में विशेष निर्देश हैं। इस देश की सामासिक संस्कृति की अभिव्यक्ति का प्रभावी माध्यम माना गया है। निर्देशित तत्त्वों के अनुसार इसे विकसित, समृद्ध और प्रसारित किया गया है, जिससे यह न केवल देश की सम्पर्क भाषा, अपितु अपनत्व एवं एकात्मता की भाषा बन गई है। राजकीय, आर्थिक, सामाजिक सेवाओं, वाणिज्य, व्यापार, उद्योग प्रचार आदि में इसकी महती भूमिका है। अब यह क्षेत्रीय हिन्दी न रहकर अखिल भारतीय व्यवहार की भाषा बन गई है। इसलिए अब इसे व्यापक दृष्टिकोण अपनाकर सामासिक संस्कृति को अभिव्यक्त करना होगा। सर्वप्रथम इसे हिन्दीतरभाषी महानुभावों के संदेहों को दूर करने के लिए सरकारी सेवाओं में हर एक राज्य के उम्मीदवारों को निश्चित संख्या में प्रतिनिधित्व देना होगा। दूसरे, केन्द्रीय राजभाषा हिन्दी और राज्यों की प्रादेशिक हिन्दी के अन्तर को उदार भावना से अपनाना चाहिए। तीसरे, हिन्दी के पठन-पाठन और पाठ्यक्रम में आधुनिकता होनी चाहिए। आज हिन्दीतर प्रान्तों के विद्यार्थियों को डिंगल, बज्र, अवधी और पुरानी हिन्दी पढ़ाना अनावश्यक है। प्रारम्भिक हिन्दी का ज्ञान पाने वालों को पुरानी हिन्दी आवश्यक नहीं। चौथे, हिन्दीतर राज्यों के प्रतिष्ठ हिन्दी-लेखकों को भी हिन्दी पाठ्यक्रम में समुचत स्थान मिलना चाहिए। विचारों के परस्पर आदान-प्रदान के लिए यह आवश्यक है। अनुच्छेद 351 का सामासिक संस्कृति शब्द तभी सार्थक होगा, जबकि समस्त

भारतीयों के आचार-विचार, रीति-नीति और साहित्य-संस्कृति को अभिव्यक्ति प्रदान करने वाली हिन्दी राजभाषा के पद पर यथार्थ रूप में प्रतिष्ठित होगी तथा भारत के सभी लोग उसके साथ अपनत्व की भावना को अपनायेंगे।

24. राजभाषा हिन्दी और आठवीं सूची में विनिर्दिष्ट प्रादेशिक भाषाओं में कोई स्पर्धा नहीं है। वे एक दूसरे की पूरक हैं। ये तो राजनेतागण हैं, जो 'वोट-बैंक' की खातिर उग्र भाषावाद भड़काते हैं। यदि प्रादेशिक भाषाएँ अपने-अपने राज्यों में राज्य-भाषाएँ घोषित हो जाएँ और हिन्दी उनकी सहभाषा मान्य कर ली जाय, तो अन्तर-प्रान्तीय व्यवहार में स्वयमेव हिन्दी रह जायेगी। जिस राज्य की राज्यभाषा अंग्रेजी है, वहाँ भी हिन्दी सम्पर्क भाषा रहेगी तो हिन्दी का भारत की किसी भी भाषा से विरोध ही नहीं रहेगा। इसके लिए चाहिए सद्भावना और राष्ट्रप्रेम तथा सांसदों या विधायकों की कथनी और करनी में एकता। वोट देशभाषा में माँगों और फिर संसद में अंग्रेजी का व्यवहार करो तो 'एक राष्ट्रभाषा हिन्दी हो: एक हृदय हो भारतजननी' की बात कैसे बनेगी? हमारे प्रतिनिधियों की ईमानदारी राजभाषा हिन्दी को उसके अधिकृत पद पर आसीन करा सकती है और हिन्दी के राजभाषा तथा राष्ट्रभाषा का समन्वय करा सकती है। हिन्दी की एकरूपता उसके विकास को उज्ज्वल करेगी। अ.भा. हिन्दी साहित्य सम्मेलन के 24वें अधिवेशन इन्दौर में सन् 1935 में राष्ट्रभाषा के संबन्ध में जो प्रस्ताव गाँधीजी के सभापतित्व में पारित हुआ था, वह भारत के संविधान के अनुच्छेद 351 की भावना के अनुकूल है। यदि राजभाषा भारत की सामासिक संस्कृति की अभिव्यक्ति का मूल साधन है, तो राष्ट्रभाषा भारत की समस्त अभिव्यक्तियों का मूलाधार है। गाँधीजी ने सम्मेलन समाप्त करते हुए कहा था 'राष्ट्रभाषा की दृष्टि से हिन्दी का वह स्वरूप समझा जाय, जो हिन्दू, मुसलमान और सब धर्मों के लोग व्यवहार करते हों, जिसमें अरबी, फारसी, अंग्रेजी, संस्कृत या अन्य देशी-विदेशी भाषाओं के शब्दों या मुहावरों का समावेश हो और जो देवनागरी वर्णों में लिखी जाती हो। मैं यह भी स्पष्ट कर दूँ कि हिन्दी भाषा के प्रचार का उद्देश्य केवल यह है कि उसके द्वारा अन्तर्प्रान्तीय संबन्ध घनिष्ठ हों। इसका यह अभिप्राय कदापि नहीं है कि इसके प्रचार से प्रान्तीय भाषाओं की उन्नति में किसी प्रकार का आघात पहुँचे।' गाँधी जी का यह कथन राष्ट्रभाषा और राजभाषा में तादात्म्य स्थापित करता है, अतः वरणीय है।

(प्रधानमंत्री— हिन्दी साहित्य समिति, इन्दौर)

दक्षिण भारत में हिन्दी-प्रचार

डॉ. जयशंकर त्रिपाठी

संस्कृत भाषा की मूल कोई भाषा कभी सारस्वत-कुरुक्षेत्र प्रदेश में मातृभाषा थी। उसका प्रयोग जन्म से ही समाज में होता था। बाद की शताब्दियों में जब संस्कृत केवल विद्वानों की भाषा रह गई, देश के भिन्न-भिन्न प्रदेशों में नई-नई भाषाओं का उदय हुआ, जिनका मूल उद्‌गम और प्रकृति संस्कृत की वह मूल भाषा ही थी। इससे हम यह अनुमान लगाते हैं कि सारस्वत प्रदेश की उस मातृभाषा की पुत्री संस्कृत ने किन्हीं कारणों से पूरे देश में अपना व्यापक प्रसार किया। अतः संस्कृत के बाद जो भाषाएँ आयीं, उनकी प्रकृति संस्कृत से भिन्न नहीं थी, क्योंकि संस्कृत सर्वत्र व्यवहार की भाषा हो गई थी। संस्कृत के इस प्रसार में और कारण जो भी रहा हो, भाषा की प्रकृति और उसके शब्दार्थ का प्रयोग-अन्वयन भी एक विशिष्ट हेतु था, जिसने कन्याकुमारी से लेकर हिमालय तक और सिन्धु से लेकर ब्रह्मपुत्र तक इसको शिष्टजनों तथा विद्वानों की भाषा होने का गौरव दिया। हम समझते हैं कि संस्कृत की यह विशिष्टता इसी प्रदेश की मध्यकाल की बोली नागरी-खड़ीबोली या कौरवी में ज्यों की त्यों अभिनिविष्ट चली आई। यह खड़ीबोली हिन्दी का आज का मानक रूप है। इसी हिन्दी का समूचे देश में पठन-पाठन अनेक बाधाओं के विपरीत वैसे ही व्यापक रूप से प्रसारित होता जा रहा है, जैसे कभी संस्कृत का हुआ था। समूचे देश की राष्ट्रभाषा होने का प्यार और गौरव संस्कृत के बाद हिन्दी को मिला है।

दक्षिण भारत में इस हिन्दी का प्रसार एक आन्दोलन के रूप में स्वतन्त्रता-संग्राम के साथ महात्मा गाँधी की प्रेरणा से बीसवीं शती में प्रारम्भ हुआ, किन्तु इसके पूर्व हिन्दी में साहित्य-सर्जन और इसके प्रयोग के व्यापक प्रमाण हमें समूचे दक्षिण भारत में मिलते हैं। एक हजार वर्ष से इस भूभाग में जो कवि या संत हुए हैं, उन्होंने अपनी रचनाओं और उपदेशों के लिए हिन्दी का प्रयोग किया है। उन संतों में से कोई बिहार-बंगाल के हैं, कोई महाराष्ट्र-राजस्थान के हैं, कोई पंजाब के हैं। आठवीं शती के सरहपा

आदि चौरासी सिद्धों से लेकर कबीर-सोलहवीं शती की अवधि तक के लोक-धर्म की क्रान्ति जगाने वाले अनेक संतों के नाम आते हैं। इनमें हिन्दीतर प्रदेशों के ख्याति प्राप्त संत भी हैं। इन संतों ने जिस भाषा का प्रयोग किया है, उसमें आज की खड़ीबोली के प्रयोग हैं। उन प्रयोगों को देख कर खड़ीबोली के लोक-व्यापक रूप का पता चलता है। नामदेव महाराष्ट्र के संत हैं, ये तेरहवीं शती में विद्यमान थे, इनके छंद खड़ीबोली के रूपों से ओतप्रोत हैं-

माइ न होती बाप न होते कर्म न होता काया
हम नहीं होते तुम नहीं होते कौन कहाँ से आया?

यह सब खड़ीबोली हिन्दी की व्यापकता का इतिहास है। इसी प्रकार बारहवीं शती में गुजरात के प्रसिद्ध विद्वान् हेमचन्द्र ने 'सिद्ध हेमचन्द्र शब्दानुशासन' नामक ग्रन्थ बनाया, उसमें संस्कृत के साथ प्राकृत और अपभ्रंश के छंदों के उदाहरण भी दिये गये हैं। ये उदाहरण अवश्य ही हेमचन्द्र के पूर्व के होंगे। इन उदाहरणों में यत्र-तत्र खड़ीबोली के रूप का दर्शन मिलता है-

भल्ला हुआ जू मारिया बहिणि महारा कन्तु।
लज्जेजं तु वयंसि अहु जइ भग्गा घर एन्तु।।

महाराष्ट्र के छत्रपति शिवाजी के गुरु समर्थ रामदास की रचनाओं में भी खड़ीबोली के प्रयोग हैं।

खड़ीबोली हिन्दी के व्यापक प्रसार के साथ दक्खिनी हिन्दी का इतिहास जुड़ा हुआ है। जब दिल्ली में मुसलमानों की सल्तनत स्थापित हुई, तब दिल्ली के आसपास की इस खड़ीबोली को उसके राजपुरुषों और फौजी छावनियों ने अपना प्रश्रय देकर उसके प्रसार में विशेष सहयोग दिया। यद्यपि उनके प्रश्रय से उसके स्वरूप में कुछ अन्तर भी पैदा हुआ। इस अन्तर के साथ सैनिकों द्वारा व्यवहृत होने के कारण फौजी बाजार के नाम पर इसका उर्दू नाम हुआ। फारसी का थोड़ा-बहुत प्रभाव भी उस पर पड़ा, लेकिन उतना ही जितना आत्मसात हो सका। यह दक्षिण में पहुँची। आज इसे दक्खिनी हिन्दी कहते हैं। दक्खिनी हिन्दी में गद्य-पद्य का समृद्ध-साहित्य है। आरम्भ में दक्खिनी हिन्दी में जो साहित्य लिखा गया, वह आज की हिन्दी के बहुत निकट है। उत्तरोत्तर उसमें फारसी की छाप अधिक होती गई है। गोलकुंडा के शासक अली आदिलसाह (सतरहवीं उत्तरार्ध शती ई0) की दक्खिनी हिन्दी की रचना आज की हिन्दी की ही परम्परा में है, उनकी कविता का यह नमूना देखिए-

जोबन फड़कते हैं पिव मस्त हो मिलेंगे।
आलिंग बदल रहूँ अब बँद खोल अँगिया का।।

दक्खिनी हिन्दी के अन्य कवियों की रचनाएँ भी हिन्दी-खड़ीबोली की परम्परा से भिन्न नहीं हैं। यदि इतिहास देखा जाए तो मुसलमान-शासकों की संरक्षता को हिन्दी भुला नहीं सकती। इसके साथ ही हम मराठा-शासकों को भी इस संदर्भ में नहीं भूल सकते। अठारहवीं शती में मुगल-साम्राज्य के पतन के साथ जब मराठा-साम्राज्य का उदय हुआ तो पेशवाओं ने संस्कृत के साथ राजकीय पत्र-व्यवहार में हिन्दी भाषा को भी अपनाया। सन् 1705 ई0 में विद्यमान मलयालम के हास्य कवि कुचन् नम्प्यार ने अपनी कविताओं में हिन्दी के शब्दों का प्रयोग किया है।

इस प्रकार हम देखते हैं कि बीसवीं शती के पूर्व दक्षिण भारत में हिन्दी के प्रसार का एक लम्बा इतिहास है। अद्यतन आन्ध्र, गुजरात, महाराष्ट्र तथा केरल में इसकी लोकप्रियता के अनेक उदाहरण हैं। किन्तु आन्दोलन के रूप में हिन्दी-प्रचार की योजना बीसवीं शती ई0 के आरम्भ में स्वतन्त्रता-संग्राम के असहयोग आन्दोलन के साथ तीव्र हुई। इसमें हिन्दी के अनेक शुभचिन्तकों, सेवाव्रतियों तथा राष्ट्र के कर्णधारों का योगदान रहा है। विशेष रूप से महात्मा गाँधी के दृढ़ रुख से हिन्दी के प्रचार-आन्दोलन को बहुत बल मिला।

गाँधीजी और हिन्दी-प्रसार की योजना

सन् 1916 में राष्ट्रीय कांग्रेस का अधिवेशन लखनऊ में हुआ। उसमें पहली बार महात्मा गाँधी सम्मिलित हुए थे। अब तक कांग्रेस-अधिवेशन की समस्त कार्रवाई और भाषण अंग्रेजी में हुआ करते थे। गाँधी जी ने पत्रकारों तथा अन्य सदस्यों के बहुत विरोध करने पर भी अपना भाषण हिन्दी में किया। इसका हिन्दी-प्रचार में बड़ा अच्छा प्रभाव पड़ा। लगभग सात वर्ष पूर्व हिन्दी-साहित्य सम्मेलन-प्रयाग की स्थापना हिन्दी के प्रचार-प्रसार के उद्देश्य से हो चुकी थी और सम्मेलन अपनी हिन्दी-परीक्षाओं का संचालन भी करता था। हिन्दी के प्रति गाँधी जी के उक्त साहसिक कदम ने सम्मेलन के संचालकों को आकृष्ट किया। गाँधी जी से प्रभावित होकर उन्होंने सन् 1918 में इन्दौर में होने वाले सम्मेलन के अधिवेशन का सभापति महात्मा गाँधी को निर्वाचित किया। इन्दौर का अधिवेशन प्रचार-कार्य की दृष्टि से अत्यन्त महत्त्वपूर्ण रहा। गाँधी जी ने अपने अध्यक्षीय भाषण में दक्षिण भारत के तमिल, तेलुगु, मलयालम, कन्नड़ भाषी प्रदेशों में हिन्दी प्रचार की आवश्यकता बतायी और उसके लिए पैसा इकट्ठा करने की अपील की। गाँधी जी की माँग पर इन्दौर-नरेश महाराज यशवन्त राव होल्कर और नगर-सेठ हुकुमचन्द जी ने दस-दस हजार रुपये हिन्दी-प्रचार-कार्य की सहायता में दिये। इस धन का उपयोग दक्षिण भारत में हिन्दी-प्रचार करने में किया गया। इस अधिवेशन में यह भी प्रस्ताव स्वीकृत हुआ कि दक्षिण भारत के छह युवक हिन्दी सीखने के लिए

प्रयाग भेजे जायें और उत्तर भारत के छह युवक दक्षिण की भाषाओं को सीखने तथा हिन्दी का प्रचार करने के लिए दक्षिण भारत भेजे जायें।

सन् 1918 में मद्रास के 'भारत सेवा-संघ' (इंडियन सर्विस लीग) के हिन्दी-प्रेमी युवकों ने गाँधी जी को लिखा हम हिन्दी सीखना चाहते हैं, हमारे लिए एक हिन्दी-प्रचारक भेजा जाए। गाँधी जी ने अपने पुत्र श्री देवदास गाँधी को, जो उस समय 18 वर्ष के ही थे, शीघ्र ही हिन्दी-प्रचार के लिए मद्रास भेजा।

सन् 1927 तक मद्रास-स्थित हिन्दी साहित्य सम्मेलन-प्रचार-कार्यालय के नाम से ही हिन्दी के प्रचार-प्रसार का काम किया जाता रहा, पुनः महात्मा गाँधी की सलाह से इस प्रचार-कार्यालय का नाम दक्षिण भारत हिन्दी-प्रचार सभा, मद्रास कर दिया गया। अतः 1927 से सम्मेलन का उक्त कार्यालय स्वतंत्र रूप से एक नई संस्था बन गया।

लगभग 10 वर्ष के अनन्तर पुनः सम्मेलन ने मद्रास की भाँति हिन्दी-प्रचार के लिए एक दूसरा केन्द्र वर्धा में प्रवर्तित किया। सन् 1936 में हिन्दी साहित्य सम्मेलन का 25वाँ अधिवेशन नागपुर में देशरत्न राजेन्द्र प्रसाद जी की अध्यक्षता में हुआ। उसी अधिवेशन में गाँधी जी की सलाह से हिन्दी-प्रचार-समिति वर्धा का संगठन किया गया, जिसका उद्देश्य उन चार अहिन्दी भाषी प्रदेशों को छोड़कर, जिनमें हिन्दी का प्रचार दक्षिण भारत हिन्दी-प्रचार सभा (मद्रास) कर रही थी, शेष अहिन्दी भाषी प्रदेशों में हिन्दी का प्रचार-प्रसार करना निश्चित हुआ। 1938 में इसका नाम राष्ट्रभाषा-प्रचार-समिति वर्धा कर दिया गया। उसकी शाखाएँ भारत के पूर्वी-पश्चिमी सभी अहिन्दी भाषी प्रदेशों में हैं और यह संस्था अब भी हिन्दी साहित्य सम्मेलन प्रयाग का अंग है। इस राष्ट्रभाषा प्रचार-समिति वर्धा के साथ सहयोग करने वाली 16 ऐसी अंगभूत संस्थाएँ हैं, जो प्रदेश-स्तर की राष्ट्रभाषा-प्रचार समितियाँ हैं।

इन बड़ी संस्थाओं की प्रेरणा से समस्त दक्षिण भारत में हिन्दी-प्रचार ने तीव्र आन्दोलन का रूप ले लिया। राष्ट्र के सभी कर्णधार, जो देश की आजादी के लिए संघर्ष कर रहे थे, उनके सामने यह समस्या थी कि स्वतंत्रता-प्राप्ति के बाद समूचे देश की राष्ट्रभाषा, राष्ट्रीय कार्य-व्यवहार की भाषा कौन होगी? इसका उत्तर था -हिन्दी। अतः हिन्दी के प्रति समूचे देश में, विशेषतः दक्षिण भारत में जो आकर्षण पैदा हुआ, वह राष्ट्रीय भावना से ओतप्रोत था। हिन्दी सीखना या सिखाना एक राष्ट्रीय कर्त्तव्य का पालन था। फलस्वरूप उक्त बड़ी संस्थाओं के कार्य-क्षेत्र अत्यन्त विस्तृत होते रहे और हिन्दी-प्रचार को और भी सुव्यवस्थित करने के लिए प्रदेशीय स्तर पर अन्य महत्त्वपूर्ण संस्थाओं का भी जन्म हुआ। उनमें मुख्य नाम ये हैं- 1. हिन्दी प्रचार सभा, हैदराबाद (स्थापना 1935 ई०), 2. मैसूर हिन्दी प्रचार-परिषद्, बंगलौर (1943), 3. महाराष्ट्र

राष्ट्रभाषा सभा, पुणें (1945), 4. हिन्दुस्तानी-प्रचार सभा, वर्धा (1942), 5. केरल हिन्दी प्रचार सभा, तिरुअनंतपुरम्, 6. साहित्यानुशीलन समिति, मद्रास, 7. कनार्टक हिन्दी-प्रचार सभा, धारवाड़।

दक्षिण भारत हिन्दी प्रचार सभा मद्रास को अपने हिन्दी-प्रचार कार्य में राष्ट्र के प्रमुख नेताओं का सहयोग मिलता रहा है। सन् 1926 के बाद जब उसने स्वतंत्र संस्था का रूप लिया, महात्मा गाँधी जी इसके आजीवन सभापति रहे। मद्रास के प्रसिद्ध अंग्रेजी दैनिक 'हिन्दू' के सम्पादक श्री ए0 रंगास्वामी अय्यंगार उपसभापति। इसका प्रचार-कार्य योजनाबद्ध हुआ। दक्षिण भारत में हिन्दी को लोकप्रिय बनाने का प्रथम श्रेय इस सभा को है। इसका कार्य-क्षेत्र मद्रास, आंध्र, मैसूर और केरल अर्थात् तमिल, तेलगू, कन्नड़ और मलयालम भाषा-भाषी प्रदेश रहे हैं।

दक्षिण भारत में हिन्दी का जो प्रचार-कार्य विगत दो-तीन दशाब्दियों में हुआ और अब भी हो रहा है, उसकी मुख्य प्रवृत्तियाँ ये हैं- 1. हिन्दी-प्रचारकों का संगठन, 2. हिन्दी-शिक्षण विद्यालयों की स्थापना, 3. परीक्षाओं का संचालन, 4. हिन्दी के प्रकाशन-कार्य, पत्रिकाएँ तथा पुस्तकें, 5. हिन्दी प्रशिक्षण के सत्र, 6. वाक्-स्पर्धा, लेखन-स्पर्धा, 7. नाटक-अभिनय, 8. पुरस्कार का आयोजन, 9. पदवीदान समारोह।

प्रचारकों का बहुत बड़ा संगठन दक्षिण भारत हिन्दी-प्रचार-सभा मद्रास तथा राष्ट्रभाषा प्रचार-समिति वर्धा का है। उनके अनुरूप ही इनकी परीक्षाओं में सम्मिलित परीक्षार्थियों की संख्या भी अत्यधिक है। इन संस्थाओं ने हिन्दी की प्रारम्भिक परीक्षा से लेकर उच्च, उच्चतम परीक्षाओं का आयोजन किया है। मद्रास की दक्षिण भारत हिन्दी-प्रचार सभा 7 परीक्षाएँ और वर्धा की समिति 13 प्रकार की परीक्षाएँ संचालित करती है। इन परीक्षाओं में सवा लाख से अधिक तथा समिति की परीक्षाओं में सवा दो लाख से अधिक परीक्षार्थी सम्मिलित होते हैं। समिति के प्रचारकों की संख्या लगभग सात हजार है। हिन्दी-प्रचार-सभा हैदराबाद की परीक्षाओं में भी चालीस हजार के लगभग परीक्षार्थी सम्मिलित होते हैं। प्रायः प्रत्येक संस्था की हिन्दी-परीक्षाओं में सम्मिलित होने वालों की संख्या उत्साह-वर्धक है।

संस्थाओं के अपने हिन्दी-विद्यालय भी हैं , जिनके द्वारा वे हिन्दी वे शिक्षण-कार्य को गति देते हैं। वर्धा की समिति के सहयोग से उसकी अंगभूत प्रादेशिक समितियाँ भी विद्यालयों का संचालन करती हैं। सन् 1962 के आँकड़ों के अनुसार समिति के तत्त्वावधान में 534 राष्ट्रभाषा विद्यालय और 36 महाविद्यालय संचालित होते रहे हैं। पाठ्यक्रम की दृष्टि से पुस्तकों का प्रकाशन भी संस्थाओं ने किया। उनकी मासिक पत्रिकाएँ भी निकलती हैं। पत्रिकाओं के मुख्य नाम हैं- राष्ट्रभारती (वर्धा), हिन्दी-प्रचार-समाचार(मद्रास), राष्ट्रवाणी (पूना), राष्ट्र-वीणा (गुजरात), केरल-ज्योति

(तिरुअनन्तपुरम्)। हिन्दी प्रचार-सभा हैदराबाद के 'अजन्ता' मासिक का प्रकाशन अब बन्द हो चुका है।

राष्ट्रभाषा प्रचार-समिति वर्धा ने प्रादेशिक भाषाओं के कुछ चुने हुए साहित्य को मूल और हिन्दी भाषान्तर के साथ नागरी लिपि में प्रकाशित कर पारस्परिक आदान-प्रदान का सराहनीय कार्य किया है। इनके अतिरिक्त हिन्दी-प्रचार को गति देने के लिए समय-समय पर प्रचारक-सम्मेलन, वाक् स्पर्धा, लेखन-स्पर्धा, अभिनय, प्रशिक्षण-सत्रों के भी आयोजन होते हैं। वर्धा की समिति ने 1500 रु0 का महात्मा गाँधी पुरस्कार प्रति वर्ष अहिन्दी-भाषी हिन्दी लेखक को देने का आयोजन कर रखा है, जिन लेखकों को यह पुरस्कार मिल चुका है, उनके नाम हैं- 1. आचार्य क्षितिमोहन सेन, 2. महर्षि श्रीपाद दामोदर सातवलेकर, 3. स्व0 बाबूराव विष्णु पराड़कर, 4. आचार्य विनोबा भावे, 5. प्रज्ञाचक्षु पं0 सुखलाल संघवी, 6. पं0 संतराम बी0ए0, 7. श्री काका साहब कालेलकर, 8. श्री अनन्तगोपाल शेवड़े, 9. स्व0 डा0 रांगेय राघव।

इस प्रकार सन् 1918 में महात्मा गाँधी की प्रेरणा से मद्रास को केन्द्र बना कर हिन्दी-प्रचार का जो आन्दोलन आरम्भ हुआ, उसने अब दक्षिण भारत में हिन्दी के निर्माण का रूप ले लिया है। दक्षिण भारत के अनेक विद्वान् हिन्दी की सेवा में तल्लीन हैं। उनमें उत्कट जिज्ञासा हिन्दी को समृद्ध करने की है। हिन्दी में उच्चस्तर का शोध-कार्य दक्षिण के कई पी.एच.डी. के स्नातकों ने किया है। वे हिन्दी-माध्यम से दक्षिण की भाषाओं का कोश भी तैयार कर रहे हैं। हम समझते हैं कि हिन्दी के व्यापक प्रसार के ये शुभ लक्षण हैं, जो हिन्दी-विरोधी-वर्ग की तमाम कूटनीतियों के विपरीत भी राष्ट्र तथा राष्ट्रभाषा का उज्जवल भविष्य सँजोये हैं। दक्षिण भारत में अब हिन्दी-प्रचार का लक्ष्य हिन्दी के निर्माण-कार्य तथा प्रादेशिक भाषाओं से उसके परस्पर के आदान-प्रदान में ही संजीवनी पाएगा।

अहिन्दी क्षेत्रों में हिन्दी-साहित्य-सृजन

डॉ. विजय राघव रेड्डी

सन् 1918 में मद्रास में दक्षिण भारत हिंदी-प्रचार सभा की स्थापना हुई, तब से हिंदी का जोरों से पूरे दक्षिण में प्रचार के कारण स्वतंत्रता प्राप्ति तक बड़ी संख्या में ऐसे दक्षिण है।

भारतीय हिन्दी-विद्वान तैयार हो गये, जिन्होंने हिंदी के प्रचार-प्रसार कार्य को अपना धर्म-सा माना। इनमें से कुछ लोग तभी से हिंदी में रचनाएँ करने लगे। हिंदी में मौलिक रचनाओं के निर्माण की तुलना में इस समय हिंदी की अधिकांश श्रेष्ठ कृतियाँ विशेषकर उपन्यास इन हिंदी-विद्वानों के प्रयासों से दक्षिण की भाषाओं में अनुदित हुए हैं।

अब हिंदी जनसामान्य में न केवल सार्वदेशिक स्तर पर अपितु समुद्र पार देशों में भी संपर्क भाषा के रूप में मान्यता प्राप्त कर चुकी है। अब हिन्दी में साहित्य की सर्जना भारत तक ही सीमित नहीं रही है। मारीशस, सूरीनाम, फिजी, ट्रिनीडाड आदि देशों में, जहाँ भारतीय मूल के लोग बहुमत में हैं तथा सुदूर प्रान्तों में भी उसकी सर्जना हो रही है, पत्र-पत्रिकाएँ, पुस्तकें प्रकाशित हो रही हैं। अब हमें केवल भारत के अहिंदी प्रांतों में रचे जाने वाले हिंदी साहित्य पर चर्चा करने के अतिरिक्त समुद्र पार हिंदी साहित्य (ओवरसीज हिंदी लिटरेचर) का आकलन करने तथा उस पर भी चर्चा करने की नितांत आवश्यकता है।

यदि अपने देश की आधुनिक भाषाओं के संदर्भ में ही देखें तो हम पायेंगे कि हिंदी में ही नहीं, बल्कि अन्य आधुनिक भाषाओं में भी साहित्य-सर्जना में अन्य भाषाभाषियों ने योगदान दिया। किसी का योगदान स्थाई महत्त्व का एवं युगांतरकारी रहा तो किसी-किसी का सामान्य व नाममात्र था। जहाँ तक दक्षिण भारत के साहित्यों का संबन्ध है, आपसी सहयोग और योगदान की परंपरा बहुत पुरानी रही है। कहते हैं कि कन्नड़ साहित्य के आदिकालीन (दसवीं सदी) कवि, पंप, पोन्न और रन्न, जिन्हें

कन्नड़ साहित्य के 'रत्न त्रय' कहा जाता है, तेलुगु प्रदेश के निवासी थे। इसी तरह तेलुगू के आदि कवि नन्नय (ग्यारहवीं सदी) के बारे में कहा जाता है कि उनका संबन्ध तमिल प्रदेश से रहा था। आपकी रचना में कन्नड़ विद्वान नारायण भट्ट ने सक्रिय योगदान दिया। दक्षिण के प्राचीन-कालीन शैव साहित्य (तेरहवीं सदी) में ऐसे कई उदाहरण मिलते हैं, जहाँ एक भाषा के वीरशैव कवि ने दूसरी भाषा में तथा दक्षिण की अन्य भाषाओं में काव्यरचना की है। दक्षिण में यह परंपरा आधुनिक काल तक चली आती है, जहाँ तमिल एवं मराठीभाषी कन्नड़ में साहित्य की सर्जना कर और कन्नड़ एवं मराठीभाषी तेलुगु साहित्य की श्रीवृद्धि कर युग प्रवर्त्तक तक कहलाये।

अपनी भाषा को छोड़ दूसरी भाषा में साहित्यिक सर्जना करने के कारण कुछ भी रहे हों, इतना तो स्पष्ट है कि यह परंपरा आधुनिक भारतीय साहित्य में विशेषकर दक्षिण भारतीय साहित्य में गरिमामयी रही है। इस गौरवशाली परंपरा के परिप्रेक्ष्य में अन्य भाषियों के द्वारा हिन्दी में प्रस्तुत साहित्य को परखने की समझ अभी हमारे देश में विकसित नहीं हुई है।

इन दिनों अन्य भाषियों के द्वारा, जिनमें दक्षिण के व्यक्ति भी अधिक संख्या में हैं, हिन्दी में काफी साहित्य प्रस्तुत किया जा रहा है। कुछ रचनाएँ मौलिक रूप से, कुछ शोध प्रबंधों के रूप में और कुछ अपनी भाषाओं से हिंदी में अनुवाद के रूप में। इन रचनाओं का लेखा-जोखा प्रस्तुत करते हुए कुछ पुस्तकें भी सामने आयीं, जैसे, अहिंदी भाषियों की हिंदी को देन, हिंदी को केरलियों की देन, राष्ट्रभारती को केरल का योगदान, केरल में हिंदी भाषा और साहित्य का विकास आदि। 15 साल पूर्व नागरी प्रचारिणी सभा की ओर से हिंदी साहित्य की वृहत इतिहास योजना के अंतर्गत पंचदश भाग, 'अंतर भारतीय हिंदी साहित्य' के नाम से प्रकाशित हुआ है, जिसमें सिंधी समेत बारह अन्य भारतीय भाषियों के द्वारा हिंदी में प्रस्तुत हिंदी साहित्य का विवरण है। इस पुस्तक में भी एकाध अपवाद को छोड़, संबन्धित भाषियों के द्वारा ही अपने प्रदेश में रचित हिंदी साहित्य का विवेचन प्रस्तुत किया गया है, न कि हिंदीभाषियों के द्वारा।

अहिन्दी भाषी, विशेषकर दक्षिण भारतीय लेखक अक्सर यह शिकायत करते हैं कि उनके साहित्य को हिंदी-जगत में उचित स्थान नहीं मिला है और उसका स्वागत नहीं किया जा रहा है। दूसरी तरफ हिंदी के विद्वान यह दलील देते हैं कि 'भारत जैसे विशाल देश में हिंदी में लिखे जा रहे साहित्य का आकलन अभी संभव न हो पाया है। इस कारण हिंदी के विद्वान विशेषकर उसके साहित्य के इतिहासकार अहिंदी भाषियों के साहित्य का मूल्यांकन करने में असमर्थ रहे। इसके पीछे उनकी विवशता ही थी, उपेक्षा भाव नहीं। बंगला के हिंदी-लेखकों के साहित्य एवं उस भाषा से अनुदित साहित्य, जिसका आकलन संभव हो सका था, उसका मूल्यांकन हिंदी साहित्य में हुआ

है। अलावा इसके ऐसे साहित्य के मूल्यांकन में इतिहासकारों का मूल्य-विवेक भी कार्य करता है, जिसकी उपेक्षा नहीं की जा सकती।' (डॉ0 नगेन्द्र संपादकीय से हिंदी साहित्य का बृहत इतिहास, खंड 15)।

उपर्युक्त शिकायतों एवं दलीलों से यह अन्य बात प्रकट होती है कि जो वास्तव में प्रभावकारी एवं कालजयी साहित्य है, उसका स्वागत हुआ और उसे उचित स्थान मिला। किसी विशिष्ट अहिंदी भाषी समाज (बंगला) द्वारा प्रस्तुत एवं उस भाषा से अनुदित साहित्य का स्वागत और आदर अन्यों की तुलना में हिंदी-समाज में प्रखर रूप में होता हो, तो उसका कारण उन दोनों समाजों की सामाजिक, सांस्कृतिक, ऐतिहासिक एवं भौगोलिक निकटता होती ही है। इसके विपरीत अन्यों के साहित्य का साभार स्वागत न होने का कारण उन अहिंदी भाषी हिंदी-लेखकों की भिन्न स्तरीय द्विभाषिक स्थितियाँ हो सकती हैं, जिनके चलते उनकी अभिव्यक्ति में ऐसी विशिष्टता पायी जाती है, जो हिंदी के निर्माणाधीन अखिल भारतीय स्वरूप में अभी समाहित नहीं हो पायी है।

हिंदी में लिखने वाले सभी अहिंदी भाषियों की द्विभाषिक स्थिति (अपनी भाषा एवं हिंदी) समान नहीं है। ऐसी दशा में उनकी हिंदी की अभिव्यक्ति-क्षमता में अन्तर होना स्वाभाविक है। इस अन्तर को अनदेखा कर अहिंदी भाषियों के द्वारा प्रस्तुत समस्त साहित्य पर एक ही 'लेबिल' लगाकर उसे परखना उचित नहीं है। अहिंदी भाषी हिंदी-लेखकों को वर्गों में विभाजित कर सकते हैं: जैसे-

(१) तथा कथित अहिंदी भाषी : ये ऐसे व्यक्ति हैं जो हिंदीभाषी समाज के अभिन्न अंग बन गये हैं, जिनका अहिंदी सामर्थ्य देशीय भाषियों से किसी भी अर्थ में भिन्न नहीं होता। कुछ अहिंदी भाषियों के समुदाय किन्ही कारणों से हिंदी प्रदेशों में बहुत पहले से बस गये हैं। ऐसे लोगों की संतान की शिक्षा-दीक्षा वहीं पर हुई है। उन समुदायों में आपसी संप्रेषण की भाषा भले ही कोई हिन्दीतर भाषा रही हो, उन लोगों को अहिंदी भाषी कहना और वे जो हिंदी में साहित्य रचना करते हैं, उन्हें अहिन्दी भाषा लेखकों की कोटि में रखना उचित नहीं है। अपनी तथाकथित मातृभाषा में कुछ लोग कलम चलाना तक नहीं जानते। डॉ. प्रभाकर माचवे, मुक्तिबोध, रांगेय राघव, बालकृष्ण राव और डॉ. गोपाल शर्मा आदि कई लेखकों को इस कोटि में रखा जा सकता है। हालाँकि इनमें से कई हिन्दी को अपनी मातृभाषा के रूप में स्वीकार करते हैं। हिन्दी-समाज में इनका एकीकरण हुआ है। इनकी अभिप्रेरणा तादात्म्यगत है, न कि अन्यों की भाँति उपकरणगत। फिर भी अहिन्दी भाषी हिन्दी-लेखकों में इनकी चर्चा की जाती है, जो वास्तव में उचित नहीं है।

(२) नाममात्र के अहिंदी भाषी : दिल्ली तथा पश्चिमोत्तर भारत में

रहनेवाले सिंधी, पंजाबी, डोंगरी और कश्मीरी भाषा-भाषियों को इस वर्ग में रखा जा सकता है। ये अपनी भाषागत अस्मिता को कायम रखे हुए हैं, तथापि हिन्दी भाषा एवं उसके समाज के साथ अपनी अतिनिकटता के कारण ये उसके अंग से बन गये हैं। इस समुदाय की पुरानी पीढ़ी उससे बखूबी परिचित है। इनमें से कुछ अब देवनागरी लिपि सीखकर हिन्दी में अपना काम चलाते हैं। नई पीढ़ी की शिक्षा-दीक्षा अंग्रेजी के माध्यम से होती है। इस समुदाय में से जो लेखक हिन्दी में लिखते हैं, उन्हें पूरे अर्थ में अहिंदी भाषी हिन्दी लेखकों के नाम से अभिहित नहीं किया जा सकता। जहाँ पहली कोटि के लोगों में एकाध अपवाद को छोड़कर कोई अपनी भाषा में साहित्य-सर्जना नहीं कर सकते तो इस कोटि के लोगों में से अब कुछ हिन्दी के साथ-साथ अपनी भाषाओं में भी साहित्य रच रहे हैं, जिनका अच्छा स्वागत भी किया जा रहा है। अमृता प्रीतम, पद्मा सचदेव, हरदेव बाहरी, कर्तारसिंह दुग्गल आदि को इस कोटि में रखा जा सकता है।

(३) उत्तर भारत के अहिंदी भाषी : ऐसे व्यक्ति, जिनकी मातृभाषा द्रविड़ एवं तिब्बती-चीनी परिवार की भाषाओं से इतर है, इस कोटि में आते हैं। इस वर्ग में प्रमुखतः हिन्दी से इतर अन्य आर्य परिवार की भाषाएँ बोलने वाले आते हैं। इनकी भाषाएँ हिन्दी की सजातीय भाषाएँ होने के साथ-साथ इनके प्रदेशों के साथ (असम इसका अपवाद है) भौगोलिक निकटता के कारण ऐसे लोगों की द्विभाषिक स्थिति अन्यों की तुलना में भिन्न होती है। इनका हिन्दी में संप्रेषण-सामर्थ्य आगे की दो कोटियों के व्यक्तियों से अच्छा होता है। इस वर्ग के अहिन्दी-लेखक अपनी भाषाओं के साहित्य का हिन्दी में अनुवाद बेहतर ढंग से प्रस्तुत कर सकते हैं। हिन्दी में लिखित उनके मौलिक साहित्य में भी भाषागत विचलन (डीविएशन) अधिक नहीं होता। इनकी भाषा हिन्दी भाषियों की सह्यसीमा के अंतर्गत आती है। अंनत गोपाल शेवड़े, इंद्रनाथ, मुक्तिबोध आदि को इस वर्ग में रखा जा सकता है।

(४) उत्तर पूर्वांचल के अहिंदी भाषी : इस वर्ग में असमिया, नेपाली और बंगला भाषियों को छोड़कर इस अंचल के राज्यों में रहनेवाले अहिंदी भाषियों को रखा जा सकता है। इस वर्ग के अधिकांश लोगों की मातृभाषाएँ तिब्बती-चीनी परिवार से संबन्धित हैं और ये प्रायः जनजातीय हैं। भाषागत एवं अन्यान्य कारणों से ये देश की मुख्य धारा से अभी निकटता स्थापित न कर पाये हैं। इस वजह से इनका हिंदी-सामर्थ्य भी अन्य वर्ग की तुलना में अपेक्षाकृत कम माना जाता है। इस वर्ग के मणिपुरीभाषियों के द्वारा हिंदी में प्रस्तुत साहित्य व अनुवाद अभी-अभी सामने आने लगा है (दृष्टव्य है समकालीन भारतीय साहित्य, अंक 38, अक्टूबर-दिसंबर, 1989, साहित्य अकादमी, नई दिल्ली)। भौगोलिक दूरी के बावजूद मणिपुरभाषी जो अपने को

मैतेई कहते हैं, अपनी धार्मिक प्रतिबद्धता के कारण मुख्यधारा से सांस्कृतिक संबन्ध बनाये हुए हैं। इस वर्ग के अन्य भाषियों के द्वारा हिंदी में प्रस्तुत साहित्य नगण्य ही कहा जायेगा।

(५) दक्षिण भारत के अहिंदी भाषी : जिनकी मातृभाषाएँ तेलुगु, तमिल, मलयालम, व कन्नड़ हैं, वे इस वर्ग में आते हैं। इस वर्ग के हिंदी-लेखकों को उनकी द्विभाषिक स्थिति के आधार पर तीन उपवर्गों में पुनः विभाजित किया जा सकता है। जैसे,

(क) दक्खिनी से प्रभावित द्विभाषी : पुराने हैदराबाद निजाम राज्य के अंतर्गत आने वाले तेलंगाना के तेलुगुभाषी और कर्नाटक के कन्नड़भाषी तथा दक्खिनी को घरेलू बोली के रूप में काम में लाने वाले दक्षिण के मुसलमानों को इस कोटि में रखा जा सकता है। अपनी पूर्वज्ञात दक्खिनी के बाद वे हिंदी सीख लेते हैं। उनकी हिंदी की दक्षता अन्यों की तुलना में विशिष्ट होती है, जिसका प्रमाण उनके द्वारा प्रस्तुत हिंदी साहित्य में भी देखा जा सकता है।

(ख) कुछ वर्षों तक हिंदी का उच्च अध्ययन प्राप्त अहिंदी भाषी : ये ऐसे व्यक्ति हैं, जो अपने प्रदेशों में कुछ वर्षों तक हिंदी का अध्ययन कर आगे की पढ़ाई के लिए हिंदी प्रदेशों में जाते हैं। ये लोग शुरू में वहाँ की हिंदी की संस्थाओं में पढ़ने जाते रहे और बाद में दक्षिण के विश्वविद्यालयों में अधिक संख्या में हिंदी के स्नातकोत्तर विभाग खुल जाने से ऐसे लोगों की संख्या कम हो गयी। हिंदी प्रदेश में देशीय भाषियों के संपर्क में रह जाने के कारण ऐसे लोगों का हिंदी-सामर्थ्य अन्यों की अपेक्षा अधिक ग्राह्य माना जा सकता है। इस समय इस वर्ग के लोगों के द्वारा प्रस्तुत साहित्य और अनुवाद काफी संख्या में सामने आ रहा है।

(ग) दक्षिण के अन्य अहिंदी भाषी : इस उपवर्ग में ऐसे लोग आयेंगे, जिन्होंने अपने प्रदेश में ही रहकर हिन्दी की पूरी शिक्षा प्राप्त की और जिन्हें हिन्दी क्षेत्र में रहने का मौका नहीं मिला। जीवंत हिंदी में वांछित समय तक इनका संपर्क न होने से हिंदी में इनकी दक्षता अन्यों की तुलना में भिन्न प्रकार की होती है। इस वर्ग के लोग भी हिंदी में साहित्य का निर्माण, जिसमें अनुवाद भी सम्मिलित है, कर रहे हैं।

उपर्युक्त वर्गों में विभाजित भिन्न स्तरीय हिंदी-सामर्थ्य रखने वाले दक्षिण के अहिंदी भाषी हिंदी-लेखकों के लेखन में भाषायी स्तर-भेद और विचलन होना स्वाभाविक है, जो कहीं-कहीं देशीय भाषियों की सह्य-सीमा (टालरेन्स जोन) के बाहर होकर उनके लिए अग्राह्य भी हो जाता है। इसका मतलब यह नहीं है कि इनकी हिंदी भाषा व्याकरणसम्मत नहीं होती। व्याकरणसम्मत होना, औचित्यपूर्ण होना और स्वीकार-योग्य होना, ये तीनों अलग-अलग संकल्पनाएँ हैं। यह कोई जरूरी नहीं है कि हर कोई

व्याकरणसम्मत वाक्य औचित्यपूर्ण एवं स्वीकार्य हो। अपनी रचना-प्रक्रिया में यदि दक्षिण के हिंदी-लेखक इस लक्ष्य को ध्यान में रखेंगे और यदि हिंदीभाषी उन रचनाओं का इस दृष्टिकोण से विश्लेषित कर उन्हें कमियों से परिचित करायेंगे तो संभव है कि ऐसे साहित्य में वांछित परिवर्तन आ जाए। दक्षिण के अहिंदी भाषियों के द्वारा प्रस्तुत हिंदी रचनाओं में प्राप्त विचलित एवं विशिष्ट रूपों का लेखा-जोखा प्रस्तुत करते हुए प्रथम प्रयास के रूप में भारतीय भाषा संस्थान, मैसूर द्वारा अंग्रेजी में प्रकाशित एक पुस्तक बीस वर्ष पहले छपी है। (Studies in Billingualism: A study of the characteristics of Hindi as written by speakers of South Indian Languages) । इस पुस्तक में ऐसे अनेक उदाहरण प्रस्तुत किये गये हैं, जो हिंदी में स्वीकार्य नहीं हैं, जिनसे पाठकों पर वह प्रभाव नहीं पड़ता, जो लेखक चाहता है।

भिन्न-भिन्न द्विभाषिक स्तर के अहिंदी भाषी हिंदी-लेखकों को हमने ऊपर कुछ वर्गों में विभाजित कर उनकी विशेषताओं का विवेचन किया। इन लेखकों के हिंदी में लिखने के उद्देश्य भी भिन्न होते हैं। उदाहरण के तौर पर हम कह सकते हैं कि प्रथम वर्ग के लोग हिंदी को छोड़ अपनी भाषा में लिख नहीं सकते। हिंदी में लिखना उनकी एक प्रकार की मजबूरी-सी है। दूसरे वर्ग के लोग अपनी भाषा में लिखने का सामर्थ्य रखने पर भी अपनी भाषाओं की अपेक्षा हिंदी में पुस्तकों की अधिक खपत व माँग होने तथा हिंदी प्रकाशनों में अपनी साख के कारण हिंदी में लिखते हैं। बाकी वर्ग के लोगों में, विशेषकर दक्षिण भारत में कुछ ऐसे हैं, जो हिन्दी में लिखने का अभ्यास करते हुए अपनी सीखी हुई भाषा को परिपुष्ट बना लेना चाहते हैं। प्रारंभिक दिनों में इस प्रकार की इच्छा से प्रेरित होकर लिखते-लिखते आगे चलकर कुछ लोग लेखक भी बन जाते हैं। यह बात हर सीखी हुई भाषा के साथ जोड़ी जा सकती है, लेकिन अंग्रेजी के साथ यह बात पूरी तरह फिट नहीं होती। हमारे देश में हिंदी की विशिष्ट स्थिति, उसकी आवश्यकता एवं उसके साथ तादात्म्य स्थापित करने की राष्ट्रीय भावना आदि कुछ ऐसे अतिरिक्त कारण हैं, जिनसे हिंदी में लिखने और उसे परिपुष्ट करने की इच्छा दक्षिण के लोगों में अधिक पायी जाती है। अपनी भाषा, साहित्य एवं संस्कृति का हिंदी के माध्यम से दूसरे प्रांतों को परिचित कराने एवं अपने साहित्य की अमूल्य रचनाओं को उन्हें उपलब्ध कराने के उद्देश्य से, कुछ लोग हिंदी में लिखते हैं। इन लेखकों के द्वारा साहित्य की हर विधा अनुदित होकर हिंदी में प्रस्तुत होती है, साथ ही मौलिक रूप में कथा-साहित्य, निबंध, शोध-प्रबंध आदि अन्य रचनाएँ भी हिंदी में आ रही हैं। कुछ लोग कविताएँ भी लिखते हैं। लेकिन एकाध अपवाद जैसे आलूरि बैरगी, इब्राहिम शरीफ, डॉ. आदेश्वर राव आदि की कविताओं को छोड़कर उल्लेखनीय कविताएँ अपेक्षाकृत कम ही हैं। शायद दूसरी भाषा में

कविता करने के लिए कुछ अतिरिक्त प्रतिभा की आवश्यकता होती है, जो अन्य भाषाभाषियों में मुश्किल से प्राप्त होती है।

संविधान की धारा 351 के तहत हिंदी को भारत की सामासिक संस्कृति की संवाहिका बनाने के लिए उसमें ऐसे साहित्य का निर्माण व अनुवाद आवश्यक है, जो समस्त भारत की आत्मा को प्रतिबिम्बित कर सके। हिंदी और अहिंदी प्रदेशों के लेखकों के संयुक्त प्रयास से यह संभव होगा। हिंदी भाषी लेखकों में अहिंदी भाषाओं विशेषकर दक्षिण की भाषाओं व संस्कृति तथा उनके साहित्य व इतिहास के ज्ञाताओं के अभाव के कारण आज तक अहिंदी भाषी ही इस दायित्व को निभाते आ रहे हैं। अपने सीमित साधन और सामर्थ्य से वे जो साहित्य हिंदी में प्रस्तुत कर रहे हैं, उससे प्रादेशिक प्रभेदों के लिए निर्माणाधीन हिंदी भाषा का अंतरभारतीय स्वरूप भले ही सामने आ रहा हो, लेकिन इससे हिंदी साहित्य के आधारफलक का गुणात्मक व परिमाणात्मक दृष्टि से ऐसा विस्तार नहीं हो पा रहा है, जिससे कि उसे **भारतीय साहित्य के प्रतिनिधि व प्रतिमान** के रूप में स्वीकार किया जा सके। 'भारतीय सहित्य' को हम अंग्रेजी के माध्यम से जानने और स्वीकार करने में आपनी शान समझते हैं। हिंदी साहित्य को भारतीय साहित्य से समीकृत करने की दिशा में न सोचकर, हम और हमारी सारी संस्थाएँ अपनी सारी शक्ति को अंग्रेजी की तरफ लगा रही हैं। अंग्रेजी के माध्यम से भारतीय साहित्य की आत्मा के सर्वांगीण रूप को प्रतिबिम्बित नहीं किया जा सकता। यदि हम सच्चे अर्थ में भारतीय साहित्य को हिन्दी के माध्यम से ग्रहण करना चाहते हैं और हिन्दी को भारतीय साहित्य का अमली जामा पहनाना चाहते हैं तो राष्ट्र की साधन संपत्तियों को अंग्रेजी की तरफ से हटाकर हिंदी की ओर मोड़ना होगा। लगता है कि अंग्रेजी के मोह से जकड़ी हुई हमारी मानसिकता इसके लिए अभी तैयार नहीं है। इस प्रबल कारण से भी, जो भी और जैसा भी, साहित्य दक्षिण भारतीयों के द्वारा हिंदी में प्रस्तुत किया जा रहा है, उसका स्वागत नहीं हो पा रहा है और न ऐसे साहित्य को लेकर कोई गम्भीर चर्चाएँ या आलोचनाएँ होती हैं। अगर कहीं कोई छुट-पुट चर्चाएँ होती हैं, तो वे भी उन्हीं अहिंदी भाषी समुदायों में, जिन भाषा समुदायों ने हिंदी में रचना की है। यह अपना ढोल पीटने की स्थिति से भिन्न नहीं है। जब इस साहित्य का पाठकवर्ग ही हिंदी क्षेत्र में नहीं है तो चर्चाएँ कहाँ से होंगी? हिंदी क्षेत्र की साक्षरता के कम प्रतिशत को (हिमाचल प्रदेश को छोड़ शेष सभी हिंदी प्रदेशों में साक्षरता का प्रतिशत राष्ट्रीय औसत से कम है) एवं वहाँ की पठन-आदत की कमी को स्वीकार करने पर भी, हिंदी में आ रहे दक्षिण के हिंदी के साहित्य के प्रति हिंदी-क्षेत्र के पाठकवर्ग की उपेक्षा को अनदेखा नहीं किया जा सकता। सामान्य पाठक वर्ग की बात छोड़ भी दें, हिंदी भाषा साहित्य से सीधे जुड़े हुए हिंदी क्षेत्र के

बुद्धिजीवी, साहित्यकार, समीक्षक व शोधार्थी की इस लेखन के प्रति जो घोर उपेक्षा है, इसकी ओर उँगली उठाते हुए कुछ वर्ष पूर्व केरल हिंदी साहित्य मंडल ने सामूहिक रूप से एक जोरदार मुहिम भी चलायी थी। हिंदी की पत्र-पत्रिकाओं में डॉ. विश्वनाथ अय्यर ने इस दुखद स्थिति पर प्रकाश डाला। स्थिति में परिवर्तन लाने का अनुरोध किया। समझ में नहीं आता कि हिंदी साहित्य के इतिहासकारों की तथाकथित विवशता कब तक बनी रहेगी?

अक्सर एक खूबसूरत पदावली 'आदान-प्रदान' का प्रयोग करते हुए कहा जाता है कि आप लोग साहित्य के आदान-प्रदान कार्य में लगे हुए हैं। लेकिन यह प्रदान, प्रदान कब तक चलता रहेगा? आदान हिंदी-जगत में कब होगा? आदान हो, तभी प्रदान की सार्थकता है। इस समय अहिंदी भाषी प्रदान कर रहे थे और स्वयं आदान भी, यह क्रम शुरू से है। अन्यथा जैसा कि मैंने सन् 1968 में अन्यत्र उल्लेख किया था, श्री बालकृष्ण राव द्वारा संपादित व हिंदी साहित्य सम्मेलन, प्रयाग द्वारा प्रकाशित (माध्यम मासिक के अभूतपूर्व केरल विशेषांक, मई 1966 और आंध्र विशेषांक, अप्रैल-मई, 1968), पर पत्र-पत्रिकाओं का जो अंबार लग गया था, उनमें से बहुसंख्यक प्रतिक्रियाएँ अहिंदी प्रांतों के हिंदी-लेखकों की तरफ न रही होतीं।

इस अस्वस्थ परंपरा के कायम रहते हुए भी हिंदी में लिखने वाले दक्षिण भारतीयों को सुकून देने वाली बात यह है कि उनके लेखन की प्रशंसा में अन्य अहिंदी भाषियों से पत्र प्राप्त होते हैं और उनकी हिंदी रचनाओं को अपनी मातृभाषाओं में अनुवाद करने की माँग आती है। अन्यथा इस लेखक की हिंदी रचनाओं का अनुवाद गुजराती में, ओड़िया में मणिपुरी में और असमीया में न हुआ होता।

इधर दक्षिण के राज्यों में एक अतिवाद चल पड़ा है, निचले स्तर के पाठ्यक्रमों से लेकर स्नातकोत्तर हिंदी पाठ्यक्रमों में अपने प्रदेश या अपने अंचल के ही लेखकों की पुस्तकों को निर्धारित कर पढ़ाना। यह एक प्रतिक्रिया है।

तेलुगु साहित्य के इतिहासकारों ने आंध्र प्रदेश से बाहर तेलुगु में रचे गये साहित्य का समादर करते हुए उसे एक काल खंड में 'दक्षिणान्ध्र साहित्य युगमु' (तमिलनाडू में तंजापुर, मदुरै और मैंजी में आधुनिक युग के पूर्ववर्ती युग में निर्मित साहित्य) रखकर अध्ययन किया। ऐसी दृष्टि हिंदी साहित्य के इतिहास लेखन में विकसित होनी चाहिए।

अहिंदी प्रदेशों के हिंदी-लेखकों में ऐसा सामर्थ्य विकसित हो कि उनकी रचनाएँ हिंदी-पाठकों को उबाऊ न लगे, उन्हें चाव से पढ़ सकें, इसके लिए प्रशिक्षण शिविरों का आयोजन हो। केन्द्रीय हिंदी निदेशालय के द्वारा आयोजित किये जाने वाले ऐसे नव लेखक शिविरों में आमूलचूल परिवर्तन की आवश्यकता है। इसी प्रकार हिंदी क्षेत्र में पठन-आदत को विकसित करने के उपाय सोचे जाने चाहिए।

जिस प्रकार से महावीरप्रसाद द्विवेदी ने अपनी संपादन कला से अपने समय के हिंदी-लेखकों को सुधारा-सँवारा था, उसी प्रकार से इन अहिंदी भाषी हिन्दी लेखकों को सुधारने व संवारने के लिये ऐसे हिन्दी संपादकों की आवश्यकता श्री बालकृष्ण राव ने अपने माध्यम संपादन के समय इस कार्य को कुछ हद तक सँभाला था।

किसी ऐसे अभिकरण की आवश्यकता है जो अहिंदी भाषी हिंदी-लेखकों की पुस्तकों के प्रकाशन, मूल्यांकन, वितरण की व्यवस्था को निभा सकें।

अहिंदी भाषी हिंदी लेखकों को पुरस्कृत करने के लिए कुछ योजनाएँ चलायी जा रही हैं, खैरात बाँटने की भाँति। इस प्रकार के पुरस्कार प्राप्त करने के उद्देश्य से ही अहिंदी भाषी पुस्तकें न लिखें। ऐसी स्थिति न आ जाए कि पुरस्कार बंद और पुस्तकें लिखना बंद।

हाँ, ऐसा लेखन दक्षिण भारत के लोग करें, ऐसी पुस्तकें वे लिखें कि केन्द्र साहित्य अकादमी को हिंदी के लिए साहित्य पुरस्कार उनमें से किसी को देना पड़े।

(केन्द्र प्रभारी, केन्द्रीय हिन्दी संस्थान, हैदराबाद)

दक्षिण अफ्रीका में हिन्दी

डॉ. सत्यप्रकाश (डरबन)

महात्मा गाँधी की शती-समारोह के अवसर पर मुझे दक्षिण-अफ्रीका आने का अवसर मिला। यहाँ प्रवासी भारतीयों की अनेक संस्थाएँ हैं, जिन्होंने हिन्दी के कार्य में अच्छा हाथ बँटाया है। इनमें से एक संस्था दक्षिण अफ्रीका की आर्य प्रतिनिधि सभा है, और दूसरी पीटर पेरिट्ज बर्ग की वेदधर्म सभा। इन दोनों संस्थाओं ने मुझे इस देश में आने का निमंत्रण दिया। 5 अगस्त 1961 को दिल्ली से वायुयान द्वारा उड़ कर बम्बई आया और फिर उसी दिन संध्या समय सूर्यास्त से पूर्व मैं मॉरिशस पहुँच गया। मॉरिशस में मुझे तीन दिन रुकने का अवसर मिला। यह छोटा सा द्वीप है, 35 मील लम्बा और 20 मील चौड़ा। इसकी जनसंख्या 8 लाख है, जिसमें 4 लाख भारतीय हैं। इन 4 लाख भारतीयों में 1 लाख आर्य-परिवार के हैं। इस छोटे से टापू की आर्थिक स्थिति का अनुमान इसी बात से लग जायेगा कि इस टापू में लोगों के पास 30 हजार टेलीविजन के सेट हैं, अर्थात् लगभग घर-घर में टेलीविजन है। जब लोगों को मेरे मॉरिशस आने का पता चला, तो मेरी वार्ता का एक प्रोग्राम टेलीविजन पर रक्खा गया। इस द्वीप में गन्ने और चाय की खेती होती है। मैं श्री मोहन लाल मोहित जी के घर पर ठहरा हुआ था। मॉरिशस और दक्षिण अफ्रीका में पूर्वी उत्तर प्रदेश और बिहार के लोगों की विशेष आबादी है। ये सब चार-पाँच भाषाएँ बोल लेते हैं- हिन्दी, भोजपुरी, अंग्रेजी, फ्रेंच या क्रिओल और जूलू भाषा। मोहित जी के परिवार को वहाँ रहते हुए कई पीढ़ियाँ हो गयी हैं, फिर भी घर में भोजपुरी बोली जाती है। अधिकतर लोगों की मातृभाषा इस द्वीप में क्रिओल है, जो फ्रेंच भाषा का एक रूपान्तर है, जिसका विकास मॉरिशस में ही हुआ है। मॉरिशस भारत के समान ही कॉमन-वेल्थ में एक स्वतंत्र राष्ट्र है। यहाँ इस समय श्री वीरेन्द्र पाल शर्मा भारतीय हाई कमिश्नर हैं। यहाँ प्रयत्न किया जा रहा है कि क्रिओल और अंग्रेजी के साथ-साथ हिन्दी भाषा को भी राष्ट्रीय भाषा की मान्यता दी जाय। यहाँ के प्रधान मंत्री सर रामगुलाम जी से तो मेरी भेंट नहीं हो पायी, क्योंकि

वे उन दिनों विदेश गये हुए थे और उनके स्थान पर अर्थ मंत्री श्री रामस्वामी कार्यवाहक प्रधान मंत्री थे। उनसे मिल कर मुझे प्रसन्नता हुई। उन्होंने आर्यसमाज और अन्य भारतीय संस्थाओं के कार्य की सराहना की, विशेषतया शिक्षा और सामाजिक सेवा के क्षेत्र में। इस छोटे से द्वीप में 100 के लगभग आर्यसमाज हैं, और प्रत्येक बड़े आर्यसमाज के भवन में शिक्षा-संस्था भी है, जिसमें हिन्दी सिखाने का प्रयत्न है। मेरा बम्बई से मॉरिशस जाते समय नव भारत टाइम्स के उत्साही युवक श्री जितेन्द्र कुमार मित्तल से परिचय हो गया था। उन्होंने 'भारत-मॉरिशस मैत्री संघ' की स्वामी कृष्णानन्द जी की प्रेरणा से स्थापना की है। स्वामीजी और अनेक बन्धु मित्तल जी का स्वागत करने अड्डे पर आये हुए थे, और मुझे भी सब का स्नेह मिला। इस संघ के प्रयत्न से मॉरिशस में भारतीयता और हिन्दी प्रेम को प्रोत्साहन मिलेगा ऐसी आशा है। मुझे लगा कि मॉरिशस हिन्दी वालों का सबसे उत्तम उपनिवेश है। मोहितजी के परिवार का संबन्ध एक सिनेमा घर से भी है। सिनेमा रेडियो एवं टेलिविजन द्वारा हिन्दी का अच्छा प्रचार इस देश में है।

8 अगस्त को मॉरिशस से चल कर उसी दिन सूर्यास्त से कुछ बाद मैं जोहेन्सबर्ग में पहुँच गया, जो पब्लिक आव् साउथ अफ्रीका का प्रमुख अन्तर्देशीय हवाई अड्डा है, और संभवतः इस देश का सबसे बड़ा नगर। अनेक गुजराती और हिन्दी भाषी भाई मेरे आतिथ्य के लिए इस हवाई अड्डे पर उपस्थित थे। दक्षिण अफ्रीका में भारतीयों के तीन विशेषवर्ग हैं- हिन्दी भाषी प्रदेश के (पूर्वी उत्तर प्रदेश और बिहार के), गुजराती भाषी प्रदेश के और दक्षिण-भारत के। इन वर्गों के लोगों ने तामिल, तेलगू, हिन्दी और गुजराती भाषाओं को यहाँ जीवित रक्खा है। व्यावहारिक कार्यों में तो लोगों की मातृभाषा अंग्रेजी हो गयी है, पर अंग्रेजी के अतिरिक्त दो विदेशी भाषाएँ सभी समझते और बोलते हैं- एक है, 'अफ्रीकान' भाषा। यह डच भाषा के समीप की भाषा है, और इसे यूरोप से आये हुए सभी देशों के लोगों ने यहाँ अपनी भाषा मान लिया है। स्कूल के बच्चों को भी यह भाषा अंग्रेजी के साथ-साथ पढ़ाई जाती है। विदेशी लोगों के अभिमान की यह भाषा है। प्रत्येक स्थान पर अंग्रेजी के साथ इसे लिखा हुआ आप पावेंगे। अफ्रीकान-भाषा में साहित्य भी उत्पन्न हो रहा है। जर्मन भाषा से परिचित भारतीयों को यह भाषा जर्मन से बहुत भिन्न नहीं प्रतीत होगी। गुजराती भाइयों के एक सांस्कृतिक समारोह में डरबन में सम्मिलित होने और दो-शब्द बोलने का अवसर मुझे 9 अगस्त को मिला था। दर्शकों की भीड़ से विशाल हाल भरा हुआ था, इस समारोह में महात्मा गाँधी की पुत्रवधू श्रीमती सुशीलाजी (श्री मणिलाल गाँधी की पत्नी) से मेरा परिचय हुआ। उन्होंने मार्मिक शब्दों में मुझसे कहा- " मैं खादी पहनती हूँ, पर खादी पहनने वाली मैं अकेली इस देश में रह गयी हूँ।" इस समुदाय में दूसरा खादीवाला मैं था। गाँधी शती समारोह का कार्य यहाँ

जोर से चल रहा है। मैं किसी दिन फिनिक्स (Foenix) भी जाऊँगा, जो गाँधीजी के जीवन के साथ अमर-स्थान बन गया है।

मैं 10 अगस्त से 24 अगस्त तक पीटरमेरिट्‌जबर्ग रहा, जो नैटाल की राजधानी है, पहाड़ियों के चढ़ाव-उतार पर बसा हुआ बंगलोर के समान सुन्दर-सा नगर। दक्षिण अफ्रीका का यह गण-राष्ट्र स्वतंत्र देश है, जो ब्रिटिश कामनवेल्थ के बाहर है। इस राष्ट्र में चार सूबे हैं- ट्रान्सवाल, नैटाल, ऑरेंज्ज फ्री स्टेट और केप-प्रॉविन्स। प्रीटोरिआ समस्त राष्ट्र की राजधानी है, जैसे हमारे देश की नई दिल्ली। इस देश में सभी जगह अलग-अलग चार बस्तियाँ हैं- (1) गोरे लोगों की (Blanke), जिसमें यूरोप के सभी लोग सम्मिलित हैं (2) रंगदार लोगों की (कलर्ड-पीप्ल), जिसमें वे लोग सम्मिलित हैं, जो यूरोपीय और अपने से इतर वर्ण वालों की संकर संतान हैं (जैसे हमारे देश में एंग्लोइण्डियन), (3) इण्डियन, जिन्हें कभी-कभी एशियाटिक भी नाम दिया जाता है, (4) दक्षिण अफ्रीका के मूल निवासी, जिन्हें बाण्टू कहा जाता है। मैं परिचय के लिए नैटाल का उदाहरण दूँगा। इस सूबे या प्रदेश की पूरी आबादी 3,408,300 है, जिसमें श्वेत लोगों की संख्या 397,000, भारतीयों की 468,000,वर्णसंकरों (रंगीन या कलर्ड) की 53,000 और बाण्टुओं की 2,490000 है। श्वेत लोग नगरों के आसपास अलग बस्ती में रहते हैं। वहाँ और कोई नहीं रह सकता। बाण्टू लोग गाँवों में सर्वत्र ही हैं। नगर के पास उनकी अलग बस्ती 12,000 वर्गमील की भी है। दक्षिण अफ्रीका में अधिकांश प्रवासी भारतीय नैटाल में ही रहते हैं, और बहुधा समुद्री तट के निकट। वर्णसंकरों की अधिकांश जनता डरबन और पीटरमेरिट्‌जबर्ग में हैं।

मैं लगभग दो सप्ताह पीटरमेरिट्‌जबर्ग में रहा, और दो दर्जन से ऊपर मैंने वहाँ व्याख्यान और वार्ताएँ विभिन्न संस्थाओं के तत्त्वावधान में दीं। प्रत्येक व्याख्यान अधिकतर अंग्रेजी और हिन्दी दोनों में देने पड़ते थे। यहाँ का बच्चा-बच्चा अच्छी अंग्रेजी बोलता और समझता है, और घरों में या पाठशालाओं में थोड़ा-बहुत हिन्दी का अभ्यास करता है। इस काम के लिए उनकी अपनी अलग पुस्तकें हैं। प्रवासी भारतीयों में गायत्री मंत्र का विशेष प्रचार है। हर समारोह इस मंत्र के पाठ से आरम्भ किया जाता है। भारतीय भजन और कीर्तनों में भी इनका अनुराग है, और मीठे संयत स्वर से सब भारतीय इनमें भाग लेते हैं।

पीटरमेरिट्‌जबर्ग के लोटस-हॉल में 21 अगस्त को 'महात्मा गाँधी' पर मेरा एक व्याख्यान हुआ। यह व्याख्यान इस नगर की गांधी-शती समारोह का पहला व्याख्यान था। दर्शकों व श्रोताओं में उत्साह था। पीटरमेरिट्‌जबर्ग महात्मा गाँधी के जीवन की ऐसी घटना से संबन्ध रखता है, जिसने उन्हें एक नया मोड़ दिया। मैं पीटरमेरिट्‌जबर्ग

स्टेशन देखने गया, जहाँ गांधीजी को रेल के एक डिब्बे से नीचे फेंक दिया गया था। यह घटना 1993 ई0 की है। वे भूल से उस डिब्बे में बैठ गये थे, जो गोरे लोगों के लिए आरक्षित था। गाँधीजी के ये शब्द हैं- ''जाड़े का मौसम था। दक्षिण अफ्रीका में ऊँची जगहों पर बड़े जोर का जाड़ा पड़ता है। मेरिट्ज़बर्ग ऊँचाई पर था- इसमें खूब जाड़ा लगा। मेरा ओवरकोट सामान में रह गया था। सामान माँगने की हिम्मत न पड़ी। कहीं फिर बेइज्जती न हो। जाड़े में सिकुड़ता और ठिठुरता रहा।'' दक्षिण अफ्रीका में महात्मा गाँधी के जीवन की यह पहली घटना थी, जिसने आगे चल कर, गांधीजी को संसार का एक महापुरुष बना दिया। आज भी पीट रमेरिट्ज़बर्ग का स्टेशन 1893 ई0 से कुछ भिन्न नहीं है। स्टेशन पर भीतर घुसने के दो मार्ग हैं-एकश्वेतों का, एक श्वेतेतरों का। रेल के डिब्बे भी श्वेतों के अलग और श्वेतेतरों के अलग। पोस्ट आफिस में भी दो कक्ष हैं, श्वेतों का अलग, श्वेतेतरों के अलग। होटल भी श्वेतों के अलग, टैक्सी भी अलग और इनकी बस्ती भी अलग। पीटरमेरिट्ज़बर्ग में एक विश्वविद्यालय है- यूनिवर्सिटी आव् नैटाल। उसमें केवल श्वेत ही पढ़ सकते हैं, अर्थात् केवल विशुद्ध यूरोपीय ही, वर्णसंकर श्वेत भी नहीं। व्यक्तिगत रूप से लोगों का व्यवहार अच्छा है। श्वेतों के इस विश्वविद्यालय के रसायन विभाग के अध्यापकों ने मुझे स्नेह से अपनाया और वहाँ मैंने दो व्याख्यान भी दिये। एक व्याख्यान वहाँ के विद्यार्थियों की यूनियन में था। वहाँ के दो गोरे रसायन के प्राध्यापक मेरे निवासस्थान पर भी आये। पर फिर भी गोरों की बस्ती यहाँ अलग है। डरबन में एक विश्वविद्यालय भारतीयों के लिए है। पीटरमेरिट्ज़बर्ग के स्टेशन के प्लैटफार्म पर जब गया, तो ऐसा लगा, कि मैं एक ऐसे तीर्थ में आ गया हूँ, जहाँ की एक छोटी-सी घटना ने गाँधीजी को नयी प्रेरणा दी। पीटरमेरिट्ज़बर्ग ने ही गाँधीजी के हृदय में उन अहिंसात्मक प्रयोगों की भावनाओं को जन्म दिया, जिनसे सम्पन्न होकर उन्होंने भारतीय स्वतंत्रता के आन्दोलन का नेतृत्व किया और भारत के वे राष्ट्रपिता बने। 'नैटाल मर्करी' नैटाल का सब से पुराना समाचार पत्र है, जो गाँधीजी के समय से लेकर अब तक पुरानी परम्पराओं को जीवित रक्खे हुए है। दादा अब्दुल्ला के परिवार के कुछ लोग अब भी यहाँ हैं।

सन् 1905 में भाई परमानन्द जी दक्षिण अफ्रीका आये थे। 1909 में पीटरमेरिट्ज़बर्ग की वेदधर्म-सभा की संस्थापना स्वामी शंकरानन्द जी ने की। श्री भवानीदयाल संन्यासी जी की हिन्दी और आर्यसमाज की सेवाएँ सबको अवगत हैं। उनके परिवार के लोगों से भी मेरी भेंट हुई। पंडित ऋषिराज जी तीन बार यहाँ आ चुके हैं। मेरे पिता जी 1950 ई0 में यहाँ आये थे और मुझे भी यहाँ अब आने का संयोग प्राप्त हुआ।

पीटरमेरिट्ज़बर्ग में हिन्दी शिक्षा की प्रमुख पाठशालाएँ इस समय ये हैं- वेदधर्म सभा हिन्दी पाठशाला, जिसमें 200 विद्यार्थी बाल वर्ग से छठी कक्षा तक का पाठ्यक्रम पढ़ते हैं। छह अध्यापक हैं। वर्धा की परीक्षाएँ भी बालक देते हैं। (2) रायसथोर्प आर्य-समाज हिन्दी पाठशाला, जिसमें 100 विद्यार्थी हिन्दी पढ़ते हैं। (3) माउण्ट पार्टरिज आर्यसमाज हिन्दी-पाठशाला, जिसमें 1 अध्यापक और 50 विद्यार्थी हैं। (4) नार्थडेल सनातन वेद धर्म सभा हिन्दी पाठशाला जिसमें 120 विद्यार्थी और 2 अध्यापिकाएँ हैं। (5) नार्थडेल डिवाइन लाइफ सोसायटी हिन्दी पाठशाला जिसमें एक अध्यापिका है।

बुधवार, 16 नवम्बर, सन् 1860 ई0 में 341 प्रवासी भारतीय एस0एस0 टूरो जहाज से पहली बार दक्षिण अफ्रीका आये। इस घटना का एक शती-समारोह 16 नवम्बर, 1960 ई0 में मनाया गया था। उस समय एक भव्य स्मृति-ग्रन्थ भी प्रकाशित हुआ। भारतीय प्रवासियों में निम्न अनुपात था- 39% तामिल, 32% हिन्दी, 16% तैलगू, 7% गुजराती और 6% उर्दू-भाषी। 1959 में अंग्रेजी माध्यम से शिक्षा देने वाले 330 विद्यालय इस देश में थे। 1899 ई0 में साथिया ज्ञानम् संगम नामक संस्था ने डरबन में तामिल भाषा सिखाने की पहली पाठशाला खोली। एक दूसरा विद्यालय तामिल-अगम 1905 ई0 सी0बी0 पिल्ले द्वारा खोला गया। 1907 में यंगमेन्स ऐसोसियेशन ने पीटरमेरिट्ज़बर्ग में एक तामिल स्कूल खोला। इसी प्रकार लेडीस्मिथ, न्यूकासेल,डण्डी आदि नगरों में भी छोटे-बड़े स्कूल खुले। 1908 में तैलगू बैप्टिस्ट ऐसोसियेशन ने तैलगू स्कूल खोला, किएरस्नी नगर में।

स्वामी भवानीदयाल जी ने 1914 ई0 में दक्षिण अफ्रीका में हिन्दी प्रचारिणी सभा की संस्थापना जर्मिस्टन में की और बाद में ऐसी ही सभाएँ नैटाल के अन्य स्थानों पर, जैसे न्यूफासल, डैन हाउसर, हैटिंगस्प्रूट, लैंको, बर्नसाइड, लेडी स्मिथ, वीनन, जेकाब्स और स्प्रिंग फील्ड में खुली। आज डरबन में अनेक संस्थाएँ हिन्दी शिक्षण का कार्य कर रही हैं-युवक आर्यसमाज, क्लेअर वुड, आर्य युवक सभा, डरबन, नागरी प्रचारिणी सभा, स्प्रिंग फील्ड, मीअरबैंक सनातन धर्म उन्नति सभा, नार्थ नैटाल हिन्दी युवक सभा, लेडी स्मिथ और हिन्दी शिक्षा सभा। स्वामी भवानीदयाल जी ने दक्षिणी अफ्रीका में दो पत्रिकाएँ भी हिन्दी में प्रकाशित की थीं, एक का नाम था 'हिन्दी' और दूसरी का 'धर्मवीर', पर दोनों पत्रिकाएँ एक-दो वर्ष से अधिक नहीं निकल पायीं।

दक्षिणी अफ्रीका के भारतीयों के मध्य में गत 20 वर्ष से पं0 नरदेव जी वेदालंकार अच्छा कार्य कर रहे हैं। 25 अप्रैल 1948 को इस देश में उन्होंने एक केन्द्रीय संस्था को जन्म दिया। उसका नाम है: हिन्दी शिक्षा संघ। इस संघ ने राष्ट्र की हिन्दी पाठशालाओं को एक सूत्र में पिरोया। संघ ने तीन कार्य किये- (1) सब पाठशालाओं के लिए एक पाठ्यक्रम तैयार किया (इससे पूर्व पाठ्यक्रम केवल शिक्षक

की इच्छा पर निर्भर था)। (2) विद्यार्थियों के लिए उनके परीक्षा-क्रम की व्यवस्था की। प्रारम्भ में विद्यार्थी हिन्दी-प्रथमा की परीक्षा उत्तीर्ण करता है, और फिर राष्ट्रभाषा प्रचार समिति वर्धा की प्रवेश, परिचय और कोविद परीक्षाएँ देता है। आज तक 50-60 परीक्षार्थी कोविद हो चुके हैं, बालक भी और बालिकाएँ भी। एक विद्यार्थी श्री बाल गणेश जी (जो शिक्षा संघ के मंत्री हैं), वर्धा की राष्ट्रभाषारत्न की उपाधि भी ले चुके हैं। (3) पाठशालाओं को संघ से सम्बद्ध करना, यह संघ का संगठनात्मक कार्य है। लगभग 40 पाठशालाएँ संघ से सम्बद्ध हैं। मुख्यतः पाठशालाएँ (लगभग 35) नैटाल प्रदेश की हैं। डरबन और पीटर मेरिट्जबर्ग की पाठशालाओं का मैं उल्लेख कर चुका हूँ। शेष प्रदेशों में 4-5 पाठशालाएँ ही हैं, जैसे ट्रान्सवाल में, जॉहेनेसबर्ग में, हिन्दी विद्या मन्दिर और स्प्रिंग्स में नेहरू विद्या मन्दिर, विनोनी में हिन्दी पाठशाला, लेनशियन में भारतीय संस्कृति केन्द्र। केप प्रॉविन्स के केप-टाउन में एक गुजराती-हिन्दी स्कूल है।

यह स्मरण रखना चाहिए कि इन पाठशालाओं द्वारा 30,000 व्यक्तियों में से केवल 3000 व्यक्तियों को ही हिन्दी पढ़ायी जा रही है। (लगभग10 प्रतिशत)। प्रशिक्षित अध्यापकों की कमी के कारण साहित्य के अध्ययन का प्रयत्न नहीं हो पाया है। अब तक 60 कोविद हैं, जिनमें 10-12 ही अध्यापक का काम कर रहे हैं। नैटाल की इण्डियन यूनिवर्सिटी में डिग्री (बी0ए0) पाठ्यक्रम के लिए हिन्दी को मान्यता दी गयी है। पं0 वरदाचार्यलू इसमें अध्यापक हैं, पर बिरले छात्र ही हिन्दी के अध्ययन के लिए तैयार होते हैं। श्री नरदेव जी वेदालंकार एम0एल0 सुलतान टेक्नीकल कालेज में हिन्दी विषय के 'पार्ट-टाइम' अध्यापक हैं। हिन्दी-शिक्षण के लिए सरकार से कहीं भी कोई आर्थिक सहायता नहीं मिलती है। जो कुछ भी प्राप्ति है, वह जनता के चन्दे और प्रोत्साहन से है। फिर भी 'हिन्दी के प्रति लगन और स्फूर्ति यहाँ बहुत है। आवाल वृद्ध बीस वर्ष से एक प्रकार के 'हिन्दी मेले' में रुचि लेते आये हैं। वर्ष में एक बार यह मेला धूमधाम से लगता है। हिन्दी के गीत और भजन (जिन्हें ये धुन कहते हैं) इन्हें याद हैं। हिन्दी शिक्षा- संघ की ओर से स्वामी भवानीदयाल की पुण्यस्मृति में प्रौढ़ों के लिए एक वाद-प्रतिवाद प्रतियोगिता का भी प्रबन्ध है।

मैंने दक्षिणी अफ्रीका और मॉरिशस में जो कुछ देखा, उससे लगा कि हिन्दी तो अन्तरराष्ट्रीय जगत् में भारतीय संस्कृति के प्रसार की एक भाषा हो सकती है। हिन्दी का उज्ज्वल भविष्य है और न जाने क्यों, भारत में रहने वाले भारतीय ही इसकी ओर से इतनी उपेक्षा दिखाते हैं। भाषा प्रत्येक देश के लिए अभिमान और गौरव की वस्तु है। दक्षिणी अफ्रीका में गोरों में उन लोगों की अपनी भाषा अफ्रीकन का प्रचार बढ़ रहा

है और संभवतः अंग्रेजी बहिष्कृत हो जायेगी। भारत में अंग्रेजी की व्यापकता के प्रति हमारा मोह है।

दक्षिण अफ्रीका की इस यात्रा में न केवल मुझे अपने प्रवासी भारतीयों से मिल कर प्रसन्नता हुई, मैंने इस भूमि को पुण्यतीर्थ समझा, जिसने महात्मा गाँधी ऐसे युग पुरुष का सृजन किया।

अंग्रेजी कहाँ और कितनी?

द्वारकादास वेद

भारत में अंग्रेजी कायम रखने हेतु यह दलील दी जाती है कि अंग्रेजी विश्वभाषा है। इस भ्रांत धारणा को दूर करना आवश्यक है। क्या अंग्रेजी इंग्लैण्ड के अतिरिक्त यूरोप के अन्य किसी देश में है? जर्मनी, फ्रान्स, इटली, स्पेन, पोर्तुगाल, डेनमार्क तो ठीक, इंग्लैण्ड का ही एक अंग आयरलैण्ड तक अपनी भाषा को महत्त्व देता है। नार्वे, हालैण्ड, ताइवान इत्यादि देश अपनी ही भाषा में काम करते हैं। विश्व में जापान, रूस और अन्य देश अंग्रेजी माध्यम के बिना भी प्रगति की चरम सीमा पर पहुँचे हुए हैं। अमेरिका के अधिकतर टैक्सी चालक अमेरिकन इंग्लिश को छोड़ स्पेनिश में अधिक बोलते हैं। मॉरिशस की प्रजा फ्रेंच के आधिपत्य के बावजूद एक मिलीजुली नई भाषा केरोल को अपनाये हुए है और हिन्दी सभी समझते हैं। फीजी, सूरीनाम, त्रिनिडाड, तांजानिया एवं खाड़ी के सभी देश, कहीं भी चले जाइए, वहाँ अधिकांश लोग हिन्दी समझते हैं।

विदेशों में हमारे सारे भारतीय दूतावासों के नौकरशाह सिर्फ अंग्रेजी में ही काम करने की जिद पकड़े हुए है। अमेरिका, ब्रिटेन का प्रभाव हम पर अधिक है। क्या हम ब्रिटेन व अमेरिका को विश्व माने हुए हैं? अंग्रेजी भाषा कायम रखने में इन दो देशों का हित है और हम जाने-अनजाने अंग्रेजी की गुलाम मानसिकता पाले जा रहे हैं।

जो कहते हैं कि अंग्रेजी के बिना विज्ञान व प्रौद्योगिकी में हम भारतीय पिछड़ जायेंगे। वे यह क्यों भूल जाते हैं कि एलोरा, अजंता, ताजमहल, खगोलशास्त्र, गणित विद्या, महाभारत-रामायण में उल्लेखित वैज्ञानिक उपलब्धियों के समय में अंग्रेजी का भाषा के रूप में जन्म भी नहीं हुआ था। ये अंग्रेजी की गुलाम मानसिकता रखने वाले लोग विज्ञान से भाषा का संबन्ध जोड़ते हैं। भारत का निरक्षर किसान सारे विश्व में सयानेपन में किसी से भी कम नहीं उतरता, ऐसा गाँधीजी का निरीक्षण था। कैसी जमीन में, किस मौसम में, क्या बोते हैं, कौनसी फसल कब, कैसी होगी तथा उस फसल

के लिए क्या विधियाँ करने की वैज्ञानिकता के ज्ञान के लिए उन्हें अंग्रेजी या किसी भाषा की गरज नहीं होती। पुस्तकों के अभाव का बहाना कर इन अंग्रेजीदां लोगों ने कृषि विद्यापीठ का माध्यम अंग्रेजी रखकर भारतीय किसानों के बच्चों को कृषि से दूर फेंक दिया है! इस गुनाह के लिए भविष्य इन्हें कभी माफ नहीं कर सकेगा।

विश्वविख्यात वैज्ञानिक सर आइझेक न्यूटन को अनपढ़ बढ़ई बिना अंग्रेजी या अक्षर ज्ञान के बता सकता था कि बिल्ली और उसके बच्चे के लिए दो अलग छेदों की जरूरत नहीं। वे दोनों बिल्लियाँ दरवाजे के एक ही छेद से अन्दर आ सकती हैं। विज्ञान को भाषा के ज्ञान की जरूरत नहीं, इसके लिए इससे और बड़ा उदाहरण कौन सा हो सकता है।

विश्व मैत्री की भाषा हिन्दी

आचार्य अखिल विनय
(संपादक विश्व हिन्दी समाचार सेवी)

महात्मा गाँधी ने केवल भाषा के रूप में ही नहीं, वरन् जीवन शैली के रूप में हिन्दी को प्रतिष्ठा दी। दक्षिण अफ्रीका में 'हिन्दी' को राष्ट्रभाषा कहने लगे और उसके बाद हिन्दी के प्रचार-प्रसार को सर्वाधिक महत्त्व दिया। वैसे हिन्दी साहित्य के इतिहास में 19 वीं सदी अविस्मरणीय रही, क्योंकि उसी दौरान हिन्दी का लोक-साहित्य भारत की सीमा लांघकर विदेश पहुँचा। गौरांग प्रभु भारत के लाखों मजदूरों को सब्जबाग दिखाकर अन्य देश भेजते थे। सन् 1834 में मॉरीशस, 1845 में त्रिनीदाद अर्थात् वेस्टइंडीज, 1870 में गुयाना, 1873 में सूरीनाम तथा 1879 में फिजीद्वीप पहुँचे भारतीय अपने साथ गीता का कर्मयोग, रामचरित मानस का मर्यादित आचरण, भाषा की अमूल्य निधि के नाम पर तुलसी की चौपाइयाँ, कबीर की साखियाँ और देव-देवियों की स्तुतियाँ भी ले गये थे। दुनिया भर में फैले अनिवासी भारतीय जनवरी 1975 में प्रथम विश्व हिन्दी सम्मेलन, नागपुर में एक हुए और 'वसुधैव कुटुम्बकम्' के बोधवाक्य के अनुसार एक परिवार के रूप में विश्व की कल्पना को साकार करने की मानसिकता प्रदर्शित की। इस तरह जो भाषा साहित्य की वाहक थी, वह संस्कृति का संबल बनी। भारत राष्ट्र स्वतंत्र हुआ, तब 1947 में बी.बी.सी. को गाँधी जी द्वारा दिया गया सूचना संदेश हिन्दी निष्ठा का सबसे बड़ा प्रमाण है, जिसमें वे कहते हैं: " दुनिया से कह दो कि गाँधी अंग्रेजी भूल गया।"

हिन्दी की लिपि देवनागरी है। अन्य भाषाओं को भी नागरी में लिखने की प्रेरणा देते हुए गाँधीजी के उत्तराधिकारी संत विनोबा ने पाँच कदम सुझाये :

1. देवनागरी लिपि को विश्वनागरी लिपि बनायें।
2. अलग-अलग प्रदेशों में अलग-अलग लिपियाँ न चलायें।
3. देवनागरी में लिखा साहित्य पढ़कर दक्षिण और उत्तर की एकता बढ़ायें।

4. भारत और एशिया एक हो जाये।

5. भारत और विश्व एक हो जाये।

'विश्व हिन्दी दर्शन 'ग्रंथ में प्रकाशित विनोबा के विचारों की प्रासंगिकता प्रतिपादित करते हुए डा0 परमानन्द पाँचाल ने 'नागरी संगम' पत्रिका के जनवरी—मार्च 1996 के अंक में लिखा कि नागरी लिपि इस देश की भाषाओं के लिए उपयोगी है, वैसे ही पड़ोसी देशों के लिए भी सुविधा जनक है। नेपाल की भाषा नेपाली है, किन्तु उसकी लिपि नागरी है। भारत और नेपाल की पारंपरिक सांस्कृतिक और सामाजिक सद्‌भावना का बहुत बड़ा श्रेय इस लिपि को है। जापानी, चीनी तथा अन्य विदेशी भाषाएँ भी नागरी लिपि में लिखी जायँ तो समझना आसान हो सकता है।

ब्रिटेन के प्रसिद्ध विद्वान् रोजर हूकर ने जय जगत सेवा संस्थान की एक गोष्ठी में पते की बात कही थी कि ''हिन्दी उपन्यासकारों ने पराजित और पीड़ित लोगों का इतिहास लिखकर अंग्रेजी के इस प्रचलित मुहावरे को झूठा साबित कर दिया कि इतिहास विजेता का ही लिखा जाता है।'' महात्मा गाँधी की 125वीं जयंती पर आचार्य कुल-सभा में उपस्थित चीनी समाज विज्ञान अकादमी एशिया प्रशान्त अध्ययन संस्थान के अध्यक्ष प्रो0 वांगशूइन ने स्वीकार किया कि ''हिन्दी वालों ने प्रेम और प्रतिकार के समन्वय की जो तकनीक विकसित की, वह विश्व में अनूठी है।'' रूसी लेखक प्रो0 योगेनी चेलिसेव ने 'विश्व भाषा के रूप में हिन्दी' शीर्षक अपनी रचना में स्पष्ट किया है कि सामाजिक, राजनीतिक कारकों के साथ भाषा वैज्ञानिक कारक भी हिन्दी को विश्व भाषा का स्थान पाने का अधिकारी बनाते हैं। इसका शब्दभंडार और इसकी विशेष परिभाषिक शब्दावली विकसित है, जिसमें विज्ञान एवं संस्कृति की उपलब्धियों को अभिव्यक्त करने की क्षमता है। इसके मुहावरों का भंडार विपुल है। इसमें लिखित साहित्य की परंपरा समृद्ध है, जो 12वीं सदी में चन्द वरदाई से शुरू हुई है। उसे सूर और तुलसी, भारतेन्दु हरिश्चन्द्र, प्रेमचन्द्र, मैथिलीशरण गुप्त, जयशंकर प्रसाद, निराला, पन्त, महादेवी जैसी अनेक विभूतियों ने सजाया—संवारा है। स्वतंत्रता आन्दोलन में हिन्दी लेखकों, कवियों, साहित्यकारों ने गाँधी जीवन मूल्यों को इतना उजागर किया कि विभिन्न जातियों, धर्मों, प्रदेशों के बीच की विभाजक रेखाएँ क्षीण हुईं और समन्वित समाज रचना को प्रश्रय मिला। प्रथम विश्व हिन्दी सम्मेलन ने स्वीकार किया कि हिन्दी प्रेम और शान्ति की भाषा है। हम हिन्दी भाषी अपना उत्तरदायित्व ठीक से निर्वहन करें तो हिन्दी विश्व में अधिकाधिक स्नेह, सद्‌भाव और मान्यता प्राप्त कर सकती है।

पंचम विश्व हिन्दी सम्मेलन अमेरिका के टिनिनाड में भाग लेकर वाराणसी के विद्वान डा0 मोहनलाल तिवारी ने उ0प्र0 आचार्य कुल अधिवेशन सेवापुरी में 10 मार्च 1996 को बताया था कि 12 करोड़ की भाषा फ्रेंच और बत्तीस करोड़ की भाषा

रशियन को संयुक्त राष्ट्रसंघ में मान्यता प्राप्त है, किन्तु पचास करोड़ की भाषा हिन्दी को मान्यता से क्यों वंचित रखा गया है, जबकि विश्व के एक सौ पच्चीस विश्व विद्यालयों में हिन्दी पढ़ाई जाती है। फ्रांसीसी बालिका बेरोनिक हिन्दी बोलती है। कैम्ब्रिज विश्व विद्यालय के हिन्दी विभागाध्यक्ष डॉ0 टुअर्डमैक ग्रेगर नागपुर सम्मेलन में हिन्दी में बोले थे। इटली की श्रीमती अन्ना मारिया ने बताया कि बेनिस विश्वविद्यालय में कई विद्यार्थियों ने हिन्दी में पी.एच.डी. की।

नार्वे सरकार की छात्रवृत्ति मिली और 1964 में मैं वहाँ पहुँचा, उस समय ओस्लो विश्व विद्यालय की 20वीं मंजिल पर स्थित हिन्दी विभाग के प्रो0 क्रिस्टी एनसन उपन्यास सम्राट्, प्रेमचन्द्र के 'गोदान' का नार्वेजियन भाषा में अनुवाद कर रहे थे। जापान के प्रो0 दोई ने हिन्दी की अनेक कहानियों के अतिरिक्त 'गोदान' का भी जापानी में अनुवाद किया। 'जापानी हिन्दी कोष' में उन्होंने 23 हजार शब्द और 'हिन्दी जापानी कोष में छ हजार शब्द संकलित किये हैं। ओटावा (कनाडा) में टोरंटो हिन्दी परिषद् काम कर रही है। आस्ट्रेलिया मेलबार्न में हिन्दी पढ़ायी जाती है। वहाँ विक्टोरिया राज्य में स्कूल स्तर पर हिन्दी को मान्यता मिली है। इस तरह व्यापक परिवेश में हिन्दी का भाव भूमि का अध्ययन कर पंचम विश्व हिन्दी सम्मेलन में माँग की गयी कि हिन्दी को संयुक्त राष्ट्र संघ की अधिकारिक भाषाओं में शामिल किया जाय, क्योंकि एक सौ बीस करोड़ से अधिक लोग विश्व में हिन्दी या इसकी सहायक भाषाएँ बोलते हैं। संतोष की बात यह है कि संयुक्त राष्ट्र संघ के चार्टर का हिन्दी अनुवाद 23 जून 1995 को तत्कालीन राष्ट्रपति डा0 शंकर दयाल शर्मा को भेट किया गया। अब आवश्यक हो गया कि विदेशों में स्थित हमारे सभी दूतावास हिन्दी को प्रतिष्ठा दें।

('जय जगत मैत्री अभियान-स्मारिका' में प्रकाशित संस्मरण)

राष्ट्रीयता और अस्मिता कहाँ खो गई?

शंकर दयाल सिंह

संविधान के अनुच्छेद 343 (1) के अनुसार भारत संघ की राजभाषा देवनागरी लिपि में हिन्दी है। यह संविधान का वाक्य है। लेकिन मैं यह जानना चाहता हूँ कि क्या सच में हिन्दी आज भारत संघ की राजभाषा है?

यह प्रश्न इसलिए कि उसी अनुच्छेद में आगे लिखा हुआ है कि सन् 1965 के बाद भी अंग्रेजी के उपयोग को चालू रखने के लिए संसद कानून बना सकती है।

अब आइए वस्तुस्थिति पर- 14 सितम्बर, 1949 को संविधान सभा ने हिन्दी को भारत की राजभाषा बनाने का निर्णय लिया। 26 जनवरी 1950 से संविधान के तहत इसे लागू भी कर दिया गया। इसके पहले का भी हवाला मैं देना चाहता हूँ। जब 19 अप्रैल, 1947 को बाबा साहेब अम्बेडकर ने यहाँ कहा था कि हिन्दुस्तानी को न केवल संघ की वरन् सभी इकाइयों की भाषा बना दिया जाना चाहिए। उनका कहना था।

यथास्थिति धारा 9 हिन्दुस्तानी को संघ की राजभाषा घोषित करती है। समिति द्वारा गृहीत शब्दावली के विचार से, यह स्पष्ट है कि हिन्दुस्तानी राज्य की, अर्थात् संघ की भाषा होगी और साथ ही इकाइयों की भी। यदि प्रत्येक इकाई को स्वतंत्रता दी जाती है, जैसी कि अन्य धारा में दी गई है, कि वह किसी भी भाषा को राजभाषा बनाए तो इससे न केवल भारत के लिए एक राष्ट्रभाषा का उद्देश्य पराभूत हो जायेगा, वरन् भाषाई विभेदता के कारण भारत का प्रशासन भी असंभव हो जायेगा। अतः मेरा अभिमत है कि 'संघ' के स्थान पर 'राज्य' शब्द रख दिया जाए। हो सकता है कि इकाइयाँ हिन्दुस्तानी को अपनी राजभाषा बनाने के लिए समय माँगें। इसके लिए उन्हें समय देने में कोई हानि नहीं है। किन्तु इस विषय पर कोई संदेह नहीं हो सकता कि प्रारम्भ से ही इकाइयों पर हिन्दुस्तानी को ग्रहण करने की वैधानिक अनिवार्यता या बाध्यता होगी।

सन् 1931 को जनगणना के अनुसार देश की आबादी की 69 प्रतिशत

आबादी हिन्दी बोलती या समझती थी। इसीलिए गाँधीजी का जोर था कि हिन्दी और उर्दू के मेल से पनपी हिन्दुस्तानी ही भारत की राष्ट्रभाषा हो तथा आजाद भारत की राष्ट्रभाषा हिन्दुस्तानी अथवा हिन्दी ही होगी। सन् 1918 में जब गाँधीजी ने हिन्दी साहित्य सम्मेलन, इन्दौर-अधिवेशन की अध्यक्षता की थी। वहीं से इस बात की शुरुआत हो गई थी।

सन् 1936 में कांग्रेस ने गाँधीजी की प्रेरणा से यह प्रस्ताव पारित किया था कि कांग्रेस के अधिवेशन की कार्यवाही हिन्दुस्तानी अथवा हिन्दी में ही सम्पन्न हो। निश्चय ही आजादी के पूर्व राष्ट्रभाषा के रूप में हिन्दी का प्रचार-प्रसार राष्ट्रीयता का द्योतक था। उस समय कल्पना भी नहीं की जा सकती थी ये कि आजादी के बाद अंग्रेज चले जायेंगे और अंग्रेजी रह जाएगी।

अब सीधे आता हूँ सन् 1963 के राजभाषा अधिनियम पर। अधिनियम के पारित होते ही तमिलनाडु में तूफान उठ खड़ा हुआ और तत्कालीन प्रधानमंत्री पं. जवाहरलाल नेहरू ने संसद में यह आश्वासन दे दिया कि जब तक देश के सभी राज्य स्वीकार नहीं कर लेते, तब तक हिन्दी और अंग्रेजी में साथ-साथ काम होता रहेगा। सन् 1965 और 67 में, 1963 के राजभाषा अधिनियम में संशोधन किया गया। मेरा मानना है कि यहीं व्यावहारिक रूप से हिन्दी रुक गई। हालाँकि इस अधिनियम की धारा 3-3 के अनुसार सभी सरकारी कागजात संसद में हिन्दी और अंग्रेजी भाषा में प्रस्तुत किये जाते हैं।

अब सवाल यह है कि इसे हम गाँधीजी के उत्तराधिकारियों की शिथिलता कहें, दुविधा कहें या बेइमानी?

आजादी मिलने के बाद यह नहीं कहा गया कि अभी राष्ट्रध्वज तैयार नहीं है इसलिए 'यूनियन जेक' कुछ दिन तक फहराता रहे या अपने राष्ट्र-गान का स्वर अभी परिचित नहीं है इसलिए 'लाँग लिव द किंग' ही कुछ दिनों तक चलना चाहिए। जब ऐसी बातें राष्ट्रीय-ध्वज और राष्ट्र-गान के संबन्ध में न हुई तो फिर राष्ट्रभाषा के संबन्ध में ही यह टकराऊ नीति क्यों लागू की गई? इसका साफ मतलब यह निकलता है कि अपने संविधान निर्माताओं और उसे लागू करने वालों की नियत हिन्दी के संबन्ध में साफ नहीं थी।

देश के एक हिस्से में थोड़ा-सा उपद्रव हो जाने से ही हिन्दी को रोक देना कहाँ तक उचित कहा जाएगा। आसाम, पंजाब और कश्मीर के अनेक मुद्दों को लेकर भयंकर स्थितियाँ उत्पन्न हुईं और विघटनकारी तत्त्वों ने अपना सिर उठाया लेकिन सरकार ने राष्ट्र की एकता और अविच्छिन्नता के नाम पर उनसे कहाँ समझौता किया? फिर हिन्दी के संबन्ध में इस आश्वासन और समझौते का औचित्य क्या है?

कोई भी प्रधानमंत्री संविधान से बड़ा नहीं होता है, उसके तहत ही होता है। जब संविधान में हिन्दी को राजभाषा का दर्जा दे दिया गया, तब फिर इस आश्वासन की जरूरत क्या हुई कि जब तक देश के सभी राज्य हिन्दी को न मानें, तब तक वह राजभाषा नहीं होगी। क्या हमने इस आश्वासन के द्वारा अपने संविधान की खिल्ली नहीं उड़ाई? काम होते रहेंगे। एक बार जब कोई किसी के घर में किराएदार के रूप में प्रवेश कर जाता है तो उसे निकालना मुश्किल होता है। फिर यहाँ तो अंग्रेजी को 15 वर्षों तक हमने स्वयं ही बैठा दिया तो उसको हटाना क्या इतना आसान है?

सन् 1963 में राजभाषा अधिनियम पारित हुआ लेकिन 13 वर्षों तक नियम नहीं बनें। यह हास्यास्पद से अधिक दुखद और दुखद से बढ़कर शर्मनाक बात है कि राजभाषा हिन्दी के प्रति हमने कभी न तो मुस्तैदी बरती और न ईमानदारी। सन् 1976 में राजभाषा नियम बने। इस भाँति राजसिंहासन पर बैठने का जिस भाषा को सन् 1949-50 में संवैधानिक अधिकार मिला, वह फुटपाथ पर खड़ी रही।

अब हम इस बात पर आयें, जहाँ इसका उल्लेख है कि सरकारी कर्मचारी अपना सरकारी काम हिन्दी में करने को स्वतंत्र हैं तथा उन्हें स्वयं अपना नोट आदि का अंग्रेजी में अनुवाद आदि नहीं देना पड़ेगा। लेकिन वस्तुस्थिति क्या है? राजभाषा के रूप में हिन्दी की स्थिति या तो अनुवाद की है या रस्मअदायगी की। केन्द्र सरकार के 10 प्रतिशत कार्य भी मूल रूप से हिन्दी में नहीं होते और जो 90 प्रतिशत कार्य अंग्रेजी में होते हैं। उनका जो हिन्दी अनुवाद उपलब्ध कराया जाता है, वह कृत्रिम और शुष्क रहता है। आँखें उन्हें ठीक से न तो पढ़ पाती हैं और न दिल उन्हें ग्रहण कर पाता है। इन प्रश्नों से टकराते हुए कुछ अन्य मौलिक प्रश्न हमारे सामने हैं, जिन पर शायद उचित ढंग से कभी विचार नहीं हुआ। केन्द्र सरकार में अथवा राज्य सरकारों में शायद ही कोई ऐसा पद हो, जिसमें बिना अंग्रेजी जाने किसी को सेवा का अवसर मिले, वहीं हजारों ऐसे वरिष्ठ पदाधिकारी हमें मिलेंगे, जो हिन्दी नहीं जानते अथवा उसकी उपेक्षा करते हैं, फिर भी ऊँची कुर्सियों पर बैठे हुए हैं। यह एक ओर जहाँ राजभाषा अधिनियम 1963 का खुल्लम-खुल्ला उल्लंघन है, वहीं दूसरी ओर धारा 3-3, जिसके अन्तर्गत हिन्दी और अंग्रेजी दोनों का ज्ञान आवश्यक है, उसकी भी फजीहत हो रही है। निश्चित रूप से भारत सरकार को संविधान के उन मूल संकल्पों का आदर और पालन करना चाहिए , जिसके अनुसार हिन्दी और अंग्रेजी दोनों का ज्ञान सरकार के हर अधिकारी, पदाधिकारी और कर्मचारी के लिए आवश्यक है। एक ओर जहाँ यह संवैधानिक आवश्यकता है, वहीं दूसरी ओर कानूनी अनिवार्यता भी। इसका सख्ती से पालन होना चाहिए।

संसदीय राजभाषा समिति का गठन सन् 1976 में किया गया, जिसके जिम्मे

हिन्दी के प्रगामी प्रयोग हेतु निरीक्षण और पुनर्परीक्षण का कार्यभार सौंपा गया। उसमें 20 लोकसभा के और 10 राज्यसभा के कुल मिलाकर 30 सदस्य हैं। केन्द्रीय गृहमंत्री इसके अध्यक्ष होते हैं। इस समिति ने विगत 15-16 वर्षों की अवधि में पूरे देश का दौरा करके और 5 हजार से अधिक निरीक्षण, साक्ष्य और विचार-विमर्श करने के बाद राष्ट्रपतिजी को 5 प्रतिवेदन पेश किए। इनमें से 4 पर राष्ट्रपतिजी के स्पष्ट आदेश जारी किये जा चुके हैं जिनमें पत्राचार, टंकण यंत्र, प्रशिक्षण तथा मूल टिप्पणी के संबन्ध में राष्ट्रपति के स्पष्ट आदेश हैं। मेरा संबन्ध इस समिति से सन् 1976 अथवा इसके स्थापना काल ही रहा है और विगत 3 महीनों से मुझे इसका उपाध्यक्ष मनोनीत किया है। मैं स्वयं अपने अनुभवों और निरीक्षणों से अच्छी तरह जानता हूँ कि भारत सरकार के अधिकतर कार्यालयों में हिन्दी की स्थिति हास्यास्पद है, जहाँ खानापूर्ति और रस्मअदायगी ही मुख्य रूप से होती है, व्यावहारिक रूप से 25 प्रतिशत कार्य भी नहीं हो पाता। जबकि राष्ट्रपति का आदेश है कि हिन्दी भाषा-भाषी क्षेत्रों में, जिन्हें 'क' क्षेत्र कहते हैं, वहाँ 90 प्रतिशत हिन्दी में कार्य होने चाहिए।

ऐसा क्यों हो रहा है? इसलिए हो रहा है क्योंकि यहाँ किसी प्रकार के दंड की व्यवस्था नहीं है। यदि संविधान के अनुच्छेदों, राजभाषा अधिनियम, राजभाषा नियम और राष्ट्रपति के आदेश के उल्लंघन करने वालों को दंडित करने का प्रावधान हो जाय तो हिन्दी की गाड़ी कल से द्रुतगति से चलने लगे।

प्राय: एक बात सुनने को मिलती है कि हिन्दी किसी पर लादी न जाए अथवा हिन्दी के लिए यदि जोर-जबर्दस्ती हुई तो इसके दुष्परिणाम होंगे या देश टूट जायेगा। यह और भी हास्यास्पद दलील है। कारण हिन्दी किसी पर लादी नहीं जा रही है वरन् लोग स्वेच्छा से इसे अपनाते हैं, क्योंकि हिन्दी के माध्यम से हजारों लोगों को रोजी-रोटी मिलती है। जिस भाँति किसी जमाने में उर्दू, फारसी अथवा अंग्रेजी जानने वालों को नौकरियों में प्राथमिकता मिलती थी, आज यदि उत्तर भारत के लोगों को तमिल, तेलुगु, कन्नड़ और मलयालम पढ़ने से नौकरी मिलने लगे तो हिन्दी क्षेत्रों में इसकी भरमार हो जाएगी।

मेरा स्वयं का मानना है कि हिन्दी कभी लादी नहीं जानी चाहिए। इसे स्वेच्छा से जो न पढ़ना चाहे, उसे सरकार विवश न करे। इस भाँति हिन्दी के प्रचार-प्रसार और शिक्षण में जो करोड़ों रुपये खर्च किए जा रहे हैं, वे भी बचाये जा सकते हैं तथा अहिन्दी भाषी लोगों में जिनमें मुख्य रूप से तमिलनाडु का नाम सामने आता है, उनके मन से यह भावना हटा देनी चाहिए कि हिन्दी जबर्दस्ती लादी जा रही है। आजादी के पहले हिन्दी, जो स्वतंत्रता संग्राम की वाणी थी तथा उसके बहुत पहले जिसमें संतों

की वाणियाँ गूँजती थीं, उसने पिछले दिनों बहुत गालियाँ सुनी और सही। इसकी भी एक हद है। यह विनम्र निवेदन है कि उससे हिन्दी को बचायें।

अगर सच्चाई उजागर हो तो जो लोग अंग्रेजी की वकालत करते हैं- एक ओर जहाँ वे गुलाम मानसिकता के शिकार हैं, वहीं दूसरी ओर राष्ट्रीयता को पनपने से रोक रहे हैं। जब तक अंग्रेजी का वर्चस्व रहेगा, तब तक भारतीय भाषाएँ दबी और कुचली रहेंगी। कोई भी देश विदेशी भाषा के बल पर कभी ऊँचा नहीं उठा। हमारे सामने अनेक उदाहरण हैं- जापान, जर्मनी, दक्षिण कोरिया, चीन जैसे देश गुलामी की बेड़ियों में जकड़े हुए जिन देशों ने आजादी के बाद भी अंग्रेजी के वर्चस्व को स्वीकार किया, वे अविकसित या विकासशील ही बने हुए हैं- विकसित कोई नहीं हुआ। सुप्रसिद्ध अर्थशास्त्री गुंडार मिंडल ने 'ऐशियन ड्रामा' में लिखा है कि जब तक भारतीय संसद में अंग्रेजी का व्यवहार होता रहेगा, तब तक वह देश अपने को आजाद नहीं कह सकता। इसके बाद भी कुछ कहने की जरूरत है। यदि हाँ तो एक बार फिर आपको गाँधी के पास ले चलता हूँ।

सन् 1915 में गाँधी दक्षिण अफ्रीका से भारत आये। 15,16,17, तीन वर्षों तक उन्होंने देश के एक कोने से दूसरे कोने तक रात-दिन भ्रमण किया। सत्य का प्रयोग उन्होंने दक्षिण अफ्रीका में किया था और उसका आग्रह यानी सत्याग्रह की शुरुआत उन्होंने सन् 1917 में चम्पारन में की। 18/7/1917 को उन्होंने चम्पारन की एक सभा में कहा था-''... जो स्थान इस समय अनुचित ढंग से अंग्रेजी भोग रही है। वह स्थान हिन्दी को मिलना चाहिए।... शिक्षित वर्ग की एक भाषा अवश्य होनी चाहिए। और वह हो सकती है- हिन्दी, जिसके द्वारा करोड़ों व्यक्तियों को आसानी से काम मिल सकता है। इसलिए उसे उचित स्थान मिलने में जितनी देरी हो रही है, उतना ही देश का नुकसान हो रहा है।''

उसके भी पहले सन् 1909 में उन्होंने 'हिन्द स्वराज्य' में लिखा था- 'हर एक पढ़े-लिखे हिन्दुस्तानी को अपनी भाषा का, हिन्दू को संस्कृत का, मुसलमान को अरबी का, फारसी को पर्शियन का और सबको हिन्दी का ज्ञान होना चाहिए। कुछ हिन्दुओं को अरबी और कुछ मुसलमानों को और पारसियों को संस्कृत सीखनी चाहिए। उत्तर और पश्चिम में रहने वाले हिन्दुस्तानी को तमिल सीखनी चाहिए। सारे हिन्दुस्तान के लिए तो हिन्दी ही होनी चाहिए।...'

और आजादी के बाद 21 सितम्बर, 1947 के दिन प्रार्थना सभा में व्यक्त किया गया उनका विचार हमें झकझोर देता है- 'जिस तरह हमारी आजादी को जबर्दस्ती छीनने वाले अंग्रेजों की सियासी हुकूमत को हमने सफलतापूर्वक इस देश से निकाल दिया, उसी तरह हमारी संस्कृति को दबाने वाली अंग्रेजी जबान को भी हमें यहाँ से निकाल

बाहर करना चाहिए। हाँ, व्यापार और राजनीति में अन्तर्राष्ट्रीय भाषा के नाते अंग्रेजी का अपना स्वाभाविक स्थान हमेशा कायम रहेगा।'

इस संदर्भ में विचार करते-करते, धीरज धरते-धरते तथा औपचारिकताओं का निर्वाह करते-करते हमने 48 वर्ष बिता दिये। हिन्दी जहाँ 1947-48, 50-51 में थी, उससे आज बहुत दूर चली गई, लगता है मानो ऐसी स्थिति आ गई है कि जैसे विदेशी कर्जों के बिना हमारा काम नहीं चलता, वैसे ही विदेशी भाषा के बिना हमारा सम्मान नहीं रहेगा, इस संबन्ध में मैं अन्तिम वाक्य एक विदेशी पादरी फादर कामिल बुल्के का उधृत करना चाहता हूँ, जिन्होंने अपनी पूरी जिन्दगी हिन्दी की सेवा और मानस के शोध में लगा दी थी। उनका कहना था-सन् 1918 ई. में भारतीय स्वाभिमान की प्रतिमूर्ति महात्मा गाँधी, इसी शर्त पर वाइसराय से मिलने के लिए राजी हुए कि वह उनसे हिन्दी में बातचीत करेंगे। भारत की भावी राजभाषा के विषय में उन्होंने सुस्पष्ट शब्दों में कहा कि यदि स्वराज्य भारत के जन-साधारण के लिए होगा तो हिन्दी ही संपर्क भाषा हो सकेगी। उन्होंने यह भी लिखा है कि देश में जो एकता अंग्रेजी भाषा द्वारा दिखाई देती है, वह उस वक्त तक ही चल सकती है, जब तक थोड़े से लोग शिक्षा पाते हैं। जब देश स्वतंत्र होगा और हर बच्चा शिक्षा पाएगा तो वह पढ़ाई विदेशी भाषा में नहीं, बल्कि देश की विभिन्न भाषाओं में होगी। उन अलग-अलग भाषाओं को बोलने वालों को मिलाने के लिए उन्होंने हिन्दी को चुना। देश के कुछ प्रदेशों में दो प्रतिशत लोग कुछ अंग्रेजी जानते हैं, अतः अंग्रेजी के ज्ञान के आधार पर देश की भाषात्मक एकता अपूर्ण ही रहेगी। अंग्रेजी भाषा प्रजातंत्रवादी भारत की राजभाषा रहने योग्य नहीं है।

यदि अपनी इन बातों तथा उपर्युक्त उद्धरणों के द्वारा मैंने आपके अंदर कोई झंझावात पैदा न किया तो मुझे यही लगेगा कि देश की चेतना लुप्त हो गई है। शिक्षा, संस्कृति और संस्कार तीनों को हमने कहीं गिरवी रख दिया है तथा अंग्रेजी के व्यामोह में हमने इस देश की अस्मिता को बेच दिया है।

हिन्दी का महत्त्व केवल राजभाषा और राष्ट्रभाषा के रूप में नहीं बल्कि जनभाषा के रूप में सर्वोपरि है, क्योंकि वह साक्षरों की ही नहीं, निरक्षरों की भी संपर्क भाषा है।

सर्वकालीन जीवन मूल्यों की प्रतिमा

महादेवी वर्मा

एक शती पहले भारत के क्षितिज पर महात्मा गाँधी का उदय होना, हमारे देश के लिए ही नहीं, विश्व भर के लिए एक ऐतिहासिक घटना थी। उनके जन्म के दो वर्ष पूर्व महर्षि कार्ल मार्क्स का Capital (पूँजी) शीर्षक ग्रंथ प्रकाश में आ चुका था, जिसने आर्थिक धरातल पर मानव समानता का उद्‌घोष किया। गाँधी जी के जन्म के दूसरे वर्ष अर्थात् 1970 में क्रांतद्रष्टा लेनिन का जन्म हुआ, जिसने अपने देश में मार्क्स के सिद्धान्तों का क्रियात्मक प्रयोग करके क्रान्ति ही नहीं, उसमें सिद्धि भी प्राप्त की। परन्तु तत्कालीन विश्व के भिन्न-भिन्न भूखंडों में साम्राज्यवाद, उपनिवेशवाद, पूँजीवाद आदि राजनीतिक तथा आर्थिक परिस्थितियों ने मानवजाति को छोटे-बड़े अनेक कठघरों में बंदी बना रखा था। संभवत: सृजन का अलक्ष्य ऋत् जीवन के अर्द्धवृत्त को भौतिकवाद से घेरने के उपरांत शेष अर्द्धवृत्त को अध्यात्म से घेर कर पूर्ण करना चाहता था। इस पूर्णता के लिए ही गाँधी जी जैसे व्यक्तित्व की आवश्यकता थी। जैसे दिन का रथ पिछली रात के सघन अंधकार में ही अपनी यात्रा आरम्भ कर देता है, वैसे ही प्रकृति भी, विकृति के चरमबिन्दु तक पहुँचने के पहले ही अपनी अज्ञेय शक्ति को पुंजीभूत करने लगती है। इसी से अंधकार के युगों में ऐसे ज्योतिष्क हमारी दृष्टि को चमत्कृत करते रहे हैं।

प्रकृति संभवत: अपने किसी गूढ़ उद्देश्य की सिद्धि के लिए महापुरुषों के मस्तिष्क और हृदय को जिस सतर्कता से असाधारण बनाती है, उसी से उनकी आकृति को साधारणता देती है। अपनी-अपनी दिशा में सत्य के प्रयोग करने वाले गाँधी और लेनिन दोनों आकृति में सामान्य जन के प्रतिनिधि थे। न उन्हें विशालकाय शरीर मिला था, न असाधारण सुन्दर रूप।

एक को मैंने देखा है, परन्तु दूसरे की रेख-रेखा से मेरा प्रत्यक्ष और आत्मीय परिचय रहा है।

कुछ कृश, लंबी और इस्पाती स्नायुजाल से कसी उज्ज्वल, श्यामवर्ण देह को

देखकर लगता था मानो किसी साँचे में ढली लौह प्रतिमा को ज्वाला से धोकर स्वच्छ कर दिया गया हो। प्रलंब बाहुओं पर सँभलती चौड़ी हथेलियों की लंबी और दृढ़ गठित उँगलियों में एक विशेष कोमलता और विद्युत् का असामान्य संगम था। वे हाथ जितने नीरंध्र रूप और विनीत भाव से प्रणाम में जुड़ जाते थे, उतनी ही आत्मीय पर वज्रमुष्टि से दूसरे का हाथ थाम लेते थे। उनके स्पर्श की विद्युत ही स्पष्ट कह देती थी कि वे अपने लक्ष्य को जिस दृढ़ता से पकड़े हुए हैं उससे, उसे छीन लेना किसी के लिए भी संभव नहीं है।

शुभ्र खादी में आजानु आच्छादित, विशेष पुष्ट घुटनों और सुती हुई सी पिंडलियों वाले कुछ बड़े पैर धरती को पूरी शक्ति से पकड़ते थे। चलते हुए ही नहीं, ठहरे हुए भी वे चरण, चलने वाले की अबाध गति और अपने गन्तव्य में उसकी अडिग आस्था व्यक्त कर देते थे। डगमगाना, कंपित या विचलित होना मानो उन पगों के लिए अकल्पनीय स्थिति थी। उनके साथ चलने पर मन की एक ऐसी स्थिति हो जाती थी, मानो हम हर पग पर बनते किसी अलक्ष्य स्वप्न की ओर किसी चुंबकीय शक्ति से खिंचे चले जा रहे हैं। उन पगों से पग मिलाकर चलना, गति के विषय में एक नवीन और सार्थक अनुभव प्राप्त करना हो जाता है।

क्षीण कटि और कृश उदर के ऊपर उभरे चौड़े वक्ष ने अथाह करुणा के समुद्र को ही नहीं बाँध रखा था, वह मनुष्य की क्रूरता के हर रूप को भी अपनी गहराई में डुबा देने की अमोघ शक्ति रखता था। जिस हृदय में विश्व भर की मंगल कामना रहने का स्थान पा सकी, वह किसी की क्रूर हिंसा को क्षमा करने की सामर्थ्य रखता था। क्षमा लघु से विराट का नहीं, विराट से लघु का प्राप्य है।

विभिन्न विचारों के केंन्द्र-सा बड़ा सिर, चिंतन रेखाओं युक्त माथा, स्वाभिमान का पता देती हुई सीधी नासिका, दृढ़ निश्चय व्यक्त करती हुई चिबुक का सौंदर्य पर कोई दावा नहीं था, परन्तु एक बार उस मुख को देखकर भूलना कठिन ही नहीं दुष्कर था। ऊपर का और उससे कुछ बड़ा नीचे का ओठ, किसी कुतूहली बालक की प्रसन्न सरल हँसी से उद्भासित रहता था। उन हासोज्ज्वल ओठों को देखकर जिज्ञासा होती थी कि क्या मर्म को छू लेने वाली वाणी पर इसी हँसी से लक्ष्यभेदी और पैनी धार रखी जाती है। मानव के हर्ष विषाद का कोई भी धीमे से धीमा स्वर अनसुना न रह जावे, इसी से संभवतः नियति ने उन कानों को कुछ बाहर की ओर निकला हुआ और बड़ा बनाया। बड़े कान उस बड़े मस्तक के उपयुक्त होने पर भी अपनी बनावट के कारण उसे कुछ असामान्यता देते थे।

उस मुख पर सबसे अधिक आकर्षक आँखें थीं। जो कानों के समान बड़ी न होने पर भी अपने प्रभाव में असामान्य थीं। उनकी दृष्टि सामने खड़े व्यक्ति के अंतरतम को भेदने के साथ ही साथ उसे एक अनिवर्चनीय आत्मीयता की सीमा

में खींच लेती थी। उन आँखों में दुराव-छिपाव के मेघखंड न होकर विश्वास का मुक्त विस्तृत आकाश रहता था।

संभवतः इसी से आगंतुक का कुछ क्षणों में उनसे ऐसा आत्मिक संबन्ध स्थापित हो जाता था कि जिज्ञासु के मन में उठे हुए प्रश्न को उनकी दृष्टि अनायास पढ़ लेती थी और उनकी वाणी उस जिज्ञासा का समाधान करने लगती थी।

उस अद्भुत और चुंबकीय व्यक्तित्व के स्वामी का प्रभाव विविध था। किसी ने उसे जादूगर कहकर अपने और उसके बीच में एक लक्ष्मण रेखा खींच ली, किसी ने उसे अर्धनग्न फकीर का विशेषण देकर उसके संपर्क को उपेक्षणीय मान लिया और कोई उसकी साधना की दीप्ति से खिंच कर वैसे समीप पहुँच गया, जैसे दीपक की लौ पर पतिंगा जा पड़ता है। पतिंगे के लिए झुलसने से अधिक कष्ट लौ से दूरी रहती है। जो इस प्रकार झुलसने के लिए प्रस्तुत होकर जाता था, उसी को ज्ञात होता था कि वह ऐसे प्रिय अतिमानव के निकट पहुँच गया, जिसकी दृष्टि में चंदन और हँसी में फूल हैं।

वास्तव में गाँधी जी को सर्वांशतः तो लोकहृदय ने ही पहचाना, क्योंकि वे स्वयं उसी के प्रतिरूप थे। अपना हृदय तो हमारे लिए जीवन है, अतः उससे हमारा द्वैत संबन्ध नहीं रहता और द्वैत के बिना स्वार्थ के संघर्ष की स्थिति असंभव है। इसी से विश्व भर के लोकहृदय ने उन्हें अपना माना।

आलोक और अंधकार के अनंत आयाम पार करने वाले भारत के इतिहास में असाधारण और महामानवों की स्थिति विरल नहीं है, परन्तु उनकी सृजनात्मक या व्याख्यात्मक क्रियाशीलता जीवन के किसी एक क्षेत्र को लक्ष्य बनाकर विकास करती रही है। यह सत्य है कि जीवन एक होने के कारण उसका एक क्षेत्र परिवर्तन शेष क्षेत्रों को प्रभावित करता है। इस प्रकार धर्म, राजनीति, समाज, दर्शन, साहित्य आदि के क्षेत्र परस्पर प्रभावित होते रहते हैं, परन्तु उनकी गतिशीलता के अपने-अपने नियम हैं, जिनके कारण उनके द्रष्टा साधक पहचाने जा सकते हैं।

गाँधी जी किसी एक क्षेत्र में सीमित नहीं किये जा सकते, इसी कारण मत या संप्रदाय विशेष के संस्थापक या सिद्धान्त या वाद विशेष के उद्भावक के रूप में उनका कोई परिचय नहीं दिया जा सकता। वे एक साथ समग्र जीवन का स्पर्श करते हैं, अतः जीवन के एक क्षेत्र की विषमता दूर करने के लिए दूसरे क्षेत्र के नियमों का उपयोग उनके लिए सहज और स्वाभाविक हो जाता है। धर्म के सिद्धान्तों की परीक्षा वे राजनीति में करते हैं, राजनीति के नियमों की दर्शन में, दर्शन की मान्यताओं की समाज में और सामाजिक आचार की साहित्य में। इस प्रकार जीवन के हर क्षेत्र की विषमता के साथ उनकी विद्रोही स्थिति है।

यह स्वाभाविक भी है। शरीर के अंग विशेष के व्याधिग्रस्त होने पर चिकित्सा का लक्ष्य वही अंग रहता है, परन्तु जब संपूर्ण शरीर की जीवनी शक्ति का ह्रास हो जाता है, तब अंगों की ओर से दृष्टि हटा कर चिकित्सक जीवनी शक्ति की क्षीणता दूर करने का प्रयत्न करता है।

दुर्योग से भारत उस समय राजनीतिक दासता से पीड़ित था। उसकी जीवन शक्ति के ह्रास का एक वही कारण प्रत्यक्ष था। वस्तुत: उसकी जीवनी शक्ति की क्षीणता के और भी कारण थे, जो राजनीतिक स्वतंत्रता प्राप्त होने के उपरांत ज्ञात हो सके।

गाँधी जी की अधिंकाश शक्तियाँ और साधन देश को विदेशी दासता से मुक्त करने में लगे रहे, परन्तु उनकी दूरदर्शिनी दृष्टि भारतीय जीवन में व्याप्त विषमता की ओर भी रही। समाज, आचार, धर्म, भाषा, शिक्षा, साहित्य आदि जीवन के सभी क्षेत्रों में उनका मौलिक योगदान है। यदि राजनीतिक दृष्टि से स्वतंत्र भारत में गाँधी जी का जन्म होता तो उनके सार्वभौम व्यक्तित्व द्वारा देश का जीवनकल्प अनिवार्य था।

वे मौलिक चिंतक थे, परन्तु अतीत युगों की किसी भी मूल्यवान उपलब्धि को न उन्होंने अस्वीकार किया और न अपने चिंतन की तुलना में उसका मूल्य घटाया। आत्मविश्वास जब दूसरों की महानता में अविश्वास के साथ आता है, तब वह मनुष्य का दंभ बन जाता है, जिसकी छाया में असत्य के अंकुर पनपने लगते हैं। गाँधी जी का आत्मविश्वास दूसरों की महानता से शक्ति प्राप्त करता था। दिन के लिए कोई आलोक विजातीय नहीं होता, समुद्र किसी जल-धारा को नहीं लौटाता। सत्य के संबन्ध में भी यही स्वाभाविक है।

विजेता शासक के अस्त्रों से विजित लड़ सकता है, परन्तु जीतना संयोग साध्य है। भारत का सशस्त्र विद्रोह और क्रान्ति उन अस्त्रों के प्रयोग की व्यर्थता सिद्ध कर चुके थे।

गाँधी जी ने आत्मा के अहिंसा मंत्र से अभिषिक्त कर सत्य के उस अस्त्र को साधन बनाया, जिसमें हार भी जय के समान गौरववती है।

सत्य के क्षेत्र से साधन, साध्य का ही अंशभूत है, अत: उन दोनों का प्रकृत्या भिन्न होना संभव नहीं, यह बोध हमें गाँधी जी से ही प्राप्त हुआ। इतने समय के उपरांत भी उन अमोघ अस्त्रों की दीप्ति न मलिन हुई है, न धार कुंठित। विश्व के अनेक कोनों में उनका सफल प्रयोग भी हो रहा है।

उन अस्त्रों की सफलता के लिए आवश्यक निर्मल हृदय, एकाग्र दृष्टि और अंकपित हाथ हमारे देश ही में विरल हो गये हैं।

सत्य, अहिंसा और प्रेम के त्रिगुणात्मक तत्त्व ही जीवन की रचना करते हैं, उनके अभाव में ध्वंस का अंधकार विश्व जीवन को निगल जाएगा, इस मानव नियति का साक्षात्कार गाँधी जी ने चिंतन के असीम विस्तार में ही नहीं, अनुभूति की अतल गहराई में भी किया और अपने कर्म में उसे साकारता दी। उनके व्यक्तित्व के जादू का यही रहस्य है। अनेक शताब्दियों के उपरांत भी मानव जाति अपने इस सत्यशोधक की ओर मुड़-मुड़ कर देखेगी और उसके चरण चिह्नों की शोध करेगी। महात्मा गाँधी जैसे सार्वभौम व्यक्तित्व का अभिनंदन उनकी पार्थिव मूर्ति-प्रतिष्ठा में नहीं, मनुष्य के हृदय में सत्य-प्रतिष्ठा में है। आलोक की कोई प्रतिमा नहीं गढ़ी जाती, क्योंकि वह हमारी दृष्टि में स्थिति रखता है। हवा की प्राण-प्रतिष्ठा किसी मंदिर में नहीं की जाती, क्योंकि उसे हम अपने प्राणों में लिए घूमते हैं।

गाँधी जी को भी ऐसी ही वंदना की आवश्यकता है, क्योंकि वे सर्वकालीन जीवन मूल्यों के प्रतीक हैं।

मनुष्य के मंगल का स्थायी समाधान

कुबेरनाथ राय

आज हम कुछ हताश-हताश जैसे हैं। गोया हम एक हारी हुई सेना हों। राजशक्ति दिन-पर -दिन भ्रष्ट होती जा रही है। जिसे हम लोकशक्ति समझकर स्वागत करते हैं, वह दो दिन बाद व्यक्तिगत या जातिगत दलबन्दी का रूप ले लेती है। तटस्थ व्यक्तियों की बातों से भी निराशा झलकती है। इस परिस्थिति से उबरने का स्थायी समाधान यदि किसी के पास है तो वह है गाँधी। दुःस्वप्नों के ऐसे क्षण में हम गाँधी का नाम स्मरण करते हैं, गोया उस नाम में ही कोई विशिष्ट बात हो।

आज की मूल समस्या क्या है? अन्तर्निहित 'मनुष्यत्त्व' का, शील का, अच्छाई का 'संकट'। महायुद्ध की समाप्ति के बाद, 1947 में, कैथोलिक चर्च के महामहिम पोप पायस ने एक बड़े ही मार्के की बात कही थी: "विश्व की यंत्रणा का कारण 'बुराई' उतना नहीं है, जितना अच्छाई का अक्षम और अपर्याप्त हो जाना।" अच्छाई है, परन्तु अक्षम है, अपर्याप्त है। यही है हमारी यंत्रणा का मूल कारण। अच्छाई, मनुष्यत्व, शीलबोध, 'गुडनेस' चाहे जो संज्ञा दें, अब भी है, वह सर्वथा समाप्त नहीं हुआ है, वस्तुत: वह कभी भी सर्वथा समाप्त नहीं हो सकता है, परन्तु वह रहकर क्या करेगा? वह भयानक रूप से अक्षम है और अपर्याप्त है। यही है हमारी ट्रेजडी। अत: हमारे सामने दो सवाल उठते हैं: पहला तो यह कि किस प्रकार इस अन्तर्निहित मनुष्यत्व को, इस अच्छाई को सक्षम और पर्याप्त किया जाय। दूसरा यह कि इस मनुष्यत्व या अच्छाई की व्यूहरचना कैसी हो कि वह एक दीर्घकालीन समाधान दे सके। जो अच्छाई बिखरी-बिखरी है, उसे किस प्रकार संगठित करके एक ऐसे व्यूह में व्यवस्थित कर दिया जाय कि वह समाज के मंगल का स्थायी पहरेदार हो सके। यानी वह एक स्थायी मांगलिक शक्ति के रूप में हमारे भीतर प्रतिष्ठित हो। यही है दूसरा सवाल। वस्तुत: दोनों एक दूसरे से जुड़े सवाल हैं। इन दोनों सवालों का उत्तर मात्र गाँधी-चिंतन के भीतर प्राप्त हो सकता है, अन्यथा नहीं।

विश्व के अन्य दर्शन तो वाद-प्रतिवाद (थीसिस-एण्टीथीसिस) की शैली में सोचते हैं। वहाँ पर अच्छाई की कोई सर्वमान्य परिभाषा सम्भव नहीं। वहाँ तो अच्छाई का अर्थ है दलगत नीति की पक्षधरता। उनकी दृष्टि में तो सही आदमी वही है, जो दल के कार्यक्रम को आँख मूँदकर चलाता जाता है। इस बिन्दु पर आकर वाम हो या दक्षिण, चाहे कार्लमार्क्स हो या लार्ड कीनिस, सब एक ही है। यदि तुरन्त लाभ की सम्भावना है तो बुरा ही अच्छा है, अच्छा ही बुरा है। यही है उनकी जीवन-दृष्टि।

इतना निश्चित है कि मनुष्य के भीतर जो अच्छाई या मनुष्यत्व बचा है, उससे ही काम चलाना होगा। मनुष्यत्व या अच्छाई का कोटा बाहर से नहीं आने वाला है। आसमान से अच्छे लोगों की जमातें नहीं टपकने वाली हैं। जैसे हम हैं, वैसे ही लोग चारों ओर हैं और रहेंगे। अत: इन्हीं आदमियों के भीतर निहित मनुष्यत्व से काम चलाना होगा। महात्मा गाँधी बड़े आशावादी थे। उनका विश्वास मनुष्य के भीतर निहित अच्छाई या मनुष्यत्व पर अडिग था। वे मानते थे कि मनुष्य में 'हृदय' है। हृदय, अर्थात् अन्त:करण में दिव्यता का निवास है, जो अपराजेय शक्ति है। इसी को आत्मशक्ति भी कहा गया है। अत: उनकी सभी सामाजिक-आर्थिक-राजनीतिक और कला संबन्धी चिन्ता के मूल में ये ही दो प्रश्न स्थित हैं: एक किस प्रकार अन्तर्निहित मनुष्यत्व को अर्थात् अच्छाई को सक्षम और पर्याप्त बनाया जाय, तथा दो उसे किस व्यूह में किस 'पैटर्न' में सुनियोजित किया जाय।

गाँधी जी मानते थे कि दुनिया के उद्धार के लिए पर्याप्त आत्मशक्ति या 'मनुष्यत्व' अथवा अच्छाई, जो कहें, स्वयं मनुष्य के पास है। मनुष्य आत्मविस्मृत है। 'मृग की नाभि माँहि कस्तूरी, बन-बन फिरत उदासी'। वह अपनी शक्ति को नहीं पहचान पा रहा है। समाज में पाँच प्रतिशत से ज्यादा दुष्टता नहीं है, पर पाँच प्रतिशत शेष पंचानबे की अच्छाई या अन्तर्निहित मनुष्यत्व या अपनी आत्मशक्ति को नहीं पहचानता है, भीरु है, भयग्रस्त है। ऐसी हालत में उन्हें, जो मनुष्यत्व या अच्छाई के धारक पात्र हैं, अभय देना पहला काम होगा। यदि उन्हें 'अभय' का बोध हो जाय तो उनको अन्तर्निहित मनुष्यत्व या अच्छाई की सक्षमता अपने आप प्राप्त हो जाएगी। परन्तु यह अभय देगा कौन? अभय का एक स्रोत है संविधान, राजशक्ति। परन्तु वह तो धीरे-धीरे स्वयं पंगु हो रही है और उसका भ्रष्ट हिंसात्मक रूप ही गाँव के स्तर पर भी प्रतिष्ठित है। साथ ही राजशक्ति जिस रूप में आज भारत क्या, विश्व में सक्रिय है, उस रूप में वह 'दमन' की शक्ति है, अभय की शक्ति नहीं। राजशक्ति के बाद दूसरा स्रोत हो सकती है जनशक्ति स्वयं। परन्तु आज जो राजनीति के परिवेश में जनशक्ति का स्वरूप विकसित हुआ है या हो रहा है, वह स्वयं हिंसाशक्ति है। जन-चित्त, दिन-पर-दिन हिंसोन्मुखी होता जा रहा है। 'जनशक्ति' अर्थात् 'मास' एक पशुत्व-प्रधान

शक्ति के रूप में सक्रिय हो रही है, रतनार-चक्षु भैंसे की तरह। उसे गुदगुदाकर या सहलाकर एक राजनीतिज्ञ दूसरे का खेत तहस-नहस कर सकता है, एक की हड्डी-पसली को दूसरा चूर-चूर करवा सकता है, परन्तु अच्छाई को अभयदान देने की भूमिका प्राप्त करना, इस जनशक्ति के लिए मानसिक और आत्मिक रूप में सम्भव नही है। हिंसामुख भीड़ की शक्ति ही आधुनिक राजनीति में 'जनशक्ति' कहीं जाती है। परन्तु इससे भिन्न भी एक शक्ति है- वह है लोकशक्ति। 'जन' और 'लोक' (मास और पीपुल) दोनों दो भिन्न अर्थ वाले, भिन्न स्वाद वाले शब्द हैं। यद्यपि हम इन दोनों का प्रयोग समान अर्थों में करते हैं और अनेक स्थितियों में ये समान अर्थ वाले भी हैं। तो भी वर्तमान राजनीतिक परिवेश में 'जन' और 'लोक' यानी 'मास' और 'पीपुल' दो अर्थ और दो स्वाद देते हैं। 'लोकशक्ति' का एक व्यक्तित्व होता है और व्यक्तित्व वाला सदैव 'हृदय' या अन्तःकरण वाला होता है। 'जन' के पास अन्तःकरण या हृदय नहीं होता, उसके पास सहज पाशविक शक्तियाँ, जैसे-क्षुधा, तृषा, काम, क्रोध भले हों। तो समाज में अन्तर्निहित अच्छाई या मनुष्यत्व को सक्षम बनाने और अभयबोध देने के लिए गाँधी-चिन्तन में एक तीसरी शक्ति कल्पित की गयी है, वह है लोकशक्ति। यह लोकशक्ति ही अच्छाई या मनुष्यत्व को कर्मक्षम बनायेगी और उसे अभय देगी।

इस लोकशक्ति की सही प्रकृति है 'अहिंसा'। अपरिग्रह और सत्याग्रह इसकी खुराक हैं। अपरिग्रह और सत्याग्रह से पुष्टि करने वाली लोकशक्ति कभी किसी प्रकार के अवदमन को जन्म नहीं दे सकती। रूस में क्या हुआ? चीन में क्या हुआ? वहाँ आर्थिक और सामाजिक शोषण की शक्तियों को कुचला गया। परन्तु अब भी मनुष्य स्वतंत्र नहीं हुआ, क्योंकि अवदमन (रिप्रेशन) रह ही गया, क्योंकि उस जनशक्ति के भीतर अवदमन निहित था, उसकी मनोभूमि के भीतर। वहाँ पर अपरिग्रह और सत्याग्रह के विपरीत अवदमन और अधिग्रहण की तृषा ही क्रान्ति का ईंधन बनती है। वे तृषाएँ पुनः क्रान्ति की सफलता के बाद नयी संज्ञाएँ धारण करके अपनी तृप्ति माँगती हैं। परिणामस्वरूप शोषण के नये-नये साम्यवादी, जनवादी रूपों का जन्म होता है, जो पुराने शोषण से कम भयावह नहीं होते।

इसलिए राजशक्ति और जनशक्ति दोनों से भिन्न एक 'लोकशक्ति' की बात सोची गयी। यह 'लोकशक्ति' के जीवन्त व्यक्तित्व का प्रतीक है, किसी ओढ़ी हुई विचारधारा (आयडियालॉजी) का नहीं। यह एक दल या पार्टी नहीं, एक बिरादरी है, एक 'ब्रदरहुड' है ऐसे लोगों का जिनकी आत्मा जग गयी है। यह समूह की जगी हुई आत्मशक्ति है। इसकी अपील 'मनुष्यत्व' के केन्द्र अन्तःकरण से ज्यादा है, सूखी तर्कबुद्धि से कम। परन्तु यह बुद्धि की अस्वीकृति का मार्ग भी नहीं है। यह

अन्तःकरण और बुद्धि दोनों का परस्पर पूरक, परम्पराबद्ध रूप ग्रहण करके चलती है। यह समूह की आत्मशक्ति होने के साथ-साथ समूह की आत्मा या अन्तःकरण का पहरेदार भी है।

अब दूसरा प्रश्न है— इस अन्तर्निहित मनुष्यत्व को किस व्यूह में सुनियोजित और सुव्यवस्थित किया जाय कि वह समाज के मंगल का स्थायी पहरेदार बने? ऊपर हमने लोकशक्ति की बात की है। वस्तुतः ये दोनों प्रश्न 'एक के बाद दूसरा' के क्रम में नहीं, 'साथ-साथ' उठते हैं। इनके जवाब भी साथ-साथ जुड़े हैं। इस बात को समझने के लिए एक समानान्तर तथ्य को लें। विश्व में भूख और अन्न की समस्या बड़ी विकट कही जाती है। परन्तु धरती की समूची जनसंख्या को खिलाने भर अन्न अब भी धरती देती है। फर्क यह है कि अमरीका में जरूरत से ज्यादा हो जाता है तो चीन या भारत में जरूरत से कम। अगर इस अन्न के उत्पादन और वितरण की व्यवस्था ठीक हो जाये तो शायद अब भी अन्नाभाव जैसी कोई समस्या न उठे। या शायद कभी न उठे। क्योंकि परमा प्रकृति जितने जीवों को जन्म देती है, उनके पोषण का इंतजाम भी उसने कर रखा है। प्रकृति की कोई भी योजना 'अपूर्ण' नहीं है, बशर्ते प्रकृति द्वारा स्थापित 'ऋत' (विधान) की रक्षा करते हुए हम चलें। तो फिर प्रकृति की खाद्य-परिकल्पना में ही क्यों दोष या अपूर्णता मानी जाय? दोष और अपूर्णता के स्रोत हैं मनुष्य की संचयकामी और स्वार्थपरायण बुद्धि। प्रकृति के 'ऋत' का तिरस्कार करके मनुष्य ने व्यक्ति-आश्रित भूमि-व्यवस्था और अर्थव्यवस्था का सूत्रपात किया। वहीं से प्रकृति की सहज परिकल्पना खण्डित होने लगी। तो, असल समस्या है यहाँ पर सुव्यवस्था की, 'ऋत' बद्धता की। खाद्य का उत्पादन और वितरण सुव्यवस्थित कर दिया जा तो वे समस्याएँ हल हो सकती हैं।

दूसरा उदाहरण प्रेम का लें। एक व्यक्ति है। उसके पत्नी, बच्चे, भाई, बहन, माता-पिता सब हैं, साथ ही उसका समाज है, देश है, ईश्वर है। वह अपना प्रेम इन सब में बाँट रहा है। परन्तु यह वितरण व्यवस्थित नहीं है। कोई प्रेमपात्र अपने सही अनुपात से ज्यादा पा रहा है तो कोई उससे बहुत कम। अतः वह अपनी पत्नी को कीमती साड़ी या आभूषण देने के लिए, या बच्चों का भविष्य सुरक्षित करने के लिए रिश्वत लेता है और तरह-तरह के काले कारनामे करता है। इस अतिशय प्रेम के कारण, या कहें उसके फलस्वरूप, समाज और देश को प्रेम का जो अंश मिलना चाहिए, वह उन्हें दे नहीं पाता। इससे पैदा होती है उसके नैतिक जीवन में विसंगतियाँ और समाज में दुर्नीति। यहाँ पर भी समस्या है सुव्यवस्था की। यदि वह व्यक्ति अपने प्रेम को सही अनुपात में व्यवस्थित कर ले तो कोई विसंगति नहीं रहेगी।

तात्पर्य यह कि जो कुछ मनुष्यत्व या अच्छाई समाज में शेष है, अब भी बची हुई है उसी को सुव्यवस्थित और व्यूहबद्ध करना असली समस्या है और यह समस्या पहली समस्या का, कि अन्तर्निहित मनुष्यत्व को कैसे सक्षम और पर्याप्त बनाया जाय, एक दूसरा पहलू है। दूसरे शब्दों में, ये दोनों प्रश्न एक ही सिक्के के दो पहलू हैं।

गाँधी जी ने लोकशक्ति की बिरादरी के गठन के साथ-साथ 'सर्वोदय समाज' की परिकल्पना की है इन दोनों सवालों के जवाब में। लोकशक्ति यदि मात्र वर्गचेतना या एक विशिष्ट पक्ष को लेकर चलती है तो प्रथम चरण में ही वह 'विपक्ष' की रचना कर देती है। और पक्ष-विपक्ष का प्रश्न उठते ही हिंसा का अनुप्रवेश हो जाता है। इसी से गाँधी जी मानते थे कि श्रेणी-संग्राम, हिंसा और अवदमनों पर आश्रित व्यूहरचना स्वयं आगे चलकर नये-नये अवदमनों और हिंसाओं को जन्म देगी। हिंसा तो रक्तबीज असुर है। एक बूँद रक्त गिरा नहीं कि नये-नये असुर मैदान में आ गये। अतः अन्तर्निहित मनुष्यत्व और अच्छाई की व्यूहरचना अवदमन-मुक्त और अहिंसक होनी चाहिए। अवदमन मुक्त और हिंसा पर आधारित व्यूहरचना माध्यम को ही अशुद्ध कर देती है। फलतः 'फल' भी प्रतिकूल स्वाद और गुणवाला पैदा होता है और 'सफलता' का रूपान्तर होता है अमंगलमय दुष्ट परिणामों में। विश्व के सारे विचारकों में एक मात्र गाँधी जी ने ही इस प्रश्न को बहुत पहले ठीक से समझा था और बहुत सोच-समझकर उन्होंने अन्तर्निहित अच्छाई की 'व्यूहरचना' को लोकशक्ति के रूप में प्रस्तावित किया, जो सर्वोदय समाज के ढाँचे के भीतर सक्रिय रहेगी और सर्वोदय के पथ पर पूरे आग्रह के साथ (अपूर्ण आग्रह तो सौदेबाजी है) चलेगी। इस लोकशक्ति का पोषण होगा अपरिग्रह और त्याग द्वारा, और इसका हथियार होगा सत्याग्रह। यही है दूसरे प्रश्न का उत्तर।

तो, यही कारण है कि हताशा और दुःस्वप्न के क्षणों में हमें गाँधी का ही स्मरण आता है। यह बात जरूर है कि गाँधी का समाधान बड़ा कठिन है, असाध्य साधन है। परन्तु हमारा लक्ष्य भी तो एक बहुत बड़ी सिद्धि का स्वप्न लेकर चल रहा है—मनुष्य के मंगल का स्थायी समाधान। लक्ष्य जितना बड़ा है, साधन भी उतना ही असाध्य और कठिन होगा। हम इतना जरूर मानते हैं कि केवल वर्तमान पीढ़ी के प्रयत्न से इतनी बड़ी बात (सर्वोदय समाज का अवतरण) घटित नहीं होगी, जब तक इतिहास का वह 'सम्पृक्त बिन्दु' (सैचुरेशन पाइंट) उपस्थित न हो जाय, जो ठीक ऐसी ही चीज की माँग करता हो। तो क्या हम तब तक चुपचाप बैठे रहें? नहीं। इतिहास या कालशक्ति का वह बिन्दु उपस्थित हो, परन्तु मनुष्य के हाथ यदि इतने निर्बल हों कि वह इसका उपयोग न कर सके तो वह बिन्दु निष्फल, निःसंतान तिरोहित हो जाएगा। हमें मनुष्य के हाथों को, उसकी चेतना को सर्वोदय शैली में प्रशिक्षित करते

रहना है, जिससे वह अपनी ऐतिहासिक भूमिका निभाने से न चूके। अतः दोनों जरूरी हैं— इतिहास का वह सम्पृक्त बिन्दु तथा मनुष्य का प्रयत्न उसके प्रति एक जागरूक समुदाय– चेतना। जो लोग इससे जुड़े हैं, वे धीरतापूर्वक इस सर्वोदय—चेतना को सामूहिक स्तर पर पुष्ट करते रहें। आधुनिक भोगप्रधान विलासी पश्चिमी संस्कृति, जिसे भूल से 'वैज्ञानिक संस्कृति' भी कहा जाता है, कई अर्थों में रोमन साम्राज्यवादी संस्कृति के समनुरूप हैं। यह भी अपने सम्पृक्त बिन्दु की ओर अग्रसर हो रही है। एक दिन ऐसा आएगा कि सभी को 'सर्वोदय' और गाँधी की जरूरत अनिवार्य लगेगी।

कोई समस्या नहीं, जिसका समाधान गाँधी के पास न हो

डॉ. सुमन जैन

आज मानवता के सामने जो समस्याएँ उपस्थित हैं, उनका समाधान यदि किसी के पास है तो वह गाँधी हैं। वे समस्या का सतही समाधान नहीं सुझाते, वरन् उसके कारण एवं निवारण की भी तकनीक बताते थे। किसी भी राजनीतिज्ञ के पास उनके जैसी बुनियादी समझ नहीं है। राजनीतिज्ञ हिन्दू को हिन्दू और मुसलमान को मुसलमान बनाये रखकर उनकी समस्या से फायदा उठाने की ताक में रहते हैं, जब कि गाँधीजी मनुष्य को मनुष्य मानकर समस्या का समाधान पेश करते थे। उनकी प्रस्तुति से सुधार की लहर व्यक्ति से समाज और समाज से सृष्ठि को छूती, जिससे समस्या हल होती थी।

15 दिसम्बर 2008 को यह बात बहुत ही आत्मविश्वास के साथ सुप्रसिद्ध रचनाकार श्री मनु शर्मा जी ने कही। ' फैंटेसी विद्या में लिखी उनकी पुस्तक' गाँधी लौटे' पढ़कर मैंने उनसे साक्षात्कार के लिए समय मांगा। स्वास्थ्य ठीक न होते हुए भी उन्होंने समय दिया और मेरे प्रश्नों पर गाँधी-विचारों के आलोक में उपरोक्त मन्तव्य जाहिर किया।

प्रश्न : आज कहीं हिन्दू हैं, कहीं मुसलमान हैं, कहीं अगड़े हैं, कहीं पिछड़े हैं, उन्हें देश-प्रेमी बनाने के लिए गाँधीजी ने क्या किया ?

उत्तर : गाँधीजी कहते थे कि मैं देश प्रेमी हूँ, क्योंकि मानव प्रेमी हूँ। यदि कोई देश प्रेमी मानवप्रेमी नहीं है तो देश प्रेम में उतनी कमी रह जायेगी। यदि भारत एक और अखण्ड है तो निश्चय ही इसमें (जाति, भाषा, प्रान्त, धर्म आदि के) कृत्रिम विभाजन नहीं होने चाहिए, जिनसे अनेक छोटे-छोटे समूह बन जावें। हमें समस्त विघटनकारी प्रवृत्तियों को त्यागकर अपने को भारतीय समझना चाहिए और उसी के अनुरूप आचरण करना चाहिए।

प्रश्न : गाँधी जी के देश-प्रेम की भूमिका कैसे प्रशस्त हुई?

उत्तर : सन् 1909 में लिखी उनकी पुस्तक 'हिन्द स्वराज्य' से जाना जा सकता है कि हिन्द, हिन्दी और हिन्दुस्तान के बारे में उनका चिन्तन कितना स्तरीय है। उसी समय स्वयं गुजराती भाषी होते हुए भी उन्होंने स्पष्ट कह दिया कि हिन्दुस्तान की राष्ट्रभाषा हिन्दी होगी। स्वतंत्रता संग्राम के दौरान 1923 में हिन्दी राष्ट्रभाषा मान्य हुई और देशभर में राष्ट्रभाषा प्रचार की मुहिम चली।

प्रश्न : लेकिन स्वतंत्र भारत में हिन्दी राष्ट्रभाषा के पद पर आसीन क्यों नहीं हुई?

उत्तर : स्वतंत्रता प्राप्ति के बाद भारत सरकार हिन्दी के प्रति प्रतिबद्ध नहीं रही। अंग्रेजी परस्त लोगों के दबाव में सरकार ने राष्ट्रभाषा की उपेक्षा की। उसने अंग्रेजों से सत्ता तो ले ली, लेकिन उनसे भाषा प्रतिष्ठित करने का सबक नहीं सीखा। इंग्लैंड में पहले फ्रेंच चलती थी। अंग्रेजी राजभाषा बनाने के लिए 1731 में वहाँ कानून बनाना पड़ा कि जो वकील अंग्रेजी में बहस नहीं करेंगे, उन्हें 50 पौंड जुर्माना देना होगा। कानूनी बाध्यता से इंग्लैंड में अंग्रेजी राज भाषा बनी। लेकिन संविधान की धारा 343 के अनुसार भारत की राजभाषा हिन्दी और लिपि देवनागरी घोषित करके भी भारत सरकार ने राष्ट्रगीत और राष्ट्र-ध्वज के साथ राष्ट्र भाषा को प्रतिष्ठित नहीं किया। उल्टा 1963 में प्रस्ताव पारित कर लिया कि हिन्दी के साथ अंग्रेजी तब तक बनी रहेगी, जब तक देश का छोटे-से-छोटा प्रदेश भी हिन्दी को स्वीकार न करले। ब्रिटिश पार्लियामेंट ने फ्रेंच की जगह अंग्रेजी राजभाषा बनायी, तब इंग्लैंड की जनता ने अंग्रेजी को प्रेम से स्वीकार नहीं किया था। 1731 तक न अंग्रेजी में काम होता था, न संपन्न साहित्य था। लेकिन जब सरकार ने चाहा तो अंग्रेजी प्रतिष्ठित हो गयी।

प्रश्न : भारत में मैकाले ने अंग्रेजी पढ़ने-पढाने का वातावरण बनाया।

उत्तर : 1835 में मैकाले ने प्रयास किया, लेकिन 1845 तक उसे इच्छित सफलता नहीं मिली। 1844 में लार्ड हार्डिंग ने घोषणा की कि सरकारी नौकरियाँ उन्हीं को दी जायेंगी, जो अंग्रेजी जानते होंगे। अंग्रेजी रोजी-रोटी से जुड़ी, तब भारतीय अपने बच्चों को अंग्रेजी पढ़ाने लगे, जिससे भारत में ऐसा वर्ग तैयार हो गया, जो स्वभाव, रंग और रक्त से भारतीय दिखते हुए भी सोच में अंग्रेज है। वे गद्दी की हकदार होते हुए भी हिन्दी को राष्ट्रभाषा के सिंहासन पर आसीन नहीं होने देते। यह राष्ट्रीय त्रासदी है। गाँधी जी का स्पष्ट मत था कि भारतीय विद्यार्थी अंग्रेजी के माध्यम से ज्ञान प्राप्त करता है, उसके जीवन के मूल्यवान वर्षों में से कम-से-कम छह वर्ष अधिक नष्ट होते हैं। अब जरा हिसाब लगाकर देखा जाय कि आज यदि 19 करोड़ शिक्षार्थी अंग्रेजी पढ़ रहे हैं तो कितने वर्ष देश के व्यर्थ नष्ट हो रहे हैं।

प्रश्न : राष्ट्रनेताओं की क्या दृष्टि संकीर्ण है, जो वे न राष्ट्रपिता की नसीहत की परवाह करते हैं, न राष्ट्र की?

उत्तर : हाँ, इससे विदेशों में हम हंसी के पात्र बन रहे हैं। राष्ट्रभाषा के मामले में दूसरे देश भारत से अधिक सजग हैं। इजराइल में हिब्रू का प्रयोग नहीं होता था, लेकिन उसे राजभाषा बनाया गया। पाकिस्तान में भी कहीं पंजाबी, कहीं सिन्धी, कहीं पश्तों और कहीं बंगाली बोली जाती थी, लेकिन उर्दू राजभाषा बनी। किसी जमाने में भारतीयों ने फारसी पढ़ी थी, इसलिए कि तत्कालीन शासकों ने फारसी पढ़ने के लिए जनता को बाध्य किया। सत्तासीन भारतीय स्वार्थवश राष्ट्रभाषा की उपेक्षा कर रहे हैं, राष्ट्रीय अस्मिता, संस्कृति एवं एकता को घुन लगता जा रहा है।

प्रश्न : स्वतंत्रता प्राप्ति के समय गाँधीजी थे। उन्होंने नेताओं को राष्ट्रधर्म का बोध क्यों नहीं कराया?

उत्तर : गाँधी ने अधिकार पर जोर नहीं दिया। वे मूलतः मानव धर्मी थे, जो रूढ़ियों से मुक्त और जीवन की ऊर्जा है। धार्मिकता जीवन शक्ति बनती है, तभी वह समाज के विकास के साथ गतिशील रहती है। उसे कर्तव्यों एवं दायित्वों का निर्वहन करना आता है। प्रार्थना, उपवास, मौन, आत्म-निरीक्षण आदि उसी के अंग हैं। वे सर्वत्र ईश्वर की सत्ता का अनुभव करते थे। 'ईशावास्यं इदं सर्वम्'— की अनुभूति के कारण उन्होंने जितना साध्य को पवित्र माना, उतना ही साधन की पवित्रता का आग्रह रखा। उनके अनुसार साधन बीज है, साध्य वृक्ष। जैसा बीज होगा, वैसा ही वृक्ष होगा। गलत साधनों के जरिये स्वतंत्रता प्राप्त करने का वे सदा विरोध करते रहे। जो राजनेता यह बात नहीं समझे, वे सत्ता की चकाचौंध में राष्ट्रपिता की सिखावन को तो नजरंदाज कर ही बैठे, राष्ट्रभाषा और राष्ट्रधर्म से अधिक अपनी-अपनी गोटियाँ फिट करने में लगे रहते हैं। वे गाँधी पर भाषण करते हैं, गाँधी शोध संस्थाओं की गोष्ठियों में भी आते हैं। गाँधी उनके लिए महज 'डेकोरेटिव पीस' है। सजाने की वस्तु। उनकी समाधि पर जाकर मात्र फूल-माला चढ़ाकर अपने को राष्ट्रपिता का श्रद्धालु दिखाने से अधिक उनकी गाँधी में कोई आस्था नहीं रह गयी है। गाँधी का राज्य मनुष्य में नैतिक पूर्णता लाने का साधन है और राजनेता के लिए राज्य का अर्थ है- सत्ता का हथियाना। एक के लिए राज्य साधन है, दूसरे के लिए साध्य। इसी से गाँधी मार्ग राजनेताओं को रास नहीं आता। गाँधी स्वराज्य के साथ ही राष्ट्रभाषा और राष्ट्र के कल्याण की सोच रखते थे, उनका चिन्तन सर्वोदयोन्मुखी था।

प्रश्न : सर्वोदय होने से हिन्द स्वराज्य आकार ले सकता है तो राष्ट्रनेता उससे आँखें क्यों चुराना चाहते हैं?

उत्तर : गाँधी के हिन्द स्वराज्य में हर आदमी के लिए झोंपड़ी आवश्यक है,

किसी के लिए अट्टालिका नहीं। हर आदमी की रोजी-रोटी सुरक्षित करने वाली योजना चाहिए, रोजी-रोटी छीनने वाली औद्योगिक इकाइयाँ नहीं। हिन्द स्वराज्य वर्ग संघर्ष से नहीं, वर्ग निराकरण से आता है। उसमें समाज के विकास के लिए निर्बल और सबल, गरीब, और अमीर मिलकर रहते हैं और अपनी-अपनी शक्ति के अनुसार कार्य करते हैं। उत्पादन में, वितरण में एवं उपयोग में साझेदारी रहती है। साझेदारी से आर्थिक व्यवस्था में उत्पादन की मात्रा और उसकी उपयोगिता को समाज की आवश्यकता निश्चित करती है, जिससे व्यक्तिगत इच्छाएँ और विलासिता नियंत्रित होती है। हिन्द स्वराज्य ऊपर से थोपा नहीं जाता। वह आत्मानुशासन से फलता—फूलता है। उसमें आत्म-शुद्धि पहले है समाज शुद्धि बाद में। सामूहिक आत्मशुद्धि ही हिन्द स्वराज्य की आर्थिक, सामाजिक, राजनीतिक मूल्यों का आधिष्ठान है। हिन्द स्वराज्य में सुधार की लहर समाज से व्यक्ति की ओर नहीं आती, वरन् व्यक्ति से समाज की ओर जाती है, फलतः व्यक्ति, समाज और राज्य एक दूसरे का शोषण करने की जगह परस्पर पोषण करने लगते हैं। गाँधी की हिन्द स्वराज्य की संकल्पना ने गुलामी से पथराए हिन्द में प्राण संचरित किये। वही प्राण वायु आँधी बन गयी, तब सरकारी नौकरी करने वाले अकबर इलाहाबादी के मुँह से निकला :

बुद्धू मियाँ भी हजरते गाँधी के साथ हैं।
गो मुश्त खाक हैं, मगर आँधी के साथ हैं।

प्रश्न : गाँधी के पीछे करोड़ों लोग चले। न चले तो राजनेता, इससे राष्ट्र की कितनी क्षति हुई?

उत्तर : कौन-सी क्षति नहीं हुई? देश के एक कोने से दूसरे कोने तक रहने वाले, अलग-अलग भाषा, भूषा, भोजन और भावों की उपासना करने वाले' वन्दे मातरम्' का उद्घोष करते थे, जेल जाते थे, कोड़े खाते थे और फाँसी के तख्तों पर झूल जाते थे। उनमें स्वदेशी स्वावलम्बन तथा 'एक हृदय हो भारत जननी' के उदात्त भाव आन्दोलित थे, वे आज कहाँ हैं? भाषा के नाम पर, धर्म-सम्प्रदाय के नाम पर, प्रदेश के नाम पर जैसी चालें चली जा रही हैं, उनसे राष्ट्रीय एकता का क्षरण होता है। अनीति बढ़ती है और जीवन व्यवहार अन्तर्विरोधों से पट जाता है। गाँधी राष्ट्र के लिए जीये और राजनेता सत्ता के लिए जीते हैं। गाँधी ने भारतीयों में देवत्त्व जगाया और ईश्वर के प्रति समर्पित रहना सिखाया। अब 'अल्ला हो अकबर' 'हर-हर महादेव' का नारा लगाने वाली भीड़ इबादतगाह और मन्दिर-मस्जिद के लिए लड़ती है। जो परवरदिगार दुनिया की रक्षा करता है, उसके घर की रक्षा पुलिस को करनी पड़ रही है। लड़ने-लड़ाने वाले हिन्दू मरें या मुसलमान, गाँधी को लगता था कि भारतीय मरता है। भारतीयता भूलकर जो धार्मिकता का ढोंग करते हैं, उनसे राष्ट्र की हानि हो रही है।

प्रश्न : राष्ट्र की हानि समझकर भी जो अपना स्वार्थ छोड़ नहीं पाते उन्हें कैसे समझा जाये?

उत्तर: गाँधी ने एक घड़ी का उदाहरण देकर समझाया था कि मैं चाहता हूँ कि घड़ी मुझे मिल जाये तो उसे प्राप्त करने के तीन तरीके हैं:

1- मैं आपसे छीन लूँ, बल प्रयोग करूँ।

2- आपसे खरीद लूँ।

3- आप मुझे दे दें।

(अ) अगर बल प्रयोग कर या चुराकर मैंने घड़ी ले ली, तो वह चोरी की होगी। उसे सन्दूक में बंद करके रखना होगा, ताकि दीखे नहीं। उसके लिए झूठ पर झूठ बोलने की नौबत आती रहेगी।

(आ) अगर खरीदली तो वह घर में रखी रहेगी।

(इ) अगर आपने मुझे दे दी तो कहूँगा, अमुक ने मुझे दी है।

वस्तु एक ही है, स्थितियाँ तीन हैं, जिससे वह चोरी की, खरीद की या पुरस्कार की हो जाती है।

राष्ट्र में जो है, उसे प्रयत्न कर प्राप्त करें। जब हमारी दृष्टि ज्यादा पर रहती है, प्रयत्न पर नहीं, तो राष्ट्र की हानि होती है। गाँधी जी ने प्राप्ति के साथ प्रयत्न करने की सिखावन दी और राष्ट्रीय उपासना के तौर पर प्रतिदिन हर भारतीय से कम-से-कम आधा घंटा उत्पादक श्रम करने की अपेक्षा रखी, ताकि राष्ट्र निर्माण में वह भागीदार बना रहे।

स्वास्थ्य ठीक न होते हुए भी आदरणीय शर्माजी भाव विभोर होकर गाँधी-चर्चा कर रहे थे, लेकिन थकावट चेहरे पर झलने लगी। अतः प्रश्न करना बंद कर मैं खड़ी हो गयी। उसी समय कृपाकर उन्होंने अपनी हस्ताक्षरित पुस्तक 'गाँधी लौटे' की प्रति मुझे दी और बोले-आज संसार की कोई ऐसी समस्या नहीं है, जिसका समाधान गाँधी के पास न हो, कोई ऐसा संकट नहीं, जिसका हल गाँधी-विचारों से न निकले।

वे हैं जो कभी नहीं मरते

डॉ. डी.एन. प्रसाद

(अन्तरराष्ट्रीय हिन्दी विश्वविद्यालय, वर्धा)

तुम जीवित थे तो
सुनने को जी करता था
तुम चले गये तो
गुनने को जी करता है
तुम सिमटे थे तो
सहमी-सहमी साँसें थीं
तुम बिखर गये तो
चुनने को जी करता है!

कवि शिवमंगल सिंह सुमन के ये शब्द-सुमन साँसों में संवेदनाएँ उकेरते हैं। गाँधी के लिए ये शब्द-सुमन सार्थक अर्थ दे रहे हैं। आज गाँधी का एक-एक शब्द चुनने के लिए सारा विश्व केन्द्रित हो गया है। हर सदी में गाँधी ही महानायक बनते हैं। गाँधी के विचार, गाँधी के कार्य और गाँधी का चिंतन ही चितवन चित्त की चिनगारी बनते हैं। देश की बात हो या विदेश की बात हो—गाँधी वसुधैवकुटुम्बकम् हैं। इतिहासकार अर्नाल्ड टायनबी का निष्कर्ष था कि " गाँधीजी राजनीति की गन्दी-बस्ती की काल-कोठरी में न सिर्फ गये, उसमें रहकर हुए भी वे हमेशा ऊपर रहे और उसकी गंदगी एवं कालिख से उन्होंने अपनी आत्मा को कभी प्रदूषित नहीं होने दिया, बल्कि अपनी आत्मशक्ति से उसकी सफाई की। उन्होंने राजनीति को अध्यात्म से जोड़ा और मानवीय मूल्यों से ओत-प्रोत सामाजिक एवं राजनैतिक परिवर्तन की वकालत की।" आज भोगवादी संस्कृति का बढ़ता प्रभाव, सामाजिक सहिष्णुता में कमी, भारतीय सामाजिक व्यवस्था के आदर्श जीवन-मूल्यों का ह्रास और समाज में बढ़ती हिंसा ने हमें यह सोचने के लिए मजबूर कर दिया है कि हम परिवर्तन के किस मार्ग का चयन करें।

नि:संदेह, इस संदर्भ में बरबस गाँधी मार्ग की याद आती है। चाहे परमाणु नि:शस्त्रीकरण की बात हो, या विश्वशांति की, गाँधी इतिहास के महान् लोगों में अलग दीखते हैं। यही कारण है कि आज गाँधी का जिक्र न केवल भारत में होता है, बल्कि पूरे विश्व की जिह्वा पर जागरण के निवेश के रूप में होता है।

आखिर क्या है कि गाँधी विश्व पटल से ओझल नहीं हो रहे हैं? हर बार और बार-बार आने वाला हर कल गाँधी के गह्वर से निकलता है। विश्व के बड़े से बड़े चिंतक एक कालखण्ड तक याद कर भुला दिये गये या लोग भूल गये, लेकिन गाँधी किसी कालखण्ड में बँधकर नहीं रहे, वे सार्वभौम हो गये।

गाँधी में कुछ न कुछ ऐसा अद्‌भुत, असाधारण और आवश्यक अंश है, जिससे प्रेरणा मिलती है। उन पर हर सप्ताह विश्व में कहीं न कहीं कोई किताब प्रकाशित होती है। हर दिन एक लेख प्रकाशित होता है या प्रतिदिन कहीं न कहीं उनसे संबन्धित समाचार विचार प्रकाशित होते हैं। आश्चर्य की बात यह है कि ज्यों-ज्यों दिन बीतते हैं, लोग गाँधी को भूलने के बजाय और याद करते जाते हैं। प्रासंगिकता की परिभाषा उनके अनुसार और ही पल्लवित, पुष्पित होती जाती है। गाँधी विचार सामाजिक पुनर्संरचना का समन्वयक है।

गाँधी आज माटी में अपनी जड़ें जमाये मौसमों की मार को झेलते खुले आकाश तले के अश्वत्थ या पीपल हैं, जोकि इतिहास की आँधियों के बीच निर्भीक, हरहराते, चमकते पत्तों के साथ खड़े हैं। प्रचलित अर्थ में वह अवतार, क्रांतिकारी, राजनेता, तपस्वी, ब्राह्मण, ब्रह्मचारी, चिंतक कुछ नहीं होकर भी बहुत कुछ थे। विनय जिसका अस्त्र हो, अपरिग्रह स्वत्व हो, अहिंसा धर्म हो, सर्वसमभाव दृष्टि हो, अनपेक्षा भूमि हो और अस्वीकार संकल्प हो- भला इस प्रकार के व्यक्ति की प्रतिमा के कितने हाथ होने चाहिए कि उसके स्वत्व की ऐसी सारी शक्तियों को प्रतीक रूप में दर्शाया जा सके? वस्तुत: गाँधी असाधारणता पर खड़े साधारणता के ऐसे प्रतीक पुरुष हैं जो आश्वस्ति देता है कि मनुष्य मात्र में अपने-अपने प्रकार की दैवीय सम्भावानाएँ हैं। अस्तु, ऐसे लोग तत्त्व होते हैं और तत्त्वों की कोई काल-रचना नहीं होती। तत्त्व बचे रहने या खर्च होने के किसी भी हिसाब-किताब या समीकरण से बद्ध नहीं होते। ऐसे में रहने की चिंता गाँधी को लेकर नहीं, बल्कि हमें अपनी करनी चाहिये कि गाँधी के लिये हम कितने बचे हैं या बचे रहेंगे। गाँधी तो कविवर सुमित्रानंदन पंत के शब्दों में कहते ही हैं-

> सभी नहीं मरते / मैं भी उनमें हूँ / जो कभी नहीं मरते! / मैं नहीं मरूँगा, तुझसे सच कहता हूँ!

आज संस्कृति का सबसे बड़ा संकट मूल्यों और आस्था का है। मूल्य विघटन के इस काल में और गहराते सभ्यता के संकट में उलझा विश्व मनस् शांति तथा प्रगति

के लिये विकल्प के रूप में गाँधी विचार अपना रहा है, पिछले दिनों अमेरिका ने अपनी कार्यालयी-व्यवस्था से जुड़े सभी कर्मचारियों को गाँधी-साहित्य पढ़ने के लिये प्रोत्साहित किया था और जिन कर्मचारियों ने अनुपालन नहीं किया, उनकी पदोन्नति रोक दी गयी। इसे आप क्या कहेंगे...? साफ शब्दों में कहा जाय तो नैतिक मूल्यों के प्रति प्रतिबद्ध गाँधी सही अर्थों में दुनिया के सबसे बड़े क्रांतिकारी थे। समाज की बेहतरी के लिये उन्होंने वह सब कुछ किया, जो एक नैतिक व्यक्तित्व से कार्यान्वित करना अपेक्षित है। तत्त्वतः गाँधी विचार का मूल घटक है जीवन में नैतिकता अर्थात् समस्त परिधि में नैतिक मूल्यों की स्थापना, क्योंकि बिना इसका अनुसरण किये दृढ़-इच्छा शक्ति का नैतिक-निर्माण व्यक्ति में संभव नहीं है, यही गाँधी विचार की अध्ययनशीलता और अहिंसक समाज रचना का मेरूदण्ड है।

सार्वभौमिक संस्कृति की परिपूर्णता गाँधी-ज्ञान में निहित है। गाँधीजी को समर्पित आचार्य सायल की पंक्तियाँ हैं :

तुम्हारा होना / सार्थक होता / या निरर्थक... / पता नहीं! / आज /
पर सत्य है- / तुम्हारी वृत्ति, कृति व प्रवृत्ति की कायल है / यह दुनिया!

लोकगीतों का स्वर

रामनारायण उपाध्याय

जिन्होंने महाकाव्यों की रचना की, उनका नाम तो साहित्य के इतिहास में अंकित है, लेकिन जिन्होंने अपने नाम को लोकगंगा में विसर्जित करके जन-जन की भावनाओं को वाणी देने का प्रयास किया, उनकी कृतियों ने लोकगीतों के नाम से मानव-हृदय में अपना अमिट स्थान बना लिया है। लोकगीत समय की सीमा से बंधे नहीं होते, फिर भी उनमें युग को प्रतिबिम्बित करने और युग-युग तक मार्गदर्शन करने की क्षमता होती है।

जिस तरह धरती में दबा हुआ बीज, धरती की परतों को तोड़कर अंकुरित होता है और ऊपर-से-ऊपर उठता चला जाता है, उसी तरह गुलामी से दबी जनता की मनोभावनाएँ दमन की दीवारें तोड़कर लोकगीतों के माध्यम से व्यक्त होती आयी हैं। किसी भी देश की आजादी को लाने में जो स्थान अपने नाम की परवाह न करने वाले असंख्य कार्यकर्ताओं का होता है, वही स्थान अपने नाम और रूप को होम कर जन-जन में आजादी की अलख जगाने वाले लोकगीतकारों का भी होता है।

स्वतंत्रता के आंदोलन में सन् 57 की तलवार को नई चमक देने वाले साहित्यकार का जितना महत्व है- उतना ही महत्व उन हरबोलों का भी है, जिन्होंने उस तलवार की चमक को मशाल की तरह अपनी जुबान के हाथों देकर इसे सुरक्षित रूप से नये युग के हवाले कर दिया। सुदूर रामायणकाल के लोकगीतों में यदि ईख के खेतों में काम करनेवाली महिलाओं के मुख से महाराजा रघु की लोकप्रियता के गीत सुने जा सकते हैं, तो आधुनिक युग के लोकगीतों में भारतीय आजादी के जनक महात्मा गाँधी का योगदान सुना जा सकता है।

सदियों से शोषित, पीड़ित, पददलित और उपेक्षित ग्रामीण जनता के सामने जब गाँधी का नाम पहुँचा तो उसने उगते सूरज की पहली किरण की तरह उसका स्वागत किया और उसे धरती के सूखे होठों की प्यास बुझानेवाली वर्षा की पहली बूँद की तरह प्यार किया।

गाँधी के आने और चले जाने के बाद लिखी गई कविताओं की अपेक्षा इन लोकगीतों का अधिक महत्व है, जिन्होंने स्वातंत्र्य संग्राम का उद्घोष किया और गाँधी के जीवनकाल में उनका संग-साथ निभाया। देश के प्रत्येक भाग और इसकी प्रत्येक लोकभाषा में इस तरह के गीत पाये जाते हैं। पहली बार जब फैजपुर जैसे एक छोटे से गाँव में अखिल भारतीय कांग्रेस का अधिवेशन आयोजित किया गया तो- लोकगीतों की तलाश में गाँव-गाँव घूमनेवाले सुप्रसिद्ध लेखक देवेन्द्र सत्यार्थी ने लिखा है कि सुदूर महाराष्ट्र के एक ग्रामीण अंचल में, गर्मी की खिलखिलाती धूप में, गाँव के कच्चे रास्ते पर धूल का बादल उड़ानेवाला एक गाड़ीवान तन्मय होकर गा रहा था-

"गाड़ीवान ओ गाड़ीवान। तेरे हाथों में रूखी सी रोटी है
क्या यही है तेरी कमाई। गाँधी का नाम तो तूने अवश्य सुना होगा।"

मानो गाँधी का नाम एकमात्र सहारा था, उस गरीब आदमी के अच्छे दिन आने का। वह प्रतीक था लम्बे अर्से से भोगे जाने वाले कष्टों से मुक्ति दिलाने का। वह आश्वासन था-ईमानदारी से कमायी गयी रोटी पर कमाने वाले के अधिकार का। इसीलिये तो वह मराठी लोकगीतकार बार-बार गुनगुना रहा था-

ओ रे किसान, तेरे हाथ में रूखी सी रोटी है
क्या तूने गाँधी का नाम नहीं सुना?

जंगल की आग की तरह गाँधी का नाम शहरों और गाँवों की सीमाओं को लांघते हुए उनके दिल में अपना घर बना चुका था, जिनको रहने के लिये झोपड़ी भी नसीब नहीं। तभी तो एक गौंड युवक मस्ती से अपनी लोकभाषा में गा उठता है-

बादल गरजता है। मालगुजार गरजता है,
फिरंगी के राज का सिपाही भी गरजता है।
हे राम, गाँधी का राज आने वाला है

कोई माने या न माने, गौंड युवक का यह दृढ़ विश्वास था कि जुल्म जितना बढ़ेगा गाँधी का राज्य उतनी जल्दी आयेगा।

हरियाणा के एक लोकगीत में अंग्रेजों की विवशता और गाँधी की तेजस्विता का सजीव चित्रण है-

लंदन में घर-घर में रो रही है। गाँधी हमारे गले का हार बन गया।
सरकार घुटनों के बल झुक गई। अब उसके हथियार थोथे पड़ गये।
मधुमक्खियों की भांति लोग अंग्रेजों पर टूट पड़े हैं।
अब अंग्रेजों का कौन बेड़ा पार लगायेगा।
लंदन में हाहाकार मच गया बहन। अब तो हमारा करतार भी रूठ गया,
इस लंगोटीवाले से हम बाजी नहीं लगा सकते।

महाकवि वल्लतोल ने गाँधीजी के निधन पर कहा था कि "आज दो सूर्य अस्त हुए। इनमें से एक तो कल पुनः उदय होगा, लेकिन दूसरा शताब्दियों के बाद- यदि धरती का भाग्य हुआ तो!" एक पंजाबी लोकगीत में भी गाँधीजी की सूर्य से तुलना की गयी है और एक सूरज से दूसरे सूरज को देखने का अनुनय किया गया है-

हमारे आंगन में सूर्य उदय हुआ है। सूर्य देखने के लिये आओ।
तुम भी तो एक सूर्य हो, हे गाँधी। तुम भी सूर्य देखने के लिये आओ।
आओ ना!

निमाड़ अपनी ऊबड़-खाबड़ जमीन की ही तरह मटमैले, गेहूँवे रंग वाले किसान और मुसीबत में भी मुस्कुराने वाले पलास के फूलों के लिये प्रसिद्ध रहा है। जिस तरह कठोर चट्टानों को चीरकर झरनों का निर्मल जल झरता आया है, उसी तरह निमाड़ की लोकभाषा में भी राष्ट्रीयता के प्रखर गीत गूँजते आये हैं। धीरे-धीरे बहने वाली बयार से नहीं, बल्कि प्रचंड आँधी से गाँधीजी की तुलना करते हुए एक गीत में कहा गया है–

ई खोटो पैसो नी, खरो चाँदी आय। ई हवा अधौळ नी, गाँधी आय
ई आसमा नी, बादळों नी। सत्याग्रहीन की टोळई आय।
ई तो गरीब का लेण फैलायेल। गाँधी बाबा की झोळई आय।
ई मारन की नी, मरन की बात करज, येकाजसी देख अंग्रेज भी डरज।

आजादी का आंदोलन जब चिंगारी बनकर सामने आया तो लोकगीतों ने उन्हें हवा देकर शोला बनाने में मदद की। ऐसे समय में जब अंग्रेजीराज के खिलाफ उंगली उठाना भी जुर्म था, नौजवानों की टोली प्रातः चार बजे उठकर राष्ट्रीयता के ओजस्वी गीत गाते हुए जनता को जगने और जगाने का मंत्र सुनाती थी। ब्रह्म मूहुर्त में जब लोग अपनी रजाइयों में दुबके, उठने का साहस नहीं जुटा पाते, तब सुदूर क्षितिज से उठते हुए गीतों के स्वर समीप आकर, सोनेवालों को झकझोरते हुए कहते थे-

भैया, सोवण को नहीं हइं जमानो। देश आजाद अपणो वणावणु।
जुल्मी डायर न गोलई चलई थी। बूढ़ा बच्चा की कर दी सफई थी।
दूध माता को हइं नी लजाउणु। देश आजाद अपणों वणावणु।

एक और गीत में जन-जन को जगाने का आह्वान करते हुए कहा गया है—
जागो रे किरसाण भाई, /ई जागण की बेला छे।
जेका साथ में गाँधीजी होय/कूण कयेज उ अकेलां छे।
गाँधी बाना न अलख जगई दी/ सत्याग्रह की धूम मचई दी।

हरिजन नख गळ लगई न/ दारू बंद करई दी।
सत्य अहिंसा को व्रत धारो/ जोर जुलुमा सी कदी नी हारो
मातृभूमि का लेण अपनो तन मन वारो रे।
जागो रे किरसाण भाई,/ई जागण की बेला छे
जेका साथ मैं गाँधीजी होय/कूण कयेज उ अकेलां छे।

गाँधीजी को पहचानने में शिक्षित वर्ग ने भले ही देर की हो, लेकिन आमजनता ने तो उनके जीवनकाल में ही उनमें अवतार के दर्शन कर लिए थे। एक निमाड़ी लोकगीत में द्वापर युग में अपने भगवान कृष्ण से गाँधी की तुलना करते हुए कहा गया है–

द्वापर में मोहन हुआ/कलयुग मोहनदास,
एक था जनम्या जेल में/ एक रहे कारावास।
एक न बंशी मधुर बजाई/ एक न चरखो सुघर चलायो।
एक न चक्र सुदर्शन फेर्‍यो/ एक न गो रानख घेर्‍यो।
एक न गोरधन ख धार्‍यो/ एक न जन-जन ख उबार्‍यो।
एक न जुल्मी कंस पछाड्यो/ एक न जालिम राज उखाड्यो।
एक न मोही द्वारका/ एक न सेवाग्राम
एक को बल थो गीता माता/एक को बल थो राम।

संस्कृत

त्वदीयं यशः सर्वतो दिक्पटेषु,
स्थितं प्रीणयत् स्वर्णत्ली वरेषु
निरस्त्रोऽपि जेता सशस्त्राण् रणेणु,
जनैरर्च्यमानो मनोमन्दिरेषु,
प्रसिद्धार्थ सिद्धार्थ सर्वस्व सिद्धिम्
नमस्कुर्म हे सत्यधाम्नः समृद्धिम्।।

– लक्ष्मीकांत शास्त्री

जिसका प्रशस्त यश विशालकाय दिक्पटों पर स्वर्णतूलिका चला रहा है, निश्शस्त्र होते हुए भी जो शस्त्रधारियों का विजेता है, जनता जिसकी पूजा अपने मनोलोक में अनवरत कर रही है, भगवान बुद्ध की पवित्रतम् सिद्धि का जो नवीन अवतार है और सत्य की अभिनव समृद्धि है, उस महात्मा गाँधी को हमारा नमन।

बंगला

गान्धि महाराजेर शिष्य
केउ बा धनी ना निः श्व
एक जाय गाय आछे मोदेर मिल,
गरबि मेरे भराइ ने पेट
धनीर काछे हइ ने तो हेंट
आतं के मुख हय ना कभु नील।

–रवीन्द्रनाथ ठाकुर

गाँधी महाराज के धनी और, दीन शिष्य कहते हैं: हम पेट के हित दीन-पीड़न में नहीं अभ्यस्त, झुकते न धनियों से कभी होते न भय से त्रस्त।

मानुषेरे भालोबासि-साम्यवादी ताइ,
लेखाने शोषण, जानो, प्रेम सेथा नाइ
सर्वहारादेर लागि तोमार स्वराज
तुमि, ताइ, भारतेर गाँधी महाराज।

–विजय चट्टोपाध्याय

मनुष्य मात्र को प्यार करते हो, तभी तो आप साम्यवादी हो। जहाँ शोषण है, आप जानते हो, प्रेम वहाँ नहीं। आपका स्वराज सर्वहाराओं के लिए है, तभी तो आप गाँधी महाराज हो।

मराठी

विश्वाला दिवला तुम्हीच भगवान् संदेश मोठा नवा
ज्यातें जीवन सोख्यपूर्ण करणें साधेल या मानवा
तें वैराग्य किती! क्षमा किती! तपश्चर्या किती! थोखी
कैशी एक मुखै स्तबूँ? मिखता भास्वान् जसा तो खी।

– साने गुरुजी

भगवन् तूने विश्व को बड़ा शुभ संदेश दिया। मानव इससे अपना जीवन सुखपूर्ण कर सकेगा। वैराग्य, क्षमा, तपश्चर्या, मैं एक मुख से इन सबका स्तवन कैसे करूँ?

गुजराती

आजार मानव जात आकुल गई रही बापू!
तारी तबीबी काज ए तलखी रही बापू!

जा बापू माता आखजा ते नाथवा ने
जा विश्व हत्या ऊपरे जल छांटवाने
जा सात सागर पार सेतु बांधवाने
घनघोर बनती वाटने अजवालतो बापू।
विकराल केसरियाल ने वपाळतो बापू।

– झवेरचन्द्र मेघाणी

-हे बापू, मानव जाति रोगी होकर आकुल हो रही है। वह तुम्हारे समान वैद्य की चिकित्सा पाने के लिए तरस रही है। बापू, मस्त साँड़ को नथ डालने के लिए जाओ। विश्व हत्या पर जल छिड़को सात सागर पार सेतु रचने के लिए प्रयाण करो। घनघोर बन की राह को प्रकाशित करो। विकराल केसरी को थपकियाँ देते हुए चलते जाओ।

तमिल

तन्नुयिर पोल तनक्कषि वेण्णुम् पिरनुयिर तन्नेयुम् कणित्तल
मन्नुयिरेल्लाम कडवुलिन वडिवम् कडबुलिन मक्कल एन्सणर्दल
इन्नमेरयानत्तुणिविनै मट्रांग किषि पडुपार कोले दण्डम्
पिन्निये किडक्कुम् अरसियल तनिक पिणैत्तिडत्तुणिन्दनै पैरू माल।

– सुब्रह्मण्यम् भारती

अपने प्राणों पर जैसी ममता सबको होती है, वैसी ही ममता शत्रु के प्राणों पर भी करना चाहिए-यह आपने हमें बताया है। संसार के सभी मानवों को ईश्वर की संतान समझना आपने हमें सिखाया है। जिस राजनीति में अधर्म, युद्ध, हत्या आदि सम्मिलित है, उसमें ऐसे अध्यात्म-तत्त्व को प्रतिष्ठित करने का सत्साहस आपने ही किया है, अतः आप सर्वश्रेष्ठ हैं।

तेलुगू

एदि जयमु? पराजयमेदि नीकु?
मेदिन गलंचु पशु बलोन्माद मेदिरि
देवुनकु धर्मे मुन कुनु देशमुन कुनु
आत्म बलि इच्चु पूत सत्याहव मनु।

– मंगपूरि शर्मा

तुम देव पवित्र सत्य की खोज में धर्म तथा देश के लिए आत्मा को समर्पित करते हो, तुम्हारे लिए जय क्या है, पराजय क्या है?

कन्नड़

नोन्दु निःस्वं लोक मुन्दरियुतिरे, हालु
गेडेय दातान गोत्तु, कडे गोलदे माण!
इदो, मात्म, कैगडुति निन्न निःस्व
दिन्दुम्म भारतद भाग्य सर्वस्व!

– गोविन्द पाई

कष्ट का सहना कभी निष्फल नहीं होता। दुनिया की प्रगति में निःस्वार्थी का त्याग निहित रहता है। इसीलिए उसकी कष्ट सहिष्णुता निरर्थक नहीं होती। हे पूज्य महात्मा! सचमुच हम मानते हैं कि भारत का भाग्य आप ही की निःस्वार्थता पर निर्भर है और वही हमारा पथ-प्रदर्शक है।

मलयालम

गीतक्कु मातावाय भूमिये इढमितु,
मातारियोरू कर्मयोगिये प्रस विक्कू
हिमवद्धिन्ध्याचल मध्य देशत्ते काणू
शममे शीलिच्चेषु मित्तरम् सिंहत्ति ने
गंगा या रोषु कुन्न नाट्टिले शिरिविकम
मंगलम् कायक्कुम् कल्प पादप मुण्टाय्स
नमस्तो गततर्ष! नमस्तो दुराधर्ष!
नमस्ते सुमहात्मन् ! नमस्ते जगद्गुरो!

– वल्लतोल नारायण मेनन

निसंदेह गीता की जन्मभूमि के अतिरिक्त अन्य भूमि ऐसे कर्मयोगी को जन्म नहीं दे सकती। हिमालय तथा विन्ध्याचल में मध्यप्रदेश ही इस प्रकार का शमशील सिंह दिखाई पड़ेगा! गंगा की प्रवाह भूमि में ही ऐसे मंगल फल देने वाले अमर तरु का जन्म हो सकता है? हे जगत् गुरो! दुर्घर्ष महात्मन्! मैं आपको बार-बार प्रणाम करता हूँ।

राजस्थानी

बै कुण गमग्या, बै कुण गमग्या।
आभै में उड़ता खग थमग्या।।
हाको सो फूटयो धरती पर,
गैला माँ बैतां पग थमग्या।। बै

कुण........ झुर-झुर रो वै तुरकाणी,
आ सिर कुटै है हिन्दुआणी,
इसड़ों कूण सजन सनेही हो-
सगलां रा हिवड़ा डगमगग्या।। बै
कुण........
जीऊँला सौर पच्चीस बरस
बिस्वास दिलार कियां ठगग्या,
गिरनार पडै लो अब नीचे,
सतवादी बचनास्यूं डिगग्या।। बै कुण........ – कन्हैयालाल सेठिया

उर्दू

आदमीयत का तरफदार उठा दुनिया से,
अपने आलम का अमलदार उठा दुनिया से,
एशिया भर का बफादार उठा दुनिया से,
वक्त का काफिला सालार उठा दुनिया से,
ऐ अजल आदमी दुनिया से गुजर सकता है,
कारनामा तेरे मारे कहीं मर सकता है
रोशनी देके हमें रोशनी वाला न रहा,
शान्ति कैसे मिले शान्तिवाला न रहा,
चलता-फिरता वो मुहब्बत का शिवाला न रहा,
मेरे गोकुल में मेरा बाँसुरी वाला न रहा।
अब नहीं पूरी मुलाकात तो आधी ही सही,
आज बापू नहीं, बापू की समाधि ही सही।

–नजीर बनारसी

वह गाँधी हम सबका 'बापू' वह अखिल विश्व का प्यारा है।
वह उनमें से ही एक जिन्होंने आकर विश्व उबारा है।
है बुद्ध सुखी उसमें अपने ही परम धर्म का ज्ञान देख,
है ईसा खुश बलिदान देख, पैगम्बर खुश ईमान देख।

–सुभद्राकुमारी चौहान

अभी-अभी सोया है मसीहा मुहब्बत का

सो गये थके-मांदे पांथ मानवता के / शान्तिदूत, क्रान्तिजयी सिरहाने आहिस्ता बोलो अभी-अभी सोया है मसीहा मुहब्बत का / धरती थरथराओ मत, आसमान सब्र करो, ठीक है, हजारों साल बाद यहाँ आया था, / अब कब आयेगा इसका ठिकाना नहीं।फिर भी जगाओ मत पूरा का पूरा / इस बार का मनुष्य-जीवन जग कर बिताया है, पुतली की लाली उदयाचल सहेज ले, / विथकित अंगों को मलयानिल झेल ले! सुनते हैं राम जब थकते थे बियाबानों में / सीता चरण चापती थीं पलकों की अलकों से धूल पोंछ देती थीं श्रमहार मुग्ध प्यार। / बाद में लक्ष्मण पलोटते रहे शेष अवधि राम-रावण युद्ध की थकान बिसराने को। / तुम तो थके के थके सोये चिर-निद्रा में मौका तक दिया नहीं टूटन थपथपाने का। / आजीवन दौरा किये द्वार-द्वार डगर-डगर घायल मानवता को मरहम लगाते फिरे / साया किये रहे सदा आतप-निदाघ में। माता-पिता-बन्धु-सखा सभी एक साथ तुम। / जब तक तुम जिये तुम्हें चैन नहीं लेने दिया अपना भी बोझा लाद निश्चिन्त हो गये। / मूढ़ता हमारी किन्तु तुम ने तो भूल से भी कभी नहीं कहा कि 'चैन ले लेने दो / एक क्षण भी पसीना पोंछ लेने दो मुझ को भी पल-भर सुस्ताने दो छांव में।' / तुम तो सिर्फ चलते रहे जलते हुए अहर्निश अपनी ही ज्वाला में। देते ही रहे सदा / वारिद-सा मुक्तदान, कर्जदार सब को बनाकर चले गये। आज जब होश हुआ लुटी-खड़ी निखिल धरा / मानवता ठिठकी-सी बिसूर रही बार-बार कैसे करें प्रत्युपकार अगणित अहसानों का / मन की मन में ही रही अब क्या हो सकता है, पीढ़ियों की पीढ़ियाँ सिर्फ करती रहें प्रायश्चित / सदियों, सहस्राब्दियों।

-डॉ. शिवमंगलसिंह सुमन

फली साधना है बापू की

उ0प्र0 शिक्षा विभाग ने एक सचल शिक्षण-दल योजना बनायी थी। दल गाँवों में घूम-घूमकर शिक्षण-प्रशिक्षण का काम करता था और सांस्कृतिक कार्यक्रम भी पेश करता था। दल के प्रशिक्षकों ने लोकगीत संग्रहित किये। आचार्य वंशीधर श्रीवास्तव ने 'लोकगीतों में गाँधी जी' पुस्तक में आल्हा, कहरवा, बिरहा, सोहर, धोबीगान आदि 39 गीत संकलित किये हैं, जिनका रचयिता पहले जिस प्रकार शारदा और गणेश का 'सुमिरन' करता है, वैसे ही गाँधीजी के नाम का कीर्तन करता है। गाँधीजी ने देश के लिये प्राण छोड़े। उन्होंने कहा है कि 'देश-प्रेमी बनो। चरखा चलाओ। धरती से अन्न उपजाओ, स्वयं जागो, औरों को भी जगाओ। 'स्वराज्य हो जाने के बाद भी हाथ पर हाथ धर-धर में बैठने से स्वराज्य में सुख नहीं मिल जायेगा। उसके लिये बापू की सीख मानकर पुरुषार्थ करो। आपस में लड़ने से गाँधीजी को उपवास करने पड़े थे। राम-रहीम का स्मरण करते हुए वे प्रार्थना सभा में जा रहे थे कि पापी नाथूराम ने उनके

प्राण हर लिये। 'भारत की प्रत्येक बहू की कोख से गाँधी जैसी संतान जन्म ले।' 'अब बापू के स्वप्न को सच्चा करो और नया युग लाओ- यह लोक कंठों से सुना जा सकता है जैसे-

(राष्ट्रीय आल्हा)

जयति भवानी भारत माता, सीस नवाऊं बारम्बार।
सिंह सपूत बीर रन बांके जेहिका कोख लिहिन अवतार।।
जेहिके सिर का छत्र हिमालय, छाती दिहिसि गगन कै चीर।
सागर चरनन कै रज छुइकै, गरजै सिंहनाद गम्भीर।।
तैंतिस कोटि देवता जहँ पर, रच्छै धरमु करमु आचार।
दुर्गा काली रमीं भुवन पर, लीन्हें खप्पर और किरपान।।
गाँधी बापू का विनवौं मैं, जिनका झुकै सकल संसार।
सत्य अहिंसा के बल पर जीन, कीन्हेंनि माता का उद्धार।

(भारत माता, मैं तुमको शीश झुकाता हूँ। तुम्हारी कोख से रणबाँका सपूत सिंहों ने जन्म लिया है। हिमालय जिसके सिर का छत्र है और जिसने गगन की छाती को चीर दिया। जिसके चरण को छूकर सागर गम्भीर सिंहनाद करता है। तैंतीस करोड़ देवता जहाँ धर्म-कर्म की रक्षा करते हैं, जहाँ दुर्गा और काली रमी हैं, मैं उस भारत माता को सिर झुकाता हूँ, और उस बापू को सिर झुकाता हूँ, जिनके आगे सारा संसार झुकता है और जिन्होंने सत्य-अहिंसा से भारत माँ का उद्धार किया।

(कहरवा)

देश के करनवा आपन तजले हो परनवां देसवा प्रेमी भइले ना।
गांधी बाबा क विधनवां देसवा प्रेमी भइल ना।
अपने त गइलें गांधी छोड़ि के स्वदेसवा, हो सुनाइ गइलें ना,
भारतवासिन कै संदेसवा सुनाइ गइलै ना।
माना पंचो माना, तू अब बापू के कहनवां, हो चलाइ लेब ना
अपने बापू क चरखवा चलाइ लेब ना।
चरखा चलाई के तूँ दुखवा हो मेटावा, भल बनाई लेब ना
सुघर खद्दर क कपड़वा हो बनाई लेब ना।।
कपड़ा बनाई तूँ मंहगी गवा अब, हो कमाई लेब ना
धरती माता के अनजवा हो कमाई लेब ना
अन्न उपजाई तूँ हो सुखी बन जाई हो, बचाइ लेब ना।
तू भारत क देसवा बचाइ लेब ना

अपने तू जाग औरो लोगन के जगाव हो, पढ़ाइ लेब ना
भारत माता के ललनवां पढ़ाइ लेब ना।

(बापू ने देश के लिये प्राण छोड़े। गांधी बाबा का विधान है- तुम देश प्रेमी बनो। आप तो गांधीजी गये, पर देशवासियों को संदेश सुना गये। तुम उन संदेशों को मानो- चरखा चलाओ। तुम्हारे दुःख दूर भाग जायेंगे। महँगी दूर भाग जायगी। धरती से अन्न उपजाओ। भारत का देश बच जायेगा। तुम स्वयं जागो, औरों को जगाओ।)

(कहरवा)

घर में बइठलै सुराज लै के नाहीं सुधरी।
गरद-गोबार गांव के गोईड़ करके नरक बनवला भइया।
कइके नरक बनवला, हो हैजा प्लेग रोग दुनिया कै।
बइठल घरे बुलवला-देवी दुर्गा के मनवले जान नाहीं ऊबरी।घर में.....।।
चरखा घर घर नाहीं चलत बा, मेहरी पेवना साटै-।
भइया मेहरी पेवना साटै,
हो फटेहाल लड़िका सब घूमें देखि देखि छतिया फाटै,
टांगलि आंगना में तोहरे फटही गुदरी। घर में....।।
भाग भरोसे बइठ बइठ तै, खेतियो चौपट कइला,
भइया खोतियो चौपट कइला,
हो खाद बिना सब खेत उतरलै, बाहर भीख मगवला।
लेके गोबरा के मेहरी बनावै चीपरी। घर में....।।
हिकमत कइके फसल बढ़ावा, घर के लाज बचावा
भइया घर के लाज बचावा,
हो अपने पढ़ि गुनि बना सयाना, लरिकन के पढ़वावा,
दुश्मन हँसि हँसि तोहके न बीरावैं अंगुरी। घर में....।।

(स्वराज्य हो जाने के बाद भी हाथ पर हाथ धरकर घर में बैठने से कुछ होगा नहीं। गाँव की गंदगी जैसे पहले थी वैसी अब भी रही, तो गाँव नरक बना रहेगा और हैजा, प्लेग आदि बीमारियाँ घेरे ही रहेंगी। देवी-देवताओं की मनौती से न पहले कुछ हुआ, न अब कुछ होगा। गाँधीजी ने कहा था-चरखा चलाओ; उसे नहीं करते, और बाल-बच्चे आज भी नंगे हैं। पुरुषार्थ करते नहीं, खाद देते नहीं; गोबर का उपला बनाकर आज भी जला रहे हो, तो खेती कैसी अच्छी होगी? अन्न-स्वावलम्बन साधो, जिससे दुश्मन को निंदा करने का मौका न मिले।)

(बिरहा)

जवन जवन बापू कहलें, तवन बाति अवश्य भइल लेकिन
कइलें बापू की बातन के केहू ना खियाल।
कहलें बापूजी अब चल समझ के बतिया, बिपतिया कटि जइहें सगरी।टेक।

ख्याल करो बापूजी भइया, क्या क्या काम बताय गयेन।
खद्दर पहिने के खातिर नर-नारिन को समझाय गयेन।
चित्त का चरखा सत्त का सूता कातन को सिखलाय गयेन।
छोड़ा मलमल की अब सारी, करदा करघा की तैयारी।
अपने हाथन ढांक आपन इज्जतिया, बिपतिया कटि जइ सगरी।

गांव गांव के झगड़ा बा, सो आपस में फरियाव तू
टेर सुनाव हरि गुन गाव, धर्म-राह पर आव तू
ठग विद्या चोरी धुरताई दिल से मार भगाव तू
डर ना रही केहू का भाई, रहब आपन धर्म बचाई
एक मति मिलि के रहब सारी जतिया
बिपतिया.....।

नये तर्ज का झगड़ा देखा हर मुल्क में जारी बा
साम्यवाद, साम्राज्यवाद में युद्ध भयंकर जारी बा
रोज रोज तू ध्यान से देख दलबन्दी के तैयारी बा
अरे तू, धोखा करना छोड़, सबसे प्रेम का नाता जोड़
धोखेबाज रहेंगे आखिर में संसतिया।
बिपतिया.....।

आंख खोलि के देखा भइया आपन देश आजाद भइल
आपन सासन भइल देसमां सुन्दर नया बिहान भइल
अन्तकाल में बापूजी के सफल अहिंसावाद भइल
पढ़-लिख बन सयाना भइया, पार लगा द देश की नइया।
बोलत 'रामबिलास त्रिपाठी' की सुरसतिया।
बिपतिया कटि............।

(बापू ने जो कहा, वह सब सच हुआ; लेकिन किसी ने उनकी बातों का ख्याल नहीं किया। अब भी समझकर चलो, बापू की बातों का ख्याल करो, सभी विपत्ति कट जायेगी। उन्होंने चरखा चलाने को कहा, गाँव के झगड़ों को आपस में ही तय करने

को कहा, धर्म की राह पर चलने को कहा, कपटाचार को हृदय से भगाने को कहा, लेकिन तुमने कहाँ किया इन बातों को! आज सभी देशों में नाना मत-मतान्तर हैं; तुम उनमें न पड़ो। सबसे प्रेम करो। आँख खोलकर देखो न-अहिंसा से अपना देश सफल हुआ! उसी से विश्व का भी कल्याण होगा।)

(धोबीगान-नृत्य)

बुढ़ऊ जे खड़ा भइले लेइके ठेगुरिया, दिये दुसमन के भगाय।
लेइके सुराज जब घरवा में निरखैल, जियरा गयल घबराय। हाय राम जियरा....
हमहम के खींचातानी, देखि देखि दुख पवलैं, दिन सात करैल लंघा न,
राम और रहीम के गोहारे चलो, सभवा में नाथू पापी हतैला परान।
छीयो राम छीयो.....

(लकुटी लिये बूढ़े गाँधी जी ने देश से दुश्मन को भगा दिया। लेकिन स्वराज्य लेने के बाद जब अपना घर देखा तो उनका जी घबड़ा गया। आपस की खींचातानी से उनको दुःख हुआ और उन्होंने सात दिन का उपवास किया। फिर राम-रहीम की प्रार्थना के लिये वे प्रार्थना सभा में जा रहे थे, कि पापी नाथू ने उनके प्राण हर लिये।)

(राष्ट्रीय-सोहर)

कौसिला की गोदिया में राम, कन्हइया जसोदा के हो।
रामा सांवर वरन भगवान, त पिरिथी क भार हरै हो।
जननी की कोखिया में मोती, तिलक लाल देसबन्धु हो।
रामा गांधी बाबा, बल्लभ, जवाहिर त देसवा क भाग जागे हो।
लक्ष्मी, कमला, सरोजिनी देवी, हु घर घर जनमहि हो।
रामा राखि लिहली देसवा क लाज, त धनि देश भइले हों।
बहुअरि की कोखिया में संतति, ओइसहि जनमिहें हो।
रामा कुल हौवे अब उजियार बधइया भल बाजई हो।
धनि धनि बहुअरि भगिया, त अस जनमें संतति हो।
रामा देखि देखि पुतवा क मुंहवा, त हियरा उमड़ि आवई हो।

(कौशिल्या की कोख से जैसे राम ने जन्म लिया, वैसे ही भारत माता की कोख से गाँधी, वल्लभ, मोतीलाल, जवाहर लाल, कमला और सरोजिनी देवी ने जन्म लिया। देश की लाज रखकर उन्होंने माता की कोख को धन्य किया। भारत की प्रत्येक बहू की कोख से ऐसी ही सन्तान पैदा हो, जिनसे कुल उजागर हो, जिनके मुख को देख हृदय आनन्द से भर जाय।)

(सोहर)

अब होई गइलें सुरजवा त मजवा उड़ावहु हो।
ललनां गांव-गांव खुललें मदरसा लरिकन पढ़ावहु हो।
कातहु चरखा तकलिया खदरवा बिनावहु हो।
ललनां पहिरहु कुल परिवार गिरिबिया मिटावहु हो।
गउंवा के करहु सफइया त रोगवा भगावहु हो।
ललना गोबर खर पतवार से खदिया बनावहु हो।
मेटहु दुसह अकाल अनाज उपजावहु हो।
ललनां पालहु गाय भइसिया मुनफवा उठावहु हो।
खेतवा के होय सिंचइया पोखरवा खोदावहु हो।
ललनां छांड़ि देहु ऊंच-नीच भेदवा परेमवा बढ़ावहु हो।
दूर करि रितिया कुरितिया सुरीतिया चलावहु हो।
ललनां इहै रहले बापू के सपनवां त सांच करवाहु हो।
बीत गइले जुगवा पुरान नया जुग लावहु हो।
ललनां भोगहु भोगवा अपार परम सुख पावहु हो।

(स्वराज्य हो गया है; खूब मौज करो। गाँव-गाँव में स्कूल खुले हैं-बच्चों को पढ़ाओ, चरखा कातो और कुटुम्ब की गरीबी मिटाओ। गाँव की सफाई करके रोगों को भगाओ। खरपतवार इकट्ठा करके खाद बनाओ। अधिक अन्न उपजाओ और अकाल को दूर करो। गाय-भैंस पालकर आमदनी बढ़ाओ। कुरित को छोड़ो और सुरीति को अपनाओ। यह बापू का स्वप्न था। इसे सच्चा करो। पुराना युग बीत गया है। नया युग लाओ।

पूछ रहे हमसे गाँधीजी

भारतमाता को ग्रामवासिनी मानकर मं. गाँधी ने गाँवों को, ग्रामोद्योग को नव जीवन देने की भरसक कोशिश की, लेकिन तथाकथित विकास से सारे जीवन मूल्य नष्ट हो रहे हैं। गाँधी की ग्रामीण संवेदना में सम्पूर्ण विश्व के लिये संवेदना की अनुभूति होने से अमेरिकन कवि बॉब स्वैन्सन द्वारा 'एक बूढ़े ने पूछा' कविता लिखी गयी, जिसका जवाब नई पीढ़ी को देना है।-सं0)

कहाँ चले गये मेरे गाँव के जो नौजवान / जो यहाँ की शक्ति थे /
तुम उन्हें ले गये शहर / जुआरी और शराबी बनाने। /

कहाँ गयीं मेरे गाँव की सारी युवा ललनाएँ, /जो यहाँ की सुन्दरता थीं।
तुम उन्हें ले गये शहर / शराबखानों में नशा परोसने,
नाचने और लोगों का दिल बहलाने। / कहाँ गये मेरे गाँव के सारे बच्चे
जो गौरव थे मेरे गाँव के / तुम उन्हें ले गये शहर / सिनेमाघरों की टिकट खिड़की में
भीड़ बढ़ाकर एक दूसरे को धकियाने। / अब मैं ही बचा हूँ/ इस गाँव की शक्ति,
सौन्दर्य / और गौरव की निशानी / मैं तुमसे पूछता हूँ / तुम मुझे कहाँ ले जाओगे
कहाँ खत्म करना चाहोगे / इस गाँव की कहानी?

(गाँधी मीमांसा, जनवरी-जून 1997)

हिन्दी के प्रचार-प्रसार का श्रेय

आचार्य सीताराम चतुर्वेदी

सन् 1885 में जब कांग्रेस का श्रीगणेश हुआ, उस समय भारत के सभी हितचिंतकों का एक मात्र उद्देश्य था राष्ट्र की प्रगति के काम में जी जान से लगे हुए लोगों को एक दूसरे से परिचित कराना अर्थात् भारत की आकांक्षाओं की पूर्ति और समस्याओं के समाधान के लिये ऐसा मंच तैयार करना, जहाँ भारत के सब प्रदेशों के नेता एकत्र होकर भारत की प्रगति पर विचार करते हुए तत्कालीन ब्रिटिश शासकों से प्रार्थना करके भारतीय जनता के लिये वे सभी सुविधाएँ प्राप्त कर सकें, जिनके अभाव में भारतीय जनता को अनेक प्रकार के कष्ट और असुविधाएँ हो रही थीं और अपमानित भी होना पड़ रहा था।

इस राजनैतिक मंच की कार्य-व्यवहार-भाषा अंग्रेजी थी, जो निरन्तर लगभग 40 वर्षों तक उस मंच पर निर्बाध गति से चलती रही। इसमें कोई संदेह नहीं कि अंग्रेजी के अत्यन्त प्रभावशाली वक्ताओं का जैसा विशाल यूथ उस युग में विद्यमान था, उस टक्कर के क्या उससे उन्नीस पड़ने वाले भी हिन्दी के प्रभावशाली वक्ता महामना मालवीय जी- जैसे इनेगिने दो-चार ही महापुरुष हो पाये। क्योंकि धारा-प्रवाह सभाशीलयुक्त (पार्लमेंटरी) अंग्रेजों के भाषण में पटुता, दक्षता और कौशल प्राप्त करने के लिए जो साधना और अभ्यास उस समय किया जाता था और जिसकी वरिष्ठ परम्परा अंग्रेजी शिष्ट-समाचार से उन मनीषियों को सुलभ थी, वह साधना, वह अभ्यास और उस प्रकार की कोई परम्परा हिन्दी को सुलभ न हो सकी, जिसके कारण आज हमारी विधान सभाओं और संसद में इस प्रकार के अभद्र दृश्य और भाषा-प्रयोग के ऐसे जुगुप्सा-जनक कांड पढ़ने को मिलते हैं कि लज्जा भी आँचल में मुँह छिपाकर भाग खड़ी होती है।

स्वतंत्रता प्राप्त होने के पश्चात् राष्ट्र-भाषा या भारत की सर्व-व्यवहार-भाषा का प्रश्न राजनीति के ऐसे भीषण वात्याचक्र में डाल दिया गया कि वह उसी में पड़ा हुआ

वेग से ऐसा चक्कर काटता हुआ घूमे जा रहा है कि अब उसमें स्थिरता आ पाने की कोई शक्ति शेष नहीं रह गई है। इस विपन्न और अनिश्चित अवस्था में हिन्दी को पुनः अपनी सात्विक ऊर्जस्विता के साथ अपनी नैसर्गिक सार्वजनीन क्षमता के बल पर अपना महत्त्व प्रतिष्ठित करना होगा और राजकीय आश्रय का भरोसा पूर्णतः छोड़ देना होगा।

सन् 1905 में बंग-भंग के समुज्ज्वाल के समुचित अवसर पर विदेशी शासन को भारत से उखाड़ फेंकने के लिये स्वदेशी वस्तुओं के प्रयोग का और विदेशी वस्तुओं के बहिष्कार का जो आन्दोलन चलाया गया, उसी समय यदि विदेशी भाषा के बहिष्कार और स्वदेशी भाषा के प्रयोग का आन्दोलन भी छेड़ दिया जाता तो संभवतः राष्ट्रभाषा की समस्या उतनी जटिल न हो पाती, जितनी अब 'अपनी ढपली अपना राग' गाने की वैधानिक सुविधा के कारण राजनीतिक अधिनायकों और सामन्तों ने बना दी है, जो राष्ट्र के हित की तनिक भी चिन्ता न करके अपनी गोटी लाल करने, अपना उल्लू सीधा करने और अपनी कुर्सी बनाये रखने के लिये जनता के यूथ-मानस को भड़काने का सूत्र ढूँढते रहने की ताक में लगे रहते हैं। यजमान चाहे स्वर्ग में जाय या नरक में, हमें अपने मालपूए से काम, यही उनका जीवन-मंत्र है।

राजनीतिक नेताओं में सर्वप्रथम गाँधीजी ने ही यह अनुभव किया कि अपनी राजनीतिक आकांक्षाओं की पूर्ति के लिये व्यवहार में आने वाले मंच पर और अपने अन्तः प्रादेशिक व्यवहार के लिये विदेशी भाषा का व्यवहार करना नितान्त लज्जाजनक तथा दासता और परतंत्रता का दरिद्र लक्षण है। अतः भारत की ही किसी सर्वाधिक प्रचलित, सरल और सर्वबोध भाषा को ही अन्तःप्रादेशिक व्यवहार और अपने देश की सर्व-व्यवहारशील भाषा के रूप में प्रतिष्ठित करना नितान्त आवश्यक है। यह गुण एक मात्र हिन्दी में ही था, क्योंकि वह धर्मप्रचारकों और व्यापारियों के द्वारा बहुत पहले से ही भारत के अधिकांश भू भाग में व्यवहृत होने लगी थी। फलतः अहमदाबाद कांग्रेस में महात्मा गाँधी की प्रेरणा से यह प्रस्ताव स्वीकृत कर लिया गया कि हिन्दी ही भारत की राष्ट्रभाषा होगी। गाँधी जी अपनी बात के धनी थे। अपने इस संकल्प को दृढ़ और सशक्त करने के लिये गाँधी जी ने इन्दौर के हिन्दी साहित्य सम्मेलन की अध्यक्षता इसी आधार पर स्वीकार की कि दक्षिण भारत में हिन्दी के प्रचार के लिये एक लाख रुपया मिले। संयोगवश एक लाख रुपया भी मिल गया और गाँधी जी ने उस निधि से मद्रास में दक्षिण भारत हिन्दुस्तानी प्रचार सभा (अब हिन्दी प्रचार सभा) की स्थापना करके दक्षिण भारत में हिन्दी के प्रचार का श्रीगणेश कर दिया।

उस समय के हिन्दी प्रचारकों ने किस निष्ठा, लगन, त्याग और तपस्या के साथ दक्षिण भारत में हिन्दी प्रचार किया, उसका विवरण देना यहाँ असंगत न होगा। क्योंकि

उससे यह समझने में सुविधा होगी कि हिन्दी के लिये गाँधी जी के हृदय में कितनी निष्कपट निष्ठा थी और हिन्दी प्रचारकों ने कितनी त्याग-भावना से अनेक असुविधाएँ सहकर और अनेक कठिनाइयाँ झेल कर निश्छल सेवा भाव से हिन्दी का प्रचार किया।

गाँधीजी ने अपने भेजे हुए हिन्दी प्रचारकों को आदेश दे रक्खा था कि अपनी पुस्तक, अपनी चटाई और अपनी लालटेन लेकर सूर्योदय से पूर्व किसी भी शिक्षित परिवार के द्वार पर पहुँच जाओ और द्वार खुलने पर गृहपति, गृहलक्ष्मी या गृहकन्या से निवेदन करो कि 'गाँधीजी ने हिन्दी सिखाने के लिये भेजा है, कृपया आधा घंटा समय देकर हिन्दी सीखने का कष्ट कीजिए।' गाँधी जी का यह भी आदेश था कि किसी भी गृहस्थ के घर न रहना, न किसी के यहाँ चाय-काफी पीना, न भोजन करना और न किसी प्रकार का पुरस्कार लेना, मन्दिर मसजिद, विद्यालय आदि किसी भी सार्वजनिक स्थान पर या पेड़ के नीचे पड़े रहना अर्थात् कभी किसी पर भार न बनना। इतना कठिन व्रत लेकर प्रचार-कार्य करने वाले को केवल पाँच रुपये मासिक दक्षिणा दी जाती थी। आज कोई कल्पना भी नहीं कर सकता कि दक्षिण भारत में हिन्दी का प्रचार कितनी तपस्या के साथ किया गया।

मेरे अपने अनुभव की बात है कि एक सहस्त्र से भी अधिक परिवारों से सम्पर्क करने पर एक भी परिवार का एक भी व्यक्ति ऐसा नहीं मिला, जिसने हिन्दी सीखने में तनिक भी आलस्य, अरुचि या क्षोभ का परिचय दिया हो। इतना ही नहीं, प्रचारकों के जाने पर घर के सभी बच्चे, बूढ़े, युवक, पुरुष, स्त्री सब बड़े चाव, रुचि और श्रद्धा से बैठकर हिन्दी पढ़ते थे। यह दुर्भाग्य की ही बात है जिस प्रदेश में लोगों ने इतनी निष्ठा के साथ हिन्दी पढ़ी और पढ़ाई, उसी में आज हिन्दी का विरोध हो रहा है।

इसी बीच अकस्मात् ऐसी चिन्तनीय घटना हो गई, जिसने हिन्दी की इस वर्धमान प्रगति और वेग को झकझोर कर पंगु बना दिया। जिस हिन्दी-साहित्य सम्मेलन के गाँधीजी अध्यक्ष रहे, उससे उन्होंने संबन्ध-विच्छेद करने का दृढ़ निश्चय करके त्यागपत्र दे दिया। उनके इस निश्चय के कारण हिन्दी-साहित्य-सम्मेलन की प्रतिष्ठा को जो धक्का लगा, वह तो लगा ही, हिन्दी के प्रचार का समग्र आवेग भी शिथिल पड़ गया। गाँधीजी की यह चारित्रिक विशेषता थी कि वे जिस बात को स्वतः ठीक समझते थे, उसके लिए वे अंगद का पैर रोप देते थे और किसी भी प्रकार किसी के कहने पर भी वे तब तक टस से मस नहीं होते थे, जब तक वे स्वयं उसकी व्यर्थता का अनुभव नहीं कर लेते थे और फिर महापुरुषों के समान वे अपनी भूल स्वीकार भी कर लेते थे। कृत्रिम हिन्दुस्तानी भाषा के प्रति उनका आग्रह भी उनकी उसी दृढ़ निष्ठा का परिणाम था। मुझे पूर्ण विश्वास है कि यदि उन्हें कुछ दिन और जीवित रहने दिया जा सकता तो अपनी स्वाभाविक सत्यनिष्ठा के कारण शीघ्र ही हिन्दुस्तानी भाषा के प्रति

वह अपनी आस्था समाप्त कर देते और अपने तद्विषयक आग्रह को भूल मानकर उसका परिहार कर देते, क्योंकि कोई भी भाषा अपनी प्रकृति के अनुसार अपना रूप-निर्माण करती चलती है, उसे किसी नियम और सिद्धान्त के अनुसार गढ़ा नहीं जा सकता।

जो भी हो, यह तो निर्विवाद ध्रुव सत्य है कि भारत में हिन्दी के प्रचार को वेग, गति और व्यापकता प्रदान करने का श्रेय यदि किसी एक व्यक्ति को दिया जा सकता है तो एक मात्र महात्मा गाँधी को।

(साहित्य सम्मेलन शक् 1891)

4

वर्तन और विकल्प

पत्रकारिता एवं लेखन के बारे में गाँधी जी की सोच

डॉ. बाबूराव जोशी

'अपनी निष्ठा के प्रति ईमानदार बने रहने के लिए मैं न तो गुस्से में लिखता हूँ, न ईर्ष्या-द्वेष से भरकर। मैं उत्तेजना पैदा करने के लिए भी नहीं लिखता। शब्दावली और विषयों के चुनाव में मुझे प्रत्येक सप्ताह अपने ऊपर जो प्रतिबंध लगाना पड़ता है, पाठक उसकी कल्पना नहीं कर सकते। मेरे लिए वह प्रशिक्षण है। वह मुझे इतना सक्षम बनाता है कि मैं अपने अन्दर झाँक सकूँ। अक्सर मेरा व्यर्थाभिमान मुझसे चतुराई भरी अभिव्यक्ति करवाना चाहता है। यह एक बड़ी कठिन परीक्षा है, लेकिन इस कूड़े-कर्कट को हटाने की यह एक अच्छी कसरत भी है।' पत्रकारिता और लेखन के बारे में महात्मा गाँधी इस तरह सोचते थे।

गाँधीजी ने अपने जीवन-काल में तीन समाचार-पत्रों का सम्पादन किया। उन्होंने दक्षिण अफ्रीका में सन् 1903 से लेकर 1914 तक 'इंडियन ओपीनियन' नामक समाचार-पत्र का सम्पादन किया। उसके बाद भारत आने पर सन् 1919 से 1932 तक 'यंग इंडिया' और सन् 1933 से लेकर 1948 तक 'हरिजन' का सम्पादन किया। 'यंग इंडिया' और 'हरिजन' दोनों का प्रकाशन अहमदाबाद से हुआ करता था।

लंदन में शिक्षा प्राप्त करके वे सन् 1891 में ही वकील बन गये थे, लेकिन अंग्रेजी उनकी मातृभाषा नहीं थी। इधर, भारत में एक वकील के रूप में वे इसलिए असफल नहीं हुए थे कि उन्हें अंग्रेजी का अच्छा ज्ञान नहीं था, बल्कि इसलिए कि वे उत्तेजित थे। उन्हें यह प्रश्न बड़ा विचलित कर रहा था कि रोजगार में नैतिकता का अनुसरण करते हुए अपने पक्षकार को न्याय दिला सकते हैं या नहीं। गाँधीजी के अच्छे लेखक बनने में न तो भाषा-ज्ञान कोई बड़ी बाधा था, न प्रशिक्षण। लेखक, पत्रकार और वे लोग, जो अपने को अभिव्यक्त करने के लिए भाषा का सहारा लेते हैं, उन सबका प्रारंभिक बिन्दु कोई-न-कोई घटना होती है। जहाँ तक गाँधीजी का प्रश्न है

सन् 1893 में उन्हें अफ्रीका में वस्तुस्थिति का मुकाबला करने के लिए कलम उठाने की प्रेरणा मिली थी।

दक्षिण अफ्रीका में तीन घटनाएँ घटीं, जिनमें उन्हें मारा पीटा और अपमानित किया गया था। इन्हीं घटनाओं ने उनकी लेखकीय प्रतिभा को जगाया। पहली 1993 की वह प्रसिद्ध घटना थी, जिसमें वे प्रिटोरिया रेलवे स्टेशन पर प्रथम श्रेणी का टिकट लेकर ट्रेन में बैठे ही थे कि उन्हें धक्का देकर गाड़ी से नीचे उतार दिया गया। वहाँ प्रथम श्रेणी के डिब्बे में केवल गोरे लोग ही बैठ सकते थे। दूसरी घटना भी 1893 की ही है, जब उन्हें प्रेसीडेंट क्रूगर के निवास के पास पैर की ठोकरें मारी गईं। तीसरी घटना 1897 की थी, जब वे भारत से डरबन पहुँचे थे, तो गोरों की भीड़ ने उन पर हमला किया था। तीनों बार वे रंगभेद के शिकार हुए थे। उन्होंने हर बार आक्रमणकारियों पर मुकदमा चलाने से इंकार किया था। इसका यह मतलब नहीं कि उन्होंने अपने उन गोरे बंधुओं को प्रेरित करने का विचार ही छोड़ दिया था, जो उन्हें बार-बार अपमानित कर रहे थे, जो उन्हें कुली, कुली बेरिस्टर और उनके जहाज को कुलीशिप कहते थे। यह उनका ही नहीं, सभी काले लोगों का अपमान था। अतः उनकी आवश्यकता थी उन सभी लोगों से संवाद स्थापित करना और उन्हें संगठित करना, जो ब्रिटिश साम्राज्य के विभिन्न भागों से यहाँ मजदूर बनकर आये थे और अर्द्ध गुलामी का जीवन व्यतीत कर रहे थे।

काले-गोरे का यह भेदभाव और अपमान गाँधीजी को बुरी तरह चुभा था। वे उस पर गंभीरता से विचार कर रहे थे और इसलिए उनका लेखन उनकी पीड़ा की अभिव्यक्ति बन गया। सन् 1903 में 'इंडियन ओपीनियन' के सम्पादन से प्रारम्भ करके सन् 1948 में अपनी हत्या तक उनकी कलम बराबर चलती रही। अब गाँधीजी के सारे लेखन का संग्रह हो चुका है और उसके 100 खण्ड छप भी चुके हैं। गाँधीजी के लेखन में चाहे वह उनकी आत्मकथा हो, जो सन् 1927 में और सन् 1929 में दो खण्डों में प्रकाशित हुई थी या उनका प्रारंभिक लेखन, 'हिन्द स्वराज', जो 1909 में प्रकाशित हुआ था। उन्होंने इसी बात पर जोर दिया कि हिंसा को हिंसा से नहीं मिटाया जा सकता। अमानवीयता का जवाब मानवीयता और प्रेम से ही दिया जा सकता है। ये ही सत्य और अहिंसा के प्रारंभिक बीज हैं। कुछ लोग कहते हैं कि उनकी खोज परमेश्वर-केन्द्रित और मानवतापरक है। सत्य-अहिंसा उनके लेखन का मूल आधार है। प्रारंभ में वे दक्षिण अफ्रीका में और बाद में भारत में भौतिक और आध्यात्मिक जीवन में परिवर्तन लाने के लिए लिखते रहे। यही कारण था कि स्वराज्य उनके लिए अंग्रेज शासन से मुक्ति मात्र नहीं था, बल्कि वह भारतीय जनता के लिए आत्मानुशासन और आत्मराज्य था। उन्होंने कल्पना कर ली थी कि स्वतंत्रता के बाद एक ऐसा समय भी

आ सकता है, जब भारतीय ही भारतीय का शोषण करें। वे जानते थे कि भारत अभी राजनीतिक दृष्टि से स्वतंत्र अवश्य हुआ है, लेकिन उसके सर्वाधिक गरीब लोग अभी भी बंधनों में जकड़े हुए हो सकते हैं। वे शोषण और अत्याचार से पीड़ित हो सकते हैं और गुलामों-जैसा जीवन बिता सकते हैं। उन्हें शंका थी कि स्वतंत्रता के बाद भी अधिक गुलामी, अधिक बंधन, अधिक भेद-भाव और अधिक लूट हो सकती है। अतः वे पूछते थे कि स्वराज्य क्या है? फिर स्वयं बताते थे कि स्वराज्य तब जायेगा, जब अत्याचार करने वाला और अत्याचार सहने वाला दोनों ही नैतिक दृष्टि से बदल जायेंगे।

सन् 1893 से लेकर 1915 तक दक्षिण अफ्रीका में उन्होंने बदलाव लाने के लिए जो कुछ लिखा, उसका मतलब था सारे भारतीय समुदाय में एकता और सौहार्द्र कायम करना। दक्षिण अफ्रीका में भारतीयों का एक ऐसा समूह था, जिसमें कोई आपसी तालमेल नहीं था। अतः वे वहाँ के मुस्लिम व्यापारियों, पश्चिम भारत के अपने हिन्दू और पारसी मुवक्किलों, मद्रास से आये गुलाम मजदूरों और अफ्रीका के नेटाल में पैदा हुए भारतीय ईसाइयों में मैत्री की भावना पैदा करना चाहते थे, लेकिन यह कोई सरल काम नहीं था। वहाँ की स्थिति बड़ी विकट थी। उसे एक रचनात्मक मोड़ देने के लिए उन्होंने कानूनी स्मरण पत्र, रिपोर्ट और स्थिति सुधारने के उपायों पर लिखा। उन्होंने सामाजिक न्याय और समानता के लिए हुए संघर्ष के इतिहास पर प्रकाश डाला और ब्रिटिश साम्राज्य के सभी सदस्यों, भारतीय लोगों, अंग्रेजों तथा बोअरों से अपील की कि वे अपने नैतिक कर्त्तव्यों के प्रति जागरूक रहें। उन्होंने विभिन्न धार्मिक ग्रन्थों के आदर्शों को बताया और कहा कि यदि हम कोई प्रभावशाली बदलाव लाना चाहते हैं तो हमें सत्याग्रह और अहिंसा का ही सहारा लेना पड़ेगा। जो लोग गाँधीजी की लेखन-शैली से परिचित हैं, वे उनकी सादगी की मुक्त कंठ से प्रशंसा करते हैं। सन् 1915 में जब वे भारत आये और यहाँ से पहले 'यंग इंडिया' और फिर 'हरिजन' नामक समाचार-पत्र निकाले तो इनमें भी वही तथ्यात्मकता और बौद्धिकता थी। अलंकारिक भाषा के प्रति उनका रूझान कभी नहीं रहा। नैतिकता के प्रति उनका झुकाव अवश्य था, लेकिन उन्होंने मात्र उपदेशात्मक बातें ही नहीं लिखीं, अपने पाठकों को प्रेरित और प्रोत्साहित भी किया कि वे उनके नैतिकता—संबन्धी विचारों पर अपनी प्रतिक्रिया व्यक्त करें।

गाँधी ने 'हिन्द स्वराज्य' में जिस भाषा का प्रयोग किया, वह पाठकों और सम्पादक का संवाद है। उन्होंने राष्ट्रवादियों और विप्लवकारियों को अवसर दिया कि वे देश की विभिन्न समस्याओं तथा उनके अपने नैतिक एवं राजनीतिक दर्शन पर चर्चा करें। इस प्रकार एक लेखक के रूप में उन्होंने अपनी कुशलता से विभिन्न दृष्टिकोणों और रुचियों के बीच मध्यस्थता करने का प्रयत्न किया। 'गाँधीजी इन लंदन' नामक

पुस्तक के लेखक जेम्स हंट ने लिखा है कि उन्हें सबसे अधिक कड़ा मुकाबला आतंकवाद से करना पड़ा था। 24 अक्टूबर 1909 को लंदन में आयोजित एक दशहरा उत्सव में प्रसिद्ध क्रान्तिकारी विनायक दामोदर सावरकर का भाषण हुआ था। यह भाषण एक प्रकार से गाँधीजी के विचारों पर प्रहार था। गाँधीजी ने इसी के जवाब में 'हिन्द स्वराज' लिखा था। परिवर्तन के प्रति उनकी गहरी प्रतिबद्धता का यह एक व्यावहारिक उदाहरण था। उनका लेखन उन उत्साही लोगों को समर्पित था, जो हिंसा से परिवर्तन चाहते थे। उन्होंने जीवन के प्रत्येक क्षेत्र के साथ राजनीति में भी नैतिकता की आवश्यकता पर बल दिया। गाँधीजी के लिए लेखन एक साधन था। उसके द्वारा वे भारत की उस जनता के निकट पहुँचना चाहते थे, जो यद्यपि कांग्रेस से जुड़ नहीं पाई थी, तथापि उसने स्वतंत्र भारत का चित्र बनाने में उनकी मदद की थी। लेखन उनके उन व्यावहारिक उपायों की खोज का साधन था, जो हिन्दुओं, मुसलमानों, सिक्खों, जैनों, ईसाइयों और बौद्धों को भाई-भाई की तरह रहने में मदद करे। गाँधीजी मात्र लेखक नहीं, कर्मयोगी भी थे। वे अपने रचनात्मक कार्यक्रम के द्वारा एक ऐसा भारत बनाना चाहते थे, जिसमें गरीब से गरीब व्यक्ति को भी सम्मान का स्थान प्राप्त हो। उनका लक्ष्य था-सामाजिक, आर्थिक, नैतिक और आध्यात्मिक दृष्टि से सबका उदय। उन्होंने सविनय अवज्ञा आंदोलन, हड़ताल, धरना आदि के संबन्ध में लिखा और बताया कि इनका उपयोग उन लोगों के विरुद्ध किया जा सकता है, जो एक बार सत्ता में पहुँचकर स्वेच्छाचारी बन जाते हैं और साम्प्रदायिकता को हवा देते हैं। उन्होंने बदलाव का इतना बड़ा काम बिना किसी पारिश्रमिक के किया था।

संस्कृति

गुलाब राय

संस्कृति का क्षेत्र बहुत व्यापक है। उसमें साहित्य, संगीत, कला, धर्म, दर्शन, लोकवार्ता, राजनीति आदि सभी का समावेश होता है। वह मूल रूप से इतिहास का अंग है।

लेकिन इतिहास में अभी तक राजनीति को विशेष महत्त्व दिया जाता रहा है और राजा-महाराजा, वीर सेनानी आदि ही इतिहास के वास्तविक सूत्रधार माने जाते रहे हैं किन्तु देश की वास्तविक समृद्धि और सम्पन्नता उसके साहित्यिकों, विचारकों, कवियों, कलाकारों, जनता की मनोवृत्ति, रहन-सहन, उसकी नैतिक उन्नति, जीवन-व्यापन के स्तर और सामाजिक तथा राजनीतिक कार्यकर्त्ताओं आदि पर निर्भर होती है। अब देश के इतिहास निर्माताओं में राजा-महाराजाओं के अतिरिक्त कवियों, विचारकों, कलाकारों एवं जनता-जनार्दन को भी स्थान मिलता है। राजनीति की प्रवर्तक तो जनता की विचारधारा है। इसलिए अब राजनीतिक इतिहास के साथ सांस्कृतिक इतिहास को भी महत्त्व दिया जाने लगा है। यह परिवर्तित दृष्टिकोण जन-जीवन का भी निकटतम सम्पर्क करा सकेगा।

(भारतीय संस्कृति 'आत्म-निवेदन' से)

राष्ट्रीयता की अवधारणा

मनमोहन चौधरी

(पूर्व अध्यक्ष सर्व सेवा संघ)

राष्ट्रीय ध्वज और राष्ट्रगान के चयन में महात्मा गाँधी ने परंपरागत विधियों को प्रोत्साहित किया, लेकिन उनकी राष्ट्रीयता की अवधारणा पश्चिम में विकसित राष्ट्रीयता से बिल्कुल भिन्न थी, जो बिना विचारे बाकी दुनिया में अपनायी गयी। वह राष्ट्रीयता अहंकारी, आक्रामक, विदेश-द्वेषी और व्यावर्तक थी, लेकिन गाँधीजी की राष्ट्रीयता का विचार सर्व समावेशी था, जो बिना अहंकार के सहिष्णुता, मित्रता और अस्मिता पर आधारित था। वह बाकी दुनिया को संभावी दुश्मन नहीं, बल्कि मित्र बनाना चाहता था। गाँधी जी ने भारत को राष्ट्र समूहों के बीच मित्र और शान्तिपूर्ण ढंग से रहते हुए एक सदस्य के रूप में प्रभावी बनाये रखने की कल्पना की थी, जिसका आज की दुनिया में स्थायी मूल्य है।

गाँधीवादी अध्यात्म

डॉ. दशरथ सिंह

प्राचीन अध्यात्मवाद व्यक्ति निष्ठ था, परन्तु गाँधीवादी अध्यात्मवाद समाजनिष्ठ है। यह जीवन का कोई एकांगी क्रिया कलाप नहीं, बल्कि समस्त कार्यों में अवतरित होने वाली आध्यात्मिक साधना है। यह साधना कोई हिमालय के जंगल और शांत गुफाओं में ध्यानरत होकर नहीं कर सकता, पूरा समाज अपने सहज क्रिया कलापों के माध्यम से कर सकता है। प्राचीन आध्यात्मिक साधना केवल संन्यासियों के लिए मान्य की गयी थी, गाँधीवादी साधना सर्व-साधारण के लिए विहित है। इसका लक्ष्य केवल जीवन-मुक्ति नहीं है, बल्कि जीवन की सर्वश्रेष्ठशक्ति– आध्यात्मिक शक्ति प्राप्त करना है। इस प्रकार गाँधीवादी अध्यात्म सार्वभौम साधना है, इससे केवल बुद्धि ही संतुष्ट नहीं होती, हृदय भी द्रवित होता है। गाँधीवादी अध्यात्म से राजनीति का अध्यात्मिकरण और अध्यात्म का सामाजिकरण करना संभव होता है।

(वीर कुँवर सिंह विश्व विद्यालय, आरा)

गाँधी जी और उनकी गीता माता

प्रो. अवधेश प्रधान

गीता गाँधी जी को अत्यन्त प्रिय थी। उनके लिए गीता जीवन का पथ-निर्देशक ग्रंथ है। यह भी कह सकते हैं कि उन्होंने धर्मग्रंथ तो बहुत से पढ़े, लेकिन उनके जीवन पर सबसे गहरी छाप गीता की पड़ी। सबसे पहले गीता उन्होंने कब पढ़ी? 1888 में विलायत में रहते जब उनको सालभर हो गया, तब दो थियोसोफिस्टों से उनका परिचय हुआ। गाँधी जी ने सबसे पहले उन्हीं के साथ गीता पढ़ी "वे एडविन आर्नल्ड का गीता का अनुवाद पढ़ते थे, लेकिन मुझे उन्होंने गीता अपने साथ संस्कृत में पढ़ने को निमंत्रित किया। मैं शरमाया, क्योंकि मैंने तो गीता न संस्कृत में पढ़ी थी, न भाषा में ही।" (आत्मकथा भाग-1 अध्याय-20)। उनके साथ गीता के पहले पाठ का ही गाँधी जी पर बड़ा गहरा असर हुआ, विशेष रूप से दूसरे अध्याय के 'ध्यायतो विषयान् पुँसः संग स्तेषू जायते' से लेकर 'बुद्धिनाशात्प्रणश्यति' तक के दोनों श्लोकों का, " मेरे मन पर गहरा असर पड़ा। उनकी ध्वनि मेरे कानों में गूँजती रहती। भगवद् गीता अमूल्य ग्रंथ है, यह मुझे उस समय प्रतीत हुआ। वह मान्यता धीरे-धीरे बढ़ती गई और आज मैं तत्त्वज्ञान के लिए उसे सर्वोत्तम ग्रंथ मानता हूँ। निराशा के समयों में उस ग्रंथ ने मेरी अमूल्य सहायता की है।" (वही) इन्हीं मित्रों की प्रेरणा से गाँधीजी ने एडविन आर्नल्ड का बुद्धचरित (लाइट ऑफ एशिया) भी पढ़ा। बुद्धचरित को उन्होंने गीता से भी अधिक चाव से पढ़ा। फिर बाइबिल पढ़ा। जिसमें 'न्यू टेस्टामिंट' ने उन्हें अधिक प्रभावित किया। उन्होंने गीता, बुद्धचरित और ईसा के उपदेशों का समन्वय किया और पाया कि 'त्याग में धर्म है, यह बात मन को रुचि।' (वही)

1903 में दक्षिण अफ्रीका की दूसरी यात्रा में उन्हें एक बार फिर गीता का अभ्यास करने का अवसर मिला। इस बार उन्होंने मूल पाठ की गहराई में जाने का प्रयास किया, "गीता पर प्रेम और श्रद्धा तो थी ही, अब उसकी गहराई में उतरने की आवश्यकता जान पड़ी।" (वही, भाग-4, अध्याय-5) इस बार उन्होंने मूल संस्कृत

पाठ को भी समझने का प्रयास किया। प्रतिदिन एक-दो श्लोक याद करने का नियम बनाया और सत्याग्रह आदि की व्यवस्था में पड़ जाने से पहले तक आरंभ के तेरह अध्याय याद कर डाले।

गाँधीजी के लिए तब तक गीता को समझने का मुख्य माध्यम था एडविन आर्नाल्ड का अंग्रेजी अनुवाद। भारतीय भाषाओं के अनुवादों से उनका परिचय बाद में हुआ। जेल में उन्होंने 'गीता रहस्य' पढ़ा। तिलक के सौजन्य से मराठी-गुजराती अनुवादों से संपर्क हुआ " फिर मैं जेल गया। वहाँ गीता का अध्ययन कुछ अधिक गहराई से करने का मौका मिला। लोकमान्य का ज्ञान का भंडार पढ़ा। उन्होंने ही पहले मुझे मराठी, हिंदी और गुजराती अनुवाद प्रेमपूर्वक भेजे थे और सिफारिश की थी कि मराठी न पढ़ सकूँ तो गुजराती अवश्य पढ़ूँ। जेल के बाहर तो उसे न पढ़ पाया, पर जेल में गुजराती अनुवाद पढ़ा। इसे पढ़ने के बाद गीता के संबन्ध में अधिक पढ़ने की इच्छा हुई और गीता- संबन्धी अनेक ग्रंथ उलटे-पलटे।" (प्रस्तावना, अनासक्तियोग, गीता माता, पृ0 85)

अपने अति व्यस्त सामाजिक जीवन में जब उन्हें यरवदा जेल में थोड़ी फुर्सत मिली तो वे 54 वर्ष की उम्र में युवकोंचित उत्साह से पढ़ाई में जुट गये: " जर्जरित शरीर वाला 54 वर्ष का बूढ़ा होते हुए भी मैंने 24 वर्ष के तरुण के समान उत्साह पूर्वक अभ्यास शुरू किया। मैं अपने समय के एक-एक क्षण का हिसाब रखता और चाहता था कि छूटने पर मैं उर्दू और तमिल का अच्छा अभ्यासी होकर और संस्कृत का अच्छा ज्ञान लेकर ही बाहर निकलूँ।" (वही) अनेक भाषाओं की उन्होंने लगभग 150 पुस्तकें पढ़ डालीं, जिनमें महाभारत, गीता और उपनिषदें भी शामिल हैं। इस बार की पढ़ाई में गीता का अभ्यास करते हुए उन्होंने गीता की एक शब्दानुक्रमणिका बनाई। शब्दकोश बनाने का अनुभव न होने के बावजूद उन्हें इस नीरस काम में भी रस आने लगा: " बचपन में जो आनन्द गोली और कंचे के खेल में आता, उससे भी अधिक आनन्द मुझे इस अनुक्रमणिका को लगाने के खेल से मिला।" (वही) गीता में आया कोई शब्द कहाँ और कितनी बार प्रयुक्त हुआ है, यह जानना इस अनुक्रमणिका से आसान होगा। रोज बीस मिनट इस काम को देकर गाँधी जी ने 18 महीनों में इसे पूरा कर लिया। इसमें हर एक शब्द का अर्थ देने से यह पद और अर्थ दोनों को मिलाकर पदार्थ-कोश बन गया। इसमें गाँधीजी ने संस्कृत कोशों में दिये अर्थ के साथ-साथ अपना अर्थ भी दिया। विलायत में जिस गीता को गाँधी जी ने अंग्रेज अनुवाद के सहारे रो-रो कर पढ़ना शुरू किया था, वह धीरे-धीरे उनके नित्य पाठ और चिंतन-मनन तथा जीवन-व्यवहार की वस्तु बन गई। यरवदा जेल में ही उन्होंने गीता के अध्यायों का सरल सार-संक्षेप लिखा, जो बाद में 'गीता बोध' नाम से पुस्तकाकार

प्रकाशित हुआ। सबसे पहले बारहवाँ अध्याय 4.11.30 को लिखा, सबसे अंत में अठ्ठारहवाँ अध्याय 21.2.32 को पूरा किया। यह सार-संक्षेप इसलिए लिखा कि उनका 'अनासक्तियोग' समझने में किसी-किसी को दिक्कत होती थी। 'अनासक्ति योग'-गीता के श्लोकों का गाँधी जी द्वारा सरल अनुवाद— 'गीता बोध' से पहले छप चुका था। इसकी प्रस्तावना पर गाँधी जी ने तारीख दी है— 24.6.1929।

अपने तीसरे बेटे रामदास के लिए जो उस समय यरवदा जेल में थे— गीता के चुने हुए भक्ति प्रधान 42 श्लोकों का एक चुनिंदा संग्रह तैयार किया, जो 'गीता प्रवेशिका' के रूप में छपा। इसके 'दो शब्द' के नीचे गाँधी जी ने तारीख दी है 1.10.33। इसके अतिरिक्त समय-समय पर गाँधी जी ने गीता के बारे में अपने विचार व्यक्त किये हैं। वह सब सामग्री एक साथ मिलाकर पढ़ने से गाँधी जी के समग्र गीता-चिंतन का कुछ अनुमान होता है।

'गीता माता' नाम से संकलित गाँधी जी का गीता-दर्शन पढ़कर पहली छवि यह बनती है कि गाँधी जी गीता को 'पंडित' की दृष्टि से नहीं, 'भक्त' की दृष्टि से देखते हैं। यह बात गीता के बारे में उनके उच्छ्वसित उदगारों से स्वत: स्पष्ट हो जाती है। उन्होंने बार-बार कहा है कि गीता कामधेनु है, गीता माता है। 24 फरवरी 1933 को मीरा के नाम अपने पत्र में गाँधी जी कहते हैं, "गीता कामधेनु की भाँति है,जो संपूर्ण इच्छाओं की पूर्ति करती है। इसीलिए वह माता कहलाती है। अपने आध्यात्मिक जीवन को कायम रखने के लिए हमें जितने दूध की आवश्यकता है, उसके लिए अगर हम याचक दुध मुँहे बच्चे की तरह माँग करें तो वह अमर माता हमें संपूर्ण दूध दे देती है। उसमें अपने लाखों बच्चों को अपने अजस्र थनों से दूध देने की क्षमता है।" (गीता-माता, पृ0 459) गीता पदार्थ - कोश के निवेदन में उन्होंने गीता को अपनी माँ से बढ़कर बताया: "गीता जीती-जागती, जीवन देने वाली, अमर माता है। दूध पिलाकर पालने-पोसने वाली माता एक दिन धोखा देकर चली जायगी। हम देखते हैं, असंख्य माताएँ अपनी संतान को तूफान में से बचाने में असमर्थ रहती हैं, किन्तु गीता माता का आश्रय लेने वाला भयंकर तूफान में से उबर जाता है। यह नित्य जाग्रत है। कभी धोखा नहीं देगी।......" (गीता माता, पृ0 266) अपने इन भावोद्गारों के पीछे गाँधीजी अपने व्यक्तिगत अनुभव की साखी देते हैं, ये शब्द कोरे उच्छ्वास मात्र नहीं हैं, इनके पीछे गाँधी जी का अपना लंबा अनुभव है: " मैं त्यों-ज्यों गीता का अभ्यास करता हूँ त्यों-त्यों मुझे उसकी अनुपमता अधिक मालूम होती जाती है। मेरे लिए वह आध्यात्मिक कोश है। मैं जब कभी कार्याकार्य की परेशानी में पड़ता हूँ, तब उसका आश्रय लेता हूँ और अब तक उसने मुझे कभी निराश नहीं किया। वह सचमुच कामधेनु है।" गीता माता, पृ0 265) 'गीता-बोध की भूमिका में भी उन्होंने अपना यह विचार दुहराया: " मैं तो अपनी

सारी कठिनाइयों में गीता माता के पास दौड़ा आता हूँ और अब तक आश्वासन पाता आया हूँ।'' (वही, पृ0 9) गाँधी जी को विश्वास है कि गीता की सहायता से, उसके ज्ञान के प्रकाश में धर्म की सभी गुत्थियाँ सुलझाई जा सकती हैं: '' वह हमारी सद्‌गुरु रूप है, माता रूप है और हमें विश्वास रखना चाहिए कि उसकी गोद में सिर रखकर हम सही-सलामत पार हो जायेंगे। गीता के द्वारा अपनी सारी धार्मिक गुत्थियाँ सुलझा लेंगे। इस भाँति नित्य गीता का मनन करने वालों को उसमें से नित्य नये अर्थ मिलेंगे। ऐसी एक भी अर्थ की उलझन नहीं है कि जिसे गीता न सुलझा सकती हो।'' (वही)

इन भावोद्‌गारों में गाँधीजी का भक्त हृदय बोलता है। वे स्वयं गीता के पास भक्ति का हृदय लेकर गये हैं और अन्य जिज्ञासुओं से भी इसी का अनुरोध करते हैं: '' गीता में ज्ञान की महिमा सुरक्षित है तथापि गीता बुद्धिमम्य नहीं है, वह हृदयगम्य है। अत: वह अश्रद्धालु के लिए नहीं है।'' (वही, पृ0 92) गीता के पास श्रद्धा लेकर जाना इसलिए आवश्यक है कि वह पांडित्य-प्रदर्शन के लिए या विद्या-विनोद के लिए नहीं, वरन् अनुकरण और आचरण के लिए है। गाँधी जी ने पढ़ने के साथ ही उसे गुनना और बरतना शुरू कर दिया। उनकी गीता संबन्धी व्याख्या पर उनके मनन और आचरण की छाप है, बल्कि कहें कि गाँधी जी ने गीता का अनुवाद इसीलिए किया। संस्कृत के अल्पज्ञान और गुजराती के साधारण ज्ञान (जैसा कि गाँधी जी स्वयं कहते हैं) के बावजूद उन्होंने अनुवाद क्यों किया? उनके अनुवाद से पहले गुजराती में और भी कई अनुवाद थे। गाँधी जी के अनुवाद में नया क्या है, उसकी विशिष्टता क्या है? अपने गुजराती अनुवाद की प्रस्तावना में इस पर उन्होंने विशेष रूप से जोर दिया है: '' गीता को मैंने जिस प्रकार समझा है, उस प्रकार का आचरण करने का मेरा और मेरे साथ रहने वाले कई साथियों का बराबर प्रयत्न है। गीता हमारे लिए आध्यात्मिक ग्रंथ है। उसके अनुसार आचरण में निष्फलता रोज आती है पर वह निष्फलता हमारा प्रयत्न रहते हुए है। इस निष्फलता में सफलता की फूटती हुई किरणों की झलक दिखाई देती है। यह नन्हा-सा जनसमुदाय जिस अर्थ को आचार में परिणत करने का प्रयत्न करता है, वह इस अनुवाद में है।'' (वही, पृ0 85-86) अन्य गुजराती अनुवादों से उनके अनुवाद की यही विशिष्टता है और इस विशिष्टता को वे थोड़ा जोर देकर बताना चाहते है: ''इस अभिलाषा में दूसरे गुजराती अनुवादों की अवहेलना नहीं है। उन सबका स्थान भले ही हो, पर उनके पीछे उनके अनुवादकों का आचार रूपी अनुभव का दावा हो, ऐसा मेरी जानकारी में नहीं है। इस अनुवाद के पीछे अड़तीस वर्ष के आचार के प्रयत्न का दावा है।'' (वही, पृ0 86)

गाँधी जी गीता के प्रति अनन्य भक्ति के बावजूद उसके अर्थ को लेकर आग्रही नहीं हैं। वे मानते हैं कि गीता का अपना-अपना अर्थ करने के लिए सभी स्वतंत्र हैं।

युग-युग में अर्थ का विकास होता रहता है। एक ही व्यक्ति जितनी बार उसे पढ़ता है, उतनी बार उसे नया नया अर्थ सूझता है। 'अनासक्ति योग' की प्रस्तावना में वे लिखते हैं: " गीता सूत्रग्रंथ नहीं है। गीता एक महान् धर्मकाव्य है। उसमें जितना गहरे उतरिए, उतने ही उसमें से नये और सुंदर अर्थ लीजिए। गीता जनसमाज के लिए है, उसमें एक ही बात को अनेक प्रकार से कहा है। अत: गीता में आये महाशब्दों का अर्थ युग-युग में बदलता और विस्तृत होता रहेगा। गीता का मूल मंत्र कभी नहीं बदल सकता। वह मंत्र जिस रीति से सिद्ध किया जा सके, उस रीति से जिज्ञासु जो चाहे अर्थ कर सकता है।" (वही, पृ0 91-92)

गाँधी जी ने भी गीता को अपनी तरह समझा, नये सिरे से समझा, शास्त्रों का विस्तार छोड़कर उन्होंने बस गीता को सुगीता किया। गीता के बारे में उनकी पहली समझ यह है कि इसका, इसके महान् संदेश का संबन्ध किसी महाभारत कालीन पांडव-कौरव-युद्ध की ऐतिहासिक घटना से नहीं है और उनकी यह समझ गीता के साथ प्रथम परिचय में ही बन गई: " सन् 1888-89 में जब गीता का प्रथम दर्शन हुआ, तभी मुझे ऐसा लगा कि यह ऐतिहासिक ग्रंथ नहीं है, वरन् इसमें भौतिक युद्ध के वर्णन के बहाने प्रत्येक मनुष्य के हृदय के भीतर निरंतर होते रहने वाले द्वन्द्व-युद्ध का ही वर्णन है। मानुषी योद्धाओं की रचना हृदयगत युद्ध को रोचक बनाने के लिए गढ़ी हुई कल्पना है। यह प्राथमिक स्फुरणा धर्म का और गीता का विशेष विचार करने के बाद पक्की हो गई। महाभारत पढ़ने के बाद यह विचार और भी दृढ़ हो गया।" (वही, पृ0 86) गाँधी जी महाभारत को भी ऐतिहासिक ग्रंथ नहीं मानते। उनका मानना है कि आदिपर्व में व्यास जी ने पात्रों की अमानुषी और अतिमानुषी उत्पत्ति दिखाकर उसकी इतिहास-परकता को मिटा दिया है। उसके पात्र मूलत: ऐतिहासिक हों तो भी व्यास जी ने उनका उपयोग " केवल धर्म का दर्शन कराने के लिए ही किया है।" (वही, पृ0 87) गाँधीजी महाभारत ही नहीं, रामायण को भी इसी दृष्टि से देखते हैं। वे इन काव्यों को आधुनिक अर्थ में इतिहास नहीं मानते। यरवदा जेल से 11.11.1930 को 'गीता बोध' का प्रास्ताविक लिखते हुए उन्होंने अपना विचार स्पष्ट किया: " हमारे मत से महाभारत और रामायण ऐतिहासिक ग्रंथ नहीं हैं, बल्कि धर्मग्रंथ हैं, इन्हें ऐतिहासिक ही कहना चाहें, तो ये वह आत्मा का इतिहास है और वह हजारों वर्ष पहले क्या हुआ, यह नहीं बताता, बल्कि प्रत्येक मनुष्य देह में क्या जारी है, इसकी यह एक तस्वीर है। महाभारत और रामायण दोनों में देव और असुर के — राम और रावण के बीच नित्य चलने वाली लड़ाई का वर्णन है।" (वही, पृ0 10) रामायण और महाभारत को इसी प्रतीकात्मक दृष्टि से देखते हुए गाँधी जी गीता की व्याख्या में उतरते हैं और पहले ही अध्याय के प्रारंभ में ' धर्म क्षेत्रे कुरुक्षत्रे' की व्याख्या करते हुए लिखते हैं: " कुरुक्षेत्र

युद्ध तो निमित्त मात्र है, सच्चा कुरुक्षेत्र हमारा शरीर है। यही कुरुक्षेत्र है और धर्मक्षेत्र भी। यदि इसे हम ईश्वर का निवासस्थान समझें और बनावें तो यह धर्म क्षेत्र है। इस क्षेत्र में कुछ न कुछ लड़ाई तो नित्य चलती ही रहती है और ऐसी अधिकांश लड़ाइयाँ 'मेरा तेरा' को लेकर चलती हैं। अपने-पराये के भेदभाव से पैदा होती है। इसीलिए आगे चलकर भगवान अर्जुन से कहेंगे कि राग, द्वेष सारे अधर्म की जड़ है।... गीता और सभी धर्मग्रंथ पुकार-पुकार कर यही कहते हैं।'' (वही, पृ0 14) 'अनासक्ति-योग' वाले अपने अनुवाद में उन्होंने पहले श्लोक का अनुवाद करने के बाद जो टिप्पणी दी, उससे भी उनकी यह व्याख्या और स्पष्ट होती है: '' यह शरीर रूपी क्षेत्र धर्म क्षेत्र है, क्योंकि यह मोक्ष का द्वार हो सकता है। पाप से इसकी उत्पत्ति है और पाप का यह भाजन बना रहता है, इसलिए यह कुरुक्षेत्र है। कौरव अर्थात् आसुरी वृत्तियाँ। पांडुपुत्र अर्थात् दैवी वृत्तियाँ। प्रत्येक शरीर में भली और बुरी वृत्तियों में युद्ध चलता ही रहता है। यह कौन नहीं अनुभव करता?'' (वही, पृ0 93) अगर यह प्रतीकार्थ ही सही है तो फिर पहले अध्याय का नाम अर्जुन-विषाद योग क्यों है? अर्जुन के विषाद का क्या अर्थ है? गाँधी जी इसका अर्थ समझाते हुए लिखते हैं: '' विषाद के माने दुःख के होते हैं। जैसा दुःख अर्जुन को हुआ, वैसा हम सबको होना चाहिए। धर्म वेदना तथा धर्म जिज्ञासा के बिना ज्ञान नहीं मिलता। जिसके मन में अच्छे और बुरे का भेद जानने की इच्छा तक नहीं होती, उसके सामने धर्म चर्चा कैसी?'' (वही, पृ0 14) अर्जुन को धर्म जिज्ञासा होती है, इसीलिए उसे श्रीकृष्ण ने गीता का संदेश दिया।

गीता का यह प्रतीकार्थ एक ओर गीता के आध्यात्मिक संदेश में संगति प्रदान करता है, दूसरी ओर कुछ लोगों के गलत निष्कर्ष का खंडन भी करता है कि गीता का संदेश हिंसा के पक्ष में है। यह अजब बात है कि डॉ0 अम्बेडकर ने यही गलत निष्कर्ष निकाला और इसीलिये गीता की आलोचना की। इस तर्क से तो पूरा महाभारत एक युद्धकाव्य ही ठहरता है। लेकिन गाँधी जी ने महाभारत के ध्वनित अर्थ को कहीं ज्यादा अच्छी तरह समझा है। वे लिखते हैं: ''महाभारतकार ने भौतिक युद्ध की आवश्यकता नहीं, उसकी निरर्थकता सिद्ध की है। विजेता से रुदन कराया है, पश्चाताप कराया है और दुःख के सिवा कुछ नहीं रहने दिया। (वही, पृ. 87) गीता में भी उन्हें युद्ध वीरता के बजाय स्थितप्रज्ञता की ही प्रतिष्ठा दिखाई देती है, ''...उसका दूसरा अध्याय भौतिक युद्ध-व्यवहार सिखाने के बदले स्थितप्रज्ञ के लक्षण सिखाता है। स्थितप्रज्ञ का ऐहिक युद्ध के साथ कोई संबन्ध नहीं होता, यह बात उसके लक्षणों में से ही मुझे प्रतीत हुई है। साधारण पारिवारिक झगड़ों के औचित्य-अनौचित्य का निर्णय करने के लिये गीता जैसी पुस्तक की रचना संभव नहीं है।'' (वही, पृ. 87) गाँधी जी का विवेचन आध्यात्मिक और साहित्यिक दोनों दृष्टियों से अपेक्षाकृत अधिक सुसंगत है।

पता नहीं, गाँधीजी के सामने डॉ0 अम्बेडकर का विवेचन था या नहीं। लेकिन जिस तरह वे इस प्रश्न पर बार-बार लौटते हैं और एक ही बात दुहराते हैं, उससे लगता है कि गाँधी जी ने इस पर काफी विचार किया था। 15 अक्टूबर 1925 को उन्होंने इस प्रश्न पर विस्तार से लिखा। गाँधीजी स्थितप्रज्ञ लक्षण के 19 श्लोकों को 'गीताजी के अर्थ को समझने की कुंजी' मानते हैं और वे समूची गीता के प्रतिपाद्य की उससे संगति पाते हैं। इस दृष्टि से देखने पर गीता का एक ही केन्द्रीय विषय मालूम होता है वह है- ब्रह्मज्ञान प्राप्ति और उसके साधन। युद्ध निमित्त मात्र है, वह प्रधान विषय नहीं है। प्रधान विषय के साथ संगति को कसौटी बनाकर गाँधीजी तर्क करते हैं: ''जहाँ विषय युद्ध-वर्णन और हिंसा का प्रतिपादन नहीं है, वहाँ उस पर जोर देना बिल्कुल अनुचितही माना जायेगा और यदि कुछ श्लोकों का संबन्ध अहिंसा के साथ बैठाना मुश्किल मालूम होता है तो सारी गीताजी को हिंसा के चौखटे में मढ़ना तो उससे कहीं ज्यादा मुश्किल है।'' (वही, पृ. 428) गाँधीजी एक गंभीर साहित्य समालोचक की तरह किसी साहित्यिक रचना की भीतरी बनावट की संश्लिष्टता की ओर संकेत करते हुए लिखते हैं: ''कवि जब किसी ग्रंथ की रचना करता है तो वह उसके सभी अर्थों की कल्पना नहीं कर लेता है। काव्य की यह खूबी है कि वह कवि से भी बढ़ जाता है।'' (वही) फिर गीता के प्रतिपाद्य के साथ अहिंसा की संगति पर अपनी मुहर लगाते हुए लिखते हैं: ''दूसरा अध्याय, जिससे विषय का आरम्भ होता है और अठारहवाँ अध्याय जिसमें उसकी पूर्णाहुति होती है, देखने से यही प्रतीत होता है कि गीता का सर्वांश तात्पर्य हिंसा नहीं, वरन् अहिंसा है। मध्य में देखोगे तो भी यही प्रतीत होगा। बिना क्रोध, राग या द्वेष के हिंसा का होना संभव नहीं और गीता तो क्रोधादि को पार करके गुणातीत की स्थिति में पहुँचाने का प्रयत्न करती है।'' (वही, पृ. 428)

शंकराचार्य-रामानुजाचार्य के बाद गीता संबन्धी व्याख्या को सबसे अधिक प्रभावित किया लोकमान्य तिलक ने। उन्होंने गीता को कर्मयोग शास्त्र के रूप में प्रतिष्ठित करके स्वाधीनता संग्राम को एक महान् प्रेरक विचारास्त्र प्रदान किया। गाँधीजी भी गीता के केन्द्र में कर्मयोग को ही रखते हैं। कर्मयोग की भी सारवस्तु क्या है? कर्मफल त्याग और यहीं स्थितप्रज्ञ अनासक्ति का आदर्श सामने आ जाता है। गाँधीजी ने अपने गीतानुवाद को 'अनासक्ति योग' का नाम दिया था क्योंकि 'अनासक्ति पूर्वक सब काम करना ही गीता की प्रधान ध्वनि है।' (वही, पृ. 440) कर्मयोग नामक तीसरे अध्याय को उन्होंने 'गीता का स्वरूप जानने की कुंजी, कहा है। कर्मयोग का संबन्ध अनासक्ति योग से जोड़ते हुए उन्होंने 'गीता बोध' में लिखा है: ''इस अध्याय को मैंने गीता समझने की कुंजी कहा है। एक वाक्य में उसका सार यह जान पड़ता है कि जीवन सेवा के लिये है, भोग के लिये नहीं है। अत:

हमें जीवन को यज्ञमय बना डालना उचित है, पर इतना जान लेने भर से वैसा हो जाना संभव नहीं हो जाता। जानकर आचरण करने पर हम उत्तरोत्तर शुद्ध होते जायेंगे। पर सच्ची सेवा क्या है, यह जानने को इन्द्रिय दमन आवश्यक है। इस प्रकार उत्तरोत्तर हम सत्य रूपी परमात्मा के निकट होते जाते हैं। युग-युग में हमें सत्य की अधिक झाँकी होती है। स्वार्थदृष्टि से होने वाला सेवा कार्य यज्ञ नहीं रह जाता। अतः अनासक्ति की बड़ी आवश्यकता है'' (वही, पृ. 25)।

गीता का विषय है ब्रह्मज्ञान या आत्मदर्शन। आत्मदर्शन क्या है? गाँधी जी बताते हैं: ''मनुष्य को ईश्वर रूप हुए बिना चैन नहीं पड़ता, शांति नहीं मिलती। ईश्वर रूप होने के प्रयत्न का नाम सच्चा और एकमात्र पुरुषार्थ है और यही आत्मदर्शन है।'' (वही, पृ. 87) गीता पुनरुक्ति का जोखिम उठाकर भी बार-बार आत्मदर्शन का अद्वितीय उपाय बतलाती है- कर्मफल त्याग। इसी केन्द्र बिन्दु के ईदगिर्द भक्ति और ज्ञान को रखा गया है। देह है तो कर्म अनिवार्य है। कर्म से मुक्ति नहीं है। कर्म करते हुए भी कर्म के दोष से मुक्त रहना संभव है- कर्म के फल का त्याग करके, निष्काम कर्म करके, यज्ञार्थ कर्म करके, सब कर्मों को ईश्वर को अर्पित करके और इसके लिये ज्ञान आवश्यक है और ज्ञान शुष्क न रहे इसलिये गीता ने भक्ति को भी उसके साथ मिलाया। यह भक्ति बाह्याचार मूलक माला-छापा तिलक वाली भक्ति नहीं है। गीता में भक्त के लक्षण स्थितप्रज्ञ से मिलते जुलते हैं, क्योंकि भक्ति की कला भी अनासक्ति की जमीन पर खिलती है। ज्ञान और भक्ति की उपलब्धि भी आत्मदर्शन है, लेकिन उन्हें कर्मफल की कसौटी पर चढ़ना जरूरी है। इच्छा हो चाहे न हो, कर्म तो करना ही होता है और प्रत्येक कर्म के साथ बंधन भी है। कर्म करते हुए बंधन मुक्त कैसे रहें- इस समस्या को गाँधीजी के शब्दों में ''गीता ने जिस तरह हल किया है, वैसे दूसरे किसी भी धर्मग्रंथ ने नहीं किया है। गीता का कहना है- फलासक्ति छोड़ो और कर्म करो, आशारहित होकर कर्म करो, निष्काम होकर कर्म करो। यह गीता की ध्वनि है, जो भुलायी नहीं जा सकती। जो कर्म छोड़ता है, वह गिरता है। कर्म करते हुए जो उसका फल छोड़ता है, वह चढ़ता है।'' (वही, पृ. ८९)। यह कर्मफल त्याग ही अनासक्ति है। यह धर्म की कसौटी है, व्यवहार की कसौटी है: ''जो धर्म व्यवहार में न लाया जा सके, वह धर्म नहीं है, मेरी समझ से यह बात गीता में है। मतलब, गीता के मतानुसार जो कर्म ऐसे हैं कि आसक्ति के बिना हो ही न सकें, वे सभी त्याज्य हैं।.... इस मत के अनुसार खून, झूठ, व्यभिचार इत्यादि कर्म अपने आप त्याज्य हो जाते हैं। मानव जीवन सरल बन जाता है और सरलता में से शांति उत्पन्न होती है।'' (वही, पृ. ९०) गीता की इस कसौटी से ही सत्य और अहिंसा के मूल्य भी सिद्ध होते हैं। लेकिन गाँधी जी गीता की विशिष्टता अनासक्ति में मानते हैं: ''गीताकाल के पहले भी अहिंसा परमधर्म रूप

मानी जाती थी, पर गीता को तो अनासक्ति के सिद्धांत का प्रतिपादन करना था। दूसरे अध्याय में ही यह बात स्पष्ट हो जाती है।'' (वही, पृ. ९०)

गाँधीजी 'अनासक्ति योग' की प्रस्तावना में लिखते हैं, ''कवि के अर्थ का अन्त ही नहीं है। जैसे मनुष्य का, उसी प्रकार महावाक्यों के अर्थ का विकास होता ही रहता है। भाषाओं के इतिहास से हमें मालूम होता है कि अनेक महान् शब्दों के अर्थ नित्य नये होते रहे हैं। यही बात गीता के अर्थ के संबन्ध में भी है। गीताकार ने स्वयं महान् रूढ़ शब्दों के अर्थ का विस्तार किया है। (वही, पृ. ९1) गाँधीजी ने लक्ष्य किया कि 'यज्ञ' जैसे पुराने शब्द को गीता में नया अर्थ प्रदान किया। पहले यज्ञ में पशु-हिंसा मान्य थी, लेकिन गीता ने यज्ञ का अर्थ किया: मुख्य रूप से परोपकार के लिये शरीर का उपयोग। इसी प्रकार गीता ने 'सन्यास' को भी नया अर्थ दिया। गीता ने इसे 'कर्म-मात्र के सन्यास' से आगे बढ़ाकर 'कर्मफल के सन्यास' की ऊँचाई पर चढ़ा दिया। गीता की नई व्याख्या करने की प्रेरणा गाँधी जी को स्वयं गीता से मिली: ''गीताकार ने तो महान् शब्दों का व्यापक अर्थ करके अपनी भाषा का भी व्यापक अर्थ करना हमें सिखाया है'' (वही, पृ. ९1)। गाँधीजी ने इस प्रेरणा के अनुरूप गीता की एक नई व्याख्या अपने जीवन के द्वारा की; लेखन के द्वारा की गई उनकी व्याख्या पर उनकी इस जीवन-व्याख्या की गहरी छाप है।

गाँधी विचार-दर्शन और हिन्दी साहित्य

प्रो. महेन्द्र नाथ राय (हिन्दी विभाग, बी.एच.यू.)

भारतीय राजनीति में महात्मा गाँधी के अवतरण के समय निराशा का राज्य था। प्रथम विश्व युद्ध के चलते कल-कारखानों में काम करने वाले मजदूर, कृषि से अपनी जीविका चलाने वाले किसान और शिक्षित बेरोजगार भय से आक्रांत थे। गाँधीजी के आगमन से भारतीय हृदय में आत्मविश्वास पैदा हुआ। पंडित नेहरू के अनुसार गाँधीजी ताजी हवा के उस प्रबल प्रवाह की तरह थे, जिन्होंने पूरी तरह फैलना और गहरी सांस लेना संभव बनाया। रोशनी की उस किरण के सदृश थे, जो अंधकार में पैठ गई और जिसने हमारी आँखों के सामने से पर्दे को हटा दिया। वह उस बवण्डर की तरह थे, जिसने बहुत सी चीजों को, खासतौर से मजदूरों के दिमाग को उलट-पुलट दिया। गाँधीजी ऊपर से आये हुए नहीं थे, बल्कि हिन्दुस्तान के करोड़ों आदमियों की आबादी में ही से उपजे थे। उनकी भाषा वही थी, जो आम लोगों की थी।'' (हिन्दुस्तान की कहानी पृ.-488)

गाँधीजी की मनोभूमि की रचना में भारत की आध्यात्मिक चेतना का बुनियादी तौर पर सशक्त योगदान था। उनके मन-मानस के निर्माण में जैन-बौद्ध दर्शन, वैष्णव-चिंतन और वैदिक ऋषि, चिंतकों के विचार प्रत्ययों का गहन प्रभाव था। कहते हैं कि थोरो और गाँधी जी के विचारों में पर्याप्त समानता थी। दोनों ने ही आत्मसाक्षात्कार का सुख जाना था। अपने जीवन में दोनों ने साम्राज्यवादी शोषण से दो-दो हाथ किये थे। थोरो ने अमेरिका में दास-प्रथा का विरोध करते हुए जेल की यातनाएँ सही थीं, तो महात्मा गाँधी ने भी वही कार्य दक्षिणी अफ्रीका में करते हुए आत्मबल, सहिष्णुता, कष्ट सहन, प्रेम-करुणा आदि को अपने आचरण से गौरवान्वित किया था। रस्किन के प्रसिद्ध ग्रंथ 'अन टू दिस लास्ट' तथा टालस्टाय के 'दी किंगडम ऑफ गाड इन विदिन यू' - महात्मा गाँधी के समादरणीय ग्रंथ थे। भारतीय संस्कृति के अपरिहार्य ग्रंथ 'श्रीमद्भगवत गीता' और 'रामचरितमानस' महात्मा गाँधी के कर्मयोग के नियामक ग्रंथ थे। हिन्दू, ईसाई, जैन, इस्लाम आदि धर्मों के तलस्पर्शी अध्ययन ने महात्मा गाँधी को

गहरी अन्तर्दृष्टि से सम्पन्न किया था। इन सभी धर्मों के गहन मंथन से उनकी मानवतावादी दृष्टि पुष्ट बनी थी।

व्यावहारिक स्तर पर महात्मा गाँधी सांस्कृतिक नवजागरण के राजनीतिक प्रवक्ता थे। जन-जीवन की सेवा में महात्मा गाँधी ने अपनी आध्यात्मिकता को चरितार्थ किया था। महात्मा गाँधी इस अर्थ में आधुनिक संत थे कि उन्होंने मोक्ष-प्राप्ति के लिये घर नहीं त्यागा, ईश्वर की प्राप्ति के लिये जंगल की यात्रा नहीं की, बल्कि भौतिक जीवन में दया और करुणा को सर्वोपरि वरीयता दी थी। उन्होंने निवृत्तिमार्गी साधकों की तरह कभी जगत को माया नहीं कहा। राजनीति को उन्होंने आध्यात्मिक कलेवर प्रदान किया। उसे धर्मनीति के रूप में स्वीकार किया। उन्होंने अनासक्त भाव से अपने कार्य सम्पादित किये। उनके व्यक्तित्व के वशीकरण में कितने ही राजे-महाराजे, किसान-मजदूर, युवा-वृद्ध देश की स्वाधीनता के लिये चलने वाली लड़ाई में बिना आगे पीछे सोचे सम्मिलित हुए। युवक-युवतियों ने अपनी सारी नैसर्गिक इच्छाओं पर नियंत्रण पा खुरदुरा खद्दर धारण किया, प्रणय-गीत गाने की बेला में राष्ट्र-गीत गाना स्वीकार किया, जेल को ही ससुराल बना लिया। समाज में जाति, धर्म, वर्ग-भेद एकबारगी मिटते दिखे। यह था गाँधीजी के व्यक्तित्व का वशीकरण।

गाँधीजी अत्याधुनिक विचारों से परिचित, विधि-विधानों के जानकार वैरिस्टर थे, पर उनके व्यक्तित्व का देशीपन कभी विलुप्त नहीं हुआ। इसीलिये भारतीय मानस ने हमेशा उन पर भरोसा किया। उन्होंने धर्म, राष्ट्रीयता, सत्याग्रह, असहयोग, नैतिकता आदि को अपने ढंग से परिभाषित किया। इनके सही मायने निर्दिष्ट किये। उन्होंने स्वाधीनता को कभी भी उच्छृंखलता का पर्याय नहीं बनने दिया। किसी रक्तरंजित क्रांति को उन्होंने स्थायी शांति का माध्यम नहीं स्वीकार किया। हृदय-परिवर्तन के साथ व्यवस्था परिवर्तन करने में उनका विश्वास रहा। उनके उदात्त व्यक्तित्व का ही प्रभाव था कि जन सामान्य में आत्मविश्वास पैदा हुआ। उनके प्रत्येक सामाजिक और राजनीतिक कार्यक्रम सामान्य जनता के हित को दृष्टि में रखते हुए निर्धारित हुए।

गाँधीजी व्यक्ति की स्वतंत्रता के प्रबल समर्थक थे। वे व्यक्ति को बहुत ऊँचा स्थान देते थे। व्यक्ति के संकल्प के दूरगामी व्यापक प्रभाव में उनकी दृढ़ आस्था थी। पं. नेहरू ने यह भी स्वीकार किया है कि वे व्यक्ति के बारे में बहुत अधिक सोचते थे। वस्तुतः व्यक्ति के पूर्ण विकास से ही समाज का पूर्ण विकास होता है। दोनों का अन्योन्याश्रित संबन्ध है। वे वैयक्तिक सदाचार की महत्ता से परिचित थे। दैनिक क्रिया-कलाप में भी उन्होंने धार्मिक चेतना की घनात्मक भूमिका स्वीकार की थी। एक समय था, जब गोरों से भारतीय आँख मिलाने में डरते थे। यह गाँधीजी ही थे, जिन्होंने उनकी इस भीरुता को दूर कर उन्हें गर्व से सीना तानकर चलना सिखाया। मनुष्य के

आध्यात्मिक विकास को वे सारे विकासों की कुंजी मानते थे। उन्होंने धर्म को अनुभूति का विषय बताया और अपने जीवन में प्रतिक्षण ईश्वरीय अनुकम्पा की प्रतीति की। उन्होंने पूरे विश्वास के साथ यह स्वीकार किया:"ईश्वर युक्ति या तर्क का विषय नहीं हो सकता। यदि आप युक्ति द्वारा मुझे औरों को उसका विश्वास करा देने को कहें तो मैं हार मानता हूँ, परन्तु मैं आपसे इतना कहे देता हूँ कि आप और हम इस कमरे में बैठे हैं- इस सच्चाई से भी अधिक मुझे उसकी सत्ता का निश्चय है। मैं यह भी कहता हूँ कि मैं बिना हवा और पानी के जी सकता हूँ, परन्तु उसके बिना नहीं। आप मेरी आँखें निकाल लें, मैं मरूँगा नहीं। आप मेरी नाक काट लें, मैं मरूँगा नहीं, परन्तु ईश्वर में मेरे विश्वास को उठा दें, तो मरा ही पड़ा हूँ।' (यंग इंडिया 4, दिसम्बर 1924)।

गाँधी जी असल में राष्ट्रपिता या बापू आकस्मिक रूप से नहीं बने थे। देश ने उनसे यह आत्मीय रिश्ता अपने भीतर से सुनिश्चित किया। भारतीय संस्कृति और साधना की सुदीर्घ परम्परा की वे नवीन परिणति थे। उनकी जड़ें इस देश में बहुत गहरी थीं। उनके मुँह से संतों-महात्माओं और ऋषियों के बोल फूटते थे। इस राष्ट्र के मूल्यों और आदर्शों की सर्वोत्तम की अभिव्यक्ति होती थी। इसीलिये इसदेश ने उन पर हमेशा भरोसा किया। गाँधीजी का उपर्युक्त कथन इसी बात का प्रबल साक्ष्य प्रस्तुत करता है। वस्तुत: गाँधीजी देश के सांस्कृतिक अग्रदूतों के सोच-विचार, मूल्य दृष्टि एवं विचारादर्शों की एक अगली कड़ी थे, जो राजनीति के क्षेत्र को अपने नैतिक सोच-विचार एवं कार्य से पवित्रता प्रदान कर रहे थे। संभवत: इसीलिये वे देशवासियों के मन-मानस की अतल गहराइयों में स्वाभाविक रूप से उतर जाने में सफल हुए। पेशे से बैरिस्टर, आधुनिक ज्ञान-विज्ञान से पूर्ण परिचित कर्मयोगी महात्मा गाँधी ने आजीवन धार्मिक जीवन जिया। उनके कर्म नैतिक और धार्मिक कृत्य के परिवृत्त में किसी महान शक्ति की अलक्षणीय उपस्थिति में संपादित हुए। उन्हीं के मुँह से सुनें:"एक अलक्षणीय रहस्यमय शक्ति, जो वस्तुमात्र में व्याप्त है। मैं इसे देखता नहीं, परन्तु इसे अनुभव करता हूँ। यह अदृष्टशक्ति अनुभव गम्य है। प्रमाणों से इसकी सत्ता नहीं सिद्ध हो सकती। मेरी इन्द्रियों से अनुभव गम्य जो कुछ भी है, उन सबसे यह शक्ति सर्वथा भिन्न है। इसकी सत्ता बाह्य साक्षी से नहीं, परन्तु उन शक्तियों की कायापलट से- उनके जीवन-व्यवहार से सिद्ध होती है, जिन्होंने अपने अंत:करण में ईश्वर का अनुभव कर लिया है।" (यंग इंडिया, 11 अक्टूबर 1928)।

गाँधीजी ने रामकृष्ण विवेकानन्द की अगली कड़ी दरिद्रनारायण की सेवा को अपने जीवन का सर्वोच्च लक्ष्य स्वीकार करते हुए अत्यन्त पारदर्शी और सादगी भरा जीवन जिया। अपने से, अपने देशवासी के हित की दृष्टि से उन्होंने हमेशा सोचा और किया। राजनीति को कूटनीति की जगह उन्होंने धर्म और नैतिकता का अधिष्ठान

बनाया। आकस्मिक नहीं है कि पराधीन राष्ट्र में उस समय जितने भी राजनेता हुए, उन्होंने मूल्यनिष्ठ जीवन जिया और पूरे राष्ट्र का सम्मान पाया। गाँधीजी ने जीवन के कठिन से कठिन क्षणों और आपात स्थितियों में कभी अपने को अकेला नहीं पाया। अपने पूरे राजनीतिक जीवन में उन्होंने आत्मा की आवाज को कभी अनसुना नहीं किया। अपने धार्मिक और आध्यात्मिक व्यक्तित्व के कारण वे आधुनिक युग में महात्मा के विरुद के अधिकारी बने। उनकी स्पष्ट मान्यता थी कि आध्यात्मिक दृष्टि से यदि एक व्यक्ति को भी लाभ होता है तो उसके साथ सारा संसार लाभान्वित होता है और एक मनुष्य भी पतनोन्मुख होता है, तो उसके साथ सारा संसार पतनोन्मुख होता है (हरिजन 16 मई 1938)।

गाँधीजी ने हिंसा पर अहिंसा, पाशविकता पर मनुष्यता, क्रोध और घृणा पर अक्रोध और प्रेम से विजय प्राप्त की। जो कुछ ग्रंथों और उपदेशों में था, उसे अपने सदाचरण द्वारा मूर्तित किया। उन्होंने अपनी विकसित मनुष्यता के बल पर दूसरों की शत्रुता के भाव को मैत्री भाव में बदल दिया। इसीलिये उनका अहिंसा सिद्धांत निष्क्रियता सिखाने वाला नकारात्मक सिद्धांत न बनकर प्रवृत्तिपरक सकारात्मक सिद्धांत बनकर व्यवहार की वस्तु बना। उसने बुराई को भलाई में बदल दिया। उसने अशेष मानवता के प्रति प्रेम और करुणा के भावों को अबाध गति दी। यह कायरता का सिद्धांत न बनकर करुणा और सहिष्णुता को विकसित करने वाला आत्मदान का सिद्धांत बना। इसने आत्मविश्वास को सदैव परिपुष्ट किया। जब ब्रिटिश साम्राज्यवाद भारतवासियों की पीठ पर जबरन लदा हुआ था, उतरने का नाम न लेता था, उस समय महात्मा ने इससे पार पाने के लिये सत्याग्रह और असहयोग के मानवीय अस्त्र प्रदान किये। अहिंसा सिद्धांत ने लोगों को प्रेम की भाषा में बोलने-बतियाने की प्रशिक्षा दी। एक समय राग-द्वेष, घृणा-विद्वेष की जानी-पहचानी इस धरती पर महात्मा गाँधी का अहिंसा सिद्धांत आकाश-कुसुम की तरह लगा, पर उन्होंने अपने सोच-विचार और आचरण में इस सिद्धांत को चरितार्थ कर इसकी बड़ी ताकत से सम्पूर्ण जगत को चकित कर दिया। इस महात्मा के लिये कोई शत्रु था ही नहीं। शारीरिक बल की जगह आत्मबल, बुद्धि एवं तर्क की जगह अन्तर्ध्वनि तथा भौतिक विजय की जगह आध्यात्मिक विजय को उन्होंने हमेशा श्रेष्ठ एवं वरीय माना। युद्ध को उन्होंने शैतान की शैतानियत सिद्ध किया। प्रेम और निर्भयता का पाठ पढ़ाया। ईश्वर की अखण्डता में सदैव विश्वास प्रकट किया। उनके गतिशील चिंतन का स्वरूप यह था कि जो कुछ नैतिकता के मूल सिद्धांत एवं सुनियोजित बुद्धि के विपरीत था- उसे उन्होंने कभी नहीं स्वीकार किया। श्रद्धा और विश्वास को अर्जित करने पर वे हमेशा बल देते थे, इनकी महिमा का दूसरों को परिज्ञान कराते थे। उनके अनुसार ईश्वर का ईश्वरत्व भक्त के हृदय पर शासन करने तथा उसे

परिवर्तित करने में है। धर्म के व्यापक स्वरूप को परिभाषित करते हुए उन्होंने माना: जिसे सत्य की सर्वव्यापक विश्वभावना का साक्षात्कार करना हो, उसे हर प्राणी को आत्मवत प्रेम करना चाहिये। ऐसा व्यक्ति जीवन के किसी भी क्षेत्र से अपने को पृथक् नहीं रख सकता। यही कारण है कि सत्य का पुजारी होने के कारण मुझे राजनीति में आना पड़ा है और मैं बिना तनिक संकोच के कह सकता हूँ कि जो यह कहते हैं कि धर्म का राजनीति से कोई संबन्ध नहीं है, वे नहीं जानते कि धर्म क्या है?'' (महात्मा गाँधी हिजमोन स्टोरी पृ. 53-54) गाँधीजी ने व्यक्तित्व सम्पन्न ढंग से अपने जीवन में बुद्धि और भावना की अहमियत पर तुलनात्मक ढंग से विचार किया था और वे इस निर्णय पर पहुँच थे कि बुद्धि की अपनी जगह तो है ही, लेकिन उसे हृदय की जगह पर नहीं बैठना चाहिये। आप अपने जीवन में किसी भी पहचान के बुद्धिशाली आदमी के जीवन के किन्हीं चौबीस घंटों को जाँचकर देखेंगे तो आपको मालूम होगा कि इस समय में किये हुए करीब सभी काम भावना से किये गये होंगे, बुद्धि से नहीं। इससे यह नसीहत मिलती है कि बुद्धि का एक बार विकास हो जाने के बाद वह अपने स्वभाव के अनुसार अपने आप ही काम करती रहती है। अगर शुद्ध हो तो जो कुछ वहम भरा या अनीतिमय हो, उसे वह छोड़ देती है। बुद्धि एक चौकीदार है और अगर वह अपने दरवाजे पर सदा जाग्रत और अटल हालत में रहे तो कहा जा सकता है कि वह अपनी जगह पर है।'' (गाँधी दर्शन: संगम लाल पाण्डेय पृ.48) बुद्धि समर्थित भावना से ही हमारे अधिकांश कर्म है सम्पादित होते हैं- ऐसा गाँधीजी का मानना था। उन्होंने हृदय को बुद्धि के ऊपर वरीयता दी, अन्तर की आवाज पर निर्णय लिये। यह एक तरह से जीवन और जगत के प्रति उनका अपना वैयक्तिक दृष्टिकोण था।

गाँधीजी की रुचियाँ-अभिरुचियाँ, साहित्य-कला विषयक सौन्दर्यबोध- सब कुछ एक देशीपन लिये हुए थे। स्वाधीनता प्राप्ति के लिये किसानों के अभ्युत्थान को उन्होंने जरूरी समझा। उनके उत्कर्ष को राष्ट्रीय उत्कर्ष से एक कर देखा। कभी जिस सर्वहारा की अन्तर्शक्ति को पहचानते हुए राष्ट्रीय जीवन में उसकी अहं भूमिका में ऋषि अरविन्द ने आस्था प्रकट की थी, गाँधीजी ने उसे व्यवहार में चरितार्थ कर दिया। उन्होंने किसानों एवं मजदूरों में नारायण के दर्शन किये। ग्राम्य संस्कृति के प्रति गाँधीजी में सहज आकर्षण था।'' किसी अत्यधिक सजी हुई और साज-सामान से भरपूर विशाल इमारत में उन्हें कोई कलात्मकता नहीं दीखती थी, पर साधारण देहाती स्त्रियाँ जिन युगों पुराने माडलों से अपने घर की देहली सजाती हैं, उनको वे बड़ी देर तक बड़े प्यार से देखते रहते थे। उनकी दृष्टि में केले के खम्भे और पत्तियों से बनी मेहरावों पर अपना मीठा प्रकाश डालने वाले मिट्टी के दीये रंग-बिरंगी बिजली की बत्तियों से कहीं अधिक सुन्दर थे। मिल में बना अधिक से अधिक मूल्यवान महीन कपड़ा उनके मन में मृत पालिश

का भाव पैदा करता था, पर खद्दर के वस्त्र कोमल और सुखद थे। मशीनें उन्हें कुत्सित और कुरुप लगती थीं, पर चरखा तो सुन्दरता की मूर्ति था। वे चरखे की आवाज को पहिये का संगीत कहते थे।'' (आधुनिक भारतीय चिन्तन डा0 विश्वनाथ पृ. 222-23) ग्राम्य संस्कृति में उन्हें पारिवारिक आत्मीयता, रागात्मकता तथा सहजता की प्रतीति होती थी। वहाँ धर्म का नियंत्रण एवं नैतिकता और मर्यादा का बंधन शेष था। इसके विपरीत नगर-जीवन में ऊपरी चाक-चिक्य तथा प्रदर्शनप्रियता का बोलबाला था। एक ग्रामवासी ग्रामीण के हृदय में श्रद्धा-विश्वास के लिये जैसा पवित्र कोना वर्तमान था, उसका एक नगर में लगभग अभाव सा था। वहाँ तो सन्देह, तर्क, अनास्था आदि की ही अधिकता थी। गाँधीजी नगरों में विकासमान औद्योगिक सभ्यता की संवेदनहीनता, संकीर्णता और यांत्रिकता के दुष्परिणामों से भली भाँति परिचित थे। वे कल-कारखानों में काम करने वाली स्त्रियों की विवशता और यातना, हँसने-खेलने की उम्र में अफीम खिलाकर सुला दिये जाने वाली उनके दुधमुँहों की दुर्गति तथा काम की खोज में आकाश ताकते बेरोजगारों की आँखों में रचे-बसे नैराश्य का सामना कर चुके थे। इसीलिये भारतीय ग्राम्य-व्यवस्था के अनुरूप कुटीर उद्योग-धंधों के विकास पर उन्होंने बल दिया। उन्होंने मनुष्य के आध्यात्मिक विकास के लिये शारीरिक परिश्रम को अपरिहार्य बताया। वे कबीर और रैदास की उस परम्परा के हिमायती थे, जो मनुष्य के शारीरिक परिश्रम को मान देती है। गाँधीजी ने उत्पादन और उपयोग पर मानवीय दृष्टि से विचार कर राष्ट्र को उसके अनुरूप अर्थ-दर्शन दिया। औद्योगिक व्यवस्था पूँजी के अत्यधिक संग्रह को ही अपना सर्वस्व मान बैठी थी। गाँधी जी ने मनुष्य के श्रम को गौरवान्वित किया। वे वैज्ञानिक विकास को आध्यात्मिक मूल्यों से परिचालित होने में ही मानव-जाति का कल्याण देखते थे। आर्थिक विषमता बढ़ाने वाले बड़े पैमानों के उद्योगों में उनकी आस्था न थी। उनका मानना था कि राजनीतिक स्वाधीनता प्राप्ति से पूर्व देश को आर्थिक स्वाधीनता प्राप्त करनी चाहिये। स्वदेशी के प्रति इसीलिये उन्होंने सम्मान का भाव प्रकट किया। यथासंभव विदेशी वस्तुओं के त्याग एवं गृह निर्मित वस्तुओं के प्रयोग में उन्हें भारत का कल्याण दिखाई दिया। आटे की चक्की और तेल की मिलों की तुलना में हाथ की चक्की और ढेंकी का प्रयोग उन्हें ग्रामोत्थान के लिये हितकर प्रतीत हुआ। चरखे से निर्मित खादी के वस्त्रों को उन्होंने शरीर का नहीं, बल्कि आत्मा का वस्त्र स्वीकार किया। स्वदेशी उनके जीवन-दर्शन का एक महत्वपूर्ण कार्यक्रम बना। उन्होंने श्रम को कभी भी श्रमिक से अलग करके नहीं देखा, इसलिये मिल के बने वस्त्रों की तुलना में हाथ के बुने करघे के वस्त्र भारतीय जीवन के लिये उन्हें ग्राह्य प्रतीत हुए। यह इसलिये भी कि इन वस्त्रों के निर्माण में वृद्ध, मूक, बधिर और अपंग के पवित्र श्रम का पावन स्पर्श विद्यमान था।

जाति-प्रथा, वर्ण—व्यवस्था और अस्पृश्यता उन्हें भारतीय समाज के विकास में घुन की भाँति लगी दिखाई पड़ी। वे सभी धर्मों और जातियों को एकता के सूत्र में पिरोने के अभिलाषी थे। दलित जातियों और नारी की सामाजिक हीन अवस्था पर भी उनकी दृष्टि गई। वे नर-नारी की समानता के समर्थक थे। नारीत्व की महिमा के समक्ष वे श्रद्धा भाव भरे थे। नारी जाति में सहिष्णुता और सेवा भावना की उन्होंने पराकाष्ठा देखी। असहयोग और कष्ट-सहन की प्रेरणा उन्होंने स्वयं अपनी धर्मपत्नी से पाई थी। उन्होंने नारी को दैनिक और आध्यात्मिक मुक्ति का प्रेरणा-स्रोत माना। यह गाँधी जी ही थे, जिनसे प्रेरणा पाकर राष्ट्रीय स्वाधीनता आंदोलन में नारियों ने बढ़-चढ़ कर सहभागिता निभाई। उनसे प्रेरित होकर तरुणियों ने सारे अलंकारों और रेशमी वस्त्रों को छोड़कर टाट सदृश खुरदरे खादी वस्त्रों को हँसते-हँसते स्वेच्छया धारण किया। नारी जाति की पराश्रित मनोवृत्ति को उसके आत्मिक विकास के लिये उन्होंने बाधक मानते हुए उसके सर्वविध अभ्युत्थान के लिये शैक्षणिक, आर्थिक, समाजिक एवं राजनीतिक मुक्ति के द्वार खोले। नारी जाति की परंपरित संकीर्ण भूमिका की जगह उसकी उच्चत्तर भूमिकाओं की ओर उन्होंने ध्यान दिलाया, जहाँ वह आदर्श पत्नी के साथ-साथ माता, बहन, मित्र तथा आदर्श शिक्षक भी होती है।

महात्मा गाँधी के लिए स्वराज्य की अपनी परिभाषा थी। नैतिक और मानवीय भावों के विकास के अभाव में स्वराज्य उनके लिये निरर्थक था। उनके अनुसार आत्मनियंत्रित और सुसंस्कृत व्यक्ति ही स्वाधीनता के यथार्थ अर्थ का मर्म समझ सकता है। गाँधीजी की दृष्टि में व्यक्ति विराट चेतना का पवित्र अंश है। वे व्यक्ति से शुरूआत कर देश के सामूहिक चरित्र को उदात्त और नैतिक बनाना चाहते थे। उनका मानना था कि व्यक्ति के सुधार से ही समाज-सुधार संभव है। महात्मा गॉधी के व्यक्तित्व में समग्रता थी। वे एक साथ दार्शनिक, चिंतक, विचारक और मूल्यधर्मी जीवन यापन करने वाले राजनेता थे। राजनीतिक परिदृश्य में वे नवजागरण काल के ऐसे संत थे, जो बार-बार दुःख और क्लेश भरी इस धरती पर उतर कर मानवता की समस्त व्यथा को आत्मसात करते हुए उसे निरूज और निरामय बनाने के अभिलाषी थे। भारत के सांस्कृतिक जागरण के अग्रदूतों के विचार-दर्शन एवं सामाजिक नव-निर्माण की परिकल्पना को मूर्त-रूप देने वाली अगली कड़ी महात्मा गाँधी ने सम्पूर्ण देश में आत्मविश्वास का नये ढंग से इस तरह सूत्रपात किया कि वकीलों ने अपनी वकालत, विद्यार्थियों ने अपने शिक्षण-संस्थान और उच्च पदाधिकारियों ने पदलोभ छोड़कर राष्ट्रीय स्वाधीनता संग्राम में अपना सब कुछ न्योछावर कर दिया। जीते-जी ही उन्होंने विश्व मानवता के भावी विचारों को प्रभावित किया। उन्होंने अपनी जीवन-चर्या से यह प्रशिक्षा दी कि मानव-जाति का उत्थान अपनी समीपस्थ वस्तुओं के साथ विकसित और विस्तीर्ण होने में है।

उन्होंने विश्वात्मा का साक्षात्कार किया था तथा प्रकृति और मनुष्य को एक ही व्यापक सत्ता का अंग माना था। उनके लिये प्रकृतिवत जीवन जीने का अर्थ था कि मनुष्य में शेष सृष्टि के प्रति दया, प्रेम, करुणा और संवेदनशीलता का नैसर्गिक रूप में विकास हो। उनका असंतोष उस प्रणाली से था, जिसने समाज को स्वार्थों का समूह बना दिया था। नैतिक रूप से वे समाज को बदलना चाहते थे तो राजनीतिक रूप से साम्राज्यवादी शासन तंत्र को। असहयोग, बहिष्कार, सत्याग्रह, ग्रामोद्योगों का विकास-ये उनके रचनात्मक अस्त्र थे। उनका साध्य हृदय-परिवर्तन था। उद्देश्य के अनुरूप ही उनके कार्यक्रम भी सात्विक थे। उनके प्रत्येक कार्यक्रम के मूल में मानवमात्र के प्रति अगाध सहानुभूति एवं करुणा की भावना विद्यमान थी। राजनीति के कुटिल क्षेत्र को उन्होंने अपने धार्मिक और आध्यात्मिक व्यक्तित्व से तो सात्विक प्रदान की। वे मनुष्य की सर्वतोमुख स्वतंत्रता के अभिलाषी थे। साधनों की शुचिता पर उन्होंने हमेशा ध्यान दिया। वे हमेशा सदाचार पर बल देते रहे। उन्होंने हमेशा जीवन को समरस और सामरस्य पूर्ण बनाना चाहा। कला और साहित्य को भी उन्होंने सामाजिक, सांस्कृतिक परिप्रेक्ष्य में ही व्याख्यायित किया। उनका मानना था कि ऐसी कला की आराधना की अपेक्षा क्या यह हजार गुना अच्छा नहीं कि हम मानवता के विस्तृत कष्टों को हल्का करने की चेष्टा करें और दुखों में आकंठ डूबे मनुष्यों के उन आँसुओं को पोंछने के लिए, सहानुभूति का प्रलेप और ज्ञान का प्रकाश हाथ में लेकर आगे बढ़ें... पक्षियों के स्वच्छन्द जीवन पर गीत लिखने की अपेक्षा युग-जीवन की कटु समस्या-रोजी-रोटी को गीत का विषय बनायें।... मुझे उन चिड़ियों की देख-भाल करनी हैं, जिनके पंखों में शक्ति के अभाव के कारण फड़फड़ाने की सामर्थ्य नहीं है।... मैंने ऐसे पीड़ित रोगियों को देखा है, कविता से जिन्हें सांत्वना देना असंभव था। भूखी जनता केवल एक ही कविता चाहती है- शक्तिप्रद भोजन। (नवजागरण और छायावाद पृ. 86)वस्तुतः गाँधीजी कला का उद्देश्य वैयक्तिक आनन्द न मानकर लोक-कल्याण मानते थे। वे साहित्य में नैतिकता के पक्षधर थे। उन्हीं के शब्दों में " कला का संबन्ध नीति, हितकारिता और उपयोगिता से नहीं है, केवल सौन्दर्यं से है-यह कहना सौन्दर्य और कला को न समझने जैसा है। सत्य ही ऊँची में ऊँची कला और सौन्दर्य है और वह नीति, हितकारिता और उपयोगिता से रहित नहीं हो सकता।" (वही पृ. 87) अपनी 'आत्मकथा' में हिमालय के सौन्दर्य को रेखांकित करते हुए उन्होंने लिखा है- " मैं प्राकृतिक दृश्य से मुग्ध हो गया और अपने पूर्वजों की प्रकृति के सौन्दर्य को पहचानने तथा प्रकृति के सुन्दर रूपों को धार्मिक महत्त्व प्रदान करने की दूरदर्शिता के लिये मेरा सिर श्रद्धा से झुक गया।" महात्मा गाँधी ने कला-साहित्य की सार्थकता युगीन समस्याओं एवं सामान्यजन के सुख-दुःख की अभिव्यक्ति में देखी। उनके व्यक्तित्व, विचारधारा, दर्शन तथा सत्याग्रहयुग

की भावभूमि से समस्त भारतीय साहित्यकार एक समय अपने-अपने ढंग से प्रेरित और प्रभावित देखे गये। डॉ. विजय देव नारायण साही के शब्दों में आकस्मिक नहीं कि सत्याग्रह युग की विचार धारा से प्रभावित साहित्य " काल से कालातीत, अज्ञान से ज्ञान, अविद्या से विद्या, मोह से निज स्वरूप में लय होने, असत्य से सत्य, तमस से ज्योति, मृत्यु से अमरता, गुलामी से आजादी, क्षितिज के इस पार से उस पार, अंग्रेजी राज से हिन्दुस्तानी राज, वेश्यावृत्ति से आश्रम, शराब से खद्दर, यथार्थ से आदर्श तथा लघु से महत् की ओर उन्मुख है।" (भारतीय नवोत्त्थान और निराला, पृ. 28)

गाँधी जी के व्यक्तित्व पर एवं विचार-दर्शन से समस्त भारतीय साहित्यकार प्रभावित हुए। उनकी प्रेरणा से अपनी मातृभाषाओं के विकास की ओर साहित्यकारों का ध्यान गया। मातृभाषा होने के कारण गुजराती तो उनके लेखन से उपकृत हुई ही, दूसरी भारतीय भाषाओं के साहित्यकारों ने उनके व्यक्तित्व एवं कृतित्व के किसी न किसी अंश को अपनी रचनाओं की विषय-वस्तु बनाया। उनके व्याख्यानों तथा लेखन शैली की सरलता, सहजता, स्पष्टता एवं प्रभाव का भारतीय लेखकों पर सीधे-सीधे प्रभाव पड़ा। गुजराती में लिखी उनकी आत्मकथा की पद्धति पर दूसरी भारतीय भाषाओं में आत्मकथाएँ लिखने का एक दौर ही चला। गाँधीजी के लिए दरिद्र नारायण समाज की सेवा यदि सर्वोत्कृष्ट धार्मिक कृत्य था तो इससे प्रेरणा लेते हुए साहित्यकारों ने अपनी कृतियों में सामान्यजन के अभावग्रस्त जीवन को अपनी रचनाओं की वर्ण्यवस्तु के रूप में चयनित किया। साहित्य में अलंकृत शैली का लोगों ने त्याग किया तथा सरल-सुबोध लेखन-शैली का मान बढ़ा। अभिजन की जगह सामान्य ने ली। समाज हित में व्यक्ति के त्याग एवं कष्ट-सहन को गौरवान्वित किया जाने लगा। लेखकों की सहानुभूति का विस्तार हुआ।

ध्यातव्य है कि 1920 और 1947 तथा उसके बाद भी भारतीय मानस पर गाँधीजी के व्यक्तित्व का सम्मोहन समाज के प्रत्येक क्षेत्र में अपने-अपने ढंग से प्रभाव डालता है। हिन्दी के छायावादी युग पर महात्मा गाँधी एवं रवीन्द्रनाथ ठाकुर के सांस्कृतिक और सौन्दर्यविधीय दृष्टिकोण का गहन प्रभाव है। हिन्दी की राष्ट्रीय सांस्कृतिक काव्य धारा तो गाँधी जी के सीधे प्रभाव में रही है। उनके सर्वव्यापक व्यक्तित्व की प्रेरणा से साहित्यक कृतियों में संयम, अनुशासन, सत्यनिष्ठा, आत्मोत्सर्ग आदि के उदत्तीकरण का पुरजोर ढंग से रेखांकन हुआ। समाज-कल्याण से साहित्य को अन्योन्याश्रित कर देखा गया। साहित्य में नैतिक मूल्यों पर बल देने की प्रवृत्ति का विकास हुआ। साहित्य को सोद्देश्य माना गया। फलतः कला-कला के लिए का प्रचार मद्धिम पड़ा। कविता में प्रकृति प्रेम, मातृभूमि, तथा मातृभाषाओं के प्रति अनुराग, वासनात्मक आवेगों पर संयम और नियंत्रण, सर्वधर्म समादर, लोकगीतों, लोकसंगीतों

तथा जातीय संस्कृति के उत्थान की दिशा में लोग सचेत हुए। कथा-साहित्य में ग्राम्य जीवन और संस्कृति, नारी जाति के अभ्युत्थान के प्रयत्न, विधवा-विवाह, सर्वहारा के जीवन-स्तर-सुधार, दहेज प्रथा-विरोध, अन्तर्जातीय विवाह, वर्ग संघर्ष की रोकथाम, ट्रस्टीशिप में विश्वास साध्यानुकूल साधन के चुनाव पर बल- की प्रवृत्तियाँ प्रभावशाली रूप में रेखांकित हुईं। हिन्दी साहित्य में मुख्य महात्मा गाँधी की मूल्यनिष्ठ दृष्टि एवं वैचारिक आदर्शों के सूक्ष्म प्रभाव से यह कहने का रिवाज चला कि राजनीति में जो काम गाँधीवाद ने किया, वही काम साहित्य में छायावाद ने किया। गाँधी वादी दर्शन और छायावादी मनोभूमि में समानता के कई बिन्दु थे। दोनों ने ही बुद्धि और हृदय के द्वन्द्व में अन्तरात्मा की ध्वनि सुनने को वरीयता दी। छायावाद युगीन साहित्यकारों को गाँधीजी और उनका दर्शन अपनी प्रकृति और मनोभूमि के बहुत निकट लगा।' हृदय की बात पर बहुत अधिक बल दिया गया। अनाचार और अत्याचार के धैर्यपूर्वक प्रतिरोध में कथा-साहित्य के चरित्र, विशेष रूप से नारी-चरित्र, संलग्न दिखाई पड़े। जैनेन्द्र के कथा साहित्य में यह प्रमुखता से लक्षित किया गया।

जयशंकर प्रसाद के नाटकीय चरित्रों में राष्ट्रहित में त्याग तपस्या और आत्मोत्सर्ग की सघन प्रवृत्ति दिखाई पड़ी। राष्ट्रहित इन्हें सबसे महत्तर प्रतीत हुआ, जिसके लिए इन्होंने सारे संबन्ध तोड़ दिये। भारतीय संस्कृति, उसका साधनात्मक स्वरूप यहाँ के पेड़-पौधे, नदी-झरने, मिट्टी-पानी, कला-संगीत, रिति-रिवाज— सबके सब-देश-प्रेम में इन्हें अतिशय मनोहर प्रतीत हुए। इन चरित्रों में द्रष्टव्य वे हैं, जिन्होंने कर्मरत रहते हुए अपने सुख की अवज्ञा की और समाज और लोकहित के लिए स्वयं को न्यौछावर कर दिया। ऐसे चरित्रों की कर्त्तव्य निष्ठा, चारित्रिक दृढ़ता संकल्पबद्धता महात्मा गाँधी और सत्याग्रह युग के सेनानियों की किसी को भी सहज ही स्मृति करा देती है।

हिन्दी कथा-साहित्य में मुंशी प्रेमचन्द ने गाँधीवादी एवं सत्याग्रहयुगीन प्रभाव में अपना अधिकांश आरंभिक लेखन-कर्म किया। उनके साहित्य में नव जागरण युगीन भारत के मूल्यों, आदर्शों, स्वप्नों एवं नवनिर्माण की आकांक्षा आदि के पारदर्शी ढंग में दर्शन होते हैं। उनके द्वारा लिखित विविध प्रसंग लगभग 1300 पृष्ठों में संकलित हैं और इसमें तीसरा हिस्सा राष्ट्रीय जागरण और किसान-मजदूरों की समस्याओं के चित्रण से सम्बद्ध है। गाँधीजी के सत्याग्रह, सविनय अवज्ञा आंदोलन आदि को रचनात्मक स्तर पर अभिव्यक्ति देते हुए प्रेमचन्द ने प्रेम शंकर, सूरदास, होरी, जैसे गाँधी वादी मुद्राओं वाले अनेक चरित्र रचे। इनके मुख से गाँधीजी की ही भाषा बुलवाई। कहना न होगा कि प्रेमचन्द का 'प्रेमाश्रम' हिंदी का ऐसा उपन्यास है, जिसमें तत्कालीन जमींदारी प्रथा के विरुद्ध संघर्ष का चित्रण है। शिवरानी देवी के यह पूछने पर कि क्या प्रेमचन्द भी गाँधीजी के चेले हो गये हैं, उन्होंने जवाब दिया था चेला बनने का मतलब

किसी की पूजा करना नहीं, बल्कि उसके गुणों को अपनाना होता है। मैंने उन्हें अपनाकर ही तो 'प्रेमाश्रम' लिखा, जो 1922 ई० में छपा। 'यह दलील की बात नहीं। वे भी किसानों-मजदूरों की भलाई के लिये आंदोलन चला रहे हैं और मैं भी कलम से यही कर रहा हूँ।'' (भारतीय नवोत्त्थान और निराला, पृ० 50-80) गाँधी जी के प्रभाव में आकस्मिक नहीं कि प्रेमचन्द ने अपनी कृतियों में हृदय-परिवर्तन, अहिंसा, सत्याग्रह, ट्रस्टीशिप, हिन्दुत्त्व में सुधार, जातिप्रथा-विरोध, हिन्दू-मुस्लिम एकता, हरिजन समस्या, वेश्या उद्धार, हिन्दुस्तानी के प्रचार, विदेशी वस्तुओं के बहिष्कार, उद्योगों के प्रति अनास्था तथा कुटीर उद्योग धंधों के प्रति आस्था-आदि को विषय-वस्तु के रूप में चयनित किया। इस तरह हिन्दी कथा साहित्य में सामाजिक यथार्थ में अंकन की प्रवृत्ति प्रभावशाली बनी। सामंती रूढ़ियों के उन्मूलन का वातावरण बना। शोषित-संतप्त तथा सर्वहारा चरित्र रचनाओं में स्थान पाने लगे। प्रेमचन्द के जमाने में हिन्दुस्तान की आजादी तो अहं थी ही, इसी के परिपूरक रूप में सामाजिक-धार्मिक गुलामी से भी मुक्ति पानी थी। वस्तुतः जिन लोगों ने गाँधीजी के कार्यक्रमों में हिस्सा लिया, उनके निकट सम्पर्क में रहे, सचेतन ढंग से उनके सिद्धान्तों और आदर्शों का अनुगमन किया, उनके व्यक्तित्त्व और आचरण का श्रद्धाभिभूत भाव से गुणगान किया— वे लोग बाद में समसामायिक कीर्ति, भौतिक सुख-सुविधा, पुरस्कार और अभिनंदन से सुशोभित हुए। पर ऐसे लोग भी थे, जिन्होंने गाँधीजी के व्यक्तित्व एवं विचार-दर्शन को आत्मसात करते हुए मूक भाव से अपनी-जीवन-यात्रा सम्पन्न की। ऐसे लोगों का मानसपिण्ड गाँधी-दर्शन से निर्मित हुआ। गाँधी-दर्शन को तमाम हिन्दी साहित्यकारों ने अपने-अपने ढंग से ग्रहण किया और उसके आलोक में अपने चरित्र और उनके आदर्श गढ़े। एक संवेदनशील मानस, सूक्ष्म और गहरी अंतरदृष्टि सम्पन्न व्यक्तित्व के धनी गाँधीजी में राष्ट्रीय मनोभूमि एवं संस्कारों की गहरी पकड़ थी। भारतीय समाज के अंतर्विरोधों में सामंजस्य तथा अनेकता में एकता ढूंढने की उनकी अपूर्व क्षमता ने उन्हें राष्ट्र नायक का दर्जा दिलाया था। उन्होंने भारतीय साहित्यकारों को रचनाशीलता की राह पर चलने के लिए न केवल अनुकूल विषय-वस्तु एवं अंतरदृष्टि प्रदान की, बल्कि अपने सशक्त हस्तक्षेप से हिन्दी को राष्ट्रभाषा का दर्जा दिलाया। भाषायी एकता के लिए 'हिन्दुस्तानी' का विकल्प भी तैयार किया। प्रांतीय आवश्यकताओं को ध्यान में रखते हुए उन्होंने भारत की प्रांतीय भाषाओं के विकास पर भी बल दिया। अनेक विकसित भाषाओं वाले देश में हिन्दी को सम्पर्क भाषा का दर्जा दिलाने का श्रेय दिलाने वालों में वे अन्यतम थे। उनकी गद्य-शैली में स्वयं भी बहुत आकर्षण विद्यमान था। अलंकृति और चमत्कृति से शून्य उनकी भाषा-शैली में जटिल, अंतर्विरोध पूर्ण विचारों को सुलझाकर सरल एवं बोध गम्य ढंग से उपस्थित करने की विलक्षण क्षमता थी। स्वयं उनकी 'आत्मकथा' ने भारतीय

साहित्य में आत्मकथात्मक शैली के विकास में अपनी युगांतरकारी भूमिका निभायी। यह भी संयोग ही है कि उन्होंने आजीवन देश की भौतिक समृद्धि के लिए संघर्ष किया, किंतु जन-मानस में उनकी छवि भौतिकता- विरोधी मनीषी की ही बनी रही। अत्यन्त बौद्धिक ढंग से अपने कार्यक्रमों की रूपरेखा बनाने वाले ने अवसर आने पर अपनी अन्तरात्मा के निर्देश को ही वरीयता दी। वर्णाश्रम धर्म में अपनी सारी सांस्कारिक निष्ठा के बावजूद सामाजिक स्तर पर उन्होंने हमेशा जातिप्रथा की आलोचना की। स्वयं एक संत सी जीवन चर्या अपनाने वाले ने पारिवारिक संबन्धों की कभी अवहेलना नहीं की। विवाह का समर्थन किया, साथ ही ब्रह्मचर्य को आदर्श माना। उत्कृष्ट कोटि के समाजवादी होते हुए भी पूँजीपतियों के प्रति मैत्री संबन्ध बनाये रहे। किसी भी बड़े महापुरुष के जीवन में सारी आश्चर्यजनक विशेषताओं के विद्यमान होने के साथ-साथ कुछ अंतर्विरोध अथवा विलक्षणताएँ भी परिलक्षित होती हैं। कहना न होगा कि गाँधीजी के व्यक्तित्व में एक हद तक ये विलक्षणताएँ थीं। ऊपर-ऊपर से अत्यन्त सीधा और सपाट सा दीखने वाला उनका व्यक्तित्व उतना सीधा और सपाट न था। उनके भीतर एक द्वंद्व हमेशा चलता रहा किन्तु इस द्वंद्व की परिणति उन्होंने अपने बहुजनहिताय मूल्यनिष्ठ आचरण में ही की। परंपरा में उनकी जड़ें जितनी गहरी थीं, समय-संवेदना भी उतनी ही तलस्पर्शी।

गाँधी के सोच-विचार और चिंतन-मनन का लोहा पूरी विश्व मनीषा ने माना। उनके सिद्धान्तों और जीवनादर्शों ने अपनी उपयोगिता अपने समय में तो सिद्ध की है, जैसे-जैसे भौतिकता और यांत्रिकता उत्कर्ष को प्राप्त हुई है और आगे होगी, वैसे-वैसे उनका सार्वभौमिक और शाश्वत महत्त्व विश्व मानवता महसूस करेगी। जिस खूँटे से वे बंधे थे, जिस ज्ञान-विज्ञान के वे प्रवक्ता थे, उसके समक्ष पश्चिम का ज्ञान-विज्ञान बहुत हल्का प्रतीत होता था। एक तरह से उनके व्यक्तित्व एवं विचार-दर्शन में पूर्व और-पश्चिम के सर्वोत्तम का नैसर्गिक रूप से सामंजस्य घट चुका था। कहना न होगा कि जैसे-जैसे भौतिकता की वृद्धि होती जाएगी, यांत्रिकता उत्कर्ष को प्राप्त होगी, महात्मा गाँधी के अहिंसा, करुणा और सत्याग्रह के सिद्धान्त वैसे-वैसे अपनी मूल्यवत्ता सिद्ध करते जायेंगे क्यों कि वे विकसित मानवता की ही मूल्यवान धरोहर हैं। कुल मिलाकर, इस देश में, इस देश को अपनी विशिष्ट पहचान देने में राष्ट्र पिता महात्मा गाँधी के व्यक्तित्व की जैसी छवि देश के बाहर और भीतर बनी, उसकी भव्यता की कोई दूसरी मिसाल नहीं।

प्रेमचन्द, प्रसाद और निराला के रचना-संसार में गाँधी

भगवान सिंह

अगर साहित्य अपने समय एवं समाज के राजनीतिक, सामाजिक, सांस्कृतिक यथार्थ या गतिविधियों का प्रतिबिम्ब है, तो स्वाभाविक है कि इन समस्त गतिविधियों में प्रभावशाली एवं नेतृत्वकारी भूमिका निभाने वाली शख्सियतों का भी प्रभाव इस प्रतिबिम्ब में प्रतिबिम्बित हो। बीसवीं सदी के वर्ष 1920 से 1947 तक भारत की राजनीतिक, सामाजिक, सांस्कृतिक गतिविधियों, आंदोलनों में सर्वाधिक प्रभावशाली एवं नेतृत्वकारी भूमिका निभाने वाले महात्मा गाँधी का प्रभाव इस काल-खंड में रचित लगभग समस्त भारतीय भाषाओं के साहित्य में विद्यमान है। इस दृष्टि से हिन्दी साहित्य भी अपवाद नहीं रहा। हिन्दी के छोटे से लेकर बड़े लेखकों एवं कवियों के रचना-संसार में गाँधी कहीं प्रत्यक्ष रूप से, तो कहीं प्रच्छन्न रूप से, कहीं व्यक्ति के रूप, में तो कहीं विचार के रूप में समाए हुए दिखाई देते हैं, किन्तु दुर्भाग्यवश हिन्दी आलोचना ने हिन्दी के साहित्यकारों को गाँधी के प्रभाव से मुक्त दिखाने को ही अपनी प्रगतिशीलता का एक अनिवार्य लक्षण बना डाला। विगत सदी के अन्तिम वर्षों में इस काम को और आगे बढ़ाने, व्यापक बनाने की मुहिम दलित चेतना के नाम पर शुरू कर दी गई।

प्रस्तुत लेखक का मुख्य प्रतिपाद्य यही देखना-दिखाना है कि गाँधी के जीवन काल में हिन्दी साहित्य के एक महत्त्वपूर्ण अंश को उनके व्यक्तित्व एवं कृतित्व ने किस कदर प्रभावित किया। इस दृष्टि से उस दौर के तमाम हिन्दी साहित्यकार यहाँ विवेच्य विषय हो सकते हैं, लेकिन लेख की सीमा को ध्यान में रखते हुए ऐसा कर पाना सम्भव नहीं है। अतएव इस लेख में हिन्दी के तीन महत्त्वपूर्ण साहित्यकार-प्रेमचन्द, जयशंकर प्रसाद और सूर्यकांत त्रिपाठी 'निराला' को ही केन्द्र में रखकर अपनी बात प्रस्तुत करूँगा। चूँकि ये तीन साहित्यकार उस दौर की हिन्दी रचनाशीलता के श्रेष्ठ प्रतिनिधि-हस्ताक्षर हैं और इनके संबन्ध में गाँधी को लेकर चर्चा भी काफी होती रही है, इसलिए मेरी समझ में केवल इन तीनों के रचना-संसार का अवलोकन गाँधी के संबन्ध में

कतिपय समीक्षकों द्वारा खड़े किये गये झूठ के पहाड़ की असलियत का पर्दाफाश करने के लिए पर्याप्त है। सबसे पहले हम गाँधी के सभ्यता संबन्धी विचारों के सन्दर्भ में यह प्रभाव देखने का प्रयास करेंगे।

सर्वविदित है कि गाँधी के चिंतन का एक अत्यंत महत्त्वपूर्ण विषय रहा आधुनिक पश्चिमी सभ्यता द्वारा मशीनीकरण के रूप में मानव-समुदाय के समक्ष प्रस्तुत की गई चुनौतियाँ। यूरोप की धरती पर, विशेषतः इंग्लैंड के 'लैंड' पर पैदा हुई जिस औद्योगिक क्रान्ति से पूरा विश्व-समुदाय चमत्कृत, मोहाविष्ट था, उसे बहुत गहराई में परखते हुए गाँधी ने अपनी पुस्तक 'हिन्द स्वराज्य' में उसका 'पोस्टमार्टम' करके रख दिया। यह पुस्तक दक्षिण अफ्रीका से निकनेवाली पत्रिका 'इंडियन ओपिनियन' के दो अंकों में वर्ष 1909 में पहली बार छपकर सामने आई। इस पुस्तक में यूरोप की इस नवीनतम यांत्रिक सभ्यता की समीक्षा करते हुए गाँधी ने दोटूक शब्दों में उसे मानव-समुदाय के लिए अभिशाप बताया-" यंत्रों से यूरोप उजड़ रहा है और वहाँ की हवा भारत में आ गई है। यंत्र आधुनिक सभ्यता की निशानी है और वह महापाप है, ऐसा मैं तो बहुत साफ देख सकता हूँ। यदि यंत्रों की यह हवा ज्यादा चली, तो भारत की बड़ी शोचनीय स्थिति हो जाएगी। मेरी बात आपको कठिन जान पड़ेगी, किन्तु यह कहना मेरा कर्तव्य है कि भारत में मिलें स्थापित करने के बजाय मैंचेस्टर को अभी और रुपया भेजते रहकर उसका सड़ा हुआ कपड़ा इस्तेमाल करते रहने में हमारा भला है, क्योंकि उसका कपड़ा इस्तेमाल करने में केवल हमारा पैसा जाएगा। यदि हम भारत में मैंचेस्टर बना डालें, तो पैसा भारत में रहेगा, किन्तु वह पैसा हमारा खून चूस लेगा।" (संपूर्ण गाँधी वाङ्मय, खंड 10, पृष्ठ 57)।

यांत्रिक सभ्यता के प्रति गाँधी ने जो आलोचनात्मक दृष्टिकोण 1909 ई. में प्रस्तुत किया, ठीक उसी तरह का दृष्टिकोण लेकर प्रेमचन्द ने प्रसिद्ध उपन्यास 'रंगभूमि' 1924 ई. में लिखा। यांत्रिक सभ्यता की कोख में पलने वाली जिस विभीषिका से गाँधी ने मनुष्य जाति को सतर्क किया था, उसे ही 'रंगभूमि' के औपन्यासिक कथा-विन्यास में प्रेमचन्द ने प्रस्तुत किया। इस उपन्यास के नायक सूरदास के संबन्ध में कहा जाता है कि वह गाँधी की साहित्यिक प्रतिमूर्ति है। इस संबन्ध में गौरतलब है अमृतराय का यह कथन- " अपनी सहज मानवीय दुर्बलताओं समेत सूरदास का सीधा-सादा सरल निस्पृह, निर्भीक सत्यनिष्ठ दैनंदिन रूप प्रेमचन्द का अपना है और उदात्त स्वरूप गाँधीजी का। अपनी समस्त सद्वृत्तियों की सबसे उदात्त अभिव्यक्ति के रूप में ही उन्होंने सदा से गाँधी जी को अपने हृदय के आसन पर बिठाया है और कुछ अजब नहीं कि सूरदास का चित्रण करते समय उसके मन की आँखों के आगे गाँधी जी बराबर रहे हों।" (कलम का सिपाही, पृष्ठ 318) गाँधीवादी मूल्यों

को जीने वाला यह सूरदास उपन्यास में मशीनीकरण के विरुद्ध एक सशक्त योद्धा के रूप में हमारे सामने आता है, जो सत्य-अहिंसा के अस्त्र से पांडेपुर गाँव में जॉन सेवक द्वारा सिगरेट फैक्ट्री लगाने के विरोध में दृढ़ता से खड़ा दिखाई देता है।

ध्यातव्य है कि इस उपन्यास की कथा का मुख्य विषय है सूरदास की जमीन हथियाकर उस पर सिगरेट की फैक्ट्री खोलना। सूरदास जॉन सेवक के हाथों अपनी जमीन बेचने को तैयार नहीं होता, क्योंकि वह अपने गाँव में कारखाना खुलने को शुभ नहीं मानता। सूरदास को जॉन सेवक, राजा महेन्द्र सिंह जैसे व्यक्ति कारखाने से होनेवाले लाभों का पहाड़ा सुना जाते हैं, लेकिन वह इन सबसे अप्रभावित रहता है। सूरदास की दृष्टि में 'कारखाना खुलना ही हमारे ऊपर विपत का आना है' क्योंकि इससे होने वाले अनिष्ट को वह अपनी बंद आँखों से ही देख लेता है। वह राजा महेन्द्र कुमार की दलीलों का प्रतिवाद करते हुए कहता है- " सरकार बहुत ठीक कहते हैं, मुहल्ले की रौनक जरूर बढ़ जाएगी, लेकिन जहाँ यह रौनक बढ़ेगी, वहाँ ताड़ी-शराब का परचार भी तो बढ़ जाएगा, कसबियाँ भी तो आकर बस जायेंगी। दिहात के किसान अपना काम छोड़कर मजूरी के लालच में दौड़ेंगे, यहाँ बुरी-बुरी बातें सीखेंगे और अपने बुरे आचरण गाँव फैला देंगे। दिहातों की लड़कियाँ, बहुएँ मजूरी करने जायेंगी। और यहाँ पैसे के लोभ में अपना धरम बिगाड़ेंगी। यही रौनक शहरों में है। भगवान न करे "यहाँ वह रौनक हो। सरकार, मुझे इस कु-करम और अधरम से बचायें।"

इन अनिष्टों की आशंका से ग्रस्त सूरदास कारखाना खोलने के लिए अपनी जमीन देने से इंकार कर देता है, लेकिन उद्योगपति जॉन सेवक और सामंत महेन्द्र कुमार की एकता सूरदास की जमीन जबरन ले लेने में सफल होती है और कारखाना खुल जाता है। इसके बाद यानी कारखाने के खुलने से विस्थापन की जो समस्या पैदा होती है, उसका दारुण दृश्य भी प्रेमचन्द रख देते हैं। मजदूरों के आवास के लिए पांडेपुर गाँव को खाली कराने का सरकारी फरमान जारी होता है। सारे गाँव वाले मुआवजा लेकर अपनी पुश्तैनी जमीन, घर-बार छोड़ने को विवश किये जाते हैं, किन्तु एकमात्र शख्स सूरदास है, जो गाँधीवादी सत्याग्रही के रूप में अपने झोंपड़े पर इस विस्थापन की आँधी के विरुद्ध डटा रहता है। उसके पक्ष में बहुत सारे स्वयंसेवी युवक आ खड़े होते हैं और पुलिस की गोलियों का सामना करते हैं। सूरदास गोली का शिकार हो अन्ततः मर जाता है। इस प्रकार उपन्यास में मशीनीकरण के झंझावात से मनुष्यता के क्षरण की मार्मिक दास्तान प्रेमचन्द प्रस्तुत कर जाते हैं, जो स्पष्टतः 'हिंद स्वराज्य' के लेखक गाँधी के यंत्र-विरोधी सोच के अनुरूप है।

अपने अन्तिम उपन्यास 'गोदान' में भी प्रेमचन्द मशीनीकरण के प्रति आलोचनात्मक दृष्टिकोण प्रकट करने से नहीं चूकते। यह देखकर विस्मय होता है कि वर्षों से हिन्दी

आलोचकों के एक गिरोह द्वारा 'गोदान' को प्रेमचन्द के गाँधीवाद से मोहभंग एवं मार्क्सवाद के समीप आने के प्रमाण के रूप में पेश किया जाता रहा है, जबकि उपन्यास का वस्तु-सत्य कहीं से ऐसी व्याख्या की छूट नहीं देता। ज्ञातव्य है कि मार्क्सवाद के सैद्धान्तिक स्थापत्य के केन्द्र में पूँजीवाद और उसका अधीनस्थ उद्योगवाद है। मार्क्सवाद में मशीनीकरण का विरोध नहीं है, विरोध है उसके विकास में बाधक बनने वाले पूँजीवादी वर्चस्व का, लेकिन प्रेमचन्द 'गोदान' में भी मशीन-आधारित औद्योगिकी के पक्ष में नजर नहीं आते। हालाँकि उपन्यास की मुख्य कथा का संबन्ध कृषक जीवन से है, फिर भी इसमें प्रासंगिक रूप से उद्योगपति मि. खन्ना एवं उसके शक्कर मिल का जिक्र आ जाता है। ध्यान में रखने लायक बात यह है कि जब मिल में मजदूर छँटनी के विरुद्ध हड़ताल करते हैं, तो लगता है कि 'हर जोर-जुल्म के टक्कर में हड़ताल हमारा नारा है' के रास्ते पर चलकर लेखक हड़ताल की तार्किक परिणति के रूप में मजदूरों की जीत एवं उद्योगपति की शिकस्त से हमें रू-ब-रू कराएगा। लेकिन ऐसा बिलकुल नहीं होता और लेखक मिल में आग लगवा देता है और मिल खोलने की कामयाबी से आत्ममुग्ध खन्ना की तमाम खुशियों को वह मातम में बदल देता है, उसके मिल एवं मशीनों को आग की लपटों के हवाले करके। ध्यान रहे 'रंगभूमि' का सूरदास मारा जाता है और उद्योग के ध्वजारोही जॉन सेवक अपने 'मिशन' में कामयाब होकर दूसरी फैक्ट्री पटना में लगाने की योजना बनाने लगता है, लेकिन 'रंगभूमि' से 'गोदान' तक आते-आते प्रेमचन्द इस नृशंस मशीनीकरण से निजात पाने में ही मनुष्य-समाज का मंगल देखने लगे थे। 'गोदान' का उद्योगपति खन्ना जली हुई मिल के मलबे पर आँसू बहाता दिखाई देता है।

क्या यह प्रमाण नहीं कि 'रंगभूमि' से 'गोदान' तक की विकास-यात्रा करने वाले प्रेमचंद में मशीनों के प्रति जो गाँधी जैसी बेरुखी थी, उसमें कोई परिवर्तन नहीं आया। स्पष्ट है कि प्रेमचंद मार्क्स की तरह यंत्र-प्रेमी नहीं थे, बल्कि गाँधी की तरह पूरे तौर पर यंत्र-विरोधी थे। जिन्हें मिल में आग लगने की घटना से प्रेमचंद के यंत्र-विरोधी दृष्टिकोण पर विश्वास न होता हो, वे इस उपन्यास के एक मात्र, प्रो. मेहता द्वारा दिये गये भाषण का यह अंश देख लें- " राजनीतिज्ञों की निशानी अब केवल लुप्त साम्राज्यों के खंडहर रह गये हैं और आविष्कारों ने मनुष्य को मशीन का गुलाम बना देने के सिवा और क्या समस्या हल कर दी? पुरुषों की रची हुई इस संस्कृति में शांति कहाँ है, सहयोग कहाँ है?" (गोदान, पृ. 138)। प्रो. मेहता के इस कथन में 'हिंद स्वराज्य' की यह आवाज ही मानो प्रतिध्वनित हो रही है कि 'बम्बई की मिलों में जो मजदूर काम करते हैं, वे गुलाम बन गये हैं।' (संपूर्ण गाँधी वाड़्मय, खंड 10, पृ. 57)। यहाँ पर एक बात विशेष रूप से ध्यान में रखने की है कि प्रेमचंद 'गोदान' में भी यांत्रिकीकरण के प्रति

तिरस्कार प्रकट करते हैं— मिल में आग लगवाकर, लेकिन भारत के आर्थिक स्वावलम्बन के लिए जिस चरखे का राष्ट्रव्यापी प्रचार गाँधी जी कर रहे थे, उस चरखे को प्रेमचंद बहुत सँभालकर रखते हैं, उसे आग के हवाले नहीं करते। इस दृष्टि से उल्लेखनीय है उपन्यास का वह स्थल जब गोबर अपनी छोटी बहन रूपा की शादी में शामिल होने के लिए मिस मालती से छुट्टी की याचना करता है, क्योंकि तब वह मालती के यहाँ काम कर रहा होता है। प्रेमचंद लिखते हैं— " मालती ने छुट्टी ही नहीं दी, कन्या के उपहार के लिए एक चर्खा और हाथों का कंगन भी दिया।" (गोदान, पृ. 303)।

उपहार में चर्खा देने की घटना है बहुत मामूली चर्खा मशीन की तुलना में मामूली चीज है ही, किन्तु मामूली चीज ही प्रेमचन्द के उस दृष्टिकोण, आस्था को प्रकट कर देती है, जिसका संबन्ध गाँधी जी के चर्खा-प्रेम से था। 'हिन्द-स्वराज्य' में ही गाँधी जी ने मिल-मालिकों को लेकर यह कहा था: " मिल-मालिकों की ओर हम तिरस्कार की दृष्टि से नहीं देख सकते। हमें उन पर दया करनी चाहिए। वे एकाएक मिल छोड़ दें, यह सम्भव नहीं है, लेकिन हम उनसे इस साहस को और आगे न बढ़ाने की प्रार्थना कर सकते हैं। यदि वे भलाई की इच्छा करें, तो वे खुद प्राचीन, प्रौढ़ और पवित्र चरखे को घर में जगह दे सकते हैं और लोगों का बुना हुआ कपड़ा लेकर बेच सकते हैं।" (संपूर्ण गाँधी वाङ्मय, खंड 10, पृ. 58)। इसे देखते हुए यह कहने में कोई अतिवाद नहीं कि खन्ना की मिल में आग लगवाकर और मिस मालती के हाथों चरखे को उपहार में दिलवाकर प्रेमचन्द ने प्रकारांतर से चरखे के संबन्ध में गाँधी-वाणी को ही यहाँ औपन्यासिक शिल्प में विन्यस्त किया है। स्पष्टत: यह प्रमाण है कि अपने जीवन के अंतिम समय में भी प्रेमचन्द गाँधीजी के एक अत्यंत महत्त्वपूर्ण विचार-मशीनीकरण के विरोध का विचार-के पक्ष में खड़े थे।

यांत्रिक सभ्यता, मशीनीकरण की निर्मम आलोचना का स्वर इस दौर के जिस दूसरे महत्त्वपूर्ण साहित्यकार में मिलता है वह हैं— जयशंकर प्रसाद। प्रसाद के संबन्ध में ऐसी धारणा बना दी गई है कि उनका गाँधी जी के सिद्धान्तों से कोई वास्ता नहीं था। इस संबन्ध में डॉ. रामविलास शर्मा ने प्रसाद का जो वक्तव्य उद्धृत किया है, वह द्रष्टव्य है— " इस युग के तीन व्यक्तियों को महापुरुष मानता हूँ: गाँधी जी, रवीन्द्र बाबू और मालवीय जी। और मैं अपने को इन तीनों में से किसी एक का अनुयायी नहीं मानता।" (निराला की साहित्य-साधना-2, पृ. 556)। प्रसाद जी ने ठीक ही कहा है कि वे किसी के अनुयायी नहीं थे और श्रेष्ठ साहित्यकार किसी मत-विशेष या व्यक्ति-विशेष का न अनुयायी होता है, न उसका अनुवादक। लेकिन इसका मतलब यह नहीं कि वह किसी प्रकार के सही, उचित लगने वाले विचार को अपनाने में अपनी

हेठी समझता है। प्रसाद जी भी एक युग-चेतन साहित्यकार थे और इसलिए उस युग को प्रभावित करने वाली यांत्रिक सभ्यता की तरफ उनका ध्यान जाना स्वाभाविक था। गाँधी और प्रेमचन्द की तरह वे भी मशीनीकरण की समस्या से टकराते हैं, जिसकी अभिव्यक्ति उनकी श्रेष्ठ काव्यकृति 'कामायनी' में होती है। वह 1937 ई. में छपकर सामने आती है। 'कामायनी' में यह बात शीशे की तरह साफ दिखाई देती है कि गाँधी जी की तरह प्रसाद भी इस मत के कायल हैं कि मशीनी सभ्यता और उससे उत्पन्न उपभोक्तावाद को अंगीकार करने के बजाय आवश्यकताओं पर नियंत्रण कर, सादगीपूर्ण एवं श्रम-आधारित जीवन-पद्धति अपनाकर ही विश्व मानव को यांत्रिक सभ्यता की तबाही से बचाया जा सकता है। इस दृष्टि से 'हिंद स्वराज्य' मशीनी सभ्यता एवं उपभोक्तावाद की राजनीतिशास्त्रीय-अर्थशास्त्रीय आलोचना है, तो 'कामायनी' उसकी काव्यात्मक आलोचना।

वस्तुतः गाँधी जी की तरह प्रसाद भी आधुनिक यांत्रिक सभ्यता का विश्लेषण कर इस निष्कर्ष पर पहुँचे दिखाई देते हैं कि मशीनी सभ्यता का अतिशय विकास मनुष्य जाति के लिए शुभ नहीं है। सारस्वत प्रदेश में मनु ने यंत्रों का निर्माण-विकास कर जनता के लिए अपनी समझ से अच्छा ही किया, किन्तु इस यांत्रिक विकास के दोहनकारी चरित्र के संबन्ध में उसे जनता का यह उपालम्भ सुनने को मिलता है—

" प्रकृति शक्ति तुमने यंत्रों से सबकी छीनी।
शोषण कर जीवनी बना दी जर्जर झीनी।।"

मनुष्य की सुख-सुविधा के लिए मनुष्य द्वारा निर्मित यंत्र ही उसके कंधों पर किस तरह यातनापूर्ण जुए की तरह आ पड़े हैं, इसे 'रहस्य' सर्ग की इन पंक्तियों में देखा जा सकता है—

"श्रममय कोलाहल, पीड़ामय विकल प्रवर्तन महायंत्र का,
क्षण भर भी विश्राम नहीं है प्राण दास है क्रिया तंत्र का।
यहाँ सतत संघर्ष विकलता कोलाहल का यहाँ राज है।
अन्धकार में दौड़ लग रही मतवाला यह सब समाज है।"

इन पंक्तियों में प्रसाद ने महायंत्रों के पीड़नमय प्रवर्तन से दग्ध भौतिक जगत का जो चित्र दिया है, वह तब से अधिक यथार्थ आज के संदर्भों में है। प्रसाद ने अच्छी तरह भाँप लिया था कि अहंकार, विस्तारवाद, भोगवाद का बढ़ावा देने वाली यांत्रिक सभ्यता पर अंकुश लगाकर ही मनुष्य की शांति, सुरक्षा की गारंटी दी जा सकती है। वास्तव में मनु-चरित्र के माध्यम से प्रसाद यह संकेत करते हैं कि जब तक मनुष्य यंत्र-महायंत्र के चक्कर में पड़ा रहेगा, तब तक वह वास्तविक शांति से दूर रहेगा। 'कामायनी' का अंत यही दर्शाता है कि मानव-जीवन में असीम उपभोग का वर्द्धन करने

वाली यांत्रिक सभ्यता का हस्तक्षेप कम-से-कम होना चाहिए। अबाध यांत्रिक विकास कोलाहल, संघर्ष, प्रतिस्पर्धा आदि को ही जन्म देगा। स्पष्ट है कि कामायनीकार गाँधी का 'अनुयायी' न होते हुए भी गाँधी के यंत्र-विरोधी दृष्टिकोण के पक्ष में पूरी निष्ठा के साथ खड़ा है।

इस प्रकार हम देखते हैं कि मशीनी सभ्यता की आलोचना करने में प्रेमचन्द और जयशंकर प्रसाद जैसे हमारे दो दिग्गज साहित्यकार पूरी तरह से गाँधी के साथ थे। अब यह पाठक ही तय करें कि इसे उनका मार्क्सवाद से लगाव समझा जाए या गाँधीवाद से? जो आशंकाएँ गाँधी, प्रेमचन्द और प्रसाद ने मशीनीकरण के संबन्ध में प्रकट की थीं, आज वे और त्वरित गति से विश्व-मंच पर क्रियात्मक रूप ले रही हैं। पश्चिम बंगाल में कारखाने खोलने के लिए सिंगुर एवं नंदीग्राम के किसानों पर जो कहर बरपाया गया, क्या वह 'रंगभूमि' के पांडेपुर गाँव की साहित्यिक घटना को आज राजनीतिक सत्य में नहीं परिणत कर रहा? 'भूतपूर्व' साम्यवादी चीन में नये औद्योगिक उपक्रम के विरुद्ध वहाँ के किसानों के लाखों विरोध प्रदर्शन क्या उनकी आशंकाओं को सही साबित नहीं कर रहे?

गाँधी जी के साथ इन रचनाकारों के लगाव का अब हम दूसरा महत्त्वपूर्ण मुद्दा लेते हैं और वह है— अस्पृश्यता जैसी सामाजिक समस्या के समाधान हेतु गाँधी जी द्वारा किये गये प्रयासों, आंदोलनों की इन रचनाकारों की रचनाओं में उपस्थिति। स्मरणीय है कि 1915 में दक्षिण अफ्रीका से भारत आने के बाद गाँधी जी अस्पृश्यता-उन्मूलन की दिशा में प्रयासरत हो गये और तब से जीवन के आखिरी पहर तक वे इस मुहिम में लगे रहे। 1920-22 के असहयोग-आन्दोलन में गाँधी जी ने अस्पृश्यता-उन्मूलन के सवाल को बड़ी मजबूती से पूरे देश के सामने रखा और इस क्रम में उसे राष्ट्रीय स्वराज्य जागरण एवं आन्दोलन का एक अभिन्न अंग बना दिया। अस्पृश्यों को सामाजिक, राजनीतिक, आर्थिक दृष्टि के साथ-साथ धार्मिक दृष्टि से भी समानता का दर्जा दिलाने के लिए उन्होंने 1930 के दशक में मंदिर-प्रवेश का राष्ट्रव्यापी आन्दोलन चलाया। लेकिन गाँधी का अछूतोद्धार आन्दोलन विरोध से अछूता नहीं था। एक तरफ कुछेक सवर्ण हिन्दू उसका विरोध कर रहे थे, तो दूसरी तरफ डॉ. अम्बेडकर जैसे दलित नेता भी उनके विरोध में थे, हालाँकि सवर्णों एवं अम्बेडकर के विरोध के कारण अलग-अलग थे। किन्तु प्रेमचन्द, प्रसाद, निराला इस मुहिम में पूरी तरह से गाँधी जी के साथ थे।

उल्लेखनीय है कि 1932 में डॉ. अम्बेडकर के हठाग्रह पर ब्रिटिश सरकार ने जब अस्पृश्यों के लिए पृथक् निर्वाचन मंडल की घोषणा कर दी, तो उस समय यरवदा जेल में कैद गाँधी ने इसके विरोध में आमरण अनशन शुरू कर दिया। इस घटना से

मर्माहत होते हुए प्रेमचन्द ने 19 सितम्बर 1932 के 'जागरण' में लिखा — " कल यरवदा जेल में वह महान तप आरंभ होगा, जिसकी कल्पना से ही रोमांच हो जाता है। भारत की तपोभूमि में इससे पहले भी बड़ी-बड़ी कठिन तपस्याएँ की गई हैं, लेकिन यह तपस्या अभूतपूर्व है। भारत के इतिहास में ही नहीं, संसार के इतिहास में भी इसकी नजीर न मिल सकेगी। ज्ञान के लिए, मोक्ष के लिए, प्रभुता के लिए औरों ने भी तप किये हैं, पर राष्ट्र के लिए प्राणों की आहुति देने का संकल्प महात्मा गाँधी ही की कीर्ति है।....... उसने जिस राष्ट्रीय एकता का भवन खड़ा करने के लिए एक-एक कंकड़ जमा किया था, वह सारी सामग्री उसकी आँखों के सामने बिखरी जा रही है। उस अन्याय के प्रायश्चितस्वरूप वह क्या कुछ न करता, वह यहाँ तक राजी है कि दलितों के लिए शिक्षा और जायदाद की कोई शर्त न रखो, उनके हरेक बालिग स्त्री-पुरुष को निर्वाचन का अधिकार दे दो, शेष हिन्दू समाज के लिए निर्वाचन की जितनी कड़ी शर्तें चाहे लगा दो, पर अछूतों को हिन्दुओं से अलग न करो, क्योंकि इससे हिन्दू समाज की ही क्षति नहीं होगी, अधूतों का अस्तित्व भी न रहेगा। ऐसा विचार उसी आत्मा से निकल सकता है, जो अछूतों की सेवा, चिंतन करते-करते स्वयं अछूत भावना से ओत-प्रोत हो गया हो। हम किसी ऐसे दूसरे व्यक्ति का नाम नहीं जानते, जिसने इस एकाग्रता, इस प्रेम और इस उत्साह से दलित समाज की सेवा की हो।" (विविध प्रसंग, भाग-2, पृ. 443)।

ध्यातव्य है कि दलित नेता के रूप में उस समय डॉ. अम्बेडकर भारतीय राजनीति में अपनी पहचान बना चुके थे, लेकिन प्रेमचन्द की जानकारी में दलित समाज की जिस एकाग्रता, प्रेम और उत्साह से सेवा करने वाले गाँधी जी थे, वैसा दूसरा कोई नहीं था। उस समय के 'जागरण' में प्रेमचन्द अस्पृश्यता के सवाल पर लगातार लिखते रहे। उन्हें देखने से साफ मालूम होता है कि वे अछूतों को हिन्दू समाज से अलग न मानने की उन सभी दलीलों की तरफदारी कर रहे थे, जो गाँधी जी 1931 के द्वितीय गोलमेज सम्मेलन से ही अम्बेडकर के तर्कों के काट के तौर पर प्रस्तुत करते आ रहे थे। यही कारण था कि सितम्बर 1932 में पूना समझौते के बाद गाँधी जी ने अस्पृश्यता मिटाने की दिशा में एक महत्त्वपूर्ण उपाय के रूप में मंदिर-प्रवेश का आन्दोलन शुरू किया, तो प्रेमचन्द ने भी उसके समर्थन में अपनी लेखनी को मोड़ दिया। प्रेमचन्द व्यक्तिगत रूप से न मंदिरों के कायल थे, न मूर्ति-पूजा के। वैसे मंदिरों एवं मूर्ति-पूजा के कायल महात्मा गाँधी भी नहीं थे, फिर भी अछूतों को धार्मिक स्तर पर समानता का अधिकार दिलाने के लिए वे मंदिर-प्रवेश का अधिकार आवश्यक समझ रहे थे, जिससे प्रेमचन्द भी सहमत थे। यही सबब था कि जब मंदिर-प्रवेश आन्दोलन का कुछेक कट्टरपंथी सवर्णों ने विरोध किया, तो प्रेमचन्द चुप बैठे नहीं रह सके। 5

अक्टूबर 1932 के 'जागरण' में उन्होंने लिखा— " जो हिन्दू महात्मा गाँधी को हिन्दू जाति का सच्चा रक्षक समझता है, वह इस बात की प्रतिज्ञा करे कि महात्मा जी के प्राण-प्यारे अछूत जिस मंदिर में न जाने पायेंगे, उसमें हम भी नहीं जायेंगे और जो शास्त्राभिमानी पंडित या पुजारी या पंडा महात्मा जी को धर्मद्रोही और अहिन्दू कहेगा, उसको किसी प्रकार का दान या पूजा-चढ़ावा नहीं देंगे। जो लोग अछूतों को हिन्दू बनाये रखते हैं और इसी में हिन्दू जाति का सच्चा कल्याण समझते हैं, वे प्रतिज्ञापूर्वक अछूतों के लिए अलग मंदिर बनावें और धर्मप्राण पंडे-पुजारियों को पैसे और दक्षिणा देकर अपमान खरीदने से बचे रहें। यदि विश्वनाथ जी का मंदिर अछूतों के लिए नहीं खुलेगा, तो अछूत भाइयों के साथ मिलकर करोड़ों हिन्दू इसी काशी में दूसरे मंदिर का निर्माण करके उसी में विश्वनाथ का आवाहन-पूजन करेंगे, क्योंकि विश्वनाथ किसी एक जाति या सम्प्रदाय के देवता नहीं हैं, वह तो प्राणी-मात्र के पिता और नाथ हैं। उन पर सबका दखल-कब्जा बराबर-बराबर है। अब ऐसे ही आन्दोलन की जरूरत है और यह शीघ्र ही उठने वाला भी है।" (उप. पृ. 449)।

वस्तुत:प्रेमचन्द एक जागरूक पत्रकार के रूप में गाँधी के अस्पृश्यता-निवारण आन्दोलन से जुड़ी तमाम गतिविधियों के समर्थन में 'जागरण' पत्रिका में लगातार लिखते रहे। यहाँ पर स्थानाभाव के कारण बहुत ही थोड़े अंशों को ही उद्धृत कर पा रहा हूँ, फिर भी यह अंश यह सिद्ध करने के लिए पर्याप्त है कि जहाँ तक गाँधी और अम्बेडकर के बीच चुनाव का प्रश्न था, प्रेमचन्द पूरे दिलो-दिमाग से गाँधी जी के साथ थे। इसके साथ ही वे जागरूक साहित्यकार के रूप में अपनी रचनाओं के माध्यम से भी छुआछूत की समस्याओं को अपनी साहित्यिक रचनाशीलता में विन्यस्त करने में पीछे नहीं रहे। वैसे तो उन्होंने ढाई सौ के करीब कहानियाँ लिखीं, लेकिन इन दिनों उनकी जिन तीन-चार कहानियों— 'सद्‌गति', 'ठाकुर का कुआँ', 'दूध का दाम', 'कफन' जैसी कहानियों की जो ज्यादा चर्चा की जाती है, वे सब इसी अस्पृश्यता—निवारण आंदोलन के दौरान लिखी गई हैं। अमृत राय ने अपनी पुस्तक 'कमल का सिपाही' में प्रेमचन्द की समस्त कहानियों के प्रकाशन की जो प्रामाणिक तिथियाँ दी हैं, उनके अनुसार— 'सद्‌गति' (अक्टूबर 1931), 'दूध का दाम' (जुलाई 1934), 'कफन' (जनवरी 1936) में प्रकाशित हुईं। इन सभी कहानियों में अस्पृश्यों के जीवन से जुड़ी कई समस्याओं को प्रेमचन्द ने निरूपित किया है। यहाँ पर हम संक्षेप में 'ठाकुर का कुआँ' कहानी की चर्चा करेंगे एक झूठ का पर्दाफाश करने के लिए।

उल्लेखनीय है कि 'ठाकुर का कुआँ' नामक कहानी ठाकुर यानी सवर्ण-प्रभु के कुएँ से अछूतों द्वारा पानी भरने की मनाही यानी पाबंदी से उपजी यातना, पीड़ा की बड़ी ही दारुण दास्तान है। अब इस कहानी के संबन्ध में दलित चेतना के कुछेक

ध्वजारोही यह तथ्यान्वेषण प्रस्तुत करने लगे हैं कि यह कहानी प्रेमचंद ने पानी के सवाल को लेकर अम्बेडकर द्वारा किये गये महाड़ आंदोलन के प्रभावस्वरूप लिखी। ध्यान रहे, यह कहानी लिखी गई अगस्त 1932 में, जबकि महाड़ आंदोलन हुआ था 1927 में। 'प्रेमचन्द: विविध प्रसंग' में अमृतराय ने प्रेमचंद के जितने लेखों एवं संपादकीय टिप्पणियों का संकलन तीन खंडों में किया है, उनमें महाड़ आन्दोलन की कहीं कोई चर्चा नहीं मिलती। फिर भी इस कहानी पर अम्बेडकर के 1927 के आन्दोलन का प्रभाव देख लेना और जो गाँधी पानी, शिक्षा, निर्वाचन अधिकार, मंदिर-प्रवेश जैसे मुद्दों पर अछूतों के लिए लगातार आन्दोलन करते आ रहे थे और 1932 में भी अपने उपवास से उन्होंने पूरे देश को झकझोर रखा था, उनका इस कहानी पर प्रभाव न देख पाना तथ्यान्वेषण है या मिथ्यारोपण, इसका निर्णय पाठक ही कर लें।

सच तो यह है कि थोड़ी और गहराई में हम जाएँ, तो पायेंगे कि उस समय की राजनीति में छुआछूत के संबन्ध में गाँधीजी द्वारा उठाये गये सवालों एवं उनके समाधानस्वरूप किये जा रहे कार्यों को प्रेमचन्द बहुत ही बारीक ढंग से अपनी रचनाओं के माध्यम से साहित्यिक अभिव्यक्ति दे रहे थे। मसलन, उनकी 'कफन' कहानी को देख सकते हैं। फरवरी 1933 में 'हरिजन-सेवक' के प्रथम अंक में छपे अपने लेख में गाँधीजी ने अस्पृश्यों की अमानवीय दशा की तरफ ध्यान आकृष्ट करते हुए लिखा था— " हम चार करोड़ हिन्दुओं को अस्पृश्य मानते हैं, इस कारण उनको अवश्य विशेष और असाधारण कष्ट भोगना पड़ता है। उनके लिए न मंदिर है, न धर्मशाला है, न औषधालय है, न पाठशाला है। उनको हमने ऐसा गिराया है जिससे वह अपने मनुष्यपन को भी प्राय: भूल गये हैं।" ध्यातव्य है कि यहाँ गाँधी जी ने यह कहकर कि " उनको हमने ऐसा गिराया है जिससे वह अपने मनुष्यपन को भी भूल गये हैं, " सवर्णों द्वारा पैदा की गई उस अमानवीयकरण की प्रक्रिया को उकेरकर रख दिया है, जिसके तहत अछूतों में संवेदनशून्यता की स्थिति पैदा हो रही थी। क्या अमानवीयकरण की यही प्रक्रिया 'कफन' कहानी में घीसू-माधव की संवेदनशून्यता के रूप में नहीं विन्यस्त हुई है, जो मौत से जूझ रही अपनी पत्नी एवं बहू की दर्दनाक चीखों के प्रति बहरे होकर अलाव में पक रहे आलू की चिन्ता में पड़े हुए हैं और फिर 'कफन' के लिए मिले पैसे से दारू कलिया की दावत उड़ाकर मस्ती में ठुमके लगाने लगते हैं। आज के दलित लेखकों को इस कहानी में दलितों का अपमान दिखाई दे रहा है, किन्तु गाँधी जी के पूर्वोक्त कथन को ध्यान में रखें तो मानना पड़ेगा कि सवर्ण हिन्दुओं द्वारा अछूतों को जिस तरह मनुष्य से नीचे का दर्जा देकर रखा गया था, उससे वे मनुष्य जैसे संवेदनशील प्राणी नहीं रह गये थे। इस यथार्थ को गाँधी जी ने

राजनीतिक भाषा में प्रकट करने का साहस किया, तो उसे ही प्रेमचन्द ने 'कफन' कहानी में साहित्यिक शैली में प्रकट कर सवर्णों के ऊँचेपन के खोखलेपन का पर्दाफाश किया, न कि अछूतों का अपमान किया।

दलित सवाल को प्रेमचन्द ने 'गोदान' में भी उपस्थित किया है। हालाँकि दलित प्रश्न मुख्य कथा का एक छोटा-सा प्रासंगिक अंश है, लेकिन है वह 'घाव करे गंभीर' वाले अंदाज में। इस उपन्यास में अछूत जाति से जुड़ा वह छोटा-सा प्रसंग यह है कि मातादीन नाम का एक ब्राह्मण युवक चमार जाति की सिलिया नामक लड़की से प्यार करता है। जब आज तक वह बहुत सहज रूप से मान्य नहीं हो पाया है, तब भला 1936 में यह कैसे सम्भव हो पाता कि एक ब्राह्मण युवक चमार जाति की लड़की से विवाह कर लेता। हाँ, उसे रखैल बनाकर अवश्य रख सकता था, लेकिन सिलिया के घर-बिरादरीवाले उच्च वर्ण के इस स्वेच्छाचार को चुनौती देते हैं और एक दिन मातादीन को पकड़कर सिलिया से विवाह करने को विवश करते हैं। मातादीन के इंकार करने पर उसे पटककर उसका जनेऊ तोड़ डालते हैं और उसके मुँह में एक हड्डी का टुकड़ा डालकर अपनी समझ में जाति भ्रष्ट कर डालते हैं।

प्रेमचन्द के रचना-संसार में यह अछूत-विमर्श निस्संदेह उन दिनों गाँधी जी द्वारा चलाये जा रहे अछूतोद्धार आन्दोलन के समानान्तर विन्यस्त होता दिखाई देता है। अब इसकी काट के तौर पर यह कहा जा सकता है और कहा भी जा रहा है कि 'गोदान' के चमार जिस तरह की हिंसक भाषा बोलते हैं और हिंसक जोर-जबर्दस्ती की कार्रवाई करते हैं, वैसे क्रिया-कलापों के लिए गाँधी के अछूतोद्धार कार्यक्रम में कोई स्थान नहीं था, अतएव 'गाँधी के अछूतोद्धार आन्दोलन', जैसा कि गाँधी परहेजी समीक्षक वीरेन्द्र यादव अपने एक लेख में कहते हैं—" के सरोकारों का अतिक्रमण करता 'गोदान' का दलित-विमर्श वर्णाश्रम व्यवस्था की गुलामी से मुक्ति का उद्घोष होने के साथ-साथ....... गाँधीवादी राजनीति का अतिक्रमण करते हुए हिन्दू-अभिजात्य से दलितों के लिए जिस अलगाव का संकेत देता है, वही आज का दलित यथार्थ है।" (तद्भव, अंक-2, पृ. 96)।

विचारणीय है कि क्या 'गोदान' का दलित-विमर्श सचमुच गाँधीवादी राजनीति का अतिक्रमण है? वैसे श्री यादव ने यह स्पष्ट नहीं किया कि 'गाँधीवादी राजनीति' थी क्या ? गाँधी साहित्य के अध्येता मानते हैं कि गाँधी जी की राजनीति कभी एक आयामी नहीं रही। गाँधी जी 'हिन्द स्वराज्य' में स्वराज्य का मतलब मन पर शासन करना मानते थे, लेकिन 1920 के असहयोग आंदोलन के दौरान वे यह मानने लगे कि " अस्पृश्यता के पाप से मुक्त हुए बगैर स्वराज्य की स्थापना सम्भव नहीं है।"

गाँधी जी ने अछूतोद्धार के लिए भले ही हिंसक भाषा एवं उग्रता का अवलम्बन नहीं लिया, लेकिन वे अछूतों को ऐसी उग्रता के लिए ललकारने से बाज भी नहीं आये। इसके प्रमाणस्वरूप लंदन में गोलमेज सम्मेलन (1931) के अवसर पर उनके द्वारा दिये गये एक-दो वक्तव्यों को देखा जा सकता है। पत्रकारों द्वारा अम्बेडकर के विरोध के संबन्ध में पूछे जाने पर गाँधी जी ने कहा था, " हर एक अस्पृश्य की तरह डॉ. अम्बेडकर को मुझ पर थूकने तक का अधिकार है और वे मुझ पर थूकें तो भी मैं हँसता रहूँगा।" (सम्पूर्ण गाँधी वाङ्मय खण्ड 48, पृ. 177)। दूसरे सवाल के जवाब में भी उन्होंने ऐसा ही कहा- डॉ. अम्बेडकर के प्रति मेरे मन में बड़ा सम्मान है। उन्हें कटु होने का पूरा अधिकार है। अगर वे हमारा सिर नहीं फोड़ देते, तो इसी को उनका बहुत बड़ा आत्मसंयम मानना चाहिए।" (सम्पूर्ण गाँधी वाङ्मय, खण्ड 48, पृ. 848)।

गाँधी जी के इन वक्तव्यों में अंतर्निहित सत्य पर ध्यानपूर्वक विचार करने की अपेक्षा है। उन्होंने अम्बेडकर को संबोधित करते हुए प्रकारांतर से अस्पृश्यों से अपने ऊपर 'थूकने' या 'सिर फोड़ने की बात' 1931 में कहकर उस संभाव्य वास्तविकता को प्रकट किया था, जिसे प्रेमचन्द 1936 में 'गोदान' के दलित पात्र हरखू चौधरी, जो सिलिया का बाप है, के मुँह से कहलवाते हैं 'हम उनका और अपना रक्त एक कर देंगे।' गाँधी जी अहिंसा में अटूट आस्था के कारण अस्पृश्यता-उन्मूलन का आन्दोलन जरूर अहिंसात्मक ढंग से चलाते रहे, लेकिन वे भी इस तथ्य से अनजान नहीं थे कि सवर्ण हिन्दुओं ने अछूतों पर जितने अत्याचार किये हैं, उसकी प्रतिक्रिया में अगर अछूत उन पर थूकने या उनका सिर फोड़ने जैसा हिंसक कार्य करने लगें, तो वह तनिक अस्वाभाविक न होगा। 'थूकने' और 'सिर फोड़ने' की बात कहकर गाँधी जी ने जहाँ एक तरफ अछूतों के इतने उग्र हद तक चले जाने का संकेत दे दिया, तो दूसरी तरफ सवर्णों को भी चेता दिया कि अगर उन्होंने अछूतों के प्रति अपना रवैया नहीं बदला तो आने वाले दिनों में अछूतों के द्वारा उनके सिर फोड़ें जायेंगे, उनके मुँह पर थूका जाएगा। इसे ध्यान में रखें तो मानना पड़ेगा कि 'गोदान' में दलित-विमर्श के अंतर्गत प्रेमचन्द ने चमारों द्वारा मातादीन के मुँह में हड्डी का टुकड़ा डलवाकर गाँधी के पूर्वोक्त संकेत को ही रचनात्मक शिल्प में ढाला है। प्रेमचन्द ने भी 'गोदान' में दलितों के ऐसे उग्र रूप का कल्पित चित्र प्रस्तुत कर सवर्ण हिन्दुओं को सावधान किया कि अगर उन्होंने अछूतों के साथ स्वेच्छाचार-व्यभिचार का व्यवहार नहीं बदला, तो भविष्य में उन्हें अछूतों के ऐसे ही आक्रोश एवं आक्रामकता का शिकार होना पड़ सकता है। अतएव 'गोदान' का दलित-विमर्श, मेरी समझ में, गाँधीवादी राजनीति का अतिक्रमण नहीं, अपितु गाँधी जी के दलित-विमर्श की साहित्यिक शैली में प्रस्तुति है।

वस्तुत: गाँधी के अस्पृश्यता-निवारण आन्दोलन के कार्यक्रमों ने अपने समय के परिवेश को इस कदर प्रभावित किया कि प्रेमचन्द के अतिरिक्त अन्य रचनाकारों की रचनाशीलता पर भी उसका प्रत्यक्ष एवं परोक्ष प्रभाव देखा जा सकता है। प्रेमचन्द के समकालीनों में हिन्दी के एक अन्य महत्त्वपूर्ण साहित्यकार जयशंकर प्रसाद ने यद्यपि प्रेमचन्द की तरह अस्पृश्यता के मुद्दे पर पत्रकार शैली में नहीं लिखा, लेकिन उनकी लिखी 'विराम-चिह्न' नाम की कहानी इस विषय पर अत्यंत महत्त्वपूर्ण कहानी है। मंदिर-प्रवेश आंदोलन को सीधे-सीधे इस कहानी का कथानक बनाया गया है। इस कहानी में राधे नाम का अछूत युवक अपनी गरीब बूढ़ी माँ के मना करने के बावजूद अछूतों के जत्थे के साथ मंदिर में प्रवेश करने का प्रयास करता है, जहाँ उसका सामना मंदिर के द्वार पर 'भगवान की पवित्रता की रक्षा' के नाम पर तैनात लठैत पंडों से होता है। इन लठैत पंडों के प्रतिरोध की परवाह न करते हुए राधे अछूतों का मंदिर-प्रवेश के लिए नेतृत्व करता है, इसके परिणाम को कहानीकार इन शब्दों में विन्यास करता है— " लट्ठ चले, सिर फूटे। राधे आगे बढ़ ही रहा था कि कुंज बिहारी ने बगल से घूमकर राधे के सिर पर करारी चोट की। वह लहू से लथपथ वहीं लोटने लगा।"

इस प्रकार यह कहानी मंदिर-प्रवेश आंदोलन का सवर्णों द्वारा किये जा रहे प्रतिरोध की नृशंसता, अमानवीयता की बड़ी मार्मिक तस्वीर पेश करती है। प्रेमचन्द ने अस्पृश्यता को लेकर कई कहानियाँ लिखीं, मंदिर-प्रवेश के सवाल पर लेख लिखे, लेकिन मंदिर-प्रवेश को लेकर 'विराम-चिह्न' जैसी कहानी न उनके यहाँ है, न ही किसी अन्य रचनाकार द्वारा लिखी गई ऐसी कहानी है। प्रसाद की इस कहानी की हिन्दी आलोचना में बहुत कम चर्चा हुई है, लेकिन दलित दृष्टि से यह सशक्त कहानी है, जिस पर गाँधी द्वारा चलाये गये मंदिर-प्रवेश आन्दोलन की प्रत्यक्ष रूप से छाप है। आज के दलित-विमर्श के दौर में इस कहानी का महत्त्व और बढ़ जाता है। सुधी समीक्षक डॉ. विनोद शाही ने इस कहानी को लक्ष्य करते हुए सही कहा है— " प्रसाद की अन्य कहानियों में 'विराम-चिह्न' सम्भवत: दलित चेतना की हिन्दी की पहली सशक्त कहानी है। जड़ परम्परागत कुलीन संस्कृति-धर्मियों के मंदिर की दहलीज पर एक श्रद्धालु दलित बुढ़िया अपने बेटे की लाश लेकर पहुँचती है और एक प्रश्न-चिह्न की तरह अपने प्राण त्याग देती है। यह प्रश्न-चिह्न इस तरह के मंदिरों की धज्जियाँ उड़ाने के लिए लगाया गया बारूदी पलीता है।" (जयशंकर प्रसाद: एक पुनर्मूल्यांकन, पृ. 127)। डॉ. शाही के इस कथन से सहमत होते हुए मैं जोड़ना यह चाहूँगा कि दलित-चेतना की यह सशक्त कहानी निश्चित तौर पर गाँधी के मंदिर-प्रवेश-आन्दोलन से उत्पन्न परिवेश की उपज थी, इसलिए यह उस दौर के इस पहलू का सच्चा दर्पण है।

गाँधी से कभी सहमति, तो कभी तीखी असहमति रखने के लिए निराला काफी चर्चित रहे हैं। हालाँकि निराला के रचना-संसार में भी प्रगतिवादी समीक्षकों ने मार्क्सवादी प्रभाव को ही ज्यादा खोजने की कोशिश की है और इस क्रम में उन्होंने निराला का गाँधी से दुराव ही अधिक दिखाया है, लेकिन निराला की 1930-40 के बीच लिखी टिप्पणियों एवं कविताओं तथा कहानियों में जिस तरह अस्पृश्यता के विरोध एवं निम्न जातियों के उन्नयन का स्वर दिखाई देता है, वह मार्क्सवाद के वर्ग-संघर्ष के बजाय गाँधी के अछूतोद्धार-आन्दोलन से ज्यादा प्रभावित लगता है। अछूतों के लिए पृथक् निर्वाचन मण्डल दिये जाने के विरोध में गाँधी जी के उपवास करने पर जैसे प्रेमचन्द ने 'जागरण' की सम्पादकीय टिप्पणियों में उनका समर्थन किया, ठीक वैसे ही निराला ने भी 'सुधा' (अक्टूबर 1932) की सम्पादकीय टिप्पणियों में उनका पुरजोर समर्थन करते हुए लिखा— " अब वह अपने और पराये स्वार्थ से बाहर हैं। अब इस उपवास की मूर्ति में केवल महात्मा जी हैं, जो सत्याग्रह के बल पर विश्व पर विजय प्राप्त कर सकते हैं, जो अमर जीवन के ज्ञाता, सदा मुक्त, सदा स्वतन्त्र हैं। जिस मंत्र को लेकर वह भारत के स्वतंत्रता संग्राम में अवतीर्ण हुए थे, अब उसी की सिद्धि में उत्तीर्ण हो रहे हैं।" इस टिप्पणी में निराला ने घोषित किया कि " महात्मा गाँधी संसार के सर्वश्रेष्ठ पुरुष हैं।"

निराला के जीवनी लेखक डॉ. रामविलास शर्मा लिखते हैं कि " अछूतोद्धार की चिरंतन समस्या हल करने के लिए अगले साल गाँधी जी ने फिर आमरण अनशन किया। निराला को फिर गहरी चिन्ता हुई कि व्रत में गाँधी जी प्राण न दे दें। गाँधी जी ने इक्कीस दिन का उपवास समाप्त किया, हरिजन-समस्या पर सारे देश का ध्यान केन्द्रित हो गया। निराला ने प्राचीन काल के उपवासकर्ताओं— सेंट पाल, बुद्ध आदि का स्मरण करते हुए 'सुधा' (16 अगस्त, 1933) में लिखा— "महात्मा जी ने अपने गले में फाँसी की रस्सी डाल ली थी, परन्तु हमारे देश के धन्य भाग्य कि प्रकृति ने उनकी रक्षा की। महात्मा जी भारत के लिए एक दैवी प्रसाद है।" (निराला की साहित्य-साधना-2, पृ. 79)।

'सुधा' की इन सम्पादकीय टिप्पणियों के अतिरिक्त निराला की यह कविता देखी जा सकती है, जो धोबी, चमार जैसी अस्पृश्य जातियों को लक्ष्य करके उस दौर में लिखी गई—

"जल्द-जल्द पैर बढ़ाओ, आओ-आओ।
आज अमीरों की हवेली
किसानों की होगी पाठशाला
धोबी, पासी, चमार, तेली
खोलेंगे अँधेरे का ताला।"

निराला ने 'चतुरी चमार' जैसी कहानी लिखी, जिसमें उन्होंने खुद अछूत लड़कों को पढ़ाने, उनके हाथ का पकाया खाना खाने का जिक्र किया है। उन्होंने अछूतोद्धारक के रूप में 'कुल्ली भाट' जैसा चरित्र गढ़ा। शूद्र समझी जाने वाली जातियों की उपेक्षा, दुर्दशा को लेकर निराला की गहरी चिन्ता 'कुल्ली भाट' के इस कथन में मूर्त हो उठी है— " इनकी ओर कभी किसी ने नहीं देखा। ये पुश्त-दर-पुश्त सम्मान देकर नत-मस्तक ही संसार से चले गये हैं। संसार की सभ्यता के इतिहास में इनका स्थान नहीं। ये नहीं कह सकते, हमारे पूर्वज कश्यप, कपिल, कणाद थे। रामायण, महाभारत इनकी कृतियाँ हैं। अर्थशास्त्र कामसूत्र इन्होंने लिखे हैं। अशोक, विक्रमादित्य, हर्षवर्द्धन, पृथ्वीराज इनके वंश के हैं।" इन शब्दों में अछूत, निम्न जातियों को लेकर निराला लगभग वही सब व्यक्त कर रहे थे, जो उन दिनों अछूतोद्धार आन्दोलन के अंतर्गत गाँधी जी कह और कर रहे थे। निराला पर गाँधी के इन प्रभावों को देखते हुए डॉ. रामविलास शर्मा ने स्वीकार किया है कि 'सत्याग्रह द्वारा अंग्रेजी राज का विरोध, अछूतोद्धार के लिए उपवास, अंग्रेजी के स्थान पर हिन्दी को राष्ट्रभाषा बनाने के लिए प्रचार-निराला की दृष्टि में गाँधी जी को महापुरुष बनाने वाले ये तीन कार्य थे।" (निराला की साहित्य-साधना-2, पृ. 79)।

अपने युग की साहित्यिक सृजनशीलता को प्रभावित करने वाला गाँधी का एक अन्य महत्त्वपूर्ण मोर्चा था स्त्री-जागरण या स्त्री-सशक्तीकरण के अभियान का। जिस तरह गाँधी जी के अस्पृश्यता-उन्मूलन-आंदोलन ने समाज-राजनीति के साथ-साथ अपने समय की साहित्यिक सृजनशीलता को भी प्रभावित किया, ठीक उसी तरह उनके द्वारा स्त्रियों के उद्धार के लिए किये गये कार्यों ने भी देश में एक ऐसा वातावरण तैयार किया, जिससे साहित्यकारों ने स्त्री-शक्ति एवं तेजस्विता की नई-नई छवियाँ निर्मित कीं। वैसे वेश्याओं को लेकर सहानुभूतिपरक साहित्य तो गाँधी जी के पहले से लिखा जा रहा था, लेकिन गाँधी जी ने जिस तरह स्त्रियों की खुद्दारी को ललकारते हुए, उनकी शक्ति और अपराजेय संघर्षशीलता को जगाते हुए उनसे खुद अपनी लड़ाई लड़ने का आह्वान किया, उसका प्रभाव साहित्यकारों पर भी पड़ा और उन्होंने भी स्त्री-सशक्तीकरण के कई चरित्रों को अपने रचना-संसार में प्रस्तुत किया।

गौरतलब है कि इस गाँधीवादी दौर में प्रेमचन्द जैसे बड़े साहित्यकार 'सेवा-सदन' से लेकर 'गोदान' तक सुमन, सोफिया, निर्मला, धनिया, झुनिया, सिलिया, मालती जैसे स्त्री-चरित्रों के माध्यम से स्त्री-जीवन की नाना छवियों को प्रस्तुत करते हुए उनमें विद्रोह, संयम, साहस, दृढ़ता का सम्यक् निर्वाह दिखाते हैं, किसी स्त्री-चरित्र में उन्होंने छिछोरापन नहीं दिखा है। छायावादी कवियों ने भी स्त्री-मुक्ति के सवाल को बड़ी प्रखरता से उठाया। जयशंकर प्रसाद ने अपने नाटक 'ध्रुवस्वामिनी' में ध्रुवस्वामिनी के

रूप में एक ऐसी स्त्री को प्रस्तुत किया, जो अनुचित के विद्रोह की मूर्ति है। वह अपने कायर, बुजदिल पति रामगुप्त का परित्याग कर जिस मार्ग का अवलम्बन करती है, वह गाँधी जी के इस कथन को मानो मूर्त कर देती है, जिसे उन्होंने एक बार पति-पत्नी के संबन्धों के विषय में व्यक्त किया था— "पति तो अपने को निरंकुश समझता है। वह अपने को अपनी जीवन-सहचरी से सलाह लेने के लिए बँधा नहीं मानता। वह उसे अपनी मिल्कियत मानता है और वह बेचारी जो उसकी इस मान्यता में विश्वास करती है, प्रायः अपनी आत्मा को दबाकर रहती है। मैं समझता हूँ कि इस स्थिति से उभरने का रास्ता मीराबाई ने दिखा दिया है। जब पत्नी अपने को गलती पर न समझे और जब उसका उद्देश्य अधिक ऊँचा हो, तब उसे पूरा अधिकार है कि वह अपने मन का रास्ता अख्तियार कर ले और नम्रता से परिणाम का सामना करे।" (21-10-1926 के 'यंग इंडिया' में गाँधी जी के छपे लेख से उद्धृत)। कितना साम्य है गाँधी के इस कथन और प्रसाद की ध्रुवस्वामिनी के इस कथन में— "मैं केवल यही कहना चाहता हूँ कि पुरुषों ने स्त्रियों को अपनी पशु-संपत्ति समझकर उन पर अत्याचार करने का जो अभ्यास बना लिया है, वह मेरे साथ नहीं चल सकता। यदि तुम (पति) मेरी रक्षा नहीं कर सकते, अपने कुल की मर्यादा-नारी का गौरव नहीं बचा सकते तो मुझे बेच भी नहीं सकते। हाँ, तुम लोगों को आपत्ति से बचाने के लिए मैं स्वयं यहाँ से चली जाऊँगी।" ध्यान रहे ध्रुव स्वामिनी यह बात अपने पति राजा रामगुप्त से कहती है, जो अपने शत्रु शकराज को उसे उपहारस्वरूप देकर अपनी जान बचाना चाहता है। पूरा नाटक यही दिखाता है कि कैसे वह अपने कायर पति के इस अनुचित कार्य का प्रतिरोध करती हुई अपनी पसंद का रास्ता अख्तियार करती है— ऐसे नालायक पति से संबन्ध-विच्छेद कर लायक जीवन-साथी का चुनाव करती है। इस प्रकार इस स्त्री-चरित्र में गाँधी का यह कथन मूर्त हो उठता है कि "....तब उसे पूरा अधिकार है कि वह अपने मन का रास्ता अख्तियार कर ले और नम्रता से परिणाम का सामना करे।"

उल्लेखनीय है कि पुरुषों के दमन, दलन, उत्पीड़न से मुक्ति के लिए स्त्रियों को स्वयं पहल करने की जो गुहार गाँधी जी लगाते रहे, उसी के अनुरूप 'ध्रुवस्वामिनी' जैसी स्त्री-शक्ति की छवि गढ़ी गई, तो ठीक उसी के अनुरूप निराला अपनी प्रसिद्ध कविता 'तोड़ती पत्थर' में एक श्रमरत मजदूरिन के रूप में स्त्री-शक्ति एवं जुझारूपन की छवि गढ़ते हुए दिखाई देते हैं। हालाँकि 1937 ई. में लिखी इस कविता के संबन्ध में निराला पर मार्क्सवादी प्रभाव की चर्चा मार्क्सवादी समीक्षकों ने खूब की है, लेकिन मेरी समझ में यह सीधे-सीधे गाँधी जी द्वारा पूरे भारतीय परिवेश में स्त्री-तेजस्विता की फैलाई जागृति का ही प्रभाव मानना चाहिए। इस कविता में प्रस्तुत स्त्री-छवि को समझने के लिए गाँधी जी के एक वक्तव्य को ध्यान में रखना आवश्यक है। उन्होंने एक बार

स्त्रियों की सभा में बोलते हुए कहा था— " यदि मैं स्त्री के रूप में जन्मा होता, तो पुरुष के इस दम्भ के विरुद्ध कि स्त्री पुरुष के मनोरंजन की वस्तु है, विद्रोह कर देता। मैं तो मानसिक रूप से स्त्री बन गया हूँ, जिससे कि मैं उसके हृदय में प्रवेश कर सकूँ। मैंने अपनी पत्नी का दृश्य बदल देने का निश्चय कर लिया, तो इसके लिए मैंने उन सब तथाकथित अधिकारों को त्याग दिया, जो मुझे पति होने के नाते प्राप्त थे और साथ ही पत्नी को उसके सारे अधिकार लौटा दिये। इसका नतीजा आप देखती हैं कि वह आज मेरे जैसे ही सादगी से रहती है। उसके शरीर पर न गहने हैं और न बढ़िया कपड़े। मैं चाहता हूँ कि आप भी ऐसी बनें। अपने शौक और मन की वासना की गुलाम आप न बनें। इसी तरह पुरुषों की भी दासी बनने की कोई जरूरत नहीं। अपने इत्र-फुलेल, क्रीम-पाउडर, लवेंडर और अन्य सौंदर्य-प्रसाधनों को धता बताओ। आप अपनी सुगंध फैलाना चाहती हैं तो वह आपके हृदय-कुसुम से ही निकलनी चाहिए।" (महात्मा गाँधी जीवन और चिंतन, जे.बी. कृपलानी, पृ. 436)।

स्पष्ट है कि गाँधी जी पाउडर-क्रीम, लवेंडर, इत्र-फुलेल जैसे सौंदर्य-प्रसाधनों का तिरस्कार करते हुए स्त्रियों के आत्मबल के विकास पर जोर दे रहे थे। गाँधी जी की ठीक इस सोच के अनुरूप ही निराला ने 'तोड़ती पत्थर' में एक ऐसी युवा स्त्री को प्रस्तुत किया है जिसकी कलाइयों में न चूड़ियाँ हैं, न हाथों में मेंहदी रची हैं, न बालों में गजरा है, है तो सिर्फ 'गुरु हथौड़ा हाथ, करती बार-बार प्रहार।" यानी उसके हाथ में भारी-भरकम हथौड़ा है, जिससे वह पत्थर तोड़ने का काम कर रही है। यह सांकेतिक है। उसके द्वारा अपने प्रति यानी स्त्री के प्रति निर्मम पाषाण से बने पुरुष-समाज पर चोट करने का। यहाँ अपनी मुक्ति की लड़ाई एक औरत सारे शृंगार-प्रसाधनों का तिरस्कार कर खुद लड़ रही है और यही तेवर गाँधी जी भारत की स्त्रियों में देखना चाहते थे। निस्संदेह इस कविता में एक स्त्री द्वारा पत्थर जैसे निष्ठुर बने समाज पर प्रहार कर अपनी मुक्ति का प्रयास करने का जो बिम्ब है, वह गाँधी जी द्वारा निरंतर स्त्रियों में आत्मबल, आत्मसजगता को उभारने की काव्यात्मक अभिव्यक्ति है।

वस्तुतः आभूषणों, शृंगार-प्रसाधनों से परहेज करते हुए सादगीपूर्ण जीवन जीने एवं सूत कातने-बुनने के जरिये आर्थिक दृष्टि से अपने को आत्मनिर्भर बनाने का जो आग्रह गाँधी जी स्त्रियों से कर रहे थे, उसके अनुरूप उस दौर में लिखे जा रहे साहित्य में ऐसी कई-स्त्री छवियाँ गढ़ी जाती हुई दिखाई देती हैं। मसलन, प्रेमचन्द का गाँधीवादी प्रभाव से मुक्त समझा जाने वाला उपन्यास 'गोदान' भी गाँधी की स्त्री संबन्धी मान्यताओं एवं मूल्यों से मुक्त नहीं है। हालाँकि दशकों से हिन्दी आलोचकों के एक खेमे ने 'गोदान' को मार्क्सवादी वैचारिक साँचे की रचना सिद्ध करने का हठयोग चला रखा

है, लेकिन इस उपन्यास की एक महत्त्वपूर्ण स्त्री-पात्र मिस मालती की जीवन-शैली में जो परिवर्तन घटित होता है, वह स्पष्टतः गाँधी जी के स्त्री संबन्धी आग्रहों का प्रभाव है। इंग्लैंड से डॉक्टरी पढ़कर आई मिस मालती को लेखक कथा के आरंभ में तड़क-भड़क, फैशनपरस्त, तितली की तरह रंगीन बताता है, वही कथा के उत्तरार्द्ध में सारी साज-सजावट, सौंदर्य-प्रसाधनों को धत्ता बताते हुए बाहरी रूप-सज्जा के प्रति वीतरागी हो जाती है। उसकी मनोदशा का चित्र लेखक इन शब्दों में खींचता है— " मालती इन्हीं विषयों पर महिलाओं से बातें करती रही। उनकी श्रद्धा देखकर उसके मन में सेवा की प्रेरणा और भी प्रबल हो रही थी। इस त्यागमय जीवन के सामने वह विलासी जीवन कितना तुच्छ और बनावटी था। आज उसके वह रेशमी कपड़े, जिन पर जरी का काम था और वह गंध से महकता हुआ शरीर और वह पाउडर से अलंकृत मुख-मण्डल, उसे लज्जित करने लगा। उसकी कलाई पर बँधी सोने की घड़ी जैसे अपने अपलक नेत्रों से उसे घूर रही थी। उसके गले में चमकता हुआ जड़ाऊ नेकलस मानो गला घोंट रहा था।" इस कथन को देखकर क्या नहीं लगता कि गाँधी जी ने पूर्वोक्त कथन में स्त्रियों को क्रीम, पाउडर जैसे 'सौंदर्य-प्रसाधनों को धत्ता' बताने की जो सलाह दी थी, उसके एक-एक शब्द को यहाँ प्रेमचन्द ने मालती की मनोदशा में अंकित कर दिया है? इस अहसास के फलस्वरूप मिस मालती कीमती परिधानों एवं आभूषणों का परित्याग कर, खादी की साड़ी में गाँव-गाँव जाकर गरीबों का मुफ्त इलाज करने लगती है। स्पष्टतः यह उसके हृदय-परिवर्तन का परिणाम है और यह हृदय-परिवर्तन की घटना प्रेमचन्द के गाँधीवादी मूल्यों से लगाव का प्रमाण है, न कि मार्क्सवाद के वर्ग-संघर्ष की चेतना का।

प्रसंगवश यह भी उल्लेखनीय है कि गाँधी जी ने चरखे को, यानी सूत कातने, बुनने जैसे कार्य को स्वराज्य-प्राप्ति के साथ-साथ स्त्रियों की आर्थिक मुक्ति के लिए भी अमोघ अस्त्र माना था और इसका प्रभाव भी महत्त्वपूर्ण साहित्यिक कृतियों पर दिखाई देता है। 'गोदान' में ही, जैसा कि हम पहले कह चुके हैं, मिस मालती गोबर की छोटी बहन रूपा की शादी में उपहार के रूप में चरखा देती है। धनिया भी अंत में सुतली बनाने का कार्य करने लगती है। गौरतलब है कि इस उपन्यास का अन्तिम शब्द-चित्र— " धनिया यंत्र की भाँति उठी, आज जो सुतली बेची थी, उसके बीस आने लाई और पति के ठंडे हाथ में रखकर सामने खड़े मातादीन से बोली.....।" सूत कातने-बुनने का कार्य प्रसाद की 'कामायनी' जैसी पौराणिक आख्यान से सम्बद्ध काव्यकृति में भी दिखाई देता है। गाँधी जी ने पूरे देश में सूत कातने-बुनने का जो महा अभियान चला रखा था, उसी का प्रभाव माना जा सकता है कि प्रसाद 'कामायनी' के 'ईर्ष्या' सर्ग में काव्य की नायिका श्रद्धा का यह चित्र प्रस्तुत करते हैं—

"तुम दूर चले जाते हो जब / तब लेकर तकली यहाँ बैठ,
मैं उसे फिराती रहती हूँ / अपनी निर्जनता बीच पैठ।
मैं बैठी गाती हूँ तकली के / प्रतिवर्द्धन में स्वर विभोर-
चल रही तकली धीरे-धीरे / प्रिय गये खेलने को अहेर।"

वस्तुतः इस गाँधीवादी दौर में प्रेमचन्द, प्रसाद एवं निराला द्वारा लिखे गये साहित्य में जो भी महत्त्वपूर्ण स्त्री-छवियाँ गढ़ी गई हैं, वे भोग-विलास की भावना से नहीं, अपितु जीवन-कर्म में प्रवृत्त करने वाली शक्ति एवं कर्मठता से ओत-प्रोत हैं। निस्संदेह ऐसी स्त्री-छवियों के विन्यास के पीछे गाँधी के स्त्री-जागरण अभियान की प्रभावशाली भूमिका रही होगी। ताज्जुब होता है यह देखकर कि फिर भी इन रचनाकारों को गाँधीवादी साँचे का हिन्दी की प्रगतिवादी आलोचना नहीं मानती और गाँधीवादी वैचारिक साँचे का मानती भी है तो उस जैनेंद्र कुमार को जो 'सुनीता' के रूप में नितांत गाँधीवादी सोच से अलग, स्त्री-छवि प्रस्तुत करते हैं, ठीक उसी दौर में। सच तो यह है कि जैनेन्द्र कुमार जैसे घोषित गाँधीवादी की तुलना में प्रेमचन्द, प्रसाद और निराला अधिक अघोषित रूप से ही सही, गाँधीवादी हैं। इनकी रचनाओं में ऐसी कोई स्त्री नहीं, जो जैनेन्द्र की सुनीता की तरह अपने को निर्वस्त्र कर पुरुष के भोग और प्रेम के द्वंद्व का परीक्षण करती है।

इस प्रकार वस्तु-सत्य यही प्रकट होता है कि प्रेमचन्द, प्रसाद और निराला का गाँधी जी के इन महत्त्वपूर्ण विचारों से गहरा लगाव था और इसकी उनकी रचनाशीलता की अंतर्वस्तु को आकार देने में अहम भूमिका रही है। वैसे गाँधी जी के स्वदेशी या राजनीतिक आन्दोलन आदि से भी इनका लगाव बना रहा, किन्तु इन आन्दोलनों के पीछे और भी अनेक शक्तियाँ सक्रिय रही थीं, इसलिए यहाँ पर विवेच्य विषय के अंतर्गत उन्हें नहीं शामिल किया गया और मुख्य रूप से गाँधी के यांत्रिक सभ्यता, अस्पृश्यता एवं स्त्री संबन्धी चिन्तन एवं कार्यों के संदर्भ में इनका विवेचन केन्द्रित रखा गया, किन्तु इसका मतलब यह भी नहीं कि इन रचनाकारों का रचना-संसार केवल गाँधी जी के विचारों तक ही सीमित था और वे उनके अनुवादक मात्र थे। गाँधी के साथ इनकी असहमतियाँ भी रही हैं, किन्तु छोटी-छोटी असहमतियों की तुलना में अधिक महत्त्वपूर्ण हैं वे सहमतियाँ, जो राष्ट्रीय एवं सामाजिक मुद्दों पर उन्हें एक साथ करती हैं।

जहाँ तक गाँधी जी के साथ इन रचनाकारों के मतभेद का प्रश्न है, इसे वैसे ही समझना चाहिए जैसे पिता-पुत्र में या भाई-भाई में भी कई बार मतभेद हो जाया करते हैं। कई मतभेदों के बावजूद पिता-पुत्र भाई-भाई के संबन्धों के सत्य को नकारा नहीं जा सकता, ठीक उसी तरह गाँधी के साथ इन रचनाकारों के मतभेदों

के बावजूद समग्रता में इनके सोच को गाँधी विरोधी नहीं कहा जा सकता या गाँधी से इनके लगाव को झुठलाया नहीं जा सकता। गाँधी से कई बातों में मतभेद तो सरदार पटेल, जवाहर लाल नेहरू, राममनोहर लोहिया आदि के भी रहे, फिर भी उन्हें कभी गाँधी-विरोधी नहीं समझा गया, जैसा कि कम्युनिस्टों ने अपने को गाँधी-विरोधी के रूप में प्रस्तुत किया। ठीक यही स्थिति प्रेमचन्द, प्रसाद और निराला की भी गाँधी के साथ समझी जानी चाहिए।

इसके बावजूद इन रचनाकारों को गाँधी जी के विचारों से प्रभावित होने में किसी को आपत्ति हो, तो प्रसिद्ध समाजशास्त्री साहित्य-चिंतक लूसिए गोल्डमान की 'संरचनात्मक सहधर्मिता' की अवधारणा के आलोक में यह तो कहा ही जाएगा कि एक जैसी सामाजिक-राजनीतिक संरचना ने इन चारों के सोच को सहधर्मी बनाया और इस दृष्टि से इन रचनाकारों को मार्क्स, एंगेल्स, लेनिन से अधिक गाँधी के सोच एवं कर्म के अनुरूप ही माना जाएगा। वस्तुतः गाँधी अपने समय की राजनीतिक-सामाजिक समस्याओं एवं आंदोलनों के सशरीरी यथार्थ थे, इसलिए उनकी अनदेखी न करने में इन रचनाकारों की युग-चेतना का ही प्रमाण देखा जाना चाहिए।

(आलोचना अक्टू., दिस. 2008)

गाँधी : महात्मा से चेथरिया पीर

मैनेजर पाण्डेय

भारतीय समाज के इतिहास में स्वाधीनता आन्दोलन एक युगांतकारी घटना है, केवल राजनीतिक दृष्टि से नहीं, बल्कि अधिक गहरे स्तर पर सामाजिक और सांस्कृतिक रूप में भी। स्वाधीनता आन्दोलन के दौरान भारतीय समाज में व्यापक आत्मसजगता आई, प्रखर आलोचनात्मक चेतना का विकास हुआ और लम्बे काल से दबे हुए सामाजिक-सांस्कृतिक सवाल उठ खड़े हुए। इस प्रक्रिया में भारतीय जनता की दबी-कुचली हुई आत्मा की शक्तियाँ जागीं। यह एक तरह से भारतीय समाज की आत्मा के अन्वेषण ही नहीं, आविष्कार और परिष्कार का भी अभियान था। इस मूलगामी अभियान को प्रभावित करने वाली अनेक प्रवृत्तियाँ सक्रिय थीं। उनमें से कुछ सहायक थीं तो कुछ बाधक भी। उस व्यापक जन-जागरण के अग्रदूत महात्मा गाँधी थे। जनता के दिल और दिमाग पर उनका प्रभाव अपूर्व था। वे लोकमन को पहचानते थे, उसकी भाषा में बात करते थे, शब्द और कर्म की एकता के साक्षात प्रमाण थे और नैतिक ईमानदारी तथा जिम्मेदारी की सजीव प्रतिमा भी थे। इसीलिए वे लोकमत को बदलने-बनाने में सक्षम थे और सफल भी। वे लोक हृदय के सम्राट नहीं, सेवक थे, इसलिए जनता उनके हृदय के विवेक से एकता अनुभव करती थी।

गाँधी जी को दार्शनिक बनाने-बताने के लिए बहुत कुछ लिखा गया है, लेकिन वे विचारों की एकांत साधना करने वाले परम्परागत दार्शनिक न थे। उनका विचारों से वैसा ही संबन्ध था, जैसा कबीर का था या एक कवि का होता है। वे विचारों का अनुभव करते थे और उसे कर्म की कसौटी पर कसते थे। उन्होंने पश्चिम के ज्ञानोदय से उपजे बुद्धिवाद की हिन्द स्वराज (1909) में तीखी आलोचना की है। वे सूचना और जानकारी को ज्ञान मानने के लिए तैयार न थे, बल्कि ऐसे ज्ञान को आधुनिक बुद्धिवाद की विडम्बना समझते थे। वास्तव में वे किर्केगार्द की इस चिन्ता से सहमत लगते हैं कि " आज के जमाने में ज्ञान से मानवीय अनुभव का अलगाव हो गया है।

वह जानकारी और सूचना तक सीमित हो गया है। यहाँ तक कि आज हम प्रेम नहीं करते, उसका अनुभव भी नहीं करते, बल्कि उसके बारे में ब्यौरेवार जानकारी रखते हैं।'' गाँधी जी विचार का साक्षात्कार करने और उसे मानवीय अनुभव बनाने के कायल थे, जो कला और साहित्य की रचनाशीलता की बुनियादी विशेषता है। सम्भवतः यही कारण है कि उनका भारतीय लेखकों पर व्यापक प्रभाव पड़ा है।

गाँधी की एक विशेषता उनकी दृष्टि की समग्रता है, जो स्वाधीनता आन्दोलन के किसी दूसरे नेता में नहीं मिलती। उनकी दृष्टि भारत की केवल राजनीतिक स्वाधीनता तक सीमित न थी। उनके सामने भारत के सामाजिक और सांस्कृतिक जागरण का महा प्रश्न था। उनकी आकांक्षा का स्वराज्य केवल राजनीतिक और आर्थिक ही नहीं, नैतिक भी था। उस युग के कुछ नेता भारत के अतीत की स्मृति में खोए हुए थे, कुछ वर्तमान के बोध से आक्रांत और कुछ भविष्य की चिन्ता में डूबे हुए। लेकिन गाँधी की दृष्टि में अतीत की स्मृति, वर्तमान के बोध और भविष्य की जटिल समग्रता थी, केवल एक विचार के रूप में नहीं, हृदय के विवेक के रूप में। उनके हृदय के विवेक के निर्माण में साहित्य की महत्त्वपूर्ण भूमिका थी।

गाँधी के हृदय के विवेक का मूल स्रोत भक्ति काव्य की संवेदना, उसकी लोकधर्मिता और मूलगामी मानवीयता है, न कि तोलस्तोय और रस्किन के विचार, जैसा कि प्रायः समझा जाता है। गाँधी की राजनीति की संस्कृति में सत्याग्रह, रामराज्य और चरखा का क्या महत्त्व है— यह सब लोग जानते हैं, लेकिन इन तीनों का भक्ति काव्य से क्या संबन्ध है— यह बहुत लोग नहीं जानते। गाँधी जी को सत्याग्रह की प्रेरणा मीराबाई से मिली और रामराज्य की कल्पना तुलसीदास से। उनका चरखा कबीर का है और पराई पीर अनुभव करने वाली संवेदनशीलता नरसी मेहता की। यह मेरा अनुमान नहीं है। इसके पर्याप्त प्रमाण गाँधी जी के लेखन में मौजूद हैं। वे मीराबाई को आदि सत्याग्रही मानते थे और तुलसीदास के **रामचरित मानस** को रामायण-महाभारत से भी अधिक महत्त्व देते थे। वे चरखा को कबीर की तरह पवित्र और उपयोगी समझते थे। नरसी मेहता के पदों से उनका लगाव जगजाहिर है।

गाँधी भक्ति काव्य को किस तरह पढ़ते थे, इसकी 'विगत सार्थकता और वर्तमान अर्थवत्ता' की कैसी पहचान रखते थे, इसका एक उदाहरण तुलसीदास पर लिखा उनका छोटा-सा निबंध है, जो अक्टूबर, 1929 के हिन्दी नवजीवन में छपा था। उस निबंध में उन्होंने ***रामचरित मानस*** के विभीषण के चरित्र की जो व्याख्या की है, वह व्याख्या की राजनीति या साहित्य की राजनीतिक व्याख्या का बहुत अच्छा उदाहरण है। विभीषण को देशद्रोही माना जाता है। लेकिन गाँधीजी कहते हैं कि '' विभीषण ने अपने भाई के साथ सत्याग्रह किया है। विभीषण का दृष्टांत हमें यह सिखाता है कि अपने

देश या अपने शासन के दोषों के प्रति सहानुभूति रखना या उन्हें छिपाना देशभक्ति के नाम को लजाना है। इसके विपरीत देश के दोषों का विरोध करना सच्ची देशभक्ति है।'' 1929 में ऐसा सच केवल गाँधी कह सकते थे, जिनमें अनभै साँच कहने का कबीर जैसा असाधारण साहस था। आज जबकि भारत में ही नहीं, सारी दुनिया में राष्ट्रवाद का उन्माद हर तरह की आलोचनात्मक चेतना को कुचलना चाहता है, तब कितने लोग गाँधी के इस कथन को दोहराना चाहेंगे। गाँधी ने अपने समय में आलोचनात्मक चेतना की स्वतंत्रता की रक्षा की थी, उनकी यह राय आज भी आलोचनात्मक चेतना की रक्षा के लिए जरूरी है। हिन्दी में तुलसीदास और ***रामचरित मानस*** के किसी व्याख्याकार ने क्या कभी ऐसी व्याख्या करने का साहस किया है?

गाँधी केवल स्वाधीनता संग्राम के एक विलक्षण योद्धा और जनजीवन की आवश्यकताओं की बुलंद आवाज ही नहीं थे, वे भारतीय समाज में मुक्ति की एक ऐसी व्यापक प्रक्रिया के प्रेरक भी थे, जो राजनीतिक स्वाधीनता से लेकर कविता की मुक्ति तक क्रियाशील थी। उससे एक नई सामाजिक संवदेनशीलता और सांस्कृतिक चेतना विकसित हुई, जिसकी उपेक्षा अपने समय और समाज के बारे में सचेत किसी भारतीय लेखक के लिए सम्भव न थी। अगर किसी ने वैसा किया तो अपनी रचनाशीलता की सामाजिक सार्थकता की कीमत पर ही।

भारतीय साहित्य और साहित्यकारों पर गाँधी के प्रभाव को उनके व्यक्तित्व, विचार और व्यवहार के स्वीकार तक सीमित करना सही नहीं है। गाँधी और उनके वाद के अस्वीकार में भी एक तरह का संबन्ध व्यक्त हुआ है। गाँधी और उनके विचारों से लेखकों के तीन प्रकार के संबन्ध दिखाई देते हैं: एकता, विरोध और संदेह के संबन्ध। कहीं-कहीं एक ही लेखक में ये तीनों मिल सकते हैं, जैसे कि प्रेमचन्द के यहाँ। लेकिन इसके साथ ही यह भी ध्यान रखने लायक बात है कि तीनों संबन्ध वहीं रचनात्मक साबित हुए हैं, जहाँ वे द्वंद्वात्मक रूप में यानी कि जहाँ एकता के साथ अंतर का बोध है, विरोध के बावजूद विरोधी को समझने की तत्परता है और संदेह के संग एकता की तलाश है, अन्यथा कोरी एकता में समर्पण है, निपट विरोध में निषेध और केवल संदेह में भ्रमों की भरमार, जो रचनाशीलता के स्वभाव के प्रतिकूल है।

हिन्दी के लेखकों से गाँधी का विशेष संबन्ध रहा है। इसका एक कारण यह है कि उन्होंने जब से भारत की स्वाधीनता के बारे में सोचना शुरू किया, तभी से हिन्दी को राष्ट्र भाषा बनाने की चिन्ता भी उनके मन में थी। उन्होंने हिंद स्वराज (1909) में लिखा था : '' सारे हिन्दुस्तान के लिए जो भाषा चाहिए, वह तो हिन्दी ही होनी चाहिए।'' वे देश की सच्ची आजादी के लिए अंग्रेजी की गुलामी से मुक्ति और राष्ट्रभाषा के रूप में हिन्दी का विकास जरूरी मानते थे। अपनी इस आकांक्षा को पूरा करने के

लिए उन्होंने जीवन भर प्रयत्न किया। यहाँ तक कि रवीन्द्रनाथ टैगोर को हिन्दी में भाषण देने के लिए प्रेरित किया, जिसके फलस्वरूप रवीन्द्रनाथ ने 6 अप्रैल 1920 को काठियावाड़ में पहली बार हिन्दी में व्याख्यान दिया था।

हिन्दी के लेखकों से गाँधी का सीधा संपर्क भी था। उन्होंने 1935 में हिन्दी साहित्य सम्मेलन के इंदौर अधिवेशन की अध्यक्षता की थी। यही नहीं, हिन्दी के अनेक गाँधीवादी लेखक और कवि अपनी रचनाएँ गाँधी जी के पास भेजते थे, जिन पर वे अपनी खरी राय भी देते थे। इस प्रक्रिया से जुड़े एक प्रसंग का उल्लेख जरूरी है। मैथिलीशरण गुप्त और सियारामशरण गुप्त गाँधीवादी के रूप में विख्यात रहे हैं। इन दोनों ने गाँधी पर कविताएँ लिखी हैं। मैथिलीशरण गुप्त अपनी रचनाएँ गाँधी जी के पास भेजते थे। उनकी अनेक रचनाएँ पढ़कर गाँधी ने उनको एक पत्र में यह लिखा था: साकेत, अनघ, पंचवटी और झंकार सब रसपूर्वक पढ़ गया। बहुत अच्छे लगे। परन्तु टीका करने की मैं अपनी कुछ योग्यता नहीं समझता हूँ। तो भी आपने मेरे अभिप्राय पूछे हैं, और क्योंकि जैसे पढ़ता गया, वैसे विचार भी आते रहते थे, इसलिए जैसे आये, वैसे ही आपके सामने रखता हूँ।' इसके बाद गाँधी जी ने मैथिलीशरण गुप्त की सबसे लोकप्रिय रचना साकेत के बारे में जो लिखा है, वह विशेष ध्यान देने लायक है: " उर्मिला का विषाद, अगर भाषा की दृष्टि से सुन्दर है, परन्तु साकेत में उनको शायद ही स्थान हो सकता था। तुलसीदास ने उर्मिला के बारे में बहुत कुछ नहीं लिखा है- यह दोष माना गया है। मैंने इस अभाव को दोष की दृष्टि से नहीं देखा। मुझको उसमें कवि की कला प्रतीत हुई। एक और चीज कह दूँ, दशरथादि का रुदन तुलसीदास के 'मानस' में पढ़ने पर आघात नहीं पहुँचाता था। तुलसीदास से कुछ दूसरा नहीं हो सकता था। परन्तु इस युग की पुस्तक में ऐसा रुदन अच्छा नहीं। उसमें वीरता को हानि पहुँचती है और इधर भक्ति को भी।"

महात्मा गाँधी को एक आधुनिक रचना में विलाप का विस्तार, वह भी स्वाधीनता आन्दोलन के समय, अच्छा नहीं लगा। उसकी उन्होंने जो आलोचना की है, उसमें एक बार फिर वह साहित्य-विवेक सामने आया है, जो एक ओर मध्यकाल की रचना से आधुनिक रचना का अंतर समझता है और दूसरी ओर एक आधुनिक रचना की समकालीन सार्थकता की खोज करता है। हिन्दी के अधिकांश आलोचक साकेत के उर्मिला विलाप की प्रशंसा करते रहे हैं, लेकिन गाँधी ने उसे वीरता और भक्ति दोनों के लिए हानिकारक माना है। गाँधी जैसे बार-बार अपनी खरी आलोचना करते थे, वैसे ही अपनों की आलोचना करते थे।

हिन्दी के कुछ लेखक रचनाओं के बारे में गाँधी की राय का उपयोग/दुरुपयोग भी करते थे। ऐसी ही एक कोशिश बनारसी दास चतुर्वेदी ने की थी। उन्होंने पाण्डेय

बेचन शर्मा 'उग्र' को अश्लील साहित्य का लेखक साबित करने के अपने अभियान में गाँधी की राय का उपयोग करना चाहा था, इसलिए उग्र का चाकलेट नामक कहानी-संग्रह गाँधी जी के पास भेजा और साथ में अपना पत्र भी, जिसमें उग्र की कहानियों को अश्लील साबित करते हुए गाँधी जी को सलाह दी गई थी कि वे भी चाकलेट की कहानियों को अश्लील घोषित करें। बनारसीदास चतुर्वेदी साहित्य के साथ-साथ राजनीति में भी दखल रखते थे, इसलिए गाँधीजी ने उनकी साहित्य की समझ पर भरोसा किया। उन दिनों गाँधी जी भी साहित्य में अश्लीलता की निन्दा कर रहे थे। ऐसी स्थिति में उन्होंने पुस्तक बिना पढ़े ही अपनी टिप्पणी के साथ बनारसीदास चतुर्वेदी का पत्र यंग इंडिया में छपने के लिए भेज दिया। बाद में उनको लगा कि किसी पुस्तक को पढ़े बिना उसके बारे में राय देना ठीक नहीं, इसलिए उन्होंने पुस्तक पढ़ी। उसके बाद 10 अक्टूबर, 1928 को गाँधी ने बनारसीदास चतुर्वेदी को यह पत्र लिखा: " चाकलेट नाम की पुस्तक पर (आपका) पत्र आया था, उसको मैंने यंग इंडिया के लिए नोट लिखकर भेज दिया। पुस्तक तो नहीं पढ़ी थी। टीका केवल आपके पत्र पर निर्भर थी। मैंने सोचा इस तरह टीका करना उचित नहीं होगा। पुस्तक पढ़ना चाहिए। मैंने पुस्तक आज खत्म की। उसका जो असर आप पर हुआ, वह मेरे मन पर नहीं हुआ। मैं पुस्तक का हेतु शुद्ध मानता हूँ। इसका असर अच्छा पड़ता है कि बुरा, मुझे नहीं मालूम। लेखक ने अमानुषी व्यवहार पर घृणा ही पैदा की है।" गाँधी जी ने यंग इंडिया में छपने के लिए अपनी टिप्पणी के साथ बनारसीदास चतुर्वेदी का जो पत्र भेजा था, उसे नहीं छपने दिया । गाँधी जी कला और साहित्य को नैतिक अनुशासन में रखना चाहते थे, लेकिन उनकी नैतिकता के मूल में सत्यनिष्ठा थी, जो इस पत्र में प्रकट हुई है। यह पत्र उनके नैतिक साहस और सत्यनिष्ठा का प्रमाण है। जहाँ नैतिक मूल्य में 'आत्मपरक ईमानदारी और वस्तुपरक सत्यपरायणता' नहीं होती है, वहाँ नैतिकता के नाम पर पाखंड पलता है। बनारसीदास चतुर्वेदी उग्र विरोधी अभियान में गाँधी की राय का उपयोग नहीं कर सके, लेकिन उन्होंने यह पत्र उस समय प्रकाशित नहीं किया। जहाँ ऐसे गाँधीवादी हो, वहाँ गाँधी के विरोधियों की क्या जरूरत होगी।

हिन्दी में गाँधी और गाँधीवाद से प्रभावित साहित्य बहुत लिखा गया है। हिन्दी में 1920 के आस-पास से ऐसा साहित्य लगातार लिखा जा रहा है। लेकिन उसमें सचमुच साहित्य बहुत कम है। अधिकांश में गाँधी के प्रति पूजा-भाव और गाँधीवाद में आस्था की घोषणाएँ हैं। कारण चाहे जो हो, लेकिन हिन्दी में गाँधीवादी कवि बहुत हैं, कथाकार उनसे कम और नाटककार और भी कम हैं। गाँधी पर सबसे अधिक कविताएँ उनकी हत्या के बाद लिखी गई थीं, जिनमें उनकी हत्या से उत्पन्न गहरा विक्षोभ है और हत्या करने वाली मानसिकता के बारे में उबलता हुआ आक्रोश। बाद

में गाँधी शताब्दी वर्ष में उन पर काफी साहित्य लिखा गया, जिसमें सबसे अधिक कविताएँ हैं। हिन्दी में गाँधीवादी साहित्यकारों की एक लम्बी कतार है। उनमें रामनरेश त्रिपाठी, सोहनलाल द्विवेदी, हरिभाऊ उपाध्याय, मैथिलीशरण गुप्त, सियारामशरण गुप्त, जैनेन्द्र कुमार, माखनलाल चतुर्वेदी और भवानीप्रसाद मिश्र प्रमुख हैं। इनके अतिरिक्त पंत, दिनकर, बच्चन और नरेन्द्र शर्मा जैसे कवि भी हैं, जिनकी पूरी रचनाशीलता तो गाँधी से प्रभावित नहीं है, लेकिन उन्होंने गाँधी के व्यक्तित्व और विचार पर कुछ महत्त्वपूर्ण कविताएँ लिखी हैं।

स्वाधीनता के पहले और बाद में भी हिन्दी साहित्य की जो धारा मुख्यतः नागर, अभिजात, आधुनिकतावादी, पश्चिममुखी या अतीतोन्मुखी है, उसका गाँधी और गाँधीवाद से कोई संबन्ध नहीं है, न एकता का, न विरोध का और न संदेह का। सच बात तो यह है कि जिनके मन में आते ही गाँधी अपराध-बोध जगाते हैं, उनके साहित्य में वे कैसे आ सकते हैं। यह स्थिति गाँधी युग में थी और आज भी है।

असल में हिन्दी की जिस रचनाशीलता का स्वाधीनता आन्दोलन से आत्मीय रिश्ता है, उसका गाँधी की राजनीतिक दृष्टि, सामाजिक चेतना, सांस्कृतिक चिंता से प्रत्यक्ष या परोक्ष एकता या विरोध का संबन्ध जरूर है। उदाहरण के लिए मैथिलीशरण गुप्त और माखनलाल चतुर्वेदी जैसे कवियों की रचनाशीलता में स्वाधीनता आन्दोलन की अभिव्यक्ति है और उसकी गाँधी के विचारों से प्रत्यक्ष एकता भी है, जबकि राहुल, यशपाल और नागार्जुन आदि स्वाधीनता आन्दोलन को व्यक्त करते हुए भी गाँधीवाद का विरोध करते हैं। इन दोनों से भिन्न स्थिति छायावादी कविता की है। उस पर गाँधी के व्यक्तित्व और विचारों का प्रत्यक्ष प्रभाव कम है, लेकिन उसमें राष्ट्रीय जागरण, परम्परा की स्मृति और स्वाधीनता के व्यापक भाव की जो अभिव्यक्ति है, वह गाँधी के व्यापक मुक्ति अभियान से जुड़ी हुई है।

हिन्दी में गाँधीवाद से प्रभावित साहित्य दो प्रकार का है। एक में गाँधीवाद की राजनीतिक दृष्टि, सामाजिक संवेदनशीलता और नैतिक भावना रचना की प्रेरक दृष्टि के रूप में है तो दूसरे में गाँधीवाद एक पूर्वाग्रह की तरह है। जहाँ वह दृष्टि के रूप में है, वहाँ जनजीवन की वास्तविकताओं और आकांक्षाओं को देखने और रचने में सक्रिय है, लेकिन जहाँ वह पूर्वाग्रह है, वहाँ उसका लक्ष्य अपने होने का बोध कराना है। पूर्वाग्रह दृष्टि नहीं, दृष्टि पर पड़ा हुआ परदा है, उसमें आत्ममुग्धता होती है। कहीं-कहीं तो गाँधीवाद एक समय जिस लेखक की रचना-दृष्टि के रूप में क्रियाशील है, वह दूसरे समय उसका पूर्वाग्रह बन गया है। हिन्दी के दो महत्त्वपूर्ण रचनाकारों के साथ यह स्थिति दिखाई देती है। सुमित्रानंदन पंत की ***ग्राम्या*** की कविताएँ गाँधीवाद से अनुप्राणित रचनाशीलता की महत्त्वपूर्ण उपलब्धि हैं। वहाँ गाँधी की सामाजिक संवेदनशीलता

पंत की रचनादृष्टि में है, जबकि लोकायतन में, जहाँ गाँधी महाकाव्य के नायक हैं, कविता निष्प्राण है, क्योंकि वहाँ गाँधीवाद पूर्वग्रह बन गया है। गाँधीवाद से लगभग वैसा ही संबन्ध जैनेन्द्र कुमार का है। जैनेन्द्र की आरम्भिक रचनाओं- परख, त्यागपत्र, सुनीता, कल्याणी आदि में भारतीय स्त्री की स्वाधीनता के लिए गाँधी की गहरी चिन्ता का मूलगामी रचनात्मक प्रयोग है। वहाँ भारतीय समाज में स्त्री की पराधीनता का बोध और उसके विरुद्ध विद्रोह की चेतना इतनी प्रखर है कि वह कई बार गाँधीवाद की सीमाओं का अतिक्रमण करती है। इसीलिए वहाँ रचनाशीलता अत्यंत जानदार है और असरदार भी। लेकिन उनकी परवर्ती रचनाओं में और उससे भी अधिक वैचारिक लेखन में गाँधीवाद एक पूर्वाग्रह और मुद्रा है। वे पहले गाँधी के नैतिक साहस से प्रेरणा लेते दिखाई देते हैं, पर बाद में उनके नैतिक आग्रहों को दोहराते हुए।

जैनेन्द्र के त्यागपत्र और सुनीता में अपूर्व नैतिक साहस है। उसके लिए उन्होंने बहुतों के बोल सहे। यही नहीं, उन्होंने दृढ़ता के साथ यह भी लिखा है " कला और कुलीनता और शिष्टता के नाम पर बहुत कुछ व्यर्थता आज पल और पुज रही है, पर वह निर्वीर्य है। जीवन का स्वरूप विकसेगा तो यह मानी गई भद्रता, शुचिता और कालपूजा झर जाएगी।" वही जैनेन्द्र जब कहते हैं कि " मैं आस्कर वाइल्ड को भटक गया हुआ व्यक्ति समझता हूँ। विचार की सुलझन उसकी विशेषता नहीं है।" तब वे आस्कर वाइल्ड के बारे में गाँधी के नैतिक निर्णय को दोहराते हैं और गाँधी तोलस्तोय को। तब जैनेन्द्र यह भूल जाते हैं कि उच्चवर्ग कला, कुलीनता और शिष्टता के नाम पर जिस व्यर्थता को पालता और पूजता है, उसी का विरोध आस्कर वाइल्ड कर रहा था, जिसके कारण चर्च और राज्य उसके पीछे पड़े थे।

स्वाधीनता आन्दोलन के समय और बाद में भी गाँधी के व्यक्तित्व और विचारों का साहित्य पर असर अनेक रूपों में है। वह कहीं मौसम-सा है तो कहीं जलवायु जैसा, कहीं प्रत्यक्ष है तो कहीं परोक्ष, कहीं व्यक्त है तो कहीं अंतर्निहित, कहीं रचना में है तो कहीं विचार में, कहीं एकता के रूप में है तो कहीं विरोध के रूप में। जो लोग साहित्य में गाँधी जी के प्रति पूजा-भाव की सीधी अभिव्यक्ति की ही खोज करते हैं, वे उनके व्यक्तित्व और विचारों के प्रभाव की व्यापकता और बारीकी को नहीं देख पाते। गाँधी जी ने लेखकों को लोकजीवन से जुड़ने, समाज के दबे-कुचले लोगों के बारे में सोचने, उपनिवेशवाद की दिमागी गुलामी से मुक्त होने, अपनी परम्परा की शक्ति को पहचानने, भारतीय समाज के रूढ़िवाद को जानने और जीवन के सभी प्रसंगों में साहसी आलोचनात्मक चेतना विकसित करने का जो आह्वान किया था, उसका व्यापक प्रभाव हिन्दी और अन्य भारतीय भाषाओं के साहित्य पर है। गाँधी के आह्वान को रचनाकारों ने अपनी रचनाशीलता के स्वभाव और स्वरूप के अनुसार स्वीकार और

अस्वीकार किया। कुछ ने पूरी तरह तो कुछेक ने आंशिक रूप में, कुछ ने भावुक होकर तो कुछ ने विवेक के साथ।

आप इसे साहित्य-प्रक्रिया की विशेषता कहें या किसी विचार धारा से रचना के समर्पणवादी संबन्ध की विडम्बना या फिर गाँधीवाद की सर्जनात्मक क्षमता की सीमा, लेकिन यह सच्चाई है कि गाँधीवाद से जुड़े साहित्य में वहीं रचनाशीलता का उत्कर्ष है, जहाँ उससे रचनाकार का संवाद और विवाद का द्वंद्वात्मक संबन्ध है, वहाँ नहीं जहाँ रचनाकार गाँधीवाद से पूरी तरह अभिभूत है।

गाँधी युग के सबसे बड़े लेखक प्रेमचन्द हैं। गाँधीवाद से उनके संबन्ध पर हिन्दी में बहुत बहस हुई है। कहीं उन्हें पक्का गाँधीवादी सिद्ध किया गया है तो कहीं गाँधीवाद का विरोधी। यह भी कहा गया है कि वे पहले गाँधीवादी थे, पर बाद में उसके विरोधी हो गये। लेकिन वास्तविकता यह है कि वे न कभी अभिभूत गाँधीवादी थे और न कभी गाँधी के एकदम विरोधी। उनका गाँधी के विचारों से जीवनभर संवाद और विवाद चलता रहा। संवाद-विवाद की वह प्रक्रिया काफी जटिल है और बारीक भी। वे गाँधीजी के राजनीतिक लक्ष्य के समर्थक थे, लेकिन सत्याग्रह की पद्धति से अंततः निराश, उनके जाति-प्रथा को तोड़ने-मिटाने के आह्वान के पक्षधर थे, लेकिन वर्ण-व्यवस्था को उचित ठहराने के तर्कों के विरोधी, वे गाँधी की समन्वयवादी सांस्कृतिक दृष्टि, उदात्त नैतिक चेतना और उदार संवेदनशीलता के कायल थे, लेकिन उनके धार्मिक आग्रहों से असहमत। वे गाँधी जी की आधुनिक सभ्यता की समीक्षा से बहुत दूर तक सहमत थे, लेकिन भारत के भविष्य पर अतीत को आरोपित करने की उनकी कोशिश के खिलाफ, वे खुद महाजनी सभ्यता के कटु आलोचक थे, लेकिन गाँधी के ट्रस्टीशिप के सिद्धान्त को आजमा कर छोड़ चुके थे। वे साम्प्रदायिक सद्‌भाव और हिन्दी-उर्दू की एकता के बारे में गाँधी के दृष्टिकोण के समर्थक ही नहीं, उसके प्रतीक और प्रमाण भी थे। गाँधी जी के व्यक्तित्व और विचारों से संवाद-विवाद की निरंतर चलने वाली इस प्रक्रिया के कारण प्रेमचंद के साहित्य में वह तेजस्विता है, जो अन्यत्र दुर्लभ है।

प्रेमचंद प्रायः कर्मयोगी गाँधी से संवाद करते हैं और उनके वाद से विवाद। उनके संवाद की सर्वोतम रचनात्मक उपलब्धि है रंगभूमि का सूरदास, जिसके चरित्र में असहयोग आंदोलन के नायक गाँधी के संघर्षशील व्यक्तित्व की झलक है। उसके संघर्ष में सत्याग्रह का प्रयोग, विचारों में हिन्द स्वराज्य की अनुगूँज और राजनीतिक दृष्टि में गाँधी की नैतिक चेतना की अभिव्यक्ति है। प्रेमचंद के अनुसार सूरदास के "हृदय में धैर्य और क्षमा, सत्य और साहस का अगाध भंडार था, उसमें विनय, शील और सहानुभूति भरी हुई थी। अन्याय देखकर उससे न रहा जाता था, अनीति उसके लिए असह्य थी।" क्या सूरदास की ये विशेषताएँ गाँधी के व्यक्ति की विशेषताएँ नहीं हैं?

रंगभूमि का सूरदास, मुक्तिबोध के शब्दों में भारतीय विवेक-चेतना का प्रतीक है, बहुत कुछ गाँधी के समान। वह जीवन में गाँधी जैसा रहा और उन्हीं की तरह मारा गया। क्या सूरदास की हत्या में गाँधी की हत्या का पूर्वाभास नहीं है? प्रेमचंद अपनी भविष्यवाणी सच होते देखने के लिए जीवित नहीं रहे, लेकिन उन्होंने बहुत पहले उस मानसिकता को पहचान लिया था, जिसने बाद में गाँधी की हत्या की। प्रेमचंद अगर गाँधी की हत्या के बाद भी जीवित रहते तो क्या वैसी ही प्रतिक्रिया व्यक्त नहीं करते, जैसी उन्होंने रंगभूमि में सूरदास की हत्या और उसकी मूर्ति तोड़ने की कोशिश के बाद की है? सूरदास और गाँधी की हत्या करने वाली मानसिकता आज भी सक्रिय है। अगर आज प्रेमचंद होते तो वे जरूर पूछते कि यह प्रक्रिया अभी और कब तक चलेगी? भारतीय विवेक चेतना के प्रतीकों की हत्या कब तक होती रहेगी?

गाँधी जी को अपने विचारों की दुर्व्याख्या की चिन्ता थी। उन्होंने कहा था: " मेरी भाषा सूत्रात्मक है, उसमें स्पष्टता नहीं है, इसलिए उसकी अनेक व्याख्याएँ सम्भव हैं।" स्वाधीनता के बाद गाँधी का नाम जपते हुए इस देश पर शासन करने वालों ने गाँधी के विचारों का मनमाना अर्थ करते हुए जिस तरह उन्हें व्यर्थ बनाया है और उनका दुरुपयोग किया है, उसके विरुद्ध तीखी प्रतिक्रिया स्वाधीनता के बाद के हिन्दी साहित्य में व्यक्त हुई है। कुछ लेखकों ने सरकारी गाँधीवादियों को गाँधी का प्रतिनिधि मानकर गाँधी और गाँधीवाद की कड़ी आलोचना की है। इस प्रक्रिया में गाँधी पर दोहरी मार पड़ी है। एक ओर वे सरकारी दुरुपयोग के शिकार हुए हैं और दूसरी ओर गलतफहमी के।

जीवन के अंतिम दिनों में गाँधी अत्यंत उपेक्षित, बेबस और निरुपाय अनुभव कर रहे थे। आखिरी दिनों में उन्होंने कहा था: " अब जो कांग्रेस तय करेगी, वही होगा। मेरे कहे के मुताबिक कुछ नहीं होगा। अब मेरा हुक्म नहीं चलता, मेरी बात कोई नहीं सुनता। मैं एक साधारण आदमी हूँ। एक समय था, जब मेरी आवाज बहुत बुलंद थी, तब सब मेरी बात मानते थे। आज मेरी पुकार जंगल में चीख की तरह है।" जिन लोगों ने गाँधी को इस मनोदशा में पहुँचा दिया था, उन्हें गाँधीवादी कहना गाँधी का अपमान करना है।

स्वाधीनता के बाद के अधिकांश लेखक या तो गाँधी से उदासीन हैं या उन्हें अस्वीकार करते हैं। लेकिन कुछ लेखकों ने झूठे गाँधीवादियों से गाँधी का अंतर समझा है। उस अंतर का बोध मुक्तिबोध ने इस तरह व्यक्त किया है:

मानव मस्तक से निकले
कुछ ब्रह्मराक्षसों ने पहनी
गाँधी की टूटी चप्पल
हरहरा उठा यह पीपल तब

हँस पड़ा ठठाकर गर्जन कर, गाँव का कुआँ
तब दूर सुनाई दिया शब्द हुँआ, हुँआ।

मुक्तिबोध की प्रसिद्ध कविता है 'अँधेरे में।' उसमें भारतीय समाज के बदलाव की जटिल प्रक्रिया की गहरी चिन्ता के बीच तिलक के तत्काल बाद गाँधी आते हैं, अत्यंत प्रेरणाप्रद व्यक्ति के रूप में। काव्यनायक को व्यक्तिवाद के भ्रमों से सावधान करते हुए कहते हैं:

दुनिया न कचरे का ढेर जिस पर
दानों को चुगने चढ़ा कोई भी कुक्कुट
कोई भी मुर्गा
यदि बाँग दे उठे जोरदार
बन जाए मसीहा

फिर वे जनशक्ति में आस्था का संदेश देते हैं:

मिट्टी के लोंदे में किरणीले कण-कण गुण हैं
जनता के गुणों से ही सम्भव
भावी का उद्‌गम।

यह कोरा उपदेश नहीं है। इसके पीछे गाँधी का अपना लम्बा अनुभव है, जनता को ठीक से जानने, जगाने और एक विराट आन्दोलन तथा कठिन संघर्ष के लिए तैयार करने का अनुभव।

प्रत्येक समाज का प्रभुत्वशाली वर्ग किसी क्रांतिकारी व्यक्ति और विचार को सामाजिक प्रक्रिया में सक्रिय भूमिका निभाने से रोकने, हटाने और उसे प्रभावहीन बनाने के लिए उसकी या तो हत्या करता है या पूजा या फिर हत्या करके पूजा। आजादी के बाद गाँधी के साथ दोनों हुआ है। जिस अंग्रेजी राज में कभी सूरज नहीं डूबता था और फिर भी कभी खून नहीं सूखता था, वह भी गाँधी के साथ वैसा व्यवहार नहीं कर सका, जैसा कांग्रेसी राज में हुआ। कांग्रेसी राज में गाँधी और उनके विचारों की पहले हत्या और फिर पूजा की जो प्रक्रिया चली, उसका अत्यन्त संजीव और सार्थक चित्रण फणीश्वरनाथ 'रेणु' के ***मैला आँचल*** में है। ***मैला आँचल*** का बावनदास ***रंगभूमि*** के सूरदास का दूसरा अवतार है। वह पक्का गाँधीवादी है, ईमानदार और सत्यनिष्ठ आजाद भारत में वह चोर बाजारी रोकने की कोशिश करता है तो बैलगाड़ी से कुचल कर उसकी हत्या कर दी जाती है। उसके हत्यारे स्वाधीन भारत की सत्ता के दलाल और सेवक हैं फिर वह चेथरिया पीर हो जाता है या बना दिया जाता है- ठीक महात्मा गाँधी की तरह। जैसे दिल्ली में, राजघाट पर बापू की समाधि पर रोज श्रद्धांजलियाँ अर्पित होती हैं, वैसे ही 'कल्लीमुद्दीनपुर में, नागर नदी के किनारे, चोरघट्टा के पास

साहुंड़ की डाली में चिथरिया पीर के लिये चिथड़ा बाँधा जाता है।' क्या बावनदास की इस परिणति में स्वाधीन भारत में गाँधी की दुर्गति का प्रतिबिम्बन नहीं है?

आज के हिन्दी साहित्य में गाँधी लगभग अनुपस्थित हैं। अगर कभी कहीं आते हैं तो व्यंग्य और विडम्बना का विषय बनकर। लेकिन वे लोक-जीवन में अब भी जीवित हैं, कहीं लोक देवता बनकर, कहीं चेथरिया पीर के रूप में जनता की आशाओं, आकांक्षाओं और कल्पनाओं को जगाते हुए। वे आज भी जनता को संघर्ष की नैतिक शक्ति देते हैं। ऐसी स्थिति में जो लेखक भूमंडलीकरण, विदेशीकरण और बाजारीकरण की सर्वग्रासी प्रक्रिया के शिकार नहीं हुए हैं, स्वाधीनता आंदोलन को भूले नहीं है और लोक संवेदना से जुड़े हुए हैं, उन्हें गाँधी याद आते हैं। तभी तो केदारनाथ सिंह 1995 में एक लोक कलाकार पर लिखी कविता 'भिखारी ठाकुर' में महात्मा गाँधी को गाँव के लोगों के बीच में बैठा देखते हैं :

क्या आप विश्वास करेंगे
एक रात जब किसी खलिहान में चल रहा था
भिखारी ठाकुर का नाच
तो दर्शकों की पाँत में
एक शख्स ऐसा भी बैठा था
जिसकी शक्ल बेहद मिलती थी
महात्मा गाँधी से।

गाँधी ने कहा था : 'मैं ऐसी कला चाहता हूँ जो करोड़ों लोागें से बोल सके।' वैसी ही कला के सर्जक थे भिखारी ठाकुर। इसलिए उन पर कविता में गाँधी की याद स्वाभाविक है और आज के समय में विशेष अर्थ से भरपूर भी।

(वागर्थ, 1996)

गाँधी विचार और विकल्प पर चिंतन

डॉ. अवध प्रसाद

गाँधी की समग्रता: विचार के स्तर पर मतभेद होने के बावजूद गाँधी के प्रभाव से मुक्त होना आसान नहीं है। इसके एक नहीं अनेक उदाहरण हैं जिससे इस बात की पुष्टि होती है कि विचार भेद के बावजूद लोग उनके साथ थे। गाँधीजी आध्यात्मिक व्यक्ति थे। उन्होंने गीता, रामायण के साथ-साथ अन्य धर्मों का अध्ययन किया और उसे आत्मसात किया। सर्वधर्म समभाव उनके हृदय में समाहित था। उन्हें प्रार्थना, धार्मिक आत्म साक्षात्कार में विश्वास था, दूसरे शब्दों में वे आस्तिक थे। इसकी व्याख्या उन्होंने 'सत्य' के रूप में की और कहा 'सत्य' ही ईश्वर है। इसके माध्यम से उन्होंने ईश्वर और आस्तिक भाव को व्यापक एवं नयी व्याख्या दी। गाँधी काल में ही श्री गोरा जैसे नास्तिक विचारक हुए, जिनके इस प्रश्न पर भिन्न विचार थे। श्री गोरा को नास्तिक गाँधी विचारक कहा गया। उनके छोटे-बड़े प्रश्नों के गाँधी जी ने व्यावहारिक उत्तर दिये। हर प्रश्न का समाधान किया। किसी सिद्धान्त या 'वाद' की स्थापना नहीं की। उन्होंने कोई सैद्धान्तिक पुस्तक या शोध प्रबन्ध नहीं लिखा। उन्होंने तो मात्र जो सत्य है, उसका प्रयोग किया, सत्य को लोगों तक पहुँचाया- उसे जीवन में स्वीकारा। उनका जीवन प्रयोगों से भरा है। दक्षिण अफ्रीका से प्रारम्भ सत्य के प्रयोग का समापन 30 जनवरी, 1948 की शाम को 'हे राम' के साथ हुआ। आवश्यकता है उनके सत्य के प्रयोग को पढ़ने-समझने की। इससे गाँधी को समझने में मदद मिलेगी। गाँधी को आज के संदर्भ में समझना हो तो वर्तमान परिस्थिति की सत्यता को समझना होगा और इसका समाधान खोजने में मनुष्य को, सबसे गरीब, उपेक्षित के हित को ध्यान में रखकर गाँधी विचार का चिंतन करना होगा।

गाँधी सबके हैं वह भाव उन्हें मनुष्येतर भी बनाता है- ईश्वरीय स्थान पर स्थापित करता है। इसे प्रेरणा स्रोत के रूप में भी देख सकते हैं। इसे इस रूप में भी देख सकते हैं, जिसमें राजनैतिक दल गाँधी का नाम लेते हैं, जबकि गाँधी विचार को स्वीकार करने

में उनकी कोई रुचि नहीं है। इसी प्रकार अनेक आंदोलन राजघाट से प्रारम्भ होते हैं चाहे उनका गाँधी विचार से संबन्ध हो या नहीं। इसे गाँधी के प्रति अंध भक्ति भी कह सकते हैं। यह सोच मंदिर का प्रतिरूप हो जाता है, जहाँ व्यक्ति आत्म संतुष्टि या अपनी इच्छा पूर्ति की आशा लेकर जाता है। यह भाव गाँधी के विचार से दूरी कायम करता है। यदि इस रूप में गाँधी सबके हैं तो इसमें गाँधी विचार का नुकसान ही है। गाँधी विचार तभी आगे बढ़ेगा, जब उनके व्यावहारिक सुझाव और प्रयोग को समझ कर उसे स्वीकार किया जाय। यह सब तो उनके साहित्य के अध्ययन एवं इस पर सार्थक सोच से होगा।

वैज्ञानिक दृष्टिः गाँधी के अनेक विचारों को विज्ञान एवं आधुनिकता से दूर, पिछड़ा और पुरातन मानकर अव्याहारिक करार दिया जाता है। मान लिया जाता है कि हम उनके विकास की गाड़ी को पीछे ढकेल देंगे। मेरी दृष्टि में यह सोच गाँधी की वैज्ञानिकता को अस्वीकारने या नहीं समझ पाने के कारण है। एक प्रश्न के उत्तर में गाँधीजी ने कहा था कि मैं विज्ञान की नयी खोजों के खिलाफ कैसे हो सकता हूँ, जबकि मैं जानता हूँ कि यह शरीर सबसे विकसित विज्ञान पर आधारित है। विज्ञान एवं खोज तो मनुष्य के लिए, उसके विकास के लिए अनिवार्य है- आवश्यक है। इस बात की पुष्टि उनके द्वारा स्थापित संस्थाएँ हैं, जिनके माध्यम से विभिन्न क्षेत्रों में वैज्ञानिक खोज की शुरूआत की गयी थी। शिक्षा में प्रयोग, उसकी नयी विधा की खोज के लिए 'तालीमी संघ' जैसी संस्था बनायी, जिसमें डॉ. जाकिर हुसैन, श्री आर्यनायकम्, श्रीमती आशादेवी आदि ने अनेक प्रयोग किये थे। गाँधीजी ने शिक्षा की जो पद्धति विकसित करने की सलाह दी, उसकी उपयोगिता आज भी महसूस की जाती है। यह माना जाने लगा है कि श्रम एवं उद्यमिता की भावना एवं क्षमता का विकास ही सच्ची शिक्षा है। इसी प्रकार गाँधी ने अ.भा. ग्रामोद्योग संघ एवं प्रौद्योगिकी प्रयोग केन्द्र के माध्यम से उद्योग के क्षेत्र में नये-नये प्रयोग एवं खोज की शुरूआत की थी। प्रो. जे.सी. कुमारप्पा अ.भा. ग्रामोद्योग संघ के मंत्री एवं संचालक थे। मगनवाड़ी वर्धा के मगन संग्रहालय में आज भी उनके द्वारा विकसित औजारों के नमूने देखे जा सकते हैं। आज से 70-80 वर्ष पूर्व प्रो. कुमारप्पा के नेतृत्व में मधुमक्खी पालन, हाथ कागज, सौर कुकर, विभिन्न प्रकार की चक्की, विभिन्न प्रकार के चूल्हे एवं लालटेन, बायोगैस के नमूने विकसित किये गये थे। इसी प्रकार सेनीटेशन एवं सफाई के औजारों का विकास एक उदाहरण है। इसके लिए सफाई विद्यालय की स्थापना की गयी थी। खादी के क्षेत्र में उन्नत चरखे एवं करघों के विकास पर गम्भीरता से जोर दिया गया था। गाँधीजी ने 1928 में कत्तिनों को पूरी मजदूरी मिले, इसके लिए उन्नत चरखे के विकास के लिए उस समय 1 लाख रु. का इनाम घोषित किया था। वे चाहते थे कि शरीर श्रम आधारित सुलभ औजार

बनें, जिनसे व्यक्ति एवं परिवार की जीविका चले- उनका आर्थिक आधार मजबूत हो। गाँधीजी का दृढ़ विश्वास था कि विज्ञान या किसी भी यंत्र के विकास का लक्ष्य, केन्द्र बिन्दु मनुष्य का, सबका हित, सबका कल्याण होना चाहिए। केन्द्र बिन्दु मनुष्य हो, न कि यंत्र। इसी के साथ हमारी दृष्टि अंतिम व्यक्ति पर हो। इसके लिए उन्होंने सूत्र दिया जो इस प्रकार है, "**मैं आपको एक ताबीज देता हूँ। जब कभी आप दुविधा में हों या आपको अपना स्वार्थ प्रबल होता दिखायी दे तो यह नुस्खा आजमा कर देखियेगा! अपने मन की आँखों के सामने किसी ऐसे गरीब और असहाय व्यक्ति का चेहरा लाइये, जिसे आप जानते हों और अपने आपसे पूछिये कि क्या आपकी करनी उसके किसी काम आयेगी? क्या उसे कुछ लाभ होगा? क्या उस काम से उसे अपना जीवन और भविष्य बनाने में कुछ मदद मिलेगी? दूसरे मानों में, क्या आपकी करनी हमारे देश के लाखों-करोड़ों, भूखे नंगे लोगों को स्वराज्य की राह दिखायेगी? बस इतना सोचते ही आपकी सारी दुविधाएँ दूर हो जायेंगी और स्वार्थ मोम की तरह पिघल कर बह जायेगा।**"

विकल्प चिंतन

परिवर्तन और विकास दोनों साथ-साथ चलने वाली प्रक्रिया है। प्रकृति ने परिवर्तन को अनिवार्य बनाया है। अनिवार्यता का यह नियम सभी पर लागू होता है, क्योंकि हर चीज परिवर्तनशील है। बदलाव की यह प्रक्रिया सतत चलती रहती है- जड़, चेतन सभी में यह क्रम चलता रहता है। इसी प्रकार विकास भी सतत चलने वाली प्रक्रिया है। विकास की अवधारणा मनुष्यकृत है, क्योंकि मनुष्य ही विकास का जनक है। विकास का सामान्य अर्थ करें तो सामान्य भाषा में उसे वर्तमान से अच्छी स्थिति की ओर बढ़ने की प्रक्रिया कह सकते हैं। आज जो कुछ है उससे अच्छा होना, सुविधापूर्ण एवं लाभदायक होने का प्रयास करना विकास का लक्ष्य मान सकते हैं। आर्थिक, सामाजिक, राजनैतिक सभी क्षेत्रों में वर्तमान से अच्छा प्राप्त करने का प्रयास विकास है। विकास की प्रक्रिया के पीछे वैचारिक आधार होता है, जिसके अनुरूप उसकी प्रक्रिया आगे बढ़ती है। पिछले तीन-चार सौ वर्षों में राजनैतिक विचारधारा में तेजी से बदलाव आया है और वंशगत व्यवस्था का अंत हुआ है। कई विचारधाराओं, सिद्धान्तों ने इस परिवर्तन को गति प्रदान की है। समाजवाद, साम्यवाद तथा उसकी सहायक-समानधर्मी राजनैतिक विचारधारा ने पूरे विश्व को प्रभावित किया। दूसरी ओर पूँजीवाद एवं चुनावी लोकतंत्र की राज्य व्यवस्था बलवती हुई। उन्नीसवीं एवं बीसवीं सदी को राजनैतिक एवं आर्थिक व्यवस्था में तेजी से परिवर्तन का युग कहा जा सकता है।

उन्नीसवीं एवं बीसवीं सदी में वैकल्पिक व्यवस्था का केन्द्र योरप-अमेरिका रहा। राजनैतिक एवं आर्थिक दोनों क्षेत्रों में कई विचारधाराएँ सामने आयीं और उसके अनुरूप शासन व्यवस्था विकसित हुई। इसी प्रकार अर्थशास्त्र के विद्वानों ने आर्थिक सिद्धान्तों को नये रूप में प्रस्तुत किया। आज का अर्थशास्त्र पाश्चात्य विद्वानों के सिद्धान्तों पर टिका है। स्वाभाविक था कि राजनैतिक एवं आर्थिक सोच को बल पहुँचाने, मजबूत करने में विज्ञान एवं तकनीक का सहयोग मिलता। अतः वैज्ञानिकों एवं तकनीशियनों ने इसमें महत्त्वपूर्ण योगदान दिया है। आज का औद्योगिकरण एवं उन्नत प्रौद्योगिकी इनकी खोज का ही परिणाम है। इसे विकास कहा गया- इसी नाम को सार्थक माना गया। आज पूरे विश्व में विकास का जो स्वरूप दिख रहा है, वह पाश्चात्य देशों में पिछले दो-तीन सौ वर्षों में विकसित विकास की अवधारणा पर आधारित है।

समय-समय पर विकास की इस अवधारणा को चुनौती दी जाती रही है-आज भी दी जा रही है। विकल्प की इस खोज में गाँधी के साथ कार्ल मार्क्स, रस्किन, टॉलस्टॉय, शुमाखर आदि विचारकों का नाम लिया जाता है। मौजूदा व्यवस्था के विकल्प की यह खोज भारत के साथ-साथ अन्य देशों में भी की जा रही है। गाँधी ने सर्वप्रथम 1909 में 'हिन्द स्वराज्य' पुस्तक में वर्तमान व्यवस्था के परिणामों पर तीखी टीका की और विकल्प की आवश्यकता की अनिवार्यता बतायी। गाँधी लिखित 'हिन्द स्वराज्य' को भाषा एवं विश्लेषण की दृष्टि से सैद्धान्तिक दस्तावेज मानने में मतभेद हो सकता है, लेकिन विकास की वर्तमान दिशा पर उनकी तीखी टिप्पणी को आज भी महत्त्व दिया जा रहा है- उसे गम्भीरता से लिया जा रहा है। इस पुस्तक को आधार मानकर काफी कुछ लिखा गया है, लिखा जा रहा है।

विकल्प क्यों?

मौजूदा सामाजिक, आर्थिक एवं राजनैतिक व्यवस्था के विकल्प पर विचार करते समय इस बात पर विचार भी जरूरी हो जाता है कि विकल्प की आवश्यकता क्यों है? किन कारणों से विकल्प की तलाश की जा रही है? इन कारणों का विश्लेषण किया जाना चाहिए। इसी क्रम में मौजूदा स्थिति से उभरे प्रश्नों को ध्यान में रखना होगा। गाँधी विचार के संदर्भ में देखते हैं तो समग्रता को ध्यान में रखना आवश्यक हो जाता है। गाँधी ने अपने राजनैतिक कार्यक्रमों के साथ आर्थिक, सामाजिक, धार्मिक, आध्यात्मिक आदि सभी पक्षों को जोड़ा। गाँधी का विचार जीवन शास्त्र है, जिसमें जीवन के सभी पक्ष शामिल हैं। विचार-विमर्श को क्रमबद्ध करने की दृष्टि से विषय को प्रश्नों के रूप में रखा जा सकता है।

मौजूदा आर्थिक एवं सामाजिक कार्यक्रमों की कठिनाई विकल्प के बारे में सोचने का मार्ग प्रशस्त करती है। कठिनाइयों को समझकर उन्हें दूर करने के लिए विकल्प की तलाश की जा सकती है। इस दृष्टि से विकास के विभिन्न कार्यक्रमों में आने वाली कठिनाइयों एवं उनके परिणाम पर चिंतन एवं विश्लेषण आवश्यक है। इसे प्रश्न के रूप में देखा जा सकता है, ताकि इसको ध्यान में रखकर विकल्प पर विचार किया जा सके। प्रश्नों को इस रूप में समझा जा सकता है-

इस प्रश्न पर विचार किया जाना चाहिए कि क्या मौजूदा योजनाएँ मनुष्य को केन्द्र मानकर तैयार की जा रही हैं? कहीं ऐसा तो नहीं है कि हमारा ध्यान केवल अधिक उत्पादन करना, लागत कम करना, श्रमशक्ति का उपयोग घटाना जैसे मुद्दों पर केन्द्रित हो? यह भी विचारणीय है कि आखिर विकास का अंतिम लक्ष्य सर्व का हित, मानवीय शक्ति का सम्पूर्ण विकास, अंतिम एवं कमजोर व्यक्ति का हित, व्यक्तित्व का समग्र विकास होना चाहिए। क्या हम उस ओर बढ़ रहे हैं?

आज की समस्याओं में बेरोजगार को रोजगार देना प्रमुख मुद्दा है। गाँव-घर से रोजगार देने की सोच को कहाँ तक बल मिल रहा है, यह भी विचारणीय है। क्योंकि देश की बड़ी आबादी गाँवों में रहती है। उन्हें यदि गाँव से बहुत दूर रोजगार मिलता है तो अनेक समस्याएँ उभरकर आती हैं। अतः जो जहाँ है, वहीं या आस-पास रोजगार की नीति एवं कार्यक्रम बने तो कई प्रकार की कठिनाइयों से बचा जा सकता है। क्या हम इस दिशा में बढ़ रहे हैं? इसी संदर्भ में अपने देश की श्रमशक्ति की क्षमता, कुशलता, तकनीकी सीमा के बारे में सोचना होगा। क्या रोजगार नीति यहाँ की श्रमशक्ति के अनुकूल है? क्या आज की शिक्षा मौजूदा श्रमशक्ति को अधिक कुशल, सक्षम, अनुकूल बना रही है? यह भी सोचना होगा कि वर्तमान नीति में व्यक्ति में आत्मविश्वास, स्वनिर्भरता आदि की भावना किस सीमा तक मजबूत होती है?

क्या आज की आर्थिक नीति असमानता एवं शोषण कम करने की दिशा में आगे बढ़ने में मददगार हो रही है? वैसे मौजूदा मुक्त आर्थिक नीति तथा प्रतियोगी सोच में समानता एवं शोषण घटाने जैसे विषयों की उपेक्षा हो रही है- इस बारे में विचार करने की आवश्यकता नहीं समझी जाती है। फिर भी मौजूदा दिशा के परिणाम को आँकने की आवश्यकता है। मुक्त अर्थनीति के संभावित परिणाम क्या हो सकते हैं? यह विचारणीय है।

आर्थिक विकास में प्राकृतिक संतुलन आवश्यक माना जाने लगा है। आम राय बनती है कि प्राकृतिक संतुलन की उपेक्षा करके विकास को सही दिशा नहीं मिल सकेगी। लेकिन इस प्रश्न पर कार्यक्रम के स्तर पर विचार करने पर एक राय नहीं बनती और 'स्वहित' के अनुसार कार्यक्रम के समर्थन या विरोध की स्थिति बन जाती है।

उदाहरण के लिए नदियों का सूखना, बड़े बाँध का समर्थन एवं विरोध, वननीति का विरोध एवं समर्थन आदि विषय ले सकते हैं। इनके दूरगामी परिणाम को देखते हुए विकल्प के बारे में सोचना होगा। इन मुद्दों पर स्वहित, क्षेत्र हित, राज्य हित को देखकर समर्थन या विरोध कहाँ तक उचित है?

विज्ञापन तथा मीडिया, विकास में महत्त्वपूर्ण भूमिका निभाते हैं। खासकर प्रसाधन एवं विलासिता की वस्तुओं का विज्ञापन, अश्लील प्रदर्शन आदि का प्रसारण बालमन तथा सामान्य व्यक्ति को प्रभावित करता है। यह विकास की दिशा को भी प्रभावित करता है। इसकी वैकल्पिक व्यवस्था पर चिंतन किया जा सकता है।

किसान एवं उसकी खेती के भविष्य पर गम्भीरता से विचार प्रारम्भ हो गया है। ऐसे चिंतकों, विचारकों की पर्याप्त संख्या है, जो मानते हैं कि किसान एवं उसकी खेती का भविष्य उज्ज्वल नहीं है। खासकर छोटे किसान अपनी खेती से जीविका चलाने की स्थिति में नहीं हैं। खाद, बीज, पानी तथा साधनों पर खर्च के कारण खेती करना संभव नहीं हो पा रहा है। कर्जदारी बढ़ना भी किसान के लिए चिंता की बात है। नये बीज, नयी फसलों के प्रलोभन में किसान की आर्थिक स्थिति कमजोर हो जाती है। इसी प्रकार खेती रोजगार का माध्यम नहीं रही, खासकर कुशल तथा पढ़ा-लिखा किसान, युवक तो खेती से मुख मोड़ चुका है। खेती उपेक्षित कार्य की श्रेणी में पहुँच रही है। इसे गाँव-घर स्तर पर रोजगार देने वाला लाभकर काम नहीं माना जाता है। इस स्थिति में ग्रामीण समाज के लिए खेती का विकल्प क्या हो सकता है? गाँव के किसान की खेती ग्रामीण दस्तकार के धंधे के विकल्प या उनके अनुकूल कार्यक्रम की तलाश की आवश्यकता है।

ऊपर विकल्प से जुड़े कुछ प्रश्नों का जिक्र भर किया गया है। इन मुद्दों का विश्लेषण कर उसके विकल्प पर चिंतन किया जाय और उस पर नीतिगत टिप्पणी की जाय। प्रत्येक मुद्दे पर एक या अधिक आलेख प्रस्तुत किये जा सकते हैं। वैसे विकल्प की तलाश में केवल आर्थिक पक्ष पर विचार एकांगी होगा। आर्थिक पक्ष में भी अन्य कई विषय जोड़े जाने चाहिए। इसी प्रकार सामाजिक, सांस्कृतिक, राजनैतिक विकल्प पर भी चर्चा कर नीतिगत टिप्पणी की जानी चाहिए।

गाँधी जी के जीवनकाल में स्वयं गाँधी जी ने वैकल्पिक व्यवस्था के बारे में वैचारिक एवं व्यावहारिक स्तर पर प्रयास प्रारम्भ कर दिया था। इस कार्य में उनके सहयोगियों ने प्रमुख भूमिका निभायी। इसके लिए, उस समय की परिस्थिति को देखते हुए उन्होंने 18 रचनात्मक कार्यक्रम सुझाये। इनमें से कई कार्यक्रमों के लिए संस्थाओं का गठन किया तथा संगठनात्मक कार्य किये गये। कार्यों की दृष्टि से देखें तो उदाहरण के तौर पर ग्रामोद्योग एवं ग्रामोपयोगी प्रौद्योगिकी की खोज एवं विकास, खादी, कृषि-

पशुपालन आदि गिनाये जा सकते हैं। इस संदर्भ में प्रो. जे.सी. कुमारप्पा, श्री कृष्णदास जाजू, श्री जमनालाल बजाज आदि का स्मरण करना उचित होगा। प्रो. कुमारप्पा ने ग्रामोपयोगी प्रौद्योगिकी के प्रयोग एवं विकास के क्षेत्र में जो प्रयास किये, उसके आधार पर कहा जा सकता है कि गाँधी विचार अद्यतन वैज्ञानिक खोज एवं विकास में विश्वास करता है। आज भी मगनवाड़ी वर्धा में उस समय किये गये ग्रामोपयोगी प्रौद्योगिकी के नमूने देखे जा सकते हैं। गाँधी काल के बाद यह प्रयास धीमा पड़ा, यह स्वीकार किया जाना चाहिए। गाँधी काल के बाद ग्रामोद्योग तथा खादी दोनों सरकार के कार्य क्षेत्र में आये और उसी अनुरूप उनका विस्तार हुआ। इस कार्य में लगी रचनात्मक संस्थाएँ भी सरकार के साथ मिलकर काम करती रहीं और आज भी कर रही हैं। यह चिंतन का विषय है कि गाँधी विचार में ग्रामोद्योग एवं खादी को आधार मानकर जो विकल्प (खासकर ग्रामीण विकास के संदर्भ में) प्रस्तुत किया, उसकी आज कितनी सार्थरता है तथा आगे उसकी दिशा क्या होनी चाहिए? क्या यह एक विकल्प हो सकता है? इस पर वैचारिक एवं व्यावहारिक दोनों स्तर पर चिंतन की आवश्यकता है। इस दृष्टि से गाँधी विचार की समझ को मजबूत करके समस्याओं के संदर्भ में विकल्प पर चिंतन करना उचित होगा।

देह और देश मुक्त गाँधी का प्रभाव

चुनीभाई वैद्य

एक कवि ने कहा था— 'धन की जहाँ पे लूट, गरीबों की हार है, इंसानियत के भेष में फिरता है लुटेरा!' यानी जीवन का मूल्य मानों पैसा और मात्र पैसा है। वह कौन-सी सभ्यता हुई? रावण की लंका सोने की थी और कई राक्षसों के नाम भी हिरण्याक्ष, हिरण्यकश्यप आदि थे। हिरण्य यानी सोना और अक्ष यानी आँख। जिसकी आँखे सोना ही सोना खोजती हैं, वही हुआ हिरण्याक्ष! हिरण्याक्ष तो गया लेकिन अब उसकी बेटियाँ जनमी हैं, जिनमें से एक का नाम है— एम.एन.सीज. मल्टीनेशनल कंपनियाँ। इनका एक ही ध्येय है— दुनिया भर की दौलत लूट-खसोट कर अपना घर भरना। ये कंपनियाँ केवल विदेशी हैं, ऐसा नहीं है। भारत में और मेरे गुजरात में भी हैं ये। उनके प्रतिनिधि देश और दुनिया को रौंदते हुए, गर्जन-तर्जन के साथ घूम रहे हैं। अध्यात्म-प्रवण देश होने का दावा करने वाले भारत ने भी उन असुरों को अपना आराध्य मान लिया। यह कोई सभ्यता नहीं है। विश्व व्यापार संगठन, विश्व बैंक, अंतर्राष्ट्रीय मुद्रा भंडार, एशिया बैंक आदि सब ऐसे फंदे हैं, जिनका काम है अविकसित देशों की सरकारों को विकास के नाम से ललचाना, कर्ज देना और ऐसी शर्तें स्वीकार करवाना, जिनसे उन देशों का धन अपने देशों में ले जा सकें।

उनका इरादा तो यह है कि सारी दुनिया के सारे व्यापार पर उनका एकाधिकार हो लेकिन दो चीजों के व्यापार पर उन्होंने अभी अधिक ध्यान केन्द्रित किया है— अनाज और दूध! भारत जैसे देशों से उनके पुराने बीज निकलवाना, अपने यहाँ ले जाना, सभी देशों को उनके अपने ही बीजों से वंचित करना और इन कंपनियों द्वारा विकसित बीज ही खरीदना पड़े, ऐसी स्थिति का निर्माण करना। इन नये बीजों में ऐसे बीज हैं, जिनके लिए विशेष प्रकार की खाद की आवश्यकता होती है, जो कि उन्हीं कंपनियों के उत्पाद हैं। ऐसे भी बीज बनाये गये हैं, जिनसे उत्पादन ज्यादा होता है, लेकिन उनसे उत्पादित दानों में बीज की क्षमता नहीं होती, वे बाँझ होते हैं। उनको

अंग्रेजी में **टर्मीनेटर सीड** कहते हैं। दूसरा काम इन कंपनियों ने यह किया कि गरीब देशों के किसानों को कैश क्रॉप—नगदी फसलें— बोने के लिए ललचाना, ताकि ये देश अनाज के लिए इन कंपनियों पर आधारित बन जायँ। इसका अद्यतन उदाहरण है बी.टी.कॉटन। कहते हैं कि विदर्भ में 95% जमीन पर बी.टी. कॉटन उगाया जाता है, और देशभर में जितने किसानों ने आत्महत्या की है, उनमें अधिकतम किसान विदर्भ के बी.टी.कॉटन वाले ही हैं।

मुक्त बाजार और स्वस्थ प्रतिस्पर्धा की वे दुहाई देते हैं, लेकिन होता क्या है? पेप्सीकोला और कोकाकोला को जॉर्ज फर्नांडीज ने भारत से निकाला था, लेकिन केन्द्र में शासक बदले तो इन दोनों का स्वागत करना पड़ा। ये दोनों मगरमच्छ पुनः आ गये। नाम तो था खुली प्रतिस्पर्धा का, लेकिन इन दो बड़े मगरमच्छों ने आते ही पहला काम यह किया कि देशभर में ठंडे पेय का उत्पादन व व्यापार करने वाली जितनी कंपनियाँ थीं, उन सबको खरीद लिया, ग्रस लिया। कोई प्रतिस्पर्धी बचा ही नहीं, आज देश में ठंडे पेय का 99% व्यापार इन दो मगरमच्छों के हाथों मे है।

इन कंपनियों का इतना दबदबा और इतनी आर्थिक ताकत है कि वे चाहे जिस चीज से बाजार को पाट दें और उस चीज के भाव को गिरा दें या उसका अभाव पैदा करके उसके दामों को आसमान तक पहुँचा दें। सरकारी तंत्र से अपना मनचाहा आदेश जारी करवा सकें और उस प्रक्रिया में देश की संसद की गरिमा को भी अपमानित करवा सकें।

किसानों के हाथ से कृषि निकाल लेने के लिए दो और फँदे कसे जा रहे हैं: कॉन्ट्रक्ट फार्मिंग और कारपोरेट फार्मिंग।

इन दोनों के कारण किसान का अभिक्रम और अभिरुचि खत्म होती है, लम्बे अरसे में जाकर वह कृषि से विमुख और अक्षम बन जाता है। किसान अपनी सर्जनात्मकता खो देता है। वैश्वीकरण तथा आर्थिक सुधारों का देश की कृषि पर क्या असर हुआ है, संक्षेप में ये आँकड़े बताते हैं, देखिये:

देश के रोजगार में कृषि का योगदान

1993-94 में	2004-05 में
69.67%	54.19%

देश के घरेलू उत्पाद में कृषि का योगदान

1951 में	2001 में
62.00%	23.00%

अनाज का उत्पादन तब 720 लाख टन था। वह घटकर 670 लाख टन हो गया है। इसके दो गंभीर पहलू हैं: विषमता और बेकारी।

हमारे देश के प्रथम प्रधानमंत्री पंडित जवाहरलाल नेहरू का झुकाव कुछ हद तक समाजवाद की ओर था। उन्होंने मिक्स्ड इकोनॉमी-मिश्र अर्थतंत्र-चलाया। उन्होंने कंपनी संचालन के लिए जो नियम बनाये थे, उनमें वेतनमान के बारे में नियम था कि कंपनी के चपरासी का वेतन 1000 रुपया हो, तो मैनेजिंग डायरेक्टर का 15,000 से ज्यादा नहीं हो। यानी दोनों की आय में अंतर 1 से 15 का हो। मनमोहन सिंह वित्तमंत्री बने, तब उन्होंने 1992 में अधिकतम वेतन पचास हजार कर दिया, 1993 में बढ़ाकर अठ्ठासी हजार और 1994 में जाकर उन्होंने वह नियंत्रण ही खत्म कर दिया। परिणाम क्या हुआ? एक उदाहरण देखें। गुजरात में इन दिनों आम चपरासी को माहवार वेतन 1500 रुपया मिलता है, उसी गुजरात में मुकेश अंबानी को माहवार करीब तीन करोड़ रुपया मिलता है। अंतर बीस हजार गुना हो गया!! 15 का अंतर था, वह बीस हजार गुना हो गया। इसकी तुलना उस रोजगार गारंटी योजना वाले भूमिहीन खेत-मजदूर से करें, तो अंतर साठ हजार गुना हो जायेगा। इसकी दूसरी तरफ मुकेश अंबानी की तुलना लक्ष्मी निवास मित्तल और बिल गेट्स से करें तो मुकेश बौना-सा लगेगा। क्या हम लोगों को ऐसा वैषम्यपूर्ण समाज बनाना है? गाँधी इस बारे में कुछ कहता है क्या? जी हाँ, वह अपने ढंग से कहता है कि नाई और वकील का पारिश्रमिक एक समान होना चाहिए।

गरीबी की हालत क्या है, इसकी एक तस्वीर–

जिनको घर नहीं है	: 21.00%
सिर्फ एक कमरे में रहने वाले	: 38.50%
जिनके घर में पानी की सुविधा नहीं है	: 61.00%
बिजली की सुविधा नहीं है	: 44.10%
निवास में बाथरूम नहीं है	: 63.90%
निवास में संडास नहीं है	: 63.60%
गैस-कनेक्शन नहीं है	: 82.50%
टेलीविजन नहीं है	: 68.40%
दुपहिया वाहन नहीं है	: 88.50%
मोटरकार नहीं है	: 97.50%

समानता के इस युग में ऐसे वैषम्यवाला समाज कितने दिन टिकेगा?

और दूसरा भयावह पहलू है— बेकारी! रोजगार खोजने वाले जवानों की संख्या बढ़ती जा रही है। रोजगार के अवसर घटाये जा रहे हैं। बड़ी-बड़ी कंपनियों में छँटनी लगातार हो रही है। अभी-अभी जनरल मोटर्स वालों ने 7 हजार कर्मचारियों की छँटनी की। रिलायंस वालों ने आईपीसीएल में से 2400 लोगों को जबरदस्ती 'स्वैच्छिक

निवृत्ति' लेने पर मजबूर किया। स्वैच्छिक जबरदस्ती!! ऐसा ही अनेक कंपनियाँ कर रही हैं। कंपनियों का प्रेरक बल है- कार्यकुशलता! कार्यकुशलता से उनका अर्थ है उत्पादन बढ़े और खर्चा घटे, यानी मास प्रोडक्शन यानी यंत्र-शक्ति से किया थोक उत्पादन। चूँकि मनुष्य-शक्ति खर्चीली है, अतः मनुष्य को उसमें से हटाया जाये। गाँधी की बात से सर्वथा उलटी बात! गाँधी ने कहा था- थोक उत्पादन नहीं, हजारों हाथों से उत्पादन!!

गुजरात में अब सरकार भी चतुर्थ श्रेणी के कर्मचारियों, क्लर्कों, शिक्षकों आदि को दैनंदिन वेतन पर रखती है, या पाँच साल की कामचलाऊ नौकरी पर रखती है। कहने को राज्य में कई जगह वी.आर.एस.-स्वैच्छिक निवृत्ति-की योजना चल रही है, व्यवहार में वह स्वैच्छिक कम और दबाव में अधिक थोपी जाती हैं। क्यों? इसलिए कि बाद में वे नौकरियाँ हमेशा के लिए खत्म करनी हैं।

चिंता की एक और बात सामने आ रही है-मॉल्स! जूता-चप्पल से लेकर औषधि-आलपीन, मोटरकार, यानी बाजार में मिलने वाली सभी चीजें, आपको एक ही जगह से प्राप्त हो सकेंगी और बाजार की तुलना में सस्ती भी। अभी-अभी रिलायंस वालों ने फल-सब्जी आदि के मॉल्स शुरू किये हैं। वहाँ आपको चीजें अधिक साफ-सुथरी, ताजी और सस्ती प्राप्त होंगी। ये मॉल्स छोटी-छोटी दूकानों को, रेहड़ी या टोकरी में लाकर सामान बेचने वाले भाइयों-बहनों का धंधा खत्म कर देंगे। वर्तमान में करीब साढ़े चार करोड़ लोग इस फुटकर व्यवसाय में लगे हैं, यानी करीब बीस करोड़ लोगों की रोटी का सवाल इससे जुड़ा है। इन धनपतियों की चली, तो वे इन फुटकर व्यवसाय करने वालों की छुट्टी कर देंगे। अब इसमें विदेशी कंपनियाँ भी प्रवेश कर रही हैं। ऐसी ही एक बहुत बड़ी कंपनी है वॉलमार्ट। देशी कंपनियाँ जितना नुकसान कर पायेंगी, उससे कई गुना नुकसान यह वॉलमार्ट करेगी।

अब बेरोजगारी के कुछ चौंकाने वाले आँकड़े:

इंटरनेशनल लेबर आर्गनाईजेशन (विश्व श्रमिक संगठन) की 2004 की रिपोर्ट के अनुसार: गत दशक में जो बेरोजगार थे, उनमें 8 करोड़ 80 लाख यानी करीब आधे लोग 15 से 24 वर्ष की आयु के थे।

दुनिया भर में 2003 में रोजगार प्राप्त जो लोग थे, उनमें 25% युवा थे, लेकिन 2003 में 18 करोड़ 60 लाख बेरोजगार थे, उनमें 47% युवा थे।

विश्व श्रमिक संगठन की 2007 की रिपोर्ट के अनुसार 2006 में बेरोजगार सर्वाधिक रहे- 19 करोड़ 52 लाख।

पिछले दशक में युवा-आबादी में 10.5% की वृद्धि हुई, जबकि युवा-रोजगारी में वृद्धि हुई 0.2% यानी साढ़े बावन रोजगार की आवश्यकता के सामने सिर्फ एक रोजगार प्राप्त हुआ।

जीडीपी-ग्रॉस डोमेस्टिक प्रोडक्ट-सकल घरेलू उत्पाद-बढ़ा है, ऐसा दावा किया जाता है, लेकिन वह ढकोसला है, मिथ्या है, फिर भी बढ़ा है, तो देखें कि क्या बढ़ा है?

1992-93 से 2004-05 तक सकल घरेलू उत्पादन में 60% तो केवल सॉफ्टवेयर और इंफार्मेशन टेक्नॉलोजी का हिस्सा था, जो 2006-07 में बढ़कर 66% हुआ। उसमें से ज्ञान और जानकारी तो मिल सकती है, लेकिन गरीबों को रोटी, कपड़ा, मकान, दवाई नहीं मिलती। और यह वृद्धि भी किस प्रकार हुई? विदेशों में जिन कामों की लागत ज्यादा बैठती है और भारत में कम बैठती है, वैसे कामों के कारण यह वृद्धि हुई है। अगर चीन या कोई गरीब देश यही काम भारत से भी सस्ते में करने को तैयार होता है तो वृद्धि का यह बुलबुला फूट सकता है और वृद्धि की यह दर गिर सकती है।

इन सबमें अद्यतन है सेज। शायद इन आर्थिक सुधारों का, इन पूँजीवादी मनोवृत्तियों का सर्वाधिक विकृत प्रकार है सेज। रिलायंस को भी एक सेज की स्थापना का अधिकार दिया गया है। उसके परिचय-पत्र में रिलायंस वालों ने लिखा है- deemed foreign territory — यानी स्वीकृत विदेशी राज्य क्षेत्र, क्योंकि यहाँ देश के कई कानून निष्प्रभावी रहेंगे। उनको न देना होगा आयकर और न बिक्रीकर। न देना होगा आयात और निर्यात-शुल्क। न मानना होगा श्रमिक-सुरक्षा कानून, न होगा पंचायत का राज, न होगी पर्यावरणीय पांबदी, न होगी नशाबंदी। उत्पादक उद्योगों के लिए विदेशी पूँजी लाने पर कोई पाबंदी नहीं होगी। उनके अपने एरोड्रोम्स होंगे। कौन आया, कौन गया, इस बात पर नियंत्रण होगा या नहीं, होगा तो कितना कारगार होगा, नहीं जानते। कई प्रकार के गोरख-धंधों के लिए वहाँ मुक्त मैदान होगा। एक अंदाज ऐसा है कि इन सेजों को जो छूट दी जायेगी, उससे भारत सरकार को नब्बे हजार करोड़ से लेकर 1 लाख 55 हजार करोड़ रुपयों का घाटा बैठेगा। इसे लेकर भारत सरकार के वित्त मंत्रालय और वाणिज्य मंत्रालय के बीच मतभेद है। ये सारी बातें अत्यंत गंभीर तो हैं ही, लेकिन इनसे भी अधिक गंभीर है ऐसे सेज के लिए जमीन का अधिग्रहण। सरकारें एक पुराने कानून के तहत किसानों की जमीन अधिग्रहित करेंगी और अपने यारों- सेज के स्थापकों- को देंगी। बाद में वे स्थापक लोग उसको अनेक गुना ज्यादा दामों पर बेचेंगे। जमीन के ऐसे अधिग्रहण का विरोध करने वाले उड़ीसा के भागते आदिवासियों पर गोली चलायी गयी और 30 आदिवासी मारे गये। पश्चिम बंगाल के नंदीग्राम में 14 ग्रामवासियों को माथे में और छाती में गोली दाग कर जान से मारा गया। 50 लोग घायल हुए।

इसमें संविधान को लेकर कई सवाल उठ सकते हैं। इन तथाकथित विदेशी क्षेत्रों में भारत का संविधान लागू रहेगा या नहीं? आजादी के पूर्व भारत में 500-700 देशी रियासतें थीं, लेकिन उनकी नकेल दिल्ली के हाथों में थी, जिसकी बदौलत रियासतों का भारत में आसानी से विलय हो सका। लेकिन इन सेज-विदेशी-क्षेत्रों पर-दिल्ली का कितना, क्या प्रभाव रहेगा? सुरक्षा का क्या होगा? सभी नागरिकों के साथ समान व्यवहार की गारंटी हमारे देश के संविधान ने दी है, लेकिन यहाँ सेज में उद्योगपतियों तथा व्यापारियों को जो सुविधाएँ दी जायेंगी, वे सेजेतर भारत के लोगों को प्राप्त नहीं होंगी। उस हालत में समान व्यवहार की गारंटी का क्या होगा?

मध्यप्रदेश, राजस्थान जैसे राज्य दूरदर्शिता दिखा रहे हैं और अभी से भूमि-बैंक बना रहे हैं। जमीन का अधिग्रहण करके, यानी कम दामों पर भूमि प्राप्त करके अपने पास रख लेंगे और बाद में सेज की मंजूरी मिलने पर, अपने प्यारों (सेज-स्थापकों) को देंगे। यह स्पष्ट करता है कि सरकारें गरीबों और मेहनतकशों के साथ नहीं, धन्ना सेठों के साथ हैं।

सामाजिक दृष्टि से यह हमारी चिंता का विषय है— पैसा जीवन का मूल्य बन जाना। वर्तमान केन्द्र सरकार ने और उनके पीछे चलकर सभी राज्य सरकारों ने सफलता के साथ लोगों के चित्त में एक बात डाली है कि विकास यानी पैसा। हर मर्ज की एक दवा-पैसा! आम आदमी में इतनी धन-परायणता कभी नहीं थी, जितनी आज हो गयी है। कभी-कभी मन ललचा उठता है यह सोचने के लिए कि गाँधी यदि अधिक समय जीवित रहे होते तो वे जवाहरलाल को, विकास का जो मॉडल उन्होंने स्वीकार किया, उस पर जाने से रोकते। लेकिन फिर लगता है कि यह हमारी 'विशफुल थिंकिंग- अपने को फुसलाने वाला चिंतन- हो सकता है। क्योंकि राष्ट्र जब आजाद हुआ, तब देश की सर्वाधिक स्थिति भीषण गरीबी की थी। उसी का प्रतिभाव था कि राष्ट्र त्वरित संपन्नता की दिशा में-अविचारी ढंग से ही सही-पंडित नेहरूजी के नेतृत्व में चल पड़ा। उसे अनियंत्रित दिशा में ले गये मनमोहन सिंह। सारा देश पैसों के पीछे पागल होकर उनके साथ हो लिया। अब उस मायाजाल का तार्किक अंत दिखायी देने लगा है- सुरसा राक्षसी के समान विराट, विकृत, असमानता और एक लाख किसानों की आत्महत्या के रूप में! फिर भी ग्रामीण समाज गाँधी के संयत, सादगीपूर्ण जीवन और ग्रामस्वराज्य की बात स्वीकारने को तैयार नहीं है। हम लोग भी इन बातों को कहने का साहस खो बैठे हैं। पूरे समाज में मूल्य-परिवर्तन के लिए हमें काम करना पड़ेगा।

राजनीतिक पहलू भी बहुत चिंताजनक है। देश ने संसदीय लोकतंत्र को स्वीकार किया है। इस तथ्य के मद्देनजर गाँधीजी ने अपने मृत्यु के 24 घंटे पूर्व अपने **आखिरी**

वसीयतनामा में ठोस प्रक्रिया सुझायी थी। आज हमारे पास दुनिया में श्रेष्ठ निर्वाचन मंडल है और वह बहुत ही कुशलतापूर्वक अपना काम कर रहा है। लेकिन सबसे बड़ी कमी इस बात की है कि हम लोगों ने चुनाव को ही सब मर्जों का इलाज मान लिया है। मतदाता का एक ही काम है- पाँच सालों में एक बार वोट डालना। उस मतदान से जो सरकारें बनती हैं उनके काम में मतदाताओं की कोई सक्रिय भूमिका नहीं होती है।

गाँधी जी ने अपनी मृत्यु के 24 घंटे पहले एक प्रक्रिया सुझायी थी और विनोबा ने हम लोगों को मंत्र बना कर दिया था- 'हिंसा शक्ति की विरोधी, दंड शक्ति से भिन्न, तृतीय शक्ति-जनशक्ति'। यानी जनता की शक्ति हम लोगों को खड़ी करनी है। जिसे हम भूल ही गये। नौकरशाही भी एक समस्या है। उसने यूनियनिज्म के बल पर सत्ता में अपनी पकड़ जमा ली है।

राजनीतिक दल अपनी सत्ताकांक्षा के कारण जनता के सच्चे रहबर नहीं रहे। सत्ता-प्राप्ति के लिए झूठे वादे करने से लेकर जनता की एकता को तोड़ने का काम भी वे करते हैं। चुनाव फंड प्राप्त करने के लिए वे पूँजीपतियों के दास बन जाते हैं। वे जनशोषण के हथियार बनते हैं। उनकी एक ताकत है- गुंडों की। इस प्रकार पूँजीपति, राजनीतिक नेता और गुंडों का एक अलिखित गठजोड़ बन जाता है।

एक अत्यंत महत्त्वपूर्ण पहलू है- संचार माध्यमों का पूँजीपतियों के हाथों में फँसना। आज अखबार और टी.वी. चैनल वाले स्वस्थ जनमत बनाने के बजाय, अपने मालिकों के इशारों पर जनता को गुमराह करते हैं।

न्यायतंत्र भी एक विशेष शक्ति है और उसका एक विशेष प्रभाव है। उसकी क्रियाशीलता ने कुछ काम कर दिखाये हैं। आरक्षण, दिल्ली शहर के अनधिकृत मकान आदि में उसकी क्रियाशीलता ने अच्छी भूमिका निभायी। लेकिन उसकी मर्यादा है कानून। कानून को तोड़कर न्याय स्वतंत्र रुख ले नहीं सकता, सिवा इसके कि वह कानून असंवैधानिक हो या अशुद्ध हेतुपूर्वक बनाया गया हो। विकास के नाम पर उजाड़े जा रहे गरीबों को वह बचा नहीं सकता।

मानव की सहज कमजोरियाँ भी इस न्यायतंत्र में प्रवेश कर गयी हैं। बाइबिल का एक वाक्य है- If the salt loses its savour, where shall it be salted with?- नमक ही अपना खारापन छोड़ दे, तो उसको किस चीज से खारा बनायेंगे? न्याय-तंत्र ही अन्याय करने लग जाये तो न्याय माँगने कहा जायेंगे?

पर्यावरण-प्रदूषण ऐसा मुद्दा है, जो देश की सीमाओं को पार करके पूरे भूमंडल को प्रभावित करता है। प्रलयकारी बाढ़ का आना, ऋतु-परिवर्तन, अतिवृष्टि-अनावृष्टि, सूखा, अकाल आदि घटनाएँ घटने लगी हैं।

पृथ्वी और वायुमंडल के गरमाने को लेकर सारा विश्व चिंतित है। इन ग्रीन गैसों को, कार्बन को, विश्व पर्यावरण को नुकसान पहुँचाने वाली गैसों को गरीब देश उतनी नहीं पैदा करते, जितना विकसित धनी देश पैदा करते हैं। इसको लेकर विश्वस्तर के कई सम्मेलन भी हुए। सभी देश उन गतिविधियों को रोकें, जिनसे यह नुकसाान होता है, तभी विश्व का पर्यावरण बच सकता है। लेकिन कौन किसको कहे और कौन किसकी सुने? अमरीका ने तो बड़ी ढिठाई के साथ कह दिया-Our life style is non-negotiable- यानी हम जो भी चाहें करें, उसमें हमको रोकने-टोकने का अधिकार किसी को नहीं है। यूरोप के देश इतने उद्दंड नहीं हैं। उन्होंने दूसरा बहाना निकाला। उन्होंने गरीब देशों को कहा कि हम लोग जिस अनुपात में कार्बन आदि पैदा करते हैं, उसके अनुपात में तुमलोग कम कार्बन पैदा करो, बदले में हमलोग तुम्हें धन देंगे। पैसे देकर वे अपने लिए गैरजिम्मेवार जीवन-पद्धति का लाइसेंस चाहते हैं।

मुझको गाँधी-विनोबा में जितना विश्वास है, उतना ही दृढ़ विश्वास मानव-जाति में है। यह मानव मृत्यु की कगार तक पहुँच कर भी बच निकलने की क्षमता रखता है।

एक बात और, हम लोग ही गाँधी का एकाधिकार प्राप्त किये लोग हैं, ऐसे भ्रम में रहने की आवश्यकता नहीं है। दुनिया में दूर-दूर तक गाँधी-विचार के अंकुर निकले हुए हैं। तिब्बत के दलाई लामा, पेलेस्टीन के मुबारक अवाद, न्यूयॉर्क की जोन वायेज, वियतनाम के थीक हाट हान्ह, मैक्सिको के सीजर सावेज, श्रीलंका के आर्यरत्ने, लास एंजिल्स की जोआना मेसी, बोस्टन के रिचार्ड आल्बर्ट (रामदास), अमरीकी घेटो में जनमी डायेना नाश, सान फ्रांसिस्को के गेरी स्त्रीडर, आस्ट्रिया के ब्रदर डेविड स्टीन्ट राष्ट, अभी जिनको अंतर्राष्ट्रीय गाँधी शांति पुरस्कार प्रदान किया गया, दक्षिण अफ्रीका के घेटों में जन्मे वे आर्क विशप डेस्मंड टूटू, इटली की एम्मा बोनीनो और उनके जैसी सैकड़ों-हजारों लोग आज गाँधी की राह पर चलने और समाज को उसकी शिक्षा-दीक्षा देने के काम में अपना जीवन समर्पित करने में लगे हुए हैं। दुनिया भर के विश्वविद्यालयों में से कोई 350 विश्वविद्यालयों में गाँधी-विचार पढ़ा-पढ़ाया जा रहा है। इटली की संयुक्त सरकार में एक पक्ष'रेडिकल इटालियनी' के झंडे पर गाँधी का चित्र है। जहालत और हिंसा के लिए कुख्यात फिलीस्तीन में, उनकी भाषा में डब की हुई रिचर्ड एटनबरो की फिल्म 'गाँधी' दिखाकर, अहिंसक प्रतिकार की बात कही, सिखायी जा रही है। गाँधी देह और देश के अपने सीमित अस्तित्व से मुक्त होकर, विश्वव्यापी हो गये हैं।

सत्ता को न्यास और सेवा को अवसर न मानने का नतीजा

डॉ. सुभाष कश्यप

जब भारत के तत्कालीन कर्णधार देश के लिए एक शासन व्यवस्था चुनने और स्वाधीन भारत का संविधान बनाने बैठे तो उन्होंने भारत के अतीत, चिंतन और अनुभव पर कोई ध्यान नहीं दिया। भारतीय जनमानस की अवहेलना की और दुर्भाग्यवश वे अपने को विदेशी चिन्तन और संस्थाओं से मुक्त न कर पाये। उन्हें विदेशियों द्वारा निर्मित औपनिवेशक ढाँचा चलाये रखना ही सुखकर लगा। कह सकते हैं भारत का संविधान भारतीयों ने नहीं बनाया, अपितु अंग्रेजों ने बनाया, क्योंकि उसका लगभग 75 प्रतिशत अंश भारत शासन अधिनियम 1935, मंत्रिमण्डल मिशन योजना 1946, भारत विभाजन योजना 3 जून, 1947 और भारतीय स्वाधीनता अधिनियम 1947 पर आधारित या उनसे उद्धृत है और वे सभी अंग्रेजों के बनाये हुए हैं।

पहले अंग्रेजों के लिए कहा करते थे कि उनकी कूटनीति थी 'फूट डालो राज करो' किन्तु आज की सरकारों में बैठे नेता भी वही कुछ कर रहे हैं। प्रश्न उठता है कि फिर आखिर हमारे संविधान-निर्माताओं ने हमारे लिए ऐसी व्यवस्था क्यों चुनी?

मनौवैज्ञानिक बताते हैं कि दास को अपने स्वामी की हर बात आदर्श लगती है। वह वैसा ही बनना चाहता है। पश्चिमी देशों की पराधीनता में सदियों तड़पने के बाद, यह स्वभाविक था कि हम अपने 'मालिकों के देश' की शासन-शैली और संस्थाओं की ओर आकृष्ट होते तथा उन्हें ही सर्वोत्तम और अनुकरणीय मानते। स्वाधीनता संघर्ष के दिनों में भी राष्ट्रीय आंदोलन के नायकों की मांग होती थी कि भारतीयों को भारत में वही सब अधिकार और अवसर मिलें, जो अंग्रेजों को अपने देश में प्राप्त थे और वैसी ही संसदीय व्यवस्था स्थापित हो, जैसी ब्रिटेन में थी।

हम यह भूल गये कि ब्रिटेन में मानवीय अधिकार, व्यक्ति की स्वतंत्रता, गरिमा और समता वाले लोकतंत्र की सफलता के पीछे लगभग दो सौ वर्षों का सम्राट् और

सामंतों के बीच घोर संघर्ष का इतिहास रहा है। उनका विशाल साम्राज्य था, जिसमें कभी सूर्यास्त नहीं होता था। उनके पीछे था भारत जैसे देशों पर उनका एकतंत्रात्मक, निरंकुश शासन तथा दमन। ब्रिटेन का संसदीय लोकतंत्र शोषण की नींव पर उठा था, टिका था। उपनिवेशों के शोषण से अर्जित धन के आधार पर ही तो ब्रिटेन में अभूतपूर्व समृद्धि आई और संसदीय लोकतंत्र पनपा और पुष्ट हुआ। हमें सोचना चाहिए था कि किसी देश विशेष की शासन-शैली किसी भी दूसरे देश पर यूँ ही थोपी नहीं जा सकती। कोई जरूरी नहीं है कि जो शैली एक देश में सफल हुई हो, वह दूसरे देशों में भी सफल हो। वस्तुतः लोकतंत्रात्मक व्यवस्था तो देश के भीतर से ही प्रस्फुटित होनी चाहिए। वहाँ के लोगों के विचारों, मनोभावों, आदर्शों आस्थाओं, मान्यताओं और अनुभवों के अनुरूप ही नैसर्गिक रूप से विकसित होनी चाहिए। किसी देश की माटी, जलवायु, लोगों और वातावरण के बीच जन्मे-पनपे राजनीतिक व्यवस्था के पौधे को और कहीं फिर से जमाना चाहें तो यह काम आसान नहीं।

जो राजनीतिक व्यवस्था हमने भारत को दी, वह गाँधी के सपनों की व्यवस्था कदापि नहीं थी। वह राजेन्द्र प्रसाद और अंबेडकर की कल्पना का प्रसाद भी नहीं था। उसे जयप्रकाश नारायण जैसे नेताओं का समर्थन भी प्राप्त नहीं था। जो संविधान बना, वह भारतीय मानस के सपनों का संविधान नहीं था। देश की स्वाधीनता जल्दबाजी में, सत्ता में आने की बेताबी में, विदेशी शासकों के भारी दबावों में और उनकी शर्तों पर स्वीकार की गई थी। हमारे संविधान-निर्माताओं ने 1935 के भारत शासन अधिनियम के लगभग दो-तिहाई भाग को ज्यों का त्यों उठाकर संविधान में रख दिया था। वे भूल गये कि यह अधिनियम ब्रिटिश संसद ने भारत को एक राष्ट्र के सूत्र में पिरोने के लिए नहीं, अपितु उसे विभाजित करने और विखंडित करने के लिए बनाया था। और न ही उनमें ऐसी रूचि थी कि वह मौलिक रूप से भारत के भविष्य के लिए उपयुक्त ढाँचे के बारे में सोचते और ऐसी राजनीतिक-संवैधानिक व्यवस्था का निर्माण करते, जो हमारे जन-मानस की पृष्ठभूमि, संस्कृति और चिंतन के अनुकूल होती।

गाँधी जी ने कहा था कि उनके लिए स्वाधीनता का अर्थ होगा, भारत के प्रत्येक गाँव में पीने योग्य पानी की व्यवस्था, किन्तु स्वाधीनता के 60 वर्ष बाद आज भी देश में एक लाख से अधिक गाँव ऐसे हैं, जिनमें पीने के पानी की व्यवस्था नहीं है। या तो मीलों दूर से महिलाओं को पानी लाना पड़ता है या फिर जानवर और आदमी एक ही तालाब या जोहड़ का पानी पीते हैं और उसी में नहाते-धोते हैं। आज भी ऐसे गाँव हैं, जहाँ बंधुआ मजदूर गोबर को धोकर उससे निकले अनाज के दानों पर अपना गुजर करते हैं, जबकि उन्हीं की जाति के नेता उनके नाम पर सांसद और मंत्री बनकर राजधानी में मुगलिया बादशाहों जैसे ऐशो-आराम का जीवन बिताते हैं।

संविधान सभा में कई लोग ऐसे थे, जिन्होंने चेतावनी दी थी कि वयस्क मताधिकार ऐसी शक्तियों को जन्म देगा, जो राष्ट्रहित में काम करने के बजाए, छोटे-मोटे समूहों के हित में काम करेंगी। राजनीतिक लोग मत बटोरने के लिए इन समूहों के मतभेदों का लाभ उठाना चाहेंगे और इस प्रकार एकता की जगह फूट को प्रश्रय मिलेगा। पेशेवर नेताओं की एक नई जाति जन्मेगी, जो संविधान को विनष्ट कर देगी, क्योंकि पेशेवर राजनीतिज्ञ समाज पर बोझ बन जाते हैं। वे अपने और अपने परिवार की रोजी-रोटी के लिए और कोई काम नहीं करते, उनका एकमात्र सहारा मंत्रिपद, विधान मंडल की सदस्यता आदि रह जाता है और यह स्थिति लोकतंत्र के लिए घातक है।

वयस्क मताधिकार तो अब समाप्त नहीं किया जा सकता। निरक्षरता और गरीबी भी किसी जादू की छड़ी से एकदम दूर नहीं की जा सकती, किन्तु यह स्वीकारना पड़ेगा कि बीती अर्धशती में यह सब कुछ हो सकता था और भारत के जन-जन को वयस्क मताधिकार के योग्य बनाया जा सकता था। इस काम में हम बुरी तरह हारे। नेतृत्व ने हमें धोखा दिया, जनता के साथ विश्वासघात किया। सारी व्यवस्था क्षत-विक्षत हो गई, टूट-फूट गई। भ्रष्टाचार और लूट-खसोट की होड़ में सभी दलों के नेताओं ने अपनी तिजोरियाँ भरीं, विदेशी बैंकों के खातों में भारी रकमें जमा कीं, घोटाले-पर घोटाले किये, अपनी भावी पीढ़ियों का भविष्य सुरक्षित किया।

सच यह है कि आज आम जनता को अपने नेताओं की नीयत पर विश्वास नहीं रहा और आज की व्यवस्था से उसकी आस्था उठ गई है। सभी राजनीतिक दल, चाहे वे सत्ता में हों या विपक्ष में, अपना औचित्य खो चुके हैं। जहाँ जनता अपने ही चुने हुए प्रतिनिधियों को घृणा और तिरस्कार की दृष्टि से देखने लगे, विधि-निर्माता खुलेआम बेचे और खरीदे जाने लगें, भ्रष्टाचार, हिंसा, आतंकवाद, तस्करी और अन्य कुत्सित अपराधों तथा नेताओं, व्यापारियों, पुलिस और उच्च सरकारी अधिकारियों के बीच साझेदारी के संबन्ध आम चर्चा का विषय हों, यह कल्पना नहीं की जा सकती कि वर्तमान संकट का समाधान व्यवस्था को बदले बगैर हो सकेगा। क्योंकि बहुत कुछ विवशताएँ व्यवस्थाजन्य हैं। उदारहरण के लिए आज की राजनीति करने के लिए, किसी भी दल को चलाने के लिए और चुनाव लड़ने के लिए टनों रुपयों की आवश्यकता होती है। इससे काले धन की प्रतिद्वंद्वी आर्थिक व्यवस्था जन्मती है। काला धन भी कोई यों ही नहीं देता। अतः भ्रष्टाचार जन्मता है और अब तो अपराधीगण स्वयं ही बड़ी संख्या में विधान पालिकाओं में आने लगे हैं। हम सबके चरित्र गिरे हैं। जीवन में मूल्यों का, आदर्शों का ह्रास हुआ है। स्वार्थपरता, थोथा उपभोक्तावाद बढ़ा है। देश का संकट केवल राजनीतिक व्यवस्था का नहीं, राष्ट्रीय चरित्र का संकट है।

आध्यात्मिक संकट है। आज 'वैष्णवजन तो तेने कहिए जे पीर पराई जाने रे' सोचने-कहने वाला कहीं नहीं मिलता। वर्तमान राजनीतिक व्यवस्था और इसे चलाने वाले, दोनों को बदलना होगा। ऐसी व्यवस्था लानी होगी, जो हमारी आवश्यकताओं और पृष्ठभूमि के अनुरूप हो। अगर हम भारत के लोगों में कमियाँ हैं तो हमारे लिए बनाई जाने वाली व्यवस्था ऐसी होनी चाहिए, जो उन कमियों को भी ध्यान में रखकर बनाई गई हो, क्योंकि वर्तमान राजनीतिक व्यवस्था को चलाने और अच्छा सिद्ध करने के लिए आकाश से देवता नहीं आयेंगे और न ही हम यूरोप-अमरीका से लोगों का आयात कर सकते हैं।

इस व्यवस्था में जो मनसुहाती बात कहते हैं, पुरस्कृत होते हैं और जो सच्ची बात कहने का अथवा किन्हीं मूल्यों की रक्षा करने का साहस करते हैं, वे तिरस्कृत होते हैं। आज पैसा, कुर्सी, सत्ता, पद और अधिकारों की लड़ाई ही सब कुछ हो गई है। पढ़े-लिखे लोग, बुद्धिजीवी, राजनेता, प्रशासक, व्यापारी, उद्योगपति, वकील, डाक्टर, अध्यापक, विद्यार्थी-किसी के लिए कोई आचार-संहिता नहीं है। कोई मूल्य नहीं रह गये हैं। यदि ऐसा ही होता रहा और हम इसी संवैधानिक-राजनीतिक व्यवस्था से चिपके रहे तो निश्चित ही हमारे लोकतंत्र का लोप हो जाएगा और गणतंत्र नष्ट हो जाएगा।

यह हमारा दुर्भाग्य है कि आज संसदीय जीवन को भी एक लाभकारी व्यवसाय के रूप में देखा जाता है। आदर्श रूप में सांसद समाज को कुछ देने के लिए आगे आता हैं न कि समाज से अधिकाधिक लेने के लिए। कहते हैं कि रोमन साम्राज्य का अभ्युदय हुआ और वह चरम शिखर पर तब पहुँचा, जब उसके लोग अपना सब कुछ रोम को देना चाहते थे और जैसे ही उन्होंने समाज से ज्यादा से ज्यादा लेना शुरू कर दिया, रोम साम्राज्य का पतन हो गया।

यदि हम अपने लोकतंत्र और स्वतंत्रता की रक्षा करना चाहते हैं तो हमें स्वच्छ और कुशल प्रशासन की स्थापना करनी होगी। सबसे महत्त्वपूर्ण बात यह है कि हम अपनी व्यवस्था में सुधार करें और सरकार तथा प्रशासन को नागरिकों के लिए उपयोगी बनायें। अन्तिम विश्लेषण में यह तभी हो सकता है जब गाँधीजी की शब्दावली में कहें तो सत्ता को एक न्यास तथा लोक सेवा का अवसर माना जाये। राजनीति और सामाजिक प्रशासन को आत्माभिमान तथा धन बटोरने का सोपान नहीं, बल्कि त्याग और लोकोपकार का माध्यम मानना चाहिए।

हमारे दुखः का प्रमुख कारण यह है कि हमने अपने प्राचीन आदर्शों को भुला दिया है। प्रतियोगी उपभोक्तावाद, सुखवाद, इन्द्रिय सुख और अधिकतम उपयोग द्वारा भौतिक सुख-सुविधाओं के संग्रह ने हमें विनाश के कगार पर ला खड़ा किया है।

भोगवाद और उपभोक्तावाद ने नितान्त भौतिकवाद की पागल दौड़ को जन्म दिया है। लोग हर अच्छे-बुरे साधन से ज्यादा-से-ज्यादा धन कमाना चाहते हैं। गाँधीजी ने ठीक ही कहा था, 'संसार में हर व्यक्ति की आवश्यकताओं के लायक पर्याप्त साज-सामान है। लेकिन एक व्यक्ति के भी लालच के लायक पर्याप्त सामान नहीं है।'

देश के सामने चरित्र का संकट है। यह चारित्रिक संकट व्यक्तिगत भी है और सामूहिक भी। आजकल के अनियंत्रित भ्रष्टाचार की जड़ें मानव-लोलुपता, आन्तरिक मूल्यों के ह्रास और हममें से अधिकांश के जीवन की आध्यात्मिक शून्यता में निहित हैं। हमारे जीवन में पाये जाने वाले अधिकांश भ्रष्टाचार का कारण बाजार-केन्द्रित व्यापार और धन-केन्द्रित पश्चिमी उपभोक्तावाद मूल्य है। जब तक धन जीवन का उच्चतम मूल्य बना रहेगा, तब तक भ्रष्टाचार का कभी अन्त नहीं होगा।

यह घोर चिन्ता का विषय है कि हम अपने स्वर्णिम अतीत की बुनियादी सच्चाइयों से दूर हटते जा रहे हैं। अपनी जड़ों और अपने आदर्शों को भूलने वाले राष्ट्र नष्ट हो जाते हैं। जो समाज अपने बच्चों को अपनी परम्परा का, सदियों की संचित विवेक-सम्पदा का और जीवन-मूल्यों की समूची पद्धति का ज्ञान नहीं देते, वे काल के गाल में समा जाते हैं। इतिहास के भग्न अवशेष और मृत सभ्यताओं की भूली-बिसरी कहानियाँ इस तरह के अनेक गिरते हुए सितारों की मूक साक्ष्य हैं। हमें कुछ-न-कुछ करना है और बहुत जल्द करना है। देरी का अर्थ होगा- दुर्भाग्य और विनाश। जिन लोगों की देश के भविष्य में दिलचस्पी है और जिन्हें भ्रष्ट व्यवस्था से अपने किसी स्वार्थ की पूर्ति नहीं करनी, उन्हें समाज के लिए दीप स्तंभ बन जाना चाहिए। उनके लिए उचित है कि वे अपने सारे मतभेदों को भुलाकर राष्ट्रीय जीवन में नैतिक मूल्यों की प्रतिष्ठा करें। वे राष्ट्र को दूर-दूर तक फैले हुए कैंसर से बचाने के लिए शक्तिशाली नागरिक आन्दोलन का बिगुल बजा सकते हैं।

गाँधी-संस्थाओं से लाभान्वित लोग

छीतरमल गोयल

महात्मा गाँधी की ट्रस्टीशिप भावना से स्थापित आज देश में हजार से अधिक खादी संस्थाएँ हैं। उनमें 14 लाख कामगार व कार्यकर्ता कार्यरत हैं। इसके अलावा 24 लाख लोग ग्रामोद्योग से लाभान्वित हो रहे हैं। इन संस्थाओं के मार्फत प्रारम्भ में तो खादी उत्पादन बढ़ता रहा। किन्तु 10 वर्ष से मीटरों में वृद्धि थम-सी गई है। इसका कारण कच्चे माल के भावों में निरन्तर मूल्य वृद्धि होना, बड़ी संस्थाओं के लिए कार्यकारी पूँजी में मर्यादा आ जाना, व मोटे माल के बजाय बारीक माल की जनता की माँग होने से मीटरगेज बढ़ाना संभव नहीं हो पाया, पर उत्पादित माल की कीमत लागत में वद्धि होती रही। बिक्री पर प्रतिकूल असर पड़ने तथा रिबेट एवं व्याज सहायता की रकमों में वृद्धि के भय के कारण कताई, बुनाई, मार्जिन आदि में महँगाई की तुलना में वृद्धि नहीं की जाने से खादी की क्वालिटी में भी गिरावट आना संभव है तथा अनेक कत्तिन-बुनकरों में निराशा व असंतोष की भावना बढ़ती रही है। इसी क्रम में कार्यकर्तागण भी परेशान हैं और योग्य कार्यकर्ताओं का भी अभाव होता जा रहा है।

इन आर्थिक कठिनाइयों के अलावा खादी संस्थाओं को औद्योगिक इकाइयाँ मानकर उन पर श्रम कानून लागू करने के फलस्वरूप संस्थाओं के व्यवस्था खर्च में बढ़ोतरी होने के अलावा आपसी संबन्धों एवं कार्य क्षमता पर भी प्रतिकूल असर पड़ना स्वाभाविक है। सबसे बड़ी आश्चर्यजनक बात यह है कि सरकारी तंत्र से जुड़े हुए कुछ लोग खादी काम में लगी हुई भारी सरकारी पूँजी, रिबेट एवं ब्याज सहायता राशि को खादी क्षेत्र में दिये जाने वाले नगण्य से रोजगार की तुलना में निरर्थक भार मानने लगे हैं, जबकि उनके पास खादी-ग्रामोद्योगों से जुड़े हुए 48 लाख लोगों को अन्य बढ़िया रोजगार देने अथवा बेरोजगारी भत्ता दिलाने की कोई योजना नहीं है।

ऐसी स्थिति में खादी संस्थाओं को नई दिशा देने के लिए निम्न कदम उठाना जरूरी है :–

(१) संस्थाओं के संगठनात्मक ढाँचे में संशोधन : खादी को नई दिशा देनी हो तो सर्वप्रथम खादी संस्थाओं के लिए अपने आंतरिक स्वरूप को सुसंगठित करना जरूरी है। चूँकि संस्थाओं का संबन्ध ट्रस्टी मण्डल के अलावा कार्यकर्ताओं, कत्तिन, बुनकर, अन्य कामगारों के एवं क्षेत्र के खादी क्रेताओं से भी आता है, इसलिए उन सबका सहयोग संस्था संचालन में किसी न किसी रूप में लेने की पद्धतियाँ अपनाना जरूरी है।

(२) कत्तिन-बुनकरों के स्वायत्त संगठनों का प्रयोग : संस्थाओं द्वारा अपने कार्यक्षेत्र के कुछ चुने हुए कत्तिनों तथा बुनकरों के स्वायत्त संगठन बनाकर उनको बैंकों के मार्फत अपने अन्तर्गत कार्य करने के लिए अर्थ संयोजन की तथा प्रमाण-पत्र एवं कास्ट चार्ट के नियमों का पालन करते हुए अपनी इकाई की व्यवस्था स्वयं करने की छूट देनी चाहिए। ऐसे प्रयोगों से कामगारों में अपनी सामूहिक व्यवस्था स्वयं संभालने की क्षमता एवं उत्साह में वृद्धि होगी और खादी का उपयोग अधिक करने की भावना भी जागृत हो सकेगी, ऐसे प्रयोगों के सफल होने पर खादी के व्यवस्था खर्च में कुछ कमी आने की आशा की जा सकती है।

(३) प्रमाण-पत्र के प्रति निष्ठा सुदृढ़ करना : संस्थाओं को हर हालत में अपना उत्पादन-बिक्री का कार्य प्रामाणिकता के अनुसार करने के लिए संकल्पित होना चाहिए और उन पर किसी प्रकार का आक्षेप न आने पाये, इस दृष्टि से अपने कार्य संपादन पर कठोर नजर रखनी चाहिए। देश भर की संस्थाओं, कार्यकर्ताओं एवं जनता तथा सरकारों के मानस पर प्रमाण-पत्र की प्रामाणिकता कायम रह सके, इसके लिए खादी क्षेत्र द्वारा संयुक्त प्रयास किया जाना भी अनिवार्य है। प्रमाण-पत्र संबन्धी कार्यक्रम सफलता से चलाने की दृष्टि से प्रमाण-पत्र के नियमों तथा कार्य- पद्धति की सूची प्रकाशित की जानी चाहिए।

(४) राज्य स्तरीय संस्था संघों एवं राष्ट्रीय संस्था संघ का गठन : खादी संस्थाओं के लिए अपना प्रादेशिक संस्था संघ एवं एक राष्ट्रीय संस्था संघ का गठन करना जरूरी है। ऐसे संघों द्वारा खादी की छवि एवं गति विकसित करने हेतु संस्थाओं को मदद करने के अलावा उनकी सर्वसामान्य समस्याओं के निवारण का प्रयास किया जाना चाहिए।

(५) खादी संस्कृति व गाँधीवादी परंपराओं की सुरक्षा हेतु संस्थाओं द्वारा कुछ कदम दृढ़ता के साथ उठाये जाने चाहिए।

(६) ग्रामीण समग्र विकास कार्यक्रम : खादी-ग्रामोद्योगों का उद्देश्य वास्तव में गाँवों की गरीबी, बेरोजगारी का उन्मूलन करने का रहा है और इस हेतु यह जरूरी है कि गाँवों की जनता में अपने पैरों पर खड़ा होने की भावना जगाई जाय ताकि वे कृषि-गोपालन के अलावा खादी-ग्रामोद्योगों के माध्यम से अपने गाँव के बेरोजगार लोगों को पूर्ण एवं आंशिक रोजगार देने की जिम्मेदारी स्वयं संभाल सकें।

संस्थाओं का भावी स्वरूप

खादी संस्थाओं द्वारा अपने क्षेत्र के कुछ चुने हुए गाँवों में समग्र विकास एवं बेरोजगारी निर्मूल करने के प्रयास गाँव की अपनी शक्ति तथा कमीशन एवं सरकार के सहयोग से सफल होते हैं तो खादी काम के भावी विकास के लिए एक नया दिव्य मार्ग प्रशस्त हो सकेगा। इस प्रयोग की सफलता से प्रभावित होकर अन्य गाँव भी इसमें जुटना चाहेंगे।

देश की खादी संस्थाओं द्वारा संकल्प के साथ कुछ गाँवों की समग्र विकास योजनाओं के क्रियान्वयन में सफलता हासिल होने पर खादी कमीशन तथा केन्द्रीय एवं राज्य सरकारों को भी उनकी अनिवार्यता का भान हो सकेगा और पंचवर्षीय योजनाओं में भी ऐसी ग्राम योजनाओं को उपयुक्त स्थान मिलने की आशा बन सकेगी। इस प्रकार यह कार्यक्रम अप्रत्यक्ष रूप से सरकारों के रुख को खादी ग्रामोद्योगों की ओर मोड़ने का साधन बन सकेगा और यदि यह संभव हो सका तो भारत की आर्थिक, सामाजिक, समस्याओं के समाधान का एक गाँधीवादी मार्ग प्रशस्त होकर खादी ग्रामोद्योगों के परम लक्ष्य की प्राप्ति हो सकेगी।

मिसाल-बे मिसाल चमत्कारी चरखा

बंगलुरू के इंजीनियर आर.एस. हिरेमन ने सदियों पुराने चरखे के मूल सिद्धान्त को डायनेमो की शक्ति से जोड़ दिया, जिससे दस मिनट कताई करने पर 25 वाट का एक बल्ब जल जाता है। वह 10×10 फीट के एक कमरे की घंटा भर रोशनी करने के लिए पर्याप्त है। आज महात्मा गाँधी होते तो इस आविष्कार पर उन्हें भी गर्व होता।

हिरेमन ने हाथ से चलाये जाने वाले अपने दादा के चरखे पर कताई से ऊर्जा उत्पन्न करने का प्रयास कर्नाटक स्थित गुलबर्गा इंजीनियरिंग कॉलेज में पढ़ाई के दौरान 1980 में किया। उसका इचरखा तकरीबन 10-12 किलोग्राम वजन का है, जिसकी दो तकुओं वाली इकाई पर चार हजार रु. और आठ तकुओं वाली इकाई पर दस से लेकर बारह हजार रु. लागत आती है। उसमें एक छोटा-सा ट्रांजिस्टर भी जुड़ा है, ताकि चरखा चलाते समय संगीत का भी लुत्फ उठायी जा सके।

आंध्र प्रदेश में परंपरागत उद्योग पुनरुद्धार कोष योजना के अन्तर्गत इन ई-चरखों के वितरण की योजना बनाई ज़ा रही है, ताकि ग्रामीण इलाकों के घरों में रोशनी का प्रबंध हो सके।

खादी एवं ग्राम उद्योग आयोग भी खादी धागे के उत्पादन से जुड़ी एजेन्सियों को यह उत्पाद खरीदने और उसका वितरण करने के लिए पैसे की मंजूरी दे रहा है।

(नंदिनी वैश, इंडिया टूडे 11 मार्च 2009)

लोकशक्ति जगाने का कार्य

आर.आर. दिवाकर

अहिंसा द्वारा सत्य की खोज के दौरान आविष्कृत अद्‌भुत अस्त्र सत्याग्रह के जरिये स्वराज्य के लिये लड़ते हुए गाँधीजी की तीक्ष्ण दृष्टि नये सिरे से राष्ट्र के निर्माण पर टिकी हुई थी। उनका यही विचार भारतवासियों के लिये विविध कार्यक्रमों के रूप में सामने आया। इसीलिए सर्वव्यापी-रचनात्मक कार्यों में लाखों की शक्ति लगना जरूरी है।'

दूरदर्शी बापू यह जानते थे कि उनकी कल्पना का भारत बनाने के लिए राजनैतिक सरकार और संवैधानिक प्रशासन ही पर्याप्त नहीं है। लोगों को उनकी अपनी शक्ति का जो कि 'आत्मदर्शन' के बराबर है, भान कराने की आवश्यकता है। " सत्य (शक्ति के संदर्भ) यह है कि शक्ति तो लोगों में ही है और कुछ समय के लिए उन्हीं के द्वारा चुने गए प्रतिनिधियों को सौंपी जाती है। लोगों के बिना संसद की न तो कोई शक्ति है और न कोई अस्तित्व।" ('रचनात्मक कार्यक्रम')

यह आवश्यक है कि रचनात्मक कार्यकर्ता राजनैतिक पक्षों के गठजोड़ से बिल्कुल मुक्त हों और चूँकि वे सत्ता-राजनीति से परे हैं, किसी प्रकार की राजनैतिक सत्ता के आकांक्षी न हों। उन्हें इस बात की जानकारी अवश्य होनी चाहिए कि सरकार की नीतियों का जन-जीवन तथा उन्नत और उदार नैतिक जीवन जीने की जनता की आकांक्षाओं पर क्या प्रभाव पड़ता है।

विनोबाजी ने, जिन्हें गाँधीजी ने 1940-41 में प्रथम तथा आदर्श सत्याग्रही चुना था, रचनात्मक कार्यक्रमों की सूची में अपनी प्रतिभा और सूझबूझ से और भी वृद्धि की। चूँकि मनुष्य बराबर अपने से अधिक अच्छे आगे की ओर अग्रसर होता रहता है अतः यह वृद्धि अनिवार्य है। नई समस्याओं के साथ उनके नए समाधान भी, सत्य अहिंसा को ध्रुवतारा मानकर ढूँढ़े जाने की आवश्यकता है।

आज भारत एक सार्वभौम लोकतांत्रिक गणराज्य है और उसका अपना एक

संविधान है। अपनी अंतर्राष्ट्रीय हैसियत में भारत अनेक देशों सहित संयुक्त राष्ट्र संघ का सदस्य है। हालाँकि लक्ष्य प्राप्ति अभी दूर है, फिर भी एक 'युद्ध रहित विश्व' बनाना ही संयुक्त राष्ट्र संघ का आदर्श है और यही आदर्श बापू का और मानवता के प्रत्येक हिताकांक्षी का है।

हम भारतीयों को स्वाधीनता के बाद एक उखड़ी हुई आर्थिक स्थिति और भयानक गरीबी की विरासत मिली। बँटवारे से स्थिति और भी बिगड़ गई। हालाँकि पंचवर्षीय योजनाएँ बनीं, औद्योगिकरण और उन्नति के अनेक उपाय अपनाये गये हैं, फिर भी यह विकास समान रूप से नहीं हो पाया। कहीं क्षेत्र विशेष का विकास हुआ तो कहीं शहरी इलाके का और कहीं गाँवों का। भारत गाँवों में बसता है, 80 प्रतिशत आबादी ग्रामीण है और 70 प्रतिशत की जीविका केवल खेती है। शहरीकरण बहुत तेजी से हुआ है और झुग्गी-झोंपड़ियाँ और उनसे जुड़ी सारी चीजें भी बहुत तेजी से फैली हैं। बेकारी भी गरीबी और निराशा का दोहरा अभिशाप है। गरीबी जहाँ आर्थिक रूप से नकारात्मक है वहीं निराशा, नाउम्मीदी, नैतिक पतन और अपराध को जन्म देने में सकारात्मक है।

हमारा महान संविधान भारत की आर्थिक, प्रशासनिक और राजनैतिक एकता का ध्यान रखता है। पर साम्प्रदायिकता, जात-पात और भाषाई विवाद और तनाव बरकरार हैं, इसलिए स्थायी एकता अभी भी स्थापित करनी बाकी है। इसके लिये विशेष जागरूकता तथा सांस्कृतिक और अन्य अनेक उपाय करने की आवश्यकता है।

हालाँकि संविधान में यह अधिकार दिया गया है कि 14 वर्ष की आयु तक मुफ्त प्राइमरी शिक्षा अनिवार्य हो, फिर हमारे देश में निरक्षरता की दर 60% है। विश्वविद्यालयों की संख्या बढ़कर शिक्षित बेकारों की संख्या में वृद्धि कर रही है।

संविधान के अनुसार हमारा देश लोकतांत्रिक है। लोकतंत्र में 'आयाराम गयाराम' समस्या जैसी कुछ बुराइयाँ भी हैं। यह समस्या कुछ हद तक दल-बदल विरोधी कानून से सुलझायी गयी है। पर जात-पात,पैसे की ताकत, कालाबाजारी के पैसों से राजनैतिक पार्टियों को सहायता आदि ऐसी बुराइयाँ हैं कि इनके सामने लोकतंत्र की सब अच्छाइयाँ धूमिल पड़ जाती हैं। चुनाव अधिकारियों के अनुभवों, कार्यकुशलता और सुझावों से चुनाव सुधार का अभियान सफल हो सकता है।

भारतीय नागरिक होने के नाते हम सब न्याय की दृष्टि में बराबर हैं। हमारा देश आकार में, स्वरूप में एक उपमहाद्वीप है। हमारे यहाँ विश्व के सभी धर्मों के और उनके अलावा जैन तथा सिख धर्मों के अनुयायी रहते हैं। हमारे क्षेत्र विभिन्न हैं। हम कई भाषाएँ बोलते हैं। इस बहुविध तथा आश्चर्यजनक विभिन्नता के साथ हम अनगिनत वर्षों से शांति और सद्भावना के साथ जी रहे हैं और यह हमारी

प्राचीन संस्कृति के कारण सम्भव हुआ है, जिसने हमें एकता, विश्वबन्धुत्व और पर्यावरण की रक्षा करना सिखाया है।

आज के तनावपूर्ण युग में हमारी सबसे बड़ी समस्या है कि किस प्रकार आपसी सद्भावना के साथ सब मिल-जुलकर रहें। क्या इस स्थिति का उत्तर गाँधी हैं— जिन्होंने सत्य तथा अहिंसा का मार्ग बताया? हमारा कहना है— हाँ।

सामाजिक जीवन एक विज्ञान है, एक कला है, जो जटिलताओं और परिवर्तनशीलता से भरा हुआ है। गाँधीजी के पचास वर्षों की साधना और प्रयोगों से सिद्ध उपायों को अपनाकर भारत और भारतीय सफलता पा सकते हैं। गाँधीजी इतिहास में एक समाज-वैज्ञानिक तथा समाज-शास्त्री माने जायेंगे। जो भी हो, भारत में हमें सभ्य, सुसंस्कृत जीवन जीकर शांति, समृद्धि और नैतिक उत्थान की ओर बढ़ना है। हम सौभाग्यशाली हैं कि हमें आपसी सद्भाव में रहने के लिए बापू जैसे पथ-प्रदर्शक मिले।

आधुनिक विज्ञान और तकनीक ने गत तीन सौ वर्षों में निस्सन्देह बहुत प्रगति की है और समाज के कुछ विशेष वर्गों के लिए जीवन को वैषयिक सुख-सुविधामय बनाया है। हार्वर्ड के समाजशास्त्री पित्रिक सोरोकिन ने आधुनिक जीवन के ढंग को 'विषयवासना की सभ्यता' कहा है। पर इसके साथ ही विज्ञान और तकनीक ने मानवता को आणविक विनाश के कगार पर पहुँचा दिया है। तो आज जो प्रश्न हमारे सामने है वह यह कि क्या मानव जो प्रेम, एकता, सहयोग, सुन्दरता, नैतिकता की स्थापना करना चाहता है, या कुछ सत्तालोलुप महात्त्वाकांक्षी राजनीतिज्ञों के हाथों में पड़कर विज्ञान तथा तकनीक मानवता का विनाश करने में सफल हो जायेंगे?

इसमें कोई संदेह नहीं कि भारत को विज्ञान तथा तकनीक की जरूरत है। परन्तु इनका प्रयोग उपरोक्त मानवीय मूल्यों की स्थापना के लिए होना चाहिए, न कि राजनैतिक सत्ता, शोषण, भेदभाव, युद्ध को बढ़ावा देकर करोड़ों को दुःख पहुँचाने के लिये।

भारतीय उपमहाद्वीप में बसे हम लोगों को विश्व, उसकी स्थिति तथा पाँच महाद्वीपों में फैले मानव परिवार के बारे में भी सोचना है।

स्वाधीनता के बाद देश ने कई क्षेत्रों में प्रगति की है। समाज के विभिन्न वर्गों में असाधारण जागरूकता आई है। 'तामस' अर्थात् आलस्य के युग से हम आ पहुँचे हैं 'राजस' अर्थात् अबाध-गतिविधियों के युग में। ऐसे में आवश्यकता है लोक सेवकों की जिनके कार्यों में 'सत्व गुण' की क्षमता होगी और जो निःस्वार्थ जनसेवा से 'तामस' और 'राजस' शक्तियों का नियंत्रण कर उनका उचित उपयोग करेंगे। स्वाधीनता संग्राम-काल जैसा जनप्रेम, त्वरा, सेवा की तड़प और कष्ट सहने की तत्परता, इस सब की आज बहुत आवश्यकता है, अधिक प्रमाण में आवश्यकता है।

मैं जानता हूँ कि हम और हमारे अनेक सहयोगी, सहकर्मी अपने निर्धारित रचनात्मक कार्यों में व्यस्त हैं। लेकिन समय की माँग है कि हम विचार-विमर्श कर पुनः भारत तथा भारतीयों और उनके माध्यम से विश्व मानव परिवार की निःस्वार्थ सेवा के लिये स्वयं को समर्पित करें। शरीर नश्वर है, पर आत्मा अमर है। बापू ने इसी आत्मा की शक्ति का आह्वान किया। उनकी आत्मा हमें— प्रकाश और शक्ति प्रदान करे, ताकि हम मानवता की सेवा के संकल्प में सफल हों तथा सिद्ध करें कि सत्य शाश्वत है। सत्यमेव जयते।

हिंसा-अहिंसा का विवेक

प्रो. रामजी सिंह (पूर्व कुलपति जैनविश्व भारती)

जैनधर्म में अहिंसा मूलत: एक वैयक्तिक साधना का विषय है। शायद इसी का परिणाम है कि जैन समाज में जीवन-दया की दृष्टि से निरामिष आहार, सावधानी से जमीन पर चलना, कपड़े से छान कर जल पीना आदि के विधान तो हैं, किन्तु अपरिग्रह की साधना बिना अहिंसक समाज रचना नहीं हो पायी। परिग्रह व्यक्तिगत सम्पत्ति बना रहा। इसलिए मार्क्स ने व्यक्तिगत सम्पत्ति की संस्था पर ही गदा प्रहार किया। गाँधीजी ने व्यक्तिगत सम्पत्ति या परिग्रह पर सामाजिक रूप से भी प्रहार किया, जिसका संस्थागत स्वरूप ट्रस्टीशिप के सिद्धान्त से स्पष्ट हुआ। उसका थोड़ा-बहुत प्रयोग आश्रम-जीवन एवं संस्थाओं में हुआ, लेकिन व्यक्तिगत सम्पत्ति के समाजीकरण का प्रयोग कई माने में सफल और कई माने में असफल रहा।

अपरिग्रह का संबन्ध अहिंसा से आन्तरिक है, क्योंकि परिग्रह हिंसा है। इसीलिए परिग्रह-मुक्ति के लिए मार्क्स व गाँधी इतने बेचैन थे। परिग्रह शोषण का परिणाम भी है और उसकी जननी भी। स्वधर्म का सूर्य या अध्यात्म का आलोक मानवता को मिले, उसके पहले भूखे व्यक्ति को मुँह में रोटी के दो टुकड़े मिलें। भूखा व्यक्ति कौन-सा पाप नहीं करता? वह रोटी के लिए स्वाभिमान, स्वतंत्रता, संतान और अपनी इज्जत तक बेच देता है। शायद इसीलिए उपनिषदों ने पंचकोष की कल्पना में प्रारंभ में 'अन्नमय कोष' को रखकर इस वास्तविकता को स्वीकार किया। यही बापू का भी 'दरिद्रनारायण' था। इन्हीं दीन-दुखियों के लिए मार्क्स और गाँधी ने व्यक्तिगत सम्पत्ति को जंजीरों से मुक्त करना चाहा था। मार्क्स ने उसके लिए संघर्ष का रास्ता बताया, जिसका गाँधी ने 'सत्याग्रह' में रूपान्तर किया। मार्क्स का धर्म यदि निरपेक्ष अहिंसा नहीं है तो निरपेक्ष हिंसा भी नहीं है। मार्क्स मात्र अनिवार्य-हिंसा को त्याज्य नहीं मानते थे। सरदार भगतसिंह भी हिंसा के प्रेमी नहीं थे, वर्ना सेंट्रल असेम्बली में केवल धमाका ही नहीं होता, वह सांसदों का श्मशान बन जाती। असल में मार्क्स या भगत सिंह मानते

थे कि अन्याय के प्रतिकार में हिंसा-अहिंसा का पचड़ा बेकार है। हिंसा को उन्होंने नीतिशून्य मान लिया, यद्यपि मानवतावादी होने के नाते भरसक वे हिंसा से बचना चाहते थे। असल में हमारा मानव-समाज व्यक्तिगत सम्पत्ति के कारण लोभ में तो निमग्न है ही, यही शोषण, हिंसा, विषमता आदि की जननी है। इसीलिए धर्मशास्त्रों में भी व्यक्तिगत सम्पत्ति की भर्त्सना की गयी है, व्यक्तिगत जीवन में अपरिग्रह की महिमा गायी गयी है, किन्तु सामाजिक-आर्थिक संरचना में इसे पाप नहीं माना गया है।

मार्क्स का विचार कोई अंतिम विचार नहीं माना जा सकता, उसी तरह गाँधी विचार को हम विचार का पूर्ण विराम नहीं कह सकते। लगता है कि मार्क्स के समक्ष क्रांति का विज्ञान साम्यवाद की स्थापना के लिए 'युद्ध की अनिवार्यता' मानता है। लेकिन अणुयुग ने इसमें गुणात्मक परिवर्तन कर दिया है और इसीलिए वे राजनैतिक सहअस्तित्व को मानने लगे हैं। वर्ना युद्ध से यदि पूँजीवाद के महल नष्ट होंगे तो साम्यवाद के दुर्ग भी नहीं बचेंगे। अतः प्रश्न आज मानवता के संरक्षण और अस्तित्व का है। अन्याय का प्रतिकार सर्वमान्य प्रतिकार के इतिहास में उदाहरण हैं, जैसे सुकरात, मंसूर, क्राइस्ट, ध्रुव, प्रह्लाद आदि। महावीर और बुद्ध ने तो अहिंसक प्रतिकार को कुछ हद तक सामाजिक भी बनाने का प्रयत्न किया। किन्तु छुटपुट उदाहरणों को छोड़कर सामूहिक अहिंसक प्रतिकार का प्रयोग गाँधी ने किया। राजनैतिक क्षेत्र में आजादी प्राप्त करने में बहुत दूर तक सफलता भी मिली। इसके पूर्व उन्होंने रंगभेद के विरुद्ध दक्षिण अफ्रीका में सत्याग्रह का प्रयोग किया, इस कारण अमेरिका में मार्टिन लूथर किंग आदि के प्रयोग हुए। एक तो इन प्रयोगों से अहिंसा के प्रति आकर्षण बढ़ा है, दूसरे हिंसा की निष्फलता, उसके अन्तर्विरोध, उसके दुष्परिणाम एवं अणुयुग की चुनौतियों ने हिंसा को परिवर्तन का साधन मानने में प्रश्न खड़ा कर दिया है। क्रान्ति का अर्थ विचार-परिर्वतन या मूल्य-परिवर्तन है, लेकिन विचार-परिर्वतन या मूल्य-परिवर्तन तो बल प्रयोग या जोर-जबर्दस्ती से नहीं हो सकता। इसीलिए कहा जाता है कि 'जितनी ही ज्यादा हिंसा होगी, उतनी ही कम क्रान्ति होगी।' सम्पत्ति छीन लेने से ही क्रान्ति नहीं हो जाती, उस अर्थ में यदि चार डकैत सम्पत्ति छीनते है तो क्या क्रान्तिकारी हो जायेंगे। फिर हिंसा से प्रतिहिंसा होती है और उसका कहीं अंत नहीं होता। इतिहास एक सबक और देता है कि हिंसा के द्वारा जब क्रान्ति होती है तो सत्ता जनता या सर्वहारा के हाथों में नहीं आती। फ्रांस में हिंसा से लुई 16वें से अवश्य छुटकारा मिला, लेकिन सत्ता जनता के हाथों में नहीं बल्कि नेपोलियन के पास गयी। इंग्लैंड में चार्ल्स प्रथम को कत्ल तो किया किन्तु राजसत्ता पर क्रामवेल जैसा तानाशाह बैठ गया। रूस में जारशाही का अंत तो हुआ, किन्तु उससे साम्यवादी दल की और उससे भी अधिक स्टालिन की तानाशाही आयी। फिर हिंसा एक बार सत्ता पर काबिज

हो जाती है तो जल्द छुटकारा नहीं देती। फिर हिंसा का संस्कार भी मानव को पतित करता है। हिंसक क्रांति में अविश्वास, संशय, द्वेष आदि के कुसंस्कार भी मानव को पतित करते हैं। हिंसक क्रान्ति में कुछ ही लोग भाग ले सकते हैं जबकि अहिंसक संघर्ष में बूढ़े, स्त्री, बच्चे सब आ सकते हैं। इन्हीं सब सैद्धान्तिक एवं व्यावहारिक कारणों से हिंसा को समाज परिवर्तन का उपकरण मानने में कठिनाइयाँ हैं। फिर हिंसा का दामन विशेष परिस्थिति में स्वीकार कर लेते हैं तो हिंसा ही सत्तासीन हो जाती है। हम भीतर से हिंसा को श्रेष्ठ मान लेते हैं और अहिंसा को विवशता या दोयम दर्जे का मान लेते हैं। तर्क के लिए हम यह कह सकते हैं कि अपवाद तो नियम को सिद्ध करते हैं। अतः हम अहिंसा को नियम और हिंसा को अपवाद मानते हैं। इसका अर्थ हुआ कि हम शैतान के लिए कम से कम पिछला दरवाजा खुला रखते हैं। विचार के क्षेत्र में यह असंगति पूर्ण तो है ही, व्यवहार में हिंसा के लिए यह अभयदान है। हिंसा तो एक नशा की तरह है, यदि इसका परित्याग करना हो तो पूरा-पूरा किया जाना चाहिए। यह कहना कि डॉक्टर के द्वारा ऑपरेशन में हिंसा या माता-पिता द्वारा बच्चे को डॉट फटकार आदि भी हिंसा के कारण हैं, क्या गलत माने जायेंगे? डाक्टर जबर्दस्ती नहीं, मरीज की मंजूरी से और उसके कल्याण के लिए चीर-फाड़ करता है। जहाँ तक माता-पिता के द्वारा बच्चों की मारपीट तो एक प्रचलित सामाजिक कुसंस्कार ही माना जायेगा। शिक्षा शाला में भी बच्चों को शारीरिक दण्ड देना सही नहीं माना जाता।

अब एक प्रश्न आता है कि गाँधी जी ने दक्षिण अफ्रीका में बोअर युद्ध आदि में भाग लिया। चाहे वह एम्बुलेन्स में हो, प्रथम विश्वयुद्ध में फौज में भर्ती का भी काम किया। बोअर युद्ध में गाँधी ने शुद्ध मानव-सेवा का काम किया। जिन आहतों को गोरे जानवरों की तरह कराहते हुए छोड़ देते, उन्हें मीलों तक पीठ पर उठाकर अस्पताल पहुँचाना और सुश्रुषा करना हिंसा नहीं, करुणा की पराकाष्ठा मानी जायेगी। भले प्रथम विश्वयुद्ध मे फौज की भर्ती में सहयोग देना एक युद्ध कार्य है। प्रसंग साफ है कि गाँधी के सामने यहाँ सत्य एवं अहिंसा में अन्तरद्वंद्व था कि क्या वे ब्रिटिश सरकार को दिये गये वचन से मुकर जायें? लगता है कि उन्होंने कांग्रेस की ओर से युद्ध में सहायता का वचन दिया था, जिसका उन्होंने पालन करना अपना सत्यनिर्वाह का सामाजिक कर्तव्य माना। उस समय तक उनको ब्रिटिश सरकार की न्यायप्रियता एवं सत्य में भी विश्वास था। जो भी हो, अहिंसा के विकास में यह एक प्रयोग ही माना जायेगा। फिर बाद में उन्होंने असहयोग, सविनय अवज्ञा आदि से आगे बढ़ कर भारत छोड़ो तक का आह्वान किया। बापू अहिंसा के एक प्रयोगकर्ता के रूप में विकसित होते गये। आरोहण की सीढ़ियाँ होती हैं, उसे सफल या असफल नहीं माना जाता। ऐसे प्रयोग सामाजिक एवं संरचनात्मक हिंसा से मुक्त होने की दिशा में आगे बढ़ाते हैं।

इक्कीसवीं सदी गाँधी की

मस्तराम कपूर

महात्मा गाँधी इस देश के ही नहीं, दुनिया के ऐसे महापुरुष थे, जिन्हें नजर अंदाज करने की लगातार कोशिशें की गयीं, लेकिन जो इन तमाम कोशिशों के बावजूद उत्तरोत्तर अधिक प्रासंगिक बनते गये। आज जब दुनिया में सारी विचारधाराएँ समाप्त होती दिखाई दे रही हैं और सारा विश्व ऐसे चौराहे पर खड़ा है, जहाँ उसे कोई दिशा दिखाई नहीं दे रही है तो महात्मा गाँधी ही मशाल बनकर दिखाई दे रहे हैं।

आश्चर्य की बात है कि महात्मा गाँधी को पढ़े-लिखे लोगों ने नहीं समझा। लेकिन आम जनता उन्हें समझ गयी। अब भारत में ही नहीं, विदेशों में भी जनता गाँधी को समझती है। गाँधी ने मानव जाति के संबन्ध में जो सपना देखा, उसका विवरण हमें उनकी छोटी सी पुस्तक 'हिन्द-स्वराज्य' से मिलता है। यह पुस्तक सन् 1909 में छपी थी। ब्रिटिश सरकार ने इस पुस्तक को जब्त कर लिया था, किन्तु इससे प्रचार रुका नहीं। इसका संदेश सारी दुनिया में फैल गया।

उम्मीद थी कि देश के आजाद होने के बाद गाँधी सपनों का भारत बनाने का काम शुरू होगा। लेकिन जब वह मौका आया तो उनके प्रिय शिष्यों ने ही धोखा दे दिया।

जवाहरलाल पश्चिमी सभ्यता और पश्चिमी शिक्षा से बहुत अधिक प्रभावित थे। वे चाहते थे कि हमारा देश इंग्लैण्ड, अमरीका और यूरोप के देशों के नक्शेकदम पर चले। हम इन देशों की बराबरी करें। महात्मा गाँधी का सपना इससे भिन्न था। वे पश्चिमी सभ्यता को शैतानी सभ्यता कहते थे और उनका विश्वास था कि यह सभ्यता मानव जाति की समस्याओं का समाधान नहीं कर सकती है।

आज पश्चिमी सभ्यता विनाश के कगार पर खड़ी है। इसकी एक धारा साम्यवाद, तो नष्ट ही हो चुकी है। सोवियत संघ टूट चुका है, चीन पर अमरीकी पूँजीवाद छा गया है और किसी भी देश में साम्यवाद अब उस रूप में नहीं रह गया है, जिस

रूप में उसकी कल्पना की गई थी। इस सभ्यता की दूसरी धारा पूँजीवादी लोकतंत्र भी लड़खड़ा रहा है, क्योंकि इसने एक चौथाई दुनिया को भोगवाद की लत लगाई और तीन चौथाई दुनिया को गरीबी तथा भुखमरी दी। उपभोग की लत ने आदमी को पशु बनाया और उससे इंसानियत छीन ली। अब सारी दुनिया के विचारक एक वैकल्पिक व्यवस्था की खोज में लगे हैं। इस खोज में उन्हें रास्ता दिखा रहा है गाँधी का विचार।

गाँधी जी ने कहा पश्चिमी सभ्यता ने विकास की जो कल्पना रखी, उसमें प्रकृति का विनाश निहित है। हमें ऐसा विकास चाहिए जिसमें प्रकृति नष्ट होने से बचे। आजकल सारी दुनिया में पर्यावरण का जो संकट दिखाई देता है, जिससे सारी मानव-जाति के खत्म होने की संभावना बन गई है। उसका कारण विकास की गलत धारणा है। अब लोग पर्यावरण की रक्षा के लिए गाँधी जी के रास्ते को अपना रहे हैं, जिसमें मनुष्य और प्रकृति के बीच सह-अस्तित्व का संबन्ध हो।

गाँधी जी ने कहा था हथियारों की दौड़ खत्म करो और अहिंसा के साधनों (जैसे, सहयोग, सत्याग्रह सिविल नाफरमानी) को अपनाओ।

पश्चिमी सभ्यता की धारणा थी कि शक्तिशाली को ही जिन्दा रहने का हक है। गाँधी जी ने कहा जो सबसे कमजोर हैं, गरीब हैं, दरिद्र नारायण हैं, उनका अधिकार सबसे पहले है। हमारी प्रगति का माप है कमजोर की स्थिति में सुधार।

पश्चिमी सभ्यता का सबसे बड़ा सिद्धान्त है अपनी जरूरतें बढ़ाओ। यह उपभोग का रास्ता था। गाँधी ने कहा अपनी जरूरतें कम करो, ताकि दुनिया में कोई भूखा न रहे, कोई मजबूर न रहे। भोगवाद आदमी को पतन की ओर ले जाता है। संयम, सादगी और त्याग का जीवन ही सही जीवन है।

पश्चिमी सभ्यता का जोर इस बात पर था कि बड़ी-बड़ी मशीनों और कारखानों में उत्पादन हो। गाँधी जी ने कहा आदमी के हाथ का काम मत छीनो। इससे बेरोजगारी बढ़ेगी आदमी मशीन का गुलाम बन जायेगा, उसके जीवन का सारा सुख छिन जायेगा। कुछ लोगों को खुशहाली मिलेगी, लेकिन बहुत संख्या में लोग गरीबी और बेरोजगारी का नरक भोगेंगे। बड़े-बड़े कारखानों और व्यापार केन्द्रों से शहरों में भीड़ उमड़ेगी, जिससे गन्दी बस्तियाँ बढ़ेगी। बिजली-पानी और बीमारी का संकट बढ़ेगा। गाँव उजड़ेंगे। उन्होंने कहा गाँवों को आत्मनिर्भर बनाओ। वहाँ शिक्षा, स्वास्थ्य, रोजगार आदि की सुविधाएँ पहुचाओ। ग्राम उद्योगों को बढ़ावा दो।

भारत की आम जनता को गाँधी जी की बातें समझने में दिक्कत नहीं हुई। उन्होंने अपना संदेश चर्खा, स्वेदशी, खादी, अहिंसात्मक सत्याग्रह के प्रतीकों के माध्यम से दिया और जनता ने उसे सहज भाव से स्वीकार किया। इन प्रतीकों का अर्थ

था मशीनी सभ्यता और पश्चिमी सभ्यता का विरोध, सादगी और अहिंसा का रास्ता तथा सेवा एवं त्याग का जीवन।

आजादी मिलने पर कांग्रेस ने जवाहर लाल नेहरू के नेतृत्व में गाँधी का रास्ता छोड़कर पश्चिमी शैली के विकास का रास्ता अपनाया। विदेशों से उन्हें मदद भी मिलने लगी और प्रशंसा भी। हमने भी बड़े-बड़े कारखाने लगाये, विशाल बाँध बनाये। ऐसी योजनाएँ बनाई और लागू कीं, कि धनी तबके और धनी बनते गये और गरीब तबके और गरीब बनते गये। सारे देश के कुल धन का 60-70 प्रतिशत ऊपर के 5-6 प्रतिशत लोगों के पास जमा हो गया। और कुल आबादी के 50 प्रतिशत से अधिक लोग गरीबी रेखा के नीचे जीने को बाध्य हो गये। सबसे ऊपर के पाँच सात प्रतिशत लोग धन में इस कदर लोटने लगे कि उन्होंने अपनी विलासिता और शान-ओ-शौकत से राजाओं और नवाबों को भी मात दे दी। देश की सेवा का व्रत लेने वाले मन्त्रियों, विधायकों और सांसदों का रहन-सहन भी गाँधी की सादगी छोड़ राजाओं और नवाबों जैसा बन गया। इस छोटे से वर्ग की उपभोग और विलासिता की जरूरतों को पूरा करने के लिए विदेशों से बेतहाशा कर्ज लिया जाने लगा। विदेशों की कर्जदारी इतनी बढ़ गयी कि हमें अपने देश के उद्योग धन्धे विदेशी कम्पनियों को बेचने पड़ रहे हैं। उदारीकरण के नाम पर उन सरकारी कम्पनियों को भी विदेशी कम्पनियों को सस्ते में बेचा जा रहा है, जिस पर इस देश की गरीब जनता के अरबों रुपये खर्च हो चुके हैं। देश फिर से गुलाम बनता जा रहा है लेकिन हम उस गुलामी से खुश हैं। अंग्रेजी का मोह इतना बढ़ गया है कि पालने से बाहर आते ही बच्चों को मम्मी, पापा, ट्विंकल सिखाने में माँ-बाप गर्व अनुभव करते हैं। झुग्गी-झोपड़ी बस्तियों में भी बच्चों को अंग्रेजी स्कूलों में भेजने की होड़ लगी हुई है। कुल मिलाकर बापू का सपना बापू के देश में ही चूर-चूर हो गया है।

लेकिन गाँधी के देश में गाँधी भले ही उपेक्षित रहा, दुनिया की नजरें आज गाँधी की ओर लगी हैं। पर्यावरण के प्रदूषण से घबराये हुए वैज्ञानिकों की ओर से चेतावनी मिल रही है कि अगर शहरीकरण और औद्योगीकरण की प्रक्रिया बंद नहीं हुई, विकास के नाम पर प्रकृति का नाश नहीं रुका, बड़े-बड़े बाँधों और कारखानों का निर्माण बन्द नहीं किया गया, सभी हथियारों पर पाबंदी नहीं लगी तो इस धरती से मानव जीवन का खात्मा हो जाएगा। कारखानों, मोटर-गाड़ियों, हवाई जहाजों, हिंसा के साधनों आदि के उद्योगों ने उस हवा में जहर भर दिया है, जिसमें हम साँस लेते हैं। पानी की नदियों ने झीलों और समुद्रों को विषाक्त कर दिया है। हमारे कानों में दिन-रात शोर भर रहा है। हमारे दिमागों में भी रेडियों टी0वी0 वीडियो आदि के द्वारा लगातार व्यर्थ शब्दों की बमबारी हो रही है। धरती के संसाधन लोहा, कोयला, ताँबा, सोना, चाँदी, तेल

आदि और जंगल समाप्त होने वाले हैं क्योंकि इन संसाधनों को विकास के नाम पर अंधाधुंध लूटा और नष्ट किया गया है। प्राकृतिक संतुलन की इस विकृति के कारण हर रोज लाखों बच्चे जन्म से ही विकारग्रस्त बन रहे हैं। ऐसी बीमारियाँ रोज बरोज फैल रही हैं जिनका कोई इलाज नहीं। उपभोगवाद इतना बढ़ गया है, आदमी की हवस इतनी हो गयी है कि उसमें जरा भी कमी होती है तो समाज के विभिन्न तबकों और विभिन्न देशों के बीच मार-काट मच जाती है। दंगे भड़कते हैं और स्त्री-पुरुष बूढ़े, बच्चे सब इन दंगों की आग में जलने लगते हैं।

यही सभी पश्चिमी सभ्यता की वे विकृतियाँ हैं, जिनकी ओर महात्मा गाँधी ने 'हिन्द स्वराज्य' में इशारा किया था। दुनिया में इन विकृतियों को दूर करने के लिए जगह-जगह संघर्ष चल रहे हैं। लाखों की संख्या में लोग हथियारों के खिलाफ प्रदर्शन कर रहे हैं। बड़े बाँधों के निर्माण के खिलाफ सत्याग्रह कर रहे हैं। प्रदूषण फैलाने वाले उद्योगों का विरोध कर रहे हैं। अपनी आजादी की रक्षा के लिए तोपों-टैंकों के सामने छाती तानकर खड़े हो रहे हैं। उपभोगवाद का नशा पिलाने वाली कम्पनियों का बहिष्कार किया जा रहा है। वैज्ञानिक और समाजशास्त्री प्रकृति के साथ शत्रुता का संबन्ध नहीं, मित्रता का संबन्ध स्थापित करने वाले हैं, बीसवीं सदी ने गाँधी की उपेक्षा की और मानव-जाति विनाश के करीब पहुँच गयी। लेकिन अब इसमें मुझे जरा भी संदेह नहीं है कि इक्कीसवीं सदी गाँधी की होगी।

समन्वय का महासागर

प्रो. सतीश कुमार

(राजशास्त्र विभाग, म.गाँधी काशी विद्यापीठ)

राष्ट्रपिता महात्मा गाँधी एक ऐसे राष्ट्र निर्माता थे, जिनके व्यक्तित्व, कृतित्व एवं चिन्तन में समन्वय का महासागर निहित था। वह ऐसे सेतु थे, जिनसे बहुत कुछ जुड़ता था। उन्होंने भारतीय 'राष्ट्र' के हर घटक को राजनीतिक जनचेतना की साझी अनुभूतियों पर आधारित प्रयोगों के साथ जोड़ा। उनके नेतृत्व में ही भारतीय राष्ट्रीय आन्दोलन एक राष्ट्रीय जनान्दोलन बना। उनका असहयोग आन्दोलन भारत के पाँच हजार वर्षों के समूचे इतिहास में पहला राष्ट्रीय जनान्दोलन था, जिसमें काश्मीर से कन्याकुमारी तक का आम आदमी, सुदूर गाँव-गिराँव एवं खेत खलिहान तक का घुटने तक धोती पहनने वाला आम आदमी एक साझी राजनीतिक चेतना के तहत आन्दोलित हो उठता है। सांस्कृतिक एकता की लम्बी विरासत वाले भारत में राजनीतिक चेतना के आधार पर जनाधारित राष्ट्रीय एकता के नये अध्याय का इतिहास के पन्नों में उद्घाटन करने वाली यह एक अभिनन्दनीय घटना थी, जिसके साथ एक पराभूत, पददलित एवं पराधीन राष्ट्र का साधारण व्यक्ति उठता है, अपने पैरों पर खड़ा होता है और धीरे-धीरे आगे बढ़ने लगता है, स्वतंत्रता की महादेवी को आवाहित कर उसके गले में माला डालने के लिये। शायद यही कारण है कि राष्ट्रीय आन्दोलन में गाँधी से हटकर अपनी नयी राह बनाने वाले नेताजी सुभाष बोस ने ही सबसे पहले गाँधी जी को 'राष्ट्रपिता' कहा। आज ऐसे भी कुछ लोग है, जिन्हें गाँधी को 'राष्ट्रपिता' कहने पर आपत्ति रही है। हर युग में ऐसी कुछ संतानें होती है, जिन्हें पिता को पिता कहने में दिक्कत होती है, लेकिन ऐसे लोग राष्ट्रनिर्माण के यथार्थ को नहीं झुठला सकते। गाँधी ने आम जनमानस के स्तर पर राष्ट्र चेतना को जोड़कर पल्लवित हो रहे भारतीय राष्ट्रवाद को परिपूर्णता प्रदान की। इस प्रक्रिया में उनके नेतृत्व की समन्वयी गत्यात्मकता का अप्रतिम स्वरूप प्रकट होता है।

भारतीय पुनर्जागरण की नवचेतना और उससे जुड़े आन्दोलनों के साथ राष्ट्रीय चेतना के दोहरे स्वरूप सामने आते हैं। भारत में ब्रिटिश मूल्यों एवं संस्थाओं के सम्पर्क की क्रिया-प्रतिक्रिया में एक ओर सुधारवादी चेतना को जन्म मिलता है, तो दूसरी ओर पुनरुत्थानवादी चेतना प्रकट होती है। पुनर्जागरण के आन्दोलन समाज-सुधार एवं धर्मसुधार के क्षेत्र में आरम्भ होते हैं और बाद में उनके राजनीतिक परिणाम सामने आते हैं। पुनर्जागरण के सुधारवादी आन्दोलनों का राजनीतिक संस्करण उदारवादी आन्दोलन के रूप में और पुनरुत्थानवादी चेतना का परिणाम सांस्कृतिक चेतना पर आधारित अतिवादी राष्ट्रवाद के रूप में सामने आता है। राष्ट्रीय नवचेतना का प्रतिनिधित्व करने वाली व्यापक राष्ट्रीय स्वरूप की संस्था भारतीय राष्ट्रीय कांग्रेस में इन दोनों धाराओं को क्रमशः नरमदल एवं गरम दल के रूप में जाना जाता था। सुधार नरम दल की प्राथमिकता थी, तो 'स्वराज' गरम दल की। नरमदल का राष्ट्रवादी दृष्टि से आर्थिक हितों एवं सामाजिक सुधारों पर जोर था, तो गरमदल का आग्रह सांस्कृतिक राष्ट्रवाद का स्वरूप साकार करता था। एक का आग्रह संविधानवादी कार्य पद्धति एवं नैतिक राजनीति के प्रति था, तो दूसरे का जोर ब्रिटिश साम्राज्य के विरुद्ध सीधी कार्रवाई के प्रति। एक के नेता फिरोजशाह मेहता, महादेव गोविन्द रानाडे, दादाभाई नौरोजी एंव गोपालकृष्ण गोखले थे, तो दूसरे के लाला लाजपतराय, विपिन चन्द्र पाल, महर्षि अरविन्द और लोकमान्य बाल गंगाधर तिलक थे। दोनों धाराओं का समानांतर प्रवाह राष्ट्रीय नवचेतना की ऊर्जा के पूंजीभूत स्वरूप में बाधक था। इतिहास के इस युगधर्म को एक समन्वयकारी संगम की तरह पूरा किया महात्मा गाँधी ने।

प्रयाग में संगम के बाद गंगा और यमुना के जल का पृथक् प्रवाह ही नहीं, उनका पृथक् रंग भी विलीन होकर एक रंग-रूप की बृहद् धारा का रूप ले लेता है। सम्भवतः कुछ इसी प्रकार इतिहास के प्रवाह में गाँधी युग के अभ्युदय के साथ नरम दल एवं गरम दल की समानान्तर लकीरों का अस्तित्व मिट जाता है और राष्ट्रीय आन्दोलन में एक युगान्तकारी संगम की तरह जनाधारित राजनीतिक प्रवाह की राष्ट्रीय मुख्यधारा का विराट् स्वरूप साकार हो जाता है। गाँधी जी के साथ उद्घाटित समन्वयी प्रवाह[२] में गोखले का गाम्भीर्य समाहित था, तो उसमें तिलक का ओज एवं तेज भी था। उसमें एक ओर गाँधी के राजनीतिक गुरु गोखले का नैतिक एवं अहिंसक संविधानवादी कार्यपद्धति का आग्रह शामिल था, तो दूसरी ओर जनाधारवादी राजनीति के लोकनायक बाल गंगाधर तिलक का सांस्कृतिक मूल्यों पर आधारित भारतीयता तथा ब्रिटिश साम्राज्य के विरुद्ध सीधी चोट करने वाली आन्दोलनात्मक सीधी कार्रवाई का चिन्तन भी सक्रिय था। गाँधी जी ने अफ्रीका में अपने आन्दोलन की 'निष्क्रिय-प्रतिरोध' की अहिंसक रीति नीति को आगे बढ़ाते हुये भारत में 'सत्याग्रह' की आणविक

चेतनासम्पन्न अभिनव एवं नैतिक राजनीतिक रण शैली का जो प्रयोग शुरू किया, उसमें जहाँ गोखले की संविधानवादी एवं नैतिक राजनीति का अत्यन्त परिष्कृत एवं समृद्ध स्वरूप प्रकट हुआ, वहीं तिलक के बहिष्कार एवं स्वदेशी जैसे आन्दोलनात्मक सीधी कार्रवाई के कार्यक्रमों का भी व्यापक राष्ट्रीय प्रयोग हुआ। गाँधी जी के चिन्तन एवं आन्दोलन में नैरोजी एवं गोखले स्कूल के आर्थिक राष्ट्रवाद तथा तिलक के सांस्कृतिक राष्ट्रवाद के तत्त्व यदि समानरूप से सम्मिलित थे तो उसमें नरमदल की अंग्रेजियतपरस्ती एवं गरमदल की पुनरुत्थानवादी जड़ताओं के लिये भी समान रूप से कोई स्थान नहीं था। इतिहास की इन धाराओं में समन्वयी गतिशीलता में प्रतीक महात्मा गाँधी दोनों धाराओं के उत्तमांश और अपने युगधर्म के तकाजों का ऐसा अद्‌भुत संगम थे, जिसने राष्ट्र की बिखरी शक्तियों की गतिमान ऊर्जा को पुंजीभूत कर स्वतंत्रता संघर्ष को निर्णायक दौर में प्रवेश कराने वाली इतिहास की विलक्षण तेजस्वी धारा का मार्ग प्रशस्त किया। इस धारा में राष्ट्र की रचना का विराट् स्वरूप जहाँ साकार हुआ, वहीं उसमें डुबकी लगाने का साहस प्रदर्शित कर छोटे साधारण लोग भी बहुत बड़े बन गये। इसके साथ दुनिया भर के इतिहास में स्वतंत्रता के लिये जनसंघर्ष का एक बेमिसाल अभिनन्दनीय घटनाक्रम प्रस्तुत हुआ।

गाँधी के समन्वयात्मक स्वरूप की एक विशेषता यह भी थी कि उनके आन्दोलनात्मक कार्यक्रमों में वैकल्पिक शून्यता के लिये कोई स्थान नहीं होता था। फलतः 30 मई सन् 1920 को बनारस में कांग्रेस कार्यसमिति तथा 4 सितम्बर 1920 को कलकत्ता में कांग्रेस के विशेष महाधिवेशन में पारित उनके असहयोग आन्दोलन के कार्यक्रम में यदि विदेशी वस्त्रों एवं विदेशी सरकार या उसकी सहायता से संचालित शिक्षा संस्थाओं के बहिष्कार का आन्दोलनात्मक कार्यक्रम शामिल था, तो दूसरी ओर उससे उत्पन्न होने वाली वैकल्पिक शून्यता को भरने के लिये 'चरखा एवं खादी' तथा 'राष्ट्रीय शिक्षा' की नीति एवं उसे चलाने वाले राष्ट्रीय विद्यापीठों एवं गाँधी आश्रमों की स्थापना का रचनात्मक कार्यक्रम भी समाहित था। विदेशी वस्त्रों की होली जला देने का अर्थ वस्त्रों के अभाव में नग्नता को आमंत्रण और विदेशी शिक्षा संस्थाओं के बॉयकाट का अर्थ राष्ट्र के लिये समर्पित होनहार युवकों का दीक्षा से वंचित रह जाना नहीं हो सकता था। आन्दोलन में ऐसी वैकल्पिक शून्यता गाँधी को ग्राह्य ही नहीं हो सकती थी। अतः खादी का संस्थागत आन्दोलन खड़ा कर उस शून्यता को भरने के साथ एक ओर स्वावलम्बन और दूसरी ओर स्वदेशी के आत्मगौरव को उभारने सहित ब्रिटिश साम्राज्य के बाजारी आर्थिक हितों पर सीधी चोट गाँधी ने की। एक आदिम वस्त्र तकनीकी से निर्मित मोटा खादी वस्त्र धारण कर एक ओर लोग हीन भावना से बाहर आकर आत्मगौरव से सराबोर अनुभव करने लगे, तो वहीं दूसरी ओर लंकाशायर

के मिल मालिकों में 'वस्त्र नहीं विचार' के नारे वाले खादी के सुसंगठित आन्दोलन से हड़कम्प की स्थिति उत्पन्न हो गयी। वह रचनात्मक कार्यक्रम वैकल्पिक शून्यता भरने के साथ सीधी कार्रवाई का भी अमोघ अस्त्र बन गया। इसी प्रकार राष्ट्रीय शिक्षा से जुड़े विद्यापीठों के रूप में स्थापित गुजरात विद्यापीठ, काशी विद्यापीठ महाराष्ट्र विद्यापीठ, बिहार विद्यापीठ और जामिया मीलिया आदि संस्थाएँ स्वतंत्रता संघर्ष की चेतना से अनुप्राणित युवकों की दीक्षा का केन्द्र ही नहीं, ऐसे सेनानियों की नर्सरी तथा वैचारिक कार्यशाला भी साबित हुईं।

महात्मा गाँधी के 'सत्याग्रह' की दार्शनिकता के भी अति प्रभावकारी रणनीति एवं श्रेष्ठ मानवीय मूल्यों का उत्कृष्ट समन्वय है। उसमें शामिल है सत्य, अहिंसा और प्रेम तथा इन तीनों को अभिव्यक्त करता आग्रह। दूसरी रणनीतियाँ व्यक्ति के शरीर, स्थान या स्थिति पर विजेता हो सकती हैं, लेकिन व्यक्ति की आत्मा पर नहीं। लेकिन सत्याग्रह इन सबके साथ व्यक्ति के मन, हृदय और उसकी आत्मा को भी जीतने का अस्त्र है। जिसके विरुद्ध इसका प्रयोग होता है, उसके लिये भी घृणा या द्वेष नहीं, प्रेम का भाव सत्याग्रह में निहित होता है। इसका उद्देश्य विपक्षी पर विजय स्थापना नहीं, उसका सुधार और उसके विचारों में परिवर्तन लाना होता है[3]। सत्याग्रह एक वीरोचित गुण है। एक भीरु व्यक्ति कभी सत्याग्रही नहीं हो सकता। सत्याग्रह पर आधारित जीवन शैली जीवन को सत्य का प्रयोग बना देती है। गाँधी जीवन में प्रयोग पर आधारित सत्य के साक्षात्कार को ही ईश्वर का साक्षात्कार मानते हैं। गाँधी के सत्याग्रह के दृष्टिकोण में शामिल अहिंसा भी मात्र हिंसा का अभाव या उससे विरत रहना नहीं, बल्कि प्रेम और नैतिक मूल्यों के साथ प्रतिबद्ध सकारात्मक चिन्तन है। गाँधी मानते हैं कि सत्याग्रह मानवीय सद्गुणों का एक समुच्चय है। उनका मानना है कि मनुष्य में शुभ एवं अशुभ का समान रूप से अस्तित्व एवं उनका द्वंद्व होता है। इस द्वंद्व में अशुभ पर शुभ की विजय ही अभीष्ट एवं अनुकरणीय है। सत्याग्रह इसी अभीष्ट के संधान का सिद्ध अस्त्र है[4]।

महात्मा गाँधी के युग में विश्व राजनीति के पटल को तीन तरह के राजनीतिक प्रयोग उद्वेलित किये हुए थे। गाँधी जी का चिन्तन इन तीनों प्रयोगों की अन्तर्निहित असंगतियों का प्रतिवाद ही नहीं, समाधान प्रस्तुत करने वाली विचारधारा रही है। उस दौर में एक ओर बोल्शेविक क्रान्ति से उद्भूत और मार्क्सवाद पर आधारित सोवियत प्रयोग निरंकुश केन्द्रित सत्तावाद की प्राचीर पर खड़े होकर मानवता को आकृष्ट करने वाले समतामूलक समाज संरचना के सुनहरे सपने बिखेर रहा था, तो दूसरी ओर पश्चिम में उगा लोकतंत्र का सूर्य उन्मुक्त व्यापार या यद्भाव्यम् (लेजेफेयर) की उदारवादी नीति एवं सोच के रास्ते से होकर पूँजीवाद के अंधेरे में फंसता नजर आ रहा था। पूँजीवादी

लोकतंत्र का एक और विकृत प्रयोग फाँसीवाद के रूप में प्रकट हुआ था, जो लोकतंत्र को अधिनायकवाद के मरुस्थल की ओर घसीट रहा था। यह तीनों प्रयोग यद्यपि भिन्न आदर्शों से उत्प्रेरित और भिन्न सत्ता संरचना से जुड़े थे, लेकिन इनमें एक साझी असंगति का दोष समान रूप से विद्यमान था। पूँजीवादी अर्थव्यवस्था का एक दोष यह रहा है कि उसमें केन्द्रित उत्पादन प्रणाली होती है। यह प्रणाली केन्द्रित पूँजी और केन्द्रित सत्ता के दोषों को जन्म देती है। पूँजीवादी लोकतंत्र में यह असंगति लोकतंत्र को बेमानी बना देती है। समतामूलक समाज संरचना के सुनहले लक्ष्य के प्रति समर्पित मार्क्सवाद उत्पादन प्रणाली के इस अन्तर्निहित दोष का परिमार्जन किये बिना, मात्र स्वामित्व बदलने से लक्ष्यसिद्धि की उम्मीद लगाये रहता है। यह दोष साम्यवादी प्रयोग में केन्द्रित सत्तावाद का दोष उत्पन्न करता है। दूसरी ओर उसमें लक्ष्यसिद्धि की क्रान्ति अपने पवित्र साध्य हेतु हिंसा के अपवित्र साधन पर अवलम्बित होती है। इससे केन्द्रित सत्तावाद निरंकुशता एवं दमनकारी चरित्र से जुड़ जाता है। अत: गाँधी की दृष्टि यह थी कि उत्पादन का केन्द्रीकरण जैसे एक दिन उत्पादन की अधिकता तथा बाजार का अभाव एवं मंदी का संकट पैदा करता है, वैसे ही यह केन्द्रित सत्तावाद भी एक दिन व्यवस्था के सम्पूर्ण पतन का कारण बनेगा। यह दोष फासीवाद में और भी भयावह स्वरूप में सामने आता है। अत: गाँधी की दृष्टि में तीनों ही प्रयोग एक समान असंगति से ग्रस्त थे और वह मसले थे कि इसके फलस्वरूप केन्द्रित उत्पादन एवं केन्द्रित पूँजी और उसके फलस्वरूप केन्द्रित सत्तावाद इन व्यवस्थाओं के पतन का कारण बनेगा।[५] गाँधी की दृष्टि एक चतुर्थ आयाम के रूप में इन तीनों की असंगति का समाधान है जो अर्थ, उत्पादन एवं सत्ता के विकेन्द्रीकरण पर बल देती है। साथ ही सत्य, अहिंसा, सत्याग्रह, सहिष्णुता, सहअस्तित्व, सर्वोदय, साध्य-साधन की पवित्रता, आध्यात्मिक एवं नैतिक सत्ता, उस पर आधारित लोकसत्ता और शोषण विहीन समाज में सर्वोदय का मार्ग बताती है। इस प्रकार उनकी समन्वयी दृष्टि से वैकल्पिक राजनीतिक व्यवस्था का दृष्टिबोध प्रस्तुत होता है।

संदर्भ

1. वर्मा, वी0पी0: आधुनिक भारतीय राजनीतिक चिन्तन, आगरा, पृ. 393
2. Judith Brown,'Gandhi's Rise to Pawer: Indian Polities,' 1915-22
3. महात्मा गाँधी : यंग इंडिया, मई 11, 1921
4. त्रिपाठी, कमलापति: बापू और मानवता, बनारस, पृ. 5-7
5. वही, पृ. 7

विद्यापीठ में गाँधीजी का ऐतिहासिक भाषण!

लक्ष्मीशंकर व्यास (वरिष्ठ पत्रकार)

भारत की सांस्कृतिक राजधानी वाराणसी प्राचीनकाल से देश को नवीन सिद्धान्तों का दर्शन कराती और राष्ट्र का नैतिक नेतृत्व करती रही है। देश के प्रमुख आध्यात्मिक, धार्मिक, साहित्यिक और सांस्कृतिक आन्दोलनों का श्रीगणेश यहीं से हुआ। इस पृष्ठभूमि में यह सर्वथा उचित था कि युग-पुरुष महात्मा गाँधी भी यहीं से राष्ट्रीय आन्दोलन का शंखनाद करते। वस्तुतः बापू ने यही किया। काशी में आपने अनेक बार क्रान्तिकारी भाषण दिये, किन्तु 10 फरवरी, 1921 ई0 को काशी विद्यापीठ की स्थापना के अवसर पर आपने जो उद्घाटन भाषण किया, उसका ऐतिहासिक महत्त्व है। देश में मातृभाषा हिंदी में अध्ययन-अध्यापन को इसमें जहाँ अत्यन्त आवश्यक बताया गया है, वहीं राष्ट्रीय शिक्षा के निमित्त आपने देश के युवक और प्रबुद्ध समाज का मार्ग—दर्शन किया था। शिक्षा के राष्ट्रीय स्वरूप का प्रतिपादन करते हुए आपने देश के आर्थिक पक्ष का भी ध्यान रखा है तथा तत्संबन्धी महत्त्वपूर्ण संकेत किये हैं।

राष्ट्रीय शिक्षा-संस्थाओं की स्थापना में महात्मा गाँधी का यह उद्देश्य निहित रहा है कि ऐसे शिक्षालयों से राष्ट्र की सेवा करने के लिए युवक निकल सकें। सरकारी झण्डे के अन्तर्गत चलने वाले विद्यालयों में अध्ययन को आपने अनुचित बताया और विद्यार्थी समाज से कहा कि सरकारी सहायता से चलने वाले विद्यालयों में पढ़ना पाप है। उद्घाटन भाषण में महात्मा गाँधी ने कहा—" कल मेरे पास कानपुर के कई विद्यार्थी आये। वहाँ से वे पढ़ाई छोड़ कर आये हैं। मैंने उनसे पूछा— आप लोग पढ़ना छोड़कर क्यों आये?"

उन्होंने उत्तर दिया— " हमलोग चाहते हैं कि इससे बढ़कर कर कोई अच्छा राष्ट्रीय काम कर सकते।"

मैंने उनसे कहा यह समय अच्छा नहीं। यदि आप इस ख्याल से पढ़ाई छोड़कर आये होते कि सरकारी सहायता से चलने वाले विद्यालयों में पढ़ना पाप समझते हैं,

तभी अधिक लाभ होता। मेरी बात को वे कुछ समझ गये, पर उनकी मुखाकृति से स्पष्ट झलकता था कि उनके हृदय में अभी कुछ संशय रह गया है, क्योंकि उन्होंने प्रश्न किया कि परीक्षा को केवल दो ही मास रह गये हैं और यदि हम लोग उपाधि लेकर असहयोग करें तो अच्छा है। मैंने कहा कि " यह ठीक नहीं है। जब हमें विश्वास हो गया कि इन विद्यालयों में शिक्षा लेना पाप है तो इसे त्यागना ही उचित होगा।"

महात्मा गाँधी ने राष्ट्रीय शिक्षापीठों में अध्ययन-अध्यापन को बल देते हुए सरकारी अथवा सरकारी सहायता प्राप्त विद्यालयों के त्याग के लिए जो तर्क दिया था, वह भी विलक्षण और मार्मिक रहा है। इस संबन्ध में आपने कहा कि— 'हमारे बिस्तरे के नीचे पचासों वर्षों से साँप छिपा है। हमें उसका पता नहीं। आज हमें एकाएक इसका पता लगता है। उस बिस्तरे पर कभी नहीं रह सकते। चाहे हमारे पिता उसको छोड़ने के लिए हमें मना करें और चाहे वे उसके लिए हमें गाली दें, पर हम उस बिस्तरे पर नहीं रह सकते। मैं पिता की आज्ञा नहीं मान सकता, क्योंकि पिता को यह बात मालूम नहीं। बिस्तरे पर मेरी शान्ति नहीं रह सकती। यही खयाल कर विद्यालयों को छोड़िये। यह समय परीक्षा का प्रश्न उठाने का नहीं है। यही बात हमें यहाँ विद्यार्थियों से भी कहनी है।'

देश में राष्ट्रीय विद्यापीठों की स्थापना तथा शिक्षा की उस समय क्या स्थिति थी और कौन लोग महात्माजी से इस दिशा में सहयोग कर रहे थे, इसका भी उक्त भाषण में उल्लेख हुआ है। महात्मा जी ने कहा—'कल हमें हमारे भाई एण्डूज का पत्र मिला। उन्होंने लिखा है कि जिस तरह यह चल रहा है, उस तरह सफलता की आशा उन्हें गुजरात में भी नहीं है, जो हमारा घर है। पर दो स्थानों के लिए वे निश्चिन्त हैं— पटना और काशी। पटना में इसका भार बाबू राजेन्द्र प्रसाद के हाथ में है और काशी का भार बाबू भगवानदास के हाथ में है। इन पर सबका पूरा एतबार है। बाबू भगवान दास ने शिक्षा के लिए बहुत काम किया है। अन्य प्रान्तों में काम करने वालों में राजनीतिक प्रवृत्ति अधिक है। इसलिए वे शिक्षा में भी भाग ले रहे हैं। काशी और पटना के लिए मैं भी निश्चिन्त हूँ। पर श्री एण्डूज के उत्तर में यह कहना चाहता हूँ कि और स्थानों में भी यह काम राजनीतिक दृष्टि से नहीं किया जा रहा है, पर धार्मिक दृष्टि से हम लोगों को असहयोग को सफल करने में अपना चित्त रखना चाहिये। हम लोग विद्या भी ऐसी ही चाहते हैं कि एक वर्ष तक स्वराज्य का काम हो सके। विचार करने की बात है कि स्वराज्य कैसे मिल सकता है। सरकारी सहायता से चलने वाले विद्यालयों का त्याग सम्भव है।

गाँधी जी ने अंगरेजों की शिक्षा-नीति तथा शासन को रावण—राज्य की संज्ञा दी थी। रावण राज के नेता क्या सुनाते हैं? वे कहते हैं कि हम आपको साथ रख

कर चलना चाहते हैं। बर्मा से केडाक साहब कहते हैं कि हम शस्त्र नहीं चलाते। हमको उन्हें कह देना चाहिये कि हम आपके साथ नहीं रहना चाहते, केवल मजबूरी से ही आपका साथ दे रहे हैं। अली भाइयों का कहना है कि यदि हमें यहाँ कुरान पढ़ने के लिए भी शुद्धहृदयता नहीं मिल सकती तो हमें हिजरत करना चाहिये अर्थात् राज्य का त्याग करना चाहिए। तुलसीदास ने भी मलिन राज्य को त्याग करने के लिए कहा है। पर हम अभी उसका सर्वथा त्याग नहीं कर रहे हैं। उनको अभी मौका देंगे। हम अपने चित्त को समझावें कि क्या इस राज्य को मिटाने या दुरुस्त करने का कोई दूसरा उपाय नहीं है। यदि है तो 30 करोड़ के हिजरत की क्या आवश्यकता है। थोड़ा यत्न ही काफी है। इसलिए काशी विद्यापीठ की स्थापना हो रही है। हमें विद्या जैसा पुण्यदान मैले हाथों से नहीं लेना चाहिये। जितने विद्यालय सरकार के असर में हैं, उनसे हमें विद्या नहीं लेनी चाहिये। जिस विद्यालय पर उनकी ध्वजा फहराती है, वहाँ विद्यादान लेना पाप कर्म है। आपको निमंत्रण है कि यदि आप उसे पाप कर्म समझते हैं तो यहाँ चले आइये। केवल इस खयाल से न आइये कि वहाँ शिक्षा बुरी है और यहाँ अच्छी मिलेगी। इससे आपको पश्चात्ताप होगा।'

इस प्रकार अंग्रेजों की चलायी हुई शिक्षा तथा संरक्षित स्कूलों के बहिष्कार का आह्वान आपने काशी से ही बड़ी ओजस्विता तथा प्रभविष्णुता से किया।

मातृभाषा में अध्ययन—अध्यापन को भी महात्मा गाँधी बहुत महत्त्वपूर्ण मानते थे। आपकी स्पष्ट मान्यता थी कि मातृभाषा में शिक्षा की व्यवस्था के बिना सच्चा स्वराज्य स्थापित नहीं हो सकता।

काशी विद्यापीठ की स्थापना के माध्यम से महात्माजी ने देश को राष्ट्रीयता का अभिनव मंत्र दिया और स्वराज्य प्राप्ति का रचनात्मक कार्यक्रम। काशी विद्यापीठ की स्थापना का उद्देश्य असहयोग आन्दोलन को अग्रसर करना रहा है। इस प्रसंग में गाँधी जी ने कहा—'अगर हिन्दू-मुसलमान यहाँ मिल कर काम करेंगे तो हमारा स्वराज्य आपके मारफत आ आयेगा। इसी अभिलाषा से मैंने शिवप्रसाद और जवाहरलाल से कहा था कि इस कार्य का आरम्भ मेरे हाथ से कराइये। प्रभु से मेरी प्रार्थना है कि दिन प्रतिदिन इसकी वृद्धि हो और यह विद्यालय राक्षसी सम्मत मत को मिटाने या दुरुस्त करने में हिस्सा ले।'

इस प्रकार गाँधीजी हिन्दू-मुस्लिम ऐक्य के द्वारा स्वराज्य प्राप्त करना चाहते थे। साम्प्रदायिक सद्भाव के लिए आपने जो व्यावहारिक सुझाव रखे, उन्हें आज के संदर्भ में भी समझने-परखने की आवश्यकता है। गाँधीजी ने अंग्रेजी राज्य को राक्षसी राज्य अथवा रावण राज्य कहा है। इसे मिटा कर अथवा ठीक कर आप रामराज्य की स्थापना करना चाहते थे। देश के युवकों के सम्मुख राष्ट्रीयता के आदर्श को उपस्थित कर

आपने मातृभाषा के विकास को राष्ट्रीय उन्नति का मूल माना है। असहयोग आन्दोलन को अग्रसर करने के लिए आपने श्री शिव प्रसाद जी गुप्त तथा डाक्टर भगवानदास जी के सहयोग से काशी विद्यापीठ की स्थापना करायी। इसी समय महात्मा जी ने विदेशी वस्त्रों के बहिष्कार का भी आन्दोलन शुरू किया था। आपका कथन था कि हमें प्रतिज्ञा करनी चाहिये कि विदेशी वस्त्र धारण करना महापाप है। इसलिये आपने सबसे पहला धर्म चरखा चलाना बताया। आपने कहा- यहाँ से हर साल 60 करोड़ रुपये कपड़ों के लिए विदेश चले जाते हैं। इसको रोकने का तरीका यहाँ बताया जायेगा। सीता (भूमि) की स्थापना तो लंका से लाकर करना है, पर यदि वस्त्र के हरण को नहीं रोक सकते तो क्या कर सकते हैं? भूमि को अपना करना नामुमकिन है, पर वस्त्र नहीं छिनने देना चाहिये। हम सबको प्रतिज्ञा करनी चाहिये कि विदेशी वस्त्र धारण करना महापाप है। हिन्दू—मुसलमानों को यह बात सुनाने में बड़ा सुभीता है, क्योंकि दोनों का संयम और त्याग धर्म है। विदेशी कपड़ा पहनना पाप है। पहला धर्म चरखा चलाना है। विद्यालय के चलाने वाले इसे याद रखेंगे। हम लोग विद्यार्थियों के जरिये 60 करोड़ रुपया बचा सकते हैं। इसको बचाइये। विद्यार्थी यही करें। इसी से हमारी आर्थिक शुद्धि होगी।'

महात्मा गाँधी का यह शुभारम्भ भाषण हमारे राष्ट्रीय जागरण, नवचेतना, नवसंस्कार तथा आर्थिक क्रान्ति का सूत्रपात करने वाला है। मातृभाषा की उन्नति तथा हिंदी के प्रचार-प्रसार की दृष्टि से इसका ऐतिहासिक मूल्य है।

सम्पूर्ण गाँधी वाङ्मय संक्षिप्त नये युग का सूत्रपात *

भारत सरकार ने मोटे-मोटे एक सौ खण्डों में गाँधी वाङ्मय प्रकाशित किया है। अध्येता और शोधार्थी के अतिरिक्त सामान्य नागरिक के लिए उन सबका अध्ययन करना सुगम नहीं है। उन खण्डों का मंत्र रूप संकलन है: 'नये युग का सूत्रपात'। गाँधीवादी आदर्शों से प्रेरित होकर व्यक्ति और समाज के कायाकल्प के लिए इस पुस्तक के रचनाकार हैं— आचार्य शरदकुमार साधक। वे आचार्यकुल के राष्ट्रीय अध्यक्ष और गाँधी दर्शन के विशेषज्ञ समाजसेवी हैं। अपने जीवन का बहुमूल्य समय उन्होंने आचार्य विनोबा के साथ भूदान मूलक ग्रामाद्योग प्रधान अहिंसक क्रान्ति के काम में व्यतीत किया। वर्तमान में रचनात्मक प्रवृत्तियों का संचालन संगठन कर समाज का श्रेष्ठतर अहिंसक रूपान्तरण करने में संलग्न हैं।

इस पुस्तक में महात्मा गाँधी ने पारिवारिक, सामाजिक, धार्मिक, भाषिक, आध्यात्मिक, साम्प्रदायिक, राजनीतिक, आर्थिक इत्यादि अनेक समस्याओं के बारे में जो लिखा, विचार व्यक्त किये और जो पत्र-पत्रिकाओं में प्रकाशित हुए, उनकी तिथिवार प्रस्तुति हुई है। प्रस्तुतकर्ता आचार्य साधक ने बीस पृष्ठों में अपना मन्तव्य स्पष्ट किया है कि यह पुस्तक साधारण नागरिक को ध्यान में रखकर तैयार की गयी है। इसका उद्देश्य लोक शिक्षा है।

विश्व व्यवस्था का वर्तमान दौर वैश्वीकरण का दौर है। कम्प्यूटर, उन्नत तकनीक तथा सूचना क्रान्ति ने उद्योगधंधों और कृषि में अप्रत्याशित क्रान्ति उपस्थित कर दी है और मनुष्यों की तुलना में मशीनों के महत्त्व की वृद्धि कर दी है। उद्योगों के साथ-साथ

आकाशवाणी वाराणसी के 1 अगस्त 2003 को प्रसारित पुस्तक समीक्षा, **पुस्तक :** नये युग का सूत्रपात। रचयिता महात्मा गाँधी, **प्रस्तुतकर्ता :** ारदकुमार साधक, प ष्ठ संख्या 770, **मूल्य :** दो सौ पचास रु., **प्रकाशक :** आचार्य कुल बी-38/13-30, नवोदित नगर एक्सटें ान, वाराणसी, **समीक्षक :** डॉ. मोहन लाल तिवारी, पूर्व प्राध्यापक हिन्दी, का ी हिन्दू वि वविद्यालय, वाराणसी।

कृषि का भी मशीनीकरण हो चुका है। बैल और घोड़ों की नस्ल समाप्त होने की ओर अग्रसर है। ट्रैक्टर, नलकूप, थ्रेसर, ट्रक, जीप-ट्राली, साइकिल आदि किसानों का हाथ-पैर हो चुके हैं। दूध की ढुलाई मोटर साइकिल और जीप से होती है। टी0वी0 तो मलीन बस्तियों की झोपड़ियों तक पहुँच चुका है। न्यायाधीशों, सांसदों, प्रशासकों, प्रबन्धकों, प्रोफेसरों, सम्पादकों आदि का वेतन अत्यधिक बढ़ जाने से गाँधीवादी जीवनमूल्यों पर प्रतिकूल प्रभाव पड़ा है। आर्थिक विषमता बढ़ी है। फलस्वरूप असंतोष और अपराध का सृजन हुआ है। सामाजिक तनाव बढ़े हैं। हमारे पड़ोस में पिस्तौल और मादक पदार्थ बढ़ गये हैं। जंगल और पहाड़ के दूरस्थ क्षेत्रों में बम और बन्दूक की खेती हो रही है। यह भारत के लिए कल्याणकारी नहीं है। इसके अतिरिक्त धर्म, सम्प्रदाय, जाति, गोत्र, भाषा, क्षेत्र, धनबल, बाहुबल ने भी हमें छिन्न-भिन्न कर दिया है।

उपर्युक्त परिस्थितियों में स्वस्थ सामाजिक रूपांतरण की चुनौती का सामना करने के लिए तथा समाज और देश को आदर्शवादी रचनात्मक पथ पर अग्रसर करने के लिए देशभक्त बुद्धिजीवियों एवं श्रमजीवियों का ध्यान पुनः गाँधीवादी श्रेष्ठ विचारों और कार्यक्रमों की ओर उन्मुख हो रहा है। बड़ा प्रश्न उपस्थित है कि भारत का भविष्य अनिश्चित परिस्थितियों में अग्रसर होगा अथवा किसी स्वस्थ रचनात्मक विचाराधारा की ओर?

गाँधीजी के विचारों का संक्षिप्त दिग्दर्शन आज के युग में हमारा मार्ग प्रकाशित कर सकता है और हम नये ढंग से सोच सकते हैं। गाँधी जी कहा करते थे कि खादी वस्त्र नहीं, विचार है। उसी प्रकार लेखक आचार्य साधक ने लिखा है कि गाँधी जी व्यक्ति हैं और विचार भी। 'हिन्द स्वराज्य' पुस्तक में भारतीय राष्ट्र की उद्‌भावना पर गाँधी जी ने लिखा- हमारे अग्रगण्य व्यक्ति पाँव पैदल चलकर या बैलगाड़ियों से सारे हिन्दुस्तान में घूमते थे। वे एक दूसरे की भाषा सीखते थे। जिन दीर्घद्रष्टा पुरुषों ने सेतुबन्ध रामेश्वरम्, जगन्नाथपुरी और द्वारिका की यात्रा निश्चित की, वे मानते थे कि ईश्वर भजन तो घर बैठे हो जाता है, किन्तु उन्होंने विचार किया कि प्रकृति ने भारत को एक देश बनाया है, तो उसे एक राष्ट्र भी होना चाहिए। इसलिए विभिन्न धामों की स्थापना करके उन्होंने एकता की ऐसी कल्पना दी, जैसी दुनिया में दूसरी जगह नहीं है।

विज्ञानवाद और उद्योगवाद के कारण यंत्रों का अत्यधिक विकास होने लगा। यूरप में तो उसकी बाढ़ आ गई। भारत के संदर्भ में गाँधीजी ने लिखा- यदि यंत्रों की यह हवा ज्यादा चली तो भारत की स्थिति बड़ी शोचनीय हो जायेगी। यदि हम भारत में मैन्चेस्टर बना डालें, तो पैसा भारत में रहेगा, किन्तु यह पैसा हमारा खून चूसेगा। वह हमारी निष्ठा और हमारे आचार को समाप्त कर देगा। यंत्र तो एक बिल है, जिसमें एक नहीं, सैकड़ों साँप हैं।

संविधान के अन्तर्गत गठित भारतीय संसद की गतिविधियों को उन्होंने नहीं देखा था, किन्तु उन्हें इंग्लैण्ड की संसद का पता था। पार्लिमेन्ट के संबन्ध में उन्होंने लिखा— जिसे आप पार्लमेन्ट की माता कहते हैं, वह पार्लमेंट तो बन्ध्या है, वेश्या है। वे दोनों शब्द कड़े हैं, फिर भी ठीक लागू होते हैं। मैंने बंध्या कहा, क्योंकि अब तक पार्लमेन्ट ने अपने आप एक भी अच्छा काम नहीं किया। वह वेश्या है, मंत्रिमंडल उसे रखता है, वह उसके पास रहती है।

पार्लमेन्ट के सदस्य अपना स्वार्थ साधते हैं। सदस्य इतना चीखते चिल्लाते हैं कि सुनने वाला हैरान हो जाता है। एक महान लेखक कार्लाइज ने उसे दुनिया का 'बकवासघर' ही कहा है। जितना समय और धन पार्लियामेंट नष्ट करती है, उतना समय और धन यदि अच्छे लोगों को मिले तो राष्ट्र का उद्धार हो जाए।

न्याय व्यवस्था के प्रति इधर जनता में कुछ असंतोष बढ़ा है। गाँधीजी स्वयं बैरिस्टर थे। दक्षिण अफ्रीका में वकालत करते थे। न्यायालय और वकीलों के संबन्ध में अपना अभिमत देते हुए उन्होंने लिखा है कि - लोग वकील बनते हैं तो कुछ दूसरों के दुःख दूर करने के लिए नहीं, वरन् पैसा के लिए। वह पैसा कमाने का एक रास्ता है। अदालतें प्रजा का हित करने के लिए नहीं हैं। जिन्हें अपनी सत्ता कायम रखनी है, वे अदालत की मार्फत लोगों को वश में रखते हैं। अदालतें आयीं तो लोग कायर हो गये। हम भोलेपन में यह विश्वास कर लेते हैं कि तीसरा आदमी हमसे पैसा लेकर हमारा न्याय करता है। सत्ता की एक मुख्य कुंजी अदालते हैं। वकीलों ने ही भारतीय समाज पर यह लांछन लगाया है कि हमें लड़ाई-झगड़े से प्रेम है और हम अदालतरूपी पानी की मछलियाँ है।

भाषा के संबन्ध में गाँधीजी ने लिखा कि — अंग्रेजी भाषा के माध्यम से शिक्षा में कम से कम सोलह वर्ष लगते हैं। यदि उन्हीं विषयों की शिक्षा मातृभाषा के माध्यम से दी जाए तो ज्यादा से ज्यादा दस वर्ष लगेंगे। हजारों विद्यार्थियों के छः छः वर्ष बचने का यह अर्थ होता है कि कई हजार वर्ष जनता को मिल गये।

गाँधीजी अखिल भारतीय खिलाफत कमेटी के अध्यक्ष थे। वे कमाल पाशा (अता तुर्क) की हिंसा के विरुद्ध थे। खलीफा (मुसलिम पोप) के निष्कासन के संदर्भ में उन्होंने लिखा कि — मुस्तफा कमाल पाशा की तलवार चलती है, क्योंकि प्रत्येक तुर्क की रग-रग में ताकत है। तुर्क सैकड़ों वर्षों से लड़ते आये हैं। हिन्दुस्तान की जनता हजारों वर्षों से शांत रही है। हिन्दुस्तान के मुसलमान अगर मुस्तफा कमाल का अनुसरण करते हैं तो इस्लाम की प्रतिष्ठा में बट्टा लगायेंगे।

भारत की उन्नत और विकसित अर्थव्यवस्था पर प्रकाश डालते हुए गाँधी जी ने लिखा कि — जिन्होंने भारत का इतिहास पढ़ा है, उन्हें तुरन्त यह याद आ जाएगा

कि भारत में डच, फ्रांसीसी और अंग्रेजी लोग व्यापार करने के उद्देश्य से ही आये थे। उन दिनों भारत में जितना महीन कपड़ा बनता था, उतना महीन कपड़ा दूसरे देशों में नहीं बनता था और उसके कारण ही विदेशी व्यापारी यहाँ आते थे। पहले यहाँ चिकन का काम जितना बढ़िया और कलापूर्ण होता था, उतना अन्य किसी देश में नहीं होता था। उस समय भारत में ऐसी-ऐसी अनोखी वस्तुएँ थीं कि उन्हें उन वस्तुओं को जहाजों में भरकर ले जाने की आवश्यकता पड़ी। इसके अतिरिक्त वे भारत से मसाले और वैसी ही जड़ी बूटियाँ भी अपने देशों को ले जाते थे। जो भारत ऐसा वैभव सम्पन्न और व्यापार में उन्नत देश समझा जाता था, उसी भारत की आज ऐसी हालत हो गई है कि उसे जिन-जिन चीजों की जरूरत होती है, वे उसे बाहर से मंगानी पड़ती है।

नौकरशाही के संबन्ध में गाँधीजी ने लिखा कि - नौकरशाही बहुत चालाक, संगठित तथा पूर्णतः सिद्धांतहीन होती है।

हिन्दू-मुसलिम एकता पर गाँधीजी ने अपना अभिमत व्यक्त करते हुए लिखा है कि - एक पक्ष यह कहता है कि हिन्दू-मुसलमानों में जो गहरी दुश्मनी है, वह तो जा नहीं सकती। इस प्रश्न पर अभी सिर्फ इतना ही कहूँगा कि प्रयत्न से सब कुछ हो सकता है। हिन्दू नियमपूर्वक अपने धर्म का पालन करते हुए जब मुसलमान को अपने भाई जैसा मानेंगे, तभी एकता होगी।

एक अन्य संदर्भ में अनशन पर जाते समय कहा- मैंने हिन्दुओं से मुसलमानों को गले लगाने को कहा, उनके पाक जगहों की रक्षा के लिए अपना तन,मन,धन अर्पित कर देने को कहा। आज भी उन्हें अहिंसा की - मार कर नहीं, बल्कि खुद मर कर झगड़ा शांत करने की सीख दे रहा हूँ और उसका परिणाम देख रहा हूँ। कितने मन्दिर तोड़े गये! कितनी बहनों ने मेरे आगे फरियाद की है कि वे मुसलिम गुण्डों के डर से आतंकित रहती हैं, कई जगहों में उनका बाहर निकलना मुश्किल हो गया है। अब मैं किस मुँह से हिन्दुओं से कहूँ कि आप सहन करते चले जाएँ, मैंने तो उन्हें विश्वास दिलाया था कि मुसलमानों के साथ प्रेम रखने का फल मीठा ही होगा। इस विश्वास को सिद्ध करने की ताकत आज मुझमें नहीं रही, न मुहम्मद अली और शौकत अली में रही। इसलिए मेरा उपवास प्रायश्चित हैं।

एक अन्य संदर्भ में दुःखी होकर गाँधीजी ने लिखा कि - हिन्दू और मुसलमान दोनों ही अब मेरी नहीं सुनते। मुझ पर इल्जाम लगाया जाता है कि मैं मुसलमानों के साथ अनुचित पक्षपात करता हूँ, परन्तु हिन्दू यह नहीं जानते कि उनको डाँटने-फटकारने का तो मुझे पूरा हक है, जबकि मुसलमानों के धर्म की पूरी जानकारी न होने के कारण में उनके खिलाफ कुछ नहीं कह सकता। कई उर्दू अखबार ऐसे हैं, जो मेरी

राय में, जहर फैलाते हैं और आगे बढ़कर हिन्दू मुसलिम एकता की जड़ें काटते हैं। सचमुच ऐसे अखबारों पर नजर भी डालना शर्मनाक है।

भारत में सशस्त्र क्रान्ति के संबन्ध में गाँधी जी ने लिखा है कि मैं मानता हूँ कि संसार विद्रोहों से त्रस्त हो गया है। दूसरे देश में चाहें जो कुछ हुआ हो, रक्तमय क्रांति भारत में कभी सफल नहीं होगी। जन समुदाय उसका साथ नहीं देगा। जिस आन्दोलन में जनसमुदाय कोई सक्रिय भाग नहीं लेता, उससे कोई लाभ नहीं पहुँच सकता। सफल रक्तमय क्रांति से जनसमुदाय के कष्ट बढ़ ही सकते हैं।

धर्मान्तरण के संबन्ध में गाँधीजी ने लिखा कि - पादरियों ने कुछ चिकित्सालय तथा ऐसी बहुत सी संस्थाएँ खोली हैं, परन्तु ऐसी उच्च सेवाओं की उच्चता उस अवस्था में बहुत कुछ घट जाती है, जबकि उनके पीछे धर्मान्तरण का हेतु रहता है। वही सेवा सर्वोच्च होती है, जो केवल सेवा के लिए की जाती है। जो पादरी निस्वार्थ भाव से ऐसे सेवा करते हैं, उनका मैं आदर करता हूँ।

पूँजीवाद और साम्यवाद पर अपना अभिमत व्यक्त करते हुए गाँधीजी ने लिखा कि - पूँजीपतियों को यदि अपना कर्तव्य निभाना है तो उन्हें शोषक बनकर नहीं, बल्कि समाज का सेवक बनकर रहना होगा। यदि हमें अपने कर्तव्यों का ज्ञान हो और हम कर्तव्य पालन करें तो कोई साम्यवाद अथवा क्रांतिवाद नहीं पनप सकता। मैं तो यहाँ तक कहूँगा कि हमीं ने अपना कर्तव्य त्याग कर साम्यवाद और क्रांतिवाद के विकास के लिए उपयुक्त भूमि तैयार की है। हम समाज की सेवा के लिए उत्पादन और वितरण करें। हम सार्वजनिक हित के लिए जियें और यदि जरूरत हो तो उसके लिए अपने आपको न्यौछावर कर देने के लिए भी तैयार रहें। 20 वीं सदी के इतिहास की अन्तर्धारा को प्रभावित करने वाले गाँधी जी ने राग-द्वेष मुक्त भाव से इतिहास की व्याख्या की है।

महात्मा गाँधी को यूरप, अफ्रीका और भारत अर्थात् एशिया का व्यक्तिगत अनुभव था। उन्होंने प्रत्येक समस्या पर अपना विचार विश्व संदर्भ में व्यक्त किया है। ये विचार सापेक्षित होने के कारण भारत के लिए उपयोगी हैं। इस पुस्तक के माध्यम से हम गाँधीजी के विचार युवा पीढ़ी तक सरलता से पहुँचा सकते हैं। यदि विश्वविद्यालयों के अर्थशास्त्र, राजनीतिशास्त्र और समाजशास्त्र विभागों में यह पुस्तक संदर्भ ग्रंथ के रूप में स्वीकार कर ली जाए, तो सरलतापूर्वक युवापीढ़ी को गाँधी विचारों से जोड़ा जा सकता है।

इक्कीसवीं शती में भारतीय समाज के शान्तिपूर्ण श्रेष्ठ रूपान्तरण के उद्देश्य को ध्यान में रखकर आचार्य शरदकुमार साधक ने इस श्रेष्ठ पुस्तक की रचना की है। आशा है देश का सुधी पाठक अत्यन्त बहुमूल्य पुस्तक का स्वागत करेगा।

5
धरोहर

राष्ट्रभाषा : प्रचार-प्रसार अभियान

हिन्दी साहित्य सम्मेलन के आठवें अधिवेशन, इन्दौर से लेकर अखिल भारतीय साहित्य परिषद्, नागपुर का आयोजन होने तक महात्मा गाँधी ने जितने भाषण दिये और जिन-जिन संस्थाओं को संबोधित किया या उनका मनीषियों के साथ पत्र-व्यवहार हुआ, वह हमारी धरोहर है। उससे राष्ट्र भाषा प्रचार-अभियान के आरोह-अवरोह का परिचय मिलता है और यह भी ज्ञात हो जाता है कि राष्ट्रभाषा प्रचार के लिए म. गाँधी को निधि भी एकत्र करनी पड़ी तथा प्रचारकों को भी राष्ट्रीय सेवा कार्यों से जोड़े रखने के लिए सारे देश में प्रवास करना पड़ा। प्रस्तुत है—1918 से 1936 के दौरान अभिव्यक्त विचार-सामग्री

–संपादक

आठवाँ हिन्दी साहित्य सम्मेलन, इन्दौर

अध्यक्ष पद से 29 मार्च 1918 को इन्दौर में हुआ महात्मा गाँधी का भाषण

"हमारे पूजनीय और स्वार्थत्यागी नेता पं. मदनमोहन जी मालवीय सम्मेलन में नहीं आ सके। मैंने उनसे प्रार्थना की थी कि जहाँ तक बने सम्मेलन में उपस्थित रहियेगा। उन्होंने वचन दिया था कि जरूर आयेंगे। पं. जी सम्मेलन में उपस्थित नहीं हुए, पर उन्होंने एक पत्र भेज दिया है। मैं उम्मीद करता था कि यदि पण्डित जी नहीं आयेंगे तो उनका पत्र अवश्य आयेगा और मैं उसे आप लोगों के सामने उपस्थित कर सकूँगा। यह पत्र मुझे आज मिला है। मैंने स्वागतकारिणी सभा को हिन्दी के विषय में विद्वानों से दो प्रश्नों पर सम्मति लेने के लिए कहा था, उन्हीं का उत्तर पण्डितजी ने अपने पत्र में दिया है। उनका पत्र इस प्रकार है—

"प्रिय भाई गाँधी जी,

मुझे खेद है कि मैं अब तक हिन्दी के विषय के आपके पत्र का उत्तर नहीं दे सका। मुझे क्षमा कीजियेगा। अवकाश नहीं मिला था। आपको तो मालूम ही है कि मेरा यह मत है कि हिन्दी ही हिन्दुस्तान की राष्ट्रभाषा हो सकती है और होनी चाहिए। बहुत अंश में वह अब भी है। उर्दू हिन्दी का एक विशेष रूप मात्र है। यदि कठिन संस्कृत, अरबी या फारसी के शब्द उसमें बहुतायत से काम में न लाये जायें तो जो लोग उसको एक रूप में समझ सकते हैं, वह दूसरे रूप में भी समझ लेंगे। संस्कृत से निकली मराठी, गुजराती, बंगाली, उड़िया आदि भाषाओं से इसका निकट का संबन्ध है। इसलिए मद्रास प्रान्त को छोड़कर और सब प्रान्त के लोगों को उसका समझना कठिन नहीं। कुछ पादरियों ने लिखा है कि मध्य एशिया में भी बहुत दूर तक हिन्दी अथवा सरल उर्दू, जिसे हिन्दुस्तानी कहते हैं, समझी जाती है।

पुराने समय में, जब हिन्दुस्तान में स्वदेशी राजाओं का राज्य था, संस्कृत राष्ट्रभाषा थी, पीछे प्राकृत थी। यदि इस देश में फिर स्वराज्य स्थापित होना है— जैसा

कि हम आशा करते हैं कि शीघ्र होगा— तो यह आवश्यक है कि वह देशी भाषा, जिसको देश के सबसे अधिक लोग समझ सकते हैं, राष्ट्रभाषा मान ली जाय और दिन दिन सब प्रान्तों के पढ़े-लिखे लोग उसमें लिखने और बोलने का अभ्यास करें। संसार की वर्तमान राजनीतिक दशा में जब 'जिसका लोहा उसका देश' यह सिद्धान्त प्रचण्ड रूप से गरज रहा है। हिन्दुस्तान अपनी रक्षा और उन्नति तभी कर सकेगा, जब इसका शासन वर्तमान के समान राष्ट्र के रूप में रहेगा। प्रान्तीय बातों में प्रान्त का शासन अलग और स्वतंत्र रहना ठीक है, किन्तु उनके ऊपर जैसा अब है, वैसा ही आगे भी एक राष्ट्रीय शासन रहना चाहिए। और यदि वर्तमान के स्थान में स्वराज्य की रीति का शासन स्थापित होना है तो उसकी सफलता के लिए यह आवश्यक है कि उसकी कार्रवाई देशी भाषा में हो, जिसमें देश के सर्व साधारण लोग समझ सकें और उसका समर्थन या खण्डन कर सकें। मेरी राय में हर एक स्वराज्य के चाहने वाले देशभक्त का यह कर्त्तव्य है कि वह सब प्रान्तों में पढ़े लिखे लोगों को हिन्दी बोलने और लिखने का अभ्यास बढ़ाने के लिए प्रेरणा दे।

हमारे देश की दशा के सुधार और उन्नति के लिए हमारा सबसे बड़ा साधन विद्या है। यही अमृत है कि जिसके सेवन करने से हमारे भाई-बहन फिर बलवान, धर्मवान, ज्ञानवान, धनवान हो सकते हैं। प्रजा में विद्या का प्रचार उनकी मातृभाषा ही के द्वारा हो सकता है। जिस प्रान्त में जो भाषा प्रचलित है, उस प्रान्त में उसी भाषा के द्वारा ऊँची से ऊँची शिक्षा देने का प्रबन्ध होना चाहिए। अंग्रेजी के द्वारा हमारा बहुत उपकार हुआ है, किन्तु हम अंग्रेजी पढ़े लोगों के लिए उचित था कि अब तक प्रत्येक प्रान्त की भाषा की ऐसी उन्नति करते कि उसके द्वारा ऊँची से ऊँची शिक्षा हमारे भाई और बहनों को दी जाती होती। विदेशी भाषा का ज्ञान मात्र प्राप्त करने में जितना समय हमारे युवकों को लगाना पड़ता है, उतने ही समय में उनको बहुत से विषयों का बहुत ऊँचा ज्ञान प्राप्त हो सकता है। हर प्रान्त में मातृभाषा के द्वारा ऊँची शिक्षा का अधिक प्रचार करना चाहिए। जहाँ-जहाँ हिन्दी प्रचलित है, वहाँ-वहाँ उसी के द्वारा ऊँची से ऊँची शिक्षा देने का यत्न करना उचित है। वर्तमान समय में अंग्रेजी बहुत उपकारी भाषा है। इसलिए जहाँ सुविधा हो, वहाँ उसको दूसरी भाषा के रूप में पढ़ाना उचित है। इस घोर महाभारत का अन्त होने के बाद इससे भी भयंकर एक व्यापक-युद्ध प्रारंभ होगा। उसमें हमें अपना जातीय जीवन और धन बचाने के लिए यह आवश्यक है कि हम देश की कलाकौशल और वाणिज्य व्यापार संबन्धी शिक्षा फैलाने का प्राणपन से यत्न करें। यह यत्न भी मातृभाषा के ही द्वारा हो सकता है। विदेशी भाषा के द्वारा जाति की शिक्षा नहीं हो सकती और बिना ऐसी शिक्षा के जातीय जीवन का वृक्ष न हरा-भरा और न पुष्ट हो सकता है, और न रक्षित रह सकता है। इसीलिए सब प्रकार से

देशी भाषाओं और विशेष कर हिन्दी भाषा का प्रचार और उन्नति करना हमारा धर्म है। जो लोग कहते या समझते हैं कि हिन्दी भाषा द्वारा ऊँची से ऊँची शिक्षा नहीं दी जा सकती, उनका यही प्रयोजन हो सकता है कि इस भाषा में आधुनिक ऊँचे से ऊँचे विषय के ग्रंथ अभी नहीं लिखे गये। यह कमी अवश्य है, किन्तु इसको पूरा करने का यत्न हो रहा है। मुझे निश्चय है कि यत्न शीघ्र ही सफल होगा। ऐसा ही और देशी भाषाओं के विषय में भी है। हिन्दी को राष्ट्रीय भाषा बनाने की आवश्यकता और उसके दूर तक पहुँचाने वाले लाभों को अभी हमारे पढ़े लिखे भाइयों में भी थोड़े ही लोगों ने समझा है। मैं आशा करता हूँ कि आपके शांत और गम्भीर नाद को सुनकर हमारे भाई सचेत होंगे और इस परम उपकारी कार्य में सहायक होंगे। जैसा कि आपको दूसरे पत्र में लिख चुका हूँ, मुझे खेद है कि मैं सम्मेलन में उपस्थित नहीं हो सकूँगा। किन्तु जैसा आप जानते हैं, इस कार्य में मेरी आशा आपके साथ है और मैं अपनी गति से उसकी सिद्धि के लिए यत्न कर रहा हूँ।''

मालवीय जी का पत्र पढ़कर गाँधीजी ने आगे कहा—

मैं दिलगीर हूँ कि जो व्याख्यान सम्मेलन में देने का मेरा इरादा था, वह आपके सामने नहीं रख सका हूँ। मैं बड़ी झंझटों में पड़ा हूँ। मेरी इस समय बड़ी दुर्दशा है। इससे मैं यह काम नहीं कर सका। मैंने वादा किया था कि आऊँगा, आ गया, पर जो चीज सामने रखने का इरादा था, नहीं रख सका।

यह भाषा का विषय बड़ा भारी और बड़ा ही महत्त्वपूर्ण है। यदि सब नेता सब काम छोड़कर केवल इसी विषय पर लगे रहें है तो बस, यदि हम लोग भाषा के प्रश्न को गौण समझेंगे या इधर से मन हटा लेंगे तो इस समय लोगों में जो प्रवृत्ति चल रही है, लोगों के हृदयों में जो भाव उत्पन्न हो रहा है, वह निष्फल हो जायेगा।

भाषा माता के समान है। माता पर हमारा जो प्रेम होना चाहिए, वह हम लोगों में नहीं है। मुझे तो सम्मेलन से भी वास्तविक प्रेम नहीं हैं। तीन दिन का जलसा होगा। तीन दिन कह-सुनकर हमें जो करना होगा, उसे भूल जायेंगे। सभापति के भाषण में तेज नहीं है, जिस वस्तु की आवश्यकता है, वह उसमें नहीं है। इससे भारी कंगालियत मैं नहीं जान सकता। हम पर और हमारी प्रजा के ऊपर एक बड़ा आक्षेप है कि हमारी भाषा में तेज नहीं है। जिनमें विज्ञान नहीं है, उनमें तेज नहीं है। जब हममें तेज आयेगा, तभी हमारी प्रजा में और हमारी भाषा में तेज आयेगा। विदेशी भाषा द्वारा आप जो स्वातंत्र्य चाहते हैं, वह नहीं मिल सकता, क्योंकि इसमें हम योग्य नहीं हैं। प्रसन्नता की बात है कि इन्दौर में सब कार्य हिन्दी में होता है, पर क्षमा कीजियेगा प्रधानमंत्री साहेब का जो पत्र आया है, वह अंग्रेजी में है। मैं पूछता हूँ कि इन्दौर में ऐसा क्यों होता है? हाँ ठीक है। यह मैं मानता हूँ कि अंग्रेजी राज्य में यह आन्दोलन सफल नहीं

हो सकता है, पर देशी राज्यों में तो सफल होना ही चाहिए। शिक्षित वर्ग, जैसा कि माननीय पंडित जी ने अपने पत्र में दिखाया है, अंग्रेजी के मोह में फँस गया है और अपनी राष्ट्रीय मातृभाषा से उसे अविश्वास हो गया है। पहली माता से जो दूध मिलता है, उसमें जहर और पानी मिला हुआ है और दूसरी माता से शुद्ध दूध मिलता है। बिना इस शुद्ध दूध के मिले हमारी उन्नति होना सम्भव नहीं है। पर जो अंधा है, वह देख नहीं सकता और गुलाम नहीं जानता कि अपनी बेड़ियाँ किस तरह तोड़ूँ। 50 वर्ष से हम अंग्रेजी के मोह में फँसे हैं। हमारी प्रजा अज्ञान में डूब रही है। सम्मेलन को इस ओर विशेष रूप से ख्याल करना चाहिए। हमें ऐसा उद्योग करना चाहिए कि एक वर्ष में राजकीय सभाओं में, कांग्रेस में, प्रान्तीय सभाओं में और अन्य सभा-समाज और सम्मेलनों में एक भी अंग्रेजी का शब्द सुनाई न पड़े, हम बिलकुल अंग्रेजी का व्यवहार त्याग दें। अंग्रेजी सर्व व्यापक भाषा है, पर यदि अंग्रेज सर्व व्यापक न रहेंगे तो अंग्रेजी भी सर्व व्यापक न रहेगी। अब हमें अपनी मातृभाषा को और नष्ट करके उसका खून नहीं करना चाहिए। जैसे अंग्रेज मादरी जबान अंग्रेजी में ही बोलते और सर्वथा उसे ही व्यवहार में लाते हैं, वैसे ही मैं आपसे प्रार्थना करता हूँ कि आप हिन्दी को भारत की राष्ट्रभाषा बनाने का गौरव प्रदान करें। हिन्दी सब समझते हैं। इसे राष्ट्रभाषा बनाकर हमें अपना कर्त्तव्य पालन करना चाहिए। अब मैं अपना लिखा हुआ भाषण पढ़ता हूँ।

लिखित भाषण

आपने मुझको इस सम्मेलन का सभापतित्व देकर कृतार्थ किया है। हिन्दी-साहित्य की दृष्टि से मेरी योग्यता इस स्थान के लिए कुछ भी नहीं है, यह मैं खूब जानता हूँ। मेरी हिन्दी भाषा का असीम प्रेम ही मुझे यह स्थान दिलाने का कारण हो सकता है। मैं उम्मीद करता हूँ कि प्रेम की परीक्षा में मैं हमेशा उत्तीर्ण होऊँगा।

साहित्य का प्रदेश भाषा की भूमि जानने पर ही निश्चित हो सकता है। यदि हिन्दी भाषा की भूमि सिर्फ उत्तर प्रान्त होगी तो साहित्य का प्रदेश संकुचित रहेगा। यदि हिन्दी भाषा राष्ट्रीय भाषा होगी तो साहित्य का विस्तार भी राष्ट्रीय होगा। जैसे भाषक वैसी भाषा। भाषा-सागर में स्नान करने के लिए पूर्व-पश्चिम, दक्षिण-उत्तर से पुनीत महात्मा आयेंगे तो सागर का महत्त्व स्नान करने वालों के अनुरूप होना चाहिए। इसलिए साहित्य की दृष्टि से भी हिन्दी भाषा का स्थान विचारणीय है।

हिन्दी भाषा की व्याख्या का थोड़ा सा ख्याल करना आवश्यक है। मैं कई बार व्याख्या कर चुका हूँ कि हिन्दी भाषा वह भाषा है, जिसको उत्तर में हिन्दू व मुसलमान बोलते हैं और जो नागरी अथवा फारसी लिपि में लिखी जाती है। यह हिन्दी एकदम संस्कृतमयी नहीं है, न वह एकदम फारसी शब्दों से लदी हुई है। देहाती बोली में जो

माधुर्य मैं देखता हूँ, वह न लखनऊ के मुसलमान भाइयों की बोली में, न प्रयाग के पंडितों की बोली में पाया जाता है। भाषा वही श्रेष्ठ है, जिसको जन-समूह सहज में समझ ले। देहाती बोली सब समझते हैं। भाषा का मूल करोड़ों मनुष्य रूपी हिमालय से मिलेगा, और उसमें ही रहेगा। हिमालय से निकली हुई गंगाजी अनन्तकाल तक बहती रहेगी। ऐसे ही देहाती हिन्दी का गौरव रहेगा। जैसे छोटी सी पहाड़ी से निकलता हुआ झरना सूख जाता है, वैसे ही संस्कृतमयी तथा फारसीमयी हिन्दी की दशा होगी।

हिन्दू मुसलमानों के बीच में जो भेद किया जाता है, वह कृत्रिम है। ऐसी ही कृत्रिमता हिन्दी व उर्दू भाषा के भेद में है। हिन्दुओं की बोली से फारसी-शब्दों का सर्वथा त्याग और मुसलमानों की बोली से संस्कृत का सर्वथा त्याग अनावश्यक है। दोनों का स्वाभाविक संगम गंगा-यमुना के संगम सा शोभित अचल रहेगा। मुझे उम्मीद है कि हम हिन्दी-उर्दू के झगड़े में पड़कर अपना बल क्षीण नहीं करेंगे। लिपि की तकलीफ कुछ जरूर है। मुसलमान भाई अरबी लिपि में ही लिखेंगे, हिन्दू बहुत कर नागरी लिपि में लिखेंगे। राष्ट्र में दोनों को स्थान मिलना चाहिए। अमलदारों को दोनों लिपि का ज्ञान आवश्यक होना चाहिए। इसमें कुछ कठिनाई नहीं है। अन्त में जिस लिपि में ज्यादा सरलता होगी, उसी की विजय होगी। भारतवर्ष में परस्पर व्यवहार के लिए एक भाषा होनी चाहिए, इसमें कुछ संदेह नहीं है। यदि हम हिन्दी-उर्दू का झगड़ा भूल जायें तो हम जानते हैं कि मुसलमान भाइयों की तो उर्दू ही राष्ट्रीय भाषा है। इस बात से यह सहज में सिद्ध होता है कि हिन्दी या उर्दू मुगलों के जमाने में राष्ट्रीय भाषा बनती जाती थी।

आज भी हिन्दी से स्पर्धा करने वाली दूसरी कोई भाषा नहीं है। हिन्दी उर्दू का झगड़ा न छेड़ने से राष्ट्रीय भाषा का सवाल सरल हो जाता है। हिन्दुओं को फारसी शब्द थोड़ा-बहुत जानना पड़ेगा। इस्लामी भाइयों को संस्कृत-शब्द का ज्ञान संपादन करना पड़ेगा। इससे हिन्दी भाषा का बल बढ़ जायेगा, और हिन्दू-मुसलमानों में एकता का एक बड़ा साधन हमारे हाथ में आ जायेगा। अंग्रेजी भाषा का मोह दूर करने के लिए इतना अधिक परिश्रम करना पड़ेगा कि हमें लाजिम है कि हम हिन्दी-उर्दू का झगड़ा न उठायें। लिपि की तकरार भी हम को न उठानी चाहिए।

अंग्रेजी भाषा राष्ट्रीय भाषा क्यों नहीं हो सकती है, अंग्रेजी भाषा का बोझ प्रजा के ऊपर रखने से क्या हानि होती है, हमारी शिक्षा का माध्यम आजतक अंग्रेजी होने से प्रजा कैसी कुचल दी गई है, हमारी जातीय भाषा क्यों कंगाल हो रही है, इन सब बातों पर मैं अपनी राय भागलपुर और भरुच के व्याख्यानों में दे चुका हूँ। इसीलिए मैं यहाँ फिर नहीं देना चाहता। इन दोनों व्याख्यानों में से भाषा संबन्धी भाग में इस व्याख्यान के परिशिष्ट रूप में रख दूँगा। हकीकत में इस बात में संदेह नहीं हो सकता

है। हमारे कविवर सर रवीन्द्रनाथ टैगोर, विदुषी बेसेंट, लोकमान्य तिलक और अन्यान्य प्रतिष्ठित और अन्य व्यक्तियों का मंतव्य इस विषय में ऐसा ही है। कार्य की सिद्धि में कठिनाइयाँ तो होंगी ही, किन्तु उसका उपाय करना इस सभा पर निर्भर है। लोकमान्य तिलक महाराज ने अपना अभिप्राय कार्य करके बता दिया है। उन्होंने 'केसरी' में और 'मराठा' में हिन्दी विभाग शुरू कर दिया है। भारतरत्न पण्डित मदनमोहन मालवीय जी का अभिप्राय भी हिन्दुस्तान में अज्ञात नहीं है। तो भी मुझे मालूम है कि हमारे कई विद्वान नेताओं का अभिप्राय है कि कुछ वर्षों तक तो सिर्फ अंग्रेजी ही राष्ट्रीय भाषा रहेगी। इन नेताओं से हम विनयपूर्वक कहेंगे कि अंग्रेजी के इस मोह से प्रजा पीड़ित हो रही है। अंग्रेजी शिक्षा पाने वालों के ज्ञान का लाभ प्रजा को बहुत ही कम मिलता है और अंग्रेजी शिक्षित वर्ग और आम लोगों के बीच बड़ा दरियाव आ पड़ा है।

कहना आवश्यक नहीं है कि मैं अंग्रेजी भाषा से द्वेष नहीं करता हूँ। अंग्रेजी साहित्य भण्डार से मैंने भी बहुत रत्नों का उपयोग किया है। अंग्रेजी भाषा के मार्फत हमको विज्ञान इत्यादि का खूब ज्ञान लेना है। अंग्रेजी का ज्ञान कितने भारतवासियों के लिए आवश्यक है। लेकिन इस भाषा को उसका उचित स्थान देना एक बात है, उसकी जड़-पूजा करनी दूसरी बात है।

हिन्दी-उर्दू राष्ट्रीय भाषा होनी चाहिए, इस बात को सिर्फ स्वीकार करने से हमारा मनोरथ सिद्ध नहीं हो सकता है, तो किस प्रकार हम सिद्धि पा सकेंगे? जिन विद्वानों ने इस मण्डप को विभूषित किया है, वे भी अपनी वक्तृता से हमको इस विषय में जरूर कुछ सुनायेंगे। मैं सिर्फ भाषा-प्रचार के बारे में कुछ कहूँगा। भाषा-प्रचार के लिए हिन्दी-शिक्षक होना चाहिए। हिन्दी बंगाली सीखने वालों के लिए एक छोटी सी पुस्तक मैंने देखी है। वैसी ही मराठी में भी है। अन्य भाषाभाषियों के लिए ऐसी किताबें देखने में नहीं आई हैं। यह काम करना जैसा सहल है, वैसा ही आवश्यक है। मुझे उम्मीद है कि यह सम्मेलन इस कार्य को शीघ्रता से अपने हाथ में लेगा। ऐसी पुस्तकें विद्वान और अनुभवी लेखकों के द्वारा बनवानी चाहिए।

सबसे कष्टदायी मामला द्रविड़ भाषाओं के लिए है। वहाँ तो कुछ प्रयत्न ही नहीं हुआ है। हिन्दी भाषा सिखाने वाले शिक्षकों को तैयार करना चाहिए। ऐसे शिक्षकों की बहुत ही कमी है। ऐसे एक शिक्षक प्रयाग से आपके लोकप्रिय मंत्री भाई पुरुषोत्तमदास जी टण्डन के द्वारा मुझे मिले हैं।

हिन्दी भाषा का एक भी संपूर्ण व्याकरण मेरे देखने में नहीं आया है। जो हैं, सो अंग्रेजी में विलायती पादरिओं के बनाये हुए हैं। ऐसा एक व्याकरण डाक्टर कैलाश का रचा हुआ है। संशोधन से बनाया हुआ है। हिन्दुस्तान की अन्यान्य भाषाओं का

मुकाबला करने वाला व्याकरण हमारी भाषा में होना चाहिए। हिन्दी प्रेमी विद्वानों से मेरी नम्र विनती है कि वे इस त्रुटि को दूर करें। हमारी राष्ट्रीय सभाओं में हिन्दी भाषा का ही इस्तेमाल होना आवश्यक है। कांग्रेस के कार्यकर्त्ताओं और प्रतिनिधियों द्वारा यह प्रयत्न होना चाहिए। मेरा अभिप्राय है कि यह सभा ऐसी प्रार्थना आगामी कांग्रेस के कर्मचारियों के सम्मुख उपस्थित करे।

हमारी कानूनी सभाओं में भी राष्ट्रीय भाषा द्वारा कार्य चलना चाहिए। जब तक ऐसा नहीं होता, तब तक प्रजा को राजनीतिक कार्यों में ठीक तालीम नहीं मिलती है। हमारे हिन्दी अखबार इस कार्य को थोड़ा सा करते तो हैं, लेकिन प्रजा को तालीम अनुवाद से नहीं मिल सकती है। हमारी अदालतों में जरूर राष्ट्रीय भाषा और प्रांतीय भाषा का प्रचार होना चाहिए। न्यायाधीशों की मार्फत जो तालीम हमको सहज ही मिल सकती है, उस तालीम से आज प्रजा वंचित रहती है।

भाषा की सेवा जैसी हमारे राजा-महाराजा लोग कर सकते हैं, वैसी अंग्रेज सरकार नहीं कर सकती। महाराजा होलकर जी की काउसिंल में, कचहरी में और हर एक कामों में हिन्दी का और प्रान्तीय बोली का ही प्रयोग होना चाहिए। उनके उत्तेजन से भाषा और बहुत ही बढ़ सकती है। इस राज्य की पाठशालाओं में शुरू से आखिर तक सब तालीम मादरी जबान में देने का प्रयोग होना चाहिए। हमारे राजा-महाराजाओं से भाषा की बड़ी भारी सेवा हो सकती है। मैं उम्मीद रखता हूँ कि होलकर महाराज और उनके अधिकारी वर्ग इस महान् कार्य को उत्साह से उठा लेंगे।

ऐसे सम्मेलन से हमारा सब कार्य सफल होगा, ऐसी समझ भ्रम ही है। जब हम प्रतिदिन इसी कार्य की धुन में लगे रहेंगे, तब ही इस कार्य की सिद्धि हो सकेगी। सैंकड़ों स्वार्थ-त्यागी विद्वान् जब इस कार्य को अपनायेंगे, तब ही सिद्धि सम्भव है।

मुझे खेद तो यह है कि जिन प्रान्तों की मातृभाषा हिन्दी है, वहाँ भी उस भाषा की उन्नति करने का उत्साह नहीं दिखाई देता है। उन प्रान्तों में हमारे शिक्षित वर्ग आपस में पत्र-व्यवहार और बातचीत अंग्रेजी में करते हैं। एक भाई लिखते हैं कि हमारे अखबार चलाने वाले अपना व्यवहार अंग्रेजी के मारफत करते हैं, अपने हिसाब किताब वे अंग्रेजी में ही रखते हैं। बात छोटी है, लेकिन उसमें रहस्य बहुत है। फ्रांस में रहने वाले अंग्रेज अपना सब व्यवहार अंग्रेजी ही में रखते हैं। हम अपने देश में अपने महत् कार्य विदेशी भाषा में करते हैं। मेरा नम्र, लेकिन दृढ़ अभिप्राय है कि जब तक हम हिन्दी भाषा को राष्ट्रीय और अपनी-अपनी प्रांतीय भाषाओं को उनका योग्य स्थान नहीं देंगे, तब तक स्वराज्य की सब बातें निरर्थक हैं। इस सम्मेलन द्वारा भारतवर्ष के इस बड़े प्रश्न का निराकरण हो जाय, ऐसी मेरी आशा और प्रभु प्रति प्रार्थना है।

अखिल भारतीय साहित्य-परिषद्, नागपुर

नागपुर में परिषद् की पहली बैठक सभापति-पद से गाँधी जी ने लिखित भाषण दिया, जो इस प्रकार है— 'विद्वान् लोग एक दूसरे के साहित्य का कुछ ज्ञान प्राप्त करें, इसी से हमें कोई संतोष नहीं हो सकता। हमें तो देहाती साहित्य की भी दरकार है और देहातियों में आधुनिक साहित्य के प्रचार की भी। शरम की बात है कि आज चैतन्य की प्रसादी भारतवर्ष के सभी भाषा-भाषियों को अप्राप्य है। तिरूवेल्लुवर का नाम तक शायद हम सब नहीं जानते होंगे। उत्तर भारत की जनता तो उस संत का नाम जानती ही नहीं। उसने थोड़े शब्दों में जैसा ज्ञान दिया है, वैसा बहुत कम संत लोग दे सके हैं। इस बारे में इस वक्त तो तुकाराम का ही दूसरा नाम मेरे ख्याल में आता है।

अगर हम सारे हिन्दुस्तान के साहित्य के विशाल क्षेत्र में प्रवेश करें, तो क्या उसकी कुछ सीमा-मर्यादा होनी चाहिए? मेरी राय में अवश्य होनी चाहिए। मुझे पुस्तकों की संख्या बढ़ाने का मोह कभी नहीं रहा। मैं इसे आवश्यक नहीं मानता कि प्रत्येक प्रान्त की भाषा में लिखी और छपी प्रत्येक पुस्तक का परिचय दूसरी सब भाषाओं में कराया जाय। ऐसा प्रयत्न सम्भव भी हो, तो उसे मैं हानिकर ही समझता हूँ। जो साहित्य ऐक्य का, नीति का, शौर्यादि गुणों का और विज्ञान का पोषक है, उसका प्रचार प्रत्येक प्रान्त में होना आवश्यक और लाभदायक है।

आजकल शृंगार युक्त अश्लील साहित्य की बाढ़ सब प्रान्तों में आ रही है। कुछ लोग तो यहाँ तक कहते हैं कि एक शृंगार को छोड़कर और कोई रस है ही नहीं। शृंगार-रस को बढ़ाने के कारण ऐसे सज्जन दूसरों को 'त्यागी' कहकर उनकी उपेक्षा और उपहास करते हैं। जो सब चीजों का त्याग कर बैठते हैं, वे भी रस का त्याग तो नहीं कर पाते। किसी न किसी प्रकार के रस से हम सब भरे हैं। दादाभाई ने देश के लिये सब-कुछ छोड़ा था, फिर भी वे बड़े रसिक थे। देश-सेवा को ही उन्होंने अपना रस बना रखा था। उसी में उन्हें प्रसन्नता मिलती थी। चैतन्य को रसहीन कहना रस ही को न जानना है। नरसिंह मेहता ने अपने को भोगी बताया है, यद्यपि वे गुजरात के भक्त-

शिरोमणि थे। अगर आपको मेरी बात न अखरे, तो मैं तो यहाँ तक कहूँगा कि मैं शृंगार रस को तुच्छ रस समझता हूँ, और जब उसमें अश्लीलता आती है, तब उसे सर्वथा त्याज्य मानता हूँ। यदि मेरी चले तो मैं इस संस्था में ऐसे रस को त्याज्य मनवा दूँ। इसी तरह जो साहित्य कौमी भेदों को, धर्मान्धता को तथा प्रजा में अथवा व्यक्तियों में वैमनस्य को बढ़ाता है, उसका भी त्याग होना आवश्यक है।

यह कार्य कैसे किया जाय? मुंशी जी और काका साहब ने हमारा मार्ग एक हद तक साफ कर रखा है। व्यापक साहित्य का प्रचार व्यापक भाषा में ही हो सकता है। ऐसी भाषा अन्य भाषा की अपेक्षा हिन्दी-हिन्दुस्तानी ही है। हिन्दी को हिन्दुस्तानी कहने का मतलब यह है कि इस भाषा में फारसी मुहावरों का त्याग न किया जाये।

अंग्रेजी भाषा कभी सब प्रान्तों के लिये वाहन या माध्यम नहीं हो सकती, यदि सचमुच ही हम हिन्दुस्तान के साहित्य की वृद्धि चाहते हैं। और भिन्न-भिन्न भाषाओं में जो रत्न छिपे पड़े हैं, उनका प्रचार भारतवर्ष के करोड़ों मनुष्यों में करना चाहते हैं, तो यह सब हम हिन्दुस्तानी की मारफत ही कर सकते हैं।

इस परिषद् का उद्देश्य यह है कि सब प्रान्तीय साहित्यों की सारभूत बातें संग्रह करके हिन्दी में उन्हें उपलब्ध किया जाय। इसके लिये मैं आपसे एक प्रार्थना करूँगा। निस्संदेह हर एक आदमी को अपनी मातृभाषा अच्छी तरह जाननी चाहिये, और इसके साथ ही हिन्दी के द्वारा अन्य भाषाओं के महान् साहित्य का भी उसे ज्ञान होना चाहिये। लेकिन साथ ही, परिषद् का यह भी उद्देश्य है कि वह हम लोगों में अन्य प्रान्तों की भाषाएँ जानने की इच्छा को प्रोत्साहन दे। जैसे, गुजराती लोग तमिल जानें, बंगाली गुजराती जानें, और दूसरे प्रान्तों के लोग भी ऐसा ही करें। मैं तजरबे के साथ आपसे कहता हूँ कि दूसरी देशी भाषा सीख लेना कोई मुश्किल बात नहीं है। लेकिन इसके साथ एक सर्वमान्य लिपि का होना आवश्यक है। तमिलनाड में ऐसा करना कुछ मुश्किल नहीं है। क्योंकि इस सीधी-सादी बात पर ध्यान दीजिये कि ९० फीसदी से भी ज्यादा हमारे देशवासी अशिक्षित हैं। हमें नये सिरे से उनकी शिक्षा शुरू करनी होगी। तब सामान्य लिपि द्वारा ही हम उन्हें शिक्षित बनाने की शुरूआत क्यों न करें? यूरोप में वहाँ वालों ने सामान्य लिपि का प्रयोग किया और वह बिलकुल सफल रहा। कुछ लोग तो यहाँ तक कहते हैं कि हम भी यूरोप की रोमन लिपि को ही ग्रहण कर लें। लेकिन फिर वाद-विवाद के बाद यह विचार बन चुका है कि हमारी सामान्य लिपि देवनागरी ही हो सकती है, ओर कोई नहीं। उर्दू को उसका प्रतिस्पर्द्धी बताया जाता है, लेकिन मैं समझता हूँ कि उर्दू या रोमन किसी में भी वैसी संपूर्णता और ध्वन्यात्मक शक्ति नहीं है, जैसी देवनागरी में है। याद रखिये कि आपकी मातृभाषाओं के खिलाफ मैं कुछ नहीं कह रहा हूँ। तमिल, तेलुगू, मलयालम, कन्नड़ तो जरूर रहनी चाहिए और

रहेंगी, लेकिन इन प्रदेशों के अशिक्षितों को हम देवनागरी लिपि के द्वारा इन भाषाओं के साहित्य की शिक्षा क्यों न दें? हम जो राष्ट्रीय एकता हासिल करना चाहते हैं, उसकी खातिर देवनागरी को सामान्य लिपि स्वीकार करना आवश्यक है। इसमें कोई कठिनाई नहीं है। बात सिर्फ यह है कि हम अपनी प्रान्तीयता और संकीर्णता छोड़ दें। तमिल और उर्दू लिपियाँ मुझे पसन्द न हों, सो बात नहीं है। मैं इन दोनों को जानता हूँ। लेकिन मातृभूमि की सेवा ने, जिसके लिये मैंने अपना सारा जीवन अर्पण कर दिया है, और जिसके बिना मेरा जीवन निरर्थक होगा, मुझे सिखाया है कि हमारे देश के लोगों पर जो अनावश्यक बोझ है, उससे उन्हें मुक्त करने की कोशिश हमें करनी चाहिए। तमाम लिपियों को जानने का बोझ अनावश्यक है, और उससे आसानी से बचा जा सकता है। इसलिये सभी प्रान्तों के साहित्यकारों से मैं प्रार्थना करूँगा कि वे इस संबन्ध के अपने भेद-भावों को भुलाकर इस अत्यन्त आवश्यक विषय पर एक मत हो जायँ। तभी भारतीय साहित्य-परिषद् अपने उद्देश्य में सफल हो सकती है।

आज का हमारा साहित्य कुछ ही लोगों के काम का है, यानी जो लोग शिक्षित हैं, उन्हीं के मतलब का है। यहाँ तक कि शिक्षितों में भी ऐसे थोड़े ही होंगे, जिनकी साहित्य में दिलचस्पी हो। गाँवों में तो हम बिलकुल गये ही नहीं। सेवाग्राम के लोगों में एक फीसदी भी ऐसे नहीं हैं, जो साहित्य पढ़ सकें। हमारी रात्रिशाला में नियमित रूप से अखबार सुनने के लिए भी आधे दर्जन से ज्यादा आदमी-नहीं आते। इस अज्ञान को दूर करने का महान् कार्य हमें करना है। क्या मुट्ठी भर आदमियों के सहारे हम इसे कर सकेंगे? हमें तो आप सबके सहयोग की जरूरत है।

मैं साहित्य के लिये साहित्य का रसिक नहीं हूँ। यह जरूरी नहीं कि बौद्धिक विकास के जो अनेक साधन हैं, उनमें साक्षरता को भी एक साधन माना ही जाय। हमारे प्राचीन काल में ऐसे-ऐसे बुद्धिशाली महापुरुष हुए हैं, जो बिलकुल अशिक्षित थे। यही कारण है कि हमने अपने को ऐसे ही साहित्य तक सीमित रखा है, जो अधिक-से-अधिक स्पष्ट और हितकर हो। जब तक हमें आपका हार्दिक सहयोग नहीं मिलता, और आप अपनी-अपनी भाषा में उपयुक्त साहित्य चुनने के लिये तैयार नहीं होते, तब तक हमें इसमें सफलता कैसे मिल सकती है?"

(हरिजन सेवक, 3-4-37)

हिन्दी उपाधि वितरण समारोह

बंगलौर में हिन्दी के उपाधि-वितरण-समारोह के अवसर पर गाँधी जी ने निम्न भाषण दिया—

"आज जिन्हें उपाधि और प्रमाण-पत्र मिले हैं, उन्हें मैं धन्यवाद देता हूँ, और आशा रखता हूँ कि वे रोज अपना अभ्यास चालू रख कर अपना ज्ञान बढ़ाते रहेंगे। साधारण स्कूलों और कालेजों में पढ़ने वाले लोग 'केरियर' के खयाल से पढ़ते हैं, परीक्षा के लिये पढ़ते हैं, और परीक्षा भवन से निकलते ही अपनी पुस्तकों को और उनसे प्राप्त ज्ञान को भूल जाते हैं। अधिकांश लोगों को ज्ञान की अपेक्षा उपाधि की चिन्ता विशेष होती है। किन्तु जिन्हें आज यहाँ उपाधि मिली है, उन्होंने उपाधि के लिये उपाधि नहीं ली है। जिसका सीधा-सादा कारण यह है कि हिन्दी-प्रचार सभा का उद्देश्य नौकरी दिलाना नहीं है। आपको मिली हुई यह उपाधि उस ज्ञान का चिह्नमात्र है, जो आपको अपने शिक्षक से मिला है। अलबत्ता, यह हो सकता है कि आप में से कुछ अपने इस हिन्दी ज्ञान की मदद से थोड़ा कमा सकें, किन्तु निश्चय ही वह आपका उद्देश्य नहीं।

मुझे यह देखकर खुशी होती है कि आज के सफल विद्यार्थियों में अधिक संख्या बहनों की है। यह भारतमाता के और हिन्दी प्रचार के उज्ज्वल भविष्य की एक निशानी है, क्योंकि मेरा यह दृढ़ विश्वास है कि हिन्दुस्तान की मुक्ति उसके स्त्री-समाज के त्याग और ज्ञान पर निर्भर है। स्त्रियों की सभा में मैं यह बात हमेशा जोर देखकर कहता रहा हूँ कि जब हम अपने देवों, देवियों या प्राचीन स्त्री-पुरुष के बारे में कुछ कहते हैं, तो हम स्त्री का नाम पहले लेते हैं। जैसे, सीताराम, राधाकृष्ण आदि। रामसीता या कृष्णराधा कभी नहीं कहते। यह प्रथा निरर्थक नहीं है। हमारे यहाँ स्त्री का आदर किया जाता था, और स्त्रियों के कार्यों और उनकी योग्यता की खास कदर की जाती थी। हमें यह पुराना रिवाज अक्षरशः और अर्थशः जारी रखना चाहिये।

इस अवसर पर मैं आपको इस बात के कुछ स्पष्ट कारण समझाऊँगा कि हिन्दी-

हिन्दुस्तानी ही राष्ट्रभाषा क्यों होनी चाहिए। जब तक आप कर्नाटक में रहते हैं और कर्नाटक से बाहर आपकी दृष्टि नहीं दौड़ती, तब तक आपके लिये कन्नड़ का ज्ञान काफी है। लेकिन अगर आप अपने किसी गाँव को देखेंगे, तो फौरन ही आपको पता चलेगा कि आपकी दृष्टि और उसके क्षेत्र का विस्तार हुआ है। आप कर्नाटक की दृष्टि से नहीं, बल्कि हिन्दुस्तान की दृष्टि से सोचने लगे हैं। कर्नाटक के बाहर की घटनाओं में आपकी दिलचस्पी बढ़ी है। लेकिन अगर भाषा का कोई सर्व-साधारण माध्यम या वाहन न हो, तो आपकी यह दिलचस्पी बहुत आगे नहीं बढ़ सकती। कर्नाटक वाले सिंध या संयुक्त प्रांत वालों के साथ किस तरह अपना संबन्ध कायम कर रख सकते हैं या उनकी बातें सुन और समझ सकते हैं? हमारे कुछ लोग मानते थे, और अब भी मानते होंगे, कि अंग्रेजी ऐसे माध्यम का काम दे सकती है। अगर यह सवाल हमारे कुछ हजार पढ़े-लिखे लोगों का ही सवाल होता, तो जरूर ऐसा हो सकता था। लेकिन मुझे विश्वास है कि इससे हममें से किसी को संतोष न होगा। हम और आप चाहते हैं कि करोड़ों लोग अन्तर्प्रान्तीय संबन्ध स्थापित करें। ऐसा संबन्ध कभी अंग्रेजी द्वारा स्थापित हो भी सके, तो भी स्पष्ट है कि अभी कई पीढ़ियों तक वह मुमकिन नहीं। कोई वजह नहीं कि वे सब अंग्रेजी ही सीखें। और, अंग्रेजी जीविका का अचूक और निश्चित साधन तो हरगिज नहीं। अगर उसकी ऐसी कोई कीमत कभी रही भी होगी, तो जैसे-जैसे अधिक संख्या में लोग उसे सीखने लगेंगे, वैसे-वैसे उसकी वह कीमत कम होगी। फिर, अंग्रेजी सीखना जितना कठिन है, हिन्दी-हिन्दुस्तानी सीखना उतना कठिन है ही नहीं। अंग्रेजी सीखने में जितना समय लगेगा, उतना हिन्दी-हिन्दुस्तानी सीखने में कभी नहीं लग सकता।

कहा जाता है कि हिन्दी-हिन्दुस्तानी बोलने और समझने वाले हिन्दू-मुसलमानों की संख्या 20 करोड़ से ज्यादा है। क्या 1करोड़ 10 लाख कर्नाटक के भाई-बहन अपने इन 20 करोड़ भाई-बहनों की भाषा सीखना पसन्द न करेंगे? और क्या वे उसे बहुत आसानी से सीख नहीं सकते? अभी ही जिस एक घटना ने मेरा ध्यान खींचा है, उससे इस सवाल का जवाब मिल जाता है। आपने अभी-अभी लेडी रमण के हिन्दी व्याख्यान का कन्नड़ अनुवाद सुना है। उसे सुनते समय इस बात की तरफ आपका ध्यान अवश्य आकर्षित हुआ होगा कि लेडी रमण के बहुत से हिन्दी शब्द भाषान्तर में ज्यों के त्यों बरते गये थे— जैसे, प्रेम, प्रेमी, संघ, सभा, अध्यक्ष, पद, अनन्त, भक्ति, स्वागत, अध्यक्षता, सम्मेलन आदि। ये शब्द हिन्दी-कन्नड़, दोनों में प्रचलित हैं। अब मान लीजिये कि यदि कोई अंग्रेजी में इसका उल्था करता, तो क्या वह इनमें से एक भी शब्द का उपयोग कर सकता? कभी नहीं? इनमें से हरएक शब्द का अंग्रेजी पर्याय श्रोताओं के लिये बिलकुल नया होता। इसलिये जब हमारे कुछ कर्नाटकी मित्र

कहते हैं कि हिन्दी उन्हें कठिन मालूम होती है , तो मुझे हँसी आती है, साथ ही गुस्सा और बेसब्री भी कुछ कम नहीं मालमू होती। मेरा यह विश्वास है कि रोज कुछ घण्टे लगन के साथ मेहनत करने से एक महीने में हिन्दी सीखी जा सकती है। मैं 67 साल का हो चुका हूँ। लोग कहेंगे कि नया कुछ सीखने की मेरी उमर नहीं रही। लेकिन आप यह सच मानिये कि जिस समय मैं कन्नड़ अनुवाद सुन रहा था, उस समय मैंने यह अनुभव किया कि अगर मैं रोज कुछ घण्टे अभ्यास में दूँ, तो कन्नड़ सीखने में मुझे आठ दिन से ज्यादा समय न लगे। माननीय शास्त्री जी और मेरे जैसे दस-पाँच को छोड़कर बाकी के आप सब तो बिलकुल नौजवान हैं। क्या हिन्दी सीखने के लिये आप एक महीने तक रोज के चार घण्टे भी नहीं दे सकते? अपने 20 करोड़ देशबन्धुओं के साथ संबन्ध स्थापित करने के लिए क्या इतना समय देना आपको ज्यादा मालूम होता है?

अब मान लीजिए कि आप में से जो लोग अंग्रेजी नहीं जानते, वे उसे सीखने का निश्चय करते हैं। क्या आप मानते हैं कि प्रतिदिन चार घण्टों की मेहनत से आप एक महीने में अंग्रेजी सीख सकेंगे? कभी नहीं। हिन्दी इतनी आसानी से इसलिये सीखी जा सकती है कि दक्षिण भारत की चार भाषाओं के सहित हिदुस्तान के हिन्दू जो भाषाएँ बोलते हैं, उन सब में संस्कृत के बहुत से शब्द हैं। हमारा इतिहास कहता है कि पुराने जमाने में उत्तर-दक्षिण के बीच का व्यवहार संस्कृत द्वारा चलता था। आज भी दक्षिण के शास्त्री उत्तर के शास्त्रियों के साथ संस्कृत में बातचीत करते हैं। अनेक प्रान्तीय भाषाओं में मुख्य भेद व्याकरण का है। उत्तर भारत की भाषाओं का तो व्याकरण भी एक-सा है। अलबत्ता, दक्षिण भारत की भाषाओं का व्याकरण भिन्न है, और संस्कृत से प्रभावित होने के पहले उनके शब्द भी भिन्न थे। लेकिन अब उन्होंने भी बहुत से संस्कृत शब्द ले लिये हैं, और वे इस हद तक लिये गये हैं कि जब मैं दक्षिण में घूमता हूँ, तो यहाँ की चारों भाषाओं में जो कुछ कहा जाता है, उसका सार समझ लेने में मुझे कोई कठिनाई नहीं मालूम होती।

आप अपने मुसलमान मित्रों की बात लीजिये। वे अपने-अपने प्रान्त की भाषा तो स्वभावतः जानते ही हैं, इसके अलावा उर्दू भी जानते हैं। दोनों का व्याकरण एक सा हैं, लिपि के कारण दोनों में जो फर्क है, सो है और इस पर विचार करने से मालूम होता है कि हिन्दी, हिन्दुस्तानी और उर्दू, ये तीनों शब्द एक ही भाषा के सूचक हैं। इन भाषाओं के शब्द-भण्डार को देखने से हमें पता चलता है कि इनके अधिकांश शब्द एक से है। इसलिये एक लिपि के सवाल को छोड़ दें, तो इसमें मुसलमानों को कोई कठिनाई नहीं हो सकती। और, लिपि का सवाल तो अपने-आप हल हो जायेगा।

इसलिये फिर अपनी शुरू की बात पर लौटकर मैं कहता हूँ कि अगर आपकी

दृष्टि-मर्यादा उत्तर में श्रीनगर से दक्षिण में कन्याकुमारी तक और पश्चिम में कराची से पूर्व में डिब्रूगढ़ तक पहुँचती हो— और इतनी वह पहुँचनी भी चाहिये— तो उसके लिये आपके पास हिन्दी को छोड़कर और कोई साधन नहीं। मैं आपको समझा चुका हूँ कि अंग्रेजी हमारी राष्ट्रभाषा नहीं बन सकती। अंग्रेजी से मुझे नफरत नहीं। थोड़े पंडितों के लिये अंग्रेजी का ज्ञान आवश्यक है, अन्तर्राष्ट्रीय संबन्धों के लिये और पश्चिमी विज्ञान के ज्ञान के लिये उसकी जरूरत है। लेकिन जब उसे वह स्थान दिया जाता है, जिसके योग्य वह है ही नहीं, तो मुझे दुःख होता है। मुझे इसमें कोई संदेह नहीं कि ऐसा प्रयत्न विफल ही हो सकता है। अपनी-अपनी जगह ही सब शोभा देते हैं।

आपके दिमाग में व्यर्थ ही जो एक डर घुस गया है, उसे मैं निकाल डालना चाहता हूँ। क्या हिन्दी कन्नड़ की जगह सिखाई जायेगी? क्या यह कन्नड़ को उसके स्थान से हटा देगी? नहीं, उलटे मेरा दावा तो यह है कि जैसे-जैसे हम हिन्दी का अधिक प्रचार करेंगे, वैसे-वैसे हम अपनी प्रान्तीय भाषाओं के अभ्यास को न केवल विशेष प्रोत्साहन देंगे, बल्कि उनकी शक्ति भी बढ़ायेंगे। यह बात मैं भिन्न-भिन्न प्रान्तों के अपने अनुभव से कहता हूँ।

दो शब्द लिपि के बारे में। जब मैं दक्षिण अफ्रीका में था, तब भी मैं मानता था कि संस्कृत से निकली हुई सभी भाषाओं की लिपि देवनागरी होनी चाहिए और मुझे विश्वास है कि देवनागरी के द्वारा द्राविड़ी भाषाएँ भी आसानी से सीखी जा सकती हैं। मैंने तमिल-तेलगू को और कुछ दिन तक कन्नड़ व मलयालम को भी उनकी अपनी लिपियों द्वारा सीखने का प्रयत्न किया है। मैं आपसे कहता हूँ कि मुझे यह साफ दिखाई पड़ रहा था कि अगर इन चारों भाषाओं की लिपि देवनागरी ही होती, तो मैं इन्हें थोड़े ही समय में सीख सकता था, लेकिन जब मैंने देखा कि मुझे चार-चार लिपियाँ सीखनी होंगी, तो मैं मारे डर के घबरा उठा। मेरी तरह जिसे चारों भाषाएँ सीखने का उत्साह है, उसके लिये यह कितना बड़ा बोझ है? और क्या यह समझाने के लिये भी किसी दलील की जरूरत है कि दक्षिण वालों के लिये अपनी मातृभाषा के सिवा दूसरी तीन भाषाएँ सीखने के लिये देवनागरी लिपि अधिक-से-अधिक सुविधाजनक हो सकती है? राष्ट्रभाषा हिन्दी के प्रश्न के साथ लिपि का प्रश्न मिलाना न चाहिये। मैंने यहाँ उसका उल्लेख केवल यह दिखाने के लिये किया है कि हिन्दुस्तान की सभी भाषाएँ सीखने वाले को लिपि के कारण कितनी कठिनाई होती है।

(हरिजन सेवक, 5-7-36)

राष्ट्रभाषा के पद पर हिन्दी

महात्मा गाँधी ने दक्षिण भारत हिन्दी-प्रचार सभा के पदवीदान-समारम्भ के अवसर पर दीक्षान्त भाषण दिया था। उसका एक अंश इस प्रकार है—

मैंने अपने मन में कहा, गुजराती मेरी मातृभाषा है, पर वह राष्ट्रभाषा नहीं हो सकती। देश की 30वें हिस्से से अधिक जन-संख्या गुजराती भाषा-भाषी नहीं हैं। उसमें मुझे तुलसीदास की रामायण कहाँ मिलेगी? तो क्या मराठी राष्ट्रभाषा हो सकती है? मराठी भाषा से मुझे प्रेम है। मराठी बोलने वाले लोगों में मेरे साथ काम करने वाले कुछ बड़े पक्के और सच्चे साथी हैं। महाराष्ट्रियों की योग्यता, आत्मबलिदान की उनकी शक्ति और उनकी विद्वत्ता का मैं कायल हूँ। तो भी जिस मराठी भाषा का लोकमान्य तिलक ने गजब का उपयोग किया, उसे राष्ट्रभाषा बनाने की कल्पना मेरे मन में नहीं उठी। जिस वक्त मैं इस प्रश्न पर अपने दिल में दलीलें कर रहा था— मैं आपको बता दूँ कि उस वक्त मुझे हिन्दी भाषा-भाषियों की ठीक-ठीक संख्या भी मालूम नहीं थी— उस वक्त भी मुझे खुद-ब-खुद यह लगा था कि राष्ट्रभाषा की जगह एक हिन्दी ही ले सकती है— दूसरी कोई जबान नहीं। क्या मैंने बँगला की प्रशंसा नहीं की? मैंने की है, और चैतन्य, राममोहन राय, रामकृष्ण, विवेकानन्द और रवीन्द्रनाथ ठाकुर की मातृभाषा होने के कारण मैंने उसे सम्मान की दृष्टि से देखा है। फिर भी मुझे लगा कि बँगला को हम अन्तर्प्रान्तीय आदान-प्रदान की भाषा नहीं बना सकते। तो क्या दक्षिण भारत की कोई भाषा बन सकती है? यह बात नहीं कि मैं इन भाषाओं से बिलकुल ही अनभिज्ञ था। पर तमिल या दूसरी कोई दक्षिण भारतीय भाषा राष्ट्रभाषा कैसे हो सकती है? तब हिन्दी जबान, बाद को जिसे हम हिन्दुस्तानी या उर्दू भी कहने लगे हैं, और जो देवनगारी और उर्दू लिपि में लिखी जाती है, वही माध्यम हो सकती है, और हैं।

(हरिजन सेवक, 3-4-37)

हिन्दी साहित्य सम्मेलन, बम्बई की तैयारी समिति

हिन्दी साहित्य सम्मेलन के नवें अधिवेशन की तैयारी के सिलसिले में आयोजित एक बैठक में गाँधी जी का भाषण गुजराती में था, उसका हिन्दी अनुवाद—

आज हम जिस कार्य के लिए एकत्रित हुए हैं, उसकी दृष्टि से मुझे हिन्दी में बोलना चाहिए। लेकिन इस समय मैं जान-बूझकर हिन्दी में नहीं बोल रहा हूँ, क्योंकि मैं इस भाषा की खूबियाँ आपको समझाना चाहता हूँ। ये खूबियाँ मैं आपको गुजराती में समझाऊँगा। मेरा ख्याल है कि गुजराती भाषा में इन्हें बता सकने की मुझमें विशेष शक्ति है। हिन्दुस्तान में इस समय जो सत्याग्रह आन्दोलन चल रहा है, हिन्दी भाषा का आग्रह भी उसमें आ जाता है। सत्य का आग्रह करना, सत्याग्रह की मुख्य बात है। और यदि हम इस पर विचार करने बैठें तो हमें स्वीकार करना पड़ेगा कि इस विचार से राष्ट्रीय भाषा के रूप में हमें हिन्दी में ही बोलना पड़ेगा। ऐसी एक भी अन्य देशी भाषा नहीं है, जो हिन्दी के साथ स्पर्धा कर सके।

हिन्दी भाषा क्या है, हमें इस बात पर थोड़ा विचार करना होगा। मैं यह नहीं मानता कि हिन्दी अर्थात् वह भाषा जिसमें संस्कृत के शब्द आते हैं, कृत्रिम भाषा है। इसी तरह उर्दू भी, जिसमें फारसी के शब्द आते हैं। हम राष्ट्रीय भाषा के रूप में जिस भाषा को बोलना चाहते हैं, वह हिन्दी और उर्दू का मिलाजुला रूप है। बहुत करके यह भाषा इस समय बिहार, दिल्ली तथा पंजाब में बोली जाती है। हिन्दू और मुसलमान दोनों एक नहीं हैं— जब यह भावना लोगों के दिलों में घर करने लगी और जब दोनों के बीच द्वेष-भाव उत्पन्न हुआ, तब इन दोनों भाषाओं में रस्साकशी होने लगी। कुछ-एक लोगों ने, जिसमें संस्कृत के शब्द होते हैं, उस भाषा को ही हिन्दी कहा तथा कुछ ने फारसी और अरबी भाषा से युक्त भाषा को ही उर्दू कहा। लेकिन सामान्य हिन्दू और मुसलमान जो बोलते हैं, वह भाषा तो ऐसी नहीं है। हम चाहे जिस जगह जायें और हिन्दू-मुसलमानों को बोलते हुए सुनें, देखेंगे कि उसमें संस्कृत, फारसी तथा अरबी के शब्द आते हैं, और हिन्दू हो अथवा मुसलमान,

कोई भी इनका त्याग नहीं करते। ऐसी मिश्रित भाषा को स्वीकार करने से हम हिन्दू और मुसलमानों का हृदय स्वच्छ हो जायेगा।

इस तरह की जिस भाषा की मैं चर्चा कर रहा हूँ उसे उत्तर अथवा दक्षिण का प्रत्येक मुसलमान भाई समझ सकता है, हालाँकि उसे अपने प्रान्त की भाषा आती है। (भारत के) मानचित्र पर दृष्टिपात करते समय (आप देखेंगे कि) मद्रास के थोड़े से हिस्से को छोड़कर शेष भागों के हिन्दू भी इस भाषा को समझते हैं। और फिर, उनको भी यदि भागों में विभाजित करने बैठें तो महाराष्ट्र, गुजरात, बंगाल, और सिन्ध के अलावा दूसरे अन्य प्रान्तों में यह भाषा बोली जाती है। गुजरात आदि प्रान्तों में भी मौलवी और हिन्दू धर्मगुरुओं ने दोनों भाषाओं का प्रचार किया है। तुलसीकृत 'रामायण' से कदाचित् ही कोईं अनभिज्ञ होगा। हिन्दी कहिए अथवा उर्दू, दोनों का व्याकरण एक ही है। हिन्दुस्तान में यदि कोई भाषा राष्ट्रभाषा हो सकती है तो वह यही हिन्दी-उर्दू है। इससे किसी को यह अर्थ नहीं लगाना है कि हम अपनी-अपनी प्रान्तीय भाषाएँ भुला दें। राष्ट्रीय उद्देश्य के लिए हमें ऐसी भाषा निश्चित करनी चाहिए कि जिसका अन्तर्प्रान्तीय उपयोग हो सके। इसलिए हिन्दी-उर्दू मिश्रित जिस भाषा की मैंने चर्चा की है, उस भाषा को हमारे शिक्षित वर्ग को तो सीख ही लेना चाहिए। मैं अपनी अल्प-बुद्धि के अनुसार इस बात से अवगत हूँ कि इस देश में बड़े-बड़े विद्वान् यह मानते हैं कि (अन्तर्प्रान्तीय उपयोग के योग्य भाषा तो) अंग्रेजी भाषा ही है। लेकिन वह भाषा कदापि राष्ट्रभाषा नहीं हुई है। क्योंकि उसमें और हिन्दी भाषा में किसी प्रकार की भी समानता नहीं है। राष्ट्रभाषा ऐसी सहल होनी चाहिए कि जिसे कोई भी सीख सके। यदि हम पराधीनता से ग्रस्त न हों तो हम आसानी से समझ सकते हैं कि ऐसी सामान्य भाषा की आवश्यकता है। अंग्रेजी सीखने के पीछे लाखों रुपया खर्च करने के बावजूद गिने-चुने लोग ही इस भाषा को सीख सके हैं और ऐसा होने पर भी उस भाषा पर पूर्ण अधिकार रखने वाले लोग तो इक्के-दुक्के ही होते हैं। इस भाषा को सीखने के लिए जो प्रयत्न करना पड़ता है, उसे देखता हूँ तो ऐसी प्रतीति होती है कि उससे देश का तेज क्षीण होता जा रहा है।

इस प्रश्न के भीतर भारत की उन्नति के बीज निहित हैं। जिस राष्ट्र ने अपनी भाषा का अनादर किया है, उस राष्ट्र के लोग अपनी राष्ट्रीयता खो बैठते हैं। हममें से अधिकांश लोगों की यही हालत हो गई है। पृथ्वी पर हिन्दुस्तान ही एक ऐसा देश है, जहाँ माँ-बाप अपने बच्चों के साथ मातृभाषा में न बोलकर अंग्रेजी में बोलते हैं। मैं अंग्रेजी से द्वेष नहीं करता। मुझे यह भी लगता है कि कुछ कामों के लिए कुछ लोगों को अंग्रेजी सीखनी है। हम लोगों में दुभाषिये का काम करने के लिए (कुछ लोगों को) अंग्रेजी सीखनी चाहिए। और मैं इस बात को स्वीकार करता हूँ कि इसके लिए अंग्रेजी

का पर्याप्त ज्ञान होना चाहिए। लेकिन हमारे अन्य कार्यों के लिए, अदालतों और केन्द्रीय विधानसभा में राष्ट्रभाषा के रूप में हिन्दी होनी चाहिए। इसके अलावा दूसरी भाषा में कामकाज चलाने से राष्ट्र को नुकसान पहुँचता है। जब तक हम इस तत्त्व को ग्रहण नहीं कर लेते, तब तक हमारी सारी मेहनत बेकार जायेगी। इसी से मैंने पिछले वर्ष यह कहा था कि हिन्दी साहित्य सम्मेलन का अधिवेशन बम्बई में किया गया होता तो अच्छा होता। हम देखते हैं कि ऐसा किया गया है। अधिवेशन इस मास की 18, 19 और 20 तारीख को होगा। पंडित मालवीय जी ने अधिवेशन की अध्यक्षता करना स्वीकार किया है। इसलिए आप लोग अधिवेशन की मदद करें। मंत्रियों ने बताया है कि इस अधिवेशन पर 10,000 रुपया खर्च होगा। इसमें आप जितनी सहायता देंगे, वह सम्मेलन को दी गई सहायता मानी जायेगी। वैसे यह कोई ऊँचे दर्जे की सहायता नहीं है। ऊँचे दर्जे की मदद तो वह कही जायेगी कि जो लोग यहाँ उपस्थित हैं, वे जल्दी इस भाषा को सीख लें। रात को एक-एक घंटे किसी शिक्षक के पास बैठकर सीखने से (कुछ ही समय में) यह भाषा सीखी जा सकती है। मैं अब अधिक समय नहीं लेना चाहता।

मुझे उम्मीद है कि आप मेरे विचारों पर मनन करेंगे और उचित जान पड़ने पर उन पर अमल करेंगे। अनेक बार यह देखने में आता है कि हम कोई बात सुनते और पसन्द तो करते हैं, परन्तु उस पर अमल नहीं करते। पसन्द की हुई वस्तु के संबन्ध में तुरन्त कार्रवाई करने का परिणाम अच्छा होता है। ऐसा करने से हम आगे बढ़ेंगे।

(गुजराती 20-4-1919)

विश्वविद्यालयों की शिक्षा का माध्यम

कलकत्ता में एक सभा में 'विश्वविद्यालयों की शिक्षा का माध्यम' विषय पर महात्मा गाँधी ने कहा—

"हाल में हुए साहित्य-सम्मेलनों की कार्यवाही की खोज खबर रखने वाले प्रत्येक व्यक्ति को यह स्पष्ट हो गया होगा कि हमारी राष्ट्रीय जागृति केवल राजनीति तक ही सीमित नहीं है। इन जलसों में जो उत्साह देखने में आया, वह एक शुद्ध परिवर्तन का द्योतक है। वैचारिक रूप से हम अपने राष्ट्रीय जीवन में मातृभाषाओं को उनका उचित स्थान देने लगे हैं। हमारे देश में कई ऐसे प्रतिष्ठित व्यक्ति हैं, जो जल्दबाजी में अंग्रेजी को राष्ट्रभाषा बनाने के पक्ष में अपना मत व्यक्त कर देते हैं। अदालती भाषा के रूप में अंग्रेजी का वर्तमान दर्जा हमारे लिए कोई गौरव की बात नहीं है और न वह एक सच्ची जनतान्त्रिक भावना के विकास में सहायक ही है। करोड़ों आदमी कुछ सौ अधिकारियों की सुविधा के लिए एक विदेशी भाषा सीखें, यह पहले दर्जे की हिमाकत है। देश की केन्द्रीय सरकार को मजबूत करने के लिए एक सर्वसामान्य माध्यम की आवश्यकता प्रमाणित करने के हेतु बहुधा हमारे विगत इतिहास से उदाहरण पेश किया जाता है। एक सामान्य माध्यम की आवश्यकता पर किसी को आपत्ति नहीं। परन्तु वह माध्यम अंग्रेजी हो नहीं सकती। अधिकारियों को देशी भाषाओं को मान्यता देनी पड़ेगी। अंग्रेजी के पक्षपातियों को जो दूसरी बात अपील करती है, वह है साम्राज्य में भारत की स्थिति। सीधे शब्दों में कहा जाये तो उनके तर्क का अर्थ यही निकलता है कि साम्राज्य के अन्य हिस्सों के लाभार्थ— जिनकी जनसंख्या 12 करोड़ से अधिक नहीं— 31 करोड़ भारतीयों को अपनी सामान्य भाषा के रूप में अंग्रेजी को ही स्वीकार करना चाहिए।

इस समस्या पर विचार करने वाले प्रत्येक अध्येता के लिए प्रथम विचारणीय तथ्य तो यह है कि भारत में 150 वर्षों से ब्रिटिश शासन रहने पर भी अंग्रेजी एक सर्वसामान्य माध्यम का स्थान ग्रहण नहीं कर सकी। हाँ, इसमें संदेह नहीं कि एक

तरह की टूटी-फूटी अंग्रेजी हमारे नगरों में माध्यम बनने में सफल हो गई प्रतीत होती है। परन्तु यह तथ्य केवल उन्हीं लोगों को चकित कर सकता है, जो बम्बई और कलकत्ता जैसे बड़े शहरों में हमारी राष्ट्रीय समस्याओं का अध्ययन करने की बात करते हैं। किन्तु उनकी आबादी ही कितनी ? वह भारत की कुल आबादी का केवल 2.2 प्रतिशत है। दूसरा तथ्य जिसे अंग्रेजी के हिमायती अनदेखा करते हैं, यह है कि हमारी देशी भाषाओं में से बहुतेरी एक दूसरे से मिलती-जुलती हैं और इसके कारण हिन्दी एक सामान्य माध्यम के रूप में मद्रास प्रान्त के अलावा सभी प्रान्तों को अनुकूल पड़ती है। हिन्दी के पक्ष में इस लाभ को ध्यान में रखते हुए तथा हमारी वर्तमान राष्ट्रीय चेतना को देखते हुए हम अंग्रेजी को सर्वसामान्य माध्यम के रूप में कैसे स्वीकार कर सकते हैं?

इस समस्या का हल ही देशी भाषाओं के भाग्य का निर्णय करेगा। हमारी शिक्षा प्रणाली में अंग्रेजी को देशी भाषाओं की तुलना में अस्वाभाविक प्रधानता दी जाती है। अंग्रेजी के कट्टर हिमायतियों का कहना है कि यथासम्भव छोटी से छोटी उम्र में ही अंग्रेजी का प्रयोग शिक्षा के माध्यम की तरह होना चाहिए। यह तर्क इस तथ्य पर आधारित है कि विदेश में बच्चे छोटी उम्र में ही उस देश की भाषा बिना कठिनाई के सीख लेते हैं। कलकत्ता विश्वविद्यालय आयोग ने इस तर्क का खण्डन करते हुए कहा है:

" विदेशों में तो बच्चे के चारों ओर लोग उसी देश की भाषा बोलते हैं, पर कक्षा में वह ऐसे लोगों के बीच होता है, जो शिक्षक के अलावा सभी भाषा के नये माध्यम से उतने ही अनभिज्ञ होते हैं जितने कि बच्चे। इस कक्षा में एक व्यक्ति अनेक को पढ़ाता है, न कि अनेक को एक। यहाँ केवल प्रयोगों द्वारा ही कक्षा में शिक्षण देने के तरीके निकालने में सफलता मिल सकती है।"

आयोग ने शिक्षा-प्रणाली में देशी भाषाओं के प्रचलन से होने वाली शैक्षणिक (समय इत्यादि की) बचत के लाभ को मान्यता प्रदान की है। इसके बाद लाजिमी कदम यही होगा कि विश्वविद्यालयों में भी माध्यम के रूप में देशी भाषाओं के व्यवहार की सिफारिश की जाये। सैडलर आयोग ने माध्यमिक स्कूलों और कालेज के विभागों में शिक्षा के माध्यम के रूप में देशी भाषाओं के प्रयोग के लिए मैट्रिक को ही सीमा माना है। भविष्य के लिए एक द्वैभाषिक शिक्षा प्रणाली की बात उसने अपनी राय के रूप में रखी है। परन्तु उसने यह भी कहा है—

" भविष्य के बारे में अभी से कोई राय नहीं देना चाहते। यह भविष्यवाणी करना हमारा काम नहीं कि आगे चलकर कभी भविष्य में बंगला के ही अधिकतम प्रयोग की स्वाभाविक अभिलाषा अन्ततः इतनी बलवती हो जाये कि जिसके परिणामस्वरूप हम एक ऐसी सर्वसामान्य भाषा के माध्यम को छोड़ने के लिए तैयार हो जायें— जो केवल

भारत के शिक्षित वर्ग की ही नहीं, बल्कि अन्य किसी भाषा की अपेक्षा जनसमूह द्वारा अधिक व्यवहृत हो और जिसके जरिये हम विश्व के साहित्य और वैज्ञानिक प्रगति के क्षेत्र में सहज ही प्रवेश पा सकें।"

यद्यपि आयोग के सामने प्रस्तुत साक्ष्य को देखते हुए आयुक्तों को विश्वविद्यालयों में भी देशी भाषाओं के प्रयोग के पक्ष में भावी नीति निर्धारित करने के लिए तो राजी नहीं किया जा सका, लेकिन यह भी इतना ही सही है कि साक्ष्य में उनको ऐसा कुछ नहीं मिला, जो अंग्रेजी के हिमायतियों या द्विभाषा-समर्थकों की दलीलों का समर्थन करता हो। इस प्रकार यद्यपि आयुक्तों के प्रश्नों के उत्तर भविष्य का निर्णय आप नहीं करते, फिर भी वे यह तो प्रकट करते हैं कि विश्वविद्यालयों के कुछ कामों में तुरन्त और सभी कामों में अन्ततोगत्वा बँगला का प्रयोग शुरू करने के पक्ष में एक प्रबल आन्दोलन मौजूद है, एक ऐसा आन्दोलन जिसका कोई आभास 1915 की शाही विधान परिषद् की बहस में नहीं मिलता।

आयुक्तों ने उत्तरों की जो व्याख्या की, यदि उसका अध्ययन करें तो उनके कथन को अधिक सही रूप में पूरी तरह समझ सकेंगे। गवाहों से प्रश्न किया गया था, क्या आपका विचार है कि मैट्रिक से ऊपर विश्वविद्यालयों के पाठ्यक्रम में हर स्तर पर प्रशिक्षण और परीक्षा का माध्यम अंग्रेजी को बनाना चाहिए? प्राप्त उत्तरों का वर्गीकरण इस प्रकार है—

1. 129 का जवाब निश्चय ही स्वीकारात्मक है।
2. 29 का जवाब स्वीकारात्मक तो है, पर कुछ किन्तु-परन्तु के साथ।
3. 68 ने एक ही शिक्षा संस्था में एक साथ या दो समान संस्थाओं में अंग्रेजी और देशी भाषा के संयुक्त प्रयोग के पक्ष में मत दिया।
4. 33 उत्तरों में देशी भाषाओं को क्रमशः अंग्रेजी के स्थान में रखने का उद्देश्य रखने की बात सुझाई गई।
5. 37 उत्तर विरोध में हैं, और
6. 9 उत्तर किसी वर्ग में नहीं रखे जा सकते।

इस प्रकार 155 जवाब अंग्रेजी माध्यम के पक्ष में हैं और लगभग 138 देर-सबेर देशी भाषा और शिक्षा का माध्यम बनाने के विरुद्ध नहीं हैं। निश्चय ही यह अनुपात देशी भाषाओं के हिमायतियों का उत्साह बढ़ानेवाला है। इसके अलावा अंग्रेजी माध्यम की हिमायत करनेवाले लोगों का काफी बड़ा भाग ऐसा है, जो विदेशी माध्यम की सलाह सिर्फ इसलिए देता है कि विभिन्न विषयों पर सही किस्म की यथेष्ट पाठ्यपुस्तकों की व्यवस्था नहीं है। ये शिक्षा-शास्त्री भी सिद्धान्तः देशी भाषाओं के माध्यम के विरोधी नहीं हैं। वे नहीं चाहते कि हम तैरना सीखे बिना ही

पानी में उतर पड़ें। बाकी गवाही का साक्ष्य इसी तरह का अधिक निश्चयात्मक है, जो अंग्रेजी माध्यम का समर्थन करता है। शेष साक्ष्य देशी भाषाओं को शिक्षा के माध्यम के रूप में अनुपयुक्त करार देता है। ये गवाह हमारी देशी भाषाओं के इतिहास से अनभिज्ञ प्रतीत होते हैं। एक समय था, जब समस्त हिन्दू-दर्शन का एकमात्र माध्यम संस्कृत थी। परन्तु कुछ उत्साही विद्वानों ने अपनी देशी भाषाओं का भण्डार दर्शन-साहित्य के सुन्दर ग्रंथों से समृद्ध किया और वे हिन्दू-दर्शन को आम जनता के निकट ले आये। क्या हम संगठन संबन्धी आधुनिक कल्पनाओं का सहारा लेकर या उनके बिना ही देशी भाषाओं में विज्ञान के क्षेत्र में भी वही काम नहीं कर सकते जो किसी समय दर्शन भाषाओं के पक्षपाती जापान का उदाहरण पेशकर सकते हैं। सेंट पाल्स केथिड्रल कालेज, कलकत्ता के प्रिंसिपल रेवरेंड डब्ल्यू.ई.एस. हालेंड अपनी गवाही में लिखते हैं कि —

जापान ने अपनी भाषा के प्रयोग से एक ऐसी शिक्षा-प्रणाली खड़ी कर दी है, जिसका पाश्चात्य जगत् सम्मान करता है।

'माडर्न रिव्यू' के सम्पादक बाबू रामानन्द चटर्जी की गवाही और भी अधिक विश्वासोत्पादक है। वे कहते हैं:

" विश्वविद्यालय की शिक्षा के सभी स्तरों पर देशी भाषाओं का प्रयोग अपरिहार्य है। इसके विरुद्ध जितनी भी आपत्तियाँ हैं, उनका महत्त्व अस्थायी ही है, क्योंकि अत्यन्त विकसित आधुनिक भाषाएँ और साहित्य अपने प्रारम्भिक चरण में बंगला से किसी भी तरह बेहतर नहीं थे। सतत प्रयोग से ही वे विकसित हुई हैं। हम भी सतत प्रयोग से ही अपनी भाषा का विकास कर सकेंगे।"

इस प्रकार हम पाते हैं कि यद्यपि आज डॉ. सैडलर के आयोग के भी समक्ष प्रस्तुत साक्ष्य विश्वविद्यालय की रक्षा के लिए देशी भाषा का माध्यम अपनाने के पक्ष में नहीं हैं, फिर भी वह भविष्य में देशी भाषा को माध्यम बनाने के हित में बड़ी आशा बँधाता है। एक समय था, जब देशी भाषा के पक्षपातियों के उद्देश्य को संदेह की दृष्टि से देखा जाता था। अब उसे संदेह की दृष्टि से नहीं देखा जाता। इतना ही नहीं, संदेह का स्थान विश्वास ने ले लिया है। हाल में दो महत्त्वपूर्ण संस्थाएँ इस उद्देश्य की पूर्ति के लिए सक्रिय हो गयी हैं। पूना का महिला विश्वविद्यालय और हैदराबाद का उस्मानिया विश्वविद्यालय, दोनों ही माध्यम के रूप में केवल देशी भाषाओं का व्यवहार कर रहे हैं। उनकी प्रगति पर बहुत लोगों की आँखें जमी हुई हैं और जैसा कि जस्टिस सर अब्दुला रहीम ठीक ही कहते हैं कि इन संस्थाओं की सफलता देशी भाषाओं की समस्या का हल आसान बना देंगी। हिन्दू विश्वविद्याल के पिछले दीक्षान्त समारोह के दौरान माननीय पंडित मदनमोहन मालवीय ने देशी भाषाओं के सभी प्रमुख विद्वानों को एक सम्मेलन के

लिए आमंत्रित किया था। आशा है कि ऐसे सुनियोजित प्रयत्नों से देशी भाषाएँ शीघ्र ही शिक्षा के माध्यम के रूप में मान्यता पा लेंगी।

'देशी भाषाओं के हित को प्रान्तों के वर्तमान विभाजन ने भी किसी अन्य चीज से कम नुकसान नहीं पहुँचाया है। भाषा के आधार पर प्रान्तों का पुनर्विभाजन करने के बाद विश्वविद्यालयों की व्यवस्था एक नये सिरे से करनी होगी।

ऊपर हमने देशी भाषाओं के हित के लिए तीन परस्पर मिले-जुले कार्यक्षेत्र बतलाये हैं। जाहिर है कि जब तक हम इस हित को आगे नहीं बढ़ायेंगे, तब तक हम अपने देश के विभिन्न स्त्री-पुरुषों, विभिन्न वर्गों और जनता के बीच निरन्तर चौड़ी होती हुई बौद्धिक और सांस्कृतिक खाई को पाट नहीं सकेंगे। यह भी निश्चित है कि केवल देशी भाषा के माध्यम से ही अधिकांश लोगों में वैचारिक मौलिकता पैदा की जा सकती है।

(यंग इंडिया, 21-4-1921)

हिन्दी नवजीवन

बहुत से हिन्दी-भाषी मित्र इस बात के लिए उत्सुक थे कि मैं 'नवजीवन' के हिन्दी संस्करण के प्रकाशन का दायित्व अपने ऊपर ले लूँ। मैं स्वयं भी उसके लिए उत्सुक था। किन्तु यह अब तक सम्भव नहीं हो सका। 'नवजीवन' और यंग इंडिया' के सम्पादन का काम सँभालना काफी कठिन होता है। किन्तु इसमें कोई संदेह नहीं कि मैं अपने विचारों और सिद्धान्तों को पसन्द करता हूँ। मेरी पक्की राय है कि वे भारत के लिए हितकर हैं। और यदि मुझे पूर्ण विनम्रता से इतना कहने की अनुमति हो तो वे सभी के लिए हितकर हैं, इस कारण मैं मित्रों और कार्यकर्त्ताओं के हिन्दी संस्करण निकालने के दबाव के आगे झुक रहा हूँ। मैं जानता हूँ कि भारत के विभिन्न भागों में मेरे लेखों के अनेक हिन्दी अनुवाद छपते हैं। सभी चाहते थे कि 'नवजीवन' और 'यंग इंडिया' के चुने हुए लेखों का एक अधिकृत स्वतंत्र अनुवाद एक जगह छपे। यह कार्य अब किया जा रहा है। इस संस्करण की हिन्दी वस्तुतः हिन्दुस्तानी होगी, जो ऐसे हिन्दी और उर्दू सरल शब्दों से बनी मिली-जुली भाषा होगी, जिन्हें हिन्दू और मुसलमान दोनों समझते हैं। प्रयत्न यह किया जायेगा कि इसमें कोई सजावट न की जाये। असल बात तो यह है कि मैं चाहता था कि इसका उर्दू रूप भी साथ ही निकले। किन्तु अभी यह नहीं निकाला जा सकता। मैं पाठकों से यह भेद भी छिपाना नहीं चाहता कि 'हिन्दी नवजीवन' के प्रकाशन में जो यह जल्दी की गई है, उसके पीछे मेरा अपने मारवाड़ी भाइयों और खासतौर से जमनालाल जी के प्रति आदरभाव है। जमनालाल जी ने प्रकाशन के रूप में और श्री शंकरलाल बैंकर ने मुद्रक के रूप में अपने नाम की सूचना अदालत में दे दी है। गुजराती और अंग्रेजी संस्करणों की तरह 'हिन्दी नवजीवन' में भी विज्ञापन नहीं रहेंगे। इसे उन दोनों की तरह स्वावलम्बी भी बनाना होगा, इसलिए इसे जो सहायता मिलेगी, इसका अस्तित्व उसी पर कायम रहेगा। हिन्दी संस्करण का चन्दा 4 रुपये वार्षिक होगा और 6 मास का 2 रुपये होगा। जो लोग ग्राहक बनना चाहते हैं, उनको मेरी सलाह है कि वे अभी आधे साल का चन्दा भेजें।

'हिन्दी नवजीवन' का प्रकाशन अभी परीक्षण के रूप में किया जा रहा है। मेरे पास कार्यकर्त्ता सीमित हैं। यदि मुझे स्वामी आनन्दानन्द की अथक शक्ति और सूझबूझ का सहारा न मिलता तो मैं इस जिम्मेदारी को उठाने से इनकार कर देता। हमने यह देख लिया है कि सबसे अच्छा काम वे लोग ही करते हैं, जो स्वेच्छा से काम करते हैं। और इस प्रकार का शारीरिक या मानसिक श्रम करने वाले लोगों को ढूँढ़ना आसान नहीं है। इसलिए मैं उन हिन्दी-प्रेमियों का, जिन्होंने असहयोग को जीवन का सिद्धान्त बना लिया है, आह्वान करता हूँ कि वे 'नवजीवन' को परीक्षण के रूप में छः मास तक अपना संरक्षण दें। यह कहने की जरूरत नहीं कि ये पत्र मुनाफा कमाने के लिए नहीं निकाले गये हैं। इसलिए यदि कोई बचत होगी तो वह तीनों संस्करणों के विकास में लगाई जायेगी। पाठकों की दिलचस्पी यह जानने में भी होगी और उन्हें इससे प्रसन्नता होगी कि मोलाना मुहम्मद अली ने अपनी 'कामरेड' की मशीनें, टाइप और अन्य सामग्री बिना कुछ लिये हमें दे दी हैं। इस प्रकार अशुभ शक्तियों से असहयोग की लड़ाई शुभ शक्तियों के निकटतम सहयोग पर निर्भर है। मैं सरकार की शक्तियों की अशुभ शक्तियों को अशुभ शक्तियाँ और असहयोग की शक्तियों को असहयोगियों की समस्त त्रुटियों और सीमाओं के बावजूद शुभ मानता हूँ।

(18-8-21)

राष्ट्रीय शिक्षा

अब रही शिक्षा के माध्यम की बात। इस विषय पर मेरे विचार इतने विदित हैं कि यहाँ उनके दुहराने की जरूरत नहीं। इस विदेशी भाषा के माध्यम ने लड़कों के दिमाग को शिथिल कर दिया है और उनकी दिमागी शक्तियों पर अनावश्यक बोझ डाला है। उन्हें रट्टू और नकलची बना दिया है। मौलिक विचारों और कार्यों के लिए अयोग्य कर दिया है और अपनी शिक्षा का सार अपने परिवार वालों तथा जनता तक पहुँचाने में असमर्थ बना दिया है। इस विदेशी माध्यम ने हमारे बच्चों को अपने ही घर में पूरा-पक्का परदेशी बना दिया है। वर्तमान शिक्षा-प्रणाली का यह सबसे बड़ा दुःखान्त दृश्य है। अंग्रेजी भाषा के माध्यम ने हमारी देशी भाषाओं के विकास को रोक दिया है। यदि मेरे हाथ में मनमानी करने की सत्ता होती तो मैं आज से ही विदेशी भाषा के द्वारा अपने देश के लड़के-लड़कियों की पढ़ाई बन्द करवा देता। और सारे शिक्षकों और अध्यापकों से यह माध्यम तुरन्त बदलवाता या उन्हें बरखास्त करा देता। मैं पाठ्य-पुस्तकों की तैयारी का इंतजार न करता। वे तो परितर्वन के पीछे-पीछे चली आयेंगी। यह खराबी तो ऐसी है, जिसके लिए तात्कालिक इलाज की जरूरत है।

(1-9-1921)

मारवाड़ी भाइयों और बहिनों से

आपके प्रेमवश होकर मैंने 'हिन्दी नवजीवन' निकालने का साहस किया है। जब से मैं भारतवर्ष में आया हूँ, तब से मेरा आपका संबन्ध निकट आता जा रहा है। आपने मेरी प्रवृत्ति को प्रेम भाव से देखा है और मुझे सहायता दी है। आपने हिन्दी-प्रचार में खूब मदद की है। आपकी ही सहायता से आज द्राविड़ प्रान्तों में हिन्दी का प्रचार अच्छी तरह हो रहा है। आप भाई और बहनें सहयोगी हैं। आप राष्ट्रीय जीवन में रस लेते हैं। आपने देख लिया है कि धनी पुरुष और स्त्रियाँ राष्ट्रीय जीवन के पराङ्मुख नहीं रह सकते।

आप धर्मप्रेमी हैं। धर्म के लिए आप लाखों रुपया देते हैं। आपमें साहस भी है। द्रव्योपार्जन आपका प्रधान क्षेत्र है। (तथापि) धनिकवर्ग के अलग रहते हुए इस धर्म में, जो आज भारत वर्ष में पिछड़ रहा है, सफलता मिलना मुझे बहुत ही कठिन दिखाई देता है।

अखिल भारत की राष्ट्रीय समिति ने स्वराज्य प्राप्ति के लिए अब जो कदम उठाया है, उसमें आप लोगों की ओर से सहायता मिलने पर ही सम्पूर्ण सफलता मिल सकती है। उक्त समिति ने निश्चिय कर लिया है कि आगामी 30 सितम्बर तक विदेशी कपड़ों का पूरा बहिष्कार कर दिया जाये। मैंने आपके ही विश्वास पर सितम्बर मास की अवधि रखने की सलाह दी। अतएव इस विदेशी आन्दोलन को प्रबल बनाने के समय 'हिन्दी नवजीवन' का प्रकाशित होना उचित ही है।

('हिन्दी नवजीवन' 19-8-1921)

कलकत्ता की सार्वजनिक सभा में

मैं हिन्दुस्तानी में काफी बोल चुका हूँ और मुझे आशा है कि काफी श्रोताओं ने मेरी टूटी-फूटी हिन्दुस्तानी समझ भी ली है। मुझे इस बात से हार्दिक वेदना होती है कि जब कभी मैं दक्षिण में या बंगाल में आता हूँ तो मुझे शिक्षित भाइयों को अपनी बात समझाने के लिए अंग्रेजी में बोलने पर मजबूर होना पड़ता है। मैं चाहता हूँ कि दक्षिण और बंगाल के लोग आलस्य छोड़ दें और अपनी मातृभाषा के ज्ञान के साथ-साथ हिन्दी या हिन्दुस्तानी का भी अच्छा ज्ञान प्राप्त करने का संकल्प कर डालें। हिन्दी, केवल हिन्दी ही भारत में अन्तर्प्रान्तीय विनिमय की भाषा बन सकती है। अंग्रेजी को, जैसा कि उसे होना चाहिए, अन्तर्राष्ट्रीय राजनयिक भाषा, और संसार के विभिन्न राष्ट्रों की पारस्परिक विचार-विनिमय की भाषा रहने दिया जाये। किन्तु जो विशेष काम हिन्दी या हिन्दुस्तानी से सध सकता है, वह अंग्रेजी से कभी सम्भव नहीं है। आपको यह जानना चाहिए कि भारत के करीब 20 करोड़ लोग मेरी टूटी-फूटी हिन्दुस्तानी समझ लेते हैं। लोगों को ऐसा कहने का अवसर मत दीजिए कि भारत के 10 करोड़ लोग भारत के 20 करोड़ लोगों पर अपनी भाषा या अंग्रेजी भाषा लादना चाहते हैं।

ढाका की सार्वजनिक सभा में

मुझे बंगाल आने पर बंगला भाषा की सुन्दर ध्वनि सुनने को मिलती रही है। इसलिए चाहे कितना ही शानदार क्यों न हो, अंग्रेजी के धाराप्रवाह भाषण से मेरी रक्षा करें। यदि आप हिन्दुस्तानी में अपनी बात न कह सकें तो शुद्ध बंगला में ही कहें। शायद बंगाल सारे भारत को एक यही संदेश देना चाहता है। मेरा ख्याल है कि अब बहुत आवश्यक हो गया है कि हम अपनी कार्यवाहियाँ, विशेषकर ऐसी कार्यवाहियाँ, प्रान्तीय भाषाओं या हिन्दुस्तानी में ही चलायें। एक समय ऐसा आयेगा, जब हम सब अंग्रेजी भाषा का प्रयोग करने से शर्म मानेंगे। मेरा ख्याल है कि यह बात मैं पहले भी कह चुका हूँ।

(17 मई, 1925)

हिन्दी प्रचार कार्यालय, मद्रास में

यह जगह ऐसी है जहाँ माना जाता है कि लोग हिन्दी समझ लेंगे। फिर भी मुझे यहाँ आपके सम्मुख अंग्रेजी में बोलना अजीब लगता है। चूँकि उपस्थित लोगों में से अधिकांश आज हिन्दी नहीं जानते, अतः मैं अपना भाषण अंग्रेजी में ही दूँगा। मेरी राय में भारत में सच्ची राष्ट्रीयता के विकास के लिए हिन्दी का प्रचार एक जरूरी बात है, विशेष रूप से इसलिए कि हमें उस राष्ट्रीयता को आम जनता के अनुरूप साँचे में ढालना है। आज से पाँच वर्ष से कुछ पहले इसकी कल्पना इन्दौर में हिन्दी साहित्य सम्मेलन के अधिवेशन में की गई थी, जिसकी अध्यक्षता मैंने की थी। उस समय ऐसा सोचा गया था कि प्रचार का सारा काम मद्रास अहाते से बाहर के क्षेत्रों में इकट्ठे किये हुए धन से चलाया जाये, क्योंकि उस दिन के अधिकांश वक्ता मारवाड़ी सज्जन थे और उन्हें हिन्दी से प्रेम है। इस बात को पाँच साल हो चुके हैं और इस प्रकार कार्य को आत्म निर्भर बनाने की दिशा में कुछ काम भी किया गया है। इसलिये मैं इस अवसर पर फिर कहना चाहता हूँ कि इस अहाते को इस काम का बोझ उत्तर भारत के कंधों से हटाकर अब खुद अपने कंधों पर लेना चाहिए। ऐसा करना उसका कर्तव्य ही है। बहुत थोड़े से नौजवान हैं, जो हिन्दी सीखते और उसका अध्ययन करते हैं। जब इस योजना को रूप दिया गया था, तब मैंने सोचा था कि इन निःशुल्क हिन्दी कक्षाओं में नौजवान कांग्रेस के नाम पर बड़ी संख्या में यथासम्भव जायेंगे। लेकिन मुझे और इन कक्षाओं को चलाने वाले लोगों को यह देखकर बड़ी निराशा हुई है कि इनमें बहुत ही कम नौजवान आये हैं। लेकिन हमें हताश नहीं होना चाहिए। जब तक हिन्दी सीखने का इच्छुक एक भी तमिलभाषी रहेगा, तब तक यह संस्था बनी रहेगी, जिन लोगों ने अपने ऊपर यह भार लिया है, उन्हें अपने-आप पर पूरा भरोसा है। साथ ही तमिल लोगों को उनके प्रान्त में आकर हिन्दी सिखाने का काम जिन हिन्दी-प्रेमियों ने उठाया है, वे उनसे कहे बिना न रहेंगे कि तमिल लोगों ने पर्याप्त उत्साह नहीं दिखाया है।

(24 मार्च, 1925)

देवनागरी का प्रयोग

मैं ज्यों-ज्यों ज्यादा घूमता हूँ, त्यों-त्यों देखता हूँ कि अगर हिन्दुस्तान की सारी भाषाएँ देवनागरी लिपि में लिखी जाया करें तो इससे हमारी राष्ट्रीयता को बहुत बड़ी ताकत मिले। असमिया, बंगला, पंजाबी, सिंधी इत्यादि भाषाएँ यदि देवनागरी में लिखी जायँ, तो उनके समझने में बहुत ही थोड़ी दिक्कत हो। इसमें कोई शक नहीं। ऐसा होने से इन सब भाषाओं के पढ़ने वालों का बहुत-सा समय बच जाये और भाषा बड़ी आसान मालूम होने लगे।

(4-9-1921)

श्रीरंगम् की सार्वजनिक सभा में

श्रीरंगम् की सार्वजनिक सभा में महात्मा गाँधी को जनता की ओर से मानपत्र समर्पित किया गया। मानपत्र का उत्तर देते हुए गाँधी जी ने कहा—

इस सुन्दर मानपत्र के लिए मैं आपको हृदय से धन्यवाद देता हूँ। मैंने इसे सुन्दर इसलिए कहा कि यह पत्रों पर छपा हुआ है। लेकिन मैं आपको यह बता दूँ कि एक कारण से इसकी सुन्दरता में कमी आ गई है। वह यह है कि आपने मानपत्र अपनी मातृभाषा या राष्ट्रभाषा हिन्दुस्तानी के बजाय एक ऐसी भाषा में लिखा या छापा है, जिसका हमारे राष्ट्रीय सम्पर्क की भाषा के रूप में कोई महत्त्व नहीं है। अंग्रेजी कूटनीति और अन्तर्राष्ट्रीय व्यापार की भाषा है। मैं जानता हूँ कि अगर मैं आपसे अंग्रेजी का प्रयोग एक महानतम विश्वभाषा के रूप में ही करने का अनुरोध करूँ तो आप मुझे गलत न समझेंगे। मैं समझता हूँ, अंग्रेजी साहित्य में ऐसा बहुत कुछ है, जिसका अध्ययन करके हम लाभ उठा सकते हैं। लेकिन जैसे गलत स्थान में रखी गई चीजों को कचरा कहते हैं, वैसे ही जहाँ अंग्रेजी के लिए कोई स्थान नहीं हो सकता, जैसा कि यहाँ हुआ, जहाँ उसका प्रयोग गर्हित है। जब जब मुझे अपने देशभाइयों को अपने विचारों से अवगत कराने के लिए अंग्रेजी का प्रयोग करना पड़ता है, जब जब मुझे हमारी आपसी बातचीत में अंग्रेजी सुनने को मिलती है, तब तब इस उत्तरोत्तर बढ़ते हुए अपमान का दंश मुझे और अधिक चुभने लगता है। इसलिए जैसा कि आप जानते हैं, आपके प्रान्त में हिन्दी के प्रचार के लिए मारवाड़ी भाइयों से मैंने 50,000 रुपया चन्दा इकट्ठा किया है। अतः मुझे पूरी आशा है कि अंग्रेजी भाषा में महारत हासिल करने की बेकार कोशिश के बजाय हम ईमानदारी के साथ अपनी-अपनी मातृभाषा और राष्ट्रभाषा में कुशलता हासिल करने की कोशिश करेंगे।

हिन्दुस्तानी

अखिल भारतीय कांग्रेस महासमिति में हिन्दुस्तानी— अर्थात् सर्व-साधारण भाषा— बड़ी तेजी से विचार-प्रकाशन का माध्यम होती जा रही है। समिति के बहुत से सदस्य अंग्रेजी का एक भी शब्द नहीं समझते और मद्रास प्रान्त के सदस्य हिन्दुस्तानी नहीं समझते। बंगाल के सदस्य कठिनाई से हिन्दुस्तानी समझते हैं। वे हिन्दी-भाषा में बोलने की आवश्यकता को मानते हैं और जब समिति की कार्यवाही हिन्दुस्तानी में चल रही थी, तब उन्होंने उस पर नाक-भों नहीं चढ़ाई। किन्तु द्रविड़ भाइयों के लिए तो वह एक प्रकार का सचमुच त्याग ही था। गत अधिवेशन में मद्रास का सिर्फ एक ही सदस्य था और मलावार से भी अधिक लोग नहीं आ सके थे। किन्तु जब सब द्रविड़ सदस्य उपस्थित होंगे, तब तो सचमुच बड़ी मुश्किल होगी। परन्तु फिर भी उसे दूर करने का इसके सिवा दूसरा कोई मार्ग ही दिखाई नहीं देता कि द्रविड़ भाई जितनी जल्दी हो सके, काफी हिन्दुस्तानी सीख लें। जो लोग अंग्रेजी नहीं जानते, उनसे तो यह अपेक्षा की नहीं जा सकती कि वे अंग्रेजी पढ़ लेंगे और अब तो लोक-संस्थाओं की नीति अधिकाधिक यही होनी चाहिए कि उनमें ऐसे ही सदस्य रहें, जो अंग्रेजी न जानते हों। इसलिए, हिन्दुस्तानी के भावनात्मक अथवा राष्ट्रीय महत्त्व की बात छोड़ दें तो भी यह दिन-प्रतिदिन अधिकाधिक आवश्यक मालूम होता जा रहा है कि तमाम राष्ट्रीय कार्यकर्त्ताओं को हिन्दुस्तानी सीख लेनी चाहिए और राष्ट्र की तमाम कार्यवाही हिन्दी में ही की जानी चाहिए। किन्तु, यद्यपि गत अधिवेशन में यह बात तय हुई थी, तथापि द्रविड़ और बंगाली सदस्य यह बात सुनना ही नहीं चाहते थे कि उसके अनुसार समिति कोई बड़ा नियम बना दे। हाँ, वे इतना तो खुशी से सहन कर लेते हैं कि जिसका जी चाहे, वह हिन्दुस्तानी में बोले, परन्तु वे यह पसन्द नहीं करते कि समिति ऐसा प्रस्ताव स्वीकार करके लोगों को उसके लिए मजबूर करे। आखिर यह बात कार्यकारिणी समिति पर छोड़ दी गई। किन्तु इस दुविधा के होते हुए ऐसे कोई सुझाव देना कार्यकारिणी समिति के लिए बहुत कठिन है, जिसे सदस्य एकमत से मंजूर कर लें।

(10-11-1921)

प्राथमिक शिक्षा और अंग्रेजी

मैं प्राथमिक शिक्षा की किसी भी योजना में अंग्रेजी का ज्ञान शामिल करने के औचित्य पर आपत्ति करता हूँ। मेरी राय में इस देश के हजारों लड़के-लड़कियों को अंग्रेजी जानने की कतई जरूरत नहीं है। उन्हें भाषाओं के बजाय विचारों की ज्यादा जरूरत है। अंग्रेजी के प्रति हममें अंधा मोह पैदा हो गया है।

('यंग इंडिया' 24-11-1920)

राष्ट्रभाषा

भाषा पर विचार करते समय मुझे हिन्दुस्तानी का अपना अनुभव याद आता है। मेरी हिन्दुस्तानी में व्याकरण संबन्धी दोष बहुत होता है। तथापि लोग मेरी हिन्दुस्तानी प्रेमपूर्वक सुनते हैं। अनेक स्थानों पर मैंने विद्यार्थियों से कहा है कि मैं अंग्रेजी में बोलने के लिए तैयार हूँ, तब भी वे लोग मेरा हिन्दुस्तानी में ही बोलना पसन्द करते हैं। ऐसे प्रसंग विशेष रूप से तीन-जगह— इलाहाबाद, पटना और नागपुर में आये हैं। मेरे वैकल्पिक प्रस्ताव पर भी विद्यार्थियों ने हिन्दुस्तानी में ही बोलने की माँग की। सब लोगों की धारणा थी कि ढाका में अंग्रेजी बोले बिना मेरा निस्तार नहीं होगा, लेकिन वहाँ भी लोगों ने हिन्दुस्तानी में ही बोलने की माँग की और मेरे हिन्दुस्तानी भाषण को ध्यानपूर्वक सुना। मैं देखता हूँ कि मेरे जैसे सार्वजनिक कार्य करने वाले लोगों के लिए जो हिन्दी अच्छी तरह बोल लेते हैं, सारे हिन्दुस्तान में कार्य करने का मार्ग सरल हो जाता है। सिर्फ बंगाल और मद्रास प्रदेश में ही थोड़ी मुश्किल होती है। जैसे-जैसे सामान्य वर्ग में जागृति होती जायेगी, वैसे-वैसे सार्वजनिक वक्ताओं का अपने-अपने प्रान्तों से बाहर हिन्दुस्तानी बोले बिना काम नहीं चलेगा, यह बात अनुभव से सिद्ध होती जाती है। गुजरात के उन वक्ताओं के लिए, जो सारे हिन्दुस्तान में काम करना चाहते हों, हिन्दुस्तानी सीखना नितान्त आवश्यक है। (26-12-1920)

कलकत्ता में राष्ट्रीय महाविद्यालय के उद्घाटन के अवसर पर

मैं आपको विश्वास दिलाता हूँ कि जब आप हिन्दुस्तानी पढ़ना आरम्भ करेंगे, तब आपमें से कुछ को वह बहुत सरल और सुगम मालूम होगी। आपमें से कुछ को उसके शब्द बिल्कुल स्वाभाविक लगेंगे, क्योंकि बंगला, हिन्दी और भारत की अधिकांश भाषाओं की शब्दावली एक है। केवल द्रविड़ देश की भाषाएँ अपवाद हैं। आप यह भी देखेंगे कि इससे आपको मानसिक खूराक मिलेगी और इससे पढ़े-लिखे बंगालियों की बौद्धिक आवश्यकताएँ पूरी होंगी। यदि आप साहित्य पढ़ना चाहेंगे तो मैं आपको विश्वास दिलाता हूँ कि हिन्दी और उर्दू दोनों में से जिस लिपि को आप सीखेंगे और पहले-पहले जिन किताबों को आप

पढेंगे, उन्हीं में आपको ज्ञान का छिपा हुआ भंडार मिलेगा। आप हिन्दी भाषा की साहित्यिक दरिद्रता की बात कहते हैं— आप वर्तमान हिन्दी की गरीबी की बात कहते हैं, किन्तु यदि आप तुलसीदास की 'रामायण' को गहराई से पढ़ें तो शायद आप मेरी इस राय से सहमत होंगे कि संसार की आधुनिक भाषाओं के साहित्य में उसके मुकाबिले में कोई दूसरी किताब नहीं ठहरती। उस एक ही ग्रन्थ ने मुझे जितनी श्रद्धा और आशा दी है, उतनी किसी दूसरी किताब से मुझे नहीं मिली। मेरा ख्याल है वह हर तरह की आलोचना और छानबीन के बाद साहित्यिक सौन्दर्य, अलंकार और धार्मिक प्रेरणा— सभी दृष्टियों से खरी उतरेगी।

स्वामी सत्यदेव को पत्र

आपका पत्र मिला। आप सच कहते हो, देवदास के साथ भेजा हुआ पैगाम से आप संतुष्ट नहीं हो सकते। पत्र नहीं लिखने का सबब सिर्फ मेरा आलस्य ही है। मुझे क्षमा कीजियेगा। देविदास को मैंने कहा था कि आप संतुष्ट न होंगे, तो मैं अवश्य लिखित उत्तर भेज देऊँगा। हिन्दी शिक्षा के लिए मद्रास प्रान्त में आप सब योग्य प्रबन्ध कर सकते हो। सारा इलाका में घूम सकते हो। जगह-जगह हिन्दी पाठशाला निश्चित कर सकते हो पाठशालाओं के लिये चुने हुए शिक्षकों को आप ही निर्मित कर सकते हो। आप पढ़ाने का कार्य न करें, परन्तु सब पाठशालाओं का निरीक्षण योग्य समय पर करते रहें। जब सारे इलाके में आपको संतोष मिले, ऐसी पाठशालाएँ खुल जायें और आपके सिवाय ये पाठशालाएँ चल सकें, ऐसा आप निश्चितता से कह सकें, उस बखत आप मद्रास इलाका छोड़ सकते हो। इस प्रवृत्ति में आप दस हजार रुपया तक खर्च कर सकते हो। आपको पैसा भेजने की जवाबदारी मेरे सिर पर है। आपका प्रयाग जी की साहित्य कमेटी से कुच्छ भी संबन्ध नहीं रहेगा। परन्तु मैं सब पैसा प्रयाग जी से मांगना चाहता हूँ। उसमें कुछ आपत्ति आ जायेगी तो मैं दूसरा प्रबंध कर लूँगा। अब मुझे पता लगता है, आपका सब प्रश्नों का उत्तर मैंने दे दिया। यदि कुछ त्रुटि हो तो आप कहेंगे। सुरेन्द्र के लिये मैंने कल देविदास को लंबा पत्र लिखा है। इस समय सुरेन्द्र मानसिक व्याधि से ग्रस्त है। उसको अंग्रेजी पाठशाला का प्रबंध पर मोह उत्पन्न हुआ है। इस मोह में उसको छोड़ना आवश्यक मालुम पड़ता है। आप उसको शांति दे सकेंगे। यदि आप उसका विचार पंसद करते होंगे तो आप मुझे समझाइयेगा।

(हस्तलिखित दफ्तरी प्रति (एस.एन. 6438)

हमसे गलतियाँ हो जाती हैं

मैं सोचता हूँ कि अपने 35 वर्ष के जीवन में राष्ट्रीय कांग्रेस ने अंग्रेजी के बजाय, जिसे हमारे देशवासियों का एक अत्यन्त छोटा वर्ग ही समझता है, यदि अपनी कार्यवाही हिन्दुस्तानी में ही की होती तो क्या से क्या हो गया होता । (यंग इंडिया, 8-10-1919)

हिन्दी साहित्य सम्मेलन का चौबीसवाँ अधिवेशन

इंदौर में 20 अप्रैल सन् 1935 को हिन्दी साहित्य सम्मेलन का चौबीसवाँ अधिवेशन हुआ। उसमें अध्यक्ष पद से व्यक्त महात्मा गाँधी के विचार :

"ईश्वर की गति गहन है। अक्टूबर मास से मैं इस बोझ को टाल रहा था। यह पद पूजनीय मालवीय जी महाराज का था। पर उनका स्वास्थ्य बिगड़ने के कारण, और उनको विदेश जाना था, इसलिए उन्होंने त्याग पत्र भेजा। दूसरा सभापति चुनने में आपको कुछ मुसीबत थी। मेरा नाम स्वागत समिति के सामने था। मुझको जब स्वागत समिति का संकट बताया गया तो मैं विवश हो गया और पद-ग्रहण करना स्वीकार कर लिया।

स्वीकृति देने का मेरे लिये अन्य कारण भी था। गत वर्ष जब मेरे पास इस अधिवेशन के सभापतित्व का प्रस्ताव आया, तब मैंने दक्षिण-भारत हिन्दी प्रचार के लिये दो लाख रुपये माँगे। भला आजकल दो लाख इस काम के लिए कौन दे? हाँ, हम प्रयत्न करेंगे। आपके पद स्वीकार करने से सफल होंगे— समिति की ऐसी बातों में फँस जाऊँ, ऐसा भला मैं कब था? मैंने दो लाख की गारण्टी माँगी। मैंने समझा कि इस पर मित्रों ने मुझे छोड़ दिया। लेकिन ईश्वर को दूसरी ही बात करनी थी। उसे मेरे मार्फत हिन्दी-प्रचार की कुछ और सेवा लेनी थी।

मैंने आपके अधिवेशनों की रिपोर्ट कुछ अंशों में देखी है। सबसे पहला अधिवेशन सन् 1910 में हुआ था। उसके सभापति मालवीय जी महाराज ही थे। उनसे बढ़ कर हिन्दी-प्रेमी भारत वर्ष में कहीं नहीं मिलेंगे। कैसा अच्छा होता, यदि वे आज भी इस पद पर होते। उनका हिन्दी प्रचार-क्षेत्र भारतव्यापी है। उनका हिन्दी ज्ञान उत्कृष्ट है। मेरा क्षेत्र बहुत मर्यादित है। मेरा हिन्दी भाषा का ज्ञान नहीं के बराबर है। आपकी प्रथमा परीक्षा में मैं उत्तीर्ण नहीं हो सकता हूँ। लेकिन हिन्दी भाषा का मेरा प्रेम किसी से कम नहीं ठहर सकता है। मेरा क्षेत्र दक्षिण में हिन्दी-प्रचार है। सन् 1918 में जब आपका अधिवेशन यहाँ हुआ था, तब से दक्षिण में हिन्दी प्रचार के कार्य का आरम्भ

हुआ है। वह कार्य तब से उत्तरोत्तर बढ़ ही रहा है। धनाभाव के कारण वह रुकना नहीं चाहिए। पं. हरिहर शर्मा धन के लिये मुझे नित्य सताते हैं। उनसे मैं कहता हूँ कि अब मुझे मत सताओ। दक्षिण से ही आपको पैसे मिलने चाहिए। इतना भी करने की शक्ति यदि आपमें नहीं है, तो आप अपना प्रयत्न निष्फल समझिये। कहने को मैं यह कह देता हूँ, पर इतनी बड़ी संस्था को 21 वर्ष तक नाबालिग रहने का भी तो हक होना चाहिए। इसलिये जब मौका आया, तब मैंने दो लाख की माँग की। इतना द्रव्य अधिक भी नहीं है। लेकिन जो सज्जन मेरे पास आये, उन्होंने रूई का दाम एक दम गिर जाने से दो लाख देने में अपनी असमर्थता प्रकट की। बात ठीक थी। जमनालाल जी ने भी उन भाइयों का पक्ष लिया। मैंने भी हार मान ली और एक लाख की शर्त कबूल कर ली। अब किसी न किसी तरह से, पर सच्चाई के साथ आपको मुझे एक लाख देना है।

आप पूछ सकते हैं कि केवल दक्षिण ही में हिन्दी प्रचार के लिये क्यों? मेरा उत्तर यह है कि दक्षिण भारत कोई छोटा मुल्क नहीं है। वह तो एक महाद्वीप सा है। वहाँ चार प्रान्त और चार भाषाएँ हैं— तमिल, तेलुगु, मलयाली और कानडी। आबादी करीब सवा सात करोड़ है। इतने लोगों में यदि हम हिन्दी-प्रचार की नींव मजबूत कर सकें तो अन्य प्रान्तों में बहुत ही सुभीता हो जायेगा।

यद्यपि मैं इन भाषाओं को संस्कृत की पुत्रियाँ मानता हूँ, तो भी ये हिन्दी, उड़िया, बंगला, आसामी, पंजाबी, सिंधी, मराठी, गुजराती से भिन्न हैं। इनका व्याकरण हिन्दी से बिल्कुल भिन्न है। इनको संस्कृत की पुत्रियाँ कहने से मेरा अभिप्राय इतना ही है कि इन सब में संस्कृत शब्द काफी हैं। जब संकट आ पड़ता है, तब ये संस्कृत माता को पुकारती हैं और उसका नये शब्द रूपी दूध पीती हैं। प्राचीन काल में भले ही ये स्वतंत्र भाषाएँ रही हों, पर अब तो ये संस्कृत में से शब्द लेकर अपना गौरव बढ़ा रही हैं। इसके अतिरिक्त और भी तो कई कारण इनको संस्कृत की पुत्रियाँ कहने के हैं, पर उन्हें इस समय जाने दीजिये।

जो भी हो, इतनी बात तो निर्विवाद है कि दक्षिण में हिन्दी-प्रचार सबसे कठिन कार्य है। तथापि 18 वर्षों से हम व्यवस्थित रूप में वहाँ जो कार्य करते आये हैं, उसके फल-स्वरूप इन वर्षों में छः लाख दक्षिणवासियों ने हिन्दी में प्रवेश किया, 42000 परीक्षा में बैठे, 32000 स्थानों में शिक्षा दी गई, 600 शिक्षक तैयार हुए और आज 450 स्थानों में कार्य हो रहा है। सन् 31 से स्नातक परीक्षा का भी आरम्भ हुआ, और आज स्नातकों की संख्या 300 है। वहाँ हिन्दी की 70 किताबें तैयार हुईं और मद्रास में उनकी आठ लाख प्रतियाँ छपीं। सत्रह वर्ष पूर्व दक्षिण के एक भी हाई स्कूल में हिन्दी की पढ़ाई नहीं होती थी, पर आज सत्तर हाई स्कूलों में हिन्दी पढ़ाई जाती

है। सब मिलाकर वहाँ 70 कार्यकर्त्ता काम कर रहे हैं। आज तक इस प्रयास में चार लाख रुपया खर्च हुआ है, उसमें से आधे से कुछ कम रुपये दक्षिण में ही मिले हैं। यहाँ एक और बात कह देना जरूरी है। काका साहब अपने निरीक्षण के बाद कहते हैं कि दक्षिण में बहनों ने हिन्दी प्रचार के लिये बहुत काम किया है। वे इसकी महिमा समझ गई हैं। वे यहाँ तक हिस्सा ले रही हैं कि कुछ पुरुषों को यह फिक्र लग रही है कि यदि स्त्रियाँ इस तरह उद्यमी बनेंगी तो घर कौन सँभालेगा।

क्या इतनी प्रगति संतोषजनक नहीं मानी जा सकती? क्या ऐसे वृक्ष को हमें और भी न बढ़ाना चाहिये? आज जब कि मुझे यह स्थान दिया गया है, तब भी मैं इस संस्था को चिरस्थायी बनाने का यत्न न करूँ तो मेरे जैसा मूर्ख कौन माना जा सकता है? मुझको यदि दुबारा यह पद लेने का कुछ भी अधिकार है तो सिर्फ मेरे दक्षिण हिन्दी-प्रचार के कार्य के कारण ही। भले ही उस कार्य में मैंने कोई पद लेकर काम न किया हो, पर हर हालत में उस वृक्ष को सींचने में तो मैंने काफी हिस्सा लिया ही है। उसके संरक्षक श्री जमना लाल बजाज, श्री राजगोपालाचारी, श्री रामनाथ गोयनका, श्री पट्टाभि सीतारामैया और श्री हरिहर शर्मा हैं। इसका कौड़ी-कौड़ी का हिसाब रक्खा गया है, जो समय-समय पर प्रकाशित होता रहता है।

मैंने आपको इस संस्था का उज्ज्वल पक्ष ही दिखाया है। इसका यह मतलब नहीं है कि उसका काला पक्ष है ही नहीं।

जड़ चेतन गुण दोष मय, विश्व कीन्ह करतार।
संत हंस गुण गहहिं पय, परिहरि वारि विकार।।

निष्फलता भी काफी हुई है। सब कार्यकर्त्ता अच्छे ही निकले, ऐसा भी नहीं कहा जा सकता। यदि सब कार्य आरम्भ से अंत तक अच्छा ही रहता तो अवश्य और भी सुन्दर परिणाम आ सकता था। पर इतना तो कहा ही जा सकता है कि यदि अन्य प्रान्तों के हिन्दी-प्रचार से इसकी तुलना की जाय तो यह काम अद्वितीय ठहरेगा।

रही एक लाख के व्यय की बात। क्या यह व्यय सम्मेलन के प्रयागस्थ केन्द्र से होना आवश्यक नहीं है? यदि ऐसा न किया गया तो क्या इससे सम्मेलन का अपमान नहीं होगा? इन प्रश्नों के उत्तर में मेरा नम्र निवेदन यह है कि इसमें अपमान की कोई बात नहीं है। सम्मेलन न हो तो दक्षिण भारत हिन्दी-प्रचार-सभा भी न होती। सन् 1918 में इसी शहर में इसी सम्मेलन की छाया में इस संस्था का उद्भव हुआ। बाद के इतिहास में जाना अनावश्यक है। अंत में इस संस्था को सम्मेलन ने स्वतंत्र कर दिया, या यों कहिए कि 'डोमीनियम स्टेट्स' दे दिया। इससे सम्मेलन का गौरव बढ़ा ही है, कम नहीं हुआ। यदि सम्मेलन से संबन्धित सब संस्थाएँ स्वावलम्बी बन जायें तो इससे ज्यादा हर्ष की बात सम्मेलन के लिए कौन-सी हो सकती है?

आप से जो एक लाख रुपये की भिक्षा माँगी जा रही है, वह इस स्वतंत्र संस्था के लिए है। उसको भी झंडा तो सम्मेलन का ही फहराना है।

पर तब प्रश्न उठ सकता है कि क्या अन्य प्रान्तों की बात छोड़ दी जाय? क्या अन्य प्रान्तों में हिन्दी-प्रचार की आवश्यकता नहीं है? अवश्य है। मुझे दक्षिण का पक्षपात नहीं है, और न अन्य प्रान्तों से द्वेष! मैंने अन्य प्रान्तों के लिए भी काफी प्रयत्न किया है, लेकिन कार्यकर्त्ताओं के अभाव के कारण वहाँ इतनी क्या, थोड़ी भी सफलता नहीं मिल सकी। बेचारे बाबा राघवदास उत्कल, बंगाल और आसाम में हिन्दी-प्रचार के लिए अथक प्रयत्न कर रहे हैं। कुछ सफलता भी मिली है, लेकिन उसे नहीं के बराबर ही मानना चाहिए। जो कुछ भी सहायता मैं उनको दिला सकता था, वह दिलाने की चेष्टा भी मैंने की है। बाबा जी के मार्फत आसाम में गोहाटी, जौरहट, शिवसागर और नौगाँव में प्रयत्न हो रहा है। वहाँ 160 विद्यार्थी पढ़ रहे हैं। दो छात्रों और दो छात्राओं को छात्रवृत्ति देकर काशी विद्यापीठ और प्रयाग महिला विद्यापीठ में पढ़ाया जा रहा है। एक आसामी भाई बरहज (गोरखपुर) में हिन्दी पढ़ रहे हैं और वहाँ वालों को आसामी पढ़ा रहे हैं। आसामी प्रतिष्ठित लोग इस प्रचार-कार्य में कम रस लेते हैं। जो मदद बाबा जी को मिली भी है, वह एक ही वर्ष के लिए है।

उत्कल में कटक, पुरी और बरहमपुर में कुछ प्रयत्न हो रहा है। उत्कल के बारे में एक बड़ी आशाजनक बात यह है कि श्री गोपबन्धु चौधरी और उनकी धर्मपत्नी रमा देवी हिन्दी प्रचार में बहुत दिलचस्पी लेती है। अपने परिवार को भी उन्होंने हिन्दी का काफी ज्ञान प्राप्त करा दिया है। वे सब आजकल एक देहात में रहते हुए ऐसी ही क्रियात्मक सेवा कर रहे हैं। ऐसे ही कुछ दूसरे भी त्यागी कार्यकर्त्ता उत्कल में हैं। इसलिए उत्कल में हिन्दी-प्रचार की आशा अवश्य रखी जा सकती है।

बंगाल में तो एक समिति बन गयी थी। हिन्दी पर प्रेम रखने वाले बंगाली भी काफी हैं। श्री रामानंद बाबू, श्री बनारसीदास चतुर्वेदी की मदद से 'विशाल भारत' निकाल रहे हैं। यह कोई छोटी बात नहीं है। कलकत्ते में हिन्दी प्रेमी-मारवाड़ी सज्जन भी कम नहीं हैं। तो भी बंगाल में जितना कुछ हो रहा है, वह बहुत ही कम समझा जाना चाहिए।

पंजाब की बात मैं छोड़ देता हूँ, क्योंकि पंजाब में उर्दू तो सब समझते हैं। वहाँ तो केवल लिपि की बात रह जाती है। इस प्रश्न पर विचार करने के लिए काका साहब की अध्यक्षता में लिपि-परिषद् हो रही है, इसलिए मैं इस बारे में कुछ नहीं कहना चाहता। अब रहे सिंध, महाराष्ट्र और गुजरात। इन तीनों प्रान्तों में जो कुछ हो रहा है, वह शायद ही उल्लेख योग्य हो। पर मेरी उम्मीद है कि इसी सम्मेलन में हम वहाँ के लिए भी कुछ न कुछ रचनात्मक कार्य करने का निश्चय करेंगे।

सारी मुश्किल तो यह है कि सम्मेलन के उद्देश्यों में तो अन्य प्रान्तों में हिन्दी-प्रचार का खासा स्थान रहता है, लेकिन मेरा यह कहना अनुचित न होगा कि सम्मेलन ने इस प्रचार कार्य पर उतना जोर नहीं दिया है जितना कि परीक्षाओं पर। मेरा निवेदन है कि इस सम्मेलन में हम इस बारे में ध्यानपूर्वक विचार करके इस संबन्ध में कोई स्पष्ट नीति ग्रहण करें।

मेरी राय में अन्य प्रान्तों में हिन्दी-प्रचार, सम्मेलन का मुख्य कार्य बनना चाहिए। यदि हिन्दी को राष्ट्रभाषा बनाना है तो प्रचार-कार्य सर्वव्यापी और सुसंगठित होना ही चाहिए। हमारे यहाँ शिक्षकों का अभाव है। सम्मेलन के केन्द्र में हिन्दी-शिक्षकों के लिए एक विद्यालय होना चाहिए, जिसमें एक ओर तो हिन्दी प्रांतवासी शिक्षक तैयार किये जायें और उनको जिस प्रान्त के लिए वे तैयार होना चाहें, उस प्रान्त की भाषा सिखायी जाय, और दूसरी ओर अन्य प्रान्तों के भी छात्रों को भरती करके उन्हें हिन्दी शिक्षा दी जाय। ऐसा प्रयास दक्षिण के लिए तो किया भी गया था, जिसके फलस्वरूप हमको पं. हरिहर शर्मा और हृषीकेश मिले।

आप जानते हैं कि मेरी सलाह से काका साहब कालेलकर दक्षिण में प्रचार कार्य का निरीक्षण करने और पं. हरिहर शर्मा को मदद देने के लिए गये थे। उन्होंने तामिलनाड, मलाबार, त्रावणकोर, मैसूर, आंध्र और उत्कल तक भ्रमण किया, हिन्दी-प्रेमियों से मिले और कुछ चंदा भी इकट्ठा किया। इस भ्रमण में उनका अनुभव यह हुआ कि कुछ लोग ऐसा समझते हैं कि हम प्रान्तीय भाषाओं को नष्ट करके हिन्दी को सारे भारतवर्ष की एक मात्र भाषा बनाना चाहते हैं। इस गलतफहमी से भ्रमित होकर वे हमारे प्रचार का विरोध भी करते हैं। मेरा ख्याल है कि हमें इस बारे में अपनी नीति स्पष्ट करके ऐसी गलतफहमियाँ दूर करनी चाहिए। मैं हमेशा से यह मानता हूँ कि हम किसी हालत में भी प्रान्तीय भाषाओं को मिटाना नहीं चाहते। हमारा मतलब तो सिर्फ यह है कि विभिन्न प्रान्तों के पारस्परिक संबन्ध के लिए हम हिन्दी भाषा सीखें। ऐसा कहने से हिन्दी के प्रति हमारा कोई पक्षपात नहीं प्रगट होता। हिन्दी को हम राष्ट्र-भाषा मानते हैं। वह राष्ट्रीय होने के लायक है। वही भाषा राष्ट्रीय बन सकती है, जिसे अधिक संख्यक लोग जानते और बोलते हों और जो सीखने में सुगम हो। ऐसी भाषा हिन्दी ही है। यह बात सम्मेलन सन् 1910 से बता रहा है और इसका कोई वजन देने लायक विरोध तक सुनने में नहीं आया है। अन्य प्रान्तों ने भी इस बात को स्वीकार कर ही लिया है।

काका साहब ने कुछ लोगों में दूसरी गलतफहमी यह देखी कि वे समझते हैं कि हम हिन्दी को अंग्रेजी भाषा का स्थान देना चाहते हैं। कुछ तो यहाँ तक समझते हैं कि अंग्रेजी ही राष्ट्रभाषा बन सकती है और बन भी गयी है।

यदि हिन्दी अंग्रेजी का स्थान ले तो कम से कम मुझे तो अच्छा ही लगेगा। लेकिन अंग्रेजी भाषा के महत्त्व को हम अच्छी तरह जानते हैं। आधुनिक ज्ञान की प्राप्ति, आधुनिक साहित्य के अध्ययन, सारे जगत् के परिचय, अर्थ-प्राप्ति, राज्याधिकारियों के साथ सम्पर्क रखने और ऐसे ही अन्य कार्यों के लिए अंग्रेजी ज्ञान की हमें आवश्यकता है। इच्छा न रहते हुए भी हमको अंग्रेजी पढ़नी होगी। यही हो भी रहा है। अंग्रेजी अन्तर्राष्ट्रीय भाषा है।

लेकिन अंग्रेजी राष्ट्रभाषा कभी नहीं बन सकती। आज इसका साम्राज्य-सा जरूर दिखायी देता है। इससे बचने के लिए काफी प्रयत्न करते हुए भी हमारे राष्ट्रीय कार्यों में अंग्रेजी ने बहुत स्थान ले रक्खा है। लेकिन इससे हमें इस भ्रम में कभी न पड़ना चाहिए कि अंग्रेजी राष्ट्रभाषा बन रही है। इसकी परीक्षा प्रत्येक प्रान्त में हम आसानी से कर सकते हैं। बंगाल अथवा दक्षिण भारत को ही लीजिये, जहाँ कि अंग्रेजी का प्रभाव सबसे अधिक है। वहाँ यदि जनता की मार्फत हम कुछ भी काम करना चाहते हैं तो वह आज हिन्दी द्वारा भले ही न कर सकें, पर अंग्रेजी द्वारा तो नहीं ही कर सकते।हिन्दी के दो चार शब्दों से हम अपना भाव कुछ तो प्रगट कर ही देंगे। पर अंग्रेजी से तो इतना भी नहीं कर सकते। हाँ, यह अवश्य माना जा सकता है कि अब तक हमारे यहाँ एक भी राष्ट्रभाषा नहीं बन पायी है। अंग्रेजी राज-भाषा है। ऐसा होना स्वाभाविक भी है। अंग्रेजी का इससे आगे बढ़ना मैं असम्भव समझता हूँ, चाहे कितना भी प्रयत्न क्यों न किया जाय। हिन्दुस्तान को अगर सचमुच एक राष्ट्र बनाना है तो— चाहे कोई माने या न माने राष्ट्रभाषा तो हिन्दी ही बन सकती है, क्योंकि जो स्थान हिन्दी को प्राप्त है वह किसी दूसरी भाषा को कभी नहीं मिल सकता। हिन्दू मुसलमान दोनों को मिलाकर, करीब बाईस करोड़ मनुष्यों की भाषा थोड़े बहुत फेरफार से— हिन्दी-हिन्दुस्तानी ही है। इसलिए उचित और सम्भव तो यही है कि प्रत्येक प्रान्त में उस प्रान्त की भाषा, सारे देश के पारस्परिक व्यवहार के लिए हिन्दी, और अन्तर्राष्ट्रीय उपयोग के लिए अंग्रेजी का व्यवहार हो। अंग्रेजी बोलने वालों की संख्या कुछ लाख से आगे कभी नहीं बढ़ सकेगी। इसका प्रयत्न भी करना जनता के साथ अन्याय करना होगा।

मैंने अभी 'हिन्दी-हिन्दुस्तानी' शब्द का प्रयोग किया है। सन् 18 में जब आपने यही पद दिया था, तब भी मैंने यही कहा था, हिन्दी उस भाषा का नाम है, जिसे हिन्दू और मुसलमान कुदरती तौर पर बगैर प्रयत्न के बोलते हैं। हिन्दुस्तानी और उर्दू में कोई फर्क नहीं है। देवनागरी लिपि में लिखी जाने पर वह हिन्दी और अरबी में लिखी जाने पर वह उर्दू कही जाती है। जो लेखक या व्याख्यानदाता चुन-चुनकर संस्कृत या अरबी-फारसी के शब्दों का ही प्रयोग करता है, वह देश का अहित करता है। हमारी राष्ट्रभाषा में वे सब प्रकार के शब्द आने चाहिए , जो जनता में प्रचलित हो गये हैं। श्री

घनश्यामदास बिड़ला ने ठीक ही कहा है कि राष्ट्रभाषावादियों को चाहिए कि विभिन्न प्रान्तीय भाषाओं में जो शब्द रूढ़ बन गये हैं और जो राष्ट्रभाषा में आने के लायक हैं, उन्हें वे ले लें। हर व्यापक भाषा में यह ग्राहक शक्ति रहती ही है। इसीलिए तो वह व्यापक बनती है। अंग्रेजी ने क्या नहीं किया है? लैटिन और ग्रीक में से कितने ही मुहावरे अंग्रेजी में लिये गये हैं। आधुनिक भाषाओं को भी वे लोग नहीं छाड़ते। इस बारे में उनकी निष्पक्षता सराहनीय है। हिन्दुस्तानी शब्द अंग्रेजी में काफी आ गये हैं। कुछ अफ्रीका से भी लिये गये हैं। इसमें उसका 'फ्री ट्रेड' कायम ही है। पर मेरे यह सब कहने का मतलब यह नहीं है कि बगैर अवसर के भी हम दूसरी भाषाओं के शब्द लें, जैसा कि आज-कल अंग्रेजी पढ़े-लिखे युवक किया करते हैं। इस व्यापार में विवेक दृष्टि तो रखनी ही होगी। हम कंगाल नहीं हैं, पर कंजूस भी नहीं बनेंगे। कुरसी को खुशी से कुरसी कहेंगे, उसके लिए 'चतुष्पाद पीठ' शब्द का प्रयोग नहीं करेंगे।

इस मौके पर अपने दुख की भी कुछ कहानी कह दूँ। हिन्दी भाषा राष्ट्रभाषा बने या न बने, मैं उसे छोड़ नहीं सकता। तुलसीदास का पुजारी होने के कारण हिन्दी पर मेरा मोह रहेगा ही। लेकिन हिन्दी बोलनेवालों में रवीन्द्रनाथ कहाँ हैं? प्रफुल्लचन्द्र राय कहाँ हैं? जगदीश बोस कहाँ हैं? ऐसे और भी नाम मैं बता सकता हूँ। मैं जानता हूँ कि मेरी अथवा मेरे जैसे हजारों की इच्छामात्र से ऐसे व्यक्ति थोड़े ही पैदा होने वाले हैं। लेकिन जिस भाषा को राष्ट्रभाषा बनना है, उसमें ऐसे महान् व्यक्तियों के होने की आशा रक्खी ही जायेगी।

वर्धा में हमारे यहाँ एक महिला-आश्रम है। वहाँ सम्मेलन की परीक्षा के लिए कई लड़कियाँ तैयार हो रही हैं। शिक्षक वर्ग और लड़कियाँ भी शिकायत करती हैं कि जो पाठ्य-पुस्तकें नियत की गयी हैं, उनमें से सब पढ़ने लायक नहीं हैं। शिकायत के लायक पुस्तकें शृंगार रस से भरी हैं। हिन्दी में शृंगार-साहित्य काफी है। इस ओर कुछ वर्ष पूर्व श्री बनारसीदास चतुर्वेदी ने मेरा ध्यान खींचा था। जिस भाषा को राष्ट्रभाषा बनाना चाहते हैं उसका साहित्य स्वच्छ, तेजस्वी और उच्चगामी होना चाहिए। हिन्दी-भाषा में आजकल गंदे साहित्य का काफी प्रचार हो रहा है। पत्र-पत्रिकाओं के संचालक इस बारे में असावधान रहते हैं, अपनी गंदगी को पुष्टि देते हैं। मेरी राय में सम्मेलन को इस बारे में उदासीन न रहना चाहिए। सम्मेलन की तरफ से अच्छे लेखकों को प्रोत्साहन मिलना चाहिए। लोगों को सम्मेलन की तरफ से पुस्तकों के चुनाव में भी कुछ सहायता मिलनी चाहिए। इस कार्य में कठिनाई है, लेकिन कठिनाई से हम थोड़े भाग सकते हैं।

परीक्षाओं की पाठ्य-पुस्तकों में से एक पुस्तक के बारे में एक मुसलमान की भी, जो देव नागरी लिपि अच्छी तरह जानते हैं, शिकायत है। उसमें मुगल बादशाह

के लिए भली बुरी बातें हैं, वे ऐतिहासिक भी नहीं हैं। मेरा नम्र निवेदन है कि पाठ्य-पुस्तकों का चुनाव विवेक और सूक्ष्मदृष्टि के साथ होना चाहिए और उसमें राष्ट्रीय दृष्टि रहनी चाहिए। पाठ्यक्रम भी आधुनिक आवश्यकताओं को ख्याल में रख कर निश्चित करना चाहिए। मैं जानता हूँ कि मेरा यह सब कहना मेरे क्षेत्र के बाहर है। लेकिन मेरे पास जो शिकायतें आई हैं, उन्हें आपके सामने रखना मैंने अपना धर्म समझा।

गाँधी जी का मौखिक भाषण

मैं आपकी तरफ से और मेरी तरफ से भी इस उद्‌घाटन के लिए महाराजा साहब को धन्यवाद देता हूँ और आपका आभार मानता हूँ। मैं अपना सौभाग्य मानता हूँ कि जब मैं पहले इंदौर सम्मेलन के सभापति का स्थान ग्रहण करने के लिए आया था, तब आप युवराज थे। उस पदवी से आपने उस सम्मेलन का उद्‌घाटन किया था। अब आप महाराज हैं और इस हैसियत से सम्मेलन का उद्‌घाटन करते हैं। आपका व्याख्यान आप लोगों ने भी सुना है और मैंने भी बहुत ध्यान से सुना है। मैं उसके लिए कुछ दे सकता हूँ तो धन्यवाद ही दे सकता हूँ। महाराजा साहब ने हिन्दी भाषा के लिए जो भाव प्रदर्शित किये हैं, यदि उनको सारे भारतवर्ष में अमल में लाना है तो ऐसे महाराजाओं को भी कुछ असली काम करना होगा। स्वगताध्यक्ष ने अपने भाषण में यह याद दिला दिया है कि जब आठवाँ अधिवेशन इंदौर में हुआ था तो आपने 10000/- की रकम हिन्दी-प्रचार के लिए दी थी। इसी तरह से अब भी मैं उम्मीद करता हूँ कि स्वागत-समिति की ओर से जो प्रार्थना की गयी है, उसको पूर्ण करने के लिए पूरी सहायता मिलेगी। मैं यह सद्‌भाग्य समझता हूँ कि उस समय आपने युवराज की हैसियत से मदद की थी, तो इस समय महाराज की हैसियत से मदद करेंगे। हमारे करोड़पति सेठ हुकमचंदजी भी यहीं मौजूद हैं। आपने प्रातःकाल मुझे हार पहनाया था। यद्यपि वह हार तो सूत का था, परन्तु उसकी कीमत पहनानेवाले की हैसियत से हो जाती है। रायबहादुर डा0 सरजूप्रसाद जी भी यहीं मौजूद हैं। वे बीमार हैं। इसके लिए जैसा आप लोगों को दुःख है, वैसे ही मुझे भी दुःख है। उनका हिन्दी भाषा अथवा सम्मेलन के प्रति प्रेम कम हैं, ऐसी तो कोई बात नहीं है। मुझे पूर्णतया आशा है कि जो काम करना है, वह सफल हो जायेगा। यह होते हुए भी हिन्दी संसार में कुछ हलचल मच गयी है। वर्धा में मुझे इस बात का पता चल गया था और यहाँ आने के बाद मैंने और कुछ अधिक समझ लिया है। यह हलचल कैसे मच गयी, इस बात का पता भी अभी तक नहीं है। दक्षिण भारत में जो हिन्दी-प्रचार हुआ है। उसका संबन्ध हिन्दी-साहित्य सम्मेलन से है ही नहीं, ऐसी तो कोई बात नहीं है, क्योंकि वह प्रचार हिन्दी साहित्य- सम्मेलन का अविभाज्य अंग है। इस प्रचार की माता या पिता जो कहो,

यह साहित्य-सम्मेलन है। यदि ऐसा न माना जाय तो अब दक्षिण भारत में जो 600000 आदमी हिन्दी बोल या लिख सकते हैं, यह नामुमकिन बात थी। इस प्रचार के लिए भी धन्यवाद साहित्य-सम्मेलन को ही है। इसके लिए मुझे धन्यवाद नहीं दिया जा सकता, क्योंकि इसके लिए मैंने जो काम किया था, वह सम्मेलन के सभापति की हैसियत से ही किया था। उसमें मेरा व्यक्तिगत कुछ नहीं था। मैं तो इतना कह सकता हूँ कि हिन्दी-प्रचार का यह कार्य सम्मेलन का अविभाज्य अंग है।

यदि हिन्दी साहित्य सम्मेलन हिन्दी भाषा का प्रचार न करके केवल साहित्य की वृद्धि करे तो हिन्दी भाषा राष्ट्रभाषा कैसे बन सकती है? हाँ, साहित्य की वृद्धि करना हमारा परम कर्त्तव्य है, किन्तु साहित्य की वृद्धि से यह भाषा राष्ट्रभाषा नहीं बन सकती। क्योंकि साहित्य तो बंगला में इतना है कि उसके बराबर किसी दूसरी भाषा में नहीं। साहित्य में दूसरा स्थान मराठी रखती है। हिन्दी को तो शायद तीसरा या चौथा नम्बर मिल सकता है, इसमें भी मुझे तो शक है। किन्तु हिन्दी भाषा को बहुत से आदमी बोलते हैं। और यह भाषा सीखने और पढ़ने में सरल है। इसलिए यही राष्ट्रभाषा होने का अधिकार रखती है। यदि हिन्दी-प्रचार इस हिन्दी साहित्य सम्मेलन का अंग न हो तो मेरे सरीखे व्यक्ति को इसका सभापति बनाना योग्य नहीं। क्योंकि हिन्दी के साहित्य के विषय में तो मैंने कुछ भी नहीं किया है। मैं अपने लिखे हुए भाषण को पढ़ना चाहता था, किन्तु वक्ताओं ने प्रस्ताव आदि रख कर वह समय ले लिया। प्रस्ताव रखना व्यर्थ था, क्योंकि मेरे अधिकार तो कोई छीन नहीं सकता था। सम्मेलन का कार्यक्रम कुछ मिनट का बँधा हुआ है। इसलिए 7-30 बजे तक मैं इसे खत्म कर देना चाहता हूँ। हिन्दी साहित्य की दृष्टि से तो मैं बहुत कम योग्यता रखता हूँ। जो चंद लड़कियाँ यहाँ बैठी हुई हैं, उसमें बहुत सी प्रथमा उत्तीर्ण हो चुकी हैं और मध्यमा की तैयारियाँ कर रही हैं। यदि मैं प्रथमा में ही बैठ जाऊँ तो ये पुरुषोत्तमदास जी मुझे उत्तीर्ण होने लायक नम्बर ही न देंगे, क्योंकि मैं व्याकरण तो जानता ही नहीं। जायसवाल जी ने जैसा कहा है, वैसा मानने मैं मुझे भी कोई एतराज नहीं। मुझे गुजराती से कोई पक्षपात नहीं। मुझे जो सभापति बनाया गया है, वह इसलिए कि मेरे द्वारा हिन्दी का कुछ प्रचार हो। योग्यता की ही कोई बात होती तो एक लड़की को भी यहाँ बिठा दिया जा सकता था, जैसा महारानी विक्टोरिया के लिए हुआ था। सचिव ने कह दिया था कि सारा काम तो मैं कर लिया करूँगा, आप तो केवल सही कर दें। परन्तु ऐसा नहीं है। मुझे सभापति चुना है और एक लाख रुपये देने की जो शर्त मंजूर की है, वह इसलिए है कि मेरे द्वारा हिन्दी का अच्छा प्रचार हो। काव्य के कई विभाग हो गये हैं। उनकी बातें तो कवियों से भरपेट सुन सकते हैं, किन्तु मेरे द्वारा तो आप केवल हिन्दी-प्रचार की बात सुन सकते हैं। क्योंकि दूसरे पर मेरा अधिकार ही नहीं है।

जब मैं इंदौर में यही सभापतिपद लेने के लिए पहले आया था, पुण्यश्लोक मालवीय जी महाराज से आशीर्वाद की भिक्षा माँगी थी। तब उन्होंने एक लम्बा पत्र लिख कर मुझे आशीर्वाद भेज दिया था। अब तो वे बीमार पड़े हैं और उनके पास काम भी बहुत हैं। मैं केवल आप लोगों से आशीर्वाद चाहता हूँ।

मालवीय जी का भी तार आ गया है, जिसमें उन्होंने मुझे आशीर्वाद भी दिया है। बाकी तार का तरजुमा करने की आवश्यकता नहीं है। हमारी प्रार्थना है कि भगवान् उनको शतायु बनावें और सौ वर्ष तक क्षेम-कुशल रखें। उनकी उम्र सत्तर वर्ष की है और जब वे काम करते हैं तो सत्रह वर्ष के जवान की तरह करते हैं।अतः उनको भगवान् दीर्घायु करे। वे हिन्दुस्तान की जैसी अविच्छिन्न सेवा कर रहे हैं, वैसी ही करते रहें। मैं तो उनका आशीर्वाद लेकर उनका प्रतिनिधि बन कर आया हूँ। उन्होंने दक्षिण भारत तथा अन्य प्रान्तों में जो हिन्दी-प्रचार किया है, वह किसी से छिपा नहीं है। इसके लिए उनके हृदय में उतना ही प्रेम है। जितना आप में और मुझमें है। आज हमारे सामने जो बातें उपस्थित हैं, उनका खुलासा कर देना आवश्यक है।

पैसा देनेवालों के लिए तीन बातें उपस्थित हैं। पहली बात विश्वविद्यालय की है, जिसका उल्लेख महाराजा साहब ने अपने भाषण में किया है और प्रसन्नता भी प्रकट की है। उसके लिए भी भिक्षा माँगनी है। लोग उसमें पैसा देवें या प्रचार कार्य में देवें। जिसके पास तीन कौड़ी देने को है, उसके लिए तो कोई बाधा नहीं, परन्तु जिसके पास एक ही कौड़ी है, वह किस को दे? कौड़ी के टुकड़े तो नहीं हो सकते। यहाँ पर महाराजा साहब, सेठ हुकमचंद जी और डाक्टर सरजूप्रसाद जी आये हुए हैं। वे भी ऐसा कह दें तो भी मैं कह सकता हूँ कि इंदौरवासियों को पहले विश्वविद्यालय को सहायता देनी चाहिए। यदि उनको भली प्रकार विश्वास हो जाय कि यह कार्य अच्छा है, कार्यकर्त्ताओं में शक्ति है तथा उसमें असली काम करने की इच्छा है। कई लोग तो कई प्रकार की बातें सुना देते हैं, परन्तु जब उनसे पूछते हैं कि आप क्या करते हैं, तब वे कह देते हैं कि हममें तो कवित्व-शक्ति है। परन्तु ऐसा नहीं होना चाहिए। आपको विश्वास हो जाये कि विश्वविद्यालय के सब साधन तो तैयार हैं, केवल धन की ही कमी है, तो आपको सब से पहले उसमें योग देना चाहिए। इसके बाद हिन्दी साहित्य सम्मेलन और फिर दक्षिण भारत में हिन्दी-प्रचार का प्रश्न है। यह बात मैं सभापति की हैसियत से कहता हूँ। क्योंकि इस सम्मेलन का सभापति रहते हुए उसको कोई हानि पहुँचे, अर्थ-संग्रह में धक्का आवे, ऐसा कार्य मेरे हाथ से नहीं हो सकता। और ऐसा कार्य मैं करूँगा भी नहीं, जो आपकी नियमावली के विरुद्ध हो। क्योंकि इस पद से मैंने अपने सिर पर बड़ी भारी जिम्मेदारी ले ली है, जिसका मैंने चन्द घण्टों में ज्ञान कर लिया है। उसको सफल बनाना मेरा काम है। इसलिए मुझमें जितनी शक्ति

है और भगवान् जितनी शक्ति देगा, उसका इस्तेमाल इस कार्य को सफल बनाने में करूँगा, ऐसा आप विश्वास रखो।

हिन्दी-प्रचार के लिए लिपि का एक होना आवश्यक है। इसके लिए भी एक लिपि-परिषद् होने वाली है, जिसके लिए विशेष आपको काका साहब सुनावेंगे। हिन्दी भाषा संस्कृत से पैदा हुई है। आसाम और बंगाल भी इसी से बहुत संबन्धित हैं। दक्षिण भाषा द्राविड़ी भाषा मानी जाती है। मैं तो यह मानता हूँ कि वह संस्कृत से पैदा हुई है। द्रविड़ी लोगों के विषय में कुछ लोगों का कथन है कि पहले वे अनार्य थे, पीछे आर्य बनाये गये। परन्तु तामिली लोगों का कथन है कि हम जंगली नहीं थे। हममें आर्यता और संस्कृत मौजूद थी। तामिल, तेलुगु, कनाड़ी आदि भाषाएँ संस्कृत से भरी हुई है। बंगला भी संस्कृत से परिपूर्ण है। जब उनको अपनी भाषा में कोई शब्द नहीं मिलता तो वे इससे शब्द लेते और उसका प्रयोग करते हैं। अत: सब भाषाओं की लिपि एक होना आवश्यक है। इसके लिए हिन्दी में शायद संशोधनों की आवश्यकता है। परन्तु मैं इस झंझट में नहीं पड़ना चाहता। मैंने तो एक सवाल आपके सामने रख दिया है, क्योंकि लिपि के एक होने से सीखने में बड़ी सुगमता और सरलता होगी। इसकी बागडोर काका साहब ने अपने हाथ में ली है, सो वे चलावेंगे। जब काका साहब दक्षिण भारत से आसाम और उत्कल गये तो उनके सामने एक बड़ी भारी कठिनाई विंध्याचल के समान खड़ी हो गयी। वहाँ के लोग कहने लगे कि ये हमारे प्रान्त की भाषा को मिटा कर हिन्दी का प्रचार करने आये हैं, परन्तु वास्तव में बात यह नहीं है। अपने प्रान्त में वह भाषा तो चले, किन्तु हिन्दी का प्रचार विशेष हो, जिससे यह राष्ट्रभाषा बन सके। परन्तु मैं तो इसकी भी मर्यादा रख देना चाहता हूँ, जिससे हिन्दी अन्य प्रान्तों की भाषाओं का स्थान न ले ले। इसके लिए साहित्य सम्मेलन में प्रस्ताव रख कर इस बात को साफ कर देना होगा।

हिन्दी भाषा हमारी राष्ट्रभाषा है। उसमें संस्कृत के शब्द भर-पेट रख दिये जावें, ऐसा नहीं हो सकता। कई एक गद्य भी ऐसे आये हैं, जो संस्कृत के शब्दों से भरे हैं, जिसको ग्रामीण लोग बिल्कुल नहीं समझ सकते। सात करोड़ मुसलमान भाइयों को छोड़ कर हम हिन्दी को राष्ट्रभाषा बनाना चाहें यह बात भी ख-पुष्प के समान होगी याने आकाश में पुष्प लगाकर उससे सुगन्ध लेने के समान है। ग्रामीण लोग बहुत भोले-भाले हैं। उनके समझने के लिए सीधी और सरल भाषा होनी चाहिए। यहाँ जो प्रदर्शिनी की गयी है, उसमें भी यह बताया गया है कि इंदौर स्टेट में क्या होता है। आपके देहाती भाई क्या चीज बनाना चाहते हैं। वे चीजें हमारे लायक हैं या नहीं। हमारा याने शहरी लोगों का संपर्क देहाती लोगों से है या नहीं, यह बात जानना आवश्यक है। बहुत से शहरी लोग जानते हैं कि हमारा ग्रामीणों

से बहुत कम संबन्ध है, परन्तु मुझे जितना ज्यादा ज्ञान होता जाता है, मैं जानता हूँ कि शहरी लोगों का देहातियों से घनिष्ठ संबन्ध है। मैं तो कहूँगा कि जो कुछ हिन्दुस्तान को मिलता है वह किसानों की मार्फत ही मिलता है। यदि वे लोग इंकार कर दें कि हम आप का कार्य नहीं करेंगे तो हमें भूखा रहना पड़ेगा और उसमें महाराजा साहब का भी नम्बर आ जाये और सेठ हुकमचन्द जी का भी नम्बर आ जाये। क्योंकि कोई भी चाँदी या सोने से पेट नहीं भर सकता। यह मेरी तरह सत्याग्रह करके नहीं, किन्तु यह कहकर कि हमें भर-पेट भोजन नहीं मिलता तो हम भूखे रहकर काम कैसे करें, शहरी लोगों को बड़ी मुसीबत उठाना पड़े। भारतवर्ष में सारा कार्य देहातियों पर ही निर्भर है। इसलिए वे समझ सकें कि ऐसी भाषा का प्रयोग करने की आवश्यकता है। अरबी का या फारसी का कोई शब्द आ जाये तो उसका हम एक दम तिरस्कार कर दें, यह ठीक नहीं। क्योंकि ऐसा करने से हम हिन्दी को राष्ट्रभाषा नहीं बना सकते। मैं तो इस कार्य के लिए आप लोगों से भिक्षा प्राप्त करना चाहता हूँ। यह कार्य महाराजा साहब के आशीर्वाद से चल सकता है। किसी को महात्मा कहो या कुछ कहो, काम करने पर ही कार्य सफल हो सकता है, आपका एक लाख रुपया मैं लेकर भाग नहीं जाऊँगा। किन्तु इस कार्य को विशेष विभूषित करने के लिए प्रयत्न करूँगा।

हरिहर शर्मा प्रयाग से कुछ हिन्दी सीखकर मद्रास गये थे। वहाँ जाकर उन्होंने हिन्दी साहित्य का प्रचार किया, जिसका छोटा सा प्रदर्शन यहाँ लाये हैं। आप लोग देखना चाहते हैं तो आज भी देख सकते हैं। उस ओर आपका ध्यान खींचना मेरा काम था। दस मिनट में कितना कार्य करना है और अब समाप्त करना है, यह तो महाराजा साहब की बात है, मेरे हाथ की बात नहीं।

दो महत्त्वपूर्ण प्रस्ताव

इंदौर के अखिल भारतीय हिन्दी साहित्य सम्मेलन में कुछ खास प्रस्ताव स्वीकृत हुए। एक में तो हिन्दी भाषा की परिभाषा बताई गई है, और दूसरे में यह मत प्रकट किया गया है कि उन समस्त भाषाओं को देवनागरी लिपि में ही लिखना चाहिए, जो या तो संस्कृत से निकली हैं या संस्कृत का जिनके ऊपर बहुत बड़ा प्रभाव पड़ा है। पहला प्रस्ताव इस तथ्य पर जोर देता है कि हिन्दी प्रान्तीय भाषाओं को नष्ट नहीं करना चाहती, किन्तु उनकी पूर्तिरूप बनना चाहती है। अखिल भारतीयता के सेवा-क्षेत्र में हिन्दी बोलनेवाले कार्यकर्त्ताओं के ज्ञान तथा उपयोगिता को बढ़ाती, वह भाषा भी हिन्दी है, जो लिखी तो उर्दू लिपि में जाती है पर जिसे मुसलमान और हिन्दू दोनों ही समझ लेते हैं। इस बात को स्वीकार करके सम्मेलन ने इस संदेह को दूर कर दिया है कि उर्दू

लिपि के प्रति सम्मेलन की कोई दुर्भावना है। तो भी सम्मेलन की प्रामाणिक लिपि तो देवनागरी ही रहेगी। पंजाब तथा दूसरे प्रान्तों के हिन्दुओं के बीच देवनागरी लिपि का प्रचार अब भी जारी रहेगा। यह प्रस्ताव किसी भी प्रकार देवनागरी लिपि के महत्त्व को कम नहीं करता, वह तो मुसलमानों के इस अधिकार को स्वीकार करता है कि अब तक जिस उर्दू लिपि में वे हिन्दुस्तानी भाषा लिखते आ रहे हैं, उसमें अब भी लिख सकते हैं।

दूसरे प्रस्ताव को व्यावहारिक रूप देने की दृष्टि से एक समिति बना दी गई है, जिसके अध्यक्ष और संयोजक श्री काका साहब कालेलकर हैं। यह समिति देवनागरी लिपि में यथासम्भ्व ऐसे परिवर्तन और परिवर्द्धन करेगी, जो उसे और भी आसानी के साथ लिखने के लिये आवश्यक होंगे, और मौजूदा अक्षरों से जो शब्दध्वनि व्यक्त नहीं हो सकती, उसे व्यक्त करने के लिए देवनागरी लिपि को और भी पूर्ण बनायेंगे।

अगर हमें अन्तर्प्रान्तीय सम्पर्क बढ़ाना है, और यदि हिन्दी को प्रान्त-प्रान्त के बीच लिखा-पढ़ी का माध्यम बनाना है, तो उसमें इस प्रकार का परिवर्तन आवश्यक है। फिर इधर गत 25 वर्ष से हिन्दी साहित्य सम्मेलन की उद्देश्य-पूर्ति में योग देने वाले सज्जनों का यह निश्चित कर्त्तव्य भी रहा है। इस लिपि-संबन्धी प्रश्न पर चर्चा तो अक्सर हुई, पर गम्भीरता पूर्वक वह कभी हाथ में नहीं लिया गया। अन्य प्रान्तीय भाषाओं का ज्ञान आज असम्भव-सा है। बंगाली लिपि में लिखी हुई '**गीतांजलि**' को सिवा बंगालियों के और पढ़ेगा ही कौन? पर यदि वह देवनागरी लिपि में लिखी जाय, तो उसे सभी लोग पढ़ सकते हैं। संस्कृत के तत्सम और तद्भव शब्द उसमें बहुत अधिक हैं, जिन्हें दूसरे प्रान्तों के लोग आसानी से समझ सकते हैं। मेरे इस कथन की सत्यता को हर एक जाँच सकता है। हमें अपने बालकों को विभिन्न प्रान्तीय लिपियाँ सीखने का व्यर्थ कष्ट नहीं देना चाहिये। यह निर्दयता नहीं तो और क्या है कि देवनागरी के अतिरिक्त तामिल, तेलुगु, मलयाली, कानड़ी, उड़िया और बंगाली इन छः लिपियों को सीखने में दिमाग खपाने को कहा जाय? हाँ, यह जानने के लिये कि हमारे मुसलमान भाई क्या कहते और लिखते हैं, हम उर्दू लिपि सीख सकते हैं। जो अपने देश का या मनुष्यमात्र का प्रेमी है, उसके सामने मैंने कोई बहुत प्रचण्ड प्रोग्राम नहीं रखा है। अगर आज कोई प्रान्तीय भाषाएँ सीखा चाहें? और प्रान्तीय भाषा-भाषी हिन्दी पढ़ना चाहें, तो लिपियों का यह अभेद्य प्रतिबन्ध ही उसके मार्ग में कठिनाई उपस्थित करता है। काका साहब की यह समिति एक ओर तो इस सुधार के पक्ष में लोकमत तैयार करेगी, और दूसरी ओर सक्रिय उद्योग के द्वारा इसकी इस महान् उपयोगिता को प्रत्यक्ष करके दिखायेगी कि जो लोग हिन्दी या प्रान्तीय भाषाओं को सीखना चाहते हैं, उनका

समय और उनकी शक्ति बच सकती है। किसी को भूलकर भी यह कल्पना नहीं करनी चाहिये कि यह लिपि-सुधार प्रान्तीय भाषाओं के महत्त्व को कम कर देगा। सच पूछिए तो वह उनकी उस प्रकार श्री-वृद्धि ही करेगा, इस प्रकार एक सामान्य लिपि स्वीकार कर लेने के फलस्वरूप प्रान्तीय व्यवहार-विनिमय सरल हो जाने से यूरोप की तमाम भाषाएँ समृद्ध हो गई हैं।

(हरिजन सेवक, 10-5-35)

गाँधी : राष्ट्र-वाणी

संकलन : श्री प्रह्लादनारायण खन्ना

(१)

सन् 1927 ई. दिसम्बर में कोयले की खानवाले मजदूरों ने गाँधी जी को एक अभिनंदन पत्र अंग्रजी में लिखा दिया। तब अंग्रेजी के प्रति गाँधी की जो प्रतिक्रिया हुई, वह निम्न प्रकार है—

" उन हजार लोगों में, जो सभा में आये थे, मुश्किल से शायद पचास अंग्रेजी जानते होंगे। भारी बहुसंख्या उनकी थी, जो हिन्दी आसानी से समझ सकते थे, और एक बड़ी संख्या उनकी थी, जो बंगाली जानते थे। उक्त संगठन के अगुवा बंगाली व्यक्ति थे। यदि अंग्रेजी का प्रयोग मेरे लिए किया गया था तो मैं कहूँगा कि वह व्यर्थ था। वे अभिनन्दन पत्र बंगला में लिख सकते थे। मुझे उसका हिन्दी या अंग्रेजी अनुवाद दे सकते थे, परन्तु यदि अंग्रेजी अभिनन्दन-पत्र उस बड़ी सभा पर थोपा गया तो नेताओं का अनादर ही होगा। मैं आशा करता हूँ कि शीघ्र ही वह समय आ रहा है जब श्रोतागण ऐसी सभाएँ छोड़कर चले जायेंगे, जहाँ सभा की कार्यवाही उस भाषा में की जाती है, जिसे अधिकांश लोग नहीं समझ सकते।" ('यंग इंडिया', 20-1-1928)

(२)

"मैं अपने देश के बच्चों के लिए जह जरूरी नहीं समझता कि वे अपनी बुद्धि के विकास के लिए एक विदेशी भाषा का बोझ ढोयें और अपनी उगती हुई शक्तियों का ह्रास होने दें। आज जिस अस्वाभाविक परिस्थिति में रहकर हमें अपनी शिक्षा ग्रहण करनी पड़ती है, उस परिस्थिति का निर्माण करने वालों को मैं जरूर गुनहगार मानता हूँ। दुनिया में और कहीं ऐसा नहीं होता। इसके कारण देश का जो नुकसान हुआ है, उसकी तो हम कल्पना नहीं कर सकते, क्योंकि हम खुद उस सर्वनाश से घिरे हुए हैं। मैं उसकी भयंकरता का अंदाजा लगा सकता हूँ, क्योंकि मैं निरन्तर देश के करोड़ों मूक, दलित और पीड़ित लोगों के सम्पर्क में आता रहता हूँ।"

(३)

''मुझमें अंग्रेजी का या दूसरे पश्चिमी लोगों का द्वेष न कभी था, न आज है। उनका कल्याण मुझे उतना ही प्रिय है, जितना कि हमारे देश का। इसलिए मेरे छोटे से ज्ञान-भण्डार में से अंग्रेजी का बहिष्कार कभी नहीं होगा। मैं उस भाषा को भूलना नहीं चाहता, न चाहता हूँ कि सारे हिन्दुस्तानी अंग्रेजी भाषा को छोड़ें या भूलें। मेरा आग्रह हमेशा अंग्रेजी को उसकी योग्य जगह से बाहर न ले जाने का रहा है। वह कभी राष्ट्रभाषा नहीं बन सकती और न हमारी तालीम का जरिया।'' (1-1-48)

(४)

''विभिन्न प्रदेशों में अंग्रेजी बोलने वाले लोग काफी मिल जाते हैं, किन्तु उनकी संख्या बहुत ही थोड़ी है और हमेशा थोड़ी ही रहेगी। इसका मुख्य कारण यह है कि यह भाषा कठिन और विदेशी है। साधारण मनुष्य इसे ग्रहण नहीं कर सकता। इसलिए यह सम्भव नहीं कि अंग्रेजी के जरिये भारत एक राष्ट्र बन जाये। अतः भारतीयों को भारत की ही कोई भाषा पसन्द करनी होगी।'' (गुजराती, से 18-8-1906)

(५)

''... जो स्थान इस समय अनुचित ढंग से अंग्रेजी भोग रही है, वह स्थान हिन्दी को मिलना चाहिए।... शिक्षित वर्ग की एक भाषा अवश्य होनी चाहिये और वह हो सकती है हिन्दी। हिन्दी के द्वारा करोड़ों व्यक्तियों में आसानी से काम किया जा सकता है। इसलिए उसे उचित स्थान मिलने में जितनी देर हो रही है, उतना ही देश का नुकसान हो रहा है।'' (चम्पारनः 18-7-1917)

(६)

''यदि हम मातृभाषा की उन्नति नहीं कर सके और हमारा सिद्धान्त यह हो कि अंग्रेजी ही के द्वारा हम अपने ऊँचे ख्यालात बना सकेंगे और बढ़ा सकेंगे, तो हम हमेशा गुलाम बने रहेंगे, इसमें कोई संदेह नहीं। जब तक हमारी मादरी जबान में हमारे सब ख्यालात को जाहिर करने की ताकत नहीं आ जाएगी, जब तक हम वैज्ञानिक शास्त्र मातृभाषा में नहीं समझा सकेंगे, तब तक कौम को नये ज्ञान की प्राप्ति नामुमकिन है।''

(भागलपुरः 15-10-1917)

(७)

''अंग्रेजी भाषा के माध्यम से शिक्षा में कम-से-कम सोलह वर्ष लगते हैं। यदि इन्हीं विषयों की शिक्षा मातृभाषा के माध्यम से दी जाये, तो ज्यादा-से-ज्यादा दस वर्ष लगेंगे।

यह राय बहुत से अनुभवी शिक्षकों ने प्रकट की है। हजारों विद्यार्थियों के छः-छः वर्ष बचने का अर्थ यह होता है कि कई हजार वर्ष जनता को मिल गये।''

(द्वितीय गुजरात शिक्षा सम्मेलन, 1917 में दिया गया भाषण)

(८)

''संस्कृत हमारी भाषा के लिए गंगा नदी है। मुझे लगता है कि वह सूख जाये तो भाषाएँ निर्माल्य बन जायेंगी। मुझे यह महसूस होता है कि उसका साधारण ज्ञान आवश्यक है।''

(3-5-35)

(९)

''हमारा जीवन अपने इन किसानों और मजदूरों के ऊपर निर्भर करता है और हमारी संस्कृति भी इस चीज को स्वीकार करती है। इन किसानों और मजदूरों की भाषा-ऐसी भाषा जिसे वे सहज ही समझ सकें-हिन्दी या हिन्दुस्तानी ही है। वही हमारी राष्ट्रभाषा हो सकती है।''

(3-5-35)

(१०)

'' जिस तरह हमारी आजादी को जबर्दस्ती छीनने वाले अंग्रेजों की सियासी हुकूमत को हमने सफलतापूर्वक इस देश से निकाल दिया, उसी तरह हमारी संस्कृति को दबाने वाली अंग्रेजी जबान को भी हमें यहाँ से निकाल बाहर करना चाहिये। हाँ, व्यापार और राजनीति में अंतर्राष्ट्रीय भाषा के नाते अंग्रेजी का अपना स्वाभाविक स्थान हमेशा कायम रहेगा।''

(21-9-47)

(११)

''हर एक पढ़े-लिखे हिन्दुस्तानी को अपनी भाषा का, हिन्दू को संस्कृत का, मुसलमान को अरबी का, फारसी को पर्शियन का और सबको हिन्दी का ज्ञान होना चाहिये। कुछ हिन्दुओं को अरबी और कुछ मुसलमानों को और पारसियों को संस्कृत सीखनी चाहिये। उत्तर और पश्चिम में रहनेवाले हिन्दुस्तानी को तमिल सीखनी चाहिये। सारे हिन्दुस्तान के लिए तो हिन्दी ही होनी चाहिए। .... हिन्दू-मुसलमान के विचारों को ठीक रखने के लिए बहुतेरे हिन्दुस्तानियों को दोनों लिपियाँ (उर्दू और नागरी लिपि) जानना जरूरी है। ऐसा होने पर हम अपने आपस के व्यवहार अंग्रेजी को बाहर कर सकेंगे।''

('हिन्द स्वराज्य' 1909)

(१२)

''अंग्रेजी राष्ट्रीय-भाषा नहीं बन सकती, क्योंकि राष्ट्रीय-भाषा होने के लिए जिन पाँच लक्षणों का होना अनिवार्य है, वे अंग्रेजी में नहीं हैं :

(1) अमलदारों के लिए वह भाषा सरल होनी चाहिये।
(2) उस भाषा के द्वारा भारतवर्ष का आपसी, धार्मिक, आर्थिक और राजनीतिक व्यवहार हो सकना चाहिये।
(3) यह जरूरी है कि भारतवर्ष के बहुत से लोग उस भाषा को बोलते हों।
(4) राष्ट्र के लिए वह भाषा आसान होनी चाहिये।
(5) उस भाषा का विचार करते समय किसी क्षणिक या अल्पस्थायी स्थिति पर जोर नहीं देना चाहिये। हिन्दी भाषा में ये सब लक्षण हैं।''

(भड़ोंच, गुजरात-शिक्षा-परिषद, 1917)

(१३)

''मुझे अंग्रेजी भाषा से नफरत नहीं हैं। अटूट भण्डारमयी यह भाषा है। ज्ञान-द्रव्य से भरी हुई है। तथापि मेरा मंतव्य यह है कि सभी हिन्दुस्तानियों को यह भाषा सीखने की जरूरत नहीं है।''

(बारहवाँ बिहारी छात्र-सम्मेलन, 15-10-17)

(१४)

''अंग्रेजी शिक्षा पानेवालों के ज्ञान का लाभ प्रजा को बहुत ही कम मिलता है। अंग्रेजी शिक्षित वर्ग और आप लोगों के बीच बड़ा दर्याव आ पड़ा है। इस भाषा को उसका (विज्ञान आदि के अध्ययन के संबन्ध में) उचित स्थान देना एक बात है, उसकी जड़-पूजा करना दूसरी बात है।'' (अ.भा. हिन्दी सा.स. इंदौर, 28-3-1918)

(१५)

''द्राविड़ों और अन्य भारतीयों के बीच लगभग न पटने वाली खाई पड़ गयी है। निश्चय ही हिन्दी भाषा इसे पाटने वाला छोटे-से-छोटे और कारगर सेतु है। अंग्रेजी कभी उसका स्थान नहीं ले सकती। जब सुसंस्कृत लोगों की साधारण भाषा हिन्दी हो जाएगी, तब शीघ्र ही हिन्दी का शब्द-भण्डार आम जनता में भी फैल जाएगा।''

(हनुमन्तराव को लिखे गये पत्र का अंश, 25-5-18)

(१६)

''मुझे पूर्ण विश्वास है कि अन्य कई क्षेत्रों की तरह हिन्दी को एक सामान्य माध्यम बनाने तथा इस प्रकार अंग्रेजी प्रयोग में लगनेवाली मानसिक शक्ति की हानि से देश को बचाने के क्षेत्र में भी दक्षिण ही हमारी अगुवाई करेगा।'' (नडियाड, 10-4-18)

(१७)

"हमारी बहुत सी देशी भाषाएँ एक-दूसरे से मिलती-जुलती हैं, और इसलिए सब प्रान्तों के लिए राष्ट्रभाषा के नाते हिन्दी अनुकूल है।" ('यंग इंडिया' 21-5-1920)

(१८)

"अंग्रेजी जानने से थोड़े लोगों के साथ ही विचार-विनियम के द्वार खुलते हैं। इसके विपरीत हिन्दुस्तानी का कामचलाऊ ज्ञान अपने देश के बहुत ही ज्यादा भाई-बहनों के साथ बातचीत करने की शक्ति प्रदान करता है।" ('यंग इंडिया' 2-2-1921)

(१९)

"देशी भाषाओं को अपनी जगह से हटाकर अंग्रेजी को बैठाने की प्रक्रिया अंग्रेजों के साथ हमारे संबन्ध का एक सबसे दुखद प्रकरण है।" ('यंग इंडिया' 27-4-21)

(२०)

"हिन्दुस्तानी के सिवा दूसरी भाषा राष्ट्रभाषा नहीं हो सकती, इसमें कुछ भी शक नहीं। जिस भाषा को करोड़ों हिन्दू-मुसलमान बोल सकते हैं, वही अखिल भारतवर्ष की सामान्य भाषा हो सकती है।" ('हिन्दी नवजीवन', 19-8-21)

(२१)

"जहाँ तक हो सके, कांग्रेस में हिन्दी-उर्दू का हस्तेमाल किया जाये, यह एक महत्त्व का प्रस्ताव माना जायेगा। अगर कांग्रेस के सभी सदस्य इस प्रस्ताव को मानकर चलें, इस पर अमल करें, तो कांग्रेस के काम में गरीबों की दिलचस्पी बढ़ जाये।"

(नवजीवन, 3-1-26)

(२२)

"मैं अंग्रेजी से नफरत नहीं करता। पर मैं हिन्दी से अधिक प्रेम करता हूँ, इसलिए मैं हिन्दुस्तान के शिक्षितों से कहता हूँ कि वे हिन्दी को अपनी भाषा बना लें।"

(हिन्दी नवजीवन, 15-12-27)

(२३)

"भारत की तमाम भाषाओं के लिए एक ही लिपि का होना फायदेमंद है, और वह लिपि देवनागरी ही हो सकती है।... हमें एक ऐसी सर्व-सामान्य लिपि की जरूरत है, जो जल्दी-से-जल्दी सीखी जा सके। देवनागरी के समान सरल, जल्दी सीखने योग्य और तैयार लिपि दूसरी कोई है ही नहीं।" (हिन्दी नवजीवन, 21-7-27)

(२४)

"मैं हिन्दी के जरिये प्रान्तीय भाषाओं को दबाना नहीं चाहता, किन्तु उनके साथ हिन्दी को भी मिला देना चाहता हूँ, जिससे एक प्रान्त दूसरे के साथ अपना सजीव संबन्ध जोड़ सके। इससे प्रान्तीय भाषाओं के साथ हिन्दी की भी श्री-वृद्धि होगी।"

(नवजीवन, 23-8-28)

(२५)

"देशवासियों के इस संघ में जब आपको देशवालों के साथ ही काम-काज करना है, और मौजूदा वातावरण अपना असर पर आप पर डाल रहा है, तब आपका धर्म है कि आप अपना काम-काज राष्ट्रभाषा में करें।" (नवजीवन, 12-4-31)

(२६)

"हिन्दी-भाषी लोगों को दक्षिण की भाषा सीखने की जितनी जरूरत है उसकी अपेक्षा दक्षिणवालों को हिन्दी सीखने की आवश्यकता ही अधिक है। सारे हिन्दुस्तान में हिन्दी बोलने और समझने वालों की संख्या दक्षिण की भाषा बोलने वालों से दुगुनी है।... एक प्रान्त का दूसरे प्रान्त से संबन्ध जोड़ने की भाषा तो हिन्दी या हिन्दुस्तानी ही हो सकती है।" (नवजीवन, 21-6-31)

(२७)

"अगर हिन्दुस्तान को सचमुच एक राष्ट्र बनाना है, तो चाहे कोई माने या न माने राष्ट्रभाषा तो हिन्दी ही बन सकती है, क्योंकि जो स्थान हिन्दी को प्राप्त है, वह किसी दूसरी भाषा को कभी नहीं मिल सकता।..... हम किसी भी हालत में प्रान्तीय भाषाओं को मिटाना नहीं चाहते। हमारा मतलब तो सिर्फ यह है कि विभिन्न प्रान्तों के पारस्परिक संबन्ध के लिए हम हिन्दी भाषा सीखें।" (सम्मेलन, 8 वाँ महाधिवेशन इंदौर, 20-4-35)

(२८)

"वह भाषा भी हिन्दी ही है, जो लिखी तो उर्दू लिपि में जाती है, पर जिसे मुसलमान और हिन्दू दोनों ही समझ लेते हैं।" (हरिजन सेवक, 10-5-35)

(२९)

"हिन्दी, हिन्दुस्तानी और उर्दू एक ही भाषा के मुख्तलिफ नाम हैं। हमारा मतलब आज एक नई भाषा बनाने का नहीं है, बल्कि जिस भाषा को हिन्दी, हिन्दुस्तानी और उर्दू कहते हैं, उसे अन्तर्प्रान्तीय भाषा बनाने का हमारा उद्देश्य है।"

(हरिजन सेवक, 23-5-36)

(३०)

"अंग्रेजी से मुझे नफरत नहीं। थोड़े पण्डितों के लिए अंग्रेजी का ज्ञान आवश्यक है, अन्तर्राष्ट्रीय संबन्धों के लिए और पश्चिमी विज्ञान के ज्ञान के लिए उसकी जरूरत है। लेकिन जब उसे वह स्थान दिया जाता है, जिसके योग्य वह है ही नहीं, तो मुझे दुःख होता है।" (हरिजन बन्धु, 5-7-36)

(३१)

"हमारी सामान्य लिपि देवनागरी ही हो सकती है, और कोई नहीं। उर्दू को उसका प्रतिस्पर्द्धी बताया जाता है, लेकिन मैं समझता हूँ कि उर्दू या रोमन किसी में भी वैसी सम्पूर्णता और ध्वन्यात्मक शक्ति नहीं है, जैसी देवनागरी में है।"

(हरिजन सेवक, 3-4-37)

(३२)

" 'हिन्दी' शब्द हिन्दुओं का गढ़ा हुआ नहीं है। यह तो इस मुल्क में मुसलमानों के आने के बाद उस भाषा को बतलाने के लिए बनाया गया था, जिसे उत्तर में हिन्दू बोलते ओर लिखते-पढ़ते थे।" (हरिजन सेवक, 10-4-37)

(३३)

"किसी प्रान्त या जिले अथवा जनता पर एक भाषा या हिन्दी के एक रूप को लादने का जतन करना देश के सर्वोत्तम हित की दृष्टि से घातक है।"

(हरिजन सेवक, 3-7-37)

(३४)

"रोमन लिपि न तो हिन्दुस्तान की सामान्य लिपि हो सकती है, और न होनी चाहिये। यह तो हमारी फारसी और देवनागरी के बीच ही हो सकती है। और इसके अपने मौलिक गुणों को अगल रख दें, तो भी देवनागरी ही सारे हिन्दुस्तान की सामान्य लिपि होनी चाहिये।" (हरिजन सेवक, 3-7-37)

(३५)

"प्रान्तीय भाषाओं से समृद्ध, एक उन्नतिशील राष्ट्र की विविध आवश्यकताओं को पूरा करने के लिए इस हिन्दुस्तानी को अनेक पर्यायवाची मुहैया करने पड़ेंगे। बंगाल या दक्षिण के श्रोताओं के सामने जो हिन्दुस्तानी बोली जाएगी, उसमें स्वभावतः संस्कृत से उत्पन्न शब्दों का प्राचुर्य होगा। वही भाषण जब पंजाब में किया जायेगा, तो उसमें अरबी-फारसी से पैदा हुए शब्दों की काफी मिलावट होगी।" (हरिजन सेवक)

(३६)

"मैं सभी भारतीय भाषाओं का प्रेमी हूँ। यथासम्भव अधिक-से-अधिक लिपियों को सीखने की मैंने कोशिश भी की है।..... जहाँ तक देवनागरी का सवाल है, सौन्दर्य या सजावट की दृष्टि से लज्जित होने जैसी कोई बात उसमें नहीं है। अगर देवनागरी लिपि को ग्रहण कर लिया जाये, तो निश्चय ही भावी संतति के परिश्रम और समय की बचत करके उनसे दुआएँ पायी जा सकेंगी।" (हरिजन सेवक, 5-8-39)

(३७)

"मेरी राय में अंग्रेजी एक खुली खिड़की है, जिसकी राह हम पश्चिमवालों के विचारों और वैज्ञानिक कार्यों से परिचित रह सकते हैं। यह काम भी मैं कुछ चुनिन्दा लोगों को ही सौंपना चाहता हूँ, और उनके जरिये यूरोप के ज्ञान का प्रचार देश में देशी भाषाओं द्वारा करना चाहता हूँ।" (हरिजन सेवक, 1-2-42)

(३८)

"बहुतेरी प्रान्तीय भाषाएँ संस्कृत से निकट संबन्ध रखती हैं, और यह भी सच है कि भिन्न-भिन्न प्रान्तों के मुसलमान अपने-अपने प्रान्त की ही भाषाएँ बोलते हैं। इसलिए यह ठीक है ही कि उकने लिए देवनागरी लिपि और हिन्दी आसान रहेगी।"

(हरिजन सेवक, 26-4-42)

(३९)

"राष्ट्र-भाषा की मेरी कामना में महान् प्रान्तीय भाषाओं को उनके स्थान से भ्रष्ट करने का समावेश नहीं होता, बल्कि उसके अनुसार तो मातृ-भाषा का ज्ञान प्रान्तीय भाषा के ज्ञान के उपरान्त प्राप्त करने की बात है।" (हरिजन सेवक, 17-5-42)

(४०)

"मेरी अपनी राय तो यह है कि जो भी कोई लड़का या लड़की हिन्दुस्तान की भाषाएँ न जाने, मानना चाहिये कि उसके संस्कार और शिक्षण में कमी रही है।"

(हरिजन सेवक, 17-5-42)

(४१)

"हिन्दुस्तानी वह भाषा है, जिसे उत्तर हिन्दुस्तान के शहरों और गाँवों में हिन्दू, मुसलमान आदि सब लोग बोलते हैं, और अपने कारोबार में बरतते हैं, और जिसे नागरी और फारसी दोनों लिखावटों में लिखा पढ़ा जाता है और जिसके साहित्यिक रूप आज हिन्दी और उर्दू नाम से पहचाने जाते हैं।" (हरिजन सेवक, 9-8-42)

(४२)

"हिन्दी और उर्दू एक ही राष्ट्रभाषा की दो साहित्यिक शैलियों को एक -दूसरी के नजदीक लाना जरूरी है।" (सेवाग्राम, 27-11-44)

(४३)

"अगर हिन्दी और उर्दू मिल जायें, तो गंगा-यमुना से बड़ी सरस्वती हुगली की तरह बन जायेगी। हुगली तो गंदी है। मैं इसका पानी नहीं पीता। पर अगर यह हुगली बन गई तो यह बड़ी खूबसूरत होगी।" (वर्धा, 27-2-45)

(४४)

"लोग जिसे अपनावेंगे, वही उनकी भाषा बन सकती है। अगरचे अंग्रेजी तेजस्वी भाषा है, तो भी वह राष्ट्रभाषा तो बन ही नहीं सकती। अगर अंग्रेजों का राज्य जब तक सूरज और चाँद है, तब तक रहने वाला है, तो वह उनके अमलों की भाषा जरूर होगी, लेकिन आम जनता की कभी नहीं।" (हरिजन सेवक, 10-2-46)

(४५)

"नये विचारों को समझने की मेरी पूरी तैयारी के रहते भी नागरी और उर्दू लिपि के बजाय रोमन वर्णमाला फैलाने के लिए लोगों को उकसाने का क्या खास कारण हो सकता है, सो मैं नहीं समझ पाया हूँ।... नागरी या उर्दू अक्षरों को सीखने में अंग्रेजी अफसरों की सुस्ती ही शायद उर्दू को रोमन में लिखने का कारण हो।"

(हरिजन सेवक, 21-4-46)

(४६)

"मेरी मातृभाषा में कितनी ही खामियाँ क्यों न हों, मैं उससे उसी तरह चिपटा रहूँगा जिस तरह अपनी माँ की छाती से। वही मुझे जीवन प्रदान करने वाला दूध दे सकती है।" (हरिजन सेवक,28-8-46)

(४७)

"राष्ट्रभाषा दो नहीं, एक ही हो सकती है। वह संस्कृत से भरी हिन्दी या फारसी से भरी उर्दू नहीं हो सकती। वह तो दोनों के सुन्दरसंगम से ही बन सकती है, और उर्दू या नागरी किसी भी लिपि में लिखी जा सकती है।"

(हरिजन सेवक, 10-8-47)

(४८)

"हिन्दुस्तानी की खूबी ही यह है कि उसे न संस्कृत से बैर है, न अरबी-फारसी से।

हिन्दुस्तानी तो ताकतवर तब बनेगी, जब वह अपनी मिठास को कायम रखकर दुनिया की सब भाषाओं का सहारा लेगी। उसका व्याकरण तो हमेशा हिन्दी ही रहेगा।''

(हरिजन सेवक, 9-11-47)

(४९)

''लिपियों में मैं सबसे आला दरजे की लिपि नागरी को ही मानता हूँ, यह कोई छिपी बात नहीं है। (फिर) नागरी लिपि यदि सम्पूर्ण है— दूसरी लिपियों के मुकाबले में पूर्ण है, तो उसी का साम्राज्य अंत में होगा।'' (हरिजन सेवकश, 25-1-48)

(५०)

''जैसे तमिल आदि सूबाई भाषाएँ हैं और हिन्दुस्तानी राष्ट्र-भाषा, ठीक उसी तरह अंग्रेजी विश्व-भाषा है— जगत् की भाषा है, इससे कौन इन्कार कर सकता है? अंग्रेजों का साम्राज्य जाएगा, क्योंकि यह दूषित था और है; लेकिन अंग्रेजी भाषा का साम्राज्य कभी नहीं जा सकता।'' (हरिजन सेवक, 25-1-48)

(५१)

''हिन्दुस्तानी के बारे में मेरा पक्षपात है सही। मैं मानता हूँ कि नागरी और उर्दू लिपि के बीच अन्त में जीत नागरी लिपि की होगी। इसी तरह लिपि का ख्याल छोड़कर भाषा का खयाल करें, तो जीत हिन्दुस्तानी की ही होगी।'' (हरिजन सेवक, 25-1-48)

विशेष

- राष्ट्रीय शिक्षण संस्थाओं में अब भी मातृभाषा हिन्दी भाषा की तरफ लापरवाही दिखाई जाती है। (26-12-1924-)
- हिन्दी जहाँ मातृभाषा न हो, उन प्रान्तों में इस विषय को अधिकाधिक प्रोत्साहन देने के लिए हिन्दी अध्यापकों को दूसरों की अपेक्षा अधिक आर्थिक सहायता देनी चाहिए, जिससे संचालकों को इस विषय को दाखिल करने का प्रोत्साहन मिले। (25-9-1937-)
- हिन्दुस्तानी प्रचार सभा का कार्य 1945 में गुजरात विद्यापीठ को सौंप गया। संविधान सभा ने हिन्दी को राष्ट्रभाषा तथा उसकी लिपि देवनागरी स्वीकार कर ली तो विद्यापीठ ने भी दो लिपियों का अपना आग्रह समाप्त कर दिया।

(सम्मेलन वनिका भाग-55 सं. 3-4)

●●●